Texte détérioré — reliure défectueuse

NF Z 43-120-11

L a.2
40
F.

HISTOIRE
DES
CELTES,
ET PARTICULIEREMENT
DES
GAULOIS ET DES GERMAINS,
DEPUIS

Les Tems fabuleux, jusqu'à la Prise de
Rome par les Gaulois:

PAR
SIMON PELLOUTIER.

A LA HAYE,
Chez ISAAC BEAUREGARD,
M. DCC. XL.

PREFACE.

L'Ouvrage que l'on donne au Public, n'a été entrepris d'abord que comme un pur amusement. On n'avoit en vûë dans le commencement que de se délasser l'esprit en se promenant de tems en tems dans le vaste champ des Antiquitez Celtiques : peu-à-peu cet amusement est devenu une étude sérieuse. Ayant eu occasion de me convaincre, que la plupart des Auteurs modernes qui ont parlé des Celtes, ne les ont connus que très-imparfaitement; j'ai cru que le Public verroit avec plaisir, qu'on lui fît connoître à fond les anciens habitans des Gaules, de l'Allemagne & de toutes les autres contrées que les Celtes occupoient; qu'on lui donnât une juste idée des Mœurs & des Coûtumes de ces Peuples, de leur manière de vivre, & sur-

* 2 tout

PREFACE.

tout de leur Religion, qui a été repréſentée d'une manière, qui n'eſt ni exacte, ni même fidèle, dans un Ouvrage Anonyme qui a pour titre (1), *La Religion des Anciens Gaulois*. Pour bien connoître les Celtes à tous ces différens égards, il ne faut pas les conſiderer tels qu'ils étoient lorſque les Phéniciens, les Grecs & les Romains furent entrez dans leur païs, & en eurent ſoûmis une partie. Le Commerce & la Domination des étrangers produiſirent, comme je le montrerai, de grands changemens dans leurs Loix, dans leur Religion, & en général dans toute leur manière de vivre. Il faut prendre ces Peuples dans le brut, ſi j'oſe me ſervir de ce terme, & découvrir, s'il eſt poſſible, ce qu'ils étoient avant que d'avoir adopté des idées & des coûtumes étrangeres. C'eſt ce qui m'a déterminé à prendre l'*Hiſtoire des Celtes* auſſi haut, que le peu de Monumens qui nous reſtent m'ont permis de remonter. Mais comme la

___

(1) J'en ai dit en peu de mots mon ſentiment dans la *Bibliothèque Germanique*, Tome XXXVII. pag. 140. & *ſuiv.*

PRÉFACE.

la première Epoque de cette Histoire, qui commence aux Tems Fabuleux & qui finit à l'année de la Prise de Rome par les Gaulois, n'étoit pas susceptible d'un ordre Chronologique, j'ai pris le parti de suivre l'ordre des Matières, & de représenter au naturel l'ancienne Simplicité, ou si l'on veut l'ancienne Barbarie des Peuples Celtes, dont on les verra sortir successivement, les uns plutôt, les autres plus tard, selon qu'ils étoient plus ou moins voisins de quelque Nation policée.

La matière est curieuse & intéressante. Les Ouvrages qui traitent des Antiquitez piquent la curiosité du Public, & sont généralement recherchez, lors même que les Médailles & les Inscriptions qu'ils expliquent, ne roulent que sur des faits particuliers, dont personne ne s'informeroit s'ils étoient arrivez de notre tems. Il s'agit ici de connoître nos Peres & nos Ancêtres; de savoir ce que nous avons hérité de leurs Défauts & de leurs bonnes Qualitez; en quoi nous les surpassons, & en quoi ils valoient mieux que nous. On verra avec étonnement, que

PREFACE.

les Peuples même qui passent pour les plus civilisez de toute l'Europe, n'ont pû se mettre jusqu'à présent au-dessus d'une infinité de Préjugez & d'Abus, qui, pour être anciens, n'en sont pas moins déraisonnables. Le sujet est d'ailleurs nouveau. Nous connoissons assez bien l'Histoire & les anciennes Coûtumes des Egyptiens, des Juifs, des Chaldéens, des Grecs. Ce que nous savons des Peuples dont nous descendons, se reduit pour la plus grande partie à des Fables, que les Auteurs ont copiées très-fidèlement depuis plusieurs siécles, pendant qu'ils n'ont fait aucun usage d'un bon nombre d'excellens matériaux que j'ai recueillis, autant qu'il m'a été possible, dans cet Ouvrage. J'espére qu'il satisfera pleinement les Curieux, qui ne se contentent pas d'une connoissance générale & superficielle de l'Antiquité. J'ose même me flatter qu'il pourra être de quelque Utilité à ceux qui veulent lire avec fruit l'Histoire de France & d'Allemagne, dans laquelle on rencontre souvent des choses capables d'arrêter un Lecteur, ou de lui donner

PREFACE

-ner le change, s'il n'est pas au fait des usages auxquels l'Historien fait allusion. On y trouvera des Faits intéressans, des Remarques nouvelles qui ont échapé aux autres Auteurs, ou dont ils n'ont pas fait au moins tout l'usage qu'ils pouvoient. Les Celtes y sont représentez au naturel; barbares & féroces à certains égards, sages & raisonnables à d'autres: Suivant une bonne forme de Gouvernement, & la corrompant en même tems par l'abus que les particuliers font de la Liberté pour se rendre indépendans, & pour former des brigues & des factions qui sont la ruine d'un Etat: Ayant une juste idée de Dieu & de ses perfections; mais autorisant en même tems un Culte barbare, avec des Superstitions, les unes folles & les autres pernicieuses: Faisant une guerre continuelle à toutes les Nations étrangeres, & recevant pourtant les Etrangers avec une Hospitalité dont on ne trouve plus d'exemple. Je rends aux Auteurs, tant anciens que modernes, la justice qui leur est dûë. Je les éclaircis, je les concilie, autant qu'il est possible.

PREFACE.

Je me donne aussi la liberté de les rélever, quand il est évident qu'ils se sont mépris pour s'être fiez à de mauvaises Rélations, ou abandonnez à de fausses Conjectures. Mais la Critique est toûjours honnête & modeste, comme elle doit l'être, quand on ne cherche que la vérité.

Le Lecteur jugera facilement qu'il m'a falu beaucoup de tems, de soins & d'attention, non seulement pour rassembler de tant d'endroits différens les matériaux qui composent cet Ouvrage; mais encore pour discerner le vrai du faux, dans les Auteurs que j'ai été obligé de suivre. On sait d'un côté, que les Celtes n'ont eu aucun Historien qui ait entrepris de faire connoître sa Nation à la posterité. Il n'étoit pas même possible qu'ils en eussent, soit parce que l'usage des Lettres & de l'Ecriture leur étoit entierement inconnu, ou parce qu'ils se firent ensuite un scrupule & une affaire de conscience, de confier au papier leurs Loix, leur Religion, leur Histoire, par les raisons que l'on trouvera exposées au long dans cet Ouvrage. D'un autre

PRÉFACE.

autre côté, la plupart des Historiens étrangers qui ont parlé des Celtes, ne l'ont fait qu'en passant, & ne les ont d'ailleurs connus que très-imparfaitement. Strabon s'en apperçut, il y a bien long-tems, lorsqu'il voulut enrichir sa Géographie d'une exacte description de tous les Païs qui étoient occupez par des peuples Celtes (2). *Il faut avouer*, dit-il, *que Timosthene, Erastothene, & les Auteurs plus anciens, n'ont connu absolument, ni l'Espagne, ni les Gaules, encore moins les Germains, les* (3) *Bretons, les Gêtes & les Bastarnes. Ils n'ont pas mieux connu l'Italie, les contrées voisines de la mer Adriatique & du Pont Euxin, ni les Païs Septentrionaux.* Ailleurs (4), en parlant de Pytheas de Marseille, qui se vantoit d'avoir parcouru (5) toute la Celtique, depuis Gades jusqu'au Tanaïs, il juge qu'*il n'y a gueres d'apparence qu'un homme*

___

(2) Strabo Lib. II. p. 93.
(3) Ce sont les Habitans de la Grande-Bretagne.
(4) Strabo L. I. p. 63.
(5) Idem L. II. p. 104.

PREFACE.

me qui a menti si souvent dans des choses connues de tout le monde, ait dit la vérité lorsqu'il s'est agi d'autres choses que tout le monde ignore parfaitement. Le même Géographe reconnoît (6) *que toutes les contrées qui sont au-delà de l'Elbe jusqu'à la mer Oceane, étoient entierement inconnues de son tems.* Ce qu'il ajoute immédiatement après, en fournit une preuve convaincante: *Nous n'avons pas appris qu'aucun de ceux qui ont été avant nous, ait navigé vers l'Orient, le long de cette côte, jusqu'à l'embouchure de la Mer Caspienne.* On voit dans ces paroles une erreur commune à la plupart des anciens Géographes, qui croyoient que la Mer Caspienne étoit un Golfe de l'Ocean Septentrional. Pline l'Ancien, bien qu'il soit postérieur à Strabon, avoue aussi (7), qu'une bonne partie de la Germanie étoit encore inconnue dans le tems qu'il écrivoit. Quand on ne trouveroit pas de semblables aveus dans les anciens Auteurs, il suffit d'ailleurs de

---

(6) Strabo L. VII. p. 294.
(7) *Germania... nec tota percognita.* Plin. Hist. Nat. Lib. IV. Cap. 13. 14. pag. 477.

PREFACE.

de les lire avec quelque attention, pour se convaincre qu'ils ont souvent parlé des Celtes sur de très-mauvais Mémoires, & qu'ils ont pris plaisir à charger leurs Rélations d'un faux merveilleux. Comme j'ai donné ailleurs un échantillon (8) des bévuës qu'ils ont faites, & des fables qu'ils ont débitées en décrivant les Coûtumes des Celtes, ou la situation de leur Païs, il n'est pas nécessaire d'y revenir, d'autant plus que j'aurai assez souvent occasion de les rélever dans tout le cours de cet Ouvrage.

Malgré ces difficultez, il n'est pas absolument impossible de percer les ténèbres où l'Histoire des Celtes est ensevelie. Ces Peuples commencerent d'être mieux connus par les guerres que l'on porta dans le cœur de l'Espagne, des Gaules, de la Germanie, de la Thrace, & des autres contrées qu'ils habitoient. C'est encore la remarque de Strabon, dans l'endroit que j'ai déja cité (9): *On peut dire de nos jours*

---

(8) Biblioth. Germanique, Tom. XXVIII. p. 37. 44.
(9) Strabo L. II. p. 117. 118.

PREFACE.

jours quelque chose de plus certain des Bretons, des Germains, des Peuples qui demeurent sur les deux rives du Danube, des Gêtes, des Tyrigetes, des Bastarnes &c. Les expéditions d'Alexandre le Grand, dit-il ailleurs (10), nous ont ouvert une grande partie de l'Asie, avec toutes les Provinces Septentrionales de l'Europe, qui s'étendent jusqu'au Danube. Les Romains nous ont fait connoître les contrées Occidentales de l'Europe jusqu'au fleuve de l'Elbe, qui partage la Germanie en deux parties; & les Païs qui sont au-delà du Danube jusqu'au fleuve de Tyras. Mithridate, surnommé Eupator, & ses Généraux, ont découvert toutes les terres qui sont au-delà, jusqu'au Palus Méotide & à la Colchide. C'est enfin par le moyen des Parthes que nous avons commencé à connoître l'Hyrcanie, la Bactriane, & les Scythes qui demeurent au-delà. Diodore de Sicile fait une remarque semblable. Il dit (11) que les Illyriens, les Peuples qui habitent le long de la mer Adriatique, les Thraces, & les Gaulois

leurs

---

(10) Strabon L. I. p. 14.
(11) Diod. Sicul. L. XVII. p. 623.

PREFACE.

leurs voiſins, *commencerent d'être connus par les Grecs, du tems d'Alexandre le Grand, à qui ils envoyerent des Ambaſſadeurs.* On peut donc faire en général aſſez de fond ſur les Hiſtoriens qui ont écrit depuis les expéditions dont je viens de parler. Le Païs des Celtes étoit ouvert de leur tems; on y voyageoit librement; on étoit à portée d'en recevoir de bons Mémoires; au lieu qu'il faut ſe défier extrêmement des Auteurs qui ont précedé ces expéditions. Jules-Céſar, par exemple, mérite beaucoup de foi quand il parle des Gaules, où il avoit demeuré près de dix ans: Mais il ne dit preſque rien des Germains qui ne prouve qu'il étoit mal informé. Pline l'Ancien, au contraire, & Tacite, ſont ceux qui ont le mieux connu la Germanie. Ils y avoient fait (12) l'un & l'autre un ſejour aſſez long. Je ne puis que regretter ici la perte que nous avons faite de pluſieurs Ouvrages où l'on parloit

---

(12) Plin. Hiſt. Nat. L. VII. Cap. 16. Plinii Junior. Epiſt. L. III. Ep. 5. Gronovii Præfatio ad Tacitum.

PREFACE.

foit des Celtes d'une manière fort étendue. De ce nombre font, l'Histoire de (13) *Posidonius d'Apamée*, qui ayant voyagé dans les Gaules, étoit en état d'en donner une exacte défcription. Lè Traité de *Pytheas de Marseille* qui avoit pour titre *De Ambitu Terræ*. Quoique ce Géographe (14) foit fort décrié parmi les Anciens, il n'avoit pas laiffé de bien rencontrer en plufieurs endroits, & il devoit connoître au moins les Gaulois, voifins de fa patrie. Nous avons perdu encore les Oeuvres d'*Agrippa*, qui avoit fait une Défcription de la Germanie, citée par (15) Pline l'Ancien. Les vingt Livres *de la Guerre de Germanie* (16), compofez par le même Pline. Le Livre CIV. de Tite-Live (17), dont la première Partie contenoit une Défcription de la Germanie, avec le caractère de fes

ha-

---

(13) Strabo L. IV. p. 198.
(14) Idem I. 63. IV. 201.
(15) Plin. H. N. L. IV. Cap. 13. p. 477.
(16) Tacit. Ann. L. I. Cap. 69. Plin. Jun. Ep. L. III. Ep. 5.
(17) Suetonius Caligula Cap. 8. Tit Liv. Epit. CIV.

PREFACE.

habitans. *L'Histoire Romaine d'Asinius Quadratus*, qui, au rapport (18) d'Agathias, avoit décrit avec beaucoup d'exactitude les affaires de Germanie. *L'Histoire des Goths d'Ablavius*, dont celle de Jornandes est un abregé. J'aurai occasion d'indiquer encore dans cet Ouvrage plusieurs autres Auteurs, dont il ne reste plus que des fragmens ou des Extraits, que j'ai rassemblez avec tout le soin dont j'ai été capable.

On verra par cette Histoire, que, malgré toutes les pertes dont je viens de parler, nous avons encore aujourd'hui assez de Mémoires & de secours pour connoître les Celtes, pourvû qu'on sache en faire usage. Ce sera au Lecteur à juger si cet Ouvrage a été composé avec ce goût critique qui a été porté si loin dans notre siécle, & sans lequel il n'est pas possible, ni de discerner les bons Auteurs, ni de découvrir la vérité dans les Auteurs les plus mauvais & les plus décriez. J'espére que l'on trouvera de l'exactitude dans mes Remarques, & de la vraisemblance

___
(18) Agathias Lib. I. p. 17.

PREFACE.

ce dans les Conjectures auxquelles je suis obligé de recourir quelquefois. Je ne doute point cependant qu'il ne me soit échapé plusieurs fautes, les unes par inadvertence, & les autres parce qu'il est difficile de ne pas broncher quelquefois, quand on marche dans un chemin negligé & rempli de broussailles. Je verrai avec un très-grand plaisir, qu'on me réleve de la même manière que je réleve les autres. Bien loin de craindre la Critique, je la souhaite; parce qu'elle sera une preuve de l'attention avec laquelle on aura lû mon Ouvrage; & je ne la regarderai jamais comme sévère, pourvû qu'elle puisse servir à me ramener à la vérité.

A l'égard du Plan de cet Ouvrage, j'ai tâché d'éviter les redites, & de placer les matières dans un ordre naturel. Je parle d'abord de l'Origine des Celtes, des Contrées qu'ils occupoient anciennement, des différens Noms qu'ils ont porté, de la Langue ancienne de ces Peuples. Ce premier Livre ne sera peut-être pas le moins curieux. Je crois y avoir prouvé, que la plus grande partie de l'Europe n'étoit autrefois

ha-

PREFACE.

habitée que par un seul & même Peuple. Dans les Livres suivans je traite des Mœurs & des Coûtumes des Celtes. Je les considere comme Hommes, comme Membres d'une Famille, d'une Religion, d'un Etat, & je rapporte à chacun de ces chefs, tout ce qui peut y avoir quelque rapport direct ou indirect. Je passe ensuite aux Migrations & aux Guerres des Celtes qui ont précedé la Prise de Rome par les Gaulois, & je m'assujettis dans ce dernier Livre à l'ordre Chronologique, autant que l'éloignement & l'obscurité des siécles renfermez dans cet intervalle ont pû le permettre. S'il plaît à Dieu de me conserver la vie, je continuerai cette Histoire générale des Celtes, jusqu'au tems où elle commence à se partager en plusieurs branches, pour me renfermer ensuite uniquement dans l'Histoire de l'Allemagne.

Au reste, afin qu'on puisse vérifier les Citations qui se trouvent dans cet Ouvrage, je joins ici une Table des Auteurs que j'ai consultez, & des Editions dont je me suis servi. Les passages

PREFACE.

sages des Auteurs Grecs sont citez en Latin pour la commodité du Lecteur. Mais j'ai eu soin d'en revoir & d'en rectifier la version, & je cite les propres paroles des Auteurs, lorsqu'elles sont sujettes à recevoir différentes interprétations.

TABLE
DES AUTEURS

Citez dans cet Ouvrage, & des Editions dont on s'est servi.

A.

Claudii *Æliani*, Varia Historia, Editio Tanaq. Fabr. Salmurii 1668.
Ejusdem de Animalium Naturâ Libri XVII. Genev. 1611.
Æthici Cosmographia. Editio Jacob. Gronovii, Lugd. Batav. 1696.
Agathias Scholasticus. De Imperio Justiniani, cum notis Bonaventuræ Vulcanii, Paris. 1660.
A. Gellii Noctes Atticæ, cum notis Jacob. Proust, in usum Delphini, Paris 1681.
Alamannorum Leges, in Codice Antiquarum Legum Lindenbrogii.
Ammianus Marcellinus, cum notis Henrici & Hadriani Valesii, Paris. 1681.
Anonym. Chronicon, ab Henrico Valesio editum, ad calcem Ammiani Marcellini.
Angliorum Leges, in Codice Antiquarum Legum Lindenbrogii.
Antonini Itinerarium, in Theatro Bertii.
Apollodori Bibliothecæ, sive de Deorum Origine Libri III. Heydelb. 1699.
Apollonii Rhodii Argonauticorum Libri IV.
cum

TABLE

cùm Scholiaste Græco & versione Jerem. Hoelzlini, Lugd. Batav. 1641.

Appiani Historia Romana, Editio Tollii Græco-Latina. Amstel. 1670.

Excerpta ex Appiano, vide Valesium.

L. *Apuleji* Opera, cum Commentario Phil. Beroaldi & Godeschalk Stewechii. Basil. 1560.

Aristophanis Comœdiæ IX. Græcè cum Scholiaste Græco, Florentiæ per Hæredes Philippi Juntæ 1525.

Aristotelis Opp. curante Is. Casaubono, Edit. Gr. Lat. Lugd. 1590.

Arriani Tactica, Periplus Ponti Euxini & Cynegeticus, Editio Nicolai Blancardi. Amsteld. 1683.

Ejusdem Expeditiones Alexandri Magni & Indica, Editio Blancardi. Amst. 1668.

Athenæi Dipnosophistarum Libri XV. Edit. Græca. Basil 1535.

Versio Latina Dalechampii. Lugduni 1583. Les pages sont citées suivant cette Edition.

Is. Casauboni Animadversiones in Athenæum, Lugduni 1621.

Audradi Modici Revelationes, apud Duchesne in Scriptoribus Rerum Francicarum.

Augustini de Civit. Dei Libri XXII. cum Commentario L. Vivis. Lugduni apud Hæredes Jacobi Juntæ, 1562.

Aurelii Victoris Historiæ Romanæ Breviarium,

DES AUTEURS.

rium, & Cæsares. Edidit Anna Faber. Parif. 1681.
Aufonii Burdigalenfis Opp. Amftelod. 1631.

B.

Bajuvariorum Leges, vide Lindenbrog.
Bertii Theatrum. Amftelod. 1619.
Sam. *Bocharti* Geographia Sacra. Francof. 1674.
Mr. le Comte de *Boulainvilliers*, Etat de la France Tom. I. & II. Londres 1727.
Burgundionum Leges, vide Lindenbrog.
Byzantinæ Hiftoriæ Scriptores, Tom. I. Paris 1648. Tom. II. 1649.

C.

Julii *Cæfaris* Commentarii, Editio Chr. Cellarii. Lipf. 1731.
Calpurnius Flaccus, vide Quintilian.
Calvifii (Sethi) Opus Chronologicum. Francof. 1630.
Julius *Capitolinus*, cum notis Variorum, Lugd. Bat. 1671.
Magni Aurelii *Caffiodori* Opera, Studio Joh. Garetii. Rotomag. 1679.
Cato, vide R. Ruft. Aut.
Chriftoph. *Cellarii* Differtationes Academicæ, de Initiis cultioris Germaniæ, de Cimbris & Teutonis, de Bello Jul. Cæfaris contra Arioviftum. Lipf. 1712.
Chronicon Pafchale, aliter Fafti Siculi, vel Chro-

TABLE

Chronicon Alexandrinum. Editio Caroli du Fresne. Paris. 1688.
M. T. *Ciceronis* Opera, Edit. Gronovii 1692.
Claudianus. Amstel. 1628.
Clementis Alexandrini Opera, curâ Joh. Potteri Episc. Oxoniens. Oxonii 1715.
Philippi *Cluverii* Germania Antiqua. Lugd. Batav. 1631.
  Ej. Italia Antiqua. Guelferbiti 1658.
  Ej. Sicilia Antiqua, Sardinia, Corsica. Guelferb. 1659.
  Ej. Introductio in Universam Geographiam, studio Joh. Bunonis. Guelferb. 1667.
L. Columella, inter Rei Rusticæ Auctores Latinos apud Hier. Commelinum, 1595.
Cornelius Nepos. Editio Cellarii. Lips. 1694
Q. Curtius Rufus, Genev. 1645.
Cyrilli Alexandrini, Libri adversùs Julianum, in Operibus Juliani.

D.

Excerpta ex *Dexippo*, inter Excerpta Legationum.
Dio Cassius, cum Epitomatoribus Xiphilino & Theodosio. Hanoviæ 1606.
  Excerpta ex *Dione*, vide Valesium.
Diodorus Siculus. Editio Græca Henrici Stephani 1559.
Excerpta ex *Diodoro*, vide Valesium, & Hoeschelium.

Dio-

DES AUTEURS.

Diogenis Laertii Vitæ Philosophorum. Editio Menagii, Amstel. 1692.
Dionis Chrysostomi Orationes LXXX. curante Fr. Morello. Paris. 1604.
Dionysius Halicarnassæus. Editio Græco-Lat. Lips. 1691.
   Excerpta ex *Dionysio*, vide Valesium.
Dionysii Periegetis Orbis Descriptio. Editio Guill. Hill. Londin. 1679.
Dissertations Historiques sur divers sujets d'Antiquité, & autres Matières qui la concernent, à Paris chez Pierre Cot. 1706.
And. *Duchesne*, Scriptores Rerum Francicarum Tom. I. & II. Paris. 1636.

E.

Eginhardi Vita Caroli Magni, Duchesne Tom. II. Alia Editio Helmstadt. 1667.
Eumenius, vide Panegyricos Veteres.
Excerpta ex *Eunapio*, vide Excerpta Legationum.
Eusebii Chronicon Græcum, cum versione Latina Hieronymi, in Thesauro Temporum Jos. Scaligeri.
   Ejusdem Præparatio Evangelica, Editio Francisci Vigeri. Paris. 1628.
Eutropius. Editio Cellarii. Cizæ 1678. vide Paulum Diaconum.
Excerpta de Legationibus. Editio Græca Hoeschelii. Aug. Vindelic. 1603.
   Versio Latina Cantoclari. Paris. 1609.
   Editio Græco-Latina apud Scriptores
                                  Hist.

TABLE

Hist. Byzantinæ Tom. I. Les pages sont citées suivant cette Edition.

F.

Sextus Pompejus *Festus* de Verborum Significatione, ex Bibliotheca Fulvii Ursini, apud Petrum Santandreanum 1583.
Festus Pauli Diaconi, inter Latinæ Linguæ Auctores.
L. Annæus *Florus*, Hafniæ 1700.
Catalogue des Ouvrages de Mr. *Fourmont*, Amsterd. 1731.
Fredegarii Epitome Histor. Francor. Duchesne Tom. I.
Frontinus, vide Vegetium.
Annales *Fuldenses*, Duchesne Tom. II.

G.

Vulcatius *Gallicanus*, cum notis Variorum. Lugd. Batav. 1671.
La Religion des *Gaulois*, tirée des plus pures sources de l'Antiquité par le R. P. Dom..., Bénédictin de la Congrégation de S. Maur. 1727.
Joh. Werner *Gerike* Schottelius illustratus & continuatus. Lipf. 1718.
Gesta Francorum, Duchesne Tom. I.
Glossarium Lindenbrogii, ad calcem Codicis Antiquarum Legum.
Boxhornii, in Collectaneis Leibnitzii.
Isidori, in Latinæ Linguæ Auctoribus.

Mi-

DES AUTEURS.

Michael *Glycas.* Editio Philippi Labbe, Parif. 1660.
Gregorii Turonensis Historia Francorum; Duchesne Tom. I.
Hugon. *Grotii* Historia Gothorum, Vandalorum & Longobardorum, Amst. 1655.

H.

Pauli *Hachenberg* Germania Media, recensente Guil. Turckio, Halæ 1735.
Helmoldi Chronicon Slavorum, Francof. 1556.
Herodianus, cum versione Angeli Politiani, Basil. 1549.
Herodotus. Editio Henrici Stephan. Genev. 1618.
Hesiodi Opera, Lipsiæ 1591.
Hieronymi Chronicon, vide Eusebium.
D. *Hieronymi* Opera, Francof. & Lipsiæ, 1684.
Iter *Hierosolymitanum*; in Theatro Bertii.
Hoeschelius, vide Excerpta Legationum.
Homerus. Editio Spondani, Basileæ 1606.
Horatius. Editio Joh. Bond. Lugd. Batav. 1606.
Francisci *Hotomanni* Franco-Gallia, Francof. 1665.

I.

Idatii Chronicon; apud Duchesne Tom. I.
Ej. Fasti Consulares; in Thesauro Temporum Scaligeri.

TABLE

Johannis Biclariensis Chronicon; in Thesauro Temporum Scaligeri.

Jornandis Historia Gothorum; apud Grotium.

Flavii *Josephi* Opera. La version de Mr. d'Andilly. Amst. 1715.

Isidori Hispalensis Originum Libri XX; inter Latinæ linguæ Auctores.

  Ej. Chronicon; apud Grotium.

Juliani Imperatoris Opera. Editio Ezech. Spanhemii, Lips. 1696.

Julii Honorii Oratoris Excerpta quæ ad Cosmographiam pertinent. Editio Gronovii, Lugd. Bat. 1696.

D. *Junii Juvenalis*, & *A. Persii Flacci* Satyræ, Amstel. 1648.

Justinus cum notis Variorum, Amstelod. 1659.

K.

Joh. Georg. *Keysleri* Antiquitates selectæ Septentrionales & Celticæ, Hanoveræ 1720.

L.

Ælius *Lampridius* cum notis Variorum, Lugd. Batav. 1671.

Latinæ linguæ Auctores in unum redacti corpus, curâ Dionysii Gothofredi, Genev. 1602.

Godofr. Guil. *Leibnitzii* Dissertatio de Origin. Gentium; in Miscellaneis Berolinensibus Tom. I.

DES AUTEURS.

Ejusdem Collectanea Etymologica, Hanoveræ 1717.
Joh. *Limnæi* Jus Publicum Romani Imperii, Argentorati 1645.
Friderici *Lindenbrogii* Codex Legum Antiquarum, Francof. 1613.
Lipsii Epistolæ, Lugd. Bat. 1618.
Titus *Livius*. Editio J. Frid. Gronovii, Lugd. Batav. 1654.
Longobardorum Leges, vide Lindenbrogium.
Lucanus. Editio Hug. Grotii 1614.
Luciani Opera. Editio Bourdelotii, Paris. 1615.

M.

Aurel. Theodosii *Macrobii* Opera, cum notis Pontani, Meursii, & Jac. Gronovii, Londin. 1694.
Excerpta ex *Malcho*; in Excerptis Legationum.
Claudius *Mamertinus*; inter Panegyricos Veteres.
Marcellini Comitis Chronicon; apud Duchesne Tom. I. & in Thesauro Temporum Scaligeri.
Marciani Heracleotæ Carmen Jambic. de situ Orbis, Paris 1606.
Marculphi Formulæ; apud Lindenbrogium.
Marii Aventicensis Chronicon; apud Duchesne Tom. I.
Martialis Epigrammata, Paris. 1533.
Bruzen la *Martiniere* Dictionaire Géographique, 1726.

Joh.

TABLE

Joh. Jac. *Mafcau* Gefchichte der Teutfchen bifs zu Anfang der Fränckifchen Monarchie ; c'eft-à-dire : *Hiftoire d'Allemagne jufqu'au commencement de la Monarchie des Francs*, Lipf. 1726.

Ej. Gefchichte &c. Tom. II. Lipf. 1737.

Anton. *Matarelli* Refponfio ad Francifci Hotomanni Franco-Galliam, Francof. 1665.

Maximi Tyrii Differtationes, Oxon. 1677.

Pomponius *Mela*. Editio Gronovii, Lugd. Bat. 1696.

Mezeray Abregé Chronologique de l'Hiftoire de France, Brux. 1700.

Hiftoire de France avant Clovis, Amft. 1701.

N.

Nazarius ; inter Panegyricos Veteres.
Nonni Dionyfiaca. Editio Græca, Antv. 1569.
Notitia Vetus ; apud Duchefne.

O.

Excerpta ex *Olympiodoro* ; inter Scriptores Hiftoriæ Byzantinæ.

Paulus *Orofius*, Coloniæ 1542.

Ortelii Tabulæ Geographicæ ; in Theatro Bertii.

Ovidii Nafonis Opera. Editio Heinfii, Lipf. 1697.

P.

Latinus *Pacatus* ; inter Panegyricos Veteres.

Pane-

DES AUTEURS.

Panegyrici Veteres in ufum Delphini. Editio Jacobi de la Baune, Parif. 1676.
Pauli Diaconi de Geftis Longobardorum Libri VI; apud Grotium.
  Ej. Eutropius, five Hiftoria Mifcellanea, Bafileæ 1532.
Paufaniæ Græciæ Defcriptio, cum notis Joach. Kuhnii, Lipf. 1696.
D. *Petavii* Rationarium Temporum, Franeq. 1689.
Petronii Satiricon. Editio Jani Doufæ 1585.
Excerpta ex *Petro* Patricio; in Excerptis Legationum.
Pezron Lettre fur l'Origine des Celtes; in Collectaneis Leibnitzii.
Antiquité de la Nation & de la Langue des Celtes, par le R. P. Dom P. Pezron, Paris 1703. NB. Je n'ai vû ce Livre, plein de chimères & de vifions, qu'après avoir achevé le premier Livre de mon Ouvrage.
Perfius, vide Juvenalem.
Pindari Editio Græca, Romæ, per Zachariam Calergi Cretenfem, permiffu Leonis X. cum Scholijs Græcis, 1515.
Pindarus. Editio Henrici Stephani, 1612.
Platonis Opera, cum Verfione Marfilii Ficini, Francof. 1602.
Plinii Hiftoria Naturalis. Editio Joh. Harduini, Parif. 1685.
Plinii Secundi Epiftolæ & Panegyricus. Editio Cellarii, Lipf. 1700.
Plutarchi Opera. Editio Græco-Latina, Parif. 1624.

TABLE.

Julii *Pollucis* Onomafticon. Gr. Lat. Francof. 1608.

Polybius. Editio Cafauboni, Francof. 1609.

Prideaux Humphrey, Hiftoire des Juifs, Amft. 1722.

Excerpta ex *Prifco* Rhetore; in Excerptis Legationum.

Procopii Opera. Editio Cl. Maltrete, Parif. 1662.

Profperi Aquitani Chronicon; apud Duchefne Tom. I. & in Thefauro Temporum Scaligeri.

Prudentii Opera, Colon. 1701.

Ptolemæus Geographus; in Theatro Bertii.

Q.

M. Fabii *Quinctiliani*, ut ferunt, & *Calpurnii Flacci* Declamationes, curante Pet. Burmanno, Lugd. Bat. 1720.

R.

Ravennas Geographus. Editio Gronovii, Lugd. Batav. 1696.

Rofini Antiquitates Romanæ, Colon. 1619.

Dictionaire François-Celtique, par le R. P. Gregoire de *Roftrenen*, Rennes 1732.

Rei *Rufticæ* Auctores Latini Veteres, M. Cato, M. Varro, L. Columella, Palladius. Typ. Hieron. Commelini 1595.

Sexti *Rufi* Breviarium. Editio Cellarii, Cizæ 1679.

Ru-

DES AUTEURS.

Rutilii Itinerarium. Editio Simleri, Basileæ 1575.

S.

Saluſtius, Francof. & Lipſ. 1706.
Joſephi *Scaligeri* Theſaurus Temporum, Amſtelod. 1658.
   Ejusd. Epiſtolæ, Francof. 1628.
Elias *Schedius* de Diis Germanorum, Amſtelod. 1648.
Juſt. Georg. *Schottelius*, de quibuſdam ſingularibus & antiquis in Germania Juribus & Obſervatis, Francof. & Lipſ. 1718.
Senecæ Tragœdiæ, Amſtel. 1676.
   Ej. Opera. Editio Andreæ Schotti 1603.
Servii Commentarius in Virgil. Gen. 1610.
Sidonii Apollinaris Opera. Edit. Sirmond. Pariſ. 1652.
C. *Silii* Italici Punica. Editio Dauſqueji, Pariſ. 1618.
Socratis Hiſtoria Eccleſiaſtica; in Hiſtor. Eccleſ. Scriptoribus Græcis, Genev. 1612.
Solini Polyhiſtor. Editio Urſtiſii, Baſil. 1576.
Sozomeni Hiſtoria Eccleſiaſtica; in Hiſt. Eccleſ. Script. Græcis, Genev. 1612.
Ælius *Spartianus*, Lugd. Bat. 1671.
Pub. Pap. *Statius*. Editio J. Frid. Gronovii, Amſtelod. 1653.
Stephanus Byzantinus de Urbibus, cum notis Berkelii, Lugd. Bat. 1688.
Caroli *Stephani* Dictionarium Hiſtoric. Geograph. Poëticum &c. curâ Nicolai Loydii, Oxon. 1671.

Joan.

TABLE

Joan. *Stobæi* Loci communes Sacri & Profani, Francof. 1581.
Strabonis Opera. Editio Casauboni, Parif. 1620.
Philip Johann von *Stralenberg* das Nord- und Ostliche Theil von Europa und Asia; c'est-à-dire: *Description des Parties Septentrionales & Orientales de l'Europe & de l'Asie*, Stokholm 1730.
Suetonius Variorum. Editio Schildii, Lugd. Bat. 1656.
Suidæ Lexicon. Edit Küsteri, Cantabrig. 1705.

T.

Cornelii *Taciti* Opera. Editio Ryckii, Lugd. Bat. 1687.
Tertullianus. Editio Rigaltii, Parif. 1641.
Theophylactus Simocatta; inter Scriptores Historiæ Byzantinæ.
Thucydidis Opera, Oxoniæ 1696.
Trebellius Pollio, Lugd. Bat. 1671.

V.

Valerii Flacci Argonautica, Lipf. 1630.
Valerius Maximus. Editio Vorstii, Berolin. 1672.
Henrici *Valesii* Excerpta ex Nicolao Damasceno, Dionysio Halicarn., Appiano, Dione &c. Parif. 1634.
Varro de Lingua Latina; inter Lat. Ling. Auctores.
 Ej. Opera quæ extant. Edit. Popmæ, Lugd. Bat. 1650.

Idem

DES AUTEURS.

Idem, vide Rei Ruſt. Auctores.
Jul. Fl. *Vegetius* de Re Militari, accedunt Frontini Stratagemata &c. ex Officina Plantiniana Raphelengii 1607.
Vellejus Paterculus. Editio Voſſii, Francof. 1647.
Vibius Sequeſter de fluviis, fontibus, montibus. Editio Simleri, Baſil. 1576.
Victoris Tununenſis Chronicon; in Theſauro Temporum Scaligeri.
Chronologie de l'Hiſtoire Sainte, par *Alph. Des-Vignoles*, Berlin 1738.
Virgilius cum notis ſelectiſſimis Servii, Donati &c. Lugd. Batav. 1661.
M. *Vitruvii* Pollionis de Architectura Lib. X. Amſtelod. 1649.
Vopiſcus, Lugd. Bat. 1671.

X.

Xenophontis Opera, Verſio Latina Henrici Stephani.

Z.

Zoſimus, curante Cellario, Cizæ 1679.

TABLE DES CHAPITRES,

& des principales Matières

Contenues

DANS CE VOLUME.

LIVRE PREMIER.

Chapitre Premier.

Les Celtes faisoient partie des anciens Scythes. 1. Les Auteurs de la première Antiquité distinguent les Scythes Européens en Hyperboréens, Sauromates & Arimaspes. 2. Les Sauromates conservent encore aujourd'hui ce Nom. *ibid.* Les Hyperboréens sont les Celtes. *ibid.* Les Arimaspes sont peut-être un peuple fabuleux. 9.

Chapitre II.

Les plus anciens Auteurs qui ont parlé des Hyperboréens, ne remontent pas au delà de la L. Olympiade. 11. Les Celtes & les Sarmates sont les deux peuples qui occupoient autrefois toute l'Europe. 12. Caractère des Sarmates. 14. Caractère des Celtes. 15. Depuis que les Celtes & les Sarmates ont été connus, plusieurs Auteurs n'ont pas laissé de
les

TABLE DES CHAPITRES.

les confondre sous le Nom général de Scythes. 17. Difficulté qui naît de cette inexactitude. *ibid.* Selon les apparences, les Celtes & les Sarmates étoient les mêmes peuples que l'on appelloit en Asie Medes & Perses. 18.

Chapitre III.

Les Celtes occupoient anciennement la plus grande partie de l'Europe. 19. Cluvier l'a entrevû. 20. Le P. Pezron s'étoit proposé de le prouver. 21. Preuve générale : Les Anciens n'assignent point d'autres limites à la Celtique, que les bornes même de l'Europe. 22.

Chapitre IV.

Preuves particulieres. 25. Les anciens habitans de l'Espagne & du Portugal étoient Celtes. 26.

Chapitre V.

Les anciens Gaulois étoient Celtes. 29.

Chapitre VI.

Les anciens Germains étoient Celtes. 34. Les habitans de la Scandinavie étoient Celtes. 37. Il y avoit des Celtes en Pologne. 39. Et en Moscovie. *ibid.*

Chapitre VII.

Les peuples de l'Angleterre étoient Celtes. 40. Les Pictes ou Ecossois étoient Celtes. 42. Et les Irlandois. *ibid.*

TABLE
Chapitre VIII.

Les peuples établis au Midi & au Nord du Danube, depuis Carnuntum jusqu'au Pont-Euxin, étoient Celtes. 45. Au-delà du fleuve étoient les Getes & les Daces, qui étoient Celtes. *ibid*. En deçà du fleuve étoient plusieurs peuples reconnus pour Celtes. 48. C'est-là qu'étoient établis les Gaulois qui rechercherent l'alliance d'Alexandre le Grand. *ibid*. Et ceux qui, après avoir pillé la Grèce & le Temple de Delphes, allerent s'établir dans l'Asie Mineure. 51. Les Scordisces étoient Celtes ou Gaulois. 54. Les Bastarnes. 56. Les Boïens. 59. Les Taurisces. 60. Les Japodes. 62. Origine du nom de Pannoniens. *ibid*. Cluvier relevé. 63. Scaliger relevé. 64.

Chapitre IX.

Les anciens habitans de la Grèce étoient Scythes, & le même peuple qui reçut ensuite le nom de Celtes. 66. Première preuve, tirée de l'ancienne Histoire des Grecs. 68. Seconde preuve, tirée de la Religion des Pelasges ou anciens Grecs. 76. Troisième preuve, prise de la Langue Grècque. 80. Quatrième preuve, tirée des Fables & de la Mythologie des Grecs. 84.

Chapitre X.

Des anciens habitans de l'Italie. 87. Les Ligures étoient Celtes. 89. Les peuples qui demeuroient depuis les Alpes jusqu'à l'Appennin, étoient Celtes. 91. Les Peuples que les Gaulois depossederent lorsqu'ils firent irruption

DES CHAPITRES.

tion en Italie, étoient les Umbres & les Tusces. 92. Les Umbres étoient Gaulois. 93. Il y a apparence que les Tusces l'étoient aussi. *ibid.* Histoire abregée des peuples qui demeuroient depuis l'Appennin jusqu'au Détroit de Sicile. 95. Sentiment de l'Auteur là-dessus. 99. Er sur les Sicules, les Aborigines, les Pelasges. 100. Sur les Tusces. 101. Sur les Troyens. 103. Refléxion sur l'Origine des Romains. 105.

Chapitre XI.

Des anciens habitans de la Sicile. 111.

Chapitre XII.

Le climat des Gaules, de la Germanie & de la Thrace doit avoir été autrefois beaucoup plus froid qu'il ne l'est aujourd'hui. 120.

Chapitre XIII.

De l'Origine des peuples Celtes. 124.

Chapitre XIV.

Des divers noms que les peuples Celtes portoient anciennement. 137. Du nom de Scythes. 143. Du nom d'Iberes. 147. Du nom de Gaulois. 149. Du nom de Teutons. 152.

Chapitre XV.

De la langue des anciens Celtes. 155. Les Celtes avoient anciennement la même langue. 156. Première preuve. *ibid.* Seconde preuve. 158.

TABLE

158. Troisième preuve. 160. Quatrième preuve. 161. La langue Allemande est un reste de l'ancienne langue des Celtes. 165. Première preuve. *ibid.* Seconde preuve. 169. Objections. 176. Refutées. 178.

LIVRE SECOND.

CHAPITRE PREMIER.

Dessein de ce Livre & des suivans. 193. Refléxion préliminaire : Les véritables coûtumes des Celtes doivent être cherchées parmi les peuples qui n'entretenoient aucun commerce avec les Nations étrangeres. 194. 195. Les Celtes avoient reçû de la Nature 196. Une grande taille. 199. Beaucoup d'embonpoint. 202. Des chairs blanches, des couleurs vives. *ibid.* Des yeux bleus. 203. Ils avoient le regard farouche & menaçant. 204. Des cheveux blonds. *ibid.* Un tempérament robuste & vigoureux. 205. 206. Mais qui supportoit mieux le froid que la chaleur. 206. 207. Et qui ne duroit point à la fatigue. 207.

CHAPITRE II.

Manière de vivre des peuples Celtes. 208. Les Scythes vivoient des fruits que la terre produit naturellement, de la chasse, du lait & de la chair de leurs troupeaux. 209. Les peuples Celtes se nourrissoient anciennement de la même manière. 210. Les Gaulois. 211. Les Germains. 213. La Biere étoit la boisson commune des peuples Celtes. 216. Les peuples Celtes n'ont commencé que fort tard à boire du Vin & à planter des vignes. 219. 220. Les Celtes

Celtes prenoient leurs repas assis devant une table. 223. 224. Leur vaisselle étoit de bois ou de terre. 225. Ils bûvoient dans des Cruches de terre, de bois ou d'argent. 226. Dans les Festins on présentoit à boire dans des Cornes. 226. 227. Ou dans des Cranes humains. 228.

Chapitre III.

On a accusé les peuples Scythes & Celtes d'être Antropophages. 234. Il y a apparence que cette imputation est fausse. 240. Les Sarmates avoient une manière de vivre différente de celle des Celtes. 247. Usage que l'on peut faire de cette remarque. 250. Manière dont les peuples Celtes faisoient leur sel. 253.

Chapitre IV.

Les Celtes étoient de grands Dormeurs. 254. Ils couchoient à terre, & tout habillez. 255. Ils aimoient la propreté. 256.

Chapitre V.

Les peuples Celtes n'avoient anciennement point de demeure fixe. 259. Ils demeuroient sur des chariots. 260. Lors même que ces peuples eurent commencé de s'appliquer à l'Agriculture, ils ne renoncerent pas d'abord à la vie errante & vagabonde à laquelle ils étoient accoûtumez. 266. Tous les ans ils changeoient de demeure & cultivoient de nouvelles terres. 266. 267. Aussi long-tems qu'ils n'eurent point de demeure fixe, ils cachoient leur moisson dans des cavernes soûterreines. 270. Lorsque les peuples Celtes

TABLE

prirent le parti de se fixer dans un païs & de se loger dans des maisons, ils ne bâtirent cependant ni Ville ni Village. 272. 273. Chaque particulier occupoit un certain terrein, & bâtissoit au milieu de sa possession. 274. C'est l'origine de ce qu'on appelloit un Canton. 275. Tous les peuples de l'Europe étoient anciennement partagez en Cantons. 275. 276. Les peuples Celtes fuyoient le sejour des villes. 278. Au lieu d'en bâtir, ils ruinoient celles qui tomboient entre leurs mains. 280. Les Espagnols, les Gaulois & les Thraces ont eu des Villes de bonne-heure, en comparaison des autres peuples Celtes. 282. 283. Changement remarquable arrivé dans les Gaules vers le IV. & V. Siécle. 284. 285.

CHAPITRE VI.

Manière dont les peuples Celtes étoient habillez. 286. Il est assez vraisemblable que les plus anciens habitans de l'Europe ne connoissoient point l'usage des habits. 287. La plupart des peuples Celtes traçoient sur leur corps des figures de toute sorte d'animaux. 289-291. Ces figures servoient à distinguer les conditions & les familles. 292. 293. Il faut par consequent que ces peuples fussent nuds. 293. Les premiers habits des Celtes étoient de peau. 298. Ensuite ils en eurent de toile. 299. Et enfin d'étoffes de laine. 300. L'habillement des peuples Celtes consistoit 1 dans le Saye. 301. 2 Les Brayes. 307. 3 La Tunique. 309. Les Celtes ne paroissoient point en public sans leurs armes. 315.

CHA-

DES CHAPITRES.

CHAPITRE VII.

On reconnoiſſoit les Celtes à leurs longs cheveux. 323. 324. Qu'ils teignoient en rouge. 325. On diſtinguoit les peuples par la manière différente dont ils accommodoient leurs cheveux. 328, 329.

CHAPITRE VIII.

Les biens des peuples Celtes ne conſiſtoient anciennement ni en maiſons & en terres. 340. Ni en or & en argent. 341. Le bétail & les eſclaves étoient leurs ſeules richeſſes. 342. Ils ne s'appliquoient ni à l'Agriculture. 344. Ni aux Arts méchaniques. 346. Ni aux Sciences. 348.

CHAPITRE IX.

Toutes les études des Celtes ſe reduiſoient à apprendre par cœur des Hymnes. 349. 350. Que les Bardes compoſoient. 351. Sujet de ces Poëmes. 355. Forme de ces Poëmes. 360. On les chantoit au ſon d'un inſtrument. 361. Et en danſant. 362.

CHAPITRE X.

Les peuples Celtes tenoient à déshonneur de ſavoir lire ou écrire. 379. L'ignorance des lettres eſt la véritable origine de la Poëſie. 384. Les Grecs ont reçu leurs lettres des Phéniciens. 385. Ils les ont reçues beaucoup plus tard que le commun des Auteurs ne le prétend. 390. Les Latins ont reçu leurs lettres des Grecs. 393. Mais long-tems après la fondation

TABLE

dation de Rome. *ibid.* Les Gaulois ont reçû leurs lettres des Grecs. 397. Les Germains les ont reçues, les uns des Latins, & les autres des Grecs. 399.

Chapitre XI.

La Guerre étoit la seule profession de tous les peuples Celtes. 406. Ils y attachoient la gloire. 409. La justice. 414. Le salut. 419. Ces principes avoient une influence générale sur la manière de vivre des peuples Celtes. 420. Ils étoient toûjours en guerre avec quelqu'un de leurs voisins. 420. 421. Le grand but de l'Assemblée que les peuples Celtes tenoient au commencement de chaque printems, étoit de résoudre où l'on porteroit la guerre pendant cette année. 422. Au défaut d'une guerre générale, on autorisoit dans l'Assemblée des guerres particulieres. 424. Les Celtes fournissoient des Troupes à tous ceux qui leur en demandoient. 427. Quand le soldat Celte n'étoit pas employé au dehors, les peuples se dechiroient au dedans par des guerres civiles. 431. Les particuliers vuidoient ordinairement leurs différens à la pointe de l'épée. 434. Le Magistrat étoit obligé d'y consentir. *ibid.* On se battoit en duel pour les Charges. 436. Pour les Dignitez Ecclésiastiques. *ibid.* Et souvent de gayeté de cœur, pour faire parade de sa bravoure. 437. 438. Les braves se tuoient eux-mêmes, quand ils n'étoient plus propres pour la guerre. 441. Les anciens habitans de la Grèce & de l'Italie n'avoient aussi point d'autre profession que celle des armes. 442.

Cha-

DES CHAPITRES.

Chapitre XII.

Leurs exercices étoient tous militaires. 444. Ils avoient pour but d'endurcir le corps. *ibid.* 445. De le rendre léger. 445. On les exerçoit à paſſer à la nage les fleuves les plus larges & les plus rapides. 447. La Chaſſe étoit auſſi l'un de leurs exercices favoris. 449. Ils s'exerçoient ſur-tout à la chaſſe de l'Elan. 451. Et de l'Urus. 452. Les Feſtins étoient la grande récréation des peuples Celtes. 463. Les peuples Scythes & Celtes cultivoient la Muſique. 485.

Chapitre XIII.

Caractère des peuples Celtes. 489. Ils étoient d'un tempérament vif & bouillant. 491. Ils avoient l'eſprit ouvert. 493. Le cœur bon. 494. Ils étoient auſſi légers. *ibid.* 495. Curieux. 495. Fiers. 496. Inſupportables dans la proſperité. 497. Abattus dans l'adverſité. *ibid.* Et outre cela coleres & emportez. *ibid.*

Chapitre XIV.

Les vertus communes à tous les peuples Celtes étoient l'amour de la Liberté. 499. Idée qu'ils avoient de la Liberté. *ibid.* Ils prenoient de ſages précautions pour l'aſſurer au dedans. 501. Ils la défendoient avec vigueur contre les ennemis de dehors. 503. Ils la préféroient à la vie. 505. Et ſe tuoient eux-mêmes pour éviter la ſervitude. *ibid.* Les femmes des Celtes témoignoient le même attachement pour la Liberté. 509.

CHA-

TABLE DES CHAPITRES.

Chapitre XV.

La Valeur étoit la grande vertu des peuples Celtes. 519. Ils s'y engageoient par des vœux solemnels. 520. Vaincre ou mourir étoit leur devise. 521. Les Romains ont rendu justice à leur valeur. *ibid.* 522. Les Grecs aussi les ont redouté. 523.

Chapitre XVI.

De l'Hospitalité des peuples Celtes. 530.

Chapitre XVII.

Les autres vertus des Celtes étoient : la Frugalité. 537. L'amour de la Justice. 540. L'Union & la Concorde. 543. La Sincerité & la Fidélité. 546.

Chapitre XVIII.

Les Vices capitaux des Celtes étoient : la Ferocité. 556. La Paresse. 559. L'Yvrognerie. 562.

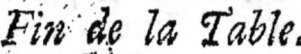

Fin de la Table.

HIS-

HISTOIRE DES CELTES.

LIVRE PREMIER,

Qui traite de l'Origine des Celtes, des Païs qu'ils occupoient anciennement, des differens Noms qu'ils ont porté, & de la Langue ancienne de ces Peuples.

CHAPITRE PREMIER.

LES Celtes ont été compris anciennement sous le nom général de Scythes, que les Grecs donnoient à tous les peuples qui habitoient le long du Danube, & au delà de ce fleuve, jusques dans le fond du Nord (a).

Les Celtes faisoient partie des anciens Scythes.

Stra-

(a) *De priscorum Græcorum sententia hoc dico, quod nota versus*

2 HISTOIRE

Chap. I.

Les Auteurs de la première Antiquité distinguent les Scythes Européens en Hyperboréens, Sauromates, & Arimaspes.

Les Sauromates conservent encore aujourd'hui ce nom.

Les Hyperboréens sont les Celtes.

Strabon nous apprend ,, que les Auteurs (b) ,, de la prémiere Antiquité distinguoient les ,, Scythes établis au dessus du Pont Euxin, ,, du Danube, & de la Mer Adriatique, en ,, Hyperboréens, Sauromates, & Arimaspes; ,, & ceux qui sont au delà de la Mer Caspien- ,, ne, en Saces & Massagetes. ,, Les prémiers étoient donc établis en Europe, & les seconds avoient leurs demeures en Asie. Comme mon Plan ne m'appelle à present qu'à parler des Scythes Européens, je ne dirai rien ici des Saces & des Massagetes.

Les Sauromates ou Sarmates sont connus encore aujourd'hui sous le même nom, qui sert à désigner en commun tous les peuples qui parlent la langue Esclavonne; les Moscovites, les Polonois, les Bohémiens, les Venedes, & plusieurs autres. Les Hyperboréens sont les Celtes établis autour des Alpes, & du Danube, comme je le prouverai après quelques Réflexions préliminaires, que je dois faire

---

versus Septentrionem gentes uno prius nomine, omnes vel Scythæ, vel Nomades ut ab Homero appellabantur; ac postea temporis, cognitis regionibus occiduis, Celtæ, Iberi, aut mixto nomine Celtiberi ac Celtoscythæ; cum prius ob ignorationem, singula gentes, uno omnes nomine afficerentur. Strabo, Lib. I. p. 33. *Veteres Græcorum Scriptores universas gentes Septentrionales Scytharum & Celtoscytharum nomine affecerunt.* Strabo Lib. XI. p. 507.

(b) *Iis autem antiquiores ita diviserunt eas, ut qui supra Euxinum, Istrum, & Adriam, eos omnes Hyperboreos, Sauromatas, & Arimaspos appellarent, qui trans mare Caspium Sacas alios, alios Massagetas vocarunt.* Strabo Lib. XI. p. 507. Ces Auteurs plus anciens sont, selon les apparences, Aristeas de Proconnese, Isigonus de Nicée, Ctesias, Onesicritus, Polystephanus, Hegesias, qui, au rapport d'Aulu-Gelle, étoient remplis de fables & de choses incroiables. A. Gell. Noct. Attic. Lib. IX. Cap. IV. p. 246.

re sur leur sujet. On les plaçoit au delà des monts (c) Riphéens; cela est bien jusques là, les monts Riphéens des plus anciens Auteurs font les Alpes; mais on vouloit encore, qu'ils fussent situez sous le Pole Arctique, & par conséquent dans un climat extrêmement froid, où l'air étoit toûjours emplumé (d), c'est à dire plein de neige, & où le Soleil ne paroissoit point, pendant six mois entiers de l'année. Comme l'opinion commune étoit, que le Vent du Nord (*Boreas*) sortoit des monts Riphéens, on conclut delà, qu'il ne souffloit point chés les peuples qui avoient leurs demeures au delà de cette chaine de montagnes : & c'est delà qu'il reçûrent le nom d'*Hyperboréens*, ou de gens qui demeurent au delà du vent du Nord (e). Cette fausse position, que l'on avoit donnée dans le commencement au païs des Hyperboréens, fut une source d'erreur, pour les Géographes & pour les Historiens, qui écrivirent dans les siècles suivans. Comme on s'apperçut, lorsque les Gaules & la Germanie eurent été découvertes, que le vent du Nord y souffloit comme
par

(c) Solin. cap. XXVI. Plin. Hist. Nat. L. IV. c. XII. p. 471. Strabo L. I. p. 62. Pomp. Mela L. III. cap. V. p. 77. Clemens Alexandr. Strom. L. I. c. XV. p. 359. Stephanus de Urb. in Ripæis & Hyberboreis, p. 654. 727.

(d) Πτεροφόρος. Solin, lub. sup.

(e) Apollonius *Argonautic.* L. IV. vs. 285. dit que les sources du Danube sont ὑπὲρ πνοιῆς Βορέαο, Ῥιπαίοις ἐν ὄρεσσιν, c'est à dire, au delà des haleines du vent Boreas, dans les monts Riphæens. *Hyperborei* supra Aquilonis flatum habitantes. P. Festus Pauli Diaconi p. 297. Virgil. Georg III. vs. 196. & Notas Servii.

par-tout ailleurs; comme on n'y trouva, ni cette terre voisine du Pole, & toûjours couverte de neige, ni ce jour & cette nuit de six mois, dont les anciens avoient parlé, on fut obligé de reculer toûjours vers le Nord, tant les monts Riphéens, que les peuples qui étoient assis au pied de ces montagnes, ou de les placer au moins dans quelque païs inconnu, où personne n'avoit encore pénétré. Au lieu donc que les plus anciens Auteurs (*f*) s'étoient accordez à dire que les Hyperboréens étoient établis autour des sources du Danube, ceux qui vinrent dans la suite jugérent plus à propos de les transporter aux (*g*) extrémitez Septentrionales de l'Europe, & de mettre, en la place du Danube, le Tanaïs, qu'ils faisoient descendre de certains monts Riphéens qui ne subsistérent jamais, que dans leur imagination. D'autres placérent les Hyper-

---

(*f*) On remarque cette différence & ce changement des Auteurs, dans l'Ouvrage d'Etienne de Bysance, qui, après avoir cité les Anciens, cite ensuite les Modernes. Voici ses paroles. *Hyperborei, gens. Protarchus autem sc. asserit, Alpes Rhipæos montes sic appellatos esse, & omnes sub Alpinis montibus habitantes Hyperboreos nominari.* C'est le sentiment des plus anciens Auteurs. Celui des Géographes postérieurs est exprimé dans les paroles qui suivent. *Antimachus vero eosdem cum Arimaspis esse inquit. At Damastes in Libro de gentibus, supra Scythas habitare Issedones, superius vero Arimaspos. Supra Arimaspos autem Rhipæos montes, ex quibus Boream flare, nivem vero nunquam eos deserere, supra hos autem montes Hyperboreos pertingere usque ad alterum mare.* Steph. de Urb. p. 727.

(*g*) Plin. H. N. L. IV. cap. XII. p. 464.-471. Lib. VI. cap. XIII. pag. 667. Virgil. Georg. L. III. vs. 381. Lib. IV. vs. 517. Pomp. Mela. Solin. ub. sup. Lucan. L. III. vs. 272. Oros. Lib. I. p. 8. Strabo. I. 61. Paul. Diac. L. XIV. p. 182.

perboréens dans une Isle de l'Ocean, à (*h*) l'opposite de la Celtique, & d'autres enfin au Nord de (*i*) la Thrace, le long de l'Hebre, ou autour du Pont Euxin. Toutes ces différentes opinions peuvent être excusées, & même conciliées, par cette consideration : C'est que les Celtes, que les Grecs appellérent dans le commencement Hyperboréens, occupoient effectivement toutes les différentes contrées qu'on leur assigne. Mais, au reste, il est certain que les monts Riphéens des plus anciens Auteurs Grecs sont les Alpes, toûjours couvertes de neige; & que les Hyperboréens sont les Celtes, qui demeuroient au delà de ces montagnes. C'est ce que Cluvier (*k*) reconnoit, & qu'il prouve d'une maniere incontestable; bien qu'il établisse, en même tems, une vérité, dont il ne s'agissoit point du tout dans cette occasion: c'est que les véritables Hyperboréens, les peuples qui ne voyent point le Soleil, pendant six mois de l'année, doivent être placés du côté de la Groenlande, & de la nouvelle Zemble, c'est-à-dire dans un païs que les Anciens n'ont assûrement point connu. Quoiqu'il en soit, ce Géographe produit des Auteurs qui ont dit formellement, ,, que les monts Riphéens sont les Alpes, & ,, que tous les peuples qui demeurent au pied ,, de ces montagnes sont appellez en commun ,, Hyperboréens. ,, De ce nombre sont Protarchus

_____

(*h*) Hecatæus apud Diod. Sicul. L. II. p. 91.
(*i*) Valer. Flaccus Argon. L. II. vs. 515. Martialis. L. VII. p. 91. IX. p. 127. 136. Lucanus Lib. II. vs. 640. Vibius in Catalogo Montium. p. 343. Dionys. Perieg. vs. 314. Apollonius Argonaut. L. II. p. 211.
(*k*) Cluverii Germania Antiqua p. 6.-9.

tarchus * & Posidonius (*l*). Le passage de Posidonius mérite d'autant plus d'attention, que cet Auteur avoit voyagé dans les Gaules, & qu'il y avoit appris, *que l'on appelloit autrefois, monts Riphéens, cette chaine de montagnes qui avoit reçû depuis le nom d'Olbes (m), et qui portoit de son tems celui d'Alpes.* Cluvier prouve encore, ,, qu'un bon nombre d'Au- ,, teurs Grecs, que je cite en marge (*n*), se ,, sont accordez à mettre les sources du Da- ,, nube dans le Païs des Hyperboréens & à ,, faire décendre ce fleuve des monts Ri- ,, phéens (*o*). ,, A ces autorités nous pouvons

CHAP. I.

*Hyperborei, gens. Protarchus verò Alpes Rhipæos montes sic appellatos esse, & omnes sub Alpinis montibus habitantes Hyperboreos nominari. Stephanus de Urb. p. 727.

(*l*) Apud Athenæum L. VI. c. 4. p. m. 174.
(*m*) Nous verrons en son lieu, que les Celtes donnoient le nom d'*Olbes*, ou d'*Alpes* à toute sorte de montagnes. Voyez ci-dessous chap. XV. vers le milieu.
(*n*) Voyez le passage des Argonautiques d'Apollonius, cité ci dessus pag. 3. not. (*e*). Le Scholiaste d'Apollonius remarque, que son Auteur fait sortir le Danube du païs des Hyperboréens & des monts Riphéens; à l'exemple d'Eschyle qui disoit la même chose dans une de ses Tragédies, intitulée *Prométhée delié*, p. 413. Le même Scholiaste dit ailleurs, que selon Posidonius les Hyperboréens sont établis autour des Alpes d'Italie; que selon Mnaseas les Hyperboréens étoient appellez de son tems *Delphes*. pag. 211. Cluvier prétend qu'il faut lire *Celtes*. Voyez aussi Pindare Olymp. III. & son Scholiaste. Au reste, Casaubon dans son Commentaire sur Athenée dit que St. Basile fait sortir le Po des monts Riphéens. p. 406.
(*o*) A proprement parler, le Danube ne descend pas des Alpes, mais d'une hauteur de la forêt Hercynie en Suabe. Tacite Germ. I. & Pline H. N. L. IV. c. 12. appellent cette hauteur le mont *Abnoba*. Mais les Anciens comprenoient, sous le nom d'Alpes, les montagnes de la Noricie, qui est la Baviere, & de la Vindelicie, qui est la Suabe d'aujourd'hui. Florus L. III. ch. XX. p. 376. De la vient que Strabon met expressement la source du Danube dans les Alpes. Strabo L. IV. p. 207.

vons ajoûter encore un passage d'*Heraclide de Pont*, que Plutarque (*p*) nous a conservé: il porte, *que la nouvelle arriva d'Occident qu'une armée, venuë du païs des Hyperboréens, avoit pris une ville Grecque nommée Rome, située près de la grande Mer. Ceux*, ajoûte Plutarque, *qu'Heraclide apelle Hyperboréens, Aristote les nomme Celtes.* Il faut bien que les Hyperboréens demeurassent autour du Danube, ou qu'au moins ils ne fussent pas aussi éloignés de la Grece, que le prétendent ceux qui les placent au fond de la Moscovie. D'un côté, on leur attribuoit la fondation de l'Oracle (*q*) de Delphes, où l'image d'Apollon n'étoit anciennement, suivant la coutume des Scythes & des Celtes, qu'une simple colomne (*r*): d'un autre côté, il y avoit eu un tems (*s*), où ils envoyoient en Grece, & particuliérement dans l'Isle de Delos, les prémices de leurs fruits pour y être offertes à Apollon. On publioit au reste, sur le sujet des Hyperboréens, bien des choses, qui sentent à la vérité la fable, mais qui ne laissent pas pourtant d'avoir un fondement. N'ayant d'autre retraite (*t*) que les bois & les forets,

se

(*p*) *Heraclides Ponticus Libro de Anima*, apud Plutarch. Camill, T. I. p. 140.
(*q*) Pausanias Phocic. V. p. 809.
(*r*) Clem. Alexand. Strom. L. I. p. 419.
(*s*) Pindar. ub. sup. Herodot. L. IV. cap. 33. Solin. c. XXVI. Pausan. Eliac. primo cap. VII. p. 392. Attic. cap. XXXI. p. 77. Delos est l'une des Cyclades, & comme on le prétendoit le lieu de la naissance d'Apollon, qui y avoit un Temple. Scholiastes ad Apoll. Argon. p. 34. Strabo L. X. p. 485.
(*t*) Pomp. Mela L. III. cap. 5. Solin. ub. sup. Plin. H. N. L. IV. c. XII. p. 471. Pindar. Pyth. Od. X.

se contentant pour leur nourriture des fruits que la terre produisoit, ils passoient leur vie sans chagrin, sans inquiétude, & ne connoissoient entre eux, ni discorde, ni division. Egalement attachés aux loix de la justice & de l'équité, offrant châque jour aux Dieux, & sur-tout au Soleil (*v*), un culte public & particulier, toutes les instructions qu'ils donnoient à leurs enfans avoient aussi pour but de les former à la vertu à la piété. Une maniere de vivre si sage, & si reglée, servoit à prolonger leurs jours, & les garantissoit de toute sorte de maladies & d'incommoditez: desorte que leurs Sociétés comparées avec celles des Grecs, étoient de véritables images du Paradis (*x*). Lorsqu'ils étoient parvenus à l'âge d'une vieillesse avancée, & rassasiés de jours, ils quittoient, par une mort volontaire, une vie qui leur étoit à charge. Après s'être régalez avec leurs parens & leurs amis, ils se rendoient, chargés de lauriers, & même en chantant & en dançant, à un rocher, d'où ils se précipitoient. C'étoit là, selon eux, la plus glorieuse de toutes les sepultures. Clement d'Alexandrie dit simplement (*y*), que, quand ils avoient atteint l'âge de soixante ans, on les menoit hors des portes, & qu'on leur ôtoit

―――――

(*v*) Nous verrons en son lieu, qu'on leur imputoit d'offrir des Anes à Apollon. Clem. Alex. Cohort. ad gentes, T. I. p. 25. Pindar. ub. sup. C'étoient leurs petits chevaux, qu'ils offroient au Soleil.

(*x*) *Hujus cœlestis civitatis imagines Poeta condunt, in suis Scriptis; Hyperboreorum enim & Arimaspium civitates, & campi Elysii, justorum Respublica sunt.* Clem. Alexandr. Strom. L. IV. p. 642.

(*y*) Stromat. L. I. cap. XV. p. 360. Voyez ci-dessous chap. x. à la fin.

ôtoit la vie. Nous verrons en son lieu, que tout cela convenoit aux Celtes, qui conserverent longtems les différentes coutumes dont on vient de parler.

A l'égard des Arimaspes, que quelques-uns mettent en Asie, je ne sai presque qu'en faire, tant on a débité de fables sur leur sujet. Ils (z) n'avoient qu'un œil au milieu du front, & c'est delà qu'ils avoient reçû le nom d'Arimaspes, qui, dans (a) l'ancienne langue des Scythes, signifioit un borgne. Voisins des Hyperboréens, ils confinoient, par quelque autre endroit, aux Griffons, & leur faisoient une guerre continuelle. Les Griffons étoient certaines bêtes sauvages, qui, tirant de la terre une grande quantité d'or, & de pierres precieuses, les gardoient avec la même vigilance, & les defendoient avec la même fureur, que pourroit le faire un de ces avares, à qui l'on arracheroit plûtôt la vie que son

Les Arimaspes sont peut-être un peuple fabuleux.

————

(z) Plinius H. N. L. VII. cap. II. p. 6. Lib. X. cap. XLIX. p. 441. Strabo Lib. I. pag. 21. Pomp. Mela Lib. II. cap. I. pag. 37. Solin. cap. XXV. Ammian. Marcell. Lib. XXIII. cap. VI. pag. 368. Pausan. Attic. cap. XXIV. pag. 57. 58. Arcad. cap. II. pag. 601. Apulej. Milef. Lib. XI. pag. 748. Servius in Eclog. Virgil. VIII. vs. 27. Agell. Lib. IX. cap. IV. pag. 247.

(a) Selon Hérodote Lib. IV. ch. 27. *Arima* designe en Scythe l'unité, & *Spa* l'œil. Mr. de Leibnits dérive le nom d'Arimaspes de deux mots de l'ancien Tudesque *Arm* pauvre & *Spehen* épier. Miscellan. Borolinens. T. I. p. 5. Non seulement la Conjecture n'est pas heureuse, elle tombe même tout à fait, supposé que les Arimaspes fussent, comme je le soupçonne, un peuple Sarmate. Eustathe cite ce passage d'Hérodote d'une maniere un peu différente. *Ari unitatem Scythicè designat, Maspos autem oculus est.* Vid Berkelium in notis ad Stephanum, voce Evergetæ. pag. 360.

son trésor. Toutes ces fables, que l'on a fort longtems rebatuës, étoient tirées, originairement, du Poëme (*b*) d'Aristée de Proconnese, qui mérite bien le nom de *Charlatan* (*c*) & d'*Imposteur* qu'on lui a donné, puisqu'il vouloit faire passer son Ouvrage pour une Histoire véritable, & qu'il se vantoit (*d*) d'avoir parcouru le païs des Arimaspes d'un bout à l'autre. Je ne sai s'il y avoit quelque vérité cachée sous des contes si ridicules. Tout ce que j'y entrevois, c'est que les Arimaspes, supposé qu'ils ayent jamais existé, étoient des Sarmates. J'en juge de cette maniere, prémiérement par la situation de leur païs. Ils confinoient aux Hyperboréens, qui passoient chés eux (*e*) pour porter les prémices de leurs fruits en Grece; & nous verrons bientôt, que les Celtes & les Sarmates étoient voisins, & même mêlez du côté de l'Orient. Ce qui confirme encore ma conjecture, c'est, en second lieu, que cet œil au milieu du front, marque, selon toutes les apparences, que les Arimaspes étoient des Archers, qui fermoient un œil (*f*), pour viser plus sûrement, & pour mieux adresser leur coup. Il est certain que les Sarmates se servoient ordinairement de l'arc & de la flêche, au-lieu que ces armes étoient presque inconnuës aux Celtes, qui

---

(*b*) Herodot. L. IV. ch. 13.-27.
(*c*) ἀνὴρ γόης ἔι τις ἄλλος. Strabo, Lib. XIII. pag. 389.
(*d*) Athenæ. L. XIII. p. 451.
(*e*) Herod. ub. sup. Pausan. Attic. c. XXXI. p. 77. Plin. L. IV. cap. XII. p. 464. 471.
(*f*) C'est la conjecture d'Eustathe in Dionys. Perieg. vs. 31.

qui dans les commencemens n'étoient armez que du bouclier & de la lance. J'avoûe pourtant, que je serois fort porté à regarder les Arimaspes, comme un être de raison, si Diodore de Sicile ne m'apprenoit (g) que les Arimaspes, surnommez Evergetes, subsistoient encore du tems d'Alexandre le Grand, qui les soumit à sa domination.

Chapitre Second.

VOILA en abbregé ce que les Auteurs de la prémiere antiquité avoient remarqué par rapport aux peuples du Nord. Cette antiquité même ne remonte pas fort haut. Aristée de Proconnese qui, autant que je puis en juger, étoit le prémier, qui eût parlé des Hyperboréens, vivoit vers la L. (h) Olympiade, c'est

Les plus anciens Auteurs, qui ont parlé des Hyperboréens, ne remontent pas au delà de la L. Olympiade.

(g) Diod. Sic. Lib. XVII. p. 605. Il semble qu'un ancien Auteur cité par Etienne de Byfance les place autour de la forêt Hercynie. *Tarcynia urbs Tyrrheniæ* Ταρκυνῖται & Ταρκυνναῖοι *sunt gens Hyperboreorum, apud quos Grypes aurum custodiunt.* Vid. Hierocles in Φιγίςεροτ. Stephan. de Urb. p. 694. 359. Pline fait aussi mention de certains Arimaspes qui portoient anciennement le nom de Cacidares. Lib. VI. cap. XVII. p. 678. Voyez encore Steph. de Urb. *in Evergetes* p. 360. Cyrus Roi de Perse avoit donné aux Arimaspes le nom d'*Evergetes*, c'est-à-dire de bienfaiteurs, parce qu'ils lui amenerent 3000. chariots, chargés de bled, dans un tems où la famine étoit si grande dans son armée, que les Soldats étoient reduits à se manger les uns les autres. Diod. Sic. ub. sup. Lucain parle aussi des Arimaspes III. vs. 281. VII. vs. 756.

(h) Histor. Synag. apud Scalig. Thes. Temp. p. 316.

HISTOIRE

CHAP. II.

c'est-à-dire 580. ans avant la venuë de notre Seigneur J. C. Selon les apparences, les Grecs ne commencérent à connoître les Celtes, que fort longtems après. Hérodote, qui écrivoit vers la LXXXVII. Olympiade, 432. ans avant J. C., en parle à la vérité dans son Histoire; mais, on voit clairement par ce qu'il en rapporte, qu'il ne les a connus que de nom (*i*). *Le Danube*, dit il, *a sa source dans le païs des Celtes près de la Ville de Pyrrhene*, (il fait des monts Pyrenées une Ville de ce nom, & confond ces montagnes avec celles des Alpes.) *Les Celtes*, ajoute-t-il, *demeurent au delà des colomnes d'Hercules; ils sont voisins des Cynesiens, & le dernier des peuples qui sont établis en Europe, du côté de l'Occident.* Ailleurs, il avoue de bonne-foi, que tout le païs, qui est au delà du Danube, étoit entierement inconnu de son tems (*k*).

Les Celtes & les Sarmates sont les deux peuples qui occupoient autrefois toute l'Europe.

Quoiqu'il en soit, lorsque les Grecs & les Romains eurent ensuite passé le Danube, & pénétré dans la Scythie, on reconnut que ce vaste païs étoit habité par deux peuples entierement différens. On commença, par consequent, à les distinguer, en appellant les uns Sauromates ou Sarmates (*l*), & en donnant aux au-

(*i*) Herodot. Lib. II. cap. 33. Lib. IV. cap. 49.
(*k*) *Thraces dicunt apes loca quæ sunt trans Istrum obtinere, nec ulterius pergi posse.* Herod. L. V. cap. 10.
(*l*) On prétend que ce nom leur fut donné par les Grecs, parce qu'ils avoient des yeux ronds, & ressemblans à ceux du lésard. *Sauromata* à Σαῦρος *Lacerta*, & ὄμμα *Oculus*. Car. Stephani Dict. La conjecture du savant Bochart, qui derive ce mot de l'Hebreu, est fort ingénieuse. Sarmate vient selon lui de שאר מדי ce qui signifie *Medorum reliquiæ*: effectivement, les Sarmates & les Medes étoient un même peuple, comme je le remarque ci-après. Je parlerai dans la suite des noms de Scythes,

autres le nom de Celtes, de Celtoscythes (*m*), d'Iberes, de Celtiberes, de Gaulois, de Germains, &c (*n*); & le nom de Scythes ne demeura propre, qu'aux peuples inconnus, qui demeuroient, soit dans le fond du Nord, soit dans quelque autre contrée où les Voyageurs n'avoient pas encore pénétré. Généralement parlant, les Celtes occupoient les parties occidentales de l'Europe; l'Espagne, les Gaules, les trois Roiaumes de la Grande-Bretagne, la Germanie, les Roiaumes du Nord, avec une partie de l'Italie. Les Sarmates, au contraire, étoient établis du côté de l'Orient, & à peu près dans les mêmes contrées qu'ils occupent encore aujourd'hui. Dans de certains

---

thes, Celtes, Iberes, &c. Voyez Bochart. Géogr. Sacr. Lib. III. cap. 14. in fine.

(*m*) Voyez le passage de Strabon cité ci-dessus page 1. not (*a*). Plutarque appelle les Cimbres & les autres peuples, qui furent défaits par Marius, *Celtoscythes*. Plutarch. in Mario T. I. p. 411.

(*n*) *Scytharum nomen usque quaque transit in Sarmatas atque Germanos; neque aliis prisca illa duravit appellatio, quam qui extremi gentium harum ignoti prope ceteris mortalibus degunt.* Plin. H. N. L. IV. cap. XII. p. 465. Il faut prendre ces paroles de Pline dans un sens général. Le nom de Scythes ne se perdit que fort tard. Il y a des Auteurs, qui le donnent encore à des peuples connus. Horace le donne aux Illyriens, *Zuid-Scythes, Hirpinie Zuinti, cogitet Adria, Divisus objecto, remittas quærere.* Horatius Od. L. II. Od. 11. Dion le donne aux Bastarnes L. XXXVIII. 64. & aux Daces L. LI. p. 460. Radagaise, qui passa en Italie avec une nombreuse armée de Goths, du tems de l'Empereur Honorius, est appellé un Prince Scythe. Cronol. Regum Gothor. apud Duchesne Rer. Francic. Tom. I. p. 808. Isidori Chronic. pag. 713. Marcellini Chron. p. 37. Dans le IX. siecle *Audradus Modicus* appelloit encore Scythes, les Normans, qui désoloient la France de son tems. Audrad. Modici Revelationes apud Duchesne Tom. II. p. 391. Voyez ci-dessous p. 17.

tains endroits, ces deux peuples étoient mélez (o); & ce mêlange produifit un troifieme peuple qui tenoit quelque chofe des Celtes & des Sarmates. Tels étoient les Baftarnes (p), les Peucins, les Venedes, les Fennes, & plufieurs autres. Mais au refte les Celtes & ls Sarmates étoient deux peuples entiérement différens (q). Dès la prémiere antiquité, on voit une différence fenfible, & une efpece d'oppofition, entre les coutûmes & toute la maniere de vivre des uns & des autres. Les Sarmates, à l'exemple des autres Scythes, alloient tous à la guerre; mais, ils n'avoient point d'autres troupes que de la Cavalerie; ou (r) plûtôt ils étoient toûjours à cheval, jufques là qu'on les voyoit, vendre, achepter, tenir leurs Affemblées, expédier leurs affaires, faire leurs vifites, prendre leur repas & leur fommeil, fur leurs chevaux. On trouve dans (s) Ammien Marcellin, & dans Zofime, que les Huns (qui étoient un peuple Sarmate) s'accoûtumoient tellement à paffer le jour & la nuit fur leurs chevaux, qu'ils en perdoient en quelque maniere l'ufage des jambes. Comme il y avoit plufieurs peuples Sarmates le long du Danube & dans le voifinage de la Grece, je ne doute point du tout que ce ne foit ici la véritable origine de la fable des Centaures. La nourriture

---

(o) Strabo L. VII. p. 296. Arrian. Exp. Alex. p. 8.
(p) Tacit. Germ. cap. XLVI.
(q) Procope fe trompe affûrément, quand il dit *que les Gots, les Vandales, les Vifigots, les Gepides* (qui étoient tous des peuples Celtes) *font les Sauromates & les Melanchlanes des Anciens.* Procop. Vandal. L. I. cap. II. p. 178.
(r) Tacit. Germ. cap. XLVI.
(s) Ammian. Marcell. L. XXXI. cap. III. pag. 615. Zofim. L. IV. cap. XX. p. 388.

ture des Sarmates étoit de la chair cruë (*t*) qu'ils faisoient mortifier en la mettant sous leurs cuisses, sur le dos du cheval. Un de leurs mets, les plus délicieux, étoit le lait & le sang de cavale (*v*), détrempez ensemble. A l'égard de leur maniere de s'habiller, ils portoient, comme les Medes, une longue robe qui leur décendoit jusqu'au talon. Leurs armes étoient, comme je l'ai déja remarqué, l'arc & la flêche (*x*), ou une longue (*y*) lance qu'ils appuioient contre le genou, pour pousser & pour renverser leur ennemi avec plus de force. Ils épousoient plusieurs femmes, qu'ils menoient (*z*), non seulement à la guerre, mais encore au combat; & les filles ne pouvoient se marier parmi eux, qu'elles n'eussent prémiérement tué un ennemi. Nous prouverons au long dans la suite, que les Celtes avoient une maniere de vivre toute différente. Quoiqu'ils eussent de la Cavalerie, leur principale force consistoit dans l'Infanterie, qu'ils exerçoient à la course & à faire de longues traites (*a*). Ils entretenoient une grande quantité de bétail, & se nourrissoient de leur chasse, du lait & de la chair de leurs troupeaux. Leurs habits étoient (*b*)

Caracters des Celtes.

justes

(*t*) Amm. Marcel. ub. sup.
(*v*) Plin. H. N. L. XVIII. cap. XI. p. 466. Virgil. Georg. L. III. vs. 461. Martial. Epigr. L. I. p. 3. Silius Italic. L. III. p. 129. Clemens Alexand. Pædag. L. III. cap. 3.
(*x*) Pausanias Attic. cap. XXI. p. 50.
(*y*) Tacit. Histor. L. I. cap. 79. Valer. Flac. Argon. VI. v. 236.
(*z*) Pomp. Mela, L. III. c. 4. Herod. L. IV. c. 116. Valesii Excerpta ex Nic. Damasceno, p. 516.
(*a*) Tacit. Germ. cap. 46.
(*b*) Tacit. Germ. cap. 17.

justes au corps, à la reserve du *Sagum*, qui étoit une espece de manteau court, qu'ils arrétoient par devant avec une boucle, & qui décendoit à peine jusqu'aux hanches. Au lieu de l'arc & de la flêche, ils portoient d'enormes boucliers, avec des lances (*c*), dont ils se servoient pour combattre de loin & de près. La Polygamie étoit inconnue parmi eux; &, quoique leurs femmes les suivissent à la guerre, & leur portassent même des rafraichissements, jusques sur le champ de Bataille, elles n'avoient pas accoûtumé ordinairement de se battre contre l'ennemi. Enfin, la langue des Celtes (*d*) & celle des Sarmates différoient anciennement comme elles différent encore aujourd'hui. On en trouve une preuve dans Ovide, qui, ayant été envoyé en exil dans la Ville de Tomos, située sur le Pont Euxin, écrivoit à Cotta (*e*), qu'il avoit déja appris la langue des Getes & des Sarmates, qui étoient établis autour de cette Ville.

Il

(*c*) Tacit. Germ. cap. 6.

(*d*) On prouvera dans la suite, que l'ancien Tudesque étoit un dialecte de la langue des Celtes.

(*e*) *Jam didici Geticè Sarmaticèque loqui.* Ovidius Epist. ex Ponto Lib. III. Ep. II. vs. 40. Tristium L. V. Eleg. XII. p. 58. Les Getes étoient Celtes. Il suffira d'en produire ici une seule Preuve. Les dix mille Barbares, dont Persée Roi de Macedoine refusa le secours, sont appellés *Getes*, par Appien, Maced. p. 1223; *Thraces*, par Dion in Excerpt. Valesii p. 611; *Gaulois & Celtes*, par Diodore de Sicile, apud Vales. in Excerpt. L. XXVI. p. 313; *Bastarnes* par Trogus Pompejus Prolog. XXXII; *Bastarnes & Gaulois* par Tite Live, Lib. XL. cap. 57. Lib. XLIV. cap. 26. & par Polybe, in Excerpt. Legat. LXII. p. 883. Il n'y a point d'autre différence entre ces Auteurs, si ce n'est que les uns se servent d'un nom commun à plusieurs peuples, comme l'étoient ceux de Getes, Thraces, Gaulois, Celtes; & les autres du nom pro-

DES CELTES, Livre I.

Il est vrai, que la langue Allemande qui décend de celle des Celtes, & la langue Esclavonne ou Sarmate, ont plusieurs mots communs, soit qu'il y ait eu anciennement une langue originelle dont il reste des traces dans toutes les autres, ou que le voisinage & le mélange de ces deux peuples ait fait passer plusieurs mots d'une langue dans l'autre. Mais, au reste, tous ceux qui entendent les deux langues, savent qu'elles différent essentiellement, à l'égard du génie, de la construction, du tour, & sur-tout par rapport aux suffixes, que les Sarmates joignent aux Noms & aux Verbes, à peu près de la même maniere que les Hébreux.

Les Celtes & les Sarmates sont donc les deux peuples qui occupoient anciennement la Scythie Européenne (*e*). Les bons Historiens ne manquent presque jamais de les distinguer, ou de désigner au moins chacun de ces peuples par quelque caractere particulier, auquel on peut le reconnoître. Mais, il se trouve aussi des Auteurs moins exacts, qui confondent les Celtes & les Sarmates sous le nom général de Scythes (*f*). Zosime, par exemple, appelle Scythes tous les peuples barbares qui ravageoient l'Empire Romain de son tems. Cette inexactitude des Historiens, est aujourd'hui l'une des plus grandes difficultez que

CHAP. II.

Depuis que les Celtes & les Sarmates ont été connus, plusieurs Auteurs n'ont pas laissé de les confondre sous le nom général de Scythes. Difficulté qui nait de cette inexactitude.

propre & particulier de la nation, c'est à dire de Bastarnes. Au reste, les Getes reçûrent ensuite le nom de Goths. Voyez ci-dessous, chap. VIII.

(*e*) Il s'agit de la grande Scythie, & non de la petite, qui étoit l'une des six Provinces de la Thrace. Festi Rufi Breviar. cap. IX. p 13.

(*f*) Voyez ci-dessus pag. 13. note (*n*).

CHAP. II.

que l'on rencontre, lorsqu'il s'agit d'expliquer les monumens qui nous restent de l'Histoire des anciens Scythes. On ne sait si les évenemens ou les coutumes dont ils parlent regardent le prémier ou le second des peuples dont je viens de faire mention. On dit, par exemple, que les Amazones, qui passérent de l'Europe en Asie, étoient Scythes. Mais, étoient-elles Celtes, ou Sarmates ? C'est ce que la plûpart des Auteurs laissent à deviner ; & il faut être extrêmement au fait de ces matiéres, pour ne s'y point tromper.

Selon les apparences les Celtes & les Sarmates étoient les mêmes peuples que l'on appelloit en Asie Medes & Perses.

Je finirai ce Chapitre par une Remarque qui peut-être ne sera pas indigne de la curiosité du Lecteur. Ce n'est à la vérité qu'une Conjecture ; mais, autant que je puis en juger, elle n'est pas sans vraisemblance. Je soupçonne que les peuples, que l'on appelloit Celtes & Sarmates en Europe, étoient les mêmes qui portoient en Asie le nom de Medes & de Perses. Les Medes étoient descendus des Sarmates, s'il faut en croire Solin (*g*), ou les Sarmates des Medes, au rapport de Diodore de Sicile & de Pline (*h*). On trouve aussi dans Hérodote (*i*), qu'il y avoit le long du Danube des peuples qui étoient habillez de la même maniere que les Medes, & qui se glorifioient d'en tirer leur origine. Tout cela semble indiquer, qu'il y avoit une grande conformité entre les Medes & les Sarmates, jusques-là qu'on les regardoit comme une mê-

(*g*) *Sauromatæ in Asia siti originem Medis dedêre.* Solin. cap. XXV. p. 235.
(*h*) Diodor. Sic. L. II. p. 90. *Sarmatæ Medorum (ut ferunt) soboles.* Plin. VI. c. 7.
(*i*) Herodot. L. V. cap. 9.

me nation. A l'égard des Perses, je ne doute CHAP. II.
point du tout, qu'ils ne fussent le même peuple que les Celtes. Pour le prouver, je ne me prévaudrai point du témoignage d'Ammien Marcellin (*k*) & de Tertullien (*l*) qui font sortir les Perses de la Scythie. Le célébre Henri de Valois (*m*), dont je respecte beaucoup l'autorité, prétend que ces Auteurs ont confondu les Perses, avec les Parthes, qui, de l'aveu de tous les Historiens, étoient Scythes d'origine (*n*). J'ai en main des preuves plus convaincantes. On verra dans tout cet ouvrage, que, ni la langue des Perses, ni leurs coutûmes, ni leur Religion, ne différoient pas anciennement de celle des Celtes.

CHAPITRE TROISIEME.

JE vais parler présentement de l'étenduë & des bornes de l'ancienne Céltique, & parcourir les différentes Contrées qui étoient habitées autrefois par des peuples Celtes. Je fe-

Les Celtes occupoient anciennement la plus grande partie de l'Europe.

(*k*) *Persæ sunt originitùs Scythæ.* Amm. Marcell. Lib. XXXI. cap. III. p. 620.

(*l*) *Scythæ exuberant Persas.* Tertullian. de Pallio, cap. II. p. 133.

(*m*) Notis ad Ammian. Marcellin. ub. sup.

(*n*) Arrian. Parthic. p. 615. Q. Curtius L. VI. p. m. 232. Plin. L. VI. cap. XVII. p. 678. Les Parthes étoient Sarmates d'origine; delà vient que leur langue approchoit de celle des Medes, qui, comme nous venons de le dire, décendoient aussi des Sarmates. *Sermo his inter Scythicum Medicumque medius & utrisque mixtus* Justin. Lib. XLI. c. 2. *Sarmata Medorum (ut ferunt) soboles, gens habitu, armisque Parthicis proxima.* Plin. L. VI. c. 7. Etien-

CHAP. III. serai obligé de marcher quelquefois dans un païs presqu'inconnu. J'espere pourtant d'en dire assez, pour convaincre le Lecteur, que ces peuples étoient Maîtres de la plus grande partie de l'Europe. S'ils ne portoient pas partout le nom de Celtes, on ne laissera pas de reconnoître par-tout le même peuple, & de le distinguer par des caracteres qui ne sont point équivoques. Cluvier a prouvé démonstrativement (*o*), que les Celtes occupoient anciennement l'Illyrie, la Germanie, les Gaules, l'Espagne, & les Royaumes de la Grande-Bretagne. S'il avoit poussé plus loin ses Recherches, il auroit pû y ajoûter encore, une partie de la Pologne & de la Moscovie, avec les Provinces qui sont le long du Danube, jusqu'à son embouchûre; &, outre cela, la Thrace, la Macedoine, la Grece, l'Italie & la Sicile. Il auroit pû remarquer encore, que l'Asie mineure étoit remplie de peuples Celtes. Tels étoient, non seulement les Galates ou Gallo-Grecs, partagez en plusieurs nations,

Cluvier l'a entrevu.

Etienne de Bysance dit *Parthyæi gens olim Scythica quæ deinde fugit vel emigravit duce Medo. Sic vero à Medis vocata fuit, ex natura terræ quæ eos excepit, palustris nempe & cavæ, vel a fuga, quoniam Scythæ Parthos vocant exules, dicuntur etiam Parthi, Parthii, & Parthyæi.* Steph. de U. 628. Saumaise lit μετοικίσαν ἐπὶ Μήδους, ils allerent s'etablir en Medie.

(*o*) Cluver. Germ. Antiq. p. 16. Il a été copié par Mezerai, Histoire de France avant Clovis p. 4. Scaliger avoit dit avant Cluvier: *Quis ignorat* Κέλτας, Ἰβήρας *pro totâ Occidentali ac Septentrionali Europæ plagâ, à veteribus illis usurpari? Certè Aristoteles, Eratosthenes, alii,* Κελτῶν *nomine Sarmatiam, totam Germaniam, Italiam, Iberiam, sive Hispaniam ipsam, comprehendunt.* Josephi Scaligeri Epist. L. III. Ep. 276.

DES CELTES, Livre I.

tions, mais encore les (*p*) Bithyniens, les Thraces, les Phrygiens, les Troïens, les Lydiens, les Thyniens, les Medo-Bithyniens, les Mariandyns, les Sintiens, les Myſes ou Moeſiens, les Mygdons, les Matiens, les Paphlagoniens, les Bebryces, & les Lygiens. Comme tous ces peuples ſortoient orginairement de l'Europe, & en particulier de la Thrace, d'où ils avoient paſſé en Aſie, je me reſerve d'en parler lorſque je ſerai parvenu aux Migrations des Celtes ; & je ne ferai mention ici que des Celtes qui étoient établis en Europe. Il eſt certainement fâcheux, que le Pere Pezron n'ait pas eu le tems d'exécuter le Plan qu'il avoit formé (*q*). Le Public auroit profité de ſon travail, & peut-être qu'il m'auroit appris bien des choſes, que je ne ſais pas. Ce ſavant homme ſe propoſoit de débrouiller les Origines Celtiques, & de prouver ce que je dois démontrer ici. J'ai trouvé, à la vérité, dans ſon Plan, un peu trop de credulité pour les anciennes fables, avec quelques fautes & quelques inexactitudes, qu'il auroit, ſelon les apparences, corrigées. Il fait décendre les Celtes de Gomer & d'Aſcenez, l'un fils, & l'autre petit-fils, de Japheth. Cela peut être ; au moins l'opinion eſt fort ancienne. Mais, il eſt conſtant, que l'Hiſtoire & la Généalogie des Celtes ne remontent

Chap. III.

Le Pere Pezron s'étoit propoſé de le prouver.

(*p*) Strabo L. VII. 295. XII. 541. Herodot. Lib. VII. 72. &c.
(*q*) Voyez les Collectanea de Mr. de Leibniz T. II. p. 59. Mr. Bruzen de la Martiniere dans ſon Dictionaire Géographique, Tome II. part. 2. p. 441. dit que le Pere Pezron n'a pas exécuté ſon Projet. Monſieur Marchand m'a averti, que ce Pere avoit publié quelque choſe ſur le ſujet des Celtes; mais, je n'ai point vû ſon Ouvrage.

CHAP. III. tent pas si haut. Il dit que les Parthes appellérent les Celtes, ou les Gomerites, Saces. Ce sont (r) les Perses, qui donnoient aux Scythes le nom de Saces. Comme il ne distingue pas les Perses des Parthes, il confond aussi les Daces établis autour du Danube avec les Dahes ou Daës qui étoient en Asie. Il dit que les Celtes, qui s'étoient fixés dans l'Armenie, dans la Cappadoce, dans la Phrygie, sortoient originairement de l'Hyrcanie, & de la Bactriane; au lieu qu'il est constant, qu'ils étoient venus d'Europe. Il fait d'Acmon (s), d'Ophion, de Saturne, de Jaou, qui selon lui est le Jupiter des Latins, des Princes Celtes, sans considerer, que les deux prémiers de ces noms sont manifestement Grecs, & les deux autres Pheniciens. Il dit que les Teutons se mêlerent avec les Umbres; ce qui est aussi peu exact, que si je disois, que les Francs sont mêlez avec Suedois, pour exprimer qu'ils sont orginairement un même peuple. Mais, au reste, je suis convaincû, que le Pere Pezron a frappé au but: & je vais montrer, que son Systême n'est point une Vision, ni un Roman, ni même une simple Conjecture, destituée de preuves, ou au moins de preuves suffisantes.

Preuve générale: Les Anciens n'assignent point d'autres limites à la Celtique, que les bornes même de l'Europe.

Je commence par une preuve générale. Les Anciens n'assignent point d'autres limites à la Celtique, que les bornes même de l'Europe. Selon les Géographes Grecs & Latins, l'Europe commençoit aux colomnes d'Hercules

(r) Plin. H. N. L. VI. cap. 17. pag. 678.
(s) Ces noms sont pris des Argonautiques d'Apollonius & de son Scholiaste L. I. p. 50.

les (t), & s'étendoit delà jusqu'aux prétendus monts (v) Riphéens, dont j'ai parlé plus haut, & que l'on plaçoit aux extrémitez du Nord. J'ai averti en même tems, que l'on faisoit décendre le fleuve de Tanaïs, de ces prétenduës montagnes, au lieu qu'il sort d'un Lac, comme Hérodote l'a remarqué, beaucoup mieux instruit que ceux qui ont écrit après lui. *Il sort* (w) dit il, *d'un grand Lac, & va se décharger dans un autre Lac encore plus grand, que l'on appelle Mœotis.* Quoiqu'il en soit, il est constant que les Anciens donnoient à l'Europe les bornes suivantes, du côté de l'Orient (x). Prémiérement, l'Ocean Septentrional, qui rentroit dans les terres, & y formoit de vastes Golfes; ensuite, une chaine de montagnes qu'ils apelloient les monts Ri-

---

(t) *Exeundum deinde est, ut extera Europæ dicantur, transgressisque Rhiphæos montes, litus Oceani Septentrionalis in læva, donec perveniatur Gades, legendum.* Plinii H. N. L. IV. cap. XIII. p. 474.

(v) Voyez ci-dessus, p. 4. not. (f)

(w) Herodot. L. IV. 57. Voyez aussi Cluver. G. A. p. 6. & 12.

(x) *Europæ incipit initium sub plaga Septentrionali à fluvio Tanai, qua Riphæi montis ardua Sarmatico adversa Oceano Tanaim fluvium fundunt.* Æthicus, Cosmogr. p. 51.... *quâ vertice lapsus, Rhiphæe Tanaïs, diversa nomina mundi, Imposuit ripis, Asiaque & terminus idem, Europæ media dirimens confinia terra.* Lucan. L. III. vs. 272. *Tanais ex Riphæis montibus defluit, quem lacus Mœotis accipit novissimus inter Europam Asiamque finis.* Plin. Hist. Nat. L. IV. cap. XII. p. 464. *Alii ajunt fines (Europæ) esse Tanaim & Mæotidem fretumque Cimmerium,* Herodot. L. IV. 45. *Europa terminos habet ab Oriente Tanaim & Mæotida & Pontum, ab Occidente Atlanticum Oceanum.* Pomp. Mela L. I. cap. 3. p. 7. cap. XIX. p. 36. Voyez aussi Orose, Liv. I. p. 15. Ammien Marcellin, Liv. XXXI. ch. 3. p. 618. Dionys. Perieg. vs. 14. 48. 632. 661. 722.

CHAP. III. Riphéens; & enfin, le fleuve de Tanaïs, qui, après être sorti de ces montagnes, & avoir parcouru une grande étenduë de païs, alloit se décharger dans le Palus Mæotide. Il n'est pas nécessaire que je montre ici l'ignorance des anciens Géographes, qui n'ont donné à l'Europe que des bornes imaginaires, du côté qu'elle n'est pas environnée par la Mer; & qui ont d'ailleurs confondu, à certains égards, le Tanaïs (*y*) avec le Danube, qui sort effectivement de ce que l'on apelloit anciennement les monts Riphéens. Il me suffit de remarquer, que les bornes de l'Europe étoient aussi celles de la Celtique. On en trouve une preuve dans Pline (*z*), qui, copiant des Auteurs plus anciens, place le prémier Promontoire de la Celtique après les monts Riphéens. ,, Au delà, dit il, des Hyperboréens, on ,, trouve d'abord un Promontoire de la Cel- ,, tique, nominé Lytarmis, & le fleuve de ,, Carambucis, qui traverse un païs où les ,, monts Riphéens s'abaissent & se perdent in- ,, sensiblement.,, Il m'importe peu d'examiner, encore moins de décider, si ce fleuve de Carambucis est l'Obi ou le Dwina, qui passe à Archangel. Je laisse cette controverse aux Géographes modernes (*a*). Le passage de Pline, que je viens de citer, est tiré d'Hecatée (*b*), qui, selon toutes les apparences, ne connoissoit pas un païs si reculé. Strabon avouë

(*y*) Voyez ci-dessus, p. 4.
(*z*) Plin. H. N. L. VI. cap. XIII. p. 667.
(*a*) Voyez Hardouin ad Plin. ub. sup. Cluver. G. A. p. 8. Stralenberg p. 412.
(*b*) Stephanus de Urb. *in Carambyce & Elixoia*, pag. 341. 447.

avouë dans un passage, que j'ai aussi cité (*c*),
qu'il étoit encore inconnu de son tems. Je
me contente d'avoir prouvé par Pline & par
Hecatée, que, selon l'opinion commune, la
Celtique s'étendoit alors aussi loin que l'Europe. Plutarque dit à peu près la même chose,
dans la Vie de Marius (*d*). ,, Quelques-uns
,, soutiennent (*e*), que la Germanie est un
,, païs extrémement vaste, qui, s'étendant
,, vers la Mer extérieure & vers le Septen-
,, trion, se replie ensuite du côté de l'Orient
,, jusqu'au Palus Mœotide, & touche la Scy-
,, thie, que l'on appelle Pontique.... Delà
,, vient, ajoûte-t'il (*f*), que tous les peuples
,, qui parcourent ces vastes contrées, bien
,, qu'ils ayent des noms particuliers, sont ap-
,, pellez en commun du nom de *Celtoscythes*.

CHAPITRE QUATRIEME.

SI nous passons de cette preuve générale à
des preuves particulieres, il sera facile de
démontrer, que toutes les contrées de l'Europe étoient autrefois habitées par des peuples
Celtes,

Preuves
particulie-
res.

(*c*) Préface, cit. (6).
(*d*) Plutarch. Op. Tom. I. p. 411.
(*e*) Dionysius Periegetes est de ce nombre. Il dit
qu'au Nord du Danube, jusqu'à l'embouchure du Palus
Mœotide, demeurent des Germains, des Sarmates, des
Getes, & des Bastarnes. Voyez ci-dessous Chap. VIII.
(*f*) Il parle des Cimbres & des autres peuples qui
furent defaits par Marius. Au reste, Strabon cite un
passage d'Ephorus, qui porte, *que si l'on partage la terre
en quatre parties, on trouvera que le païs, qui est du côté
de l'Orient, est occupé par les Indiens; celui, qui est vers le*

CHAP. IV. Celtes, avec cette restriction pourtant, qu'ils étoient mêlez, du côté de l'Orient, avec une infinité de nations Sarmates.

Les anciens habitans de l'Espagne & du Portugal étoient Celtes.

L'Espagne & le Portugal sont les prémieres Provinces de l'Europe, en commençant du côté de l'Occident. Lorsque les Romains portérent, pour la prémiere fois, leurs armes dans ces Provinces, ils les trouvérent occupées par des peuples différens. Varron en nomme cinq (*g*). *Les Espagnes*, dit il, *ont été peuplées par des Iberes, des Perses, des Phéniciens, des Celtes, & des Carthaginois.* Les Carthaginois sont connus: voisins de l'Espagne, ils en soumirent une grande partie, avant leur seconde (*h*) guerre avec les Romains. Les Phéniciens, distinguez des Carthaginois, sont les Tyriens (*i*), qui avoient envoyé une Colonie, & fondé un célèbre Temple à l'honneur d'Hercule, dans l'Isle de Gades. A l'égard des Perses, je ne sai d'où ils pouvoient être venus; & je ne me souviens pas d'avoir vû dans aucun des anciens Auteurs, qu'ils eussent envoyé des Colonies en Espagne. Peut-être que ces prétendus Perses étoient les habitans naturels du païs, qui ne différoient guéres des Perses, avant que ceux-ci eussent soumis les Medes, & adopté la plûpart de leurs coutumes. Ce n'est pourtant qu'une simple conjecture, que je ne peux justifier, jusqu'à présent, que par la parfaite conformité que je trou-

---

midi par les *Ethyopiens: celui, qui est vers l'Occident, par les Celtes: & les païs Septentrionaux, par les Scythes.* Strabo Lib. I. p. 34.

(*g*) Varro apud Plin. H. N. L. III. c. I. p. 290.

(*h*) Diod. Sic. Lib. XXV. in Excerpt. Legat. apud Hoeschelium, p. 169.

(*i*) Pomp. Mela L. III. c. VI. p. 80. Strabo L. I. pag. 2.

trouve entre les Celtes & les anciens Perses, ce que j'aurai souvent occasion de toucher dans ce Traité. Enfin, pour ce qui est des Iberes & des Celtes, on prétend que les Iberes étoient les plus anciens habitans de l'Espagne, & que s'étant confondus, par la suite du tems, avec des Celtes, qui étoient venus des Gaules, le mélange de ces deux peuples produisit le nom de Celtiberes (k). C'est une erreur, que j'aurai occasion de refuter, lorsque je ferai voir que le nom d'Iberes (l) étoit un nom purement appellatif, que les Celtes donnoient à tous les peuples qui demeuroient au delà d'un fleuve ou d'une montagne. Quoiqu'il en soit de l'origine de ces peuples dont je parlerai ailleurs, les anciens Auteurs ne disconviennent pas, que les Celtes, les Iberes, & les Celtiberes d'Espagne, ne fussent une même nation, designée sous des noms différens (m). Il me suffira donc de remarquer ici deux choses: la première est, que, depuis l'invasion des Carthaginois & des Romains, les Celtes occupoient encore la plus grande partie de l'Espagne. Par-tout on en trou-

CHAP. IV.

___

(k) *Cum pridem de regione invicem decertassent Iberes & Celtæ, postea, pace facta, communiter eam inhabitaverunt, & connubiis mixti, ob eam commixtionem dicuntur hoc nomen accepisse.* Diod. Sicul. L. V. p. 214. *Profugique à gente vetusta, Gallorum Celtæ miscentes nomen Iberis.* Lucan. L. VI. vs. 9. *Venere & Celtæ sociati nomen Iberis.* Silius Ital. L. III. p. 124. Voyez aussi Appian. Hisp. p. 424.

(l) Voyez ci-dessous Chap. XI. XIII. XIV.

(m) *Celticos in Bætica, à Celtiberis in Lusitania advenisse, manifestum est sacris, lingua, oppidorum vocabulis, Neotobriga, Turobriga.* Plin. ub. sup. p. 295. Martial, parlant à Lucius de l'Espagne leur patrie commune, dit, *Nos Celtis genitos, & ex Iberis.* Epigr. Lib. I. p. 26.

CHAP. IV. trouve, le long (*n*) de l'Ebre qui est l'ancien Iberus, de l'Anas (*o*), du Bætis (*p*), dans la Tarraconoise (*q*), dans la Bétique, dans la Lusitanie, qui, du tems des Romains, étoient les trois Provinces, ou les trois Gouvernemens, sous lesquels toute l'Espagne étoit comprise. Ma seconde remarque est, que les autres peuples barbares, qui étoient établis en Espagne (*r*), & auxquels les Historiens & les Géographes ne donnent pas expressément le nom de Celtes, étoient pourtant la même nation. La chose se prouve, non seulement par les noms de leurs Villes & de leurs Cantons, (par-tout on voit revenir les terminaisons Celtiques de *Brig* & de *Dur* (*s*),) mais aussi par les coutumes de ces peuples, qui étoient entiérement conformes à celles des Celtes, comme on le verra dans la suite de cet Ouvrage. Je crois donc être en droit de conclure, que les Celtes étoient anciennement Maîtres de toute l'Espagne. Herodote (*t*) & Ephorus (*v*) l'assûrent

(*n*) Plin. ub. sup. Ptolom. L. II. c. IV. & seq.
(*o*) Guadiana.
(*p*) Guadalquivir.
(*q*) Pomp. Mela L. II. c. VI. Lib. III. c. I. Berkelius, qui a fait un excellent Commentaire sur Etienne de Bysance, reléve dont mal à propos son Auteur, pour avoir dit que la Ville d'*Emporium*, qui étoit en Espagne, étoit une Ville de la Celtique: *Emporium urbs Celtica à Massiliensibus condita.* Steph. de Urb. p. 344.
(*r*) Tels sont les peuples appellez *Cantabri, Turdetani, Lusitani, Veltones, Autrigoni, Tiburi, Callaici, Coelerini, Vaccai, Murboci, Pelendones, Oretani,* & plusieurs autres dont on peut voir les noms dans les Ouvrages de Strabon, de Pline, & de Ptolemée.
(*s*) *Arabriga Talabriga Lusitanorum, Cottaobriga, Deobriga Veltonum, Nemetobriga Tiburorum, Lacobriga, Octodurum apud Vaccaos.* Ptolem. ub. sup.
(*t*) Voyez ci-dessus p. 12.
(*v*) *Ephorus ingenti magnitudine facit Celticam, quod illi plera-*

rent positivement. La plûpart des anciens Auteurs étoient si bien persuadés, que les habitans naturels de ce païs ne différoient pas des autres peuples Septentrionaux, qu'ils ne font pas difficulté de leur donner, avec le nom de Celtes, celui de Gaulois (*x*), & même de Cimbres (*y*).

CHAP. IV.

✻✻✻✻✻✻✻✻✻✻✻✻✻

Chapitre Cinquieme.

DE l'Espagne il faut passer dans les Gaules. Jules Cesar remarque (*z*), que les Celtes n'en occupoient de son tems que la troisieme partie. *Toutes les Gaules*, dit il, *sont divisées en trois parties. La prémiere est occupée par les Belges; la seconde, par les Aquitains; & la troisieme, par le peuple que nous appellons Gaulois, & qui dans leur langue portent le nom de Celtes. Tous ces peuples ont une langue & des coutumes différentes.* On sait que ce passage de Jules Cesar doit s'entendre des Gaules qui n'obéissoient pas encore aux Romains, & que ce Prince subjugua dans les différentes expéditions, que l'on peut voir dans ses Commentaires : c'est
le

Les anciens Gaulois étoient Celtes.

pleraque ejus terræ quam nunc Iberiam vocamus loca usque ad Gades tenuerint. Strabo L. IV. pag. 199.

(*x*) *Galli occidua usque ad Gades incolunt secundum Eratosthenem.* Strabo Lib. II. p. 107.

(*y*) Diodore de Sicile dit *que les Lusitains sont les plus braves des Cimbres.* Lib. V. 215.

(*z*) Cæsar. Lib. I. c. I. Voyez aussi Am. Marcell. L. XV. cap. II. p. 102.

CHAP. V. le païs qu'on appelloit (*a*) *Gallia Comata*, à cause de la longue chevelure de ses habitans. Il y avoit déjà du tems, que les Romains étoient Maîtres, au delà des monts, de la *Province Narbonnoise* (*b*), qui s'étendoit depuis les Pyrenées jusqu'aux Alpes. Les brayes ou culottes, qu'on y portoit, lui firent donner le nom de *Gallia Braccata*. En deça des monts, la Republique possedoit la Province appellée *Gallia Cis-Alpina* ou *Togata*, parce que les habitans y étoient vêtus à la Romaine. Elle commençoit aux Alpes (*c*), s'étendoit le long du Po, jusqu'à la Mer Adriatique, & avoit pour bornes les Villes d'Ancone, de Ravenne, avec le fleuve de Rubicon. Strabon & Diodore de Sicile, qui ont écrit depuis Jules Cesar, ne semblent pas être parfaitement d'accord avec cet Auteur. Strabon, quoiqu'il cite les Commentaires de Cesar, prétend que ce sont les peuples de la (*d*) Province Narbonnoise, qui portoient anciennement le nom de Celtes, & qui l'ont communiqué aux autres nations des Gaules. C'est à ces peuples qu'il donne lui-même le nom de Celtes (*e*). *Les Celtes*, dit il, *habitent le long de la Mer qui est du côté de Marseille & de Narbonne, & leur païs s'étend jusqu'à une partie des Alpes.* Diodore de Sicile dit,

(*a*) Pomp. Mela L. III. c. II. Plin. H. N. Lib. IV. c. XVII. p. 482.
(*b*) Strabo L. II. p. 178. Plin. L. III. c. IV. p. 308.
(*c*) Ptolem. L. III. c. I. p. 71. Plin. L. III. c. XIV. p. 363. Sext. Ruf. Breviar. p. 8.
(*d*) *Galli qui Narbonensem Provinciam incolunt, quondam Celtæ appellabantur, & arbitror ab iis omnes in universum Galatas, Celtas à Græcis vocatos.* Strabo Lib. IV. p. 189.
(*e*) Strabo Lib. IV. p. 176. 177.

dit à peu près la même chose (f). Il sera bon d'avertir ici d'une chose que plusieurs ignorent. Les peuples qui sont établis au-dessus de Marseille au milieu du pais, autour des Alpes, & dans les monts Pyrenées, sont appellez Celtes. Ceux, qui sont au midi de la Celtique, du côté de l'Ocean & du mont Hercynien, & les autres nations, qui s'étendent delà jusques dans la Scythie, sont appellez Galates. Cependant, les Romains donnent en commun à tous ces peuples le nom de Galates. Il y a dans ces paroles de Diodore trois fautes. I. Il met le Midi pour le Septentrion, à moins que ce ne soit, comme je le soupçonne, une faute de Copiste. II. Il fait, de la forêt Hercynie, une montagne de ce nom (g). III. Il prétend que les peuples, qui demeuroient autour de cette montagne, & jusques dans la Scythie, portoient le nom de Gaulois, ou, comme le disent les Grecs, de Galates. Il se trompe. Les Gaulois étoient en deçà du Rhin; les peuples, qui étoient au-delà de ce fleuve, furent d'abord appellez Scythes, ensuite Celtes, & enfin Germains, au lieu que le nom de Gaulois leur est donné très-rarement. Mais, au reste, Strabon & Diodore de Sicile s'accordent à placer les Celtes dans la Gaule Narbonnoise (h). Quoiqu'il en soit, pour revenir au passage de Jules Cesar, on verra par la suite de cet Ouvrage

_(f)_ Diod. Sic. Lib. V. p. 214.
_(g)_ Il fait la même faute plus haut pag. 208. où il dit que le mont Hercynien est la plus haute montagne de l'Europe.
_(h)_ Voyez aussi Ælien _de Animalibus._ Lib. XIII. c. XVI. p. 776.

Chap. V. vrage de quelle maniere il faut l'expliquer. La différence, qu'il y avoit de son tems entre les coutûmes des Belges, des Aquitains, & des Celtes, venoit uniquement de ce que les uns conservoient encore leur ancienne barbarie, au lieu qu'elle étoit adoucie dans les autres, par le commerce qu'ils avoient avec des nations policées. Mais, il y avoit encore assez de conformité entre ces trois peuples, pour pouvoir en conclure qu'ils étoient originairement la même nation. Il faut dire la même chose de leur langue. Dès le tems de Jules Cesar, la langue Celtique s'étoit partagée en tant de dialectes, que les Celtes ne s'entendoient plus, pour peu qu'ils fussent éloignez les uns des autres. Mais, on peut démontrer, par des preuves incontestables, qu'il y avoit une mere langue, de laquelle tous ces différens dialectes décendoient. Ce qu'il y a encore ici de certain, c'est que tous les habitans des Gaules portoient anciennement le nom de Celtes. C'est, comme le remarque (*i*) Pausanias, le nom qu'ils se donnoient eux mêmes, & sous lequel les étrangers les designoient. Celui de Gaulois, ou de Galates, est beaucoup plus nouveau ; quoiqu'en usage parmi les Grecs & les Romains, il a été longtems inconnu aux peuples auxquels on le donnoit. Mais au reste ce nom, aussi bien que celui de Celtes, designoit en commun tous les peuples des Gaules, qui sont appellez, tantôt (*k*)

Cel-

(*i*) *Ut Galli appellarentur nonnisi serò usus obtinuit. Celtas enim cum ipsi se antiquitùs, tum alii eos nominarunt.* Pausan. Attic. c. III. p. 10.

(*k*) *Celto-Gallia in quatuor divisa est Provincias, Aquitanicam,*

Celtes, tantôt Gaulois, & tantôt Celto-Galates. A l'égard des noms de Belges & d'Aquitains, c'étoient certainement des dénominations particulieres, qui étoient prises, ou du naturel de ces peuples ou de la contrée qu'ils habitoient. Les Celtes, qui étoient au-delà de la Seine & de la Marne (*l*), étant nouvellement arrivez de Germanie, & ayant apporté toute la ferocité du païs d'où ils sortoient, furent appellez *Belges*, c'est à dire feroces, querelleux (*m*). Ceux, qui demeuroient le long de la Mer Oceane, furent appellez *Armoriques* (*n*), d'un mot Celte & Tudesque, qui signifie maritime. Nous apprenons de Pline (*o*), que cette partie de l'Armorique, qui étoit au-delà de la Garonne du côté des Pyrenées, fut appellée par les Romains Aquitaine, soit à cause du grand nombre de sources d'eaux vives qu'ils y trouverent, ou, comme d'autres le prétendent, pour exprimer de cette maniere en Latin le mot Celte d'Armorique. En voilà assez sur les peuples des Gaules, auxquels j'aurai occasion de revenir souvent dans cet Ouvrage.

cam, Lugdunensem, Belgicam, & Narbonensem. Ptolem. Lib. II. c. VII. p. 49. *Celto-Galatia Narbonensis.* L. II. c. XX. pag. 54. *Celta Galati vocati ad Orientem Pyrenæi.* Appian. Hisp. p. 424. *Celtica quæ nunc Gallia vocatur.* Idem de Bello Annib. 546.

(*l*) Cæsar. L. I. II. 4.
(*m*) Du mot Tudesque *Belgen*, se disputer, se quereller.
(*n*) *Civitates quæ Oceanum attingunt, quæque eorum consuetudine Armoricæ apellantur.* Cæsar VII. 75. *Civitates Oceano conjunctæ quæ Armoricæ apellantur.* Hertius Lib. VIII. c. XXXI.
(*o*) *Aquitanica, Aremorica antea dicta.* Plin. H. N. Lib. IV. c. XVII. p. 482. *Ar-mor-rich* Province ou Royaume maritime.

Chapitre Sixième.

Les anciens Germains étoient Celtes.

A l'égard de la Germanie, les anciens Auteurs conviennent assez généralement, qu'elle étoit remplie de peuples Celtes, & qu'elle faisoit l'une des parties les plus considerables de la Celtique. Nous avons dit qu'Herodote (*p*) plaçoit les sources du Danube dans le païs des Celtes. Arrien (*q*) dit la même chose, & met au nombre des Celtes tous les peuples qui demeuroient le long de ce fleuve, jusqu'aux Quades & aux Marcomans inclusivement. Le nom de Celtes demeura même propre aux Germains, (*r*) depuis que les habitans des Gaules & de l'Espagne l'eurent perdu ou quitté. Ainsi quand Dion, qui a poussé son Histoire jusques vers l'an 229. de N. S. J. C. parle des Celtes, il entend toujours par-là les Germains. Il dit par exemple (*s*), *Que quelques Celtes passerent le Rhin, pour venir au secours d'Arioviste;* que (*t*) *quelques Celtes, que l'on appelle Germains, s'étant emparez du païs qui est le long du Rhin, ont fait donner à ce païs le nom de Germanie* (*v*). Il s'explique clairement

la-

(*p*) Voyez ci-dessus p. 12.
(*q*) Arrian. Exped. Alex. p. 8.
(*r*) *Burchanis insula Celtica*, dit Etienne de Byfance en parlant d'une Isle qui étoit sur les côtes de la Germanie. Steph. de U. p. 240.
(*s*) Dio. L. XXXVIII. p. 31.
(*t*) Idem Lib. LIII. p. 503.
(*v*) Il s'agit de la Germanie qui obeïssoit aux Romains, & que l'on distinguoit en Superieure & en Inferieu-

là-dessus, dans un autre endroit (x). Les peuples, dit-il, *qui demeurent des deux côtez du Rhin, portoient autrefois en commun le nom de Celtes ; mais, depuis que les Gaulois ont été distinguez des Celtes, jusqu'à mon tems, le Rhin a toujours été regardé comme la borne des deux païs.* Il n'est pas moins constant, que les Celtes, qui étoient en Germanie, ne différoient pas anciennement de ceux des Gaules, & qu'on ne les désignoit sous un même nom, que parce qu'on étoit persuadé qu'ils étoient originairement la même nation. (y). *Les deux peuples*, dit Strabon, *sont non seulement voisins, n'étant separez que par le Rhin, ils ont encore le même temperament, la même maniere de vivre, & se ressemblent presque en toutes choses.* C'est-là, selon cet Auteur, la véritable origine du nom de Germains. (z). *Les Germains different un peu des Gaulois ; ils sont plus feroces, d'une plus grande taille, & plus blonds ; quant au reste, les deux peuples se ressemblent parfaitement ; ils ont les mêmes traits, les mêmes coutumes, & se nourrissent des mêmes alimens. J'estime par consequent, que les Ro-*

ferieure. La Superieure s'étendoit, depuis les sources du Rhin, jusqu'à Mayence, qui en étoit la Metropole, & à la riviere d'Obringa, que quelques-uns prennent pour la Mosele, & d'autres pour l'Arc près de Bonne. L'Inferieure, depuis Cologne, qui en étoit la Metropole, jusqu'aux embouchures du Rhin, & à la Mer Oceane. Ptolem. Lib. II. c. IX. pag. 53. Duchesne Rer. Francic. Tom. I. p. 1. 5. 15. 39. Cluver. G. Ant. p. 510.

(x) Dio. L. XXXIX. p. 114.

(y) Strabo L. IV. p. 196. Il avoit dit plus haut, que ce qu'il y avoit encore de feroce, dans les mœurs des Gaulois, venoit des coutumes & du naturel des Germains, qu'ils conservoient en partie.

(z) Strabo L. VII. p. 290.

CHAP. VI. *mains ont eu raison de les nommer Germains, comme pour marquer qu'ils étoient les freres Germains des Gaulois.* Cette étymologie de Strabon est, certainement, fausse; mais, elle prouve au moins, qu'il y avoit une si grande conformité, une si parfaite ressemblance, entre les Germains & les Gaulois, qu'on les auroit pris pour des *Germains.* C'est ainsi que les Romains distinguoient les Freres, qui l'étoient de Pere & de Mere, de ceux qu'ils appelloient *consanguins* ou *uterins.*

J'ai encore quelques remarques à faire sur l'ancienne Germanie. Quoique les Romains (*a*) lui donnassent pour bornes, du côté du midi, le Danube depuis sa source jusqu'à la forteresse Carnuntum (*b*); cependant, les peuples, qui étoient au-delà de ce fleuve jusqu'aux Alpes, étoient tous Celtes. Tels étoient les Helvetiens, qui faisoient partie des Celtes Gaulois, les Rhetiens, les Noriciens, & les Pannoniens, dont les troupes portoient le nom de Legions Celtiques du tems d'Aurelien (*c*). Il faut dire la même chose des peuples qui étoient établis dans les Alpes mêmes, & qui n'avoient été pleinement soumis que par l'Empereur Auguste. Ils sont appellez tantôt (*d*), Celtes, tantôt Gaulois. Tite Live, parlant du passage d'An-

---

(*a*) Tacit. Germ. c. I. Ptolem. L. VIII. c. IV. p. 225.
(*b*) Plin. Hist. Nat. L. IV. c. XII. p. 465. On prétend que c'est Haimbourg, vis à vis du Confluent du Danube & du Mareh. Harduin. ad Plin. Cluver. G. A. p. 735. Bruzen de la Martiniere Diction. Géogr. Tom. II. part. 2. p. 291.
(*c*) Zosim. L. I. c. II. p. 83.
(*d*) Tit. Liv. L. XXI. c. XXX. & seq. Polyb. L. III. p. 189. On peut voir les noms particuliers de ces peuples Plin. H. N. L. III. c. XX. p. 376.

d'Annibal par les Alpes, les appelle même *demi-Germains* ((e) *semi Germani*) : non que le nom de Germains fut déja connû du tems d'Annibal, mais à cause de la conformité que cet Historien trouvoit entre la langue & les coutumes de ces peuples, & des Germains de son tems.

Si les bornes de la Germanie sont aujourd'hui avancées du côté du midi, puisqu'elle s'étend jusqu'aux Alpes, elles ont été extrêmement resserrées du côté du Nord & de l'Orient. L'ancienne Germanie comprenoit, au Nord, les trois Royaumes que l'on designe sous le nom général de Scandinavie. Pline & Solin l'assûrent positivement. Le prémier (*f*), après avoir parlé des monts Riphéens, qui, selon lui, étoient les bornes de l'Asie de ce côté-là (*g*), passe aux Provinces de l'Europe qui sont situées le long de la Mer, sur la gauche de ces monts. Il fait mention, sur la foi de quelques Auteurs Grecs, du païs des *Hippopodes*, qui avoient des pieds de Cheval, de celui des *Phanesiens*, qui s'envelopoient de leurs oreilles (*h*), & ensuite il ajoûte : *Les païs qui suivent sont mieux connus. On trouve d'abord les Ingévons, qui sont de ce côté-là le prémier peuple de la Germanie. Ils sont établis au pied du mont Sevo, qui égale les monts Riphéens par sa hauteur ; & qui s'étendant jusqu'au Promontoire des Cimbres forme*

CHAP. VI.

Les habitans de la Scandinavie étoient Celtes.

(*e*) Tit. Liv. L. XXI. c. XXXVIII.
(*f*) Plin. L. IV. c. XIII. p. 474. & seq.
(*g*) Voyez ci dessus p. 23. not. (*t*), & 24. not. (*z*).
(*h*) Voyez Biblioth. Germanique, Tom. XXVIII. pag. 40.

me un vaste Golfe que l'on appelle Codanus (i). Solin, qui copie Pline dans cet endroit comme par-tout ailleurs, dit la même chose, &, à peu près, dans les mêmes termes (k). Le mont Sevo est, selon la remarque de Cluvier (l) & du Pere Hardouin, cette chaine de montagnes qui commence à la Mer Blanche, & qui traverse la Lapponie avec la plus grande partie de la Norvegue. Il suffit, pour s'en convaincre, de lire avec quelque attention la description de Pline, qui suit les côtes de la Mer Oceane jusqu'à Gades ; & qui assûre (m), que toute la côte de la Mer Septentrionale étoit habitée par des peuples Germains, depuis l'Escaut jusqu'à une distance que l'on ne sauroit fixer; parce que les Auteurs different à l'infini sur cet Article. Tacite aussi, dans son Traité *de la Germanie* (n), met au nombre des Germains les Sujons, les Sitons, & plusieurs autres peuples, qui demeuroient le long de l'Ocean jusqu'à la Mer Glaciale. Enfin, Pomponius Mela (o) dit expressement, que la Scandinavie, dont il fait une Isle, étoit occupée par les Teutons. La Celti-

---

(i) C'est la Mer Baltique.
(k) Mons Sevo ipse ingens, nec Riphæis minor collibus, initium Germaniæ facit. Hunc Ingævones tenent à quibus primis post Scythas nomen Germanicum consurgit. Solin. c. XXXII.
(l) Cluver. G. A. p. 650. Harduin. ad Plin. ub. sup.
(m) Plin ub. sup. p. 477.
(n) Tacit. Germ. c. XLIII. - XLVI.
(o) *Scandinavia quam adhuc Teutoni tenent.* Pomp. Mel. L. III. c. VI. Il y a des éditions de P. Mela, qui portent *Scandia* ou *Codanomia.* Pline fait aussi de la Scandinavie une Isle de la Mer Baltique. Il dit que les Hillevions, partagez en 500. Cantons, n'en occupent pourtant qu'une partie. Plin. ub. sup. p. 476.

Celtique ou la Germanie n'avoit donc alors point d'autres bornes du côté du Nord, que la Mer Septentrionale.

CHAP. VI.

A l'Orient, elle comprenoit la plus grande partie de la Pologne. Pline (*p*), Solin, & Ptolemée, content également la Vistule parmi les fleuves de la Germanie. C'est de ce côté-là que demeuroient, au milieu d'une infinité de peuples Sarmates, les (*q*) Estions, qui sont indubitablement les Prussiens, puisque l'ambre se ramassoit sur leurs côtes, & les Gothins. L'un & l'autre de ces peuples, je parle de Estions & des Gothins, étoient Celtes, comme j'aurai occasion de le montrer dans l'un des chapitres suivans. Il y avoit même des Géographes qui étendoient la Germanie jusqu'au Palus Méotide, comme nous l'avons vû ci-dessus, dans un passage de Plutarque (*r*). En ce cas, elle auroit renfermé, non seulement la Pologne, mais encore la Moscovie, de laquelle il faut dire un mot. J'ai déja insinué, qu'elle étoit peu connuë des Anciens, qui étoient dans l'opinion, que la Mer Oceane (*s*) rentroit dans les terres du côté du Septentrion, & y formoit trois grands Golfes, du nombre desquels étoit la Mer Caspienne. Cependant, puisqu'ils s'accordent à placer des peuples Celtes le long du Tanaïs, & autour du Palus Méotide; puisque c'est delà que sortirent les Ostrogots & les Alains, étant

Il y avoit des Celtes en Pologne.

Et en Moscovie.

pous-

(*p*) Plin. ub. sup. p. 477. Solin. c. XXXII. Ptolem. L. II. c. XI. p. 56.
(*q*) Tacit. G. c. XLIV. XLV.
(*r*) Voyez ci-dessus p. 25.
(*s*) Voyez la Préface après la cit. [6], & ci-dessus p. 24. Pomp. Mela L. III. c. V. p. 78. Solin c. XXVII.

CHAP. VI. poussez par les Huns ; enfin, puisque la plûpart des anciennes Traditions des Celtes les faisoient venir de ces contrées; on ne peut guéres douter, que la Moscovie ne fût anciennement habitée par le même peuple, qui occupoit les autres païs de l'Europe, & qui, étant pressé par les Sarmates, se retira toûjours de plus en plus du côté de l'Occident. Il faut retourner présentement sur nos pas, pour parler des Royaumes de la Grande-Bretagne, des païs situëz le long du Danube depuis Carnuntum jusqu'à son embouchure, & enfin de l'Italie & de la Sicile.

Chapitre Septieme.

Les peuples de l'Angleterre étoient Celtes.

L'ISLE, qui comprend les Royaumes d'Angleterre & d'Ecosse, portoit anciennement le nom d'Albion. Elle reçut ensuite celui de Bretagne; & c'est sous ce nom, que les Romains la designoient ordinairement. Les Gaulois (*t*) se vantoient d'avoir peuplé la Grande-Bretagne, & la chose est certainement très-vraisemblable. J'ai vû cependant quelquepart, que les Bretons se glorifioient (*v*) aussi d'avoir envoyé des Colonies dans les Gaules. Quoiqu'il en soit de cette contestation, elle prou-

(*t*) Cæsar. L. V. c. XII. Tacit. Agricol. c. II.
(*v*) *Britones Armorici, cum venerint in Regno isto, suscipi debent & protegi: sunt probi cives de corpore regni hujus. Exierunt enim quondam de sanguine Britonum regni hujus.* Lex Edüardi I. Anglorum Regis, apud Hotoman. Franco. Gall. c. II. p. 21.

prouve que les Gaulois & les Bretons étoient Chap. VII.
originairement la même nation. Du tems de
Jules Céfar, & même long-tems après, les
deux peuples avoient encore les mêmes coutumes (x), les mêmes armes (y), & la même
langue; comme cela se prouve, non seulement
par les anciens noms de leurs Princes, & de
leurs Cantons, qui sont tous Celtes, mais
aussi par le témoignage formel de Tacite (z).
La Mer qui les séparoit n'empechoit pas qu'il
n'y eût une grande liaison & un commerce
ouvert entre les deux peuples, jusques-là
qu'ils se prétoient un secours mutuel, dans (a)
les guerres qu'ils avoient à soutenir de part ou
d'autre. C'étoit dans la Grande-Bretagne, que
la Religion des Celtes s'étoit conservée dans
toute sa pureté, au lieu qu'elle étoit alterée
en Espagne & dans les Gaules, par les Superstitions des Pheniciens, des Grecs, & des Romains. Delà vient que les Druïdes (b), qui
vouloient la connoître à fond, alloient ordinairement étudier en Angleterre. On prétend
que le nom de *Britten* (c) ou de *Bretons*, dérive d'une coutume, dont je parlerai en son
lieu, & qui étoit commune à ces peuples
avec les autres Celtes : c'étoit de se (d) peindre & de s'enluminer le corps de différentes
cou-

(x) Cæsar. V. 12. Tacit. An. XIV. 30. Agricola c. II.
(y) Pomp. Mel. L. III. c. VI. p. 82.
(z) Tacit. Agric. c. II.
(a) Cæsar. IV. 20.
(b) Idem VI. 13.
(c) Leibnitz Glossar. in Collectaneis T. II. p. 98.
(d) *Omnes Britanni vitro* (al. *luteo*) *se inficiunt, quod cæruleum efficit colorem.* Cæs. V. 14. *Incertum ob decorum, an quid aliud, ultro corpora infecti.* Pomp. Mela Lib. III. c. VI. *Simile plantagini glastum quo Britannarum conjuges nurusque*

couleurs, & d'y graver avec du *glastum* des figures de toute sorte d'animaux. Selon les apparences, le nom de *Pictes*, que les Romains donnerent aux Ecossois, exprimoit la même chose en Latin. Tacite, parlant des Ecossois, dit que leur chevelure (*e*) blonde, & leur stature énorme, prouvent qu'ils sont Germains d'origine. Il conjecture au contraire, par plusieurs raisons, que les *Silures*, autre peuple de l'Isle, étoient des Iberes venus d'Espagne. Cela peut être; &, au reste, que les Bretons fussent sortis, ou de l'Iberie, ou des Gaules, ou de la Germanie, c'est la même chose pour moi, parce qu'il en resultera toûjours qu'ils étoient Celtes d'origine.

A l'égard de l'Irlande (*f*) nous apprenons de Diodore de Sicile, que les Bretons (*g*), qui de-

---

que toto corpore oblita. Plin. H. N. Lib. XXII. c. I. p. 177. *Per artifices plagarum figuras, jam inde à pueris, variæ animalium effigies incorporantur, inscriptisque visceribus hominis, incremento pigmenti notæ crescunt. Nec quicquam magis patientia loco, nationes feræ dicunt, quam ut per memores cicatrices plurimum suci artus bibant.* Solin. c. XXXV. p. 254. *Stigmata Britonum.* Tertullian. de veland. Virg. c. 10. *Corpora notant variis picturis animalium omnis generis.* Herodian. L. III. p. 301. 302.

(*e*) Tacit. Agric. caput II.

(*f*) Les anciens l'appellent *Iris, Juernia, Ouernia, Bernia.* Αἱ Βρετανίδες εἰσὶ δύο νῆσοι, Οὐερνία καὶ Ἀλούιον, ἤτοι Βεργία καὶ Ἀλβίων. C'est à-dire, Les Isles Britanniques sont au nombre de deux; on les appelle Ouernia & Alouion, ou selon d'autres Bernia & Albion. Eustath. ad Dionys. Perieg. vs. 284. 565. Ἰουερνία ἡ Πρετανικὴ νῆσος τῶν δύο ἐλάσσων. C'est à dire, Journia, l'une des Isles Britanniques, la plus petite des deux. Stephan. de U p. 420. & 412. Le Commentateur remarque qu'Aristote en avoit fait mention.

(*g*) *Ferocissimi Gallorum sunt, qui sub Septentrionibus habitant.*

demeuroient dans cette Isle, étoient les plus feroces de tous les Gaulois. Cet Auteur suppose donc comme une chose reconnuë, que les habitans de l'Irlande étoient Bretons, & que les Bretons aussi étoient un peuple Celte ou Gaulois. On publioit sur le sujet des anciens Irlandois bien des choses qui sentent beaucoup la Fable. Solin (*h*), par exemple, leur attribuë, de boire le sang des ennemis qu'ils tuöient à la guerre, & de s'en barbouiller le visage. Il ajoûte, que quand une femme accouchoit d'un enfant mâle, elle lui présentoit les prémiers alimens sur la pointe de l'épée de son mari. La Cérémonie étoit accompagnée d'une priere, dont le précis étoit, que Dieu fît la grace à cet enfant de mourir à la guerre & au milieu du tumulte des armes. Diodore de Sicile, dans le passage que je viens d'alleguer, en fait même des Antropophages, qui vivoient de chair humaine. Nous verrons en son lieu ce qu'il faut penser de toutes ces Fables. Contentons-nous de remarquer ici, que les Isles de la Grande-Bretagne sont, selon les apparences, les mêmes, qu'Herodote (*i*) appelle Cassiterides, sans pouvoir rien dire de certain de leur situation. *Je ne connois point*, dit il, *les Isles Cassiterides* k), *d'où on nous apporte l'étain. Malgré toutes mes recherches, je n'ai trouvé personne qui pût me décrire la Mer qui baigne cette partie*

---

bitant, & Scythiæ vicini sunt; dicunt ex iis nonnullos Antropophagos esse sicut Brittannos qui Irin inhabitant. Diod. Sic. L. V. p. 214.

(*h*) Solin. c. XXXV. p. 251.
(*i*) Herodot. L. III. c. 115.
(*k*) Κασσίτερος signifie en Grec de l'Etain.

tie de l'Europe pour l'avoir vuë lui-même. Comme les Auteurs, qui écrivirent après Herodote, ne trouverent point dans l'Ocean des Isles qui portassent le nom de Cassiterides, ils les placerent où ils le jugérent à propos. Solin les met (*l*) vis à vis de la Celtiberie. D'autres, plus avisez, ont avoué de bonne foi, qu'ils ne savoient où elles étoient. Ainsi Pomponius Mela (*m*) les appelle des Isles Celtiques, sans en déterminer précisement la situation. Il paroît cependant par un passage de Strabon (*n*), que la position que l'on donnoit à ces Isles convenoit à peu près au Climat de la Grande-Bretagne; & je ne doute point du tout de la solidité de la remarque du même Géographe, qui dit ailleurs (*o*), que la raison pour laquelle ces Isles étoient presqu'inconnuës aux Anciens, c'est que les Pheniciens qui étoient Maîtres de la navigation, & qui tiroient un grand profit du commerce de l'étain, prirent toutes les précautions imaginables pour empêcher que les autres peuples ne découvrissent le païs où ils alloient chercher ce métail.

(*l*) Solin c. XXXVI. p. 256.
(*m*) Pomp. Mela L. III. c. VI. p. 80.
(*n*) *Cassiterides in pelago & Britannico propemodum sitæ climate.* Strabo L. II. p. 120. 129.
(*o*) *Olim soli Phœnices hoc commercium fecerunt ex Gadibus, celantes omnibus navigationem.* Strabo III. 175. Un certain Dionysius les place dans les Indes. Steph. de U. p. 458.

Chapitre Huitieme.

JE passe aux Celtes qui étoient établis le long du Danube, depuis la Forteresse de Carnuntum jusqu'au Pont Euxin. Il y en avoit des deux côtés du fleuve (p). Ceux, qui demeuroient sur la rive gauche du Danube, ne nous arrêteront pas long-tems. Ils n'ont été guéres connus; ni par les Grecs, qui, ayant établi quelques Colonies sur les côtes du Pont Euxin, ne se soucierent pas de pénétrer dans le cœur du païs; ni par les Romains, qui n'ont guéres porté leurs armes, ou au moins, fait des établissemens, de ce côté là, au-delà du Danube, avant le tems de Trajan. Outre le nom de Scythes (q), que l'on donnoit en général à tous les peuples du Nord, ceux dont nous parlons étoient encore désignez sous le nom particulier de Getes & de Daces. Strabon remarque, que quelques Anciens (r) appelloient Getes, les peuples qui demeuroient, vers

Les peuples établis au Midi & au Nord du Danube depuis Carnuntum jusqu'au Pont Euxin étoient Celtes.

Au delà du fleuve étoient les Getes & les Daces qui étoient Celtes.

(p) *Ab Istro Septentrionem respiciunt, quæ sita sunt ultra Rhenum & Celticam habitata à Galaticis gentibus & Germanicis, usque ad Bastarnas & Tyregetas, ac Borysthenem, &c. &c. Meridiem versus sunt Illyricum, Thracia, & qui his permiscentur Celtici aliive populi ad Græciam usque.* Strabo L. VI. p. 289.

(q) Σκύθαι τρόπον τινά. Dio de Dacis Lib. LI. p. 460.

(r) *Est & alia regionis distributio quæ ab antiquo perduravit, ut aliis Getæ apellentur. Getæ qui versus Pontum & Orientem inclinant, Daci qui in diversum ad Germaniam & Istri fontes vergunt.* Strabo L. VII. p. 304.

Cʜᴀᴘ.
VIII.

vers l'Orient & le Pont Euxin, & Daces ceux qui étoient établis du côté de la Germanie & des Sources du Danube. Cependant, il ne paroît pas qu'il ait approuvé & suivi cette distinction, puisqu'il appelle tantôt Getes (s), & tantôt Daces, le peuple, qui, du tems de Sylla & de Jules Cesar, se rendit célébre par ses conquêtes, & soumit la plûpart des nations voisines, sous la conduite de Bœrebistas. Le même Strabon (t) reconnoît que les Daces & les Getes avoient la même langue. Justin ajoûte (v) que les Daces étoient issus des Getes; & je ne crois pas me tromper, en assurant que les Daces & les Getes étoient un seul & même peuple, que les Grecs appelloient communement Getes, & les Romains Daces (x). Delà vient que Pausanias, écrivant en Grec (y), appelle Getes le peuple, qui obéissoit à Decebalus, & que l'Empereur Trajan soumit après une longue guerre; au lieu que les Romains l'appellent constamment Daces. On peut voir là-dessus les passages d'Appien & de Dion, que je cite en marge (z). Il est constant que c'est

des

___

(s) Strabo L. IV. p. 298 VII. 303. 313.
(t) Strabo L. VII. p. 305.
(v) Justin. L. XXXII. c. III.
(x) *Getæ Daci Romanis dicti.* Plin. L. IV. c XII.
(y) Οὗτος προτεκτίσατο ὁ Βασιλεὺς Γέτας τοὺς ὑπὲρ Θράκης. Pausan. Eliac. I. c. XII. p. 406.
(z) *Getæ ultra Danubium à Romanis Daci apellati.* Appian. in Præfat. *Dacos illos nomine, nam hoc nomine seipsos nominant, & à Romanis apellantur, non ignorans à quibusdam Græcis eos Getas vocari, sive recte, sive perperam.* Dio L. LXVII. p. 761. *Qui trans fluvium habitant Daci vocantur, sive sint quidam Getarum, sive Traces Dacici generis, quod olim Rhodopem inhabitavit.* Dio. L. LI. p. 470.

des contrées que les Getes & les Daces occupoient anciennement, que sortirent, surtout dans le tems de la décadence de l'Empire Romain, les Bastarnes (a) les Visigoths (b), les Gepides, les Vandales, les Herules, & plusieurs autres peuples qui étoient indubitablement Celtes. Il me paroît même évident, quoi que la chose ait été contestée par quelques Auteurs modernes, que les Goths sont le même peuple que les anciens appelloient Getes. Isidore de Seville, Orose, & Procope (c) l'assurent. Claudien & Spartien le supposent aussi. Le prémier appelle toûjours (d) Getes, les Goths qui ravageoient l'Empire de son tems. Le second (e) rapporte une raillerie de Pertinax, qui disoit que Caracalla pouvoit ajoûter légitimement, à tous ses autres titres, celui de *Geticus Maximus*; insinuant qu'il le méritoit moins, par quelques petits avantages qu'il avoit remportez sur les

Chap. VIII.

(a) On parle ci après, Paragr. *Bastarnes*, de ce Peuple, qui avoit aussi des établissemens au-delà du Danube.

(b) *Gothica quam Daciam appellavere majores nunc Gepidia dicitur.* Jornand. Getic. p. 628. Capitolin nomme plusieurs autres peuples Celtes qui sortirent de ces contrées. Capitolin. M. Aurel. c. XXII. p. 370

(c) *Gothos veteres magis Getas quam Gothos vocaverant.* Isidor. Orig. L. IX. c. II. p. 1041. *Getæ qui nunc Gothi.* Orosius L. I. c. XVI. p. 48. *Geticam gentem ajunt Gothos esse.* Procop. Gothic. L. I, c. XXIV. p. 372.

(d) Claudianus de Bello Getico & passim.

(e) *Cum Germanici, & Parthici, & Alemannici nomen ascriberet, nam Alemannorum gentem devicerat, Helvius Pertinax, filius Pertinacis, dicitur joco dixisse, Adde si placet etiam Geticus Maximus, quod Getam occiderat fratrem, & Gothi, Getæ dicerentur, quos ille dum ad Orientem transit, tumultuariis prœliis devicerat.* Spartianus Caracalla p. 731. & Pertinax p. 743.

CHAP. VIII.

les Goths, qui étoient appellez Getes, que parce qu'il avoit massacré son Frere Geta. Quoiqu'il en soit, il paroît clairement, par les noms des Villes & des cantons des Daces, que leur langue étoit l'ancien Celte ou Tudesque (*f*).

En deça du fleuve étoient plusieurs peuples reconnus pour Celtes.

C'est-là qu'étoient établis les Gaulois qui rechercherent l'Alliance d'Alexandre le Grand.

A l'égard des Provinces situées sur la rive droite du Danube, depuis la Mer Adriatique jusqu'au Pont Euxin, il est certain qu'elles étoient remplies d'une infinité de peuples Celtes (*g*). C'est dans ces contrées qu'étoient établis les Gaulois, qui rechercherent l'alliance d'Alexandre le Grand. La plûpart des Auteurs modernes assûrent avec quelques anciens, que les rapides conquêtes de ce Prince, ayant porté son nom & la terreur de ses armes jusques dans le fond de l'Occident, les Gaulois, proprement ainsi nommez, s'empresserent de lui envoyer des Ambassadeurs, pour lui demander son amitié. C'est, autant que je puis en juger, une erreur, qui vient uniquement de ce que l'on a confondu la (*h*) Gaule inferieure, qui appartenoit à l'Illyrie, avec celle qui étoit au-delà du Rhin. Effectivement, je trouve dans les Anciens, que les Gaulois envoyerent deux différentes Ambassades

---

(*f*) *Sandava* Canton sablonneux, *Marcodava* Canton de frontiere, *Singidava*, Canton victorieux, *Argidava*, mauvais Canton, *Zarmi gethusa* maison ou habitation commune des Sarmates & des Getes. Ptolem. L. III. c. VIII. p. 85.

(*g*) *Celtæ Thracibus & Illyriis permixti.* Strabo L. VII. p. 304. *Scordisci Galli permixti Illyriis ac Thraeibus habitabant.* Idem p. 313. Voyez ci-dessus p. 45. not. (*p*).

(*h*) *Fama erat barbaros a Perseo mercede conductos per Galatiam inferiorem secundum Adriaticum mare in Italiam expeditionem suscipere.* Plutarch. P. Æmil. Tom. I. p. 259.

des à Alexandre le Grand. Il reçût la première sur le bord du Danube, lorsqu'il revenoit de l'expédition qu'il entreprit la prémiere année de son regne contre les Getes & les Triballes. Ces Gaulois étoient établis le long (i) de la Mer Adriatique. Ils avoient par conséquent de justes sujets d'apprehender, qu'Alexandre ne portât bientôt ses armes victorieuses dans le cœur de leur païs. Cependant, leurs Ambassadeurs firent à ce Prince la plus romanesque de toutes les reponses. On l'a tirée des Mémoires de Ptolemée fils de Lagus, qui étoit l'un des favoris d'Alexandre, & qui fut présent à l'audience que son Maître donna aux Ambassadeurs Gaulois. Alexandre, les ayant invitez, leur demanda, le verre à la main, ce qu'ils redoutoient le plus dans le monde. Il s'imaginoit, que la renommée de ses exploits, ayant déja volé jusques dans le païs des Celtes & même au delà, les Ambassadeurs lui répondroient, qu'ils ne redoutoient rien tant que ses armes. Au lieu de cela, ils lui répondirent, qu'ils ne craignoient autre chose, si ce n'est que le ciel tombât sur eux; ajoutant pourtant, qu'ils mettoient son amitié à fort haut prix. Une réponse si peu attenduë, & même si choquante pour un Prince fier & ambitieux, n'empêcha pas qu'Alexandre ne caressât les Ambassadeurs, & ne reçût les Gaulois au nombre de ses alliés; se contentant de dire à ceux qui étoient autour de lui, que les Gaulois étoient

CHAP. VIII.

_____

(i) *In Istri ripa legati ad Alexandrum venere à Celtis, qui Ionium sinum incolunt.* Arrian. Expedit. Alexandri, p. 11. *Celtæ, qui ad Adriam incolebant, amicitiæ & hospitii jugendi causa Alexandrum convenerunt.* Strabo L. VII. p. 301. 302.

C

étoient des gens à bravades (*l*). Ce Prince reçût une seconde Ambassade des Gaulois, peu de tems avant sa mort, lorsqu'après avoir subjugué l'Orient, il menaçoit de tourner ses armes du coté de l'Occident. C'est celle dont Justin fait mention (*m*). *Comme il retournoit à Babylone des extremitez de l'Ocean, il fut informé que des Ambassadeurs, envoyez par les Carthaginois, & par les autres peuples de l'Afrique, l'attendoient dans cette Ville; qu'il y en avoit même qui étoient venus d'un païs encore plus éloigné, d'Espagne, de Sicile, des Gaulois, de Sardaigne, & d'Italie.* De la maniere dont Justin place ici les Gaules, il est indubitable qu'il entend celles qui étoient voisines de l'Espagne & de la Sardaigne. Cependant, il paroît clairement, par un passage de Diodore de Sicile, que les Gaulois, qui envoyerent une Ambassade à Babylone, étoient voisins des Thraces, & que c'étoient même les seuls Gaulois que les Grecs connussent dans ce tems-là (*n*). *Arrivé*, dit-il, *à Babylone, Alexandre y trouva un grand nombre d'Ambassades, envoyées par les Carthaginois, par les Grecs, par les Illyriens, & par les peuples qui habitent le long de la Mer Adriatique, par les Thraces, & par les Gaulois leurs voisins, qui commencerent alors à être connus par les Grecs.* J'avoue que j'ai beaucoup de penchant à croire, que Trogue Pompée, dont Justin est l'Abbréviateur, a copié dans cet endroit Diodore de Sicile, & qu'il a même enchéri sur son Auteur, en faisant paroître à la cour d'Alexandre des Ambassadeurs ve-

(*l*) Ἀλάζονες. Arrian. ub. sup.
(*m*) Justin. L. XII. c. XIII.
(*n*) Diod. Sic. L. XVII. p. 623.

venus d'Espagne, des Gaules, & d'Italie. Comme Tite Live (o) assûre formellement, que le nom d'Alexandre le Grand ne parvint pas jusqu'aux Romains, il est assez naturel de croire, qu'il parvint encore moins à des peuples beaucoup plus éloignez de l'Asie & de la Grece, & qui n'entretenoient aucun commerce avec les étrangers.

Et ceux, qui, après avoir pillé la Grece & le Temple de Delphes, allerent s'établir dans l'Asie mineure.

Les Gaulois, qui ravagerent la Macedoine & la Grece, environ 45. ans (p) après la mort d'Alexandre, & qui passerent ensuite dans l'Asie Mineure, où ils occuperent les contrées de la Phrygie, qui ont été connuës depuis sous le nom de Galatie ou de Gallo-Grece; ces Gaulois sortirent aussi des Provinces qui sont au Midi du Danube: & j'ose bien assûrer, qu'ils y avoient été établis de toute ancienneté. Il ne sera pas inutile de faire ici une courte Digression, qui me ramenera bientôt à mon sujet. On ne peut presque faire aucun fonds sur ce que les Anciens rapportent de cette Expedition que les Gaulois entreprirent contre la Grece, & en particulier contre la Ville & le Temple de Delphes. Comme ils ont copié imprudemment les Relations des Prêtres de Delphes, qui étoient chargées d'un faux merveilleux, il leur est arrivé de tomber dans une infinité de contradictions palpables. Ils disent, par exemple, que les Gaulois (q), ayant été repoussez avec vigueur, & chassez de la Grece, passerent les uns en Thrace, les autres en Asie, & qu'il y en eut même qui retournerent

---
(o) Tit. Liv. L. IX. c. XVIII.
(p) L'an de Rome 474. avant J. C. 278.
(q) Justin. L. XXXII. c. III. Polyb. Lib. IV. p. 313. Pausanias Attic. c. III. p. 11. Achaic. c. VI. p. 537.

rent dans les Gaules leur ancienne patrie. Mais, en même tems, ils aſſûrent, que (r) les Gaulois perirent tous dans cette expedition, juſques-là qu'il n'en échappa pas un ſeul homme. Ils diſent auſſi que les Gaulois (s) ne pûrent prendre le Temple de Delphes, pour la défenſe duquel les Dieux mêmes combattirent. Ailleurs, néanmoins, ils avouënt (t) de bonne foi, que le temple fut pillé; ils attribuent les malheurs de Brennus, & de ſon armée, à l'indignation d'Apollon, dont on avoit violé la Majeſté; ils aſſûrent, que la malédiction, dont les Gaulois s'étoient chargez par ce Sacrilege, s'étendit ſur toute leur poſterité, qui fut errante & vagabonde ſur la terre, juſqu'à ce qu'elle fut entierement conſumée; ils ajoûtent même, que Cepion (v), Conſul Romain, (il faloit dire Proconſul,) ne fut battu par les Cimbres plus de 175. ans (x) après, que parce qu'il avoit pillé le tréſor ſacré de Toulouſe, qui renfermoit une partie du butin que les Gaulois avoient apporté de Delphes. Quelque penchant que l'on ait à juger favorablement des Anciens, on ne peut les excuſer, ni de s'être fiez trop légerement à de mauvaiſes Relations, ni d'avoir été aſſez peu exacts pour ne

(r) Juſtin XXIV. 8. Diod. Sic. L. XXII. c. XIII. in Excerpt. Legat. apud Hoeſchelium, p. 157. Pauſan. Phocic. c. XXIII. p. 856.

(s) Juſtin. XXIV. 8. Pauſan. Attic. c. III. p. 11. Arcad. c. X. p. 620 Phocic. c. XXIII. p. 853. Cicero de Divinat. L. I. p. 3772.

(t) Diod. Sic. L. V. p. 214. Valer. Max. L. I. c. I. p. 8. Appian. Illyr. p. 1196. Juſtin. L. XXXII. c. III. Athenæus. L. VI. 174.

(v) Juſtin. XXXII 3. Strabo L. IV. p. 188. Dio in Excerpt. Valeſii, p. 630.

(x) L'an de Rome 649.

ne pas s'appercevoir des contradictions où ils tomboient. Je conclus delà, que, sans donner dans le Pyrrhonisme Historique, on peut se défier des mêmes Auteurs, lorsqu'ils disent que les Gaulois (y), qui pillerent le Temple de Delphes, & qui passerent ensuite en Asie, sortoient originairement des Gaules proprement ainsi nommées, & qu'ils y retournerent en partie. C'est, selon les apparences, une pure fable, comme je le montrerai plus au long, en parlant des migrations des Celtes. Les Gaulois de l'Illyrie étoient à la vérité le même peuple que ceux qui demeuroient au-delà du Rhin; mais, au reste, ils avoient toûjours été voisins de la Grece; ils en avoient même possédé la plus grande partie, sous le nom de Pelasges. Il est vrai, qu'une partie des Gaulois, qui passerent en Asie, prenoit le nom de Tectosages, & que Strabon en tire cette consequence (z), qu'il est assez probable qu'ils étoient venus du côté de Toulouse, où il y avoit un peuple qui portoit le même nom. Mais, la preuve n'est d'aucun poids, parce que le nom de Tectosages étoit commun à une infinité de peuples Celtes, pour ne pas dire à tous. Comme ils se croyoient issus du Dieu *Teut*, que Jules Cesar appelle *Dis* (a), & Tacite *Tuiston* (b), ils prenoient le nom de *Teutones*, *Teutonarii*, *Teutobodiaci*, *Tectosages* (c),

Tau-

(y) Justin. XXIV. 4. XXXII. 3.
(z) Strabo, L. IV. p. 187.
(a) Cæsar, L. VI. c. XVIII. Il confond au reste mal à propos le *Dis* des Celtes avec le *Dis* ou Pluton des Romains. Je le prouverai en parlant de la Religion des Gaulois.
(b) Tacit. Germ. c. II.
(c) *Volcæ Tectosages* (c'est le nom des Celtes qui de-

meu-

Chap. VIII.

Taurisci, Taulantii, ou quelque autre nom semblable, en considération de leur origine. C'est, pour le remarquer en passant, la raison pour laquelle on trouve, dans toute la Celtique, une infinité de noms propres d'hommes, de femmes, de peuples, de villes, de cantons, dans la composition desquels celui de *Teut* entre pour quelque-chose. C'est une preuve bien foible, que celle que l'on tire du nom de Tolistoboiens, que portoit une tribu des Gaulois en Asie, pour montrer qu'ils venoient orginairement de Toulouse; puisque Strabon a remarqué (*d*), que, des trois Nations qui s'établirent dans la Galatie, les Tectosages étoient les seuls qui portassent le nom d'une Nation Celtique, au lieu que les Tolistoboïens (*e*), & les Trocmes, portoient celui de leur chef. On pourroit dire avec autant de vraisemblance, mais en même tems avec aussi peu de fondement, que les Celtes, qui passerent en Asie, étoient Germains ou Teutons, parce qu'il y avoit dans la Galatie une de leurs tribus qui portoit le nom de Teutobodiaci (*f*).

Les Scordisces étoient Celtes ou Gaulois.

Quoiqu'il en soit, il est constant qu'il y avoit meuroient autour de Toulouse) signifie en Tudesque un peuple (*Volck*) qui parle la langue de *Teut* (*Teutsagen*), ou qui est issu de *Teut* (*Teutsahne*). Les noms de *Teutones*, & de *Teutonarii*, designent la même chose. *Teuthoden*, *Taulant*, païs de *Teut*. *Taurich*, Royaume de *Teut*.

(*d*) *Tres Galatarum gentes sunt, quarum duæ à Ducibus nomen habent, Trocmi ac Tolistobogi, tertia à Celtica gente Tectosages.* Strabo L. XII. p. 166.

(*e*) Selon les apparences, les Tolistoboiens, sont les Boies, ou Boiens, que le Général Tolisto commandoit. Les Trocmes étoient aussi appellez Trocmeni. Steph. de U. 719.

(*f*) Plin. H. N. Lib. V. c. XXXII. p. 626.

avoit au midi du Danube plusieurs peuples Celtes ou Gaulois, qui ont été reconnus pour tels, par tous les anciens Auteurs. Tels étoient les Scordisces, les Bastarnes, les Boiens, les Taurisces, & les Japydes. Les Scordisces étoient l'un des peuples les plus belliqueux de toute l'Illyrie. Une partie de cette nation étoit établie sur les bords du *Noarus* (g), du côté de la Ville de Segeste, qui porte aujourd'hui le nom de Sissech. L'autre partie demeuroient plus bas, au conflant du Danube & de la Save (h), & c'étoit-là l'ancienne habitation des Scordisces (i). Ils occupoient, de ce côté-là, une grande étenduë de païs; leurs limites s'étendant jusqu'aux montagnes (k) de Thrace & de Macedoine, & au païs des Triballes, des Mœsiens, & des Dardaniens. Comme ils avoient accoutumé de parcourir, les armes à la main, toutes les Provinces qui leur étoient voisines, on les voit

CHAP. VIII.

(g) Strabo, L. VII. p. 313. 314. 318. Ce sont ceux qu'Appien & Pline placent dans la Pannonie. Appian. Illyr. p. 1195. Plin. H. N. Lib. III. c. XXV. p. 384. Au reste, Strabon se trompe, lorsqu'il dit dans cet endroit, que le Noarus se jette dans le Danube. Il confond, même d'une maniere tout à fait pitoiable, le cours des autres fleuves de cette contrée. Voici ses paroles. *Corcoras.. in Savum influit, Savus in Dravum, hic in Noarum apud Segesticam; inde Noarus augetur, hausto Colapi amne, (qui ex Albio monte per Japodas delabitur) inque Danubium apud Scordiscos exit*, p. 314. Strabon se contredit outre cela lui-même, puisqu'il assure ailleurs, que le Colapis se jette dans la Save. Strabo IV. 207. La vérité est, que le *Corcoras*, le *Noarus*, & le *Colapis*, se jettent dans la Save, le Drave & la Save dans le Danube.
(h) Justin. XXXII. 3. Athenæ. L. VI. p. 174.
(i) Appian. ub. sup.
(k) Strabo L. VII. 317. 318. Sext. Ruf. c. IX. p. 12. T. Liv. L. XLI. c. XIX.

C 4

voit paroître encore (*l*), dans toutes les autres contrées de l'Illyrie & de la Thrace. Personne ne conteste, qu'ils ne fussent Celtes ou Gaulois; car, on leur donne indifféremment l'un & l'autre de ces noms (*m*). Il y a même des Historiens, qui prétendent qu'ils sortoient (*n*) originairement des Gaules. Ce qu'il y a de certain, c'est, qu'étant voisins de la Grece, ils furent les promoteurs & les chefs (*o*) de l'Expédition que les Gaulois entreprirent contre ce païs; & qu'après avoir été extrémement puissans dans l'Illyrie, ils furent enfin soumis par les Romains (*p*), Tibere les ayant entierement subjuguez, lorsqu'il commandoit les armées d'Auguste en Pannonie, & s'étant ensuite servi utilement de leur secours contre les autres Pannoniens (*q*).

Les Bastarnes. Les Bastarnes étoient une autre nation Celte ou (*r*) Gauloise de la même contrée. Ils ne différoient anciennement des Scordisces (*s*), ni pour la langue, ni pour les coutumes: mais, le voisinage des Sarmates (*t*) leur fit adopter insensiblement plusieurs coutûmes de

---

(*l*) Strabo ub. sup. T. Liv. L. LVI. & LXIII. Am. Marcell. L. XXVII. c. IV. p. 482.
(*m*) Strabo VII. 296. 315.
(*n*) Justin XXIV. 4. Liv. Epit. LXIII.
(*o*) Justin. XXXII. 3. Athen. æ. ub. sup.
(*p*) Strabo VII. 317. Vellei Paterc. L. II. c. XXXIX. p. 182.
(*q*) Dio. L. LIV. p. 543.
(*r*) Diod. Sicul. in Excerpt. Vales. L. XXVI. p. 313. Polyb. ibid. Legat. LXII. p. 883. Tit. Liv. L. XLIV. c. XXVI. Plutarch. Æmil. T. I. p. 259. Appian. Mithrid. p. 410. Voyez ci dessus p. 16. not. [*e*].
(*s*) Liv. XL. 57. XLI. 19.
(*t*) Voyez ci-dessus p. 14. not. [*p*].

de ces peuples; desorte qu'à la fin, ils passe- CHAP.
rent pour de véritables Sarmates (*v*). La plus VIII.
grande partie des Bastarnes demeuroit (*x*) au
delà du Danube, du côté de la Pologne. Delà vient, qu'ils sont appellés tantôt (*y*) Scythes,
tantôt (*z*) Getes, tantôt Germains: ces dénominations étoient communes à tous les peuples établis au delà du Danube. Pline les
met (*a*) expressément au nombre des Germains, il en fait même l'un des cinq (*b*)
peuples qui de son tems étoient Maîtres de
toute l'ancienne Germanie. Strabon, qui les
place sur les frontieres de la Germanie (*c*),
avouë aussi, qu'ils ne différent pas des autres
peuples de ce vaste païs. Comme Ovide
trouva encore des Bastarnes (*d*) le long du
Pont Euxin, il en resulte, qu'ils occupoient
les mêmes contrées que les Getes & les Daces, ou plûtôt, qu'ils étoient le même peuple, auquel les chariots, qui leur tenoient (*e*)
lieu

(*v*) Ptolem. L. III. c. V. p. 81.
(*x*) Strabo II. 128. 129. VI. 289.
(*y*) Dio. L. XXXVIII. p. 64.
(*z*) Appian. Maced. p. 1223.
(*a*) *Adversa Bastarnæ tenent aliique inde Germani.* Plin.
H. N. Lib. IV. c. XII. p. 465.
(*b*) *Germanorum quinta pars Peucini, Bastarnæ, supradic-
tis contermini Dacis.* Plin. H. N. Lib. IV. c. XIV. p. 477.
(*c*) *In mediterraneis Bastarnæ sunt, Tyrigetis ac Germanis
confines, ac fere ipsi quoque Germanici generis.* Strabo VII.
306. Voyez aussi Tacite Germ. c. XLVI.
(*d*) *Hactenus Euxini pars est Romana sinistri, Proxima
Bastarnæ, Sauromataeque tenent.* Ovid. Trist. L. II. vs. 197.
Denys le Géographe en met au Nord du Danube jusqu'à
l'embouchure du Palus Mœotides... Μαιώτιδος ἐς
ςόμα λίμνης, Γερμανοὶ, Σαρμάται, τε, Γέται
δ' ἅμα Βαςάρναιτε. Dionys. Perieg. vs. 304.
(*e*) Dio. L. LI. p. 461. 463.

lieu de maisons, & sur lesquels ils tranoient par-tout leurs femmes, leurs enfans, & leur bagage, firent donner le nom de *Bastarnes* (*f*), qui signifie un chariot, une voiture. Outre les Bastarnes, qui étoient au delà du Danube, il y en avoit encore plusieurs tribus dans la Province de Thrace (*g*), & d'autres dans les Isles du Danube, particulierement dans celle de Peuce à l'embouchure du fleuve, d'où ils reçûrent le nom de Peucins (*h*). Il ne se passoit au reste gueres d'année, où les Bastarnes ne passassent le Danube, pour piller les contrées de la Thrace (*i*) & de l'Illyrie. Persée, Roi de Macedoine (*k*), les appella à son secours, avec leur Roi Clondicus ou Clovis, pour les opposer aux Romains ; mais, il perdit, par son avarice, les grands avantages qu'il auroit pû tirer de l'alliance d'une nation si belliqueuse. Comme les plus grandes forces des Bastarnes (*l*) étoient au delà du Danube, ils ne furent jamais pleinement soumis par les Romains, qui fortifierent du tems d'Auguste (*m*) la Ville de Segeste, pour leur servir de magazin & de boulevard contre ce peuple. Cela n'empêcha pas qu'il ne fit de frequentes courses sur les terres de l'Empire jusqu'au tems de Diocletien.

Les

(*f*) On le trouve en ce sens dans Gregoire de Tours III. 26.
(*g*) Strabo VII. 296.
(*h*) Strabo L. VII. 305. 306. Tacit. ub. sup.
(*i*) Dio, Strabo, ub. sup.
(*k*) Polyb. ub. sup. T. Liv. XLIV. 26. ci-dessus p. 16. not. [*e*].
(*l*) *Bastarnæ gens trans Istrum habitans.* Steph. de Urb. p. 212. Liv. XL. 57. Orol. IV. c. XX. p. 231.
(*m*) Appian. Illyr. p. 1205.

Les Boiens étoient aussi un peuple (n) Celte ou Gaulois de la Thrace & de l'Illyrie. Il y avoit des Boiens au delà du Danube, dans la forest Hercynie (o). Ce sont ceux, qui étoient établis en Boheme, d'où ils furent chassez par les Marcomans. Il y en avoit d'autres, qui étoient meslez parmi les habitans de la Thrace (p); & d'autres enfin, qui demeuroient dans l'Illyrie, entre le Danube & le Drave (q): c'est de ceux-là qu'il s'agit principalement ici. On prétend, que les Boiens étoient tous venus des Gaules (r), ou d'Italie (s). Ce n'est pas le lieu d'examiner ici cette question, que j'aurai occasion de toucher, lorsque je parlerai des migrations des Celtes: &, dans le fonds, la question est fort indifférente, s'il est certain, comme je le crois, que les Gaules, l'Allemagne, l'Italie, & en un mot la plus grande partie de l'Europe, étoit anciennement habitée par un seul & même peuple. Ce qu'il y a ici de constant, c'est que les Boiens, qui étoient établis entre le Danube & le Drave (t), autour de la riviere d'Arabon & du Lac de Peiso, furent battus & chassez de leur païs par Boerebistas (v), Roi des Getes, dont j'ai déja fait mention,

CHAP. VIII.

Les Boiens.

(n) Strabon les appelle Gaulois L. VII. p. 315. & Celtes ibid p. 296.
(o) Tacit. Germ. c. XXVIII. & XLII. Strabo ex Posidonio L. VII. p. 293. & 290.
(p) Strabo L. VII. 296.
(q) Voyez la note [z] & la note [e] de la page suivante.
(r) Tit. Liv. L. V. c. XXXIV. & V. Tacit. Germ. c. XXVIII.
(s) Strabo V. 213.
(t) Plin. H. N. Lib. III. c. XXIV. p. 384.
(v) Strabo VII. 304. 313. 315.

CHAP. VIII.

mention; & que ce païs, étant demeuré desert & inculte (*x*), fut appellé le *Desert des Boiens* (*y*), du nom de ses anciens habitans. Les Romains y bâtirent depuis les Villes de *Scarabantia* (*z*), & de *Sabaria*, dans la derniere desquelles l'Empereur Claude établit une Colonie Romaine. Comme Boerebistas (*a*) étoit contemporain de Sylla & de Jules Cesar, il y a apparence, que Jules Cesar parle des Boiens depossédez par ce Roi des Getes (*b*); lorsqu'il dit que les Boiens, qui avoient demeuré au delà du Rhin (*c*), & qui étoient décendus dans la Noricie, où ils avoient assiegé la Ville de Noreia (*d*), furent appellez par les Helvetiens pour faire irruption avec eux dans les Gaules. Après la défaite des Helvetiens, Jules Cesar assigna à ces Boiens une contrée du païs (*e*) des Eduëns, où ils subsistoient encore du tems de Pline (*f*).

Les Taurisces.

Les Taurisces (*g*) ou Tauristes, que quelques-uns appelloient Ligurisces, étoient aussi un

(*x*) Strabo V. 213.
(*y*) *Deserta Bojorum*. Plin. ub. sup. *Bojorum Solitudo*. Strabo VII. p. 292.
(*z*) *Deserta Bojorum jam tamen Colonia Divi Claudii Sabaria, & oppido Scarabantia Julia habitantur*. Plin. ub. sup.
(*a*) Strabo IV. p. 298.
(*b*) Cesar. Commt. Lib. I. c. V.
(*c*) On voit-là le peu d'exactitude de Jules Cesar, lorsqu'il parle de la Germanie. Il dit qu'un peuple établi dans la Pannonie, c'est-à-dire *en Hongrie*, demeuroit au delà du Rhin.
(*d*) Elle étoit située sur une riviere qui se jette dans la Mer Adriatique près d'Aquilée. Strabo V. 214.
(*e*) Cæf. I. 28.
(*f*) Plin. H. N. Lib. IV. c. XVIII. p. 485.
(*g*) Strabo Lib. VII. p. 296. Dans cet endroit Strabon les appelle Celtes, & à la p. 313. du même Livre. Ailleurs, il les appelle Gaulois. Voyez L. VII. p. 293.

un peuple Celte, établi autour du Danube. Ils n'étoient féparez des Scordifces, (je parle de ceux qui demeuroient le long du *Noarus*,) que par une montagne. Pline (*h*), qui l'appelle le mont Claude, place les Scordifces au midi, & les Tauriftes au Nord de cette montagne. Comme les Tauriftes étoient voifins (*i*) des Boiens, & foumis avec eux au Roi Critafirus (*k*) ou Cretofirus, qui fut defait par Boerebiftas, ils fe virent auffi contraints de quitter leurs anciennes habitations, & de chercher un nouvel établiffement dans les Provinces voifines. Ils le trouverent dans la Noricie *l*), du côté d'Aquilée & de Nauportum, où leur ancien nom fe perdit infenfiblement, & fut changé en celui de Noriciens (*m*); mais, ils n'y demeurerent pas longtems en repos. Etant aux portes de l'Italie, ils furent l'une des prémieres conquêtes d'Augufte (*n*), lorfqu'il porta fes armes dans l'Illyrie l'an 719. de la fondation de Rome. Il y avoit, au refte, dans les Alpes (*o*), plufieurs peuples qui portoient en commun le nom de Taurifces. Strabon en place d'autres dans la Thrace (*p*), & Ptolemée au (*q*) delà du Danube dans la Dace.

En-

(*h*) *Mons Claudius, cujus in fronte Scordifci in tergo Taurifci.* Plin. L. III. c. XXV. p. 384.
(*i*) Strabo V. 213.
(*k*) Strabo VII. 304. 313.
(*l*) Strabo VII. 313.
(*m*) *Juxta Carnos quondam Taurufci apellati nunc Norici.* Plin. Lib. III. c. XX. p. 376. Strabo Lib. IV. p. 206. 208.
(*n*) Appian. Illyr. p. 1203.
(*o*) Plin. ub. fup. Polyb. L. II. p. 103. 116.
(*p*) Strabo VII. 296.
(*q*) Ptolem. L. III. c. VIII. p. 85.

Chap. VIII.

Les Japodes.

Enfin, les Japydes ou Japodes (*r*) étoient encore un peuple Celte de l'Illyrie. Ils demeuroient entre les Istriens (*s*) & les Liburniens, le long de la Mer Adriatique, d'où leur païs s'étendoit fort avant dans les terres (*t*). Ils avoient été vaincus dès l'an 625. de Rome par Sempronius Tuditanus & Tiberius Pandusius (*v*): mais, comme ils étoient mal soumis; qu'ils exerçoient des brigandages continuels contre les sujets de la Republique (*x*); & qu'ils refuserent même de payer aucun tribut aux Romains pendant les guerres civiles entre Cesar & Pompée: l'Empereur Auguste se vit obligé de les attaquer avec les autres Illyriens l'an 719. de Rome; & ce ne fut qu'alors, dit Appien, (*y*) qu'ils furent pleinement soumis au joug des Romains.

Origine du Nom de Pannoniens.

Il ne faut pas oublier ici, que les Scordisces, les Taurisces (*z*), avec tous les autres peuples qui demeuroient entre la Save (*a*), le Drave, & le Danube, étoient compris sous le nom général de Pannoniens. On leur donnoit ce nom, à cause des habits qu'ils portoient. Ils coupoient (*b*) l'étoffe ex plusieurs bandes,

(*r*) *Japodes permixta nunc Illyriis & Celtis gens.* Strabo IV. 207. *Armatura iis Celtica.* Idem VII. 314. Ἰάποδες ἔθνος Κελτικόν. Steph. de Urb. p. 407.
(*s*) Plin. H. N. Lib. III. c. IV. p. 314.
(*t*) Strabo VII. 313. Appian. ub. sup. p. 1205.
(*v*) T. Liv. Epit. LIX. Plin. Lib. III. c. XIX. p. 374. & not. Harduini, Appian. Illyr. p. 1200.
(*x*) Strabo IV. 207. Dio. Lib. XLIX. p. 403.
(*y*) *Tunc primum Romanorum tulere jugum.* Appian. Illyr. 1205. Dio. ub. sup. Strabo VII. 314.
(*z*) Plin. Lib. III. cap. XXV. p. 384. *Scordisci populus Pannoniæ.* Stephanus de Urb. p. 674.
(*a*) Solin. c. XXXIV. p. 250. Florus Lib. IV. c. XII. Ptolem. Lib. II. c. XV. & XVI. p. 62. 63.
(*b*) *Pannonii vocantur, quod tunicas manicatas é vestimentis qui-*

bandes, ou petits morceaux, qu'ils appel- | CHAP. VIII.
loient *Pannen*, & qu'ils cousoient ensemble à
la maniere du païs. Il suffit de lire ce que
Dion (*c*) & Appien disent des coutumes &
de la maniere de vivre des Pannoniens en général, pour se convaincre qu'ils étoient Celtes : aussi Zosime les appelle-t-il de ce nom,
comme je l'ai déja remarqué (*d*).

Puisqu'il paroît clairement par ce que je | Cluvier
viens de dire, qu'il y avoit plusieurs peuples | relevé.
Celtes ou Gaulois sur la rive droite du Danube, il en resulte que Cluvier (*e*) n'avoit aucun sujet de relever Zosime (*f*) pour avoir
dit que *Maximien Hercule vint trouver Diocle-*
tien à Carnuntum qui est une Ville de la Celti-
que. On prétend que l'Auteur (*g*), ou au
moins les Copistes, ont fait dans cette occasion
une lourde bevuë, qu'il faut corriger par Ammien (*h*) Marcellin, qui fait de Carnuntum
une Ville de l'Illyrie ; ou par Pline (*i*) & par
Aurelius Victor, qui la placent dans la Pannonie. Toutes ces corrections sont parfaitement
inutiles. Carnuntum étoit dans l'Illyrie, qui,
du tems de Zosime, comprenoit dixsept Provinces (*k*). Elle étoit située en particulier
dans

quibusdam in Pannos more indigenarum patrio scindant &
consuunt, atque inde sibi nomen assumunt. Dio. Lib. XLIX.
p. 413.

(*c*) Dio. ub. sup. Appian. Illyr. p. 1205.
(*d*) Voyez ci-dessus p. 36. note [*e*].
(*e*) Cluver. Germ. Ant. p. 735. Le P. Petau a fait la
même Faute, Rat. Temp. Lib. VI. p. 286.
(*f*) Zosim. Lib. II. c. X. p. 139.
(*g*) Vid. Cellar. notis ad Zosim.
(*h*) Ammian. Marcell. Lib. XXX. c. V. p. 598.
(*i*) Plin. Lib. IV. c. XII. p. 465. Lib. XXXVII. c. III.
p. 370. Aurel. Victor. Cæsar. p. 133.
(*k*) *Habet Illyricus septem & decem Provincias, Noricorum*
duas,

CHAP. VIII.

Scaliger relevé.

dans la Pannonie (*l*) prémiere ou superieure, qui appartenoit au gouvernement de l'Illyrie; mais, elle étoit aussi une Ville de la Celtique, parce que les Germains & les Pannoniens (*m*), dont Carnuntum séparoit les frontieres, étoient des peuples Celtes.

Par la même raison (*n*), Scaliger s'est un peu précipité, lorsqu'il accuse Socrate (*o*), & ceux qui l'ont suivi, d'avoir commis une faute, en faisant de la Ville de Mursa une forteresse des Gaules; au lieu, dit-il, qu'il paroît par une Inscription, que Mursa étoit dans la Pannonie inferieure. Il n'y a point de contradiction entre Socrate & l'Inscription. Mursa (*p*), Ville, que l'Empereur Adrien avoit construite, ou fortifiée, étoit dans la Pannonie inferieure (*q*) du côté de Sirmium; & les Pannoniens, établis de ce côté-là, étoient les Gaulois appellez Scordisces. Non seulement il y avoit plusieurs peuples Celtes au midi du Danube; j'ose assûrer encore, qu'à la reserve des Sarmates (*r*), qu'il faut toûjours excepter,

tou-

duas, *Pannoniarum duas, Valeriam, Saviam, Dalmatiam, Mœsiam, Daciarum duas, & in Diœcesi Macedonia septem sunt.* Sexti Rufi Breviar. p. 11. Voyez aussi Appian. Illyr. p. 1198.

(*l*) Antonini Itin. pag. 15. Ptolem. Lib. II. cap. XV. p. 62.

(*m*) Plin. L. IV. c. XII. p. 465.

(*n*) Scalig. notis ad Eusebii vel Hieronymi Chron. in Thesauro Temp. p. 253. 254.

(*o*) Socrat. Lib. II. c. XXXII. Sozom. Lib. IV. c. VI. Histor. Tripart. Lib. V. c. IV. p. 263.

(*p*) Steph. de Urb. p. 566.

(*q*) Itiner. Antonini p. 8. 14.-17.

(*r*) Il y avoit plusieurs peuples Sarmates dans ces contrées. Plin. Lib. IV. c. II. Strabo Lib. VII. 296. Ovid. Epist. ex Ponto Lib. III. Ep. II. vs. 40. Trist. Lib. V. Eleg. XII. vs. 58.

toutes les autres nations de ces contrées, bien qu'elles ne portassent pas le nom de Celtes ou de Gaulois, étoient pourtant le même peuple. Je suis obligé de le supposer ici, pour éviter la longueur excessive où je tomberois, si je voulois parler en détail de tous les peuples qui étoient compris sous les noms généraux (s) d'Illyriens, de Mœsiens, & de Thraces. J'espere que le Lecteur en sera convaincu, parce que j'aurai occasion de remarquer dans ce Livre, & dans les suivans, de leur langue & de leurs coutumes. On trouve, au reste, dans Appien (t), une tradition sur l'origine de ces peuples, qui est à la vérité fabuleuse; mais, elle prou-

CHAP. VIII.

(s) L'Illyrie, proprement ainsi nommée, comprenoit les Provinces qui s'étendoient le long de la Mer Adriatique, depuis les Alpes jusqu'à la Macedoine, Solin. c. XIV. p. 209. Florus Lib. II. c. V. La Mœsie commençoit au conflant du Danube & de la Save, d'où elle s'étendoit jusqu'au mont Hæmus. Dio. Lib. LI. p. 463. Solin. c. XV. p. 215. & selon Pline jusqu'au Pont Euxin. Plin. Lib. III. c. XXVI. p. 386. La Province de Thrace étoit située entre le mont Hæmus, la Grece, le Pont Euxin, & la Mœsie. Pomp. Mela Lib. II. c. II. Amm. Marcell. Lib. XXVII. c. IV. p. 482. Appian. Mithrid. p. 365. Solin. c. XIV. p. 209. Mais, outre cela, le nom de Thraces est donné dans un sens plus étendu à la plûpart des autres peuples qui étoient au midi du Danube. Aux Scordisces par Florus Lib. III. c. IV. & par Sextus Rufus c. IX. p. 12; aux Bastarnes par Appien. Mithrid. p. 365. & par Dion Cassius in Excerpt. Valesii p. 611; aux Getes par Herodote Lib. IV. c. XCIII. par Pomponius Mela Lib. II. c. II. par Strabon L. VII. p. 295. & par Estienne de Bysance de Urbibus p. 271.

(t) *Romani asserunt ejus Provinciæ cognomen ab Illyrio Polyphemo ortum habuisse. Polyphemo quippe Cyclopi ac Galatea, Celtum & Illyrium & Gallum filios extitisse, eosque ex Sicilia progressos, Celtis & Illyriis & Galatis ab ipsis cognomen assumentibus imperitasse. Et hæc mihi inter pleraque à multis memorata placuêre. Illyrio deinde filios Achillem* (Εγχέλεα) *Autarium, Dardanum, Madum, Taulanta, Perhabeumque* resse-

66 HISTOIRE

Chap. VIII.

prouve au moins, qu'on les regardoit tous comme décendus, avec les Celtes, d'une même tige. C'est dans cette vuë que je la rapporte ici; car, je serai obligé d'y revenir encore dans la suite.

CHAPITRE NEUVIEME.

Les anciens habitans de la Grece étoient Scythes, & le même peuple qui reçût ensuite le nom de Celtes.

JE ne dois pas quitter le voisinage de la Grece, sans dire ma pensée sur les anciens habitans d'un païs, qui a été, pour ainsi dire, le berceau des sciences, & des beaux Arts, au moins par rapport à l'Europe. Je suis dans l'opinion, que les prémiers habitans de la Grece étoient le même peuple, qui occupoit, comme je l'ai montré, les autres Provinces de l'Europe, & que l'on désigna dans la suite sous le nom de Scythes & de Celtes. On sait que les Egyptiens, & les Phéniciens, commencerent de bonne heure à équip-

*veserunt; filias quoque Partho & Daorto & Dassaro & alias ex quibus Taulantii, Perhæbi, Achillæi, (Ἐγχέλεες) Autarici, Dardani, Partheni, Daseretii, Darsique prodiere. Ipsi vero Autario, Pannonium vel Pæonem (Πάιονα) existimant filium fuisse, & Scordiscum, Pæonum (Πάιονον) & Triballum, à quibus pariter nationum cognomina tradu*ct*a sunt; & hæc quidem ab antiquitate repetuntur.* Appian. Illyr. 1194, 1195. Je remarquerai en passant, que les Anciens, quand ils étoient en peine sur l'origine d'une nation, ou du nom qu'elle portoit, se tiroient ordinairement d'affaire, en supposant un Roi, qui avoit porté ce nom, & qui l'avoit transmis à ses sujets. Ils disent, que les Pannoniens ont reçu ce nom de Pannonius, les Dardaniens de Dardanus, les Celtes de Celtus, les Gaulois de Gallus.

équipper des flottes, & à faire des établissemens le long des côtes de la Mer Mediterranée, jusqu'aux colomnes d'Hercules. Il est
même à présumer, qu'ils commencerent ces
établissemens par la Grece, qui, étant à portée
de leur païs, étoit d'ailleurs fort à leur bienséance; parce qu'elle leur ouvroit plusieurs
autres Provinces de l'Europe. Quoiqu'il en
soit du tems, où les Phéniciens & les Egyptiens passerent pour la prémiere fois en Grece (v), il est constant & reconnu, qu'ils y
envoyerent des Colonies (x); & que, s'y
étant fortifiez, ils chasserent une partie des
anciens habitans, & soumirent les autres à
leur domination. Il est facile de juger de ce
qui dût arriver dans cette occasion. Le vainqueur, qui donnoit la Loi, voulut la donner à
toute sorte d'égards: il voulut contraindre le
vaincu à reçevoir tous ses usages, & à se
former sur son modele; mais, il lui falut du
tems pour venir à bout de son dessein: il ne
put empêcher d'ailleurs, que les habitans naturels du païs ne conservassent toûjours des
restes de l'ancienne barbarie, & qu'ils ne
communiquassent même à leurs Maîtres,
quelques-unes de leurs coutûmes. Les nouveaux habitans de la Grece, ayent donc été
après cela un mêlange de Phéniciens, d'E-
gyptiens, & de Scythes, on dut remarquer
pendant longtems des traces de ce mêlange
dans leur langue & dans toutes leurs coutûmes.

(v) Denys d'Halicarnasse dit que les Pelasges, qui
étoient les anciens habitans de la Grece, commencerent d'être inquietez, deux générations, c'est-à-dire environ 60. ans, avant la guerre de Troie. L. I. p. 20.
(x) Strabo VII. 321. IX. 401. X. 447.

mes. C'est par là aussi, que je justifierai ma Conjecture. Comme elle est nouvelle, & qu'elle pourroit paroître hazardée, je serai obligé de le faire avec quelque étenduë. L'Histoire des anciens Grecs, leurs Coutumes, leur Religion, leur Langue, & même leurs Fables, ont servi à me déterminer, & à me confirmer dans ma Conjecture, parce que j'ai trouvé par-tout des caractéres auquels on pourra reconnoître avec moi les anciens Celtes.

<small>Prémiere Preuve tirée de l'ancienne Histoire des Grecs.</small>

Les prémiers habitans de la Grece étoient un peuple barbare & nomade (*y*), qui portoit le nom de Pelasges (*z*). La chose est reconnuë par les plus célébres Historiens, qui assurent que les Pelasges occupoient anciennement, non seulement le Peloponnese (*a*), le territoire d'Athenes (*b*), avec les Isles voisines, particuliérement celles de Lemnos (*c*), de Scyrus (*d*), & d'Eubée (*e*) qui portoit autrefois le nom de Pelasgia; mais, en général, tou-

---

(*y*) Les Grecs appelloient nomades les peuples qui n'avoient point de demeure fixe; qui n'avoient point d'autres biens que leurs troupeaux, ni d'autre occupation que de les conduire d'un paturage à l'autre.

(*z*) Οἱ δὲ Πελασγοὶ τῶν περὶ τὴν ἑλλάδα δυναςευσάντων ἀρχαιότατοι λέγονται. Strabo Lib. VII. 327.

(*a*) Herodot. L. VII. c. XCIII. & seq. Dionys. Halicar. p. 9. 14. Steph. de Urb. in *Arcas* p. 166. in *Parrhasia* p. 630. in *Peloponneso* p. 635.

(*b*) Herodot. Lib I. 57. II. 51. VIII. 44. Thucyd. L. IV. c. CIX. Strabo XI. 397.

(*c*) Herodot. VI. c. CXXXVII. Thucyd. ub. sub. Elle porte présentement le nom de Stalimene.

(*d*) *Scyrum olim habitabant Pelasgi & Cares.* Nicol. Damasc. apud Steph. de Urb. p. 676.

(*e*) Schol. Appol. Argon. p. 105. On l'appelle aujourd'hui Negrepont.

toute la Grece. (*f*) *Avant le tems d'Hellen fils de Deucalion*, dit Thucydide, *la nation des Pelasges étoit repanduë par toute la Grece.* Strabon (*g*) dit la même chose en plusieurs endroits. C'est la raison pour laquelle les Poëtes designent souvent les Grecs en général sous le nom de Pelasges (*h*). Chassez du Peloponnese par les Cadméens (*i*), c'est-à-dire par les Orientaux, les Pelasges se retirerent dans la Thessalie (*k*), où ils se maintinrent, selon les apparences, pendant un assez long espace de tems (*l*); puisque cette Province reçût d'eux le nom de *Pelasgia* (*m*). Inquietez ensuite dans leurs nouvelles habitations (*n*) par les mêmes Cadméens (*o*), ou plûtôt par le nouveau peuple qui s'étoit formé en Grece,

---

(*f*) *Ante ætatem Hellenis Deucalionis filii, gens Pelasgica latissimé diffusa.* Thucyd. Lib. I. c. III.

(*g*) Voyez le passage cité à la page précedente note [*z*], & les Livres V. p. 221 VIII. 345. 371. IX. 410.

(*h*) - - - *conjurataque sequuntur, Mille rates gentisque simul commune Pelasgæ.* Ovid. Metam. Lib. XII. vs. 6.

(*i*) קדם *Kedem* est un mot Hebreu ou Phénicien, qui signifie l'*Orient*. קדמים *Cadmim* sont les Orientaux: c'étoient, selon Herodote, des Phéniciens & des Egyptiens. Herodot. Lib. II. cap. L. 91. V. 57. VII. 93. & seq. Dionys. Halic. p. 14. Voyez ci-dessus p. 67. note [*v*].

(*k*) Son premier nom étoit *Æmonia*. Ensuite elle fut appellée *Pelasgia*, & enfin Thessalie. Dionys. Halic. ub. sup.

(*l*) Denys d'Halicarnasse dit qu'ils s'y maintinrent pendant cinq générations, c'est-à-dire environ 150. ans ub. sup.

(*m*) *Thessalia prius Pelasgia.* Steph. de Urb. p. 393. *Pelasgi gens barbara, quæ Thessaliam & Argos inhabitavit.* Scholion. Apollon. Lib. I. p. 2. 58. Hesychius dit aussi, que les Pelasges sont les Thessaliens: & c'est dans la Thessalie, qu'Homere place les Pelasges. Homerus in Catalog. vs. 347. Strabo Lib. IX. p. 441-443.

(*n*) Scholiast. Apollon. p. 102. Dionys. Halic. p. 14.

(*o*) Herodot. Lib. I. cap. LVI.

CHAP. IX. ce (*p*). On prétend que les Pelasges se disperserent de tous côtez. Les uns se retirerent encore plus vers le Nord, du côté des monts Olympe & Ossa (*q*); les autres passerent en Italie (*r*): & d'autres enfin tirerent du côté de la Thrace & de l'Hellespont; &, ayant passé la Mer ils occuperent, non seulement une grande partie de l'Asie mineure (*s*), la Carie (*t*), l'Æolie, le païs de Troie (*v*), une partie de l'Ionie (*x*), mais encore la plûpart des Isles voisines, les Cyclades (*y*), les Isles de Crete (*z*), de Lesbos (*a*), & de Cyzique (*b*). Denys d'Halicarnasse prétend, que ce fut alors (*c*), qu'ils s'emparerent aussi de l'Isle d'Eubée, dont j'ai déja parlé. Ce n'est pas ici le lieu d'examiner ces différentes migrations des Pelasges. Il me suffira de remarquer présentement, que les Auteurs, qui avancent ces faits, étoient dans l'opinion, que les Pelasges,

(*p*) *Thessalia eos expulerunt Curetes & Leleges, qui nunc Ætoli & Locri.* Dion. Halic. ub. sup.
(*q*) Dion. Halic. ub. sup.
(*r*) Herodot. L. I. c. LVII. Dionys. Halic. p. 10. 14. 15. 22. Dionys. Perieg. vs. 347. Diod. Sic. Lib. XIV. 453.
(*s*) Dionys. Hal. p. 14.
(*t*) Pomp. Mela Lib. I. c. XVI. XVIII.
(*v*) Schol. Apollonii p. 5. Strabo V. 221.
(*x*) Herodot. VII. 93. 94. Strabo XIII. p. 621.
(*y*) Dionys. Halic. ub. sup.
(*z*) Dionys. Halic. ub. sup. Homer. Odyss. L. XIX. vs. 177. Diod. Sic. IV. 183. V. 238. Strabo V. 221. X. 475.
(*a*) Dion. Halic. ub. sup. Diodor. Sicul. V. 239. Steph. de Urb. in *Issa* p. 426. Plin. H. N. V. 31. Eustath. ad Dion. Perieg. vs. 537. L'Isle de Lesbos porte aujourd'hui le nom de Metellino.
(*b*) Steph. de Urb. in *Besbycus* p. 219.
(*c*) Dionys. Halic. ub. sup.

ges, qui demeuroient en Grece, en Italie, dans la Thrace, & dans l'Asie mineure, étoient tous le même peuple. Comme il est constant que les Pelasges des autres Provinces de l'Europe étoient les anciens Scythes, qui vecûrent dans la suite sous le nom de Celtes, la consequence est facile à tirer; c'est qu'il faut dire la même chose de ceux qui étoient en Grece.

Cependant, si, poussant plus loin nos Recherches, nous souhaitons de savoir encore plus particulierement, quel peuple étoient à proprement parler ces Pelasges, les Poëtes nous diront dans leur stile figuré, que c'étoient des (*d*) géants. C'est le nom qu'on donnoit aux Scythes, & aux Celtes, parce qu'ils étoient d'une grandeur énorme, en comparaison des peuples meridionaux. Ils nous diront encore, que c'étoient des Titans (*e*), c'est-à-dire des adorateurs du Dieu *Teut* ou *Tis*, dont ils prétendoient être décendus. Mais, les Historiens nous apprendront en même

(*d*) Je parle à la fin de ce Chapitre de la Fable des Géants & des Titans. Je me contente de remarquer ici, que les Anciens placent les géants dans des païs, que les Pelasges occupoient; par exemple, dans l'Arcadie, que l'on appelloit également Πελασγιη & Γιγαντις; dans l'Isle de Besbicus, dans la Thrace, &c. Steph. de Urb. p. 166. 291.

(*e*) *Eretria urbs Euboeæ sic dicta ab Eretrieo, quem perhibent unum é Titanibus fuisse.* Steph. de Urb. pag. 349. Le même Auteur, parlant des Thraces, remarque que la Fable les faisoit décendre de Saturne & d'une Nymphe qui étoit fille des Titans. ibid. p. 400. Homere dit que les deux Généraux Hippothoüs & Pylæus, qui conduisirent les Pelasges au secours de Troye, étoient fils du Pelasge *Lithus Teutamides*. Iliad. II. in Catalogo vs. 350. *Teutamides* est le même mot que *Titan*, avec cette différence, qu'Homere lui donne une terminaison Grecque.

CHAP. IX. me tems, que c'étoient des Thraces. Herodote, par exemple, dit (*f*), que les Pelasges occupoient anciennement l'Isle de Samothrace (*g*), & que c'est d'eux que les Thraces ont pris les mysteres des Cabires. Thucydide assure, que dans les tems fabuleux, la Ville de Daulia (*h*) située dans la Phocide, étoit occupée par des Thraces. Les Thraces étoient donc établis en Grece de toute ancienneté, & depuis un tems immémorable. Ailleurs, Thucydide (*i*) dit, qu'autour du mont Athos, demeuroient des Bisaltes, des Crestones, des Edones, & sur-tout des Pelasges, qui étoient du nombre de ces Tyrrheniens, qui avoient autrefois leur demeure dans l'Isle de Lemnos & dans le territoire d'Athenes. Comme les trois prémiers de ces peuples étoient Thraces, il y a toute apparence, que les Pelasges ne s'étoient retirez chez eux, que pour être en sureté auprès de leurs compatriotes. Voici un passage, qui me paroît encore plus decisif. Nous avons vû que l'Isle de Lemnos étoit anciennement occupée par les Pelasges (*k*). Cependant, Strabon remarque, que les (*l*) prémiers

---

(*f*) Herodot. II. 51.

(*g*) Cette Isle portoit le nom de *Samothrace*, parce qu'elle étoit occupée par des Thraces qui en étoient les habitans naturels, & par des Grecs qui y avoient passé de l'Isle de Samos. Steph. de Urb. p. 659.

(*h*) Thucyd. Lib. II. c. XXIX. p. 100. Il parle du tems où Itys fut tué par sa Mere; servi à son Pere dans un repas, & changé en faisan.

(*i*) Thucyd. Lib. IV. c. CIX. p. 276. Voyez aussi Pomp. Mela Lib. II. c. II. p. 46.

(*k*) Voyez ci-dessus p. 68. note [*c*].

(*l*) Strabo VII. 331. XII. 549. Steph. de Urb. p. 512. Homere place les Sintiens dans l'Isle de Lemnos. Iliad. I. 594. Odyss. VIII. 294.

niers habitans de cette Isle, étoient des Thraces appellez Sintiens, qui y avoient passé du
continent. S'il est reconnu que les Pelasges
ne différoient point des Thraces, ma conjecture devient en quelque sorte une démonstration. Outre ce que j'ai déja dit des Thraces (*m*), j'espere de montrer si clairement
dans la suite, qu'ils étoient Celtes, qu'il ne
restera plus aucun doute sur ce sujet.

Il semble que les Pelasges, après avoir été
chassez de la Grece, y rentrerent dans la suite, & regagnerent une partie des païs qu'ils
avoient occupé anciennement. Herodote au
moins (*n*) assûre fort positivement, qu'étant
retournez dans le Peloponnese, ils y reçûrent
le nom de Doriens. Il dit au même endroit,
que les plus célébres des Doriens étoient les
Lacedemoniens. Remarquons en passant,
que c'est-là, selon les apparences, ce qui a
déterminé le Pere Pezron à parler des Lacedemoniens, comme d'un peuple Celte. Il a
raison dans le fond ; mais, ce qu'il dit n'est pas
exact, & a besoin d'être rectifié (*o*). Il faloit
dire

(*m*) Voyez ci-dessus p. 65. note [*s*].
(*n*) Herodot. I. 56.
(*o*) *Ajoûtons à toutes ces choses, qui paroissent assez éton-
nantes, que les Lacons ou Lacedemoniens, ces peuples si renom-
mez dans la Grece, ont presque tout tiré des Celtes. Ce n'est
point une Hyperbole; vous en verrez les preuves; après quoi, je
ne suis plus surpris, si les mêmes Lacedemoniens, ont eu tant
de liaisons avec les Sabins & les Ombriens. Dè-là vient, que
dans les anciens Glossaires* Λάκων *&* Umber *c'est la même
chose.* Pezron in Collectan. Leibnitz. Tom. II. p. 59.
& seq. Denys d'Halicarnasse rapporte à la vérité une tradition qui fait décendre les Sabins, qui étoient Ombriens,
des Lacedemoniens. Mais il ne s'en prevaut point, &
ce n'est selon les apparences qu'une pure fable. Dion.
Halic. Lib. II. p. 113.

D

CHAP. IX. dire, que les Lacedemoniens décendoient des anciens Pelasges; qu'ils étoient ceux de tous les Grecs qui se ressentoient le plus de l'ancienne barbarie, & au milieu desquels on trouvoit des traces plus sensibles de certaines coutûmes, qui étoient communes aux Pelasges avec les autres Scythes ou Celtes: c'est ce que je prouverai en son lieu. Pour revenir à mon sujet (p), Denys d'Halicarnasse reconnoit aussi, que les Pelasges rentrerent en possession de la Béotie & de la Phocide. Strabon dit quelque-chose de semblable, quoiqu'il ne nomme pas les Pelasges (q). *Une grande partie de la Grece,* dit il, *entre autres la Macedoine & la Thessalie, ont été occupées par des peuples barbares, & en particulier par des Thraces, des Illyriens, & des Epirotes.* Effectivement, du tems d'Herodote (r), on refusoit encore d'admettre les Macedoniens aux jeux Olympiques, parce qu'ils étoient barbares. Dans un autre endroit, Strabon remarque (s), *que les Doriens, les Achéens, les Eoliens, les Enejanes, qui de son tems étoient voisins des Etoliens, avoient demeuré autrefois du côté de Datium & du mont Ossa, au milieu des Perhabiens* (t), *qui étoient eux-mêmes un peuple étranger,* c'est-à-dire Illyrien. Peut-être que tous ces barbares, dont parle Strabon, étoient les anciens Pelasges, qui s'étoient maintenus dans quel-

(p) Dionys. Halic. I. p. 14. Voyez aussi Thucyd. Lib. I. c. XII. p. 8.
(q) Strabo. VII. p. 321.
(r) Herodot. V. 22.
(s) Strabo I. 61.
(t) Homere place les Perhabiens autour de Dodone, dont on parlera à la page 76. Homer. Iliad. II. Catalogo vf. 256. Voyez Strabon. Lib. IX. 440. 443.

quelques contrées de la Grece, & sur-tout sur les frontieres, où ils étoient soutenus par les autres Scythes. On ne peut rien dire de positif sur ce sujet, à cause des ténèbres qui couvrent cette partie de l'ancienne Histoire. Quoiqu'il en soit, je crois en avoir dit assez, soit pour justifier le sentiment d'Herodote (v), qui prétend que les Grecs étoient un peuple qui s'étoit pour ainsi dire provigné & détaché de celui des Pelasges; soit pour faire voir, que ces Pelasges n'étoient pas une nation différente de celles qui occupoient anciennement les autres Provinces de l'Europe.

Au reste, ceux qui liront avec quelque attention ce que l'on appelle le Catalogue d'Homere, c'est-à-dire l'Enumeration qu'il fait des peuples qui attaquerent, ou qui défendirent, la Ville de Troye, y verront la distinction des nouveaux habitans de la Grece, & des anciens Pelasges, qui, selon Denys (x) d'Halicarnasse, commencerent d'être inquietez en Grece, deux générations, c'est-à-dire environ soixante ans, avant la guerre de Troye (y). Les Pelasges, tels qu'étoient les Dardaniens, les Thessaliens, les Thraces, les Péoniens, les Paphlagons, les Enetes, les Mysiens, les Phrygiens, les Méoniens, les Cariens, combattent pour les Troyens leurs

com-

(v) Τὸ Ἑλληνικὸν (scil. ἔθνος) ἀποσχισθὲν ἀπὸ τῦ Πελασγικῦ. Herodot. I. 57.

(x) Dionys. Halic. L. I. p. 20.

(y) Iliad. Lib. II. in Catalogo. vs. 325. & Lib. X. vs. 417. Je ferai voir, en parlant des migrations des Celtes, que tous les différens peuples, qui vinrent au secours de Troie, sortoient de Thrace, & qu'ils étoient du nombre des Scythes qui reçûrent, ensuite, le nom de Celtes.

CHAP. IX. compatriotes. Leurs ennemis sont les nouveaux habitans de la Grece, qui, après avoir chassé les Pelasges de leur païs, les poursuivoient encore dans celui où ils s'étoient retirez, & cherchoient sur-tout de les déloger de la Ville & du territoire du Troye; soit (z) pour leur ôter l'Empire de la Mer & pour empêcher que leurs flottes ne pussent sortir du Pont Euxin; soit pour leur couper le passage d'Europe en Asie; soit enfin pour quelque mécontentement particulier qu'ils avoient reçû des Troyens.

Seconde Preuve, tirée de la Religion des Pelasges ou anciens Grecs.

On verra clairement par ce que je dirai, en son lieu, de la Religion & des Coutûmes des Scythes & des Celtes, que les Grecs ont conservé pendant longtems une infinité d'usages qu'ils tenoient des Pelasges, & qui étoient communs à ceux-ci avec les Scythes. Sans anticiper sur mon sujet, je peus cependant dire un mot de la Religion des Pelasges. On reconnoitra d'abord, qu'elle étoit parfaitement conforme à celle des Celtes.

Les Pelasges (*a*) avoient établi l'Oracle de Dodone, le plus ancien de toute la Grece, comme les Hyperboréens avoient fondé celui de Delphes (*b*). C'étoit, si j'ose me servir de ce terme, la manie des Scythes & des Celtes, d'avoir des Oracles; de déferer beaucoup aux présages; & d'inventer tous les jours mille nouveaux moyens, aussi vains que superstitieux, pour s'éclaircir & pour s'as-

(*z*) C'est le sentiment du célèbre Monsieur de Vignoles.
(*a*) Herodot. II. 52. Homer. Iliad. Lib. XVI. vs. 233. Strabo Lib. VII. 327. & IX. 402. Stephan. de Urb. in Dodona, p. 319.
(*b*) Voyez ci-dessus p. 7, note [*q*].

s'assûrer de ce qui les attendoit dans l'avenir. Cet Oracle, qui étoit fort accrédité, & à l'abri (c) duquel, les Pelasges se maintinrent longtems dans le territoire de Dodone, pendant qu'on les chassoit des autres contrées de la Grece, n'étoit anciennement qu'un simple chene (d) ou un (e) hetre. On trouve ici deux points essentiels de la Religion des Celtes. Prémiérement, ils n'avoient point de Temples. Estimant (f), qu'il ne convient point à la grandeur des Dieux celestes de les renfermer dans des murailles, ils tenoient leurs assemblées religieuses dans un lieu, ouvert, c'est-à-dire en rase campagne, ou au milieu de quelque forêt. En second lieu, ils condamnoient encore l'usage des Idoles (g). Accusant d'extravagance & d'impieté ceux qui représentoient la divinité sous une forme corporelle, ils offroient leurs Sacrifices, & faisoient leurs dévotions, autour d'une colomne, d'une Pierre, ou de quelque grand arbre, particulierement d'un chêne, pour lequel ils avoient une vénération toute particuliere. J'indiquerai, en son lieu, l'origine de cette superstition, que quelquels-uns (h) rapportent au chêne de Mamré, avec autant de vraisemblance, que lorsqu'ils prétendent que les Gaulois

---

(c) Dionys. Halic. p. 15.
(d) Ἐν ᾗ τὸ μαντεῖον ἐκ τῆς δρυός. Steph. de Urb. p. 320. Ἐς Δωδώνην φάτο βήμεναι, ὄφρα θεοῖο, ἐκ δρυὸς ὑψικόμοιο Διὸς βουλὴν ἐπακούσῃ. Homer. Odyss. XIV. 328. XIX. 297. Dionys. Halic. p. 12.
(e) Φηγὸς, Fagus. Steph. de Urb. ub. sup.
(f) Tacit. Germ. c. IX.
(g) Tacit. ub. sup.
(h) Religion des Gaulois, Tom. I. p. 287. & suivant.

Chap. IX. lois offroient des chevaux (*i*) à leurs Dieux, pour honorer la mémoire du cheval de Troye. Les sacrifices (*k*) s'offroient à Dodone, & parmi les Pelasges en général, par la seule invocation du nom de Dieu. C'étoit aussi un usage des Perses, des Scythes, & des Celtes. Ils n'érigeoient point d'autels (*l*): ils ne connoissoient point les libations, ni les autres cérémonies que les Grecs pratiquoient dans leurs sacrifices. Au lieu de bruler la victime, ils la mangeoient toute entiere; parce qu'ils prétendoient, que l'essence du sacrifice consistoit dans l'effusion du sang, dans la mort de la victime, & dans les prieres dont le sacrifice étoit accompagné. Enfin, Herodote remarque, que les Pelasges (*m*) ne donnoient, ni nom, ni surnom, aux Divinitez, qu'ils adoroient; ils les appelloient simplement *les Dieux*: *les noms*, dit il, *dont on s'est servi depuis, ont été apportez d'Egypte*. On entrevoit, dans ces paroles, une chose que j'aurai occasion d'expliquer plus au long dans la suite; c'est que les Pelasges, ayant de la divinité des idées toutes différentes de celles des Egyptiens & des Phéniciens, refuserent pendant long-

(*i*) Là-même p. 494. dans les notes.
(*k*) Ἔθυον δὲ καὶ πάντα πρότερον οἱ Πελασγοὶ θεοῖσι ἐπευχόμενοι. Herod. II. 52.
(*l*) Herod. I. 131. IV. 60. Strabo XV. 732.
(*m*) Herod. II. 52. Il dit dans le même endroit, que les Pelasges appelloient les Dieux θεοὺς, parce qu'ils avoient disposé & qu'ils conduisoient toutes choses avec ordre: ὅτι κόσμῳ θέντες τὰ πάντα πρήγματα καὶ πάσας νομὰς εἶχον. Il reconnoit, que le mot θεὸς est Pelasge; mais, il lui donne une Etymologie Grecque. C'est selon les apparences le mot de Tis, Teut, Tuiston, dont les Grecs ont fait ceux de Ζεὺς & de Θεὸς.

longtems de se servir des noms de Jupiter, de Junon, de Neptune, &c. Cependant, les Prêtres (*n*) de Dodone consentirent à la fin qu'on les adoptât, par où l'ancienne Religion s'altéra insensiblement, & se perdit bientôt tout-à-fait. Il semble qu'on peut expliquer assez naturellement, par ce que je viens de dire, le passage d'un ancien Poëte, qui remarque (*o*), *que les Dieux immortels appelloient Abantis l'Isle à laquelle Jupiter donna ensuite le nom d'Eubée.* Les Dieux immortels sont les Dieux des Pelasges. Jupiter est celui dont les Phéniciens, ou les Egyptiens, avoient introduit le culte. Ainsi, le Poëte veut dire, que, du tems de l'ancienne Religion, cette Isle portoit le nom d'Abantis, ((*p*) c'est effectivement le nom que les Pelasges lui donnoient;) & que, sous la nouvelle Religion, elle a perdu ce nom, pour prendre celui d'Eubée. Au reste, les anciens Auteurs reconnoissent généralement, que les mystères, les fêtes, & les solemnitez les plus célèbres des Grecs venoient originairement de Thrace. Outre les mystères (*q*) des Cabires, dont j'ai déjà parlé, & qui selon Hérodote (*r*) avoient été apportez de Samo-Thrace, Plutarque (*s*) & Lucien remarquent, que les Atheniens avoient reçû d'un

Thra-

(*n*) Herodot. ub. sup.
(*o*) Hesiodus in Ægimio apud Steph. de Urb. in Abantis. p. 4. Ce Poëme étoit attribué par les uns à Hesiode, & par d'autres à Cercops Milesien son contemporain. Berkelius in notis ad Steph. ub. sup.
(*p*) Voyez Homer. Iliad. II. vs. 536. Strabo X. 445.
(*q*) Voyez ci-dessus p. 72. note [*g*].
(*r*) Herodot. II. 51.
(*s*) Plutarch. de Exulib. T. II. 607. Lucianus in Demonact. p. 522. Voyez aussi Schedius de Diis Germ. p. 337.

D 4

CHAP. IX. Thrace, nommé Eumolpus, les mysteres qui se célébroient dans la Ville d'Eleusis. Strabon aussi assûre, que les fêtes qu'on appelloit *Cotytica* (*t*), & *Bendidia*, avoient une origine Thrace. Effectivement, les Thraces designoient le Dieu suprême sous le nom de *Tis*; & leurs Princes, qui prétendoient en être décendus (*v*), prenoient pour cette raison le nom de *Cotis* ou de *Cotison*, c'est-à-dire fils du Dieu Tis. Bendis étoit aussi une divinité des Thraces (*x*), que les Grecs prenoient pour Diane. Strabon ajoute dans l'endroit que je viens de citer, que la Musique, dont les Grecs se servoient dans leurs Fêtes & dans leurs Sacrifices, venoit aussi des Thraces. En voilà assez sur l'article de la Religion: passons à celui de la Langue.

Troisieme Preuve, prise de la langue Grecque.

La langue Grecque est, selon ma Conjecture, un Mêlange de Scythe, de Phénicien, & d'Egyptien. Je suis charmé que mon sentiment se trouve appuïé du suffrage de Monsieur Fourmont l'ainé, qui est l'homme du monde le plus capable de juger de ces matieres. Voici ce qu'il dit, en parlant d'un Dictionaire Grec qu'il a composé (*y*). *Je recherche dans cet Ouvrage les prémieres origines de la langue Grecque, c'est-à-dire les mots Grecs, véritablement primitifs.... Par-là, je réduis cette langue à moins de 300. Vocables, que je prouve être tirez, les uns des Thraces & autres peuples voisins, les autres des Phéniciens ou en général des langues Orientales, le tout par une dérivaison*

(*t*) Strabo X. 470. 471.
(*v*) Herodot. V. 7.
(*x*) Herodot. IV. 33.
(*y*) Catalogue de ses Ouvrages p. 17.

son aisée & à la portée de tout le monde. Mr. Ménage l'avoit promis, & n'a rien laissé là dessus; je l'ai exécuté. En attendant que Mr. Fourmont ait publié son Dictionaire, auquel je voudrois bien pouvoir renvoyer mon Lecteur, je remarquerai ici, ce que le peu de connoissance que j'ai de la langue Grecque me fournit. Mon plan ne m'appelle pas à rapporter les mots Phéniciens & Egyptiens qui ont été introduits dans cette langue; je ne pourrois d'ailleurs rien ajouter à ce que le célébre Mr. Bochart & d'autres ont écrit sur cette matiere. Il me suffit de remarquer, que la langue Grecque conserve un très-grand nombre de mots, qui viennent originairement de l'ancien Scythe, dont le Gaulois, le Tudesque, & le Thrace, étoient des Dialectes (z). La plûpart des termes qui reviennent à tout moment dans la conversation, & dont un peuple barbare a besoin pour exprimer ses idées, qui ne sont, ni abstraites, ni en grand nombre, sont les mêmes en Grec & en Allemand. Voici une courte Liste des principaux. Je donne prémiérement le mot Grec, ensuite le mot Allemand qui y répond, & enfin la signification qu'ils ont en François.

Πατὴρ, *Vater*, Pere; μήτηρ, *Mutter*, Mere; θυγάτηρ, *Tochter*, Fille; κεφαλὴ, *Kopff*, la Tête; γένυς, *Kinn*, le Menton; τισθὸς, *Titte*, la Mamelle; γόνυ, autrefois κονυ (a), *Knie*, le

─────────

(z) Diodore de Sicile dit que les Hyperboréens avoient une langue particuliere qui approchoit fort de celle d'Athenes & de Delos, à cause des liaisons & de l'amitié qu'il y avoit autrefois entre ces peuples. Diodor. Sicul. Lib. II. p. 92.

(a) Scholion. Apollon. Lib. II. p. 226.

Chap. IX. le Genou; πȣ́ς, *Fus*, le Pied; ἦτορ, *Hertz*, le Cœur; ἔρα, *Erde*, la Terre; θύρα, *Thüre*, la Porte; θρῆνος, *Thränen*, les Larmes; πῦρ, *Für* ou *Feuer*, le Feu; ὄχλος, par transposition ὄλχος, *Volck*, le Peuple; ῥυθμὸς, *Reimen*, une Rime, un Poëme; σῦς, *Sau*, une Truie; γραῖα, *Graue*, une Vieille; ἔργον, *Ouerx*, l'Oeuvre; ἅλς, *Saltz*, du Sel; μῦς, *Maus*, une Souris; νὺξ, *Nacht*, la Nuit; ὄνομα, *Nahmen*, le Nom; ἄελλα, *Ouelle*, un Flot; ἀξίνη, *Axt*, une Hache; ἀςὴρ, *Stern*, une Etoile; κόβαλος, *Kobalt*, un Lutin; φαῦλος, *Faul*, Paresseux, Pourri; ἀγαθὸς, *Guth*, Bon; ἐρευθὸς, *Roth*, Rouge; ἡδὺς, *Süss*, Doux; λοῖσθος, *Letzte*, le Dernier; νέας, *Neu*, Nouveau; ςάω (*b*), *Stehen*, se tenir debout; σπεύδω, *Sputen*, se hâter; ςέγω, *Dexen*, Couvrir; ςείχω, marcher, le primitif n'est plus en usage dans le Tudesque, mais il conserve encore le mot derivé *Steg*, Chemin; ςίζω, *Stechen*, Piquer, Percer; ςίγμα, *Stich*, une Piquure, une Cicatrice; ςορέω, *Streuen*, étendre par Terre; σφάλλω, *Fallen*, Tomber, se Tromper; κορέω, *Xehren*, Balayer, κύπτω, *Xüppen*, Courber, Incliner; ἔδω ἔσθω, *Essen*, Manger; ῥέω, *Reden*, Parler; ἵζω, *Sitzen*, s'asseoir, être assis; ἀμέλγω, *Melxen*, traire le Lait; λύω λύσω, *Lösen*, Délier; νέω, *Nehen*, Coudre; μιγνύω, *Mischen*, Mêler, &c. (*c*). Ceux, qui veulent en savoir d'avan-

---

(*b*) Les Verbes Allemands sont à l'Infinitif qui est la racine.

(*c*) On peut ajouter encore κῦσόν με, Baisez moi, Aristoph. Nub. pag. 48. en Allemand *Küsse mich*: ληρεῖς, vous dites des bagatelles; Suidas II. 442, en Allemand *leer*, vuide, destitué de sens: ςιπποὶ, des gens serrez, pressez,

d'avantage sur cet article, peuvent recourir aux Glossaires, que je n'ai point consultez. J'ajouterai seulement ici, que s'il faut en croire Platon, le mot de πῦρ est un terme étranger (d), que les Grecs avoient pris des Phrygiens (e) avec plusieurs autres. Clément d'Alexandrie (f) remarque aussi, qu'en Phrygien *bedy* signifioit de l'eau. Il reste encore dans le Tudesque quelques mots dérivez de ce primitif, comme *badt*, un bain, *baden*, se baigner.

On m'avouëra, que la conformité des langues, dont je viens de parler, est trop sensible, pour qu'on puisse la regarder comme l'effet d'un pur hazard. Quand on considere d'ailleurs, que cette conformité est particuliere au Grec & au Tudesque, on ne sauroit gueres goûter la pensée de ceux qui l'attribuënt à une langue commune, qui étoit en usage avant la dispersion des peuples, & dont il reste des vestiges dans toutes les autres langues. On ne peut pas dire aussi que les Scythes ont emprunté tous ces mots de la langue Grecque. Les Grecs étoient un peuple nouveau, en comparaison des Scythes qui dispu-

___

pressez, Suidas T. I. 376. en Allemand *Stippen*, serrer, presser: σκινδαλμόι, des planchettes dont on couvre les toits. Schol. ad Aristoph. Nubes p. 50. en Allemand *Schindel*.

(d) *Vide itaque num nomen hoc* πῦρ *barbaricum sit, neque enim facile est, istud Græca lingua accomodare, constatque ita hoc Phryges nominare, parum quid declinantes; ut & ὕδωρ & κύνας, & alia multa.* Plato in Cratilo p. 281.

(e) Je montrerai en son lieu, que les Phrygiens étoient des Scythes venus de Thrace.

(f) Clem. Alexandr. Strom. L. V. p. 673.

CHAP. IX. disputoient l'ancienneté (g) même aux Egyptiens. Je n'ignore pas, qu'on pourroit m'objecter ici, qu'entre les mots que je viens de rapporter, il y en a plusieurs, qui sont, non seulement Grecs & Tudesques, mais encore Latins. J'en conviens. Mais, l'objection ne seroit d'aucun poids. Je prouverai dans le Chapitre suivant, que la langue Latine tire son origine de la Grecque & de celle de Celtes.

Quatrieme Preuve, tirée des Fables & de la Mythologie des Grecs.

Enfin, il n'y a pas jusqu'aux Fables & à la Mythologie des Grecs, qui ne servent à montrer, que les anciens habitans de la Grece étoient le même peuple que les Celtes. Je m'arrête, par exemple, à la Fable des Géants. Les Poëtes les appellent quelquefois Géants, & d'autrefois Titans. Ils disent, que ces Hommes, qui étoient d'une grandeur monstrueuse, entreprirent de faire la guerre aux Dieux, & qu'ayant entassé montagne sur montagne, le mont Pelion sur l'Ossa (h), ils auroient escaladé le Ciel, & détroné Jupiter, si, au milieu de leur entreprise impie, ils n'avoient été, ou foudroïez par Jupiter, ou assommez & percés de flêches par les autres Dieux. Macrobe (i) prétend, que ces Géants étoient une troupe de gens impies, qui nioient l'existence d'une divinité, & que l'on accusa, pour cette raison, de vouloir détroner les Dieux.

D'au-

(g) Voyez Justin. II. 1. Il y a apparence, que les Scythes, qui disputerent avec les Egyptiens sur l'antiquité de leur nation, étoient les Phrygiens, peu éloignez de la Colchide, dont les habitans étoient Egyptiens. Conferez le passage de Justin avec Herodot. II. 2. Claudien in Eutrop. Lib. II. p. 73. sur les habitans de la Colchide. Voyez Herodote II. 104.

(h) Ovid. Metam. I. 150. Virgil. Æneid. VI. 580.

(i) Macrob. Saturnal. I. XX. p. 206. Excerpta ex Strabone Lib. VII. p. 330.

D'autres ont crû, qu'il valoit mieux donner à cette Fable un sens allégorique. Pour moi, je ne doute point, que ces prétendus Géants ne fussent les Pelasges, les prémiers habitans de la Grece, que les Anciens nous représentent (k) comme des hommes d'une taille gigantesque. On les appelloit Titans, comme je l'ai remarqué (l), parce qu'ils se disoient décendus du Dieu *Tis* ou *Teut*. Ils entreprirent de détrôner les Dieux: cela est vrai à la lettre, pourvû qu'on l'entende des Dieux étrangers, dont on voulut leur imposer le culte. La Religion, que les Phéniciens & les Egyptiens introduisirent en Grece, différoit essentiellement de celle, qu'ils y trouverent établie. Les Pelasges adorant, avec les Scythes & les Celtes, des Dieux spirituels; regardant l'Univers comme le Temple de Dieu; accusoient d'impieté, & d'extravagance, ceux qui se figuroient des Dieux corporels; qui les représentoient sous la forme humaine; qui leur consacroient des Temples & des Autels. Etant dans ces idées, ils s'opposerent de tout leur pouvoir à l'introduction de la Religion que les Orientaux avoient apportée en Grece. Par-tout où ils étoient les Maîtres, ils brisoient les Idoles, détruisoient les Temples, & les reduisoient en un monceau de pierres. C'est la raison pour laquelle on les accusoit de vouloir détrôner Jupiter, & les autres Dieux; d'entasser montagne sur montagne, pour les arracher du Ciel. Une autre chose contribua, selon les apparences, à confirmer cette accusation. C'est que les Pelasges tenoient ordinairement

(k) Voyez ci-dessus p. 71. note [d].
(l) Voyez ci-dessus p. 80. note [u].

CHAP. IX. nairement leurs assemblées religieuses sur les plus hautes montagnes. Quoiqu'il en soit, l'Histoire nous apprend, que les choses en vinrent enfin à une guerre ouverte, entre les partisans de l'ancienne & de la nouvelle Religion. Les Pelasges, qui, après avoir été chassez de la Grece, s'étoient retirez en Thrace, hasarderent une bataille, qui se donna dans la plaine de (*m*) Phlegra; mais, ils furent battus & défaits à platte couture, par la valeur d'Hercules (*n*), qui commandoit l'armée ennemie, & qui est appellé fils de Jupiter, parce qu'il combattoit pour son culte & pour ses autels. Cette bataille fut donc véritablement le tombeau des Géants & de leur prétendue impieté, &, en même tems, le triomphe des Dieux étrangers, dont le culte ne rencontra plus les mêmes oppositions. Comme il tonna (*o*) pendant la bataille, on ne manqua pas de publier, que les Cieux même avoient combatu contre les Géants. Il y a ici une autre circonstance très-remarquable, & qui sert beaucoup à confirmer ma conjecture. Justin (*p*) assure, que c'est en Espagne, que les Titans furent défaits. D'autres (*q*) prétendent, que la bataille, qu'ils perdirent, se donna en Italie, près du mont Vesuve. D'autres enfin disent (*r*), que ce fut dans les Gaules, entre

---

(*m*) Apollon. Argonaut. Schol. Lib. II. p. 289. Solin. c. XIV.

(*n*) Steph. de Urb. in Pallene p. 620. in Myconus p. 569. Diod. Sicul. Lib. IV. p. 155.

(*o*) Steph. de Urb. p. 620.

(*p*) Justin. Lib. XLIV. c. IV.

(*q*) Diod. Sicul. Lib. IV. 159. V. 226. 234. Strabo Lib. V. 243. 245. 281.

(*r*) Pomp. Mel. Lib. II. c. V. Solin. c. VIII.

tre Marseille & les embouchûres du Rhône, qu'Hercules terrassa les Géants. D'où vient cette différence, entre les Auteurs qui rapportent la défaite des Géants ? Il est facile d'en deviner la raison. C'est que la nouvelle Religion rencontra les mêmes oppositions, & fut attaquée avec la même vigueur, par-tout où il y avoit des Celtes; en Thrace, en Espagne, dans les Gaules, & en Italie. Je suis fort porté à croire, qu'il y a de même quelque vérité cachée sous ce que la Fable raconte de Promothée, de Deucalion, & en général dans toute la Mythologie des Grecs. Mais, je croirois perdre mon tems, & abuser du loisir de mon Lecteur, si je courois après ces bagatelles.

Chapitre Dixieme.

Des anciens habitans de l'Italie.

J'AI encore à parler des anciens habitans de l'Italie, & de la Sicile; après quoi, j'aurai achevé l'Enumération des peuples Celtes qui étoient établis en Europe. Il est reconnu (s), que tous les peuples qui demeuroient dans la partie superieure de l'Italie, depuis les Alpes, jusqu'au mont Appennin, étoient Gaulois. Au midi, du côté de l'Etat de Genes, étoient les Ligures. Ils occupoient le territoire qui s'étend le long de la Mer Mediterranée (t), depuis les Alpes jusqu'à l'Appennin.
Etien-

(s) Voyez ci-dessus p. 30. note [c].
(t) Dionys. Halic. Lib. I. p. 33. Ptolem. Lib. III. c. I. p. 71.

CHAP. X. Etienne de Byſance (*v*) dit après Artemidore, qu'ils avoient reçû le nom de Ligures d'un fleuve de même nom, qui traverſe leur païs. Mais, comme on trouve des Ligures par-tout où il y avoit des Celtes, en Eſpagne (*x*), dans les (*y*) Gaules, en (*z*) Germanie, dans la (*a*) Thrace ou dans la Pannonie, & juſques dans (*b*) l'Aſie Mineure, il y a plus d'apparence, que les noms de *Ligures*, ou de *Ligyes*, (car les Auteurs employent indifféremment l'un & l'autre,) deſignent les peuples qui quittoient l'ancienne maniere de vivre des Scythes & des Celtes. Quand les nations Celtiques, au lieu de changer continuellement de demeure, & de paſſer leur vie ſur des chariots, choiſiſſoient une demeure fixe, & s'établiſſoient par Cantons dans un païs, on ne les appelloit plus *Scythes*, c'eſt-à-dire nomades, vagabonds: mais, *Ligures*, comme qui diroit ſédentaires. C'eſt au moins ce que le mot de *Ligen*, *Liger*, ſignifie en Tudeſque. Quoiqu'il en ſoit, (car je fais peu de cas des Etymologies, qui ſont une étude auſſi ſtérile qu'incertaine,) il y a des Auteurs qui ſemblent regarder les Ligures comme un peuple entiérement différent des Celtes. Etienne de Byſance

---

(*v*) *Ligures gens Tyrrhenis vicina. Artemidorus in Epitome XI., à Ligyro fluvio.* Steph. de Urb. p. 514.

(*x*) *Ligyſtine urbs Lygyorum occidentali Iberiæ vicina, prope Tarteſſum. Incolæ Ligyes vobantur.* Steph. de Urb. p. 514.

(*y*) Je parle plus bas des Ligures qui étoient établis dans les Gaules.

(*z*) *Latiſſime patet Lygiorum nomen in plures civitates diffuſum.* Tacit. Germ. c. XLIII.

(*a*) *Tauriſci, quibus Liguriſcorum nomen tribuunt.* Strabo VII. 296.

(*b*) Herodot. VII. 72.

DES CELTES, Livre I. 89

CHAP. X.

sance par exemple, dit (c) qu'*Agde est une Ville des Ligures ou des Celtes.* Mais, on voit bien qu'il ne veut dire autre chose, si ce n'est qu'il y a des Géographes qui placent cette Ville dans la Ligurie, & d'autres qui la mettent dans la Celtique, c'est-à-dire dans la Gaule Narbonnoise. Il y a plus de difficulté dans un passage de Strabon, qui dit (d) que *les Ligures sont une autre Nation que les Gaulois; mais, qu'ils ont pourtant la même maniere de vivre.* Strabon a raison, s'il veut dire, que les Gaulois & les Ligures étoient deux peuples separez, & independans l'un de l'autre, de la même maniere, par exemple, que les Celtiberes, les Gaulois, & les Germains, étoient des nations différentes. Mais, il se trompe évidemment, s'il prétend que les Ligures n'étoient pas originairement le même peuple que les Gaulois. Prémiérement, il est certain, que le nom de Ligures est donné à plusieurs peuples qui étoient indubitablement Gaulois. Tels étoient les *Vocontii* (e), établis en Dauphiné autour de (f) Die: les *Salyi* ou (g) *Salluvii*, qui demeuroient autour de Marseille, & au de-

Les Ligures étoient Celtes.

(c) *Agatha.* Steph. de Urb. p. 15.
(d) Strabo II. 128.
(e) Caton les appelloit Ligures, selon la remarque de Pline Lib. III. c. XVII. p. 371. Le Pere Hardouin cite une Inscription qui porte que Fulvius Flaccus triompha des Ligures appellez *Vocontici*, & *Salluvici*. Hard. ad Plin. III. c. IV. note 27. p. 392.
(f) *Dea Vocontiorum.* Itin. Antonini p. 22.
(g) Ils sont presque toujours appellez Ligures. Voyez Strabon IV. 203. Florus II. 3. Tit. Liv. Epit. LX. C'est au reste des Saliens, qu'il faut entendre le passage d'Herodote *Ligyes qui supra Massiliam incolunt.* Herodot. V. 9. & celui de Denys d'Halicarnasse qui fait mention des Ligures des Gaules. *Ligures multas Italiæ partes habitant, Galliæ etiam*

CHAP. X. delà jufqu'au Rhône: les *Euganæi* (*h*), nom commun à plufieurs peuples, dont les *Stoni*, établis autour de Trente, étoient les chefs: les (*i*) *Vagienni*, les (*k*) *Taurini*, & plufieurs autres Nations peu confiderables, qui demeuroient autour des fources du (*l*) Po, & le long du (*m*) Tefin. En fecond lieu, les Ligures proprement ainfi nommez, qui demeuroient dans l'Etat de Genes, fe glorifioient d'être décendus des (*n*) Ambrons, peuple Celte, que Marius défit près d'Aix en Provence. Enfin, les Ligures étoient reconnus pour Celtes, par leur (*o*) chevelure, par leur cri (*p*) de guerre, par leur (*q*) maniere de vivre, & fur-tout par leur langue (*r*), les noms de leurs Villes, de leurs Cantons, de leurs Rois, étant purement Celtes.

Il

etiam quafdam incolunt. Vtra autem fit eorum patria incertum eft, nihil enim certi de iis præterea dicitur. Dion. Halic. L. I. p. 9. On voit par ce paffage, que les Ligures d'Italie & ceux des Gaules étoient originairement le même peuple.

(*h*) Plin. III. c. XX. p. 376. *De Liguribus Stænois:* & Gruterus. ex Faftis p. 298. Στυῆνος πόλις λιγύρων. Stephan. de Urb. p. 681. Hard. ad Plin. ub. fup. p. 377.

(*i*) *Caturiges & ex Caturigibus o ti Vagienni Ligures.* Plin. ub. fup. p. 376.

(*k*) *Taurini Liguftica gens.* Strabo IV. 204. Ils demeuroient autour de Turin.

(*l*) Strabo ub. fup. Solin. c. VIII.

(*m*) T. Liv. Lib. V. 35.

(*n*) Plutarch. in Mario T. I. p. 416.

(*o*) *Ligures capillati.* Plin. III. c. IV. p. 317. *Capillatorum plura genera ad confinium Liguftici maris.* Idem III. c. XX. p. 376. *Lyʒii comati.* Dio. Caff. Lib. LIV. p. 538. Lucan. L. I. vf. 443.

(*p*) Plutarch. ub. fup.

(*q*) Strabo II. 128.

(*r*) *Ingauni, Albingaunum, Bodincomagus, Teutomal, &c.* Ces mots font compofez de ceux de *Gaw, Mag, Albie,*

Teut,

DES CELTES, Livre I.

CHAP. X.
Les peuples qui demeuroient depuis les Alpes jusqu'à l'Appennin étoient Celtes.

Il n'y a point de difficulté par rapport aux autres peuples qui demeuroient depuis les Alpes jusqu'à la Mer Adriatique & au mont Appennin. Ils étoient tous Celtes. Les plus confiderables étoient les Boiens, & les Infubres (s). Les Boiens, qui demeuroient du côté de Parme & de Bologne, devoient occuper une grande étenduë de païs, puisqu'ils étoient partagez (t) en cent-douze Tribus ou Cantons. A l'égard des Infubres, comme le territoire de Milan, étoit situé au milieu du païs qu'ils occuperent, lorsqu'ils firent irruption en Italie, ils lui donnerent le nom de *Meyland* (v), & le choisirent pour y tenir les Affemblées générales de leur Nation. Strabon (x) remarque, que Milan n'étoit alors qu'un simple vilage, c'est-à-dire un Canton composé de plusieurs maisons éloignées les unes des autres: il ajoute, que tous les Gaulois habitoient alors de cette maniere. Polybe assûre la même chose, en parlant des Boiens & de Infubres (y). *Ils demeuroient*, dit-il, *dans des bourgs qui n'étoient point fermez de murailles.*

Teut, *Mal*, que j'expliquerai en parlant de la langue des Celtes. Je remarquerai seulement ici, que les Ligures appelloient le Po *Bodencos*, Polyb. II. 105. ou *Bodincus*; ce qui signifie, selon Pline III. c. XVI. p. 370., sans fond, *fundo carens*. *Boden* signifie encore en Tudesque le fond d'une riviere, d'un vaisseau.

(s) Polyb. II. 109. Strabo V. 213.
(t) Plin. III. c. XV. p. 367.
(v) *Meyland* signifie en Tudesque une Ville, un territoire, situé au milieu d'une Province.
(x) Strabo V. 213. Strabo remarque ailleurs, que Vienne en Dauphiné n'étoit aussi anciennement qu'un vilage, où les Allobroges tenoient leurs Affemblées générales, & dont ils firent ensuite une Ville. Strabo IV. 186.
(y) Polyb. II. 106.

CHAP. X. *murailles*. Ce ne fut effectivement que longtems après, qu'ils apprirent des (z) Marseillois, & peut être des Romains, à bâtir & à fortifier des Villes, que leurs Ancêtres avoient regardées comme l'écueil de la liberté. Il y a par conséquent toute apparence, que (a) Justin & Tite Live se trompent, lorsqu'ils disent que les Gaulois, étant venus s'établir en Italie, y bâtirent Milan avec plusieurs autres Villes.

Les peuples, que les Gaulois dépossédérent lorsqu'ils firent irruption en Italie, étoient les Umbres & les Tusces.

Ce n'est pas assez d'avoir montré, qu'il y avoit des Celtes en Italie. Comme il est constant, que les peuples, dont je viens de parler, étoient (b) sortis de la Germanie & des Gaules, il est naturel de rechercher, qui étoient les anciens habitans de l'Italie, qui furent dépossédez par les Gaulois. Les (c) Historiens nous apprennent, que c'étoient (d) des Umbres & des Tusces. Les (e) Umbres étoient l'un des plus anciens (f) peuples de l'Italie. On pré-

(z) Justin. XLIII. 4.
(a) Justin. XX. 5. T. Liv. V. 34.
(b) T. Liv. Justin. ub. sup. Le plus grand nombre de ces peuples étoient venus des Gaules, & conservoient encore les noms des nations dont ils s'étoient détachez. *Veneti, Senones, Cenomani, &c.* Polyb. II. 105. Tit. Liv. ub. sup.
(c) *Umbri & Tyrrheni antequam Romanorum potentia augeretur, diu de principatu inter se contenderent, & fluvio Tiberi divisi, facile ultro citroque bellum inferebant.* Strabo V. 216. *Ariminum, Ravenna, Umbrorum Coloniæ:* ibid. p. 217.
(d) T. Liv. V. 33. 35. Justin. XX. 5. Diod. Sicul. L. XIV. p. 453.
(e) Solin dit qu'ils reçûrent ce nom d'une inondation à laquelle ils avoient échappé; *quod tempore aquosa cladis imbribus superfuerint.* Solin. c. VIII. C'est une Etymologie Grecque derivée d'Όμβρος, qui signifie une pluïe abondante. Pline Lib. III. c. XIV.
(f) Dionys. Halic. Lib. I. p. 15. Pline ub. sup. Flor. I. c. XVII.

prétend même qu'ils étoient (g) *Indigetes*, c'est-à-dire nez dans le païs qu'ils occupoient, parcequ'il ne paroissoit par aucune Histoire, qu'ils fussent venus d'ailleurs. On ne peut pas douter, qu'ils n'occupassent anciennement une grande étendue de païs, puisque les Auteurs placent des Umbres, non seulement dans la Province qui a conservé longtems le nom d'Ombrie, mais encore du côté de la (h) Ligurie, le long du Po (i), dans le païs (k) de Venise, & dans la Toscane (l), d'où ils furent chassez par les Pelasges. Les Romains, qui devoient connoître les Umbres, assûrent positivement, qu'ils décendoient des Gaulois (m). On en trouvera de nouvelles preuves dans ce que je dirai ci-après des prémiers habitans de la Ville de Rome. La chose n'est pas si claire par rapport aux Tusces, qui sont aussi appellez Etrusces & Tyrrheniens. La plûpart des anciens Auteurs les font venir de Lydie ou de Grece. Cependant, Denis d'Halicarnasse, qui avoit recherché, avec beaucoup de soin, l'origine des peuples de l'Italie, croit (n) les Tusces *Indigetes*. Il a raison selon les apparences; & j'ai beaucoup de penchant à croire, que les Tusces ne différoient anciennement des Umbres & des Gaulois, que de nom. Voici mes raisons. I. Tite Live

Les Umbres étoient Gaulois.

Il y a apparence que les Tusces l'étoient aussi.

(g) Dionys. Halic. Lib. II. p. 112.
(h) Dionys. Halic. Lib. I. p. 9.
(i) Steph. de Urb. p. 613. T. Liv. ub. sup.
(k) Plin. III. c. XIV. p. 363.
(l) Plin. III. 5.
(m) *Gallorum veterum propaginem Umbros esse, Marcus Antonius asseverat.* Solin. c. VIII. Servius ad Æneid. XII. 753. Isidorus Orig. Lib. IX. c. II. p. 1041.
(n) Dionys. Halic. Lib. I. p. 21.-24.

Chap. X. ve & Justin (o) remarquent, que les Tusces ayant été battus & chassez de leurs demeures par les Gaulois, une partie de cette nation se retira dans les Alpes, & y prit le nom de Rhétiens, à l'honneur du Général Rhétus, sous la conduite duquel ils avoient formé ce nouvel établissement. Tite Live (p) ajoute, que ces Tusces, éloignez du commerce des nations policées, tomberent dans la barbarie, & devinrent de véritables sauvages, desorte qu'il ne leur resta à la fin que l'ancienne langue des Tusces, qu'ils avoient même alterée & corrompuë (q). Pline rapporte aussi cette migration des Tusces, sans l'assûrer positivement : si le fait est certain, il sera constant, que les Tusces étoient Celtes ; car, personne ne disconvient que les Rhétiens ne fussent une nation Celtique. Peut-être même que le nom de Rhétiens étoit l'ancien nom de la nation. Au moins Denis (r) d'Halicarnasse assûre positivement, qu'au lieu que les autres peuples les appelloient Tusces, Etrusces, Tyrrhéniens, ils prenoient eux-mêmes un nom derivé de *Rasena*, l'un de leurs anciens chefs. II. Il est certain, qu'il y avoit une conformité presque parfaite, entre la Religion des Tusces, & celle des Gaulois. C'est des Tusces, que les Romains

---

(o) *Tusci duce Rhæto, avitis sedibus amissis, Alpes occupavere & ex nomine ducis gentis Rhætorum condiderunt.* Justin. XX. 5.

(p) *Alpinis quoque ea gentibus, haud dubie origo est,* (scil. Tusca) *maxime Rhætis, quos loca ipsa efferarunt, ne quid ex antiquo præter sonum linguæ, nec eum incorruptum, retinerent.* T. Liv. V. 33.

(q). *Rhætos Tuscorum prolem arbitrantur, à Gallis pulsos duce Rhæto.* Pline. III. XX. p. 376.

(r) Dionys. Halic. Lib. I. p. 24.

mains avoient pris ce qu'ils appelloient *Auguria*, c'est-à-dire les préfages qui fe tiroient de l'éclair, de la foudre, du vol des oifeaux, des entrailles des victimes; avec plufieurs autres fuperftitions, qui étoient communes à tous les peuples Celtes, comme je le montrerai en fon lieu. Je ne crois donc pas me tromper, en affûrant, que les Tufces étoient Celtes ou Gaulois: & je dirai, avant de finir ce Chapitre, ce qui a trompé les Auteurs qui les font venir de Grece ou de Lydie.

Je n'ai parlé jufqu'à préfent que de la partie Superieure & Septentrionale de l'Italie, que les Romains appelloient *Gallia Togata*. Je paffe aux peuples qui demeuroient depuis l'Appennin jufqu'au détroit de Sicile. Avant de dire ce que je penfe de ces peuples, dont l'ancienne Hiftoire eft fort obfcure, je vais rapporter fuccinctement ce que les Auteurs les plus dignes de foi ont écrit de l'origine des Romains, & des autres nations qui occupoient la partie inferieure de l'Italie. Je fuivrai fur-tout Denis d'Halicarnaffe, qui avoit (s) employé vingt-deux ans à ramaffer & à digerer ce que les Grecs & les Latins avoient obfervé fur cette matiere.

Hiftoire abbregée des peuples qui demeuroient depuis l'Appennin jufqu'au détroit de Sicile.

„ I. Les plus anciens habitans de ces con-
„ trées étoient un peuple barbare, qui portoit
„ le nom de *Sicules* (t). Ils étoient Indigetes:
„ au moins perfonne ne peut dire avec cer-
„ titude, fi le païs où ils étoient établis avoit
„ eu d'autres habitans, ou s'il étoit inculte
„ avant que les Sicules en euffent pris poffef-
„ fion. II. Après les Sicules, qui occupoient
„ une

(s) Dionyf. Halic. Lib. I. p. 6.
(t) Dionyf. Halic. Lib. I. p. 7. II. 77. Solin. c. VIII.

Chap. X. „ une grande partie de l'Italie (v), vinrent
„ les peuples que l'on defigne fous le nom
„ général (x) d'*Aborigines*. Ils chafferent
„ après une longue guerre (y) les Sicules, &
„ une partie des (z) Umbres, des contrées
„ qui font entre le (a) Tibre & le (b) *Liris*,
„ & s'y établirent eux-mêmes. On n'eft pas
„ d'accord fur l'origine de ce fecond peuple.
„ Il y a des Hiftoriens qui affûrent, que les
„ *Aborigines* étoient (c) *Indigetes*. Il y en a qui
„ difent (d) que cette nation n'étoit dans le
„ commencement qu'une troupe de vaga-
„ bonds & de brigands, qui fe raffemblerent
„ des contrées voifines. D'autres prétendent
„ que les (e) *Aborigines* étoient des Ligures,
„ qui avoient paffé du voifinage des Gaules,
„ dans le cœur de l'Italie. D'autres en font
„ des (f) Umbres, & d'autres enfin (g) les
„ font venir de Grece.„ (En ce cas, les *Aborigines* feroient les mêmes que les Pelafges
dont je parlerai tout à l'heure.) „ Ce qu'il y
„ a de certain, c'eft que les *Aborigines* (h),
„ com-

(v) Dionyf. Halic. Lib. II. p. 77.
(x) Dionyf. Halic. l. 7. II. 77. Solin. c. VIII. Selon
les apparences, les peuples appellez *Aurunci*, *Opici*,
étoient du nombre des Aborigines. Solin. ub. fup. Dionyf. Halic. L. I. p. 17. 18. Thucyd. L. VI. c. II. p. 349.
(y) Dionyf. Halic. L. I. p. 7. 13. 14. 16. 49. II. 103.
(z) Dionyf. Halic. Lib. I. p. 11. 13.
(a) Dionyf. Hilic. Lib. I. p. 7.
(b) On l'appelle aujourd'hui *Garigliano*. Cluveri Introductio p. 323.
(c) Dionyf. Halic. Lib. I. p. 8. Juftin. XLIII. 1.
(d) Dionyf. Halic. ub. fup.
(e) Dionyf. Halic. Lib. I. p. 9. 11.
(f) Ibid. p. 11.
(g) C'eft le fentiment de Denis d'Halicarnaffe, Lib. I.
p. 9. 49. II. 77.
(h) Dionyf. Hilic. Lib. I. p. 7. 8. 11.

,, comme les Celtes, étoient anciennement
,, des bergers, qui vivoient en partie de leurs
,, troupeaux, & en partie de pillage. Etablis
,, par Cantons, dispersez dans les campagnes,
,, dans les forêts, & dans les montagnes, ne
,, bâtissant que de méchans villages, ils ne
,, purent se résoudre que fort tard à se ren-
,, fermer dans des Villes. III. Aux *Aborigi-*
,, *nes*, succéderent les (*j*) Pelasges. C'étoient
,, des Grecs, qui passerent en Italie, en divers
,, tems, & de divers lieux de la Grece. Les
,, prémiers, qui arriverent en Italie, dixsept (*i*)
,, générations avant le siege de Troie,
,, étoient sortis de l'Arcadie. Comme ils
,, étoient conduits par un Prince nommé *Ita-*
,, *lus* (*k*), ils donnerent son nom au païs où
,, ils s'étoient établis. Ils furent suivis par
,, d'autres Pelasges (*l*), venus de Thessalie.
,, Les Arcades (*m*) envoyerent une nouvelle
,, Colonie en Italie, soixante ans avant la
,, guerre de Troie. Elle étoit conduite par
,, Evander, & composée d'habitans de la
,, Ville de Palantium. Quelques années après,
,, Hercules (*n*) y en établit une autre. Il la
,, forma de Péloponnesiens qu'il tira de son
,, armée, & de quelques prisonniers qu'il
,, avoit emmenez de Troie. Tous ces Pelas-
,, ges.

(*j*) Idem, Lib. I. 9. II. 77.
(*i*) Denis d'Halicarnasse compte 27. à 30. ans pour une génération.
(*k*) Thucyd. Lib. VI. c. II. p. 349.
(*l*) Herodot. L. I. c. LVII. Dionys. Halic. Lib. I. p. 14. 15. 49. II. 77.
(*m*) Dionys. Halic. Lib. I. p. 24. 29. II. 77. Dionys. Perieg. vs. 347. Justin. XLIII. I. Flor. I. 1. Strabo V. 230.
(*n*) Dionys. Halic. I. 27. 49. II. 77.

E

Chap. X.

„ ges (o), ayant fait Alliance avec les Abo-
„ rigines, leur aiderent à deposséder les (p)
„ Sicules, les (q) Umbres, & les (r) Ligures,
„ qui demeuroient dans ces contrées. IV. Bien-
„ tôt après, arriverent les Tusces. Herodo-
„ te (s), & ceux qui l'ont suivi, en font des
„ Lydiens, qui, étant chassez de leur païs par
„ la famine, allerent chercher un établisse-
„ ment en Italie, & y prirent le nom du
„ chef qui les commandoit: c'étoit Tyrrhe-
„ nus, fils d'Atis, Roi de Lydie. D'autres pré-
„ tendent que les Tusces (t) étoient des
„ Grecs, & en particulier des Pirates de l'I-
„ le de (v) Lemnos & des contrées voisines,
„ qui, étant accoutumez de courir toute la
„ Mer Méditerranée, eurent occasion de
„ fonder des Colonies sur les côtes de la Tos-
„ cane. Les Tusces (x) se répandirent au
„ long & au large par toute l'Italie. Ils s'em-
„ parerent d'une partie du païs de Florence,
„ que

(o) Dionys. Halic. Lib. I. p. 7. 8.
(p) Idem. Lib. I. p. 7. 14. 16.
(q) Idem. Lib. I. p. 16. II. 112.
(r) Idem. Lib. I. p. 18. 32. 34.
(s) Herodot. Lib. I. cap. XCIV. Dionys. Halic. Lib.
I. pag. 21. Vellej. Paterc. Lib. I. c. I. Virgil. Æneid.
VIII. vs. 478. Justin. XX. 1. Plin. Lib. III. c. I. & V.
Solin cap. VIII. Pomp. Festus pag. 132. 161. Strabo V.
219.
(t) Dionys. Hal. Lib. I. p. 19. 20. 22. Diodorus Sicul. XIV. 453.
(v) Voyez le passage de Thucydide cité ci-dessus pag.
72. note [s]. Steph. de Urb. in *Æane* p. 47. in *Czyco*
p. 486. Scholion. ad Apollon. Argon. p. 58. 61. Strabo
V. 221.
(x) *Thusci ab Alpibus ad inferum & superum mare pertin-
gebant.* Plutarch. in Camillo T. I. pag. 136. Tit. Liv.
V. 33.

CHAP. X.

„ que les (y) Umbres tenoient encore, & dé-
„ posséderent (z) les Pelasges de l'autre partie,
„ que ceux-ci avoient enlevée aux Umbres.
„ V. Enfin, il passa encore des Troiens (a) en
„ Italie sous la conduite d'Enée. Ils firent Al-
„ liance avec les Aborigines, qui leur cédé-
„ rent une partie de leurs terres, à condition
„ qu'ils leur aidassent à repousser les Rutules.
„ Dans le même tems qu'Enée débarqua avec
„ ses troupes sur les bords du Tibre, d'au-
„ tres Troiens, ou plûtôt des Henetes (b), qui
„ avoient servi contre les Grecs pendant le
„ siege de Troie, allerent s'établir, sous la
„ conduite d'Antenor, aux embouchures du
„ Po, où ils furent appellez *Venetes* au lieu
„ d'*Henetes*.„

Pour dire présentement ma pensée sur ce que je viens de rapporter, j'avouerai, d'abord, que tout cela me paroit incertain, & en partie fabuleux. Les peuples de l'Italie suivirent pendant longtems le mauvais goût des autres Celtes. Ignorant dans le commencement l'usage des Lettres, ils s'opposerent ensuite à leur introduction, parce qu'ils étoient dans l'idée, que cette étude ne convenoit pas à un peuple martial, né pour les armes, & qu'ils regardoient comme une marque de noblesse, de ne savoir ni lire ni écrire. C'est la raison pour laquelle il ne nous reste aucun ancien monument de l'Histoire de ces peuples, sur le-

Sentiment de l'Auteur sur ce qui vient d'être rapporté.

(y) Herodot. L. I. c. XCIV. Dionys. Halic. L. I. p. 21.
(z) Dionys. Halic. Lib. I. p. 21. 22. *Umbros exegere antiquitùs Pelasgi, hos Lydi à quorum Rege Tyrrheni, mox à sacrifico ritu linguâ Græcorum Tusci sunt cognominati.* Plin. III. 5.
(a) Dionys. Halic. I. 35. 36. 48. 49. II. 78. Solin. c. II. & VIII. Justin. XLIII. 1. Flor. I. 1.
(b) C'étoit un peuple de Paphlagonie. Voyez Tit. Liv. I.

CHAP. X.

Sur les Sicules.

Sur les Aborigines.

Sur les Pelasges.

lequel on puisse compter surement. Tout ce qui remonte, je ne dis pas au-delà de la fondation de Rome (c), mais seulement au-delà de l'établissement des Consuls, est obscur, & plein de difficultez. Autant que je peus en juger, les Sicules étoient un peuple Scythe ou Celte, qui occupoit anciennement le Royaume de Naples avec une partie de l'Etat Ecclésiastique. Je dis la même chose des Aborigines (d). C'étoit selon les apparences une nation Celtique, qui, étant poussée par d'autres peuples plus Septentrionaux, passa l'Appennin, poussa à son tour les Sicules, & les obligea à se retirer en Sicile, comme je le dirai dans le Chapitre suivant. A l'égard des Pelasges, c'étoient véritablement des Grecs, qui avoient passé de leur païs dans le Royaume de Naples, auquel ils donnerent le nom de Grande-Grece. Denis d'Halicarnasse (e) avouë, qu'il n'est pas possible de déterminer précisément le tems, où ces Pelasges passerent en Italie. Il n'en dit pas assez. Il est évident, que ces Pelasges n'étoient pas les anciens habitans de la Grece, dont j'ai parlé dans le Chapitre précédent, mais le nouveau peuple qui leur succéda. Effectivement, les Grecs, qui allerent s'établir en Italie, y introduisirent une (f) Religion, des Cérémonies, & des Cou-

---

I. 1. Justin. XX. 1. Solin. c. LVI. Pline Lib. III. cap. XIX. p. 374. VI. II. p. 650. Strabo Lib. I. p. 61. V. p. 212. XII. p. 543. 544. Virgil. Eneid. Lib. I. vs. 246. Ælian. de Animal. Lib. XIV. c. VIII. p. 809.
(c) Voyez Cluver. Ital. Antiq. Lib. III. c. II. p. 492.
(d) Voyez ce que Strabon remarque sur les Osces, les Opiciens, & les Ausons, V. 242.
(e) Dionys. Halic. L. I. p. 9.
(f) Idem. Lib. I. p. 17. 19. 25. 26. 31.

Coutûmes qu'ils avoient eux-mêmes reçûës des Orientaux. Les Temples, par exemple, les Idoles, le Culte de Jupiter, de Junon, d'Appollon, de Neptune, de Minerve, de Cerès, de Pan; l'uſage des lettres, de certaines armes, avec pluſieurs autres choſes qui étoient inconnuës aux Pelaſges & aux Celtes. Leur langue auſſi étoit manifeſtement la Grecque, & non pas celle des anciens Pelaſges. Je me contente d'en alleguer ici une ſeule preuve. Des (g) Romains, ou des Tuſces, paſſant devant une Ville des Pelaſges, demanderent à l'un des habitans le nom de la Ville. Celui-ci, qui ne les entendoit pas, leur ayant dit en Grec, χαῖρε *Chære*, c'eſt-à-dire *bon-jour*, ils crurent bonnement, que c'étoit-là le nom de la Ville, qui garda, depuis ce tems-là, le nom de *Chære*, ou de *Ceere*; au lieu qu'elle s'appelloit auparavant *Agylla*. Je crois donc être en droit de conclure, que ces prétendus Pelaſges étoient de véritables Grecs, qui paſſerent en Italie beaucoup plus tard que le commun des Auteurs ne le prétend.

J'ai déja fait mention des Tuſces, en parlant des peuples qui occupoient anciennement la Lombardie. Il me paroît fort vraiſemblable, qu'ils étoient un peuple Celte, qui demeuroit autrefois le long du Po. Lorſque les Gaulois firent irruption en Italie, une partie des Tuſces ſe retira en Rhétie, pendant que l'autre partie alla s'établir dans le païs de Florence, après avoir chaſſé les Grecs & les autres peuples qui étoient Maîtres de cette Province. En effet, Denis d'Halicarnaſſe, qui croit des

Chap. X.

Sur les Tuſces.

___
(g) Stephan. de Urb. p. 30. Servius ad Æneid. VIII. v. 479. & 597. X. vſ. 183. Strabo Lib. V. p. 220.

E 3

CHAP. X. les Tusces *Indigetes* de l'Italie, comme je l'ai déja remarqué, ajoute plusieurs choses, qui servent à fortifier ma Conjecture. Il dit par exemple (*h*), que les Grecs donnoient anciennement le nom de *Tyrrheniens* à tous les peuples de l'Italie; &, en particulier, aux *Latins*, aux *Ausones*, & aux *Umbres*. Il parle d'une Tradition, qui portoit, que les Tusces (*i*), ayant commencé à bâtir des tours, & à y mettre des garnisons, pour resister aux incursions des peuples voisins, reçurent le nom de (*k*) *Tyrrhenes*, qui signifioit en leur langue des gens qui demeurent dans des tours. Peut-être aussi que le nom de *Tusces* (*l*), auquel on donne une Etymologie Grecque, dérive de celui de *Tis, Tuisto,* (*m*) *Tuisco*, qui est le Dieu auquel les Celtes rapportoient l'origine du genre humain, ou au moins de leur nation. Au reste, comme il est constant, que les Celtes donnoient à leurs gens de guerre le nom de *Lydi* ou de *Leti*, je ne doute pas que les Grecs, entendant dire aux Tusces, qu'ils étoient des *Lydi*, n'ayent pris le change, & que ce ne soit ici la principale source de la Fable, qui les fait venir de Lydie, contre le sentiment du plus célébre (*n*) Historien des Lydiens, qui ne

(*h*) Dionys. Halic. Lib. I. p. 23.
(*i*) Ibid. p. 21.
(*k*) *Turn* signifie en Tudesque une tour; *Türner*, des tours; *Türnwohner* ceux qui demeurent dans des tours; comme *Burgwohner*, Burgundiones, ceux qui demeurent dans des Villes.
(*l*) *A sacrifico ritu lingua Græcorum Tusci*, dit Pline dans le passage cité ci-dessus p. 99. note [z]. Voyez aussi Dionys. Halic. Lib. I. p. 24. Θυοσκόος *Aruspex*. P. Festus p. 162.
(*m*) Tacit. Germ. c. II.
(*n*) Xanthus Lydius, apud Dionys. Halic. L. I. p. 22.

ne faisoit aucune mention de cette prétendue migration de ses compatriotes.

Enfin, pour ce qui est du passage des Troiens en Italie, ce n'est certainement qu'une pure Fable. Il est vrai, que la plûpart des anciens Auteurs, au lieu de combattre cette vision, la confirment de tout leur pouvoir, pour faire leur cour aux Romains, & sur-tout aux Empereurs, qui étoient extrêmement jaloux de cette prétendue origine Troienne. Cependant, Denis d'Halicarnasse (o), après avoir établi l'opinion reçûë, insinuë assez ce qu'il en pense lui-même, en répétant plusieurs fois, qu'il laisse au Lecteur la liberté d'en croire tout ce qu'il voudra. Ce que je dis des Troiens, il faut le dire aussi des *Henetes*, que l'on fait passer de la Paphlagonie dans le territoire de Venise. La conformité du nom de *Venetes*, avec celui d'*Henetes*, en a sans doute imposé. Du tems d'Herodote les (p) Venetes étoient des Illyriens qui se disoient décendus des Medes. Il y a apparence, que dans la suite ils adopterent avec plaisir une tradition qui les rendoit compatriotes des Romains. Mais (q) Strabon croit avec raison, que les Venetes d'Italie étoient issus de ceux qui demeuroient dans les Gaules, autour de Vannes en Bretagne; & sa Conjecture est d'autant plus vraisemblable, que les Venetes d'Italie (r), quoique leur langue differât de celle des Gaulois, avoient pourtant les mêmes Coutûmes, & la même manière de vivre.

(o) Dionys. Halic. Lib. I. p. 38. 39.
(p) Herodot. L. I. c. CXCVII. Lib. V. c. IX.
(q) Strabon L. IV. p. 195.
(r) Polyb. II. 105.

vre. Julien l'Apostat, pour le remarquer en passant, est du sentiment de Strabon (s). Il dit que les Romains soumirent tout le païs qui étoit occupé par les Henetes, par les Ligures, & par un nombre considerable d'autres Gaulois. Cette maniere de s'exprimer marque clairement, qu'il regardoit les Ligures & les Henetes comme des peuples Gaulois.

Je crois entrevoir, au reste, une autre raison pour laquelle on a fait venir les Latins, les Venetes, & les Tusces, des païs de Troie, de Paphlagonie, & de Lydie. Les Troiens, les Lydiens, les Paphlagons, étoient des peuples, qui avoient passé de Thrace dans l'Asie Mineure. Comme on remarqua que la langue & les coutûmes de ces peuples avoient une grande conformité avec celles des anciens peuples de l'Italie, on ne balança pas de les faire décendre les uns des autres ; sans considerer, que cette conformité venoit uniquement de ce que l'Europe n'étoit autrefois habitée que par un seul & même peuple, Scythe ou Celte, comme on voudra l'appeller. Pour tirer présentement ma conclusion, je suis dans la pensée, que l'Italie étoit habitée dans le commencement par des nations Celtiques. Il y passa dans la suite (t) plusieurs peuples Grecs, qui s'allierent & se confondirent insensiblement avec les habitans naturels du païs. C'est ce que signifie la Fable, qui dit (v) qu'Hercules épousa une fille Hyperboréenne. Hercules est un chef des Grecs, & la Princesse Hyperboréenne une Dame Celte, que l'on don-

(s) Julian. Orat. II. p. 72.
(t) Justin. XX. 1. Solin. c. VIII.
(v) Solin. cap. II. Dionys. Halic. I. 34. Justin. XLIII. 1.

DES CELTES, Livre I. 105

CHAP. X.

donna au Prince Grec, pour cimenter, par ce mariage, l'Alliance que les deux peuples avoient contractée.

Réflexion sur l'Origine des Romains.

Comme ce que je viens de dire fournit des ouvertures pour découvrir l'Origine des Romains, le Lecteur ne sera pas fâché que je m'y arrête un moment. On sait que les prémiers habitans de la Ville de Rome (*x*) étoient une troupe de gens ramassez, que Romulus y attira de toutes les Provinces voisines. L'Italie inferieure étoit alors occupée, comme je l'ai montré, par des Grecs & par des Celtes. Du nombre des derniers étoient les Umbres, les Tusces, les Sabins (*y*) qui décendoient des Umbres, & plusieurs autres. Cette nouvelle Colonie ayant donc été formée de Grecs & de Celtes, chacun de ces peuples dut y apporter nécessairement sa langue & ses coutûmes, & les conserver pendant quelque tems, jusqu'à ce que le mélange des deux nations eut formé un nouveau peuple, qui, n'étant ni Celte ni Grec, tenoit pourtant quelque chose des uns & des autres. Denis d'Halicarnasse (*z*) insinuë que Romulus, qui avoit été élevé par des Grecs, tacha d'introduire leur maniere de vivre dans son petit Etat. On entrevoit au contraire, que Numa Pompilius, qui étoit (*a*) Sabin d'origine, favorisa les Usages & la Religion des Celtes. Les choses changerent encore de face du tems des Tarquins. Comme ils étoient (*b*) Corinthiens

d'ex-

(*x*) Dionys. Halic. Lib. II. p. 78. Florus I. 1.
(*y*) Dionys. Halic. Lib. II. p. 112.
(*z*) Dionys. Halic. Lib I. p. 71. Pomp. Fest. p. 78.
(*a*) Idem. Lib. II. p. 120.
(*b*) Idem. Lib. III. pag. 184. Strabo Lib. VIII. pag. 378.

Chap. X. d'extraction, les Coutûmes des Grecs prévalurent tellement sous le Regne de ces Princes, qu'à la fin les Romains furent regardez comme un peuple (c) purement Grec. Cela n'empêcha pourtant pas, que, plusieurs siecles après, on ne trouvât encore parmi les Romains quelques traces de la Langue & des coutûmes des anciens habitans du païs.

Pour commencer par la Langue Latine, il est évident, (d) que la plûpart de ses racines & de ses mots primitifs dérivent de la Grecque. Elle conserve cependant plusieurs mots, que je crois tirez de la Langue Celtique. En voici quelques-uns (e). Ager, *Axer*, un Champ; Angor, *Angst*, Angoisse; Cella, *Keller*, une Cave; Corona, *Krone*, une Couronne; Fax, *Faxel*, un Flambeau; Flamma, *Flamm*, la Flame; Fructus, *Frucht*, du Fruit; Gramen, *Grass*, de l'Herbe; Herus, *Herr*, le Maître; Hora, *Uhr*, l'Heure; Linum, *Leinen*, du Lin; Mare, *Meer*, la Mer; Mola, *Mühle*, une Meule, un Moulin; Nebula, *Nebel*, un Brouillard; Pellis, *Fell*, une Peau; Piscis, *Fisch*, un Poisson; Rota, *Radt*, une Roüe; Vallum, *Wall*, un Rempart; Copula, *Koppel*, un Lien; Pannus, *Pannen*, du Drap; Ambages, *Umweg*, un Detour; Auris, *Ohr*, l'Oreille; Barba, *Bart*, la Barbe; Caseus, *Käse*, du Fromage; Catena, *Kette*, une Chaine; Corbis, *Korb*, une Corbeille; Verus, *Wahr*, Vrai; Longus, *Lang*, Long; Castus, *Keusch*,

---

(c) Voyez le passage d'*Heraclides Ponticus* ci-dessus p. 7. cit. [p].

(d) *Olim lingua Græca gentis fuit eadem cum Latina, parum prolatione mutata.* P. Festus p. 95.

(e) Le premier mot est Latin, le second Tudesque, & le troisieme François.

Keufch, Chaste; Angustus, *Eng.* Etroit; Gus-
te, *Kosten*, Gouter; Rapio, *Rauben*, Piller,
Dérober; Scindo, *Schneiden*; Abscindo, *Ab-
schneiden*, Couper (*f*). Je trouve encore dans
la Langue Latine des Synonimes, dont l'un est
Grec, & l'autre Celtique. *Brachium*, par exemple, le Bras, vient du Grec ϐραχίων. *Armus*,
au contraire, l'Epaule, est le mot Celtique
Arm (*g*), qui signifie aussi le Bras.

Pour passer aux Coutumes des Romains (*h*),
Caton avoit remarqué, dans ses *Origines*, que
dans tous les festins que l'on célébroit anciennement à Rome, chaque convié avoit accoutumé de chanter, au son d'un instrument,
des Hymnes, ou des Odes, par lesquelles
on célébroit les exploits & les vertus des
grands hommes. C'étoit un usage purement
Celte, aussi-bien que la fête des Saliens (*i*).
Les Saliens étoient de jeunes gens, qui, dans
un certain tems de (*k*) l'année, couroient par
la Ville armez d'une épée, d'un bouclier (*l*),
& d'une lance, chantant des Hymnes à
l'honneur des Dieux qui président à la guerre

(*f*) On peut consulter sur cette matiere Hagenberg Germania Media, Diss. VII. §. 3. p. 166. Lipsii Epist. Centur. III. Epist. 44.

(*g*) *Antiqui humeros cùm brachiis armos vocabant.* P. Festus Pauli Diaconi, apud Auctores Linguæ Latinæ p. 255.

(*h*) *Gravissimus Autor in Originibus dixit Cato, morem apud majores hunc epularum fuisse, ut deinceps qui accubarent, canerent ad tibiam virorum laudes atque virtutes.* Cicero Tuscul. Quæst. Lib. IV. p. 3535. & Lib. I. p. 3424. Bruto pag. 455.

(*i*) Dionys. Halic. II. 129.

(*k*) *Au mois de Mars.* D. Halic. ub. sup. C'est dans ce mois, que les Celtes tenoient anciennement ce qu'ils appelloient l'Assemblée générale, après laquelle ils entroient ordinairement en campagne.

(*l*) *Le bouclier des Saliens ressembloit à celui des Thraces.*

re. La Cérémonie étoit accompagnée de sauts, de dances, & de gambades, que les Saliens faisoient avec beaucoup d'adresse, & en cadence. La mesure étoit marquée, tant par la voix, que par le son des flutes, & outre cela par un certain cliquetis, qu'ils faisoient en frappant de l'épée ou de la lance contre le bouclier. J'aurai occasion d'expliquer tout cela dans les Livres suivans, & d'indiquer plusieurs autres Usages, que les Romains tenoient des Celtes.

A l'égard de la Religion des Romains, Denis d'Halicarnasse (*m*) assûre, que Romulus introduisit l'usage des Temples, des Autels, & des Simulacres, mais qu'il rejetta les Fables profanes & ridicules de la Mythologie des Grecs. Peut-être que cet Auteur se trompe. Au moins (*n*) Plutarque & Varron soutiennent, que ce n'étoit pas la coutume des anciens Romains de représenter la Divinité, ni dans des images, ni dans dans des statuës. Quoiqu'il en soit, il est constant, comme je l'ai déja remarqué, que, pour conserver parmi ses sujets la Religion des Celtes, il (*o*) défendit expressément de représenter la Divinité sous
la

Dionys. Halic. ub. sup. c'est-à-dire qu'il étoit plus long que large. Tous les boucliers des Celtes avoient cette forme. Au reste, le bouclier, l'épée, & la lance étoient anciennement les seules armes des Celtes.

(*m*) Dionys. Halic. Lib. II. p. 90. Cécilius Historien Romain conjecturoit aussi que la Ville de Rome devoit avoir été fondée par des Grecs, parce qu'on y offroit anciennement des sacrifices à Hercule à la maniere des Grecs. Strabo V. 230.

(*n*) Plutarch. Numa. ——— *Varro docet Romanos per annos* 170. *Deos adorasse absque ulla imagine.* Augustinus de Civ. Dei Lib. IV. c. XXXI.

(*o*) Clem. Alexand. Strom. L. I. c. XV. p. 358.

la forme de l'homme ou de quelque annimal. CHAP. X.
Clement d'Alexandrie prétend qu'il fuivit en
cela les idées de Pythagore. C'eſt un Ana-
chroniſme. Numa Pompilius commença à
regner (p) dans le cours de la XVI. Olympiade; au lieu que Pythagore ne vint en Italie,
qu'après la (q) cinquantieme Olympiade, &
peut-être (r) plus tard. Mais, d'ailleurs, il eſt
bien plus vraiſemblable, que Pythagore lui-
même avoit pris ces idées des Celtes, qu'il
avoit eu occaſion de fréquenter, tant en
Thrace, qu'en Italie, où il paſſa les dernieres
années de ſa vie. Les Hiſtoriens remarquent,
qu'avant que d'avoir des ſimulacres (s), les Romains adoroient des halebardes. C'étoit encore un uſage des Scythes & des Celtes.
Quand ils alloient à la guerre, & que l'armée
avoit pris poſſeſſion d'un camp, ils avoient
accoutumé de planter, en terre, dans quelque lieu commode, une épée ou une halebarde, pour être la marque du *Mallus*. C'étoit-
là, que ſe tenoit le Conſeil de guerre, avec les
Aſſem-

(p) Dionyſ. Halic. II. 121.
(q) Idem. ub. ſup.
(r) Ciceron dit que *Pythagore vint en Italie ſous le regne de Tarquin le Superbe*. Tuſc. quæſt. L. I. p. 3438. Ce Prince commença à regner pendant la LXI. Olympiade. Ail-
leurs, Ciceron dit que *Pythagore étoit en Italie, dans le tems que Brutus la delivra*. Ibid. p. 3534. Brutus fut Conſul
pendant la XLVII. Olympiade. Voyez ſur le tems où
Pythagore a fleuri Cyrill. adv. Julian. L. I. p. 13. Excerpta ex Diod. Siculo apud Valeſ. pag. 240. Chronic.
Paſcale p. 143. 144.

(s) *Ab origine rerum pro Diis veteres haſtas colebant*. Juſtin. XLIII. 2. *Ex Varrone diſcimus Roma antiquitùs Martis
ſimulacrum* (ξυάνον) *haſtam fuiſſe*. Clem. Alexand. Coh.
ad gentes p. 41. *Pro Marte Romani haſtas colebant*. Arno-
bius contra gentes Lib. VI.

E 7

CHAP. X. Assemblées religieuses & civiles (t), aussi longtems que le camp subsistoit. Pline (v) & Solin parlent aussi d'une fête que l'on célébroit tous les ans sur le mont Soracte à l'honneur d'Appollon, c'est-à-dire du Soleil. Pendant cette Solemnité, les Prêtres, qui étoient de la famille des Hirpiens, dançoient pieds nuds sur des charbons brulans, sans en être endommagez. C'est manifestement l'épreuve du feu, qui étoit l'une des plus anciennes superstitions des Scythes & des Celtes. On sait enfin, que les Celtes avoient accoutumé d'offrir à leurs Dieux des victimes humaines, qu'ils sacrifioient en différentes manieres. Les Historiens (x) rapportent, qu'Hercules abolit cet usage en Italie; & que dans la suite, lorsque le tems marqué pour ce barbare sacrifice revenoit, les Romains se contentoient de précipiter dans le Tibre des hommes de paille. Cela signifie, que les Grecs trouverent le moyen de faire abolir la coutûme d'offrir des victimes humaines, & de mettre en sa place une Comédie qui divertissoit les Grecs, pendant qu'elle contentoit en quelque maniere les Celtes, parce qu'elle conservoit la mémoire de leurs usages. Effectivement, quand il arrivoit quelque mal-

---

(t) On sait que les nations entieres alloient alors à la guerre avec femmes & enfans.
(v) Plin. H. N. Lib. VII. 2. Solin. c. VIII. p. 184. Strabo. V. 226.
(x) Dionys. Halic. Lib. I. c. XXX. *Sexagenarios de ponte olim dejiciebant, cujus causam Manilius hanc refert, quòd Romam qui incoluerint primi Aborigines, hominem sexaginta annorum qui esset, immolare Diti patri quotannis soliti fuerint, quòd facere eos destitisse, adventu Herculis; sed religione posteà veteris moris, scirpeas hominum effigies, de ponte in Tiberim vetere modo mittere instituisse.* P. Fest. p. 143. On dit la mêm chose des Hyperboréens. Voyez ci-dessus p. 8. après cit. [x]

malheur à l'Etat, ceux, qui étoient attachez à ces superstitions, ne manquoient jamais de l'imputer au mépris des anciennes Cérémonies, & de demander qu'on les fît revivre; ce qu'ils obtinrent en plusieurs occasions.

CHAPITRE ONZIEME.

IL faut dire présentement un mot des anciens habitans de la Sicile. Je commencerai par rapporter ce que Thucydide a écrit sur ce sujet, & j'ajouterai ensuite quelques Remarques, qui serviront à éclaircir & à rectifier le Récit de cet Historien (y). *On prétend*, dit-il, *que les plus anciens habitans de la Sicile étoient les Cyclopes & les Lestrigons, qui n'occupoient cependant qu'une partie de l'Isle. Je ne saurois dire* (z), *ni quel peuple étoient ces gens-là, ni d'où ils étoient venus, ni où ils se retirèrent. Je renvoye mon Lecteur à ce que les Poëtes en ont dit, & je lui laisse la liberté d'en croire tout ce qu'il voudra. Il est assez vraisemblable, que les Sicanes furent le prémier peuple, qui s'établit en Sicile, après ceux dont je viens de parler. S'il faut les croire, ils étoient même dans l'Isle avant les Cyclopes & les Lestrigons, puisqu'ils se disent Indigetes.*

Des anciens habitans de la Sicile.

(y) Thucyd. Lib. VI. c. II. p. 348. & seq.
(z) Il y a apparence que les Cyclopes & les Lestrigons étoit les anciens Scythes. Voyez une tradition rapportée par Appien qui fait decendre les Celtes & les Gaulois des Cyclopes. Voyez ci-dessus p. 65. note [t] Homere en fait des géans. Homer. Odyss. IX. vs. 106. X. 82. Strabon croit que c'étoient des barbares qui occupoient anciennement la Sicile. Strabo I. 20.

CHAP. XI. *digetes (a). La vérité est (b) que les Sicanes étoient des Iberes, qui, étant établis en Espagne, autour du fleuve de Sicanus, en furent chassez par les Ligures. C'est d'eux que l'Isle reçût le nom de Sicanie, au lieu qu'auparavant elle portoit celui de Trinacrie. Les Sicans étoient établis, comme ils le sont encore aujourd'hui, dans les parties occidentales de l'Isle. Après la prise d'Ilium, quelques Troiens, qui avoient échappé aux Grecs, vinrent débarquer en Sicile, & s'étant établis dans la même contrée que les Sicanes, les deux peuples reçurent en commun le nom d'Elymiens. Il se joignit à eux quelques Phocéens venus de Troie, qu'une tempête avoit jettez en Afrique, d'où ils passerent en Sicile. Dans la suite, les Sicules, qui demeuroient en Italie, passerent aussi en Sicile, étant chassez par les Opicins..... Il y a encore des Sicules en Italie, qui a reçû son nom d'un certain Italus (c) Roi des Arcades. Les Sicules, ayant passé dans l'Isle en très-grand nombre, & ayant vaincu les Sicanes, les envoyerent dans les parties meridionales & occidentales de l'Isle (d), qui perdit alors le nom de Sicanie, pour prendre celui de Sicile. Les Sicules gar-*

(a) Diodore de Sicile les croit Indigetes. Il assure que les meilleurs Historiens sont en cela de son sentiment. Lib. V. p. 199.

(b) Voyez ci-dessous p. 117. note [z].

(c) Servius avoit lû négligemment ce passage, car il fait dire à Thucydide une chose à laquelle cet Auteur n'a point pensé. *Thucydides dicit de Sicilia Italum regem venisse, & ab eo esse Italiam appellatam.* Servius ad Æneid. VIII. vs. 328.

(d) Diodore de Sicile dit que les Sicans quitterent volontairement les parties Orientales de l'Isle, à cause des embrasemens continuels du mont Etna, & que les Sicules vinrent occuper ensuite le païs que les prémiers avoient abandonné, Lib. V. p. 201.

garderent pour eux le meilleur du païs, qu'ils occupoient depuis près de 300. ans, lorsque les Grecs passerent en Sicile. Ils occupent encore aujourd'hui, le milieu & les contrées Septentrionales de l'Isle. Thucydide ajoute, que les Sicules furent suivis par des Phéniciens, qui, pour la commodité du commerce, s'emparerent de quelques Promontoires, & de plusieurs petites Isles voisines de la Sicile; & qu'enfin l'Isle fut peuplée par une infinité de Colonies Grecques, qui y arriverent en divers tems.

Si les Sicanes sortoient originairement d'Espagne, & les Sicules d'Italie, je serai en droit d'en conclure, par les raisons que j'ai déduites au long dans les Chapitres précédens, que ces peuples étoient Celtes. Mais, le passage de Thucydide, que je viens de rapporter, a besoin de quelques Remarques. Prémiérement, il prétend, *que les Sicanes étoient des Iberes venus d'Espagne*. Il est suivi en cela par Servius (e), par Silius (f), & par une foule (g) d'Auteurs, qui, pour confirmer le Récit de Thucydide, assûrent que les Sicanes passerent d'Espagne en

---

(e) *Sicani secundum nonnullos populi Hispaniæ à fluvio Sicori dicti.* Lucanus, *Hesperios inter Sicoris non ultimus amnes. Hi Duce Siculo venerunt ad Italiam, & eam tenuerunt exclusis Aboriginibus. Mox ipsi pulsi ab illis quos ante pepulerant, Insulam vicinam Italiæ occupaverunt, & eam Sicaniam à gentis nomine, Siciliam vero à Ducis nomine dixerunt.* Servius ad Æneid. VIII. vs. 328.

(f) ———— *post Cyclopea regna,*
Vomere verterunt primum nova regna Sicano,
Pyrene misit populos qui nomen ab amni
Ascitum patrio terra imposuere vacanti.
Silius Ital. Lib. XIV. vs. 581.

(g) *Sicania diu ante Trojana bella Sicanus Rex nomen dedit cum amplissima Iberorum manu.* Solin. cap. II. *Sicana, urbs Iberia &c.* Hecatæus. Steph. de Urb. p. 668.

Chap. XI. en Italie, & delà en Sicile; & que le fleuve, que cet Historien appelle Sicanus, est le Sicoris (*h*) dont Lucain fait mention. Il y a cependant toute apparence, que Thucydide se trompe. I. Déjà il est certain, qu'anciennement le nom d'Iberes n'étoit pas particulier aux Espagnols, mais qu'il désignoit en général un peuple établi au delà d'une montagne, d'un fleuve, d'une mer. Ainsi, les habitans de l'Espagne étoient appellez Iberes par les Gaulois, parce qu'ils demeuroient au delà des Pyrenées (*i*); &, par la même raison, les Espagnols aussi donnoient aux Gaules le nom d'Iberie. Les Gaulois d'Italie (*k*) sont encore appellez Iberes, parce qu'ils demeuroient au delà des Alpes. Les Sicanes étoient donc Iberes, parce qu'ils avoient passé la Mer pour aller s'établir en Sicile. Mais, ce que Thucydide ajoute, qu'ils avoient été chassez du païs qu'ils occupoient, par les Ligures, prouve clairement, qu'ils demeuroient, non en Espagne, mais en Italie. C'est aussi ce qu'assûrent plusieurs Auteurs, que je citerai ci-après, & dont le témoignage me paroit préférable à celui de Thecydide. II. Cet Auteur prétend encore, *que les Sicanes & les Sicules étoient deux peuples différens*. Il est contredit en cela par Servius, qui dit (*l*) que l'Isle fut appellée Sicanie,

(*h*) Lucanus Lib. IV. vs. 14. 130. 141. 335.
(*i*) *Iberiam Antiqui vocabant omnem regionem quæ est extra Rhodanum, & Isthmum quem Gallicus sinus efficiunt. Hodierni fines ejus Pyrenam constituunt.* Strabo III. 166. Steph. de Urb. p. 408.
(*k*) *Iberes qui regionem Galliæ subalpinam incolebant, accersiverunt Galatas mercenarios qui Gesata vocantur.* Plutarch. in Marcello, Tom. I. p. 299. *Eschylus in Iberia Eridanum esse dicit.* Plin. Lib. XXXVII. c. II. p. 367.
(*l*) Voyez la page 113, note [*e*].

canie, du nom du peuple qui vint s'y établir, & Sicile, du nom du chef des Sicanes. Servius ne fait que suivre en cela le sentiment de Virgile, qui appelle constamment Sicanes (m), les peuples qui passerent d'Italie en Sicile. Autant que je puis en juger, le nom de Sicanes & de Sicules étoit un surnom, que plusieurs peuples belliqueux de l'Italie prenoient, en consideration des (n) victoires qu'ils avoient remportées. III. Thucydide assûre, *que les Sicanes s'étant mêlez avec des fuiards qui venoient de Troie, il se forma de ce mêlange un troisiême peuple qui reçut le nom d'Elymiens.* J'ai déjà remarqué, qu'il n'y a aucune apparence que les Troiens soient jamais sortis de leur païs, pour passer, ni en Italie, ni en Sicile, (o) & j'aurai occasion d'examiner la chose plus au long, quand je parlerai de la fondation & de la ruine de l'Empire des Troiens, qui étoient des Scythes venus de Thrace. Homere, qui prétend que la Ville de Troie fut prise par les Grecs, ne laisse pas d'insinuer (p), que le Royaume subsista; & qu'Enée, après avoir

suc-

(m) Æneid. VII. vs. 795. VIII. 328. XI. 317.

(n) *Sieg* signifie en Celte la victoire. *Sieghansen,* les victorieux. *Siegheel, Siegman,* ont la même origine, & la même signification. Une Inscription trouvée dans les Gaules porte *Marti Segomoni,* c'est-à-dire à Mars le Victorieux.

(o) On peut voir en attendant ce que Dion Chrysostome a écrit sur cette matiere, dans sa Dissertation sur le siege de Troie. Voyez aussi la savante Dissertation de Mr. Bochart, *Num Æneas unquam fuerit in Italia.* Ad calcem Geogr. Sacræ.

(p) Νῦν δὲ Αἰνείαο ϐίη Τρώεσσιν ἀνάξει, Καὶ παῖδες παίδων, &c. C'est-à-dire, le vaillant Enée sera Roi des Troiens, lui, ses enfans, & les enfans de ses enfans. Iliad. XX. vs. 307.

CHAP. XI. succedé à Priam, transmit la dignité Royale à sa posterité. Mais, il paroit d'ailleurs par un passage d'Hellanicus (*q*) de Lesbos, que le nom d'Elymiens étoit beaucoup plus ancien que Thucydide ne le prétend, puisque le peuple dont il s'agit portoit déja ce nom en Italie. IV. Les Critiques relevent encore Thucydide sur deux autres articles. Il dit prémiérement, *que de son tems il y avoit encore des Sicules en Italie*. On soutient, que (*r*) c'est une bévuë; d'un côté, parce que ces Sicules, qui doivent être restez en Italie, ne paroissent plus dans l'Histoire; & de l'autre, parce que Diodore de Sicile (*s*), & Denis d'Halicarnasse (*t*), assûrent formellement, que toute la nation des Sicules quitta l'Italie, avec femmes, enfans, armes, & bagage. V. On croit d'ailleurs, que Thucydide place trop tard le passage des Sicules (*v*) en Sicile. Selon son calcul, les Grecs envoyerent leur prémiere Colonie en Sicile 448. ans après la guerre de Troie. Les Sicules y avoient passé 300. ans plûtôt, & par conséquent 148. ans après la prise de Troie. D'autres Auteurs, dont je rapporterai dans le moment les passages, assûrent cependant, que les Sicules étoient dans l'Isle 80. à 100. ans avant le siege de Troie. Voilà une différence de 228. à 248. ans. Je ne deciderai pas ici cette Controverse Chronologique. Tout ce que je puis assûrer, c'est que les

(*q*) Voyez ci-dessous note [*x*].
(*r*) Voyez les notes sur cet endroit de Thucydide. Et Bochart Géogr. Sacr. Part. II. Livre I. Chap. XXX.
(*s*) Diod. Sic. Lib. V. 199. 201.
(*t*) Dionys. Halic. Lib. I. p. 18.
(*v*) Voyez Cluverii Sicil. Antiq. p. 9. 17. 19.

CHAP. XI.

les migrations des peuples Celtes me paroissent postérieures pour la plûpart au tems ou le commun des Auteurs les placent.

Après avoir entendu Thucydide, il ne sera pas inutile d'écouter aussi les Auteurs qui ont écrit sur cette matiere. Hellanicus de Lesbos (x), rapportoit dans son Histoire: ,, Qu'il ,, passa deux flottes d'Italie en Sicile. Sur la ,, prémiere étoient des Elymiens, qui avoient ,, été chassez de leur païs par les Oenotriens. ,, Ils firent le trajet trois générations avant la ,, prise de Troie. Sur la seconde, qui passa en ,, Sicile cinq ans après, étoient des Ausons, ,, qui avoient été depossédez par les Japyges. ,, Comme le chef de ces Ausons s'appelloit ,, Siculus, il donna son nom, tant à la na- ,, tion qu'il commandoit, qu'à l'Isle où ils ,, vinrent s'établir. Philiste de Siracuse (y) ,, avoit aussi remarqué (z) que ces peuples ,, passerent en Sicile 80. ans avant la guerre ,, de Troie. Ce n'étoit, selon lui, ni des Si- ,, cules,

(x) Apud Dionys. Halic. Lib. I. p. 18. Selon Diodore de Sicile, les Sicanes étoient dans l'Isle du tems d'Hercules qui les battit. Lib. IV. 161. Hercules vivoit environ une génération avant le siege de Troie.

(y) Dionys. Halic. ub. sup.

(z) Diodore de Sicile attribue un autre sentiment à cet Historien. *Philiste dit qu'ils venoient d'Iberie, & qu'ils avoient reçû le nom de Sicans, d'un fleuve de même nom, qui coule en Iberie. Timée, qui releve l'ignorance de cet Historien, prouve clairement qu'ils étoient indigetes.* Diod. Sic. Lib. V. 201. Peutêtre, cependant, que Philiste distinguoit les Sicans venus d'Espagne, des Sicules venus d'Italie. Au reste, Philiste vivoit du tems de Denys le Tyran. Diodore de Sicile en fait mention en rapportant les évenemens de la troisieme année de la 93. Olympiade. Mais, il remarque en même tems, que Philiste n'écrivit son Histoire que quelques années après. Diod. Sic. XIII. p. 380. 387. XV. 504.

« cules, ni des Ausons, ni des Elymiens, mais des Ligures conduits par Siculus, fils d'Italus, qui, ayant été chassez de leur païs par les Ombriens & par les Pelasges, furent obligez d'aller chercher un nouvel établissement au-de-là de la Mer. Antiochus (*a*) de Siracuse ne faisoit aucune mention du tems où ces peuples passerent en Sicile. Il remarquoit seulement, que c'étoient des Sicules, qui, ne pouvant plus résister aux Oenotriens & aux Opiciens, prirent le parti de s'embarquer & de passer en Sicile. » Outre ces trois Auteurs, dont Denis d'Halicarnasse nous a conservé les passages, Platon dans une de ses Lettres (*b*) remarque, que, de son tems, il y avoit en Sicile trois sortes de peuples: des Grecs, des Phéniciens, & des Opiciens. Enfin, Silius (*c*), quoiqu'il fasse venir les Sicanes d'Espagne, reconnoit cependant que les Sicules étoient des Ligures venus d'Italie.

Que les anciens habitans de la Sicile fussent sortis d'Espagne ou d'Italie, qu'ils fussent Iberes, Ligures, Elymiens, Opiciens, Ausons, la chose m'est fort indifférente, puisque j'ai prouvé que l'Espagne, & l'Italie, étoient occupées par des nations Celtiques, avant que les

---

(*a*) Dionys. Halic. Lib. I. p. 18. Diodore de Sicile fait mention de l'ouvrage d'Antiochus, Lib. XII. p. 322.
(*b*) Plato Epist. VIII. ad Dionis propinquos p. 1296.
(*c*) *Mox Ligurum pubes Siculo ductore novavit,*
 Possessis bello mutata vocabu'a regnis,
 Nec res dedecori fuit, aut mutasse pudebat,
 Sicanum Siculo nomen.
Silius Ital. ub. sup. Pompeius Festus parle aussi d'une Colonie de Samnites, qui passa en Sicile. *In Mamertinis*, pag. 8.

les Phéniciens, & les Grecs, y eussent envoyé des Colonies. J'en reviens cependant à ce que j'ai déja dit dans le Chapitre précédent, que les Sicules étoient, selon les apparences, des peuples Scythes ou Celtes d'Italie, qui, étant poussez par d'autres peuples plus septentrionaux, se retirerent insensiblement de l'Appennin (d), au pied duquel ils étoient établis, dans le Royaume de Naples, & delà en Sicile. Il est assez vraisemblable, que (e) les Galeotes, dont plusieurs Auteurs font mention, étoient les Prêtres de ces Sicules. C'étoient, dit-on, des gens qui se vantoient d'être fort experts dans l'art de prédire l'avenir, & qui donnerent à Denis le Tyran des preuves de leur savoir, en l'avertissant qu'un essain d'abeilles, qui s'étoit posé sur sa main, lui promettoit la dignité Royale (f). Ils se disoient décendus de Galeus fils d'Appollon, & de Themistus fille de Zabius Roi des Hyperboréens. On entrevoit assez clairement, au travers de cette Fable, que les Galeotes, étoient Gaulois ou Hyperboréens d'origine.

Je ne parle pas au reste des Isles de Sardaigne, & de Corse, parce que je n'en puis rien

---

(d) *Notum est constitutam Anconam à Siculis; Gabios à Galatio & Bio Siculis fratribus.* Solin. cap. VIII. *Aricia ab Archilocho Siculo.* Plin. III. 13. *Sacrani appellati sunt Reate orti, qui ex Septimontio Ligures Siculosque exegerunt.* P. Festus p. 129.

(e) Cicero de Divinat. Lib. I. Ælian. Var. Hist. Lib. XII. c. 46.

(f) *Galeotægens in Sicilia vel Attica, à Galeo, filio Apollinis, & Themistus, quæ Zabii Hyperboreorum Regis, filia fuit, nomen habens.* Steph. de Urb. p. 259. On sait que Sabus étoit le Heros ou le Dieu duquel les Sabins, ancien peuple d'Italie, prétendoient être décendus. Silius Ital. Lib. VIII. p. 351.

Chap. XI. rien dire de certain. Il y a apparence, qu'avant que les Carthaginois & les Grecs y eussent fait des établissemens (g), elles étoient occupées par des peuples venus des contrées les plus voisines. C'est le sentiment de Solin (h), qui dit que l'Isle de Corse fut peuplée dans le commencement par des Ligures, & la Sardaigne par des Espagnols venus du côté de Tartessus (i).

Chapitre Douzieme.

Le Climat des Gaules, de la Germanie, & de la Thrace, doit avoir été autrefois beaucoup plus froid, qu'il ne l'est aujourd'hui.

JE crois avoir montré clairement dans les Chapitres précédens, que les Celtes sont les plus anciens habitans de l'Europe. Avant que de passer à d'autres matieres, je remarquerai, que la plûpart des contrées qu'ils occupoient nous sont représentées par les anciens Auteurs comme un très-mauvais païs. Le climat en étoit froid & rude, le terroir ingrat & sterile, jusques-là, qu'il ne pouvoit produire aucun fruit, à la reserve du bled. Je trouve, par exemple, que, du tems (k) des prémiers Empereurs Romains, on ne recueilloit encore dans les Gaules, ni vin, ni huile, ni d'au-

---

(g) Voyez Cluverii Sardiniam & Corsicam antiquam.
(h) Solin. c. IX. & X. Voyez aussi Diod. Sic. V. 205. XI. 287. Strabo V. 225.
(i) Ville d'Espagne située vers le détroit de Gibraltar. Pomp. Mel. Lib. II. c. VI. Strabo III. 148. 151.
(k) Excerpta ex Celticis Appiani p. 1220. Varro de re rust. Lib. I. p. 321. Diod. Sic. Lib. V. p. 211. Strabo Lib. IV. p. 178. *Quid istis locis asperius* Cicero de Provinc. Cons. *Gallica hyeme frigidior.* Petron. Satyr. p. 10.

d'autres fruits, & cela à cause de la rigueur du climat, & du froid excessif qui y regnoit. On voyoit à la vérité en (*l*) Germanie, & en (*m*) Pannonie, quelques campagnes labourées, mais pas un seul arbre fruitier; ils ne pouvoient resister au froid excessif qui se faisoit sentir dans ces contrées. La description, que Virgile (*n*) fait dans ses Géorgiques du climat de la Thrace, convient à peine aujourd'hui à la Lapponie, & à la Groenlande. Il dit, qu'il y tombe des neiges jusqu'à la hauteur de sept aunes, que le vin s'y gele dans les vaisseaux, que les fosses y gelent jusqu'au fond. Il y a là certainement de l'Hyperbole. Cependant, d'autres (*o*) Auteurs remarquent, qu'il ne croissoit presque aucun fruit en Thrace, & que les habitans étoient obligez d'enterrer & de couvrir de fumier, pendant l'hyver, tous les arbres fruitiers qu'ils vouloient conserver. Ovide (*p*), qui étoit sur les lieux, confirme non seulement ces faits, il assûre encore, que tout le païs, qui est au delà du Danube, est inhabité & inhabitable, à cause du froid. Herodote (*q*) & Strabon disent la même chose des païs situez autour du Borysthene & du Bosphore Cimmerien.

CHAP. XII.

Il

(*l*) Tacit. Germ. cap. II. IV. V. Seneca *cur bonis mala fiant* c. IV. p. 386. Statius Sylvar. L. V. Carm. I. p. 83.

(*m*) Dio. Cass. Lib. XLIX. p. 413.

(*n*) Virgil. Georg. Lib. III. vs. 355. 360.

(*o*) Plin. Lib. XV. c. XVIII. p. 196. Lib. XVIII. c. VII. p. 456. Herodian. Lib. I. p. 26. Strabo II. p. 73. VII. 307. Ovid. Trist. L. III. Eleg. XII. vs. 15. Pomp. Mela Lib. II. c. II.

(*p*) Ovid. Trist. Lib. III. Eleg. IV. vs. 51. Eleg. X. vs. 20. 70.

(*q*) Herodot. Lib. IV. cap. XXVIII. Strabo Lib. II. p. 114.

CHAP. XII. Il est certain, que le climat des Gaules, de la Germanie, & de la Thrace, étoit froid en comparaison de l'Italie, & de la Grece. Mais, il parut assez dans la suite, que, si le terroir étoit ingrat & sterile, il ne faloit en attribuër la cause, qu'à l'ignorance & à la paresse des habitans. Méprisant l'agriculture, qu'ils regardoient comme une occupation basse, servile, & tout-à-fait indigne d'un homme d'épée, s'imaginant qu'il y avoit plus de grandeur & de noblesse à vivre de pillage, que du travail de ses mains, ils ne se soucioient point de cultiver leurs terres, ni d'examiner à quoi elles pouvoient être propres. D'abord que les Celtes, revenus de ces étranges préjugez, commencerent à s'appliquer à l'agriculture, ils receuillirent abondamment le fruit de leur industrie & de leur travail. Le païs changea de face, il devint plus riant & plus fertile, à mesure que les habitans se dépouilloient de leur ferocité & de leur paresse. Il y a pourtant ici deux choses, qui me paroissent mériter l'attention des curieux. Prémiérement, les forêts (r) de Thrace étoient autrefois remplies d'Ours & de Sangliers blancs, au lieu qu'on n'en voit plus aujourd'hui que dans le fond du Nord. En second lieu, les fleuves (s) des Gaules se geloient regulierement toutes les années, & faisoient, comme le dit Diodore de Sicile, une espece de pont naturel, sur lequel des armées entieres, passoient avec leurs chariots

(r) Pausanias dit que de son tems plusieurs particuliers possedoient des Ours & des Sangliers blancs, qu'ils faisoient venir de Thrace. Pausan. Arcad. c. XVII. p. 634.
(s) Diodor. Sic. Lib. V. p. 210. 211.

riots & leur bagage. Les barbares qui demeu- CHAP. XII.
roient au delà du Rhin (*t*), & du Danube,
ne manquoient jamais de profiter de la saison
de l'hyver, pour passer ces fleuves sur les glaces, & pour faire des incursions dans les Provinces qui obéissoient aux Romains. Aujour-
d'hui, au contraire, c'est une espece de miracle,
de voir les fleuves des Gaules fermez par les
glaces. Il est même extraordinaire de voir le
Rhin, le Danube, & des fleuves plus Septentrionaux, comme l'Elbe, le Weser, l'Oder,
glacés d'une maniere qu'une armée puisse y
passer sans danger. La chose arrivera à peine
une fois dans dix ans. Il est donc incontestable (*v*), que le climat des Gaules, de la Germanie, & de la Thrace, a changé, & qu'il est
considerablement adouci en comparaison de ce
qu'il étoit autrefois. C'est aux Naturalistes à
en rechercher la véritable raison. Peut-être
qu'il

(*t*) Herodianus Lib. V. p. 496. Ovid. Trist. Lib. III.
Eleg. X. vi. 8. Florus IV. 12. Plinii Junior. Panegyr. c.
XII. p. 360. Xiphilin. Epit. Dionis Lib. LXVIII. p. 776.
Lib. LXXI. p. 804. Ammian. Marcellin. Lib. XIX. cap.
II. p. 224. 225. Lib. XXXI. c. IX. p. 636. Jornandes
Getic. c. LIV. p. 693.

(*v*) Les Romains avoient déja commencé à s'appercevoir de ce changement de Climat. Voici ce qu'en dit Columella Rei Rust. Lib. I. c. I. p. 163. *Multos jam memora-*
biles auctores comperi persuasum habere longo ævi situ qualitatem
cœli, statumque mutari, eorumque consultissimum Astrologiæ
professorem Hipparchum prodidisse, tempus fore quo cardines mun-
di loco moverentur, idque etiam non spernendus autor rei rusti-
ca Saserna videtur adcredidisse. Nam eo libro quem de agricul-
tura scriptum reliquit mutatum cœli statum sic colligit, quod quæ
regiones anteà propter hiemis assiduam violentiam, nullam stir-
pem vitis aut oleæ depositam custodire potuerint, nunc mitigato
jam & intepescente pristino frigore, largissimis olivitatibus, Li-
berique vindemiis exuberent. Sed hæc sive falsa seu vera ratio
est, literis Astrologiæ concedatur.

CHAP. XII. qu'il s'exhale des terres cultivées des vapeurs qui rendent l'air moins vif & moins piquant, & qui ne peuvent transpirer au travers d'une terre dure & inculte. On sait aussi, que la Celtique étoit autrefois couverte d'immenses forêts, qui absorboient pour ainsi dire les rayons du soleil, & en empêchoient la reverberation. Depuis que ces forêts ont été abbatuës & arrachées, les rayons du Soleil, qui portent sur la terre d'une maniere plus directe, doivent naturellement la mieux pénétrer, se reflechir aussi en plus grand nombre & avec plus de force, & nous procurer par consequent un plus grand degré de chaleur. Ce ne sont-là cependant que de simples conjectures, que je soumets de bon cœur au jugement des Philosophes, qui voudront se donner la peine d'examiner plus à fond un Probleme qui ne me paroit pas indigne de leur curiosité.

Chapitre Treizieme.

De l'origine des Peuples Celtes.

Je parlerai dans ce Chapitre de l'Origine des Celtes. Ce seul Article pourroit fournir la matiere d'un gros livre, si on vouloit ramasser tout ce que les Anciens & les Modernes ont écrit sur ce Sujet. Mais, mon intention n'est point du tout de rapporter des Fables, ou des Conjectures destituées de fondement; encore moins de m'arrêter à réfuter serieusement un Bodin, un Becan, & une infinité d'autres Auteurs, qui, pour relever la gloire de leur nation, en font décendre toutes

tes les autres, sans en donner pour preuve que des visions, forgées dans leur propre imagination, ou tirées de quelque ouvrage manifestement supposé. Il vaut mieux entendre les Celtes même, & voir s'il n'est pas possible de faire quelque usage de certaines traditions, qui étoient fort anciennes parmi eux.

CHAP. XIII.

La question de l'Origine des Celtes a deux parties. On peut demander prémiérement ce qu'ils pensoient de l'origine du genre humain. En second lieu, de quelle contrée ils prétendoient être sortis anciennement. La premiere de ces questions regarde, à proprement parler, la Religion, la Théologie, des Celtes. C'est-là qu'il faudra la traiter à fond. Je ne la toucherai ici, qu'autant qu'il sera nécessaire, pour faire voir, que tous les divers peuples, dont j'ai parlé dans les Chapitres précédens, avoient sur cet article la même tradition.

On trouve dans Jules Cesar (*x*), *que les Gaulois se disoient issus du Dieu Dis, & qu'ils prétendoient l'avoir appris de leurs Druides.* Il est constant & reconnu, que Jules Cesar a confondu le Dis des Gaulois, avec celui des Romains, qui étoit Pluton. C'est, selon les apparences, la seule conformité des deux noms qui lui en a imposé ; car, les Anciens assûrent presque généralement, que le Dis des Celtes étoit le Mercure des Grecs & des Romains. J'en dirai la raison en son lieu, & je remarquerai ici en passant, que ce qu'Annius Pollion (*y*) avoit dit des Commentaires de Cesar, qu'ils n'étoient, ni exacts, ni fideles, convient

parti-

(*x*) *Galli se omnes à Dite patre prognatos prædicant, idque à Druidibus proditum dicunt.* Cæsar. VI. 18.
(*y*) Suetonius in Julio Cæsare c. LVI.

CHAP. XIII.

particulierement à ce que Cesar a écrit de la Religion des Gaulois & des Germains. Comme ce Prince (z), qui méditoit déja les vastes projets qu'il exécuta dans la suite, demanda le gouvernement des Gaules, soit pour se ménager une retraite, soit pour avoir à sa disposition une belle & nombreuse armée, ou pour amasser ces immenses sommes d'argent dont il se servit utilement pour mettre dans ses intérêts une partie de la noblesse Romaine, il ne faut pas être surpris qu'un homme, qui rouloit de si grands desseins dans son esprit, n'ait pas été entiérement au fait de la Religion des Gaulois, & qu'il en ait parlé plûtôt en Général, qu'en Savant & en Philosophe. Il est même à présumer, que les Mémoires, que l'on fournit à Jules Cesar sur ces matieres, avoient été dressez par quelque Romain établi dans les Gaules, puisqu'il étoit défendu aux Gaulois de s'ouvrir à des étrangers sur le sujet de la Religion, & de (a) répandre dans le public les instructions qu'ils avoient reçûës de leurs Druïdes. Quoiqu'il en soit, le Dis des Gaulois est le Tuiston des Germains. *Ils célébrent* dit Tacite (b), *par d'anciens vers, le Dieu Tuiston issu de la terre, & son fils Mannus, aux-quels ils rapportent l'origine & l'établissement de leur nation.* Un Dieu, issu de la terre, me paroit un paradoxe difficile à expliquer, dans la Théologie des Germains (c) & des autres Celtes, qui adoroient

---

(z) Dio. Cass. L. XXVIII. p. 79. Plutarch. in Pomp. T. I. p. 646. in Cæsare T. I. p. 721.
(a) Cæsar. VI. 14.
(b) Tacit. Germ. c. II.
(c) Tacit. Germ. c. VIII.

roient des Dieux spirituels, & qui se moquoient des fêtes dans lesquelles les Grecs célébroient la naissance de leurs Dieux. Tacite parle ailleurs (d) *d'une forêt qui étoit en grande vénération parmi les Semnons, parce que la commune opinion étoit, que c'étoit-là, que la nation avoit pris son origine, & que résidoit le Maître de l'Univers.* Il semble que l'on entrevoit là-dedans l'idée d'un Dieu suprême, qui a tiré l'homme de la terre. Mais, ce n'est pas ici le lieu d'approfondir cette matiere. Il me suffit de remarquer, que, selon les Germains, *Mannus,* c'est-à-dire l'Homme (e), étoit issu du Dieu Tis, ou Tuiston. Les Thraces disoient la même chose (f). *Les Rois & les Peuples de Thrace,* dit Herodote, *servent principalement Mercure. Ils ne jurent jamais que par son nom, & ils croyent même en être issus.* Je prouverai en son lieu, que le prétendu Mercure des Celtes est certainement le Dieu qu'ils appelloient Tis: & j'ai déja remarqué (g), que les Rois de Thrace prenoient pour la plûpart le nom de Cotis ou de Cotison (h), c'est-à-dire de fils du Dieu Tis, parce qu'ils prétendoient en être décendus. La même tradition subsistoit encore, du tems d'Herodote, parmi les Lydiens, qui sortoient originairement de (i) Thrace. Ils disoient (k) que

(d) Tacit. Germ. c. XXXIX.
(e) *Mann* en Tudesque signifie l'Homme.
(f) Herodot. Lib. V. c. VII.
(g) Voyez ci-dessus p. 80.
(h) Florus IV. 12. Horatius Carm. Lib. III. Od. VIII.
(i) Strabo VII. p. 295.
(k) Herodot. I. 94. IV. 45. VII. 74. Dionys. Halicar. I. p. 21. 22. Steph. de Urb. p. 177.

Chap. XIII.

que leur prémier Roi, qui s'appelloit Maſnes, étoit fils de Jupiter & de la Terre. Maſnes eut un fils nommé Cotis. Cotis en eut deux, ſavoir Atis & Adies, duquel l'Aſie reçût ſon nom. Atis eut auſſi deux fils, Lydus & Tyrrhenus, ou, ſelon d'autres (*l*), Lydus & Torybus, deſquels la nation, qui portoit autrefois le nom de Méoniens, reçût celui de Lydiéns & de Torybes. On voit ici, pour le dire en paſſant, l'origine des divers noms de ce peuple. Quand on demandoit aux Thraces qui paſſerent en Aſie, qui ils étoient, d'où ils venoient, ils répondoient, qu'ils étoient des Méones, (*Männer*, c'eſt-à-dire des hommes, des Lydiens, (*Lyti*), c'eſt-à-dire des gens de guerre, des Torybes, (*Dorüber Thorüber*) c'eſt-à-dire des Iberes, des gens venus d'au delà de la mer; & c'eſt delà qu'on forma dans la ſuite les Rois imaginaires de Lydus, & de Torybus. Pour révenir à mon ſujet, Herodore remarque auſſi, que les (*m*) Scythes regardoient la terre comme la femme de Jupiter. On ne peut gueres douter, que des peuples, dont les traditions étoient ſi conformes, ne fuſſent originairement la même nation. Il eſt même très-vraiſemblable, que la Fable qui porte, que les Géans, les Titans, étoient fils du Ciel & de la Terre, eſt un reſte de la tradition que je viens de rapporter. Les Grecs l'avoient reçûë des Pelaſges; mais, ils l'avoient defigurée, d'une maniere qui la rend preſque méconnoiſſable.

A

(*l*) Xanthus Lydius apud Dionyſ. Halic. ub. ſup.
(*m*) Herodot. IV. 59. Il s'agit des Scythes qui demeuroient au delà du Danube, & que Darius Hyſtaſpes attaqua.

A l'égard de la seconde question, il est difficile de déterminer de quelles contrées les Celtes sortoient originairement. Ni l'Histoire, ni les anciennes Traditions de ces peuples, ne fournissent rien de clair & de certain sur cet Article. Je n'en suis pas surpris. Ils avoient passé en Europe dans un tems auquel l'Histoire ne remonte point. Cela n'a pas empêché, comme je l'ai dit au commencement de ce Chapitre, qu'on n'ait beaucoup écrit sur cette matiere. Mais, la plupart de ceux qui l'ont traitée n'ont pris pour guide, que leur imagination, leur intérêt, ou certains préjugez dont on se dépouille rarement. Tacite, parlant (*n*) de l'origine des Germains, a du penchant à croire, qu'ils étoient *Indigetes*, c'est-à-dire, nez dans le païs où ils étoient établis de son tems. Il en donne pour raison, qu'il ne paroît pas qu'ils puissent être venus d'ailleurs. *Les peuples*, dit-il, *qui quittoient autrefois leur demeure pour en chercher une autre, entreprenoient le voyage par Mer & non par Terre. Cet immense Océan* (*o*) *qui est au delà de nous, & qui nous est en quelque maniere opposé, est rarement visité par des vaisseaux de notre Hemisphere. Il est d'ailleurs difficile de comprendre que quelcun ait pû se resoudre à quitter l'Asie, l'Afrique, ou l'Italie, ni qu'il ait voulu s'exposer aux dangers d'une Mer orageuse & inconnue, pour aller s'établir en Germanie, c'est-à-dire dans un païs, où le climat est rude, & où le terroir ingrat & mauvais ne présente rien que de desagréable à celui qui le regarde, ou qui le cul-*

(*n*) Tacit. Germ. c. II.
(*o*) Il entend la Mer qui est au delà des Colomnes d'Hercule.

cultive, *à moins qu'il n'y ait pris naissance*. Ces raisons ne me paroissent pas fort convaincantes. Déjà il est certain, que ces peuples que l'on appelloit autrefois *Indigetes*, *Aborigines*, Ἀυτόχθονες, sont une pure vision: les hommes ne naissent pas de la terre comme des champignons. Si les Celtes n'étoient pas arrivez dans leur païs par Mer, il est fort probable qu'ils y étoient venus par terre. Les Scythes convenoient en quelque maniere eux-mêmes, que leurs Ancêtres avoient passé en Scythie d'un autre païs. Ils disoient, que (*p*) Targitaus fut le premier homme qui vint s'établir dans leur païs, qu'il trouva desert. Ils ajoûtoient, qu'il s'étoit écoulé mille ans depuis Targitaus jusqu'au tems où Darius Hystaspes passa le Danube pour leur faire la guerre. Suivant ce calcul, Targitaus auroit été à peu près contemporain de Moyse. Independamment de cette preuve, sur laquelle je n'insiste pas, il suffit de réfléchir sur les migrations des Celtes, pour être en état de juger de quel païs ils sortoient orginairement. On les voit s'avancer insensiblement de l'Orient vers l'Occident & le Midi, attirez, selon les apparences, par la douceur du climat, & poussez en même tems par d'autres peuples qui les suivoient. Les Gaulois d'Italie, par exemple, étoient venus d'au-delà des Alpes. Les Belges (*q*) avoient passé de la Germanie dans les Gaules. Les Helvétiens, avant que de se mettre en possession de la Suisse, avoient eu leurs demeures (*r*) entre le Rhin, le Mayn, & la forêt

(*p*) Herodot. IV. c. V. VI.
(*q*) Cæsar. II. 4.
(*r*) Tacit. Germ. c. XXVIII. Dio. Cass. L. XXXVIII. p. 80.

forêt Hercynie. Les Vandales & les Lombards étoient autrefois au-delà de l'Elbe. Les Goths s'étendoient jusqu'au Palus Méotide. Quelques siecles après, ces peuples paroissent sur le bord du Danube, & vont enfin s'établir dans le cœur de l'Italie, des Gaules, & de l'Espagne. Je ne doute donc point, que les Celtes ne fussent venus d'Asie, par la Moscovie & la Pologne. Mon sentiment est appuyé en cela du suffrage des Ecrivains sacrez. Ils assûrent, que les hommes, qui échapperent au Deluge, firent leurs premiers établissemens en Asie. Mais, je crois aussi, qu'il faut en demeurer dans ces généralitez, & que c'est deviner, comme on le dit, en l'air, de vouloir déterminer, ou le Patriarche duquel les Celtes décendent, ou le peuple dont ils sont issus, ou la Province d'Asie, de laquelle ils sortent originairement.

(s) Un bon nombre d'Auteurs modernes prétendent, par exemple, que les Celtes décendent de Gomer fils de Japheth. Ils donnent pour une vérité incontestable, que les trois fils de Gomer (t), Asxenas, Riphath, & Togarma, allerent s'établir dans la Celtique. Cependant l'Ecriture Sainte, c'est-à-dire, la seule Histoire, qui remonte jusqu'au tems de ces Patriarches, n'en fait aucune mention. Elle dit (v) simplement, que la posterité de Japheth,

(s) Voyez ci dessus p. 21. Cluver. Germ. Ant. Lib. I. c. IV. p. 32. Limnæi Jus Publicum Lib. I. c. VI. §. I. & VI. Religion des Gaulois Lib. I. pag. 47. & passim. Voyez aussi les Auteurs citez par Christoph. Cellarius dans sa Dissertation *de Initiis cultioris Germaniæ* p. 577.
(t) Cluvier croit qu'Ascenas reçut le nom de Celtes. ub. sup. p. 61.
(v) Genes. X. 5.

F 6

pheth, se dispersa dans les Isles des nations, c'est-à-dire dans les Isles voisines de l'Asie. Ou, plutôt, elle combat formellement cette opinion, puisqu'elle ne place (x) la dispersion des peuples, qu'après l'entreprise de la tour de Babel; &, dans le fond, il n'y a aucune apparence, que les petits-fils de Noë ou de Japheth, se soient éloignez, de si bonne heure, d'un païs fertile, & en même tems assez vaste, pour les contenir avec toute leur posterité quelque nombreuse qu'elle pût être. Il est vrai que (y) Joseph, & ceux qui l'ont suivi, assûrent, *que Gomer établit la Colonie des Gomores, que les Grecs appellent présentement Galates*. Mais, Joseph est un Auteur trop moderne, pour que l'on puisse se prévaloir de son témoignage sur cet Article. Sa conjecture me paroît d'ailleurs appuyée sur un fondement tout à fait ruïneux : c'est la conformité du nom de Gomer avec celui de Germain, que quelques peuples Celtes, établis dans les Gaules, ou en Allemagne, ne reçûrent qu'environ un siecle avant la naissance du Sauveur.

(z). Le célébre Mr. Bochart, & plusieurs autres Ecrivains, qui, sans le nommer, n'ont pas laissé de profiter de sa vaste érudition, ont crû qu'il valoit mieux faire venir les Celtes d'Egypte. ,, Hercules l'Egyptien, dit-on,
,, mena une Colonie en Germanie, où l'on
,, trou-

(x) Genes. XI. 8.
(y) Josephe Hist. des Juifs Liv. I. Chap. VI. *Gomer à quo Galatæ*, id est Galli. Isid. Orig. Lib. I. c. II. pag. 1037.
(z) Bochart. Géogr. Sacr. Part. II. Lib. I. c. XXIII. & XLII. Cellarius ub. sup. Kriegsmann Conjectanea de Germanicæ gentis origine, ac conditore Hermete Trismegisto.

,, trouvoit anciennement des traces de la Re-
,, ligion des Egyptiens. Tacite, parlant de
,, quelques Sueves, dit expressément, qu'ils
,, offroient des Sacrifices à Isis. Le Dieu
,, Tuiston aussi, & son fils Mannus, célébres
,, parmi les Germains, sont le Mercure des
,, Egyptiens, nommé Thot, & Mena, leur
,, premier Roi. Les Germains eux-mêmes
,, convenoient qu'Hercules, le premier de
,, tous les guerriers, avoit passé chez eux.,,
Cette seconde conjecture ne me paroît gueres
plus probable que la prémiere. Une Colonie,
transportée d'Egypte dans le fond de la Germanie, est pour moi un Paradoxe incroyable. Tacite remarque à la vérité, que les Germains disoient (a) *qu'Hercules avoit passé chez eux*, ou, comme on peut traduire, *qu'il y avoit aussi eu un Hercule parmi eux. Quand ils vont à la bataille, ils le célébrent comme le premier de tous les vaillans hommes.* Mais, sans alleguer que tout ce que l'on publie d'Hercules, & de ses voyages, n'est selon les apparences qu'une pure Fable, il n'est d'ailleurs pas difficile de deviner ce qui en a imposé dans cette occasion aux Grecs & aux Romains, qui ont parlé d'Hercules comme d'un Heros, dont le nom & les exploits n'avoient pas été inconnus aux Gaulois & aux Germains. Les Celtes donnoient le nom de *Carl* ou de *Kerl* à tous leurs braves (b).
Quand

(a) *Fuisse apud eos & Herculem memorant, primumque omnium virorum fortium in proelium ituri canunt.* Tacit. Germ. cap. II.
(b) C'est ce que signifie le nom de Charles si commun parmi les Francs. *Karl*, brave, *Karloman* homme brave.

CHAP. XIII.

Quand ils étoient sur le point de donner bataille, ils s'encourageoient au combat, en chantant les loüanges des anciens braves, qui s'étoient distinguez au milieu de chaque nation. Mais, ces braves n'étoient certainement pas des Heros Grecs ou Egyptiens. Des peuples qui étoient dans la pensée, que la véritable bravoure ne se trouvoit que parmi eux, n'avoient garde de prodiguer leurs loüanges à des étrangers. Ces prétendus Hercules étoient leurs propres *Carles*, leurs vaillans Ancêtres, comme je le montrerai en son lieu. On peut voir en attendant le passage de (c) Jornandes que je cite en marge. Aussi Tacite lui-même n'ose-t-il assûrer positivement, qu'Hercules ait passé en Germanie. *On publie (d), dit-il, qu'il y a dans l'Ocean Germanique des colomnes d'Hercules, soit que ce Heros soit venu jusques-là, ou que l'on ait accoutumé d'attribuer à un homme aussi célébre tous les grands & magnifiques ouvrages, que l'on trouve quelque part que ce soit.* Pour passer au service d'Isis, il est vrai que Tacite rapporte, qu'il étoit établi chez une partie des Sueves. Mais, il suffit de lire le passage entier, pour comprendre ce qu'il en faut croire. (e) *Une partie des Sueves offre des sacrifices à Isis. Je n'ai pû rien découvrir sur la cause & l'origine de ce culte étranger, si ce n'est que l'image même, qui*

res-

(c) *Majorum facta modulationibus citharisque canebant, Ethespamara, Hanala, Fridigerni, Widiculæ, & aliorum quorum in hac gente magna opinio est, quales vix Heroas fuisse, miranda jactat antiquitas.* Jornandes de Getis c. IV. & V. p. 617.

(d) Tacit. Germ. c. XXXIV.

(e) Tacit. Germ. c. IX.

resemble à un vaisseau que l'on appelle Libur- CHAP.
nien, montre que ce culte a été apporté d'ail- XIII.
leurs. Mais, puisque Tacite reconnoît ailleurs, que les Germains n'avoient ni images ni représentations de leurs Divinitez, il est naturel de juger que ce petit (*f*) vaisseau étoit une prise que les les Sueves avoient faite sur quelque ennemi, & qu'ils avoient transporté suivant leur coutûme dans un de leurs bois sacrez, pour y être un monument perpetuël de leur victoire. A l'égard de la prétendue conformité du Tuiston & du Mannus des Germains, avec le Thot & le Mena des Egyptiens, elle n'est certainement que dans le nom. Le Thot des Egyptiens (*g*) est un homme célébre, qui passoit pour l'inventeur des lettres, des sciences, & des loix, & que l'on mit pour cette raison au nombre des Dieux après sa mort. Tuiston, au contraire, étoit la principale Divinité des Germains, qui ne connoissoient point le culte des morts. Mena (*h*) étoit l'un des anciens Rois de l'Egypte; au lieu que Mannus étoit, selon les Germains, le premier homme, duquel les autres sont décendus.

Je n'en dirai pas davantage sur cette matiere.

C'est

―――――――――――――――――――

(*f*) Les vaisseaux, que l'on appelloit Liburniens, étoient de petits bâtimens fort legers, qui portoient 30. à 40. hommes. Tacit. Hist. V. 23. *Liburnica Soaphæ.* Stephanus de Urb. p. 514. Ils étoient de l'invention des Liburniens peuple Celte établi le long de la Mer Adriatique. Les Romains en construisirent ensuite à leur imitation. Je montrerai, en parlant de la navigation des Celtes, que leurs vaisseaux, & surtout ceux des Germains, avoient la forme des Liburniens.

(*g*) Diod. Sic. Lib. I. p. 10.
(*h*) Diod. Sic. Lib. I. p. 28. 29.

re. C'est perdre fort inutilement son tems que de vouloir découvrir ce qui s'est passé dans des Siecles, dont il ne reste absolument aucun mémoire. Je ferai seulement deux Réfléxions avant que de finir ce Chapitre. La premiére, que les Perses, les Iberes d'Orient, les Albaniens, les Bactrians, me paroissent avoir été le même peuple que les Celtes. On en trouvera les preuves dans la suite de cet Ouvrage. En le supposant ici, j'en infere que les Celtes demeuroient peut-être anciennement dans les contrées où ces peuples étoient établis, & qu'ils passerent en Europe par les Provinces qui sont entre la Mer Caspienne & le Pont Euxin. Ma seconde refléxion, dont le Lecteur fera tel usage qu'il jugera à propos, c'est que les Anciens qui ont parlé de l'origine des Scythes & des Celtes s'accordent à les faire décendre d'un homme qui avoit trois fils. Les Scythes disoient, au rapport (i) d'Herodote, que Targitaus, qu'ils regardoient comme le Fondateur de leur nation, avoit eu trois trois fils, Leipoxain (k) Arpoxain, & Kolaxain. Les Grecs, établis dans le Pont, faisoient décendre les Scythes d'Hercules & d'une Sirene, qui lui donna trois fils, Agathyrsus, Gelonus & Scytha. J'ai parlé plus haut d'une ancienne (l) Tradition, qui couroit parmi les Romains. Elle portoit, que Polypheme, le Cyclope, avoit eu de Galatée sa femme trois fils, qui peuplerent la Celtique.

(i) Hérodotus Lib. IV. cap. VI. & X.
(k) Cette terminaison de *xain*, semble être le *sahn*, *sohn*, des Tudesques & des Anglois. *Andersohn*, fils d'André, *Johnsohn* fils de Jean.
(l) Voyez ci-dessus p. 65. note [t].

que, Celtus, Ilyrius, & Gallus. Les Germains aussi disoient que Mannus (*m*) avoit eu trois fils, desquels décendoient les trois principaux peuples de la Germanie, les Ingævons, les Herminons, & les Istævons. Cluvier (*n*) prétend, que ce sont-là manifestement les trois fils de Noë, Sem, Cam, & Japheth; ou au moins les fils de Gomer, Asxenas, Riphath, & Togarma. C'est ce que je n'oserois assûrer aussi positivement. Mais, je ne doute point que les Grecs n'ayent formé sur ce modele la Fable des trois fils de Saturne, & celle qui portoit, que, du mariage du Ciel avec la Terre (*o*), il naquit trois fils d'une grandeur & d'une force extraordinaire, Cottus, Briareus, & Gyges.

CHAPITRE QUATORZIEME.

JE ne m'engagerois pas à examiner les divers noms que les peuples Celtes portoient autrefois, si cette recherche, quelque peu interessante qu'elle soit en elle-même, ne pouvoit être de quelque utilité, pour decouvrir certaines coutumes des nations Celtiques par les noms mêmes qui leur étoit affectez. Il faudra, à la vérité, entrer ici dans des discussions étymologiques, dont je fais très-peu de cas, parce qu'elles sont ordinairement une étu-

Des divers noms que les peuples Celtes portoient anciennement.

(*m*) Tacit. Germ. c. II.
(*n*) Cluver. Germ. Antiq. p. 67.
(*o*) Hesiod. Theogon.

étude aussi incertaine que sterile. Mais, ce Chapitre sera le seul, où je parlerai d'Etymologie. Je n'envisagerai même la matiere que d'une maniere générale, & autant qu'il sera nécessaire pour faire sentir le peu de fondement, ou le ridicule, de la plûpart des Etymologies que les Anciens & les Modernes proposent avec une si grande confiance.

Je dois poser d'abord quelques Véritez qui serviront de fondement à mes Remarques. I. Il est certain, que la plûpart des peuples Celtes étoient anciennement *Nomades*, c'est-à-dire qu'ils n'avoient point de demeure fixe. Ne batissant, ni maisons, ni cabanes, ils passoient toute leur vie sur des chariots, & ne s'arretoient dans une contrée qu'aussi longtems que leurs troupeaux y trouvoient dequoi subsister. II. Lorsque les peuples Celtes commencerent à se fixer dans un païs, ils ne jugerent cependant pas à propos de bâtir des Villes ni de s'y renfermer. Chaque particulier s'établissoit dans une forêt, au pied d'une colline, le long d'un ruisseau, au milieu d'une campagne, selon qu'il aimoit, ou la chasse, ou la pêche, ou l'agriculture. III. Les peuples Celtes, qui avoient une demeure fixe, étoient ordinairement partagez, en Cantons, en Peuples, & en Nations. Le (*p*) Canton étoit un district occupé par un certain nombre de familles, qui avoient leur juge particulier, & un *Mallus*, c'est-à-dire un tribunal où la justice s'administroit pour tout le Canton. Un peuple étoit un (*q*) état independant,

---

(*p*) Pagus.
(*q*) Civitas, Populus.

dant, souverain, formé de l'union de plusieurs Cantons. Le peuple des Helvetiens, par exemple, étoit composé de (r) quatre Cantons. Ces peuples tenoient au commencement de chaque Printems une assemblée générale, où tout homme libre & capable de porter les armes étoit obligé de se rendre, & où l'on décidoit, à la plûralité des voix, toutes les affaires qui pouvoient interesser le bien de l'état. Ces états souverains étoient en très-grand nombre dans toute la Celtique, comme ils le sont encore aujourd'hui en Allemagne. Du tems de Jules Cesar, on comptoit dans les Gaules (s) trois à quatre cent peuples differens, dont la plûpart devoient être selon les apparences très-peu considerables. Enfin, les peuples, qui entretenoient ensemble quelque liaison, & qui se réünissoient en tems de guerre pour mieux resister à un ennemi commun, formoient ce que j'appelle une nation. C'est dans ce sens, que Jules Cesar dit (t) que les Gaulois étoient divisées de son tems en trois parties, dont la prémiere étoit occupée par les Belges ; la seconde, par les Aquitains ; & la troisieme par les Celtes. Il est vrai, que les Auteurs ne s'assujettissent pas toûjours à cette distinction des peuples & des nations. Mais, personne ne me contestera que la distinction même ne soit fondée ; & que les Belges, par exemple, les Celtes, & les Aquitains, ne fussent partagez en une infinité de peuples, dont on peut voir les noms dans Jules Cesar & dans Pline.

Pour

(r) Cæsar. I. 12.
(s) Plutarque en compte 300. *in Cæsare* T. I. pag. 715. Appien 400. *De Bello Civili*. Lib. II. p. 848. 850.
(t) Cæsar. I. 1.

Pour faire préfentement ufage de ces Remarques, il eft prefque impoffible de découvrir l'origine des noms que les Cantons Celtiques portoient autrefois. Ces noms font pris ordinairement d'une forêt abbatuë depuis longtems, d'un ruiffeau dont les Géographes ne font aucune mention, qui a changé de nom, ou de quelque autre objet encore moins confiderable. C'eft perdre par confequent fon tems, que de rechercher, par exemple, pourquoi un Canton des Helvetiens s'appelloit Tigurinus (*v*), & l'autre Verbigenus. On ne peut rien dire là-deffus de certain, ni feulement de vraifemblable. A l'égard des noms des peuples, & fur-tout des nations Celtiques, il eft plus facile d'en découvrir l'origine. Ces noms font pris pour la plûpart, 1. ou de la fituation du païs qu'un peuple occupoit; 2. ou de quelque ufage, de quelque prérogative, par laquelle un peuple fe diftinguoit. Voici quelques exemples du prémier ordre. Les Armoriques étoient ainfi appellez, parce qu'ils demeuroient fur les côtes de l'Ocean. *Ar-Mor-Rich* fignifie un Royaume, une Province maritime (*x*). Les Aduaticiens ou Avaticiens, parce qu'ils demeuroient le long d'un fleuve. Il y avoit deux peuples de ce nom dans les Gaules. L'un fur le (*y*) Rhin, & l'autre vers les embouchures du Rhone (*z*). *An* fignifie près, & *Water* de l'eau. Le nom de Noricie, *Nord-Rych*, fignifie une Province un Royaume Septentrional; c'eft ainfi

---

(*v*) Cæfar I. 12. 27.
(*x*) Voyez ci-deffus p. 33. note [*].
(*y*) Cæfar. II. 29.
(*z*) Pomp. Mel. Lib. II. cap. V. p. 57.

ainsi que les Celtes d'Italie appelloient la Baviere. Les Marcomans, *Marxmänner* sont les peuples établis dans les marches, sur les frontieres d'un païs. Les Estions, *Est-Wohner*, les peuples établis à l'Est de la Germanie, c'est-à-dire en Prusse. Voici des exemples du second ordre. Les Bretons, *Britten*, sont les peuples qui avoient accoutumé de s'enluminer le corps de differentes couleurs, & que les Latins appelloient pour cette raison (*a*) *Pictes*. Les Pannoniens sont les peuples qui portoient des habits d'un drap, qu'ils coupoient par bandes, *Pannen* (*b*), & qu'ils cousoient ensemble à la maniere du païs. Les Ligures, *Liger*, sont (*c*) les peuples qui avoient une demeure fixe. Les Wandales, au contraire, *Wandeler*, sont des peuples ambulans qui couroient d'un païs à l'autre. Les Méones, *Männer*, les Lydiens, (*d*) *Liti*, sont des gens qui suivoient la profession des armes. Les Tyrrheniens (*e*), *Turnwohner*, sont ceux qui demeurent dans des tours. Les Bourguignons, *Burgwohner* ceux qui demeurent dans des Villes closes. Les Buri, *Bauren*, sont des laboureurs, des peuples qui s'appliquent à l'agriculture. Les Langobardi, *Langebarten*, des peuples qui portoient de longues barbes, ou de longues halebardes. Les Sicans (*f*), *Sieghausen*, sont des peuples victorieux. Les Francs, *Franxen*, & les Frisons, *Fryen*, sont
des

(*a*) Voyez ci-dessus p. 41.
(*b*) Voyez ci-dessus p. 62. 63.
(*c*) Voyez ci-dessus p. 88.
(*d*) Voyez ci-dessus p. 102. 128.
(*e*) Voyez ci-dessus p. 102. note [*k*].
(*f*) Voyez ci-dessus p. 115. note [*n*].

des peuples libres, qui se glorifioient de n'avoir pas été assujettis par les Romains, & de ne leur payer aucun tribut. Ces exemples suffisent, pour nous mettre en état de découvrir l'origine de la plûpart des noms que les peuples Celtes portoient anciennement. Ce sont des noms purement appellatifs, des dénominations particulieres, prises, ou du païs que ces peuples occupoient, ou de certaines qualitez par lesquelles ils se faisoient remarquer. Il y en a même, qui, pour me servir d'un terme vulgaire, sont de véritables sobriquets, comme par exemple celui de Belges (g), *Balgen*, qui signifie des gens feroces, hargneux. Les anciens Auteurs, ignorant ce que je viens de dire, ont prétendu que les noms des peuples Celtes viennent tous orginairement de quelque Prince célébre, qui, ayant relevé la gloire de sa nation, a merité par-là, qu'elle adoptât son nom pour le rendre immortel. On dit, par exemple, que les Scythes ont reçû ce nom du Roi Scythus, les Celtes de Celtus, les Gaulois de Gallus, les Belges de Belgius, & ainsi des autres. J'ose bien assûrer, que ces Etymologies sont toutes fausses. Les Rois des Celtes étoient les chefs des partis qui s'élevoient au milieu d'un état. Il y avoit souvent dans un peuple autant de Rois, que de differentes factions. Le peuple, jaloux de la souveraineté, les élevoit & les déposoit selon son bon plaisir, & ne les consideroit jamais assez pour prendre le nom d'un Prince qui étoit rarement reconnu par tous ses compatriotes. Au moins n'ai-je trouvé jus-

---

(g) Voyez ci-dessus p. 33. note [*m*].

jusqu'à préfent qu'un feul exemple d'un peuple qui portât le nom de fon chef. Ce font les Caturiges, peuple Celte établi autour d'Embrun (*h*). Ils étoient ainfi appellez, parce qu'ils obéiffoient à des Princes qui portoient le nom de Cottius. Ce petit état s'appelloit en Latin *Cottii* (*i*) *Regnum*, & en Celte *Cott-Rich*, ou *Catt-Rich*, le Royaume des Cottiens. On prétend auffi, que le nom de Bituriges, fignifie le Royaume de Bitus, *Bitt-Rich*, ou de Bituitus, qui étoit un nom commun parmi les Gaulois. Au moins cette Etymologie eft-elle plus vraifemblable, que celle qui fait deriver le nom de Bituriges, de deux mots Tudefques, *Beut-Rich'* qui fignifient riche en butin. La difficulté eft qu'il faut fuppofer ici un Prince inconnu dans l'Hiftoire, puifqu'il ne paroît pas que les Bituriges ayent jamais eu un Roi du nom de Bitus. Quoiqu'il en foit, un ou deux exemples ne fuffifent pas pour faire une regle, encore moins pour contrebalancer une infinité d'exemples contraires, qui montrent clairement que les noms des peuples Celtes ont une origine toute differente de celle que les Anciens leur donnent ordinairement.

Après ces Réfléxions générales, il faut entrer dans quelque détail, & dire un mot des noms les plus connus fous lefquels on defignoit anciennement les peuples Celtes. J'ai montré au commencement (*k*) de cet Ouvrage, que les plus ancien nom de ces peuples eft

Du nom de Scythes.

(*h*) *Caturigidum in Graiis Alp:bus Eberodunum.* Ptol. Lib. III. c. I. p. 71.
(*i*) Strabo IV. p. 179.
(*k*) Voyez ci-deffus p. 1.

est celui de Scythes. C'est aussi le plus général, puisqu'on le donnoit à toutes les nations qui demeuroient au dessus du Pont-Euxin, du Danube, & de la Mer Adriatique. Quelques-uns le derivent d'un ancien Roi nommé (*l*) Scythus. J'ai déja averti, que cette Etymologie est indubitablement fausse. D'autres ont crû que ce nom étoit Grec d'origine. Ces barbares, dit-on, étant d'un naturel violent, emporté, on les appella Scythes ἀπὸ τȣ̃ (*m*) σκύζεσθαι *irasci*, comme qui diroit des furieux. Cette Etymologie est ridicule, puisque les Scythes même se servoient de ce (*n*) nom en parlant de leur nation. Mr. de Leibnitz, avec la plûpart des Modernes (*o*), prétendent que les Scythes avoient pris ce nom, pour marquer qu'ils étoient de bons chasseurs, d'habiles tireurs de l'arc. *Schiessen* autrefois *Sxiotan* signifie en Tudesque, Tirer; & *Schütze* un Archer. Je souscrirois à cette conjecture, s'il étoit constant que les Scythes, qui reçûrent ensuite le nom de Celtes, se servissent effectivement de l'arc & de la fleche. Mais, j'ai déja averti (*p*), que ces armes étoient particulieres aux Scythes, que l'on appella dans la suite Sarmates. Il est plus vraisemblable, que le nom de Scythes vient de *Zihen*, courir, voyager, & qu'il répond à celui de Nomades ou de Leleges (*q*), c'est-à-dire de vagabonds. Ils prenoient ce nom
pour

(*l*) Herodot. IV. 10. Steph. de Urb. p. 675.
(*m*) Steph. ub. sup.
(*n*) Herod. Lib. IV. c. CXXVIII.
(*o*) Stralenberg p. 33.
(*p*) Voyez ci-dessus p. 10. 15.
(*q*) Dionys. Halic. Lib. I. p. 8. 9.

pour marquer qu'ils étoient des (r) voyageurs, qu'ils n'avoient ni patrie ni demeure fixe. C'eſt ce qu'aſſûre l'Auteur du *Chronicon Paſchale* (s). Il dit que le nom de Scythe a la même ſignification que celui de Parthe, qui, ſelon la remarque de Juſtin (t), deſigne un voyageur, un exilé.

Le nom de Celte peut être regardé comme le nom propre & diſtinctif des peuples dont on parle dans cet Ouvrage; au lieu que celui de Scythes leur étoit commun avec les Sarmates, & même avec pluſieurs autres nations barbares, qui demeuroient au Nord de l'Aſie. J'ai montré dans les Chapitres précédens, que le nom de Celtes eſt (v) fort ancien, qu'il étoit connû du tems (x) d'Herodote, & commun à la plûpart des peuples de l'Europe; que c'étoit le nom que ces (y) peuples prenoient eux-mêmes, & ſous lequel les étrangers les deſignoient auſſi le plus communément. Il ne me reſte donc plus que de dire un mot de l'origine de ce nom. Quelques-uns en font un nom Arabe ou (z) Caldaïque. C'eſt une viſion. Comment les Caldéens pouvoient-ils donner un nom pris de leur langue à des peuples qu'ils ne connoiſſoient point; ou comment ces peuples auroient-ils pû s'approprier un nom Arabe?
D'au-

(r) Voyez ci-deſſus p. 89.
(s) Cronic. Paſchale p. 47.
(t) *Scythico Sermone Parthi exules dicuntur.* Juſtin. Lib. XLI. 1.
(v) Voyez ci-deſſus p. 1.
(x) Voyez ci-deſſus p. 12.
(y) Voyez ci-deſſus p. 32.
(z) A חדל, חלה Hoſe. XI. 6. *manſit, perennavit.* Stralenberg p. 132. & ſeq.

D'autres le font venir comme je l'ai déja dit du Roi (a) Celtus. Cette Etymologie n'est pas non plus de bon alloi, par les raisons que j'ai alleguées au commencement de ce Chapitre. Voici ce que Mr. de Leibnitz pense sur ce nom. ,, (b) *Celtæ*, ou *Keltæ*, ou *Galatæ*, ,, c'est le même mot; car, les Anciens pronon- ,, çoient le *Ce* comme *Ke*. Strabon a remar- ,, qué, qu'ils furent ainsi nommez par hon- ,, neur, διὰ τὴν ἐπιφάνειαν. Le mot *Gelt* veut ,, dire valeur, & le mot *Gelten* veut dire va- ,, loir.,, Je ne sai si l'on a rendu un grand service à la mémoire de ce Savant, en publiant ses Collections Etymologiques. Elles ne répondent certainement pas à la réputation que ses autres Ouvrages lui ont justement acquise, & je doute beaucoup qu'il eut fait ce Recueil, dans la vûe qu'on le rendît public après sa mort. Quoiqu'il en soit, pour dire mon sentiment sur la conjecture que je viens de rapporter, on ne me persuadera jamais, que les mots de Celte & de Galate soient le même nom, prononcé différemment. Le nom de Galate est une infléxion Grecque de celui de Gaulois, comme je le montrerai dans l'un des articles suivans. A l'égard du passage de Strabon, je n'y trouve point ce qu'on attribuë à ce Géographe. Il ne parle point de l'origine du nom de Celtes. Il dit seulement (c), qu'autrefois ce nom étoit propre aux habitans de la Gau-

---

(a) Ammian. Marcellin. Lib. XV. c. IX. p. 97.
(b) Leibnitz Collectan. T. II. p. 104.
(c) Ἀπὸ τούτων δ᾽ οἶμαι καὶ τοὺς σύμπαντας Γαλάτας Κελτοὺς ὑπὸ τῶν Ἑλλήνων προσαγορευθῆναι, διὰ τὴν ἐπιφάνειαν. Strabo Lib. IV. pag. 189.

DES CELTES, Livre I. 147

Gau'e Narbonnoife; qu'enfuite, les Grecs ont CHAP. donné, à tous les Gaulois en général, le nom XIV. du peuple le plus connu & le plus célébre de ces contrées. Je fuis furpris, que le mot de *Gelt*, qui fignifie à la vérité une valeur, mais fur-tout des efpeces, de l'argent comptant, n'ait pas fait venir à Mr. de Leibnitz une autre penfée. Les Celtes étoient des mercenaires, qui fourniffoient des troupes à tous ceux qui leur en demandoient, pourvû qu'on n'oubliât pas de les payer d'avance. Ne pourroit-on pas dire, qu'on les appella Celtes, parce que *Gelt*, de l'argent, étoit toûjours la prémiere chofe qu'ils demandoient, le prémier mot qu'on leur entendoit prononcer. Cependant, comme il y a de la différence entre les mots de *Gelt*, & celui de *Celte* ou *Kelte*, j'aime mieux renoncer à cette conjecture, qui d'ailleurs ne feroit pas honneur à nos Peres, & avouër de bonne foi, que je ne fai d'où vient le nom de Celte, à moins qu'on ne veuille le deriver de *Zelt*, qui fignifie une tente; au moins eft-il certain, que les Celtes n'avoient anciennement pour demeures que des tentes, des hutes, ou des chariots couverts.

Pour paffer au nom d'Iberes, j'ai déjà re- Du nom marqué, qu'il defigne en général un peuple d'Iberes. établi au-delà d'une Mer, d'un fleuve, d'une montagne. Delà vient, comme je l'ai montré plus haut, qu'on trouve des (*d*) Iberes par-tout où il y avoit des Celtes; en Efpagne, dans les Gaules, en Italie, & en Lydie. Il y a apparence, que c'eft dans le même fens, que l'Irlande étoit appellée par les Gaulois, &

par

(*d*) Voyez ci-deffus p. 27. 113. 114. 128.

G 2

par les Bretons (*e*) *Ivernia*, c'eſt-à-dire un païs qui eſt au-delà de la Mer. Je ne doute pas non plus, que les Ubiens, *Uber*, qui étoient un peuple Germain, n'euſſent reçû ce nom, parce qu'ils demeuroient au-delà du Rhin (*f*), vis à vis de Cologne. Il y avoit au reſte des Iberes en Aſie (*g*), entre le Pont-Euxin, & la Mer Caſpienne. Quelques-uns prétendent qu'ils venoient orginairement d'Eſpagne. C'eſt le ſentiment d'Abydenus (*h*), qui rapportoit dans un de ſes ouvrages cité par Euſebe, que Nabuchodonoſor, ayant ſoumis l'Afrique & l'Eſpagne, tranſporta des Iberes d'Eſpagne ſur les côtes du Pont-Euxin. D'autres croyent, que les Iberes d'Aſie envoyerent des Colonies en Eſpagne. Ce ſont de pures ſuppoſitions, comme Appien (*i*) l'a reconnu. Les Iberes d'Eſpagne étoient ainſi appellez, parce qu'ils demeuroient au-delà des monts Pyrenées; & les Aſiatiques, parce qu'ils étoient au-delà du Caucaſe. Cependant, je crois qu'Appien s'avance trop, quand il dit que c'eſt par un pur haſard que les Iberes d'Aſie, & ceux d'Eſpagne, portoient le même nom; ni leur langue, ni leurs coutûmes, n'ayant aucun rapport. J'eſpere de prouver le contraire, au moins à l'égard des coutûmes de ces peuples. Je m'imagine, que Théophylacte Simocatta a voulu imiter le langage des Celtes, lorſqu'il dit

---

(*e*) Voyez ci-deſſus p. 48.
(*f*) Cæſar. I. 54. IV. 3. 16. VI. 9. 29. Tacit. Germ. c. XXVIII.
(*g*) Dionyſ. Perieg. vſ. 696.
(*h*) Euſeb. Præp. Evang. Lib. IX. cap. XLI. Dionyſ. Perieg. ub ſup. Strabo Lib. I. p. 61. XV. 687.
(*i*) Appian. Iberic. initio.

dit (k) *qu'il arriva une Ambassade de l'Iberie* Chap. *Celtique: c'étoient*, ajoute-t-il, *des Francs envoyez* XIV. *par le Roi Théodorich.* A moins qu'on ne veuille traiter Theophylacte d'ignorant, l'Iberie ne doit pas signifier l'Espagne que les Grecs appelloient communément Iberie, mais le païs qui est au-delà du Danube. C'est peut-être dans le même sens que Nonnus (l) donne au Rhin le nom d'Iber. Quoiqu'il en soit, il paroit par ce que je viens de dire, que la signification du nom d'Ibere est précisément la même que celle du nom d'Hebreu עברי, que les LXX. (m) ont traduit par celui de περάτης, *un homme venu d'au delà du fleuve*, c'est-à-dire l'Euphrate. Je ne sai si cette conformité est accidentelle, ou si elle vient de la langue qu'on appelle originelle. Mais, la chose est de trop petite importance, pour meriter qu'on s'y arrête.

A l'égard du nom de Gaulois, j'ai rapporté Du nom dans l'un des Chapitres précédens un passage de Gaulois. de (n) Pausanias, qui assûre, qu'il est beaucoup plus moderne, que celui de Celte. Cet Auteur semble même insinuer, que l'origine du nom de Gaulois est étrangere. *L'usage*, dit-il, *d'appeller ces peuples Gaulois ne s'est introduit que fort tard. Leur ancien nom est celui de Celtes; c'est le nom qu'ils prenoient eux mêmes, & que les étrangers aussi leur donnoient.* Jules Cesar dit quelque chose de semblable au commencement

(k) Theophyl. Simocat. apud Scriptores Hist. Byzant. Lib. VI. c. III. p. 147.
(l) Ῥηνὸς Ἴβηρ ἐρεφέεσσι κορύσσεται, &c. Nonnus Dionys. Lib. XXIII. 397. XLIII. 747.
(m) Genes. XIV. 13.
(n) Voyez ci-dessus p. 32. note [i].

mencement de ses Commentaires. *La troisieme partie des Gaules est occupée par les Celtes: c'est ainsi qu'ils se nomment dans leur langue, au lieu que nous les appellons Gaulois.* Ces Auteurs ont raison dans un sens. Le nom de Gaulois fut particulier dans le commencement à quelques peuples Celtes, qui avoient passé les Alpes & le Danube, pour s'établir les uns en Italie, & les autres en Pannonie. Comme les Grecs, & sur-tout les Romains, s'accoutumérent insensiblement à appeller toutes les nations Celtiques en général du nom des peuples qui demeuroient dans leur voisinage, il arriva delà, que le titre de Gaulois devint enfin une denomination générale. Mais, au reste, ni Jules Cesar, ni Pausanias, ne décident pas si ce nom est en lui-même Grec, Latin, ou Celte. Je ne crois pas me tromper en assûrant qu'il vient originairement des Celtes. *Wallen* signifie en Tudesque courir, voyager. *Waller* ou *Galler*, (car le changement de l'*v* consone, en *g*, est fort (*o*) commun) marque un (*p*) étranger, un voyageur. Selon toutes les apparences, les Celtes, qui se détacherent du gros de leur nation, pour passer les Alpes du côté de l'Italie, & le Danube du côté de la Panno-

---

(*o*) *Vascones*, Gascons, *Wodan*, Godan, Dieu. Les Celtes des Gaules mettoient ordinairement le *g*, en la place de l'*v*, ou du *w*, des Tudesques. *Weise*, guise, *Wehr*, guerre, *Wald*, gal, gault, *Wilhelm*, Guillaume, *Walther*, Gaultier, &c.

(*p*) *Wallo*, peregrinus. Ottfrid ap. Leibnitz in Glossar. Collectan. T. I. 182. Βαλωρες exules vocant Cyrnii id est Corsicæ incolæ. Pausan. Phoc. cap. XVII. p. 838. Cluver. Germ. Ant. p. 62. Introductio. p. 113. *Waller* est le même mot que celui de Walon, de Vaudois, païs de Gales, de Valais.

nonie, prirent le nom de *Waller* ou de *Galler*, pour marquer qu'ils avoient été chassez de leurs anciennes demeures, ou qu'ils s'en étoient exilez volontairement. Les Romains conserverent ce mot sans l'alterer. Les Grecs, pour lui donner une terminaison conforme au genie de leur langue, le changerent en celui de *Galates*; & comme γάλα signifie en Grec du lait, les Etymologistes ne manquerent pas de dire dans la suite, que le nom de Galate étoit purement Grec, & qu'il avoit été donné à certains peuples Celtes, soit à cause de la blancheur de leur teint, qui approchoit (*q*) de celle du lait, soit parce qu'ils étoient galactophages, c'est ainsi que l'on nommoit anciennement les Nomades, qui vivoient du lait de leurs troupeaux. Voilà ce que les Auteurs les plus célébres ont pensé de l'origine du nom de Gaulois. Le Lecteur pourra choisir celui des deux sentimens qui lui paroitra le plus vraisemblable. Dans le fond, il importe fort peu de savoir si ce mot est originairement Celte ou Grec. A l'égard des autres Etymologies, qui le derivent, ou d'un mot (*r*) Hébreu, ou de (*s*) Gallus fils de Polypheme le Cyclope, ou de Galates (*t*) fils d'Hercules & d'une Princesse Celte, ou de (*v*) *Waldt*,

Gal,

(*q*) Voyez les Auteurs citez par Duchesne, Rer. Francic. T. I. p. 17. 19. 22. & par Elias Schedius de Diis German. p. 17. 267.

(*r*) A נגה migravit, גלל volvit, גל fluctus, flavus.

(*s*) Voyez ci-dessus p. 65. note [*t*].

(*t*) Diod. Sic. V. 210. Silius Italic. Lib. III. p. 136.

(*v*) *Walat*, gal, gault, signifie en Celte une forêt. Mais, pour en former le nom d'un peuple, il faudroit y ajouter celui de *Mann*. *Waldmann*, *Wildmann*: c'est ainsi

CHAP. XIV.

Gal, Gault, qui signifie une forêt, elles ne meritent pas qu'on les refute serieusement. La plus risible est certainement celle de Bodin (x), qui prétend que des gens, qui ne savoient où on les menoit, ayant crié par avanture, *Où allons nous?* ce Sobriquet leur demeura, & devint le nom propre de la nation.

Du nom de Teutons.

Je ne dirai rien ici des noms de Germain, de Sueve, d'Allemand, parce que j'aurai occasion d'en parler, lorsque j'aurai conduit mon Histoire jusqu'au tems où ces noms commencerent à s'introduire. Il ne me reste donc plus que de dire un mot de celui de Teutons, que je crois d'une très-grande antiquité. J'ai déja indiqué plusieurs fois l'origine de ce nom. Les Celtes, se croyant (y) issus du Dieu qu'ils appelloient Dis, Tuiston, Tuiscon, Teut, Teutates, prenoient pour cette raison le nom de Teutons, de Titans, ou quelque autre nom approchant, qui exprimât la noblesse de leur extraction. Ces noms se sont perdus insensiblement avec la tradition sur laquelle ils étoient fondez, & les peuples de l'Allemagne sont aujourd'hui les seuls qui conservent le nom de *Teutschen*. Mais, si l'on remonte aux tems les plus anciens, on trouvera qu'il étoit commun à tous les peuples Celtes, quoiqu'ils le prononçassent différemment, à cause des divers Dialectes de leur langue. Servius (z), par exemple,

après

que les Tudesques appellent des sauvages qui vivent dans les forêts.

(x) Cluver. Germ. Ant. p. 27.
(y) Voyez ci-dessus p. 53. 71. 80. 85. 125. & suiv.
(z) Servius ad Æneid. X. Cluver. Ital. Antiq. I. cap. VII. p. 37.

après avoir remarqué, ,, que la Ville de Pise ,, avoit reçû son nom d'un certain Pisus, ,, Roi des Celtes, rapporte ensuite, sur le té- ,, moignage de Caton, que les Teutons de- ,, meuroient dans cette contrée, avant que ,, les Etrusces s'en fussent rendus Maîtres. ,, On appelloit, dit-il, alors les habitans de la ,, Ville *Teutas*, & la Ville même *Teuta*.,, Il y avoit aussi anciennement dans les Gaules un peuple qui portoit le nom de *Volces Tectosa-ges* (a); & j'ai déjà remarqué, que ces termes designent un peuple (b) décendu de Teut. Jules Cesar assûre, qu'il y avoit d'autres Tecto-sages (c) en Germanie, autour de la forêt Hercynie. Sans examiner s'ils décendoient de ceux des Gaules, comme Jules Cesar le croit, on voit ici que ces peuples, qui ne connoissoient point encore le nom de Ger-mains, n'en prenoient alors point d'autre que celui de fils de Teut. Il y avoit outre cela des Teutons (d), & des Teutonaires, le long de la Mer Baltique, où ils occupoient de vas-tes contrées. La (e) Scandinavie toute entie-re n'étoit habitée que par des Teutons. J'ai eu occasion de montrer aussi dans les Chapi-tres précédens, qu'il y avoit parmi les Gallo-grecs deux tribus dont l'une portoit le nom

de

___

(a) Ils demeuroient autour de Carcassonne, & s'éten-doient jusqu'à Toulouse. Plin. H. N. Lib. III. cap. IV. p. 309. 313. *Tectosages ad Pyrenam accedunt.* Strabo III. p. 187.

(b) Voyez ci-dessus p. 54. note [d].

(c) Cæsar. VI. 24.

(d) Plin. Lib. IV. c. XIV. p. 477. Pomp. Mel. Lib. III. c. III. p. 76. Ptolem. Lib. II. c. II. p. 58.

(e) *Scandinavia quam adhuc Theutoni tenent.* Pomp. Mel. Lib. III. c. VI. p. 82. Voyez ci-dessus p. 38. note [o].

CHAP.
XIV.

de (*f*) Tectosages, & l'autre celui de *Teutobodiaci*. J'ai prouvé, enfin, que l'on plaçoit les (*g*) Titans dans tous les païs que les Pelasges occupoient anciennement. En voilà assez, pour faire voir, que la plûpart des nations Celtiques affectoient de prendre des noms derivez de celui du Dieu auquel ils rapportoient l'origine du genre humain. J'ose même assûrer, qu'il n'y a aucune contrée de l'ancienne Celtique, dans laquelle on ne trouve une infinité de noms propres, ou de (*h*) peuples, ou de (*i*) villes, ou de (*k*) forets, ou de (*l*) Princes, qui sont manifestement formez de celui de Teut. Ceux, qui sont curieux de ces matieres, peuvent voir les exemples que je cite dans les notes.

CHA-

(*f*) Voyez ci-dessus p. 53. 54.

(*g*) Voyez ci-dessus p. 71.

(*h*) Taurisci, *Tau-Rich* Royaume de Teut. Voyez ci-dessus p. 53. 60. Taulantii, *Tau-lands* païs de Teut. Voyez ci-dessus p. 53. C'étoit une Province de l'Illyrie située du côté de Dyrhachium, (*Durazzo*.) Ptolem. Lib. III. c. XIII. p. 91. Thucyd. Lib. I. c. XXIV. pag. 14. Silius Ital. Lib. X. pag. 434. XV. pag. 657. Ælian. de Animal. Lib. XIV. c. I. p. 798.

(*i*) *Teutoburgium* forteresse de la Pannonie Inférieure. Ptol. II. c. XVI. p. 63. Antonin. Itinerar. p. 15. *Teudurum* forteresse de la Germanie Interieure. Antonin. Itin. p. 23. *Tenderium* Ville de Germanie. Ptolem. Lib. II. c. II. p. 59.

(*k*) *Teutoburgiensis saltus*. C'est la forêt où Varus fut défait. Tacit. An. I. 60.

(*l*) *Teutamides*, Roi des Pelasges. Homer. Iliad. IX. Catalog. vi. 350. Dionys. Halic. I. 22. *Teutamus*, Roi des Pelasges. Diod. Sic. IV. 183. V. 238. *Teutagones*, Chef des Bastarnes. Valer. Flaccus Argon. Lib. VI. vf. 96. *Teuthras*, Roi de Mœsie. Plutar. de fluv. T. II. 1161. Diod. Sic. IV. 167. *Teuta*, Reine des Sardiens en Illyrie. Dio Cas. Fragment. Lib. XII. p. 923. Polyb. II. 94. Florus II. 5. *Teutomatus*, Roi des Nitiobriges

dans

Chapitre Quinzieme.

De la Langue des anciens Celtes.

JE finirai ce prémier Livre par quelques Remarques sur la Langue que les peuples Celtes parloient anciennement. On prétend (*m*), *qu'elle s'est conservée jusqu'à notre Siecle dans la Bretagne, Province de France; au païs de Galles, en Angleterre; & enfin, dans la Biscaie, en Espagne.* C'est une question que je ne suis pas en état de décider, parce que je n'entens aucune de ces trois Langues. Autant que je puis en juger par le petit nombre de (*n*) Glossaires que j'ai vus, & sur-tout par les conversations que j'ai euës avec l'illustre Mr. la Crose, que je ne consulte jamais sans fruit, dans les matieres même qu'il ne regarde que comme une partie accessoire de la vraye erudition, le bas Breton, & la langue vulgaire du païs de Gales, conservent plusieurs mots qui viennent effectivement de l'ancienne Langue des Celtes. Quoiqu'il en soit, je puis assurer

---

dans les Gaules. Cæs. VII. 31. *Teutomal*, Roi des Ligures Saliens. Livius Epit. Lib. 61. *Teutobodus*, ou *Teutomedus*, ou *Theutobochus*, Roi des Teutons qui furent defaits par Marius. Orosius Lib. V. c. XVI. pag. 280. Euseb. Chron. p. 39. 149. Florus III. 3. Eutrop. Lib. V. c. I. p. 110. *Tautamus* Chef des Espagnols. Excerpta ex Lib. XXXII. Diod. Sic. p. 795. in Editione Henrici Stephani. *Thutheas* Elidis fluvius. Strabo VIII. 342.

(*m*) Bruzen la Martiniere Diction. Geogr. T. II. part. II. p. 440. Hotoman. Franco-Gallia cap. II. p. 20. Bochart. Geogr. Sacr. P. II. Lib. I. c. XLI. fine.

(*n*) Leibnitz Collect. T. II. p. 81. & seq.

Chap. XV. fûrer ici deux choses. La prémiere, que tous les peuples Celtes, dont j'ai fait mention dans ce Livre, avoient originairement la même Langue, mais qui se partagea par la suite du tems en une infinité de Dialectes différens. La seconde, que la Langue Allemande est un reste de l'ancienne Langue des Celtes. Comme ces preuves sont décisives pour faire voir que l'Europe étoit anciennement habitée par un seul & même peuple, il faudra les mettre dans tout leur jour, & entrer pour cet effet dans quelque détail.

Les Celtes avoient anciennement la même Langue.

Prémiere Preuve.

La prémiere vérité, que je dois établir, c'est que les peuples Celtes avoient anciennement la même Langue. Je le prouve prémiérement par le témoignage des Auteurs qui l'assurent positivement. J'ai montré plus haut (*o*) que la Langue des habitans de la Grande-Bretagne étoit (*p*) peu différente de celle des Gaulois. Tacite, parlant des (*q*) Estions, remarque, que, bien qu'ils eussent les mêmes coutûmes que les autres Sueves, cependant leur Langue approchoit plus de celle des peuples de la Grande-Bretagne. J'ai déja averti, que les Estions sont indubitablement les anciens habitans de la Prusse, puisque l'ambre (*r*) se ramassoit sur leurs côtes.

Le

(*o*) Voyez ci-dessus p. 41.
(*p*) *Sermo haud multum diversus.* Tacit. Agric. c. II.
(*q*) Tacit. Germ. c. XLV.
(*r*) Cassiodore, dans une Lettre qu'il leur écrit en qualité de Secretaire de Theodoric Roi des Gots, pour les remercier de l'ambre qu'ils ont envoyé à ce Prince, les appelle *Hasti*. Cassiod. Var. Lib. IV. Ep. II. p. 78. J'ai remarqué plus haut, que les Estyons, *Estwohner*, étoient ainsi appellez, parce qu'ils demeuroient à l'Est de la Germanie. Voyez ci-dessus p. 39. 141.

CHAP. XV.

Le même Historien, parlant des Gothins, qui, selon sa description (s), devoient demeurer sur les frontieres de Pologne & de Silesie, assûre qu'ils se servoient de la Langue Gauloise. Voilà donc des peuples établis aux extrémitez de la Germanie, qui ont la même Langue que les Gaulois & les habitans de la Grande-Bretagne. Il est important de remarquer ici, que les Estions, & les Gothins, étoient des peuples connus du tems de Tacite : & il ne sera pas inutile de rapporter comment, & à quelle occasion, les Romains avoient reconnu les contrées où ils étoient établis. On sait, qu'après les tems d'Auguste & de Tibere, les Romains, soit qu'ils ne se souciassent plus de faire de nouvelles conquêtes, soit qu'ils trouvassent trop de difficulté à soumettre les peuples de la Germanie, prirent le parti d'abandonner les établissements (t) qu'ils avoient au-delà du Rhin & du Danube, & de bâtir des forteresses le long de ces fleuves, qui furent regardez comme les bornes de l'Empire de ce côté-là. Ayant une fois renoncé au projet de conquerir la Germanie, les Romains ne s'informerent plus, ni des Germains (v), ni du païs qu'ils occupoient. Ils eurent cependant occasion de connoitre les Estions, & les Gothins, sous le regne de Neron. Comme l'ambre étoit extrémement recherché dans ce tems-là, un favori

de

(s) *A tergo Quadorum & Marcomannorum.* Tacit. Germ. c. XLIII. Les Marcomans demeuroient alors en Boheme, & les Quades en Moravie.

(t) Trajan fit des établissemens au-delà du Danube, mais ses Successeurs ne se soucierent pas de les maintenir.

(v) *Albis flumen inclitum, & notum olim; nunc tantum auditur.* Tacit. Germ. c. XLI.

Chap. XV. de l'Empereur, nommé Julien (x), obtint de ce Prince, qu'il envoyât une Ambaſſade, pour achepter l'ambre de la prémiere main, & ſur les lieux mêmes où on le ramaſſoit. Cette Ambaſſade, qui avoit à ſa tête un Chevalier Romain (y), étant partie de Carnuntum, forterefſe aſſiſe ſur le Danube du côté de Vienne (z), dût paſſer dans le païs des Gothins pour arriver en Pruſſe. L'Envoyé fut très-bien reçû par les Eſtions. Il apporta 13000. Livres (a) d'ambre, qu'un Roi des Germains, envoyoit en préſent à l'Empereur, & ſur-tout un morceau, qui devoit être d'un prix ineſtimable, s'il eſt vrai, comme Pline le (b) rapporte, qu'il peſât ſeul treize Livres. Comme cet Envoyé, ou les gens de ſa ſuite, entendoient, ſelon les apparences, la Langue des Gaules, & de la Grande-Bretagne, qui étoient des Provinces Romaines, ils eurent occaſion de ſe convaincre, qu'elle ne differoit pas de celle des Eſtions, & des Gothins. Je ſuis perſuadé, que les Romains auroient fait la même Remarque par rapport aux autres peuples de la Germanie, s'ils avoient pris la peine d'examiner leur Langue, & de la comparer avec celle des Celtes qui leur étoient ſoumis. II. On n'en doutera pas, ſi l'on veut peſer une ſeconde Preuve que je vais propoſer. En parlant des peuples qui demeuroient le long du Danube, j'ai remarqué, que, vers l'an 474. (c) de Rome, il

Seconde Preuve.

(x). Plin. H. N. Lib. XXXVII. c. III. p. 371. 372.
(y). Plin. ub ſup.
(z). Voyez ci-deſſus p. 63.
(a). Solin. c. XXXIII. p. 249.
(b). Plin. ub ſup.
(c). Voyez ci-deſſus p. 51.

il sortit de la Pannonie une nombreuse armée CHAP. XV. de Gaulois, qui, après avoir ravagé la Macedoine, & la Grece, allerent ensuite s'établir dans l'Asie Mineure. J'ai dit ailleurs (*d*), que les Scordisces furent les chefs de cette expedition. On sait que la posterité de ces Gaulois subsistoit encore en Asie du tems de St. Paul, qui leur adressa son Epitre aux Galates. Saint Jerome, dans la Préface du second Livre de son Commentaire sur cette Epitre, assûre, qu'à quelque différence près, la Langue des Galates, étoit celle des peuples qui habitoient le païs de Treves. On voit aisément pourquoi St. Jerome n'étend cette conformité qu'au seul païs de Treves. Ayant fait quelque séjour dans cette Ville, (*e*) qui étoit de son tems la Métropole des Gaules, il avoit eu occasion de connoitre la Langue du païs, au lieu qu'il n'étoit pas aussi bien informé de celle des autres peuples. Je ne crains point au reste, que l'on m'objecte, qu'il n'est pas surprenant que les Gallogrecs eussent la même Langue qu'un peuple des Gaules, puisqu'ils en sortoient originairement (*f*). En supposant ici que les Scordisces, & les autres peuples Celtes de la Pannonie, fussent effectivement venus des Gaules, ma preuve demeurera cependant dans toute sa force. On en conviendra, si l'on veut faire attention à ces deux choses. D'un côté, les Treviriens étoient (*g*) Germains d'origine. Si leur Langue ne différoit pas de celle

___

(*d*) Voyez ci-dessus p. 56. note [*o*].
(*e*) Hieronym. Epist. ad Florent. Operum Tom. I. p. 34. Edit. Francof. 1684. Cluver. G. A. p. 42.
(*f*) Voyez ci dessus p. 58. note [*y*]. p. 56. note [*n*].
(*g*) Tacit. Germ. c. XXVIII.

le d'un peuple sorti des Gaules, il faut donc que les Gaulois, & les Germains, eussent une même Langue. D'un autre côté, il est constant, que la Langue des Scordisces étoit aussi celle des (*h*) Bastarnes. Et quelle étoit la Langue des Bastarnes ? La même que celle de tous les autres peuples (*i*) Germains. *Les Peucins*, dit Tacite (*k*), *que quelques-uns appellent* (*l*) *Bastarnes, ont la Langue des Germains*. Je crois donc avoir prouvé, que les habitans de la Grande-Bretagne, les Gaulois, les Germains, les Pannoniens, les Bastarnes, ne différoient pas anciennement par rapport à la Langue. III. Il sera facile de découvrir, par une semblable induction, quelle étoit la Langue des anciens habitans de la Thrace. Strabon assûre, qu'elle n'étoit (*m*) point différente de celle des Getes. Il ne s'agit donc uniquement que de savoir quelle étoit la Langue des Getes. J'ai déjà montré par quelques (*n*) exemples, que c'étoit celle des Celtes, ou, ce qui est la même chose, l'ancien Tudesque. La chose est au dessus de toute contestation, s'il est vrai, comme je le crois (*o*), que les Getes fussent le même peuple qui reçût dans la suite le nom de Goths. Personne ne disconvient que les Goths ne parlassent le Tudesque : & s'il y avoit quelcun à qui il restât quelque dou-

---

(*h*) *Bastarna Scordiscis lingua & moribus æquales*. Livius Lib. XL. c. LVII. Lib. XLI. c. XIX.

(*i*) Voyez ci-dessus p. 56. 57.

(*k*) Tacit. Germ. c. XLVI.

(*l*) Les Peucins étoient effectivement un peuple Bastarne. Strabo VII. 306.

(*m*) Strabo VII. 303. Voyez ci-dessus p. 46. note [*e*].

(*n*) Voyez ci-dessus p. 48. note [*f*].

(*o*) Voyez ci-dessus p. 48.

doute sur ce sujet, il suffiroit de le renvoyer à la Version Gothique de l'Ecriture Sainte (p) qu'Ulphilas Evêque des Goths fit dans le quatrieme siecle pour l'usage de sa nation. IV. Enfin, une quatrieme Preuve, qui me persuade que les Celtes parloient anciennement la même Langue, c'est que l'on trouve, dans toute la Celtique, les mêmes noms propres, & les mêmes terminaisons. Je ne repeterai point ici ce que j'ai remarqué sur le nom de *Ligures* (q), & sur tant d'autres noms qui sont manifestement derivez de celui de (r) Teut. Je n'alleguerai point non plus tout ce que l'on a (s) dit, ou que l'on pourroit ajouter encore, sur cette matiere. Ce détail seroit aussi fatiguant pour moi, qu'ennuyant pour mon Lecteur. Je me contente d'indiquer cinq ou six des terminaisons les plus ordinaires, comme, par exemple, 1. Mag, 2. Brieg,

CHAP. XV.

Quatrieme Preuve.

(p) Isidori Chronic. pag. 710. On conserve, dans la Bibliotheque d'Upsal, un beau Manuscrit de cette version. Il contient les IV. Evangiles. Les Savans le designent ordinairement sous le nom de *Codex Argenteus*, parce que la reliure est d'argent massif. Mascau *geschichte der Teutschen*, Lib. VII. c. XL. p. 323.

(q) Voyez ci-dessus p. 87.

(r) Voyez ci-dessus p. 53. 112. &c.

(s) On peut consulter Leibnitz de Orig. gentium in Miscell. Berol. T. I. p. 10. Cluverii Germ. Antiq. & sur-tout l'excellent Glossaire de Mr. Wachter, qui vient d'être publié à Leipzig.

1. *Mag*. On trouve dans les Gaules, *Noviomagus Biturigum Vibiscorum*. Ptolem. Lib. II. c. VII. p. 50. *Noviomagus*, entre Soissons & Amiens. Antonini Itinerarium p. 23. *Noeomagus Tricastinorum*. Ptolem. Lib. II. c. X. p. 55. *Noeomagus Lexubiorum*. Ptolem. Lib. II. c. VIII. p. 50. *Noeomagus Vidicassium*. Ptolem. ub. sup. p. 52. *Ratomagus Subancetium*. Ptolem. Lib. II. cap. IX pag. 53. *Rotomagus Veneliocasium*. Ptolem. Lib. II. c. VIII. p. 51. *Juliomagus Andicavorum*. Ptolem. ibid. *Argantomagus*, dans le voisinage de l'Aquitaine & de la Gaule Lion-

CHAP. XV. 2. Brieg, 3. Dur, 4. Dun, 5. Au & Gau, 6. Rich,

noise. Anton. It. p. 28. *Vindomagus Volcarum Arecomicorum*. Ptol. Lib. II. c. X. p. 55. *Cæsaromagus Bellovacum*. Ptol. Lib. II. c. IX. p. 53. Ant. It. p. 24. *Augustomagus*, près de Soissons. Ant. Itin. ub sup. *Latomagus Galliæ Lugdunensis*. Ant. It. p. 24. *Salomacus*, près de Bourdeaux. Ibid. p. 28. *Sostomagus, Hebromagus*, entre Toulouse & Carcassonne. Iter Hierosolymitanum apud Bertium p. 39. *Cobiemachus* entre Toulouse & Narbonne. Cicero pro Fontejo. p. 1146. En Germanie, *Noeomagus Nemetum* entre Strasbourg & Mayence. Ptol. Lib. II. c. IX. p. 53. Ant. It. p. 15. 22. *Noviomagus* entre Cologne & Treves. Ant. It. p. 23. *Borbetomagus Vangionum* entre Strasbourg & Mayence. Ptol. Lib. II. c. IX. p. 54. Ant. It. p. 22. *Brocomagus* & *Brotomagus* dans la même contrée. Ant. It. p. 15. 23. *Breucomagus Triboccorum*. Ptol. Lib. II. c. IX. p. 54. *Drusomagus Rhetiæ*. Ptol. Lib. II. c. XII. p. 61. *Durnomagus*, pès de Cologne. Ant. It. p. 15. *Gabromagus Noriciæ*. Ant. It. p. 17. *Marcomagus* entre Treves & Cologne. Ant. It. p. 23. En Italie *Bodincomagus*. Plin. Lib. III. c. XVI. p. 370. *Rigomagus*. Ant. It. p. 22. *Oromagus Mæsiæ*. It. Hierosol. p. 41.

2. *Brig, Bria*, ou *Briva*. On trouve en Espagne, *Arabriga, Talabriga, Cottoebriga, Deobriga, Nemetobriga, Lacobriga*. Voyez ci-dessus p. 28. *Nertobriga, Mirobriga, Lancobriga, Arcobriga, Meribriga, Augustobriga, Flaviobriga, Tuntobriga, Cœliobriga, Juliobriga, Deobrigula, Segobriga*. Ptol. Lib. II. c. IV. & seq. *Brutobria*. Steph. de Urb. p. 245. Dans les Gaules, *Bebryces Narbonnessi*, Nom d'un peuple. Dio. Cass. fragmt. ap. Valès. pag. 773. Sil. Italic. Lib. III. pag. 136. Lib. XV. pag. 670. *Samarobriva Ambianorum*. Cæsar. V. 24. Cicero Epist. ad fam. Lib. VIII. Ep. 11. & 16. Ptolem. Lib. II. c. IX. p. 53. *Litanobriga* du côté de Soissons. Ant. It. p. 24. *Nitiobriges ad Garumnam*, Nom d'un peuple. Cæs. VII. 7. Strabo IV. 190. *Amagetobria*. Cæsar. l. 31. *Allobryges vel Allobroges*, nom d'un peuple. Steph. de Urb. pag. 102. Strabo IV. 193. En Germanie, *Baudobrica* près de Cologne. Ant. It. p. 15. 23. Duchesne Rer. Francic. T. I. p. 3. *Artobriga Vindeliciæ*. Ptol. Lib. II. c. XIII. p. 61. 62. En Italie & dans les Alpes, *Arebrigium*. Ant. It. p. 22. *Latobrigi*, nom d'un peuple. Cæsar. l. 5. En Thrace, *Bryges*, voisins des Macedoniens, qui, après qu'ils eurent passé en Asie, furent appellez *Phryges*. Herod. Lib. VII. c. LXXIII. Steph. de Urb. p. 245. 246. *Menebria, quæ & Mesembria, Selybria, Poltgobria*. Strabo VII. 319. Steph. de Urb. p. 552. Nicol. Damasc. apud Valès. in Excerpt. Lib. V. pag. 494.

Sala-

6. Rich, 7. Landt. Je pose en fait, & je le prou-

Salamembria Iter Hierosol. p. 41. *Brigia ager Trojanus.* Steph. de Urb. ub. sup.

3. *Dun.* En Espagne, *Octodurum.* Voyez ci-dessus p. 28. note [s]. Dans les Gaules, *Velatudurum & Epamantudurum Maxima Sequanorum.* Ant. Itin. pag. 22. *Ernodurum Aquitania,* Anton. It. pag. 24. *Divodurum Mediomatricum.* Ptol. Lib. II. c. IX. p. 53. Anton. Itin. p. 15. 23. Tacit. Hist. I. 63. *Diodurum* près de Paris. Anton. It. p. 24. *Ganodurum Helvetia.* Ptol. Lib. II. c. IX. p. 54. *Vitodurum Max. Sequanorum.* Ant. Itin. p. 15. *Salodurum Max. Seq.* Ant. Itin. p. 22. *Antissiodorum Gallia Lugdun.* Ant. Itin. p. 22. *Ibliodurum Gallia Belg.* Ant. It. p. 23. *Breviodurum, Epamanduodurum Gallia Belg.* Ant. It. pag. 24. *Brivodurum Gall. Lugd.* Ant. It. p. 23. En Germanie, *Ebodurum, Ectodurum, Bragodurum Rhetia* Ptol. Lib. II. cap. XII. pag. 61. *Bojodurum Noricia vel Vindelicia.* Ant. Itin. pag. 15. Ptol. Lib. II. c. XIII. pag. 61. 62. *Gavanodurum Noricia.* Ptol. Lib. II. cap. XIV. *Marcodurum Ubiorum.* Tacit. Hist. IV. 28. *Hermunduri,* nom d'un peuple. Tacit. Germ. XLI. *Batavodurum Inferioris Germania.* Ptol. Lib. II. c. IX. p. 53. Dans les Alpes, *Octodurus Veragrorum.* Cæsar III. 1. Anton. Itin. p. 22.

4. *Dun.* Dans les Gaules *Segodunum Rhutenorum.* Ptol. Lib. II. c. VII. p. 50. *Andomatunum Lingonum.* Ptol. Lib. II. c. IX. p. 54. *Mirmidunum Max. Sequan.* Ant. Itin. p. 22. *Eburodunum,* Embrun. Ant. It. p. 22. Ptol. Lib. III. c. I. p. 71. *Virodunum,* Verdun. Ant. It. p. 23. *Cæsarodunum Turonum.* Ptol. Lib. II. cap. VIII. p. 51. *Nejodunus Max. Seq.* Nion en Suisse. Notit. Vet. ap. Duchesne T. I. pag. 3. *Ebredunum,* Iverdun. ibid *Neocodunum Aulercorum Diablintum.* Ptol. L. II. c. VIII. p. 51. *Noviodunum Biturigum.* Cæsar VI. 12. *Noviodunum Æduorum.* Cæsar. VII. 55. *Noviodunum Suessonum.* Cæsar. II. 12. *Crodunum* du côté de Toulouse. Cicero pro Fontejo p. 1146. *Vellaunodunum Senonum.* Cæsar. VII. 11. *Melodunum Senonum.* Cæsar. VII. 58. *Augustodunum Æduorum,* Autun. *Lugdunum,* Lion. Ptol. Lib. II. c. VIII. p. 52. *Lugdunum Convenarum.* Anton. Itin. p. 28. Ptol. Lib. II. c. VII. p. 50. *Uxellodunum Cadurcorum.* Cæsar. VIII. 32. En Angleterre, *Camulodunum.* Tacit. An. XIV. 32. En Germanie, *Campodunum Rhetia.* Ant. Itin. p. 15. vel *Noricia* ibid. vel *Vindelicia.* ibid. p. 16. Ptol. II. c. XIII. p. 61. 62. *Carrodunum Vindelicia.* ibid. *Gesodunum, Idunum, Noricia.* Ptol. Lib.

CHAP. XV. prouve dans les notes, qu'on ne trouvera aucune contrée de la Celtique, où ces terminaisons

Lib. II. c. XIV. *Lugodinum Batavorum*. Ptol. Lib. II. c. IX. p. 52. *Lugidunum Germ. magnæ*. Ptol. Lib. II. cap. II. p. 60. *Segodunum, Meliodunum, Carrodunum, Tarodunum, Rhobodunum*. ibid. En Thrace, en Pannonie, & en Illyrie, *Avendon Liburniæ*. Ant. Itin. p. 17. *Scardon Liburniæ* Strabo VII. 315. *Ragaudon* vel *Rugindon Pannoniæ*. Ant. It. p. 8. *Singidun Pannoniæ*. ibid. Ptol. Lib. III. cap. IX. p. 86. Iter. Hierosol. p. 40. *Capedunum Scordiscorum*. Strabo VII. 318. *Noviodunum Pannoniæ*. Ant. It. p. 16. Ptolem. Lib. II. cap. XV. pag. 62. *Nojodunum Thraciæ*. Procop. de ædific. Lib. IV. cap. II. pag. 90. 91. *Noviodunum Scythiæ*. Ant. It. p. 14. Ammian. Marcell. Lib. XXVII. pag. 485. *Carrodunum ad Borysthenem*. Ptol. Lib. III. c. V. p. 83.

5. *Au*, & *Gau*. En Italie, *Ingauni Ligures*. Flor. II. 3. *Genua, Albingaunum*. Ptol. Lib. II. cap. I. pag. 68. Ant. Itin. p. 18. Dans les Gaules, *Alaunium* en Dauphiné. Ant. Itin. p. 22. *Gergovia Bojorum*. Cæsar. VII. 9. *Geneva*. Cæsar. I. 6. *Genabum Carnutum*. Cæsar. VII. 3. & 11. En Germanie, *Setidava Germ. Magnæ*. Ptol. Lib. II. c. II. p. 60. *Rausava* ibid. *Chamavi*, nom d'un peuple. Tacit. Germ. c. XXX. *Nemavia Noriciæ*. Ant. It. p. 15. 16. *Ausava Trevirorum*. Ant. It. p. 23. En Pannonie, & dans les Provinces voisines, *Petovio Noricorum*. Iter. Hierof. p. 40. *Thermidava Dalmatiæ*. Ptol. Lib. II. c. XVII. pag. 66. *Docirava, Patridava, Carsidava, Petrodava, Sandava, Utidava, Marcodava, Ziridava, Singidava, Comidava, Ramidava, Zusidava, Argidava, Nentidava Daciæ*. Ptol. Lib. III. c. VIII. p. 85. *Clepidava ad Borysthenem*. Ptol. Lib. III. c. V. p. 83. *Sucidava Mœsiæ*. Ptol. Lib. III. c. X. p. 88. *Dausdava, Zargidava, Tamasidava, Piroboridava, Capidava, Scaidava*. Ant. Itin. pag. 14. Quelques-uns rapportent ici les noms de *Mosgau*, Moscovie; *Kiuau*, Kiovie; *Lithau*, Lithuanie; *Plesxau*, &c. Ils prétendent, que ces contrées, ayant été occupées autrefois par des peuples Celtes, ont conservé les noms qu'elles portoient de leur tems. Limnæi Jus Public. Lib. I. c. VI. §. 50.

6. *Rich*. Dans les Gaules, *Dariorigum Venetorum, Autricum Carnutum*. Ptol. Lib. II. c. VIII. pag. 51. *Ariorica Max. Sequan*. Ant. Itin. p. 22. *Avaricum Biturigum*. Cæsar. VII. 13. Ant. It. pag. 28. En Germanie, *Budorigum Germ. Magnæ*. Ptol. Lib. II. c. II. p. 60.

7. *Landt*.

fons, qui ont chacune fa fignification particuliere, ne fuffent en ufage.

La feconde vérité, que je dois établir, c'eft que la Langue Allemande eft un refte de l'ancienne Langue des Celtes. Je me contente d'en donner deux preuves qui me paroiffent convainquantes. La prémiere eft que les différentes terminaifons dont je viens de parler fubfiftent encore dans la Langue Allemande, & y ont chacune une fignification particuliere.

CHAP XV.

La Langue Allemande eft un refte de l'ancienne Langue des Celtes.

Prémiere Preuve.

1. *Mag*, fignifie une habitation, (*t*) une Ville. Ainfi Rigomagus, *Rich-mag*, eft une Ville riche opulente. Bodincomagus, une Ville fituée fur le bord du Po (*v*). Vindomagus, *Vin-mag* (*x*), une Ville auprès de laquelle le peuple du païs avoit gagné une bataille. Salomacus, *Saltz-mag*, une Ville où l'on faifoit le fel. Marcomagus, *Marx-mag*, une Ville affife fur les frontieres d'un païs.
2. *Brig*, qui, felon les divers Dialectes, fe prononçoit auffi *Briga*, *Bria*, *Briva*, fignifie en Allemand, un pont, le paffage d'une riviere.

---

7. *Landt.* Dans les Gaules, *Mediolanum Aulercorum Eburaicum.* Ptol. Lib. II. c. VIII. pag. 51. Ant. It. pag. 24. *Mediolanium Xantonum.* Ant. It. p. 28. Ptol. Lib. II. cap. VII. p. 49. 50. En Germanie, *Mediolanium, & Medoflanium Germ. Magnæ.* Ptol. Lib. II. c. II. p. 60. *Mediolanum Germaniæ fecundæ.* Ant. It. p. 23. En Italie, *Mediolanum.* Voyez ci-deffus p. 91.

(*t*) Cluvier prétend, que la terminaifon de *Mag*, défigne une Ville fituée le long d'un fleuve. Germ. Ant. p. 51. Italia Antiq. p. 56. Il fe trompe. C'eft la fignification du mot de *Brig*, comme il le reconnoît lui-même, Germ. Ant. p. 49.

(*v*) Voyez ci-deffus p. 90. note [*r*].

(*x*) Les Germains appelloient de même *Winfeldt* la plaine où Varus fut defait. Lipfius ad Tacit. An. l. 60.

CHAP. XV. viere. Strabon & (*y*) Nicolas de Damas, parlant des Villes de Thrace, dont les noms se terminoient en Bria, remarquent, que, dans la Langue du païs, *Bria* designe une Ville; qu'ainsi *Poltyobria*, est la Ville construite par Poltys. *Menebria*, la Ville de Menes, *Melsembria*, la Ville de Melsus. Etienne de Byfance (*z*) fait la même Remarque, en parlant d'une Ville d'Espagne, qui portoit le nom de *Brutobria*. Ces Auteurs ont raison dans un sens. La terminaison de *Bria* marque effectivement une Ville. Mais, ils devoient ajouter cette restriction (*a*), qu'elle indique une Ville située au passage d'une riviere, dans un endroit où il y avoit un pont, ou un bac, & le plus souvent un péage. *Samarobriva*, Pont fur Sambre. *Briva* (*b*) *Isara*, Pont fur Isere. Lancobriga, *Lange-brig*, la Ville au long pont. Talabriga, *Th'-ale-brig*, la Ville au vieux pont, où étoit l'ancien passage de la riviere. Par la même raison, on donnoit le nom de Briges, ou de Bebryges, aux peuples dans le païs desquels on avoit accoutumé de passer un fleuve, ou un bras de Mer. Ainsi les Briges de Macedoine, & les Bebryges de la Gaule Narbonnoise, sont les peuples établis dans les lieux où l'on s'embarquoit anciennement pour passer, soit en Asie, soit en Espagne.

(*y*) Strabo VII. 319. Excerpta ex Nicol. Damasc. apud Vales. Lib. V. pag. 494. Voyez aussi Steph. de Urb. *in Mesembria* p. 552.

(*z*) Steph. de Urb. p. 245.

(*a*) Cluvier pose en fait, que toutes les Villes dont le nom se termine en *Brig*, ou *Bria*, étoient situées sur le bord d'un fleuve, d'un lac, &c. German. Ant. Lib. I. c. VII. p. 49.

(*b*) Antonin. Itin. p. 24.

gne. Les Allobryges, ou Allobroges, font le peuple qui étoit Maître de tous les passages du Rhone, & du Lac de Geneve. 3. *Dur*, est en Allemand une porte, une entrée, une ouverture. Ainsi Divodurum *Divi-dur*, est ce que l'on appelloit en Latin *Confluentes*, la Ville auprès de laquelle la Seille entre dans la Moselle. Bojodurum, la Ville que les Boiens avoient batie ou occupée pour s'ouvrir l'entrée de la Noricie. Marcodurum, la clé des frontieres. Batavodurum, la clé de l'Isle des Bataves. 4. *Dun* marque en Allemand (*c*) une colline. Les Hollandois, & les Anglois, appellent encore *Dünes*, ces coteaux de sable, qui bordent la Mer, & qui empêchent qu'elle ne se répande dans les terres voisines. Ainsi Segodunum, *Sieg-dun*, est la colline de la victoire. Campodunum, *Camp-dun*, la hauteur auprès de laquelle il s'étoit donné une bataille. Carrodunum, *Carre-dun*, la hauteur des chariots, c'est-à-dire l'endroit ou une armée avoit campé. Rugindunum, *Rugen-dun* la hauteur où la Justice s'administroit. Je parle de Lugdunum, (*Lion*), dans la note (*d*) qui est au bas de cette page. 5. *Gau*, signifie en Alle-

___

(*c*) *Dun*, une colline. *Berg*, une montagne. *Albe*, une haute montagne.

(*d*) Plutarque dit que *Lugdunum* signifie la hauteur du corbeau. Chorier Hist. du Dauphiné Lib. II. pag. 96. se moque de cette Etymologie, & prétend que Lugdunum est la colline du peuple. *Lut-dun*. Ce pourroit bien être *Lox-dun*, la colline des auspices. *Loxen* se dit d'un oiseleur: *Lox-vogel*, oiseau qui sert à en prendre d'autres. Cette Etymologie ne s'éloigne gueres de celle qui est rapportée par Plutarque. Voici le passage. *Cum Momorus & Atepomarus à Seseroneo regno dejecti, in eo colle ex oraculi præcepto urbem ædificare vellent, jactis jam fundamentis, corvi subito apparentes, expansis alis arbo-*

CHAP. XV. Allemand un Canton, & *Au*, *Auë*, une prairie; & souvent aussi un Canton. Ainsi Ingaunum, *In-gau*, est le Canton des Ligures qui demeuroient dans une des vallées des Alpes. Albingaunum, *Alben-gau*, au contraire est le Canton des Ligures qui étoient établis au haut des Alpes. Gergovia (*e*), *Ger-gau*, ou *Wehr-gau*, est le Canton des gens de guerre, c'est-à-dire des troupes des Boiens, que les Eduens avoient établis dans leur païs. Sigidava, *Sieg-au* est la prairie de la victoire, ou le Canton victorieux (*f*). 6. *Rich*, ou *Reich*, dans la Langue Allemande, est un nom, tantôt substantif, & tantôt adjectif. Le Substantif signifie un Royaume, une Province. *Ost-Rich*, Austrasie, Royaume Oriental. *West-Rich*, Neustrie, Royaume Occidental. *Nord-Rich*, Noricie, Royaume Septentrional. L'Adjectif à la même signification que le mot de riche en François. Ainsi Avaricum, *Au-rich*, est une Ville riche en prairies. Budorigum, *Bent-rich*, une Ville riche en butin. De même, Chilperic, *Hilpe-rich*, (du mot *Hülff* secours, que les anciens prononçoient *Hilp*) est un Prince secourable (*g*). *Fride-rich*, un Prince pacifique. *Ehr-rich*, un Prince qui aime l'honneur. 7. A l'égard du mot de *Landt*, j'ai

---

arbores quæ circa erant replevere. Momorus autem augurii calentissimus civitatem Lugdunum vocavit. Lugum *enim dialecto sua corvum vocant,* Dunum *vero montem aut locum editum, ut refert Clitophon XIII. de* Urbium ædificationibus. Plutarch. de fluv. T. II. p. 1151.

(*e*) Cæsar. I. 28. VII. 9.
(*f*) On peut voir d'autres exemples p. 48. note [*f*].
(*g*) *Hilperich*, adjutor fortis. Venantius Fortunatus apud Leibnitz in Miscellan. Berolin. T. I. p. 2.

gne. Les Allobryges, ou Allobroges, sont le peuple qui étoit Maître de tous les passages du Rhône, & du Lac de Geneve. 3. *Dur*, est en Allemand une porte, une entrée, une ouverture. Ainsi Divodurum *Divi-dur*, est ce que l'on appelloit en Latin *Confluentes*, la Ville auprès de laquelle la Seille entre dans la Moselle. Bojodurum, la Ville que les Boiens avoient batie ou occupée pour s'ouvrir l'entrée de la Noricie. Marcodurum, la clé des frontieres. Batavodurum, la clé de l'Isle des Bataves. 4. *Dun* marque en Allemand (*c*) une colline. Les Hollandois, & les Anglois, appellent encore *Dünes*, ces coteaux de sable, qui bordent la Mer, & qui empêchent qu'elle ne se répande dans les terres voisines. Ainsi Segodunum, *Sieg-dun*, est la colline de la victoire. Campodunum, *Camp-dun*, la hauteur auprès de laquelle il s'étoit donné une bataille. Carrodunum, *Carre-dun*, la hauteur des chariots, c'est-à-dire l'endroit ou une armée avoit campé. Rugindunum, *Rugen-dun* la hauteur où la Justice s'administroit. Je parle de Lugdunum, (*Lion*), dans la note (*d*) qui est au bas de cette page. 5. *Gau*, signifie en Alle-

───────

(*c*) *Dun*, une colline. *Berg*, une montagne. *Albe*, une haute montagne.

(*d*) Plutarque dit que *Lugdunum* signifie la hauteur du corbeau. Chorier Hist. du Dauphiné Lib. II. pag. 96. se moque de cette Etymologie, & prétend que Lugdunum est la colline du peuple. *Lut-dun*. Ce pourroit bien être *Lox-dun*, la colline des auspices. *Loxen* se dit d'un oiseleur: *Lox-vogel*, oiseau qui sert à en prendre d'autres. Cette Etymologie ne s'éloigne gueres de celle qui est rapportée par Plutarque. Voici le passage. *Cum Momorus & Atepomarus à Seseroneo regno dejecti, in eo colle ex oraculi præcepto urbem ædificare vellent, jactis jam fundamentis, corvi subito apparentes, expansis alis arbo-*

CHAP. XV. Allemand un Canton, & *Au*, *Auë*, une prairie; & souvent aussi un Canton. Ainsi Ingaunum, *In-gau*, est le Canton des Ligures qui demeuroient dans une des vallées des Alpes. Albingaunum, *Alben-gau*, au contraire est le Canton des Ligures qui étoient établis au haut des Alpes. Gergovia (*e*), *Ger-gau*, ou *Wehr-gau*, est le Canton des gens de guerre, c'est-à-dire des troupes des Boiens, que les Eduens avoient établis dans leur païs. Sigidava, *Sieg-au* est la prairie de la victoire, ou le Canton victorieux (*f*). 6. *Rich*, ou *Reich*, dans la Langue Allemande, est un nom, tantôt substantif, & tantôt adjectif. Le Substantif signifie un Royaume, une Province. *Ost-Rich*, Austrasie, Royaume Oriental. *West-Rich*, Neustrie, Royaume Occidental. *Nord-Rich*, Noricie, Royaume Septentrional. L'Adjectif à la même signification que le mot de riche en François. Ainsi Avaricum, *Au-rich*, est une Ville riche en prairies. Budorigum, *Bent-rich*, une Ville riche en butin. De même, Chilperic, *Hilpe-rich*, (du mot *Hülff* secours, que les anciens prononçoient *Hilp*) est un Prince secourable (*g*). *Fride-rich*, un Prince pacifique. *Ehr-rich*, un Prince qui aime l'honneur. 7. A l'égard du mot de *Landt*, j'ai

---

arbores quæ circa erant replevere. Momorus autem augurii calentissimus civitatem Lugdunum vocavit. Lugum enim dialecto sua corvum vocant, Dunum vero montem aut locum editum, ut refert Clitophon XIII. de Urbium ædificationibus. Plutarch. de fluv. T. II. p. 1151.

(*e*) Cæsar. I. 28. VII. 9.
(*f*) Ou peut voir d'autres exemples p. 48. note [*f*].
(*g*) *Hilperich*, adjutor fortis. Venantius Fortunatus apud Leibnitz in Miscellan. Berolin. T. I. p. 2.

j'ai déja remarqué (h), qu'il deſigne un païs, une contrée; & *Mey-landt*, Mediolanum, une Ville, un Canton ſitué dans le cœur d'un païs. Il ne ſera pas inutile de faire ici une Remarque générale ſur les différentes terminaiſons dont je viens de parler. Si l'on conſulte les anciens Géographes de la Grande-Germanie, qui n'obéiſſoit pas aux Romains, on n'y trouvera que peu de noms qui ſe terminent en *mag*, & en *brig*, au lieu qu'il y en a une infinité qui finiſſent par *dun*, *au*, & *gau*. La raiſon en eſt ſenſible. Les terminaiſons de *brig*, & de *mag*, ſervent à deſigner des Villes, au lieu que les anciens Germains n'en avoient point. Celles de *gau*, *au*, & *dun*, au contraire, marquent, la prémiere, un Canton; & les deux autres, une prairie, une campagne, une colline, de laquelle le Canton avoit reçû ſon nom, & non pas une Ville, comme Ptolémée ſe l'eſt imaginé mal-à-propos. Il place une infinité de Villes, dans le cœur de la Germanie (*i*), quoiqu'il ſoit certain que les Germains ne commencèrent à en bâtir que dans le IX. & X. ſiecle.

Une autre Preuve, que la Langue Allemande, deſcend de celle des Celtes, c'eſt que la plûpart des mots que les Auteurs nous ont conſervez, & qu'ils reconnoiſſent pour être tirez de la Langue Celtique, ſont encore en uſage dans le Tudeſque, ou y trouvent au moins leur explication. Il faut en alleguer quelques exemples. Commençons par l'Eſpagne. Un ancien Géographe (*k*) remarque, que les Phéniciens

Chap. XV.

Seconde Preuve.

(h) Voyez ci-deſſus. p. 91.
(i) Ptolem. Lib. II. c. II. p. 36. & ſeq.
(k) Dionyſ. Perieget. vſ. 450.

CHAP XV. niciens appellerent *Gadeira* (*l*) l'Isle que les premiers habitans du païs appelloient *Cotinusa*. *Gott-tis-hus*, est la maison, l'habitation du Dieu Tis. La capitale des Cunéens s'appelloit (*m*) *Conistorsis*. *Conigs-Tor-sitz*, est la résidence du Roi Torus. Le mot d'*Olbe* (*n*), ou d'*Albe*, d'où l'on a formé celui d'Alpes, signifioit parmi les Celtes une haute montagne. C'est le nom que les Espagnols donnoient à l'une des Colomnes d'Hercule. Ils l'appelloient (*o*) *Alyba*, & les peuples qui demeuroient autour de cette montagne portoient le nom (*p*) d'*Olbisii*. Le mot de Lance, en Allemand *Lantze*, designoit aussi parmi les Espagnols, comme chez les autres Celtes, une arme offensive, qui conserve encore aujourd'hui le même nom. C'est d'eux que les Latins (*q*) avoient pris ce mot, de l'aveu de Varron. Voici quelques mots de l'ancien Gau-

---

(*l*) Gades. Cadix.

(*m*) Strabo Lib. III. p. 141.

(*n*) *Omnes altitudines montium à Gallis Alpes vocantur.* Servius ad Æneid X. initio & Georg. III. vs. 474. apud Cluver. G. A. pag. 57. *Gallorum lingua Alpes, montes alti vocantur.* Isidorus Orig. Lib. XIV. cap. VIII. pag. 1181. Voyez aussi Strabon Lib. IV. p. 201. VII. 3.13. Ptolem. Lib. II. c. II. p. 57. Cluver. G. A. ub. sup. *Alp* mons Britannis. Boxhorn. Glossar. in Collectan. Leibnitz T. II. p. 88. Voyez encore ci-dessus p. 6. note [*m*]. Thucydide parle d'un château, situé sur un montagne dans le païs des Argiens, qui s'appelloit encore de son tems *Olpe*. Thucyd. Lib. III. c. 105. p. 208.

(*o*) Ἐν δ' οἱ ἄκρη στηλῶν, Ἀλύβη μία. Dionys. Perieg. ub. sup.

(*p*) *Olbisii gens ad columnas Herculeas.* Steph. de Urb. p. 610.

(*q*) *Varro dicit lanceam non Latinum sed Hispanicum verbum esse.* A. Gell. Lib. XV. c. XXX. *Galli lanceas jaculantur quas* λαγχίας *vocant.* Diod. Sic. V. 213.

Gaulois. Suetone, parlant d'Antonius Primus, l'un des Généraux de Vespasien, dit qu'il *r)* étoit né à Toulouse, où on lui avoit donné dans sa jeunesse le nom de Beccus, *qui signifie* Gallinacei rostrum) *le bec d'un coq.* Ce mot a encore la même signification dans le Hollandois. Les Allemands l'ont perdu, mais ils conservent le verbe *bicxen,* becqueter. On appelloit dans les Gaules (*s*) *Ambactos,* les clients que les Grands-Seigneurs Gaulois avoient à leur suite, & dont le nombre faisoit la grandeur & la force de la Noblesse Gauloise. *Ambacht* (*t*) est aussi un mot de l'ancien Tudesque, qui signifie un Domestique. Les Gaulois avoient une espece de Javelot qu'ils appelloient *Matara* ou (*v*) *Mataris.* Les Allemands disent *Meter, Messer,* un couteau. Arrien, parlant de la chasse des Gaulois, dit qu'ils avoient des chiens courans (*x*) extrémement vifs, qu'ils appelloient (*y*) *Vetragi,* ou *Vertragi,* comme le porte la Version Latine. *Vertrager* signifie en Allemand, endurant, bon à la fatigue. *Petorritum* est, selon Festus, & (*z*) Aulu-Gelle, un mot Gaulois, qui designe un chariot à 4. roües. *Radt,* que les Gau-

(*r*) Sueton. Vitell. p. 18.
(*s*) Cæsar. VI. 15.
(*t*) *Ambacht,* Minister, opifex. Keronis Glossar. Ottfrid in Versione Evangel. apud Cluver. G. A. Lib. I. c. VIII. p. 54.
(*v*) Cæsar. I. 26. T. Liv. Lib. VII. 24. Vide etiam Strabon. IV. 196. & notas Casauboni.
(*x*) Arrian. de Venatione p. 194.
(*y*) Dans les anciennes Loix des Bourguignons, ils sont appellez *Veltrai,* ce qui signifieroit des chiens barbus, à long poil. *Felt rager.* Leg. Burgund. apud Lindenbrog. pag. 304. *Canis Vertagus.* Martial. Epigr. Lib. XIV. fin.
(*z*) A. Gell. Lib. XV. c. XXX. Festus p. 183.

Gaulois prononçoient *Rit*, & les Latins *Rot*, est en Allemand une roüe. La derniere de ces Langues exprime le nombre de quatre par *Vier*. Mais les (*a*) Gaulois & les (*b*) Osces, c'est-à-dire les anciens habitans de l'Italie, disoient *Petor*, de la même maniere, que, parmi les Grecs, les uns disoient τέσσαρες, & les autres πίσυρες, πίτορες, τέτορες. Les trois mots, *Isarnador*, *Vernemetis*, & *Liebrosum*, citez par l'Auteur (*c*) de la Religion des Gaulois, comme appartenant à l'ancienne Langue de ces peuples, touvent aussi leur explication dans l'Allemand. *Eisern-dor*, porte de fer. *Vernemeth-hys*, maison illustre, *Lieb-rose*, Rose aimable. Pour passer à la Langue des Gaulois d'Italie, on trouve dans les Alpes deux stations (*d*), dont l'une étoit appellée *Bergintrum*, & l'autre *Bergusium*. *Berg-in* est en Allemand l'entrée, & *Berg-us* la sortie, de la montagne (*e*). Pline, parlant des Bergomates, remarque que le nom même, qu'ils portent, avertit qu'ils demeuroient sur des montagnes. *Berg* signifie en Allemand une montagne, & *Berg-Mag*, une Ville assise sur une montagne. Les Celtes d'Italie appelloient le Po *Bodincus*, ce qui signifie selon Pline (*f*) sans fond. *Boden* en Allemand est le fond d'une riviere, d'un

---

(*a*) Pezron dans le Diction. de la Martiniere Tom. II. p. 2. p. 441.

(*b*) Festus ub. sup.

(*c*) Relig. des Gaulois Tom. I. pag. 452. T. II. pag. 376.

(*d*) Anton. Itin. p. 22.

(*e*) *In hoc situ interiit oppidum Orobiorum Barra unde Bergomates Cato dixit ortos, etiam nomine prodente, esse altius quàm fortunatius sitos.* Plin. H. N. L. III. c. XVII.

(*f*) Voyez ci-dessus p. 90. note [*r*].

d'un vaisseau. Ils appelloient (g) *Pinne*, ou *Penne*, la plus haute pointe du mont St. Bernard. Le même mot designe en Allemand la cime d'une montagne, les crenaux d'une muraille. Ils appelloient *Sparus* (h) une sorte de lance, que les Allemands nomment encore aujourd'hui *Sper*. Ils nommoient *Ocra* (i) une montagne escarpée. *Hoxer*, en Allemand, signifie une bosse, & *Hoxericht*, raboteux. Les noms propres de *Brennus* (k), & d'*Arioviste* (l), signifient en Allemand, le prémier, un bruleur, *Brenner*, & le second un homme qui est ferme sur l'honneur, *Ehren-vest*. De même, les prétendus géants (m) *Albion*, & *Bergion*, qu'Hercules assomma dans le voisinage de Marseille, sont manifestement des montagnards, des habitans des Alpes, *Alb-wohner*, *Berg-wohner*, que des Grecs sortis de Marseille avoient défaits. Il nous reste peu de mots de l'ancienne Langue des peuples de la Grande-Bretagne. Je trouve seulement qu'ils aploient (n) *glastum*, tant le verre, que l'herbe qui entre dans sa composition, & dont ils se servoient aussi pour imprimer sur leur corps differentes figures d'animaux. Les Allemans appellent le verre *glas*, & c'est le nom que
les

(g) *Neque Hercule montibus his, ab transitu Pœnorum ulla, Veragri incola jugi ejus norunt nomen inditum, sed ab eo quem in summo sacratum vertice Penninum montani appellant.* T. Liv. Lib. XXI. c. XXXVIII.
(h) P. Festus. p. 79.
(i) *Ocram antiqui montem confragosum vocabant.* Festus p. 29. *Ocra pars Alpium apud Carnos.* Strabo IV. 207. VII. 313.
(k) Livius V. 48.
(l) Florus II. 4.
(m) P. Mela II. c. V. p. 57.
(n) Voyez ci-dessus p. 41. note [d].

174 HISTOIRE

CHAP. XV. les (*o*) Eſtions donnoient à l'ambre, parce qu'il reſſemble au verre. Il ne me reſte plus que de rapporter auſſi quelques mots de l'ancienne Langue des Pannoniens, des Illyriens, & des Thraces. Les Gaulois établis en Pannonie appelloient (*p*) *Trimarciſia*, un corps de Cavalerie, dans lequel chaque Cavalier avoit, à la queüe de l'eſcadron, deux chevaux deſtinez à le remonter en cas de beſoin, & deux domeſtiques, ſoit pour prendre ſa place s'il étoit tüé dans le choc, ou pour l'emporter lorſqu'il étoit bleſſé. *Tri*, *Drey*, marque en Allemand le nombre de trois. *March* (*q*) ſignifioit dans l'ancien Tudeſque un Cheval de bataille. De-là les mots Mariſcalcus, *Mar-ſchalx*, ou *Marthale*, un Ecuier (*r*), *qui ſuper caballos eſt*. *March-ſall*, un Cavalier démonté, qui a perdu ſon Cheval à la bataille (*s*), *Equo dejectus*. On trouve parmi les Illyriens un Roi qui s'appelloit (*t*) Langarus, c'eſt-à-dire le Prince aux longs cheveux, *Lang-haar*. Un autre portoit le nom de Gentius (*v*), c'eſt-à-dire de petite oye, *Gäntzjen* (*x*). Thucydide fait mention d'un Roi de Thrace (*y*) nommé Sithalces.

(*o*) *Gleſſum a Germanis appellatur ſuccinum.* Plin. H. N. L. XXXVII. c. III. p. 369. *Germani gentiliter vocant gleſſum.* Solin. c. XXXIII. *Succinum quod ipſi Gloſum vocant.* Tacit. Germ. c. XLIII.

(*p*) Pauſanias Phocic. c. XIX. p. 844.

(*q*) Leges Bajuarior. apud Lindenbrog. pag. 427. Leg. Aleman. ibid. p. 381.

(*r*) Leg. Aleman. p. 384.

(*s*) Leg. Bajuar. p. 410.

(*t*) Arrian. Exped. Alexand. p. 12.

(*v*) T. Liv. Lib. XLIII. c. IX.

(*x*) *Candidi anſeres in Germania* Gantæ *vocantur.* Plin. H. N. L. X. c. XXII. p. 409.

(*y*) Thucyd. Lib. II. c. XXIX. p. 100.

thalces. *Seut-thale* est, en Allemand, l'Ecuier, le domestique de Seuthes, nom fort commun parmi les Rois de Thrace. Les mêmes Thraces appelloient (z) *Sire*, les chambres souterraines où ils serroient leurs bleds. *Schuër*, *Schir*, est en Allemand une grange. Ils donnoient par dérision à une de leurs Reines le nom de (a) *Sanape*, parce qu'elle étoit sujette au vin. *Sau-nap*, *Sauff-nap*, signifie en Allemand un yvrogne. Enfin, les Cattes, peuples sortis de Thrace, appelloient *Hyllvallan* (ὑλλαγαλλαν) l'endroit ou Hyllus (b) avoit peri. *Hyll-fall*, est la chûte d'Hyllus, comme *March-fall* est un homme qui est tombé de Cheval (c).

Je ne doute pas qu'un homme, qui étudieroit à fond l'ancien Tudesque, dont il nous reste des monumens assez considerables dans les differentes Versions de la Ste. Ecriture qui ont été faites à l'usage des Goths, des Saxons, &c. n'y trouvât l'explication de plusieurs

(z) Plin. H. N. Lib. XVIII. c. XXX. pag. 533. *Cire spelunca*. Dio. Cass. Lib. LI. pag. 461. 463. Steph. de Urb. in Syassus p. 683.
(a) Scholion ad Apollon. Argon. Lib. II. 236.
(b) Steph. de Urb. p. 726.
(c) Servius remarque sur le X. 72. de la VI. Eclogue de Virgile qu'il y avoit près de la Ville de *Gryna* en Mœsie une forêt consacrée à Apollon où la terre étoit toûjours couverte de fleurs. *Gryna Mœsia civitas, ubi est locus arboribus multis jucundus, gramine floribusque variis omni tempore vestitus.* *Grün* en Allemand verd, *Grün-au* une contrée verte, fleurie. On trouve dans Suidas T. I. 407. le mot de Βαβακατρεῦ. *Barbara vox qua Deus barbarus assensum suum declarat.* La note de Küster sur ce mot porte *ex Scholiaste Aristophanis ad Aves* p. 615. *sed ibi legitur* ναβαισατρεῦ. *Na-bai-sa-treu* sont des mots purement Tudesques, qui signifient: *Hé bien par sa foi.*

CHAP. XV. sieurs autres mots Celtiques, que je n'ai point rapportez, parce que j'en ignore jusqu'à présent l'Etymologie. Je crois cependant en avoir dit assez, pour faire voir d'un côté, que les Celtes avoient anciennement une Langue commune, qui se partagea par la suite du tems en plusieurs Dialectes; &, d'un autre côté, que la Langue Allemande décend de l'ancienne Langue des Celtes, & conserve encore la plûpart de ses racines. Je n'ignore pas, que l'on peut faire plusieurs Objections contre le sentiment que je viens d'établir. Il est juste de rapporter celles qui me sont connues, afin que le Lecteur puisse juger, si elles sont assez fortes pour contrebalancer les preuves que j'ai produites.

Objections.

On objecte I. ,, Que Jules Cesar (*d*), qui ,, avoit passé près de dix ans dans les Gaules, ,, assûre formellement (*e*), que les trois na- ,, tions, entre lesquelles les Gaules étoient par- ,, tagées de son tems, savoir *les Belges, les* ,, *Celtes, & les Aquitains, avoient une Langue,* ,, *des coutûmes, & des loix, differentes.* II. Stra- ,, bon assûre la même chose, au moins par ,, rap-

(*d*) On peut voir ces Objections dans Matarell, qui a écrit sur la matiere, sans avoir la moindre idée du sujet qu'il traite. Il prétend, que l'ancienne Langue des Gaules étoit à peu près la même, que celle qu'on y parle aujourd'hui, & qu'elle n'avoit aucune conformité avec la Langue des Germains; &, cependant, la plûpart des anciens mots Gaulois qu'il produit sont aussi Allemands. Scramasaxa, *Schram-Sasse*, une épée à dents. Bachinus, *Becxen*, un plat, un bassin. Purprisia, *Bur-frie*, une métairie de païsan. Soldurii, *Soldner*, des mercenaires, des gens à gages. Anton. Matarelli Responsio ad Francisci Hotomanni Franco-Galliam p. 7. 8. & seq.

(*e*) Cæsar. I. 1. & ex illo Ammian. Marcellin. Lib. XV. c. II. p. 102.

,, rapport aux Aquitains (*f*). *Ils different*, Chap. XV.
,, dit-il, *des autres peuples des Gaules, non seu-*
,, *lement par rapport à la Langue, mais auſſi à*
,, *l'égard de la* (*g*) *Phyſionomie; ils tiennent*
,, *beaucoup plus des Iberes, que des Gaulois.* Le
,, témoignage de ces deux Auteurs ſuffit pour
,, prouver, que les peuples des Gaules n'a-
,, voient pas la même Langue. III. Il n'eſt
,, pas moins certain, que la Langue des Gau-
,, lois differoit auſſi de celle des Germains,
,, puiſque Jules Céſar (*h*) remarque qu'Ario-
,, viſte, Prince Germain, ayant fait un long
,, ſéjour dans les Gaules, parloit paſſablement
,, la Langue du païs. Une ſemblable Remarque
,, ſeroit ridicule, & ne pourroit être pardon-
,, née à un Auteur auſſi grave que Jules Cé-
,, ſar, ſi la Langue des Gaulois, & celle des
,, Germains, euſſent été parfaitement les mê-
,, mes. IV. A l'autorité de Jules Céſar on
,, ajoute celle de Suetone, & de Tacite. Le
,, prémier dit (*i*), que Caligula, revenant de
,, l'expedition qu'il avoit entrepriſe contre les
,, Germains, ſe décerna à lui même les hon-
,, neurs d'un triomphe auſſi vain, que ſes
,, victoires, & ſes conquêtes, étoient imagi-
,, naires. Comme il n'emmenoit avec lui
,, qu'un très-petit nombre de priſonniers &
,, de tranſfuges Germains, il prit le parti de
,, choiſir dans les Gaules tout ce qui s'y
,, trou-

(*f*) Strabo IV. p. 176.
(*g*) Grec, à l'égard du corps.
(*h*) *Qua multa jam Arioviſtus longinqua conſuetudine ute-batur.* Cæſar. I. 47. Hotoman, qui étoit dans l'idée, que la Langue des Gaulois n'avoit aucun rapport avec celle des Germains, inſiſte auſſi ſur cette Objection, Franco-Gall. c. II.
(*i*) Sueton. Caligula c. XLVII.

H 5

CHAP. XV.

„ trouva de gens d'une taille gigantesque. Il
„ les obligea de laisser croitre & de rougir
„ leurs cheveux, d'apprendre le Germain, &
„ d'adopter des noms barbares, dans la vuë
„ de les faire passer pour des Germains. V.
„ Tacite enfin (k), qui prétend que les Oses,
„ & les Gothins, bien qu'ils fussent établis en
„ Germanie, n'étoient cependant pas des peu-
„ ples Germains, le prouve par cette Réflé-
„ xion, que les prémiers se servoient de la
„ Langue Gauloise, & les seconds de celle de
„ Pannonie. Il remarque dans le même en-
„ droit, que les Marsignés & les Buriens,
„ voisins des Oses & des Gothins, étoient re-
„ connus pour Sueves, tant à la Langue, qu'à
„ leur maniere de s'habiller. C'est donc une
„ preuve, que les peuples même de la Ger-
„ manie n'avoient pas tous la même Lan-
„ gue."

Réfutées. Ces Objections paroissent d'abord spécieu-
ses, & éblouïssantes: mais, elles portent toutes à faux. Je n'ai jamais prétendu, que les
peuples Celtes s'entendissent tous, quoiqu'ils
eussent originairement la même Langue. Les
Langues vivantes sont sujettes à se perfection-
ner, & à se corrompre. Elles se polissent
avec l'esprit, le naturel, & les mœurs, des
peuples. Elles s'abatardissent, lorsque les peuples, au lieu de cultiver les Arts, & les Sciences, retombent dans la Barbarie. La Langue
Latine, & la Grecque, en fournissent de bonnes preuves. Le Latin des XII. Tables, celui
que l'on parloit du tems de Ciceron, & ce
qu'on appelle la basse Latinité, sont des Langues

(k) Tacit. Germ. c. XLIII.

gues differentes, qui demandent chacune une étude particuliere. Il y a la même difference entre l'ancien Grec, & le moderne. Il est certain d'ailleurs, que le voisinage & le commerce d'une nation étrangere peut causer de grands changemens dans une Langue. On le voit dans la Langue Allemande, où il s'est introduit pendant le siecle passé une infinité de mots purement François. Il n'est donc pas surprenant, que, dans le cours d'un grand nombre de siecles, la Langue des Celtes, se soit partagée en plusieurs Dialectes & que ces Dialectes ayent tellement varié, par la suite du tems, que les Peuples Celtes ne s'entendissent plus, pour peu qu'ils fussent éloignez les uns des autres. Selon les apparences la Langue des Iberes s'altera par le commerce des Phéniciens, & des Carthaginois. Celle des Gaulois, au contraire, dut se polir, tant par le commerce des Grecs, & des Romains, que par le goût qu'ils prirent aux Sciences, & aux Arts liberaux, que l'on enseignoit à Marseille. Il est aussi très-vraisemblable, que la Langue des Pannoniens souffrit quelque alteration, par le voisinage des Sarmates, & des Grecs. Les Germains, au contraire, & les peuples plus septentrionaux, n'ayant aucun commerce avec les nations étrangeres, & n'ayant dépouillé que fort tard la barbarie des peuples Celtes, il est assez naturel de juger, que ce fut de ce côté-là que l'ancienne Langue des Celtes se conserva aussi le plus longtems. Après ces Eclaircissemens, il sera facile de répondre aux Objections que je viens de rapporter.

Les deux passages de Jules César, quelque formels qu'ils paroissent, ne me font aucune

Chap. XV. cune peine. Cet Auteur parle de la matiere en homme de guerre. Il dit que les Aquitains, les Belges, les Celtes, & les Germains ont des Langues differentes. C'est un fait, que je ne conteste pas. Je conviens que ces peuples ne s'entendoient pas les uns les autres sans interprete. Mais, il n'examine pas, en Homme de Lettres, s'il n'y avoit pas, entre ces quatre differentes Langues, quelque affinité, quelque ressemblance, qui pût faire juger, qu'elles décendoient originairement d'une Langue commune. Les Hollandois, les Danois, les Suédois, les Allemands, ne s'entendent pas: il est pourtant certain, que toutes ces Langues sont des Dialectes de l'ancien Tudesque. Il en est de même des Bohemiens, des Polonois, des Moscovites, des Dalmatiens. Ces peuples ne s'entendent pas, quoique leurs Langues soient toutes des Dialectes de l'ancien Esclavon. On sait aussi, que le François, l'Italien, l'Espagnol, décendent du Latin. On peut cependant sçavoir parfaitement le Latin, & ignorer aussi parfaitement les Langues qui en sont derivées. Il y a même des Allemands, qui n'entendent pas les Suisses, bien que les deux Langues ne different que par rapport à l'accent, & à la maniere de prononcer des mots, qui sont absolument les mêmes.

A l'égard du passage de Strabon, il suffit de rapporter les propres paroles de ce Géographe, pour être convaincu qu'elles favorisent beaucoup mon sentiment (*l*). *Il y a*, dit-il, *des Auteurs, qui divisent la Celtique en trois parties,*

(*l*) Strabo IV. p. 176.

ties, qui font occupées par les Aquitains, les Belges, & les Celtes. *Les Aquitains different tout-à-fait des autres, non feulement par rapport à la Langue, mais encore à l'égard de la Phyfionomie. Ils tiennent beaucoup plus des Iberes que des Gaulois. Les autres ont tous l'Air Gaulois* (m). *Cependant, ils ne parlent pas tout-à-fait la même Langue; les Dialectes font un peu differens.* On voit clairement dans ces paroles, que, du tems de Strabon, il y avoit encore beaucoup d'affinité, entre la Langue des Belges, & celle des Celtes, au lieu que les Aquitains avoient adopté le Dialecte des Iberes dont ils étoient voifins.

Les Réfléxions, que j'ai faites fur les deux paffages de Jules Céfar, regardent auffi celui de Suetone. Il faut répondre encore à l'Objection tirée d'un paffage de Tacite. Rapportons avant toutes chofes les propres paroles de cet Hiftorien (n). *Les Marfignes, les Gothins, les Ofes, les Buriens, touchent au païs des Quades, & des Marcomans, & ne font pas moins puiffants. On reconnoit à la Langue des Marfignes, & des Buriens, & à leur maniere de s'habiller, qu'ils font Sueves. Les Gothins fe fervent de la Langue Gauloife, & les Ofes de celle de Pannonie, ce qui prouve qu'ils ne font pas Germains.* Tacite affure, que les Gothins fe fervent de la Langue Gauloife. C'eft encore un fait dont je conviens, & dont j'ai fait ufage, au commencement de ce Chapitre. Il conclut de-là, que les Gothins ne font pas Ger-

---

(m) Ὁμογλώττας δ' ὂ πάντας, ἀλλ' ἐνίας μικρὸν παραλλάττοντας ταῖς γλώτταις. Strabo ub. fup.
(n) Tacit. Germ. 43.

Chap. XV. Germains. C'est une conséquence que je ne saurois lui passer absolument, & sans restriction (*o*). Les Bastarnes avoient la même Langue que les Scordisces, que toute l'Antiquité reconnoit pour un peuple Gaulois. S'ensuit-il de-là, que les Bastarnes ne fussent point Germains ? Point du tout. Tacite lui même (*p*) les reconnoit pour tels. Il reconnoit aussi, que la Langue des Estions (*q*) approchoit beaucoup de celle des habitans de la Grande-Bretagne. Cependant, il ne disconvient pas, qu'ils ne fussent un peuple Germain, qui appartenoit à la nation des Suéves. Pour le comprendre, & pour éclaircir en même tems le passage de Tacite que je viens de rapporter, il faut remarquer, que, comme les Gaules étoient partagées entre trois nations Celtiques, les Aquitains, les Belges, & les Celtes proprement ainsi nommez (*r*), la Germanie aussi étoit occupée par cinq nations differentes, les Vindiles, les Ingevons, les Istevons, les Hermions, & enfin les Peucins, ou Bastarnes. Il ne faut pas douter que ces cinq peuples, bien qu'ils fussent tous Germains, n'eussent des Dialectes, & des Coutûmes differentes, selon qu'ils tenoient plus ou moins de l'ancienne barbarie ; & les Historiens conviennent au reste, que les Suéves, qui faisoient par-

(*o*) Voyez ci-dessus p. 56. 57. & sur-tout p. 169.
(*p*) Tacit. Germ. c. 46.
(*q*) Voyez ci-dessus p. 156.
(*r*) Plin. Hist. Nat. Lib. IV. c. XIV. p. 477. Pline parle dans cet endroit d'un peuple qu'il appelle Guttons, & qui faisoit partie des Vindiles, ou Vandales. Il ne faut pas confondre ce peuple avec celui dont il s'agit ici, Tacite distinguant expressément les Gothins, des Gothons. Tacit. Germ. c. XLIII.

partie des Hermions, étoient les plus feroces CHAP. XV.
de tous les Germains. Cette diversité d'accent, & de dialecte, étant supposée dans l'ancienne Germanie, comme dans les Gaules, il sera facile de ramener les paroles de Tacite à mon sentiment. Il veut dire, qu'au lieu que les Marsignes, & les Buriens, ont le dialecte & les coutumes des Sueves, qui leur étoient voisins du côté du Nord, les (s) Gothins au contraire avoient la Langue des Peucins, & des Bastarnes, qui touchoient à leur païs du côté de l'Orient. Comme le Dialecte des Bastarnes, qui, selon cette Remarque étoit aussi celui des Gothins approchoit fort de celui de quelques peuples des Gaules (t), Tacite a crû être en droit de regarder les Gothins comme un peuple Gaulois. C'est surquoi je ne formerai aucune contestation, puisque les Bastarnes, qui leur étoient voisins, sont appellez par les Historiens, tantôt (v) Germains, & tantôt Gaulois. Pour passer présentement aux Oses, le seul nom qu'ils portoient insinue qu'ils étoient un peuple Germain.

(s) Les Gothins demeuroient derriere, c'est-à-dire à l'Orient des Marcomans, & des Quades, le long du Danube. Tacite, qui, dans l'enumeration qu'il fait des peuples de la Germanie, suit le cours du Rhin & du Danube, place, le long du dernier de ces fleuves, premiérement les Hermundures, ensuite les Marcomans, & les Quades, & enfin, les Marsignes, les Gothins, les Oses, & les Buriens. Tacit. Germ. c. XLIII. & XXVIII. Les Gothins étoient donc voisins de la Dace, & des Bastarnes, qui étoient en grand nombre dans ces contrées. Plin. Lib. IV. c. XIV pag. 477. Lib. IV. c. XII. p. 465. Peut-être même que les Gothins étoient un peuple Bastarne.
(t) Voyez ci-dessus p. 160.
(v) Ibid. p. 55.

Chap. XV. main. *Ofen Hofen*, en Allemand, signifie la même chose que *Braccati*, en Latin. Comme les Pannoniens (*x*) étoient distinguez par une sorte de justaucorps qu'ils portoient, les Oses se faisoient remarquer par leurs larges culottes. Aussi Tacite les appelle-t-il (*y*) un peuple Germain dans un autre endroit de son Traité. Ces Oses, au lieu d'avoir l'accent & le dialecte des Celtes qui demeuroient avec eux au-delà du Danube, c'est-à-dire des Germains, avoient celui des Celtes qui demeuroient en deçà du fleuve, c'est-à-dire des Pannoniens. Voilà tout le mystere qu'il faut chercher dans les paroles de Tacite. Si l'on ajoute, à ces Eclaircissemens, ce que j'ai remarqué sur les mots, & sur les terminaisons communes dans toute la Celtique, j'espere que l'on conviendra, que mes Preuves demeurent dans toute leur force.

Je suis non seulement persuadé, qu'il y avoit anciennement en Europe une Langue commune, de laquelle les differentes Langues, des Iberes, des Gaulois, des Germains, des Bretons, des Thraces, & de tous les autres peuples Celtes décendoient originairement: j'ai encore de fortes Raisons de croire, que plusieurs peuples de l'Asie se servoient autrefois de la même Langue. Je trouve, par exemple, dans la Langue des Scythes Asiatiques, plusieurs mots qui ont un rapport manifeste avec l'Allemand. Ils donnoient à la plûpart de leurs fleuves, au (*z*) Tanaïs par exem-

---

(*x*) Ibid. p. 62. note [*b*].
(*y*) *Germanorum natio.* Tacit. Germ. c. XXVIII.
(*z*) Plin. H. N. L. VI. cap. VII. pag. 661. Eustath. in Dionys. Perieg. vs. 17.

exemple, & au Jaxartes (*a*), le nom de *Si-lis*. On trouve aussi en (*b*) Espagne, & en (*c*) Allemagne, plusieurs rivieres du nom de *Salia*, ou de *Sala*; & il n'est pas hors d'apparence, qu'on appelloit de ce nom les fleuves dont on tiroit du sel. Le mont Caucase portoit, parmi les Scythes, le nom de (*d*) *Graucasus*, qui signifioit en leur Langue une montagne couverte de neige. *Grau-cop*, *Grau-cap*, en Allemand, est une tête grise. Le nom Scythe du Palus Méotide étoit *Temerinda* (*e*), c'est-à-dire, selon Pline, la mere, la source, de la Mer. *Th'-meer-ende* marque en Allemand le bout, la derniere extrémité, de la Mer; & c'est-là vraisemblablement, comme d'autres (*f*) l'ont remarqué, la véritable signification du mot de *Temerinda*. Il y avoit aussi un Promontoire de la Chersonese Tautique, que les Scythes appelloient (*g*) *Tamyrace*, Ταμυράκη. *Th'-meer-exe* est en Allemand un coin que fait la Mer. Les Scythes appelloient leurs Magistrats (*h*), *Scolatas*, comme les Germains donnoient à leurs Juges le nom de *Scolten*, d'où sont venus les mots Allemands de *Schultheis*, *Schultze*, & ceux de la basse Latinité *Scultesius*, *Scultetus*. Enfin, le mot de *March*, dont j'ai parlé plus haut, designe encore chez tous les Tartares un Cheval (*i*).

Cet-

(*a*) Plin. Lib. VI. c. XVII. p. 678. Solin. c. LXII.
(*b*) Pomp. Mela Lib. III. c. I. p. 71.
(*c*) Strabo Lib. VII. p. 291.
(*d*) *Graucasus hoc est nive candidus*. Plin. Solin. ub. sup.
(*e*) *Temerinda, mater maris*. Plin. Lib. VI. c. VII. p. 661.
(*f*) Harduin. ad Plin.
(*g*) Strabo VII. 308.
(*h*) Herodot. Lib. IV. c. VI.
(*i*) Leibnitz in Miscellan. Berolin. Tom. I. p. 3. Mr.

CHAP. XV. Cette conformité de l'ancien Scythe, avec l'Allemand, ne me surprend point. Les peuples Celtes décendent originairement des Scythes. Par la même raison, il ne faut pas s'étonner que les Turcs, qui sont aussi sortis de la Scythie, conservent encore plusieurs mots, qui se trouvent aussi dans l'Allemand. Theophilacte *Simocatta* (k) remarque, que le Roi de Taugas s'appelloit *Taisan*, ce qui signifie, dit-il, en Grec, Fils de Dieu. *Tausan* en Allemand est le Fils du Dieu Tis. Voici quelques autres mots Turcs, avec le mot Allemand qui y répond (*l*). Scær, en Allemand *Schar*, une brigade, une armée. C'est le mot *Scara*, de la basse Latinité. Oxus, *Ochse*, un bœuf. Scerp, *Scharff*, rude, tranchant. Kanta, *Kanne*, une cruche. Geitzi, *Geiss*, une chèvre. Gemengein, *Gemeinde*, une communauté, une troupe. Mais, j'avoue que j'ai vû avec une véritable surprise, qu'il y eut même, dans l'ancienne Langue des Perses, tant de mots, qui lui sont communs avec la Langue Allemande. Je sai que Mr. de Leibnitz assûre (*m*), *qu'il ne trouvoit pas dans la Langue des Perses beaucoup de mots qui eus-*

de Leibnitz explique dans cet endroit plusieurs autres mots de l'ancien Scythe. Mais, il ne me paroit pas heureux dans ses conjectures, & dans ses étymologies, qui sont pour la plûpart forcées, & amenées de loin.

(*k*) Theophylact. Simocatt. Lib. VII. c. IX. p. 176.

(*l*) Stralenberg p. 129. On peut consulter aussi l'*Onomasticon*, qui se trouve à la fin de l'Histoire Musulmanne de Leunclavius.

(*m*) *Non potui tantum invenire in Persico, quantum Elichmannus Salmasio dixit, & unico pene God excepto, cetera fere Germanis assonantia, his eum Græcis Latinisque communia sunt.* Leibnitz de Orig. gentium in Miscell. Berol. T. I. p. 4.

euſſent du rapport avec celle des Germains. A
la reſerve, dit-il, *du ſeul nom de God*, Dieu),
*les autres mots, qui ont quelque conformité avec
la Langue des Germains, ſont communs à ceux-ci
avec les Grecs & les Latins.* Mais, d'un côté, Mr. de Leibnitz n'avoit pas aſſez examiné
la choſe: je rapporterai dans le moment pluſieurs mots Perſans, qui ſont auſſi Allemands,
ſans avoir aucun rapport, ni avec le Grec, ni
avec le Latin; &, d'un autre côté, n'étoit-ce
pas une choſe digne de la curioſité d'un Savant, qui recherchoit l'Origine des Peuples
& des Langues de l'Europe, d'examiner
pourquoi les Grecs, les Latins, les Germains,
& les Perſes, avoient autrefois tant de mots
communs. Je crois en avoir indiqué ſuffiſam-
ment la Raiſon dans tout ce Volume. C'eſt
que tous ces peuples deſcendant des anciens
Scythes, on trouve auſſi dans la Langue de
ces differens peuples des traces ſenſibles de
leur Origine. Quoiqu'il en ſoit, je vais donner
une courte liſte, prémiérement des mots Perſans, qui ſont auſſi Grecs, Latins, Allemands; &, enſuite, de ceux qui n'ont du rapport qu'avec l'Allemand. Du prémier ordre
ſont (*n*) Fadar, en Allemand *Vater*, Pere;
Dochtar, *Dochter*, Fille; Beradar, *Bruder*,
Frere; Daudant, *Zahn*, une Dent; Nam,
Nahmen, un Nom; Stär, *Stern*, une Etoile;
Cäl, *Cahl*, Chauve; (*o*) Mithri, Mithir,
Mether, *Maiſter*, Maître. Les mots Perſans
du ſecond ordre ſont Gaza (*p*), en Allemand,
Schatz

(*n*) Lipſii Epiſt. Centur. III. ad Belg. Ep. 44. Hagenberg Germ. Med. p. 166.
(*o*) Scalig. Emend. Tempor. VI. p. 551. Edit. Lugd.
Batav. 1598. Relig. des Gaulois Tom. II. p. 420.
(*p*) P. Mela Lib. I. cap. II. pag. 20. Steph. de Urb.
pag.

Chap. XV. *Schatz*, un Tresor; *Chod* (*q*), *Gott*, Dieu (*r*). Anatozadus, nom d'un fils du Roi Chosroës qui signifie immortel; en Allemand, *Ohnetodt*; (*s*) Gerra, *Gewher*, une Arme, un Bouclier; (*t*) Zendavesta, nom d'un Livre de Zoroastre qui signifie Allume-feu, *Zünden* en Allemand signifie allumer; Avalle (*v*), *Anfall*, une attaque (*x*); Band, *Band*, un Lien, un Etendard, une Compagnie réünie sous un Drapeau. C'est le mot *Bandum*, de la basse Latinité. Le nom propre d'Hystaspe, que les Perses prononçoient (*y*) Gusthtasph, & celui de (*z*) Rhodogune, sont aussi des noms Allemands, *Gustaff*, *Rodegune*.

Je n'ai plus qu'une Remarque à faire, qui regarde en général la Langue des différens peuples Celtes. Les Auteurs Grecs & Latins s'accordent à nous dire, qu'il suffisoit d'entendre parler les Celtes, pour juger de leur ferocité, & de leur barbarie. La plûpart de leurs mots, & les noms propres en particulier, étoient si rudes, que l'on pouvoit à peine les prononcer dans les autres Langues. Il (*a*) n'étoit

---

pag. 256. Servius ad Eneid. I. vs. 123. II. vs. 763.
(*q*) Cluver. G. A. p. 184.
(*r*) Procopius Goth. Lib. IV. c. X. p. 590.
(*s*) Pausan. Arcad. c. L. p. 700. Phocic. c. XIX. p. 843.
(*t*) Prideaux Hist. des Juifs T. I. p. 405. 406.
(*v*) Lipsius, Hagenberg, ub. sup.
(*x*) Ibidem.
(*y*) Prideaux ub. sup. p. 327.
(*z*) Excerpta ex Ctesiæ Histor. ad Calcem Herodoti c. XX. p. 644.
(*a*) *Nonnullus & in illo labor, ut barbara nomina imprimis regis ipsius, Græcis versibus non resultent.* Plin. Junior. Epist. Lib. VIII. Ep. IV. Le Roi dont il s'agit est *Dietzbalg*, Decebalus, Roi des Daces.

CHAP. XV.

n'étoit pas possible de les faire entrer dans un vers sans l'estropier. La prononciation aussi étoit si rude, qu'elle écorchoit les oreilles des étrangers, & qu'elle ressembloit moins (*b*) à une voix articulée, qu'au croassement du corbeau, & au rugissement des bêtes feroces. Tout cela ne doit pas être pris au pied de la Lettre. Une Langue inconnuë nous paroît presque toujours barbare. Il est vrai que la Langue Allemande, qui décend de celle des Celtes, a encore aujourd'hui sa rudesse. D'un côté, les Allemands prononcent assez durement certaines Lettres, le *t*, le *z*, l'*u* consone, le *ch*, l'*sch*; &, de l'autre, ils lient quelquefois cinq ou six consones à une seule voyelle. Cependant, il est certain, que la plûpart des mots de la Langue Celtique avoient autrefois plus de (*c*) voyelles qu'ils n'en ont aujourd'hui; ce qui devoit en rendre la prononciation plus douce, & plus coulante. A l'égard du stile des Celtes, Diodore de Sicile (*d*), parlant des Gaulois, dit qu'ils s'exprimoient d'une maniere concise, obscure, pleine d'enigmes, de synecdoches, & d'hyperboles; que leurs discours étoient si enflez, qu'ils paroissoient

―――――――――――――――――――――――

(*b*) *Omnia barbarica loca sunt vocisque ferina, Omnia sunt Getici plena timore soni* Ovidius Trist. Lib. V. Eleg. XII. vs. 55. *Galli voce gravi, & aspera.* Diodor. Sic. V. 213. *Vidi barbaros qui trans Rhenum sunt, canentes agrestia carmina, verbis facta, quæ avium asperæ clamantium stridorem vel crocitationem referebant.* Julianus Misopog. p. 337.

(*c*) On peut s'en convaincre, en lisant les anciennes Versions de l'Ecriture Sainte faites à l'usage des Gots, & des Saxons, &c. & les divers Morceaux qui nous restent de l'ancien Tudesque.

(*d*) Diodor. Sicul. ub. sup.

CHAP. XV. soient toujours montez sur des échasses. Les Espagnols étoient à peu près dans le même gout. Je montrerai dans le Livre suivant pourquoi ce stile ampoullé étoit si fort à la mode dans les Gaules, & en général dans toute la Celtique. L'Histoire, les Loix, la Religion, des Celtes étoient toutes renfermées dans des Vers, que les Bardes composoient. Comme toutes les Etudes de la Jeunesse se réduisoient à apprendre des pièces de Poesie, il ne faut pas s'étonner, que les discours, & même les conversations familieres, des Celtes se ressentissent du stile Poëtique, dans lequel ils avoient été nourris & elevez. Si les Grecs n'avoient fait lire à leur Jeunesse, que les ouvrages d'un Pindare, d'un Licophron, je doute que leur stile eut été exemt des défauts qu'ils reprochent aux Gaulois.

Fin du premier Livre.

HISTOIRE DES CELTES.

LIVRE SECOND,

Qui traite de leur Maniere de se nourrir, de se loger, & de se vêtir. De leurs Occupations, du Mépris qu'ils témoignoient pour l'Agriculture, & en général pour les Sciences & pour les Arts. Des Hymnes qui contenoient leurs Loix, leur Religion, & leur Histoire. Et enfin de leurs Vertus & de leurs Vices.

CHAPITRE PREMIER.

J'AY montré dans le Livre précédent, que les Celtes sont les anciens habitans de l'Europe. Je parlerai dans celui-ci, & dans les suivans, des Coûtumes & de la Maniere de vivre de ces Peuples. Ce qui con-

Dessein de ce Livre & des suivans.

Chap. II. constitue l'Homme, ce sont, à proprement parler, ses idées, ses sentimens, ses inclinations, avec les actions exterieures, qui resultent de ces principes. Pour bien connoitre les Celtes, il faudra les considerer à tous ces differens égards, rechercher ce qu'ils pensoient sur la Religion, sur le gouvernement d'un Etat, sur la conduite d'une Famille, sur les Sciences & les Arts qu'ils connoissoient, & sur les qualités qui peuvent rendre l'Homme véritablement grand & heureux. Il faudra parler de leurs principes & de leurs préjugés, de leurs défauts & de leurs bonnes qualités, de leurs vertus & de leurs vices. La connoissance des anciens peuples ne nous est veritablement utile, que lorsqu'elle sert à nous préserver des vices qu'on leur a justement reprochez, & qu'elle nous met en état de les surpasser dans ce qu'ils avoient de de bon & de louäble. Cependant, je ne dois pas négliger certaines choses exterieures, bien qu'elles ne soient en quelque maniere que l'écorce de l'Homme. Quoiqu'il nous importe peu de savoir, quels étoient les alimens dont les Celtes se nourrissoient, de quelle maniere ils étoient habillés, quelle étoit la forme de leur Bouclier, de leur Lance, & de plusieurs autres armes, qui ne sont plus d'aucun usage ; toutes ces choses ne laissent pas d'être des marques, qui servent à distinguer les Celtes, des autres peuples qui vinrent s'établir successivement en Europe. C'est dans cette vûë que je les toucherai.

Réflexion préliminaire. Les véritables coûtumes
Il n'est pas necessaire d'avertir ici, que les véritables coûtumes des Celtes doivent être cherchées parmi les peuples, qui, n'entretenant aucun commerce avec les Nations étran-

étrangeres, n'avoient pas eu occasion d'en adopter les idées, & les usages. La chose parle d'elle même : & ce n'est qu'en suivant cette Regle, que l'on peut distinguer ce qui appartient en propre aux anciens habitans de l'Europe, de ce qui leur étoit venu d'ailleurs. Les usages communs à tous les peuples Celtes sont des restes de l'ancienne maniere de vivre des Scythes. Jules César remarque, par exemple, que (a) *les enterremens des Gaulois sont magnifiques & somtueux à leur manière. On jette, dit-il, dans le feu, tout ce qui faisoit plaisir au defunt, même les animaux. Il n'y a pas fort longtems, que l'on bruloit même, avec le Maître, les esclaves & les clients qu'il avoit affectionnez.* On voit dans ces paroles, que, du tems de Jules César, les Gaulois conservoient encore, au moins en partie, l'ancienne coûtume des Scythes, qui, dans les Obseques des Personnes de consideration, bruloient, avec le corps des Grands Seigneurs, leurs femmes, les clients (2) qui s'étoient dévoüez à vivre & à mourir avec eux, &, outre cela, leurs Domestiques, leurs chevaux, leurs chiens, & leurs armes. Au contraire, les usages qui sont particuliers à quelcun des peuples Celtes, ont ordinairement une origine étrangere. La Polygamie, par ex-

CHAP. X.
des Celtes doivent être cherchées parmi les peuples qui n'entretenoient aucun commerce avec les Nations étrangeres.

---

(1) *Funera sunt pro cultu Gallorum magfinica & sumptuosa, omniaque quæ vivis cordi fuisse arbitrantur, in ignem inferunt, etiam animalia. At paullo supra hanc Memoriam servi & clientes, quos ab iis dilectos esse constabat, justis funeribus confectis, una cremabantur.* Cæsar, L. VI. Cap. 19.

(2) Ce sont les *Solderii* dont je parlerai en son lieu.

CHAP. I.

exemple, inconnuë à la plûpart des Nations Celtiques, étoit permise (3) & commune parmi les Thraces. Ils l'avoient reçuë des Grecs, & des peuples de l'Asie mineure. Je dis la même chose des Temples, des Idoles, & d'une infinité de Ceremonies, que les Celtes ne reçurent que fort tard, les unes des Carthaginois, les autres des Romains, & les autres des Grecs qui les avoient eux mêmes reçuës des Phéniciens & des Egyptiens. Quand on lit, avec quelque attention, l'ancienne Histoire de l'Europe, on voit la barbarie se retirer par degrés des Provinces Méridionales, & se concentrer enfin dans le fond du Nord. La raison en est facile à découvrir. Les peuples Scythes, ou Celtes, se civiliserent insensiblement, à mesure que les Nations policées, qui avoient établi les prémieres Colonies, le long des côtes de l'Espagne, des Gaules, de l'Italie, & de la Grece, pénétrérent plus avant dans le païs. Après ces réflexions preliminaires, j'entre en matiere.

Les Celtes avoient reçu de la Nature,

Quoique les peuples Celtes, Maîtres de la plus grande partie de l'Europe, demeurassent les uns sous un Climat temperé, ou même chaud, & les autres dans des païs extrémement froids, ils ne laissoient pas de se ressembler tous. Généralement parlant, ils avoient une (4) grande

(3) *Uxorum numero se viri jactitant, & honoris loco ducunt multiplex conjugium.* Solin. Cap. XV. p. 214.
(4) *Flava proceritas Hispaniæ.* Calpurnii Flacci Declam. 2. *Gallorum corpora procera.* Strabo IV. p. 195. *Sunt etiam Celtæ præ ceteris hominibus eximia corporum proceritate.* Pausanias Phocic: XX. p. 847. *Galli celsioris staturæ.* Ammian. Marcellin. Lib. XV. Cap. 12. p. 106. *Galli corpore procero.* Ap-

de-taille, (5) beaucoup d'embonpoint, les

Appian. Celtic. p. 1220. *Galli corpore procero.* Diod. Sic. V. 212. *Sunt Celtæ proceræ staturæ.* Arrian. Exped. Alexandri p. 11. *Senones gens corporum mole, perinde armis ingentibus.* Flor. I. 13. *Proceræ stabant,, Celtarum signa cohortes.* Silius Ital. XV. vf. 715. *Gens cui natura corpora animasque magna magis quam firma dederit.* Camillus apud Liv. V. 44. *Procera corpora.* Manlius ap Liv. XXXVIII. 17. *Britanni Gallos proceritate superant.* Strabo IV. 200. *Caledoniam habitantium magni artus Germanicam originem asseverant.* Tacit. Agric. Cap. II. *Germani Gallos superant, feritate, proceritate, & fulvo colore.* Strabo VII. 290. *Ingenti magnitudine corpora Germanos.* Cæsar I. 39. *Suevi immani corporum magnitudine.* Idem IV. 1. *Germani immanes corporibus.* Pomp. Mela. L. III. Cap. 3. p. 75. *Germaniam rerum natura decoravit altissimorum hominum exercitibus.* Columella de re Ruftic. L. III. Cap. 8. p. 225. *Quid adversus Germanorum proceritatem nostra brevitas potuisset audere.* Vegetius de Re Militari Lib. I. Cap. I. *Sub Septentrionibus nutriuntur gentes immanibus corporibus.* Vitruv. L. VI. Cap. I. p. 104. *Magna corpora.* Tacit. Germ. Cap. 4. *Germani magnitudine corporum & contemtu mortis ceteris validiores.* Hegesippus Lib. II. p. 448. *Flava per ingentes surgit Germania partus.* Manilius Astronomic. Lib. IV. p. 102. *Germanicæ gentes dictæ, quod sint immania corpora.* Isidor. Orig. L. IX. Cap. 2. p. 1006. *Thraces proceri corporibus.* Plutarch. Paul. Æmil. T. I. 264. *Gothi, Bandili, Visigothi, Gepedes, procera statura.* Procop. Vandal. Lib. I. Cap. II. p. 178. *Corpora in agrestem magnitudinem surgentia.* Eunapius Sardens. de Gothiis in Except. Legat. p. 18. *Gothi staturæ proceritate ardui.* Isidori Cronic. p. 731. *Proceri autem Alani pæne omnes sunt.* Ammian. Marcellin. Lib. XXXI. Cap. 3. p. 620. *Scytharum & Bactrianorum eximiam vastorum magnitudinem corporum.* Q. Curtius L. IV. Cap. 13. Voyez aussi Pline L. V. Cap. 22. p. 695.

(5) Voyez la Note suivante.

les (6) chairs blanches & molles, les couleurs vives, les (7) yeux bleus, le regard farouche & menaçant, (8) les cheveux blonds & épais,

un

(6) *Fulgore nivali corporis Hispanus.* Silius Ital. L. XVI. p. 471. *Galli pene omnes sunt candidi.* Ammian. Marcell. Lib. XV. Cap. 12. p. 106. *Galli corpore albo & humoris pleno.* Diod. Sic. V. 212. *Corpora Gallorum, carnibus porosis, humoris plena.* Appian. Celtic. p. 1220. *Mollia ac fluida corpora Gallorum.* Livius, XXXIV. 47. *Fusa & candida corpora.* Idem XXXVIII. 21. *Lactea colla.* Virgilius Æneid. VIII. vſ. 660. *Colla viri fulvo radiabant lactea torque.* Silius L. IV. vſ. 154. *Gallos candida cutis distinguit.* Isidor. Orig. Lib. XIX. Cap. 23. p. 1300. *Adversa plaga mundi atque glaciali candida cute sunt gentes.* Plin. H. N. Lib. II. Cap. 78. p. 230. *Candore corporis indicans Provinciam.* Hieronymus in vita Hilarionis. Tom. I. p. 159. *Candidis coloribus, Sanguine multo.* Vitruv. VI. I. p. 104. *Gothi Bandili corpore albo.* Procop. Vandal. L. I. Cap. 2. p. 178. *Qui Aquilonem versus inhabitant, ut ipsi albo corpore sunt, sic oculos quoque cæsios habent.* Aristoteles Problem. Sect. XIV. n. 14.

(7) *Galli truces.* Claudian. in Rufin. L. II. vſ. 110. Lucanus VII. vſ. 231. *Galli aspectu terribiles.* Diod. Sic. V. 213. *Galli Luminum torvitate terribiles.* Amm. Marcel. XV. 12. p. 106. *Germanis truces, & cærulei oculi.* Tacit. Germ. 4. *Nec fera cærulea domuit Germania pube.* Horatius Epod. XVI. vſ. 7. *Cærula quis stupuit Germani Lumina.* Juvenal. Satyr. XIII. vſ. 164. *Germana maneret, ut facies, oculos cærula.* Auson. Edyll. VII. *Sæpenumero se cum Germanis congressos, ne vultum quidem atque aciem oculorum, dicebant ferre potuisse.* Cæsar I. 39. *Cattorum minax vultus.* Tac. Germ. 30. *Cæsiis oculis.* Vitruv. ub. sup. *Saxona cærulum.* Sid. Apoll. Lib. VIII. ep. 9. *Thraces ut ait Nasica terribiles aspectu.* Plut. Paul. Æmil. T. I. 264. *Budini natio vehementer cæsiis oculis.* Herodot. IV. 108.

(8) *Galli albis capillis.* Diod. Sic. V. 214. *Inde truces flavo comitantur vertice Galli.* Claudian in Rufin. II. vſ. 110. *Tum flava repexo Gallia crine ferox.* Idem de Laud. Stilic. L. II. vſ. 240. *Flavi*

Ru-

un (9) temperament robuste, qui résistoit également à la faim, au froid, au travail, & à la fatigue.

La Taille des Scythes & des Celtes paroissoit si monstrueuse aux Grecs, que leurs (*) Poë-

Rutheni. Lucan. I. 402. *Gens habitat cana, pendentes rupe Gebennas.* Ibidem p. 435. *Aurea cæsaries ollis, &c.* Virgil. Æneid. VIII. 659. *Britanni minus flavos crines habent Gallis.* Strabo IV. 200. *Flava per ingentes surgit Germania partus.* Manil. Astron. L. IV. ub. sup. *Flavam cæsariem Germani.* Juvenal. Satyr. XIII. vs. 164. *Flavis promissis crinibus.* Plin. II. 78. p. 230. *Arctoa de gente comam tibi Lesbia misi, ut scires quanto sit tua flava magis.* Martialis Epig. V. 69. *Flava comas.* Auson. Edyll. VII. *Et flavis signabat jura Suevis.* Claudian. in Eutrop. I. vs. 380. *Flavam sparsere Sicambri Cæsariem.* Idem de IV. Cons. Honorii vs. 446. *Flavis objecta Sicambris* de Bello Getico vs. 437. *Gothi flava cæsarie.* Procop. Vandal. L. I. C. 2. p. 178. *Alani pulcris crinibus, mediocriter flavis.* Amm. Marcell. L. XXXI. Cap. 3. p. 620. *Auchus, Cimmerias ostentat opes cui candidus olim, Crinis inest, natale decus.* Valer. Flac. Argon. L. VI. vs. 60.

(9) *Cantaber ante omnes hiemisque, æstusque famisque, Invictus, palmamque ex omni ferre labore.* Silius L. III. vs. 326. *Corpora Hispanorum ad inediam laboremque parata.* Justin. XLIV. 2. *Galli gelu duratis artubus, & labore assiduo.* Am. Marc. XV. Cap. 12. p. 106. *Germani frigora atque inediam cœlo, solove, adsueverunt.* Tacit. Germ. IV. *Quid est quod Barbaros, tanto robustiores corporibus, tanto patientiores laborum comminuat ; nisi ira infestissima sibi.* Senec. de Ira, Lib. I. Cap. II. p. 398. *Germanicæ Nationes, sævissimis duratæ frigoribus, qui mores ex ipso cœli vigore traxerunt.* Isidor. Orig. L. IX. Cap. 2. p. 1006. *Gothi conscientiæ viribus freti, robore corporis validi.* Idem Cronic. p. 730. *Scythæ gens laboribus & bellis aspera: vires corporum immensæ.* Justin. Lib. II. Cap. 3.

(*) Voyez ci-dessus Livre I. Chap. IX. p. 70. & 84. Chap. XV. p. 172.

CHAP. I.

Une grande Taille.

CHAP. I. Poëtes en font ordinairement des Géants. Les Poëtes, & même les Historiens Latins, en parlent à peu près dans les mêmes termes. Les plus grands des Romains paroissoient petits, auprès des Germains, des Bretons, & des autres (10) Celtes. Aussi Sidonius Apollinaris apelle t-il les Bourguignons (11) des hommes de sept pieds. Jules César parlant des Germains (12), attribuë leur grande stature aux viandes grossieres dont ils se nourrissoient, à l'exercice continuël auquel ils étoient élevez. Les esprits animaux n'étant épuisés dans la jeunesse, ni par l'étude, ni par le travail, ni par aucune occupation génante, étoient tous employés à l'accroissement du corps. Pline (13) l'attribuë au Climat. Les chaleurs étant fort temperées en Ger-

(10) *Germani, qui cum Ariovisto erant, proceritate procerissimos superabant.* Appian. Celtic. p. 1192. *Adolescentes Britannos Romæ vidimus, qui altissimos loci ejus, superarent pedis semisse.* Strabo IV. 200. *Gallis Insubribus corpora plus quam humana erant.* Florus II. 4.

(11) *Burgundio septipes.* Sidon. Apollin. L. VIII. Ep. 9.

(12) *Suevi non multum frumento, sed maximam partem lacte atque pecore vivunt, multumque sunt in venationibus, quæ res & cibi genere, & quotidiana exercitatione, & libertate vitæ (quod a pueris, nullo officio aut disciplina assuefacti, nihil omnino contra voluntatem faciant,) & vires alit, & immani corporum magnitudine homines efficit.* Cæsar IV. 1.

(13) *Adversa plaga mundi atque glaciali, candida sute sunt gentes, flavis promissis crinibus, truces ex coeli rigore. Ipso crurum argumento illis (Æthiopibus) in supera succum revocari, natura vaporis; his (Germanis) in inferas partes depelli, humore deciduo. Corporum proceritas utrobique; illic ignium nisu, hic humoris alimento.* Plin. L. II. Cap. 78. p. 230.

Germanie, il ne s'y faifoit pas une fi forte transfpiration, ni une confomtion d'humeurs auffi grande que dans les Païs plus chauds. Tout cela pouvoit y contribuër quelque chofe. Mais, il faut avouër après cela, qu'il y a fur la Terre des hommes de differentes efpèces. On trouve, dans le fond du Nord, de véritables Pygmées, je parle des Lappons. Il y avoit, au contraire, en Afrique, une race d'Ethiopiens, qui ne le cédoient point aux Germains (14) pour la Taille. Je doute beaucoup que les Lappons parvinffent jamais à la Hauteur de fix pieds, dans quelque Païs qu'on les tranfplantât. A Dieu ne plaife, cependant, que je revoque en doute ce que l'Ecriture Sainte nous dit de l'Origine du genre humain d'un feul homme. Mais, comme la Création de l'Homme, la longue vie des Patriarches, la confervation de l'Homme, des Plantes, & des animaux, au milieu d'un Déluge univerfel, font des miracles de la puiffance divine, il n'eft pas hors de vraifemblance, que Dieu ait mis, par un femblable miracle, une difference fi fenfible, entre les divers décendans d'Adam ou de Noé, que l'on pourra diftinguer, jufqu'a la fin du monde, les Germains des Lappons, les peuples blancs des noirs, ceux qui ont les cheveux crépez, de ceux qui les ont longs & flottans. C'eft mon fentiment, que je foumets de bon cœur aux lumieres des Philofophes, & des Theologiens, qui auront examiné ces matietes plus à fond.

A l'égard de l'embonpoint des Celtes, quoiqu'en

(14) Voyez les paroles de Pline dans la Note précédente.

CHAP. I.

Beaucoup d'embonpoint.

qu'en ayent pensé les Anciens, je suis persuadé, qu'il venoit de la maniere dont ils se nourrissoient, & sur-tout de la biere, qui étoit la boisson communé (15) de tous les peuples de l'Europe, avant qu'ils eussent appris des Orientaux, à planter la vigne, & à faire du vin. Au moins est-il certain, qu'on ne trouve plus en Espagne, dans les Gaules, & parmi les autres peuples qui ont quitté la biere, autant de gens d'une vaste corpulence, qu'en Allemagne, & dans les autres Provinces du Nord, où l'on use encore de cette boisson.

Des chairs blanches, des couleurs vives.

Pline, parlant des peuples Septentrionaux, (16) attribuë la beauté de leur teint & de leur chevelure à la rigueur du Climat. On sent bien effectivement, qu'ils n'étoient pas aussi exposez à être halés & grillés par les ardeurs du Soleil, que les habitans de l'Italie ou de l'Afrique. Cependant, si on lui avoit objecté que les (17) Celtes d'Espagne & d'Italie, les Galates de l'Asie mineure, étoient blancs & blonds, comme les peuples Septentrionaux, je ne sai ce qu'il auroit pû alleguer pour soutenir son sentiment. S'il avoit répondu, que ces peuples tenoient encore quelque chose de la constitution du Païs d'où ils sortoient, il auroit été facile de repliquer, que les Celtes d'Espagne y étoient établis depuis des tems immémorables, & que les Gaulois de l'Asie mineure, outre qu'ils étoient encore blancs plus de cent ans après y être passez, avoient d'ailleurs toujours été voisins de la Grece.

Quoi-

---

(15) Voyez ci-dessous Chap. II. p. 216. &c.
(16) Voyez ci-dessus p. 198. Note (13).
(17) Voyez ci-dessus p. 194. Note (6) & (8).

Quoique les hommes tiennent tous quelque chose de la position des Païs où ils sont établis, je ne crois pas cependant, que la diversité du terroir & du climat suffise, pour rendre raison de la difference qu'on trouve entre les hommes, par rapport aux qualités du corps & de l'esprit.

Je m'imagine que le Lecteur goutera encore moins la remarque (18) d'Aristote, qui prétend, que les peuples Septentrionaux ont les yeux bleus (19), parce que le froid excessifs qui regne dans ces contrées, empêche la chaleur naturelle de transpirer & de s'evaporer aussi facilement que dans des Païs chauds. Il auroit peut-être mieux valû laisser le Probleme indécis, que de le décider d'une maniere si peu satisfaisante. Solin (20) fait sur cet Article une réfléxion qui n'est pas plus solide, que celle d'Aristote. Il dit que les Albaniens, qui étoient un peuple Scythe de l'Asie, voyent mieux de nuit que de jour, parce qu'ils ont les yeux bleus.

Chap. I.

Des yeux bleus.

Le

(18) Τῶν πρὸς Ἄρκτον οἰκούντων γλαυκὰ ὄμματα ἐςὶ, τῷ τὸ θερμὸν κωλύεςθαι διεκπίπτειν, διὰ τὸ ἐκτὸς ψυχρόν. Aristoteles Problem. Sect. XIV. n. 14. Pline dit aussi *truces ex cœli rigore*. ci-dessus p. 198. Note (13).

(19) Je ne sai où Mr. Mezerai avoit pris, que les anciens Germains avoient les yeux verds. Histoire de France avant Clovis p. 24. γλαυκὸς, *Cæsius*, c'est bleu.

(20) *Glauca oculis inest pupilla, ideo noctu plus quam die cernunt.* Solin. Cap. 25. p. 235. Pline avoit dit simplement. *Idem (Isigonus Nicæensis ait) in Albania gigni quosdam glauca oculorum acie, a pueritia statim canos, qui noctu plus quam interdiù cernant*. Plin. Hist. Nat. VII. 2. Voyez la Note suivante.

Chap. I.

Ils avoient le regard farouche & menaçant.

Le regard farouche & menaçant, qu'on attribuë assez généralement aux anciens Celtes, venoit, selon les apparences, de la ferocité de ces peuples, dont je parlerai en son lieu, & qu'ils ne dépouillérent que fort tard. Ennemis des nations étrangeres, se défiant surtout des Grecs & des Romains qui en vouloient à leur liberté, ils les regardoient rarement de bon œil. Depuis qu'ils sont sortis de la barbarie, ils ont perdu ce regard fier & terrible, auquel on les reconnoissoit autrefois.

Des cheveux blonds.

On se tromperoit certainement, si l'on s'imaginoit que les Historiens, qui donnent quelquefois aux Scythes, & aux Celtes, une chevelure blonde, & d'autrefois des cheveux roux, se sont contredits, ou qu'au moins ils ont confondu des couleurs si differentes. Ces peuples avoient les cheveux naturellement blonds. Mais, on verra dans l'un des Chapitres suivans, qu'ils n'épargnoient rien, pour les rendre rouges & ardens, cette couleur leur paroissant infiniment plus belle. Il faut au reste que les cheveux blonds fussent extrememement rares parmi les Grecs & les Romains, puisqu'Aulu-Gelle (21) met au nombre des choses incroyables, qu'Aristée de Préconnese, & plusieurs Auteurs Grecs du même ordre, avoient rapportées, ce qu'ils ont dit de certains peuples Scythes, *que leurs enfans apportoient au monde des cheveux qui étoient préci-*

---

(21) *Præterea traditum esse memoratumque, in ultima quadam terra quæ Albania dicitur, gigni homines qui in pueritia canescant, & plus cernant oculis per noctem quam inter diem.* A. Gell. L. IX. Cap. 4. p. 247.

cifement de la même couleur que ceux de nos
Vieillards. Solin (22), à la verité, ne conteste
pas le fait, mais il assure que la chose a parû si extraordinaire, que l'on a crû devoir
donner à la nation un nom qui exprimât
cette grande merveille. *On les apelle*, dit-il,
*Albaniens, parce qu'ils naissent avec des cheveux
blancs*. De semblables remarques prouvent,
non seulement que les Grecs n'ont connû que
très imparfaitement les peuples Septentrionaux, mais encore que bien souvent les Romains, qui étoient à portée de les mieux connoître, se sont contentez de copier les Auteurs Grecs, sans faire eux-mêmes la moindre recherche sur les choses qu'il étoit le plus
facile de savoir.

Enfin, pour ce qui est du temperament robuste

Un temperament

___

(22) *At Albani in ora gentes, qui posteros se Jasonis credi volunt, albo crine nascuntur ; caniciem habent auspicium capillorum. Ergo capillorum color genti nomen dedit.* Solin. Cap. 25. p. 232. Ici Solin a encore enchéri sur Pline, dont on peut voir le passage à la page 201. Note (20). Au reste, comme les Albaniens portoient déja ce nom, avant que les Romains eussent passé en Asie, on ne sauroit lui donner raisonnablement une Etymologie Latine. J'ay remarqué dans le Livre précédent, Chap. XV. p. 170. & 173. qu'*Albe* signifioit, dans la langue des Celtes, une montagne, *Albion* un montagnard. Les *Albanois* sont donc les Scythes qui demeuroient sur le mont Caucase, & les *Iberes* leurs voisins ceux qui étoient établis au delà de cette chaine de montagnes. Voyez ci-dessus Livre I. Ch. XIV. p. 147. & 148. Justin dit Livre XVII. Ch. 3. *Albani Herculem ex Italia ab Albano monte secuti dicuntur.* On entrevoit dans cette Fable la véritable signification du nom d'*Albani*.

buste & vigoureux des Celtes, on doit moins le regarder comme un présent de la nature, que comme le fruit de l'Education qu'ils recevoient, & de leur maniere de vivre. Des peuples, qui n'avoient point d'autre mêtier que la guerre, qui étoient dans l'Opinion, que la véritable gloire ne se moissonne que dans un Champ de Bataille, devoient s'étudier naturellement à augmenter autant qu'il étoit possible les forces du corps, & s'accoûtumer de bonne heure aux fatigues & aux incommoditez qui sont inséparables de la profession des armes. C'étoit-là effectivement l'unique étude des Celtes, depuis la tendre jeunesse, jusqu'à l'âge décrepit, comme on le verra en son lieu. Aussi vit-on ces corps de fer s'amollir insensiblement, à mesure qu'ils commencérent à connoitre & à gouter les douceurs de la paix. Dans le fond, ce ne fût pas un grand mal. S'il ne faut pas négliger absolument les forces du Corps, qui sont très necessaires & très utiles à l'Homme; s'il est à propos de former les jeunes gens aux travaux de la guerre, qui est inévitable en mille occasions, il est infiniment plus necessaire, & plus utile encore, de cultiver les facultés de l'Ame, & de regler ses idées & ses desirs d'une maniere qui retranche, s'il est possible, tout ce qui donne occasion aux injustices & aux guerres.

Les Auteurs remarquent assez généralement, que les (23) Gaulois & les Germains ré-

---

(23) *Minimè patientia æstus corpora Gallorum.* Livius, XXXV. 5. & XXXVIII. 17. *Germani minimè sitim æstumque tolerare adsueverunt.* Tacit. Germ. Cap. 4. Voyez aussi Tacit. Histor. Lib. II. Cap. 32, 93.

résistoient beaucoup mieux au froid qu'à la chaleur, qui leur étoit en quelque manière insupportable. Il ne faudroit pas être surpris que des armées, sorties d'un Païs froid (24), ayent été incommodées dans le commencement par des chaleurs, auxquelles le Soldat n'étoit pas encore accoûtumé. On peut ajouter aussi, qu'un corps chargé d'humeurs & d'embonpoint, doit naturellement souffrir beaucoup plus de la chaleur, qu'un corps sec & nerveux. Mais, du reste, il est constant, que les Gaulois qui allerent s'établir dans l'Asie mineure, & les Germains, qui, dans la décadence de l'Empire Romain, envahirent une partie de l'Italie, de l'Espagne, & de l'Afrique, s'accoûtumerent parfaitement au Climat de ces contrées, & y conserverent long-tems toute leur vigueur. S'ils la perdirent dans la suite, ce ne furent pas certainement les chaleurs excessives, que l'on ressent dans ces contrées, qui les énerverent. Ce qui contribua le plus à les affoiblir, c'est qu'ils changerent insensiblement leur ancienne maniere de vivre, en celle des peuples au milieu desquels ils s'étoient établis.

On a remarqué aussi, que la vigueur des peuples Celtes ressembloit, en quelque manière, à un feu de paille. *Les Germains*, disoit Tacite (25), *ont des corps extrêmement grands, mais qui n'ont de la vigueur que pour le premier choc. Ils ne soutiennent pas aussi bien la*

CHAP. I.
le froid que la chaleur.

Et qui ne duroit point à la fatigue.

―――――――――――
(24) J'ay montré dans le Livre précédent, Chap. XII. que le Climat des Gaules étoit autrefois beaucoup plus froid qu'il ne l'est aujourd'hui.

(25) *Magna corpora & tantum ad impetum valida. Laboris atque operum non eadem patientia.* Tacit. Germ. Cap. IV. Appien dit la même chose. Voyez ci-dessous Chap. XV. Note derniere.

CHAP. I. *la fatigue & les travaux*. Tite Live (26) & Florus disent la même chose des Gaulois. *Dans le premier choc, ils font des efforts qu'aucun homme ne sauroit égaler. Quand il faut revenir à la charge, ils sont plus foibles que des femmes*. Ce n'étoit donc pas la foiblesse de leur temperamment, qui les rendoit incapables de soutenir un long travail. Ils avoient une vigueur & des forces extraordinaires. Mais, ils ne savoient pas les ménager, comme nous le verrons en parlant du Caractere de ces peuples (27). C'étoient de ces Esprits violens & féroces, qui veulent tout emporter de vive force. Se livrant aveuglément à l'impetuosité de leur temperament, ils alloient aux coups avec une ardeur qui étoit trop vive pour se soutenir longtems; & ils se rebutoient ensuite avec la derniere facilité, quand ils rencontroient dans leur chemin des obstacles & des difficultez auxquelles ils n'étoient pas préparez.

※※※※※:※※※:※※※※:※※※※※

CHAPITRE SECOND.

Maniere de vivre des peuples Celtes.

IL faut passer présentement à l'ancienne maniere de vivre des peuples Celtes. On reconnoitra facilement ici, que l'Europe étoit autrefois habitée par la même Nation, & que

---

(26) *Gallorum corpora intolerantissima laboris atque æstus fluere, primaque eorum prælia plusquam virorum, postrema minus quam fœminarum esse.* Livius X. 28. Voyez aussi XXXVIII. 17. *Sicut primus impetus iis major quam virorum est, ita sequens minor quam fœminarum.* Florus II. 4.

(27) Voyez ci-dessous Chap. XIII. & XV.

que les Celtes, au lieu de tirer leur origine, ou des Egyptiens, ou des Phéniciens, qui étoient déja policés, lorsqu'ils envoyerent des Colonies dans les païs étrangers, décendent véritablement des Scythes, c'est à dire d'un peuple sauvage & barbare, qui n'avoit encore aucune connoissance des avantages que l'Homme peut tirer de sa propre industrie ou du païs qu'il habite.

CHAP. II.

Les Scythes menoient une vie simple & frugale. Soit qu'ils ne connussent pas encore l'Agriculture, & les douceurs qu'elle procure au genre humain; soit qu'ils la regardassent comme une occupation basse & servile, qui ne convenoit point à des guerriers; soit qu'ils fussent dans l'Opinion, que le Climat, & les terres de la Scythie, n'étoient point propres pour produire les blés, & les fruits que l'on recueilloit dans les autres païs; soit enfin, qu'ils ne crussent pas devoir se donner beaucoup de soins, pour multiplier le nombre & la diversité des alimens, & pour se procurer des délicatesses, qui ne servoient, selon eux, qu'à affoiblir le corps & à amollir le courage: toûjours est-il certain, que la plûpart des Scythes (1) negligeoient presqu'entiérement l'Agriculture. Les fruits que la terre (2) produit naturellement,

Les Scythes vivoient des fruits que la terre produit naturellement, de la chasse, du lait & de la chair de leurs troupeaux.

la

___

(1) *Scythæ Nomades, neque serunt neque arant quicquam, nuda arboribus est omnis hæc plaga.* Herodot. IV. 19. *Nomadibus pecora, lacte, caseo, & carnibus victum suppeditant.* Strabo VII. p. 307. *Scythæ terram non colunt.* Dio Chrysost. Or. LXIV. p. 596.

(2) *Scythæ agrum non exercent: lacte & melle vescuntur* Justin. II. 2. *Scythæ non pane victitant, sed pecoribus*

CHAP. II. la chasse (3), le lait & la chair (4) de leurs troupeaux, leur fournissant abondamment les choses necessaires à la vie, ils ne se soucioient point des alimens, que l'Homme n'obtient qu'à force de travail, & à la sueur de son visage. Herodote remarque (5), que ceux des Scythes, qui semoient quelque peu de bled, ne s'en servoient pas pour faire du pain, mais uniquement pour le rôtir, c'est-à-dire, comme je le montreray tout à l'heure, pour en faire de la biere & de la bouillie.

Les peuples Celtes se nourrissoient anciennement de la même maniere.

Les nations Celtiques retinrent longtems cette maniere de vivre des Scythes. Je trouve, par exemple, que les peuples établis dans les montagnes du (6) Portugal, où les Car-

coribus. Herodot. IV. 46. *Lacte, caseo, carne vescor.* Anacharsis Scytha, Epistola ad Hannonem apud Ciceron. Tuscul. Quæst. L. V. p. 3600. *Gentes Scytharum innumeræ quarum pars exigua frugibus alitur.* Ammian. Marcell. L. XXII. Cap. 8. p. 317. *Alanis non versandi vomeris cura, sed carne & copia victitant lactis.* Idem. Lib. XXXI. Cap. 3. p. 619.

(3) Voyez ci-dessous Chap. XII.

(4) Voyez les Notes précédentes. On sait que le nom de *Galactophages*, que les Grecs donnoient aux Scythes, signifie des Hommes qui se nourrissent de lait. Homer. Iliad. XIII. vs. 6. Strabo L. I. p. 4.

(5) *Scythæ aratores, serunt triticum, non ad panem conficiendum, sed ad torrendum.* Herodot. IV. 17.

(6) *Omnes (Hispani) qui montes inhabitant victu tenui utuntur. Montani Lusitani duobus anni temporibus glande vescuntur querna, siccatam indeque contusam molentes, atque è farina panes conficientes, eos ad tempus reponunt. Butyrum iis olei usum implet.* Strabo L. III. p. 155. Voyez aussi Justin. XLII. Chap. 2. & 4. Plin. XVI. Cap. 5. L'Histoire fabuleuse d'Espagne portoit, qu'un Prince nommé

Ha-

Carthaginois & les Romains n'avoient pû les forcer, se nourrissoient des alimens les plus simples; & qu'au défaut de l'Huile qui leur étoit inconnuë, ils faisoient tous leurs apprêts avec du beurre. Pour du pain, ils n'en mangeoient, que dans deux Saisons de l'Année; encore le faisoient-ils de gland, comme les Pelasges (7) de l'Arcadie. A l'égard des anciens habitans des Gaules, (8) Justin remarque, que ce furent les Grecs établis à Marseille, qui leur enseignerent à cultiver les terres, à tailler la vigne, & à planter des Oliviers. La Colonie de Marseille fut fondée par les Phocéens, sous le regne de Tarquin l'Ancien, (9) vers l'An 153. de

Les Gaulois.

Habis avoit appris aux Tartesiens à cultiver la terre, & à ne plus manger des fruits sauvages. *Barbarum populum legibus junxit, & boves primus aratro domari, frumentaque sulco quærere docuit; & ex agresti cibo mitiora vesci, odio eorum quæ ipse passus fuerat, homines coegit.* Justin. XLIV. 2.

(7) Ælianus, Var. Hist. L. III. Cap. 39.

(8) *Ab his Galli & usum vitæ cultioris, deposita & mansuefacta barbaria, & agrorum cultus, & urbes moenibus cingere didicerunt. Tunc & legibus non armis vivere, tunc & vitem putare, tunc olivam serere consueverunt.* Justin. XLIII. 4. *Galli vitem, vel cu'tum oleæ, Roma jam adolescente, didicerunt.* Macrob. in Somn. Scipion. L. II. Cap. 10. p. 108.

(9) *Temporibus Tarquinii regis ex Asia Phocensium juventus ostio Tiberis invecta, amicitiam cum Romanis junxit; inde in ultimos Galliæ sinus, navibus profecta, Massiliam inter Ligures & feras gentes Gallorum condidit.* Justin. XLIII. 3. Martianus Heracleotes vs. 210. dit qu'elle fut fondée 120. ans avant la Bataille de Salamine, Μασσαλία δ' ἐξεχομένη Πόλις μεγίςη Φωκάων ἀποικία. Εν τῇ Λιγυςικῇ δὲ ταύτην ἔκτισαν, πρὸ τῆς μάχης τῆς ἐν Σαλαμῖνι

γε-

de Rome 600. ans avant J. C. Ce n'est donc que depuis ce tems-là, que les Gaulois ont commencé à connoître l'Agriculture, avec les differentes sortes de fruits & d'alimens qu'elle procure à l'Homme. On comprend même, qu'il dût se passer du tems, avant que les peuples, qui demeuroient dans le Cœur du païs, eussent appris de ceux qui étoient voisins de Marseille, à faire valoir leurs Terres. Aussi Strabon remarque-t-il (10), que les Gaulois apprirent l'Agriculture, les uns des Marseillois, & les autres des Romains, qui n'ont rien possedé dans les Gaules, au délà des Alpes, avant l'An 600. de Rome. Le même Géographe (11) insinuë ailleurs, que

γενομένης Ἔτεσιν πρότερον, ὡς φασίν, ἑκατὸν εἴκοσι. Cette Bataille se donna, selon Diodore de Sicile, l'An I. de la LXXV. Olympiade Diod. Sic. Lib. XI. p. 242. & seq. La fondation de Marseille tombe donc sur l'An. I. de la XLV. Olympiade qui est l'An 153. de Rome. Au reste, Fenestella avoit remarqué, que ce fut vers le même tems, que l'on vit pour la première fois des Oliviers en Italie. *Fenestella dicit, omnino non fuisse oleam in Italia, Hispania, atque Africa, Tarquinio Prisco regnante, ab annis Pop. Rom. 173. quæ nunc pervenit trans Alpes quoque, & in Gallias Hispaniasque medias.* Plin. Histor. Natur. Lib. XV. Cap. 1. p. 167. Il y a apparence, que ce furent les Phocéens, qui porterent la vigne, & les Oliviers, non seulement dans les Gaules, mais aussi en Espagne & en Italie. Au moins Herodote remarque, qu'ils negotioient avant le tems de Cyrus dans tous ces differens païs. Hérodot. I. 163. D'autres renvoyent la fondation de Marseille à la LX. Olympiade: voyez Petav. Rat. Tp. L. II. p. 95. & les Notes sur le passage de Justin. XLIII. 3.

(10) Strabo L. IV. p. 181.
(11) *Galli pugnatores potius quam agricolæ; nunc ve-*

que les Gaulois ne s'appliquerent même à l'Agriculture que par force. Ces peuples guerriers, aimant beaucoup mieux manier l'épée & lance, que la charruë & le foc, ne pûrent fe réfoudre à faire le métier de Laboureur, que lorfqu'on les obligea malgré eux à quitter celui des armes.

Les Germains ne furent gueres connus avant le tems de Jules Céfar, qui paſſa le premier le Rhin à la tête d'une armée Romaine (12) l'An de Rome 699, fous le Conſulat de Pompée & de Craſſus. Ce qu'il rapporte, dans ſes Commentaires, de la maniere de vivre de ces peuples, montre clairement, qu'elle ne differoit en rien de celle des Scythes. *Les Sueves* (13), qui étoient de ſon tems l'une de plus puiſſantes nations de la Germanie, *conſumoient peu de bled. Ils vivoient* (14) *en partie du lait & de la chair de leurs troupeaux, & en partie de la chaſſe, à laquelle ils prenoient beaucoup de plaiſir.* Les (15) peuples Germains

Les Germains.

vero, armis depoſitis, coguntur terram colere. Strabo IV. p. 178.
(12) Cæſar IV. 16.
(13) Cæſar IV. 1. ci-deſſus p. 198. Note (13).
(14) Strabon dit la même choſe. *Suevis tenuis victus & cibus à pecore plurimus.* Strabo VII. 291.
(15) *Germani agriculturæ non ſtudent, majorque pars victus eorum, in lacte & caſeo & carne conſiſtit.* Céſar IV. 22. Jules Céſar remarque auſſi, qu'il y avoit dans les Iſles, que le Rhin forme à ſon embouchure, des Sauvages, qui ne vivoient que de poiſſon, & des Oeufs de certains oiſeaux. Céſar. IV. 10. Xenophon de Lampſaque appelloit ces Iſles *Oonas, les Iſles des Oeufs*, mais il les plaçoit dans la Mer Baltique. Plin. IV. Cap. 13. p. 474. Solin. Cap. XXX. p. 244. Pomp. Mela L. III. Cap. VI.

CHAP. II. en général, *faisoient peu de cas de l'Agriculture. Leurs alimens ordinaires étoient du lait, du fromage, & de la chair.* Ils vivoient avec la même simplicité du tems de Tacite & de Pline, c'est-à-dire, plus de cent ans après. Le prémier remarque (16), *que les alimens dont les Germains se nourrissoient étoient fort simples. Des pommes sauvages,* (17.) *de la venaison fraiche, du beurre* (18), *& du fromage.* Le second ajoute (29), *que le beurre n'étoit même que*

VI. p. 82. Pline assure avoir vû sur les bords de l'Ocean des peuples qui ne vivoient que de poisson. Plin. H. N. L. XVI. Cap. I. p. 224.

(16) *Cibi simplices; agrestia poma, recens fera, aut lac concretum.* Tac. Germ. 23.

(17) Plusieurs autres Auteurs disent la même chose. *In alimentum feras captant.* Seneca de Provid. Cap. IV. p. 386. *Franci ferina carne distenti.* Panegyricus Constantino dictus inter Panegyr. veteres. Cap. XXIV. p. 248. On assure même que les Germains mangeoient de la chair crue. *Germani victu ita asperi atque inculti, ut cruda etiam carne vescantur, aut recenti, aut cum rigentem, in ipsis pecudum ferarumque coriis, manibus pedibusque subigendo renovarunt.* Pomp. Mel. L. III. Cap. 3. p. 75. *Cimbri crudas carnes comedebant.* Excerpta Dionis apud Valesium p. 634. *Alani ferarum more crudis carnibus vescuntur.* Bardesanes apud Euseb. Præp. Ev. L. VI. Cap. 10. p. 274.

(18) Je suis la version d'Ablancourt. Le Latin Note (16) porte simplement *Lac concretum.*

(19) *E lacte fit & butyrum barbararum gentium lautissimus cibus, & qui divites à plebe discernat.* Plin. XXVIII. Cap. 9. p. 603. Casaubon prouve par un passage d'Aristote, que les Grecs avoient appris des Scythes à faire le beurre, & que le nom même de βυτυρον étoit Scythe. *Græci ut ex Aristotele constat, nomen & conficiendi rationem, à vicinis nationibus didicerunt, Thracibus, Pœoniis, Scythis.*

Ca-

que pour les riches, & qu'on le servoit comme une délicatesse, sur les tables des grands. Ce n'est pas pourtant que les Germains ne semassent déjà quelque bled, du tems de Pline & de Tacite, & même de Jules César. Mais, ils n'avoient pas encore appris à en faire du pain, & ils ne l'emploïoient, à l'éxemple des Scythes, qu'à cuire de la bouillie & (20) de la biere. Je n'entreray pas dans un plus grand détail sur cette matiere, parce que mon dessein n'est certainement pas de donner ici un Traité de la Cuisine des Anciens. Ceux, qui voudront jetter les yeux sur les Notes qui se trouvent au bas de cette page, & consulter les Auteurs qui y sont citez, pourront se convaincre, que tous les autres peuples (21) Celtes, & même les (22) Grecs, & les

Casaub. Comment. ad Athenæum Lib. X. Cap. 14. p. 745. On dit en Allemand *Butter*.

(20) *Avenam Germaniæ populi serunt, neque alia pulte vivunt.* Plin. XVIII. 17. p. 414. *Pannonii hordeum & milium similiter edunt & bibunt.* Dio Cass. L. XLIX. p. 413.

(21) *Quidam Britannorum adeo barbari ac simplices, ut ob imperitiam caseos nullos conficiant, quamvis lacte abundent. Hortos colendi & aliarum partium agriculturæ prorsus ignari sunt.* Strabo IV. 200. *Pytheas ait in locis quæ frigidæ appropinquant plagæ,* (il s'agit de la Grande-Bretagne & de l'Isle de Thulé) *fructuum mitiorum nihil, animaliumque mansuetorum parum ibi nasci. Milio & aliis oleribus, fructibus & radicibus homines vesci, ubi frumentum & mel proveniunt; ibi inde etiam potum fieri.* Strabo IV. 201. *Ligures vitam re pecuaria fere sustentant, ac lacte.* Strabo IV. 202. *Gothorum gens nihil abundans uist armento diversi generis pecudum, & pascuis Sylvaque lignorum, parum habens tritici.* Jornand. Cap. XXI. p. 688.

(22) *Dicæarchus doctissimus homo, qui Græciæ ve-*

CHAP. II.

La biere étoit la boisson commune des peuples Celtes.

les (23) Perses, ne connoissoient anciennement point d'autres alimens, que ceux dont les Scythes se nourrissoient.

Pour dire aussi un mot de la boisson dont les Celtes usoient anciennement, je remarqueray, que les peuples Nomades, qui n'avoient aucune connoissance de l'Agriculture, buvoient, comme les Scythes, (24) du lait, & de l'eau pure, ou détrempée avec du miel. Ceux, au contraire, qui semoient du froment, de l'orge, ou du millet, s'en servoient pour faire de la biere (25), qui étoit la boisson la plus commune des Cel-

ta qualis fuerit ab initio nobis ita ostendit, ut superioribus fuisse temporibus doceat, cum homines pastoritiam vitam agerent, neque scirent etiam arare terram aut serere arbores, aut putare, ab his inferiore gradu ætatis susceptam agriculturam. Varro. R. R. L. I. Cap. 2. p. 314. *Athenienses primi lanificii & olei & vini usum docuere. Arare quoque & serere frumenta, glandem vescentibus monstrarunt.* Justin. II. 6. Voyez aussi Justin. XIII. 7. fine.

(23) Voyez Herodote I. 71.

(24) *Massagetæ lac potitant.* Herodot. I. 216. *Gothi minores vinum non cognoscunt, nam lacte aluntur.* Jornandes Cap. LI. p. 688. *Iberi aquam potant.* Athenæus L. II. 6. Stephanus de Urb. p. 410. *Celtiberi aquam melle dilutam.* Diod. Sic. V. 215. *Galli Zythum, vel aquam melle dilutam.* Idem. p. 211. *Germani, ut Autor est Posidonius Libro XXX. In prandium afferunt carnem membratim assam, & lac superbibunt, vinumque merum* Athen. L. IV. Cap. 13. p. 114.

(25) Voyez la p. 215. Note (20) & (21). *Lusitani Zytho utuntur.* Strabo III. 155. *Polibius refert regi cuidam Hispano, in atrii medio aurea argenteaque pocula stetisse, plena vino ex ordeo confecto.* Athen. L. I. Cap. 14. *Ligures utuntur potu hordeaceo.* Strabo IV. p. 202. *Germanis potui humor, ex ordeo,*

DES CELTES, Livre II.

Celtes. Elle portoit divers noms dans les différentes Provinces de l'Europe. Les Espagnols l'appelloient *Celia* (26), ou *Ceria*. Les Gaulois (27), *Cervisia*. Les Pannoniens, les Dalmatiens, & les autres peuples de Illyrie, la nommoient (28) *Sabaja*. Les Thraces,

---

deo, vel frumento, in quandam similitudinem vini corruptus. Tacit. Germ. Cap. 23. *Gallis ad vini similitudinem multiplices potus.* Am. Marcell. L. XV. Cap. 12. p. 106.

(26) *Celia Cerevisiæ genus, indigena ex frumento potio.* Florus II. 18. *Utebantur Numantini succo tritici per artem confecto, quem succum à calefaciendo Celiam vocant.* Oros. L. V. Cap. 7. p. 259.

(27) *Ex frugibus fiunt & potus. Zythum in Ægypto, Celia & Ceria in Hispania, Cervisia & plura genera, in Gallia aliisque Provinciis.* Plin. L. XXII. Cap. 25. p. 234. *Cum vinum non habeant Galli, potum ex hordeo conficiunt, qui Zythus vocatur.* Diod. Sic. V. 211. Si le nom de *Zythus* étoit en usage dans les Gaules, il faut qu'il y eût été apporté d'Egypte, où la Biere portoit ce nom. Diodor. Sic. I. 21. Herodot. II. 77. Athen. I. p. 26. X. Cap. 5. Il y avoit effectivement dans les Gaules des Colonies venues d'Egypte, comme celle de Nismes. Peut-être cependant que Diodore de Sicile, qui avoit été en Egypte, se sert du nom de *Zythus* qui lui étoit connu, & qui étoit d'ailleurs en usage parmi les Grecs & les Romains, sans prétendre qu'il fût reçu dans les Gaules. On peut voir dans l'Anthologie une Epigramme que Julien l'Apostat fit sur la Biere qu'il avoit goutée dans les Gaules. Il y dit qu'elle sent le bouc. Antholog. Lib. I. Cap. 59. Voyez Joseph. Scalig. Epist. L. III. Ep. 208. p. 422.

(28) *Est autem Sabaja ex hordeo vel frumento in liquorem conversis paupertinus in Illyrico potus.* Am. Marc. L. XXVI. Cap. 8. p. 465. Ζύθον, *quod genus est potionis ex frugibus aquaque confectum, & vulgò in Dalmatiæ Pannoniæque Provinciis, gentili barbaroque*

K

ces, les Phrygiens, & les Péoniens (29), peuple voisin de la Macedoine, lui donnoient le nom de *Britum*, qui approche beaucoup de l'Allemand *Bier* (30). Elle étoit connuë parmi les Scythes qui demeuroient au-delà du Danube, sous le nom de *Meth* (31) ou de *Camus*. D'autres peuples enfin l'appelloient (32) *Carnus*. Mais au reste elle se faisoit partout de la même maniere (33), & comme on la fait encore aujourd'hui. On (34) mouilloit

tiae sermone appellatur Sabajum. Hieronym. ad Esaïam. L. VI. Cap. 19. p. 78. St. Jerôme étoit originaire de ces contrées.

(29) *Vinum ex bordeo confectum Brytum vocant, ut Sophocles in Triptolemo, Brytum terrestre in album non demittere. Archilochus, velu: Thrax quidam, aut Phryx, ad tibiam prono corpore bibens, Brytum exugebat. Hellanicus in prædiis.... Thraces Brytum bibunt ex frugibus. Hecatæus in Europæ lustratione, Pæonas inquit, Brytum ex hordeo bibere, ac parabiam, ex millio & oryza.* Athen. L. X. Cap. 13.

(30) Les Bretons disent *Byer*, *Ber*, *Bir*. Dictionaire du Pere de Rostrenen p. 95.

(31) Μέδος, Κάμος. Priscus Rhetor in Excerptis Legat. p. 55.

(32) Ulpianus Leg. 9, ff. de Tritico, vino vel oleo Leg. *Zythum quod in quibusdam Provinciis, ex tritico, vel ex bordeo, vel ex pane conficitur, non continebitur. Simili modo nec Carnum, nec Cervisia continebitur.* Les Tartares & les Russes ont encore leur *Braga*, qu'ils font avec de l'avoine, de la farine & du houblon. Stralenberg p. 334.

(33) *Est & Occidentis populus sua ebrietas, fruge madida: pluribus modis per Gallias Hispaniasque, nominibus aliis, sed ratione eadem. Hispaniæ jam & ferre vetustatem ea genera docuerunt.* Plin. Lib. XIV. Cap. ult. p. 161.

(34) *Suscitatur enim illa ignea vis germinis madefa-*

loit le grain pour le faire germer, après quoi on le fechoit au feu. Enfuite on le faifoit moudre ou piler, on le détrempoit avec de l'eau, & quand la liqueur avoit fermenté, on en cuifoit de la Biere. C'eft certainement ce qu'Herodote a voulu infinuer, lorfqu'il dit dans un paffage que j'ai déja cité (35), que quelques peuples Scythes femoient du froment pour le griller. Pline, qui eft entré dans un grand détail fur cet article, ajoute (36), que les Efpagnols & les Gaulois fe fervoient des lies, ou de la levure de la Biere en place de levain, ce qui rendoit leur pain plus leger. Cet ufage fubfifte encore en Allemagne, & dans les Provinces du Nord. Je ne parlerois pas de ces minuties, fi elles ne fervoient à confirmer ce que j'ai déja fouvent remarqué, que tous les peuples de l'Europe avoient anciennement la même maniere de vivre, qui s'eft confervée le plus long-tems parmi les peuples Septentrionaux, par les raifons que j'en ai alleguées.

A l'égard du Vin, il a été long-tems inconnu aux Celtes auffi bien qu'aux Scythes. Du

Les peuples Celtes n'ont

factæ frugis, ac deinde ficcatur, & poft in farinam redacta, molli fucco admifcetur, quo fermento. (Ifidore dit fermentato) fapor aufteritatis, & calor ebrietatis, adjicitur. Orof. L. V. Cap. 7. p. 259. Ifidor. Orig. Lib. XX. Cap. 3. p. 1317.

(35) Voyez ci-deffus p. 210. Note (5).
(36) *Galliæ & Hifpaniæ frumento in potum refoluto, quibus diximus generibus, fpumá ita concretá, pro fermento utuntur, qua de caufá levior illis quàm ceteris panis eft.* Plin. XVIII. 7. p. 456.

CHAP. II. Du tems de Diodore de Sicile (37), les Celtiberes l'achetoient encore des étrangers. Les (38) Lusitains, établis dans les montagnes du Portugal, en recueilloient à la vérité du tems de Strabon, mais en si petite quantité, qu'ils le consumoient tout dans une fête qu'ils avoient accoûtumé de célébrer après la vendange. J'ai remarqué, que les (39) Phocéens porterent les premiers la vigne dans les Gaules, environ 600. ans avant J. C. Mais il se passa, selon les apparences, encore quelques Siécles, avant que les Gaulois pensassent à avoir des vignes.

commencé que fort tard à boire du Vin, & à planter des vignes.

Au moins Posidonius, contemporain du grand Pompée (40), à la suite duquel il fit la plupart de ses Voyages, avoit remarqué, que le Vin (41) qui se bûvoit de son tems dans les Gaules, y étoit apporté d'Italie, ou du voisinage de Marseille. Nous apprenons aussi de (42) Diodore & de (43) Varron, qui ont écrit après les expeditions de Jules-César, qu'on ne recueilloit alors point de Vin dans

---

(37) Diod. Sic. V. 215. *Celtiberi vinum à mercatoribus qui ad illos proficiscuntur emunt.*

(38) *Vini parùm habent, & quod provenit statim consumunt in convivio cum cognatis.* Strabo III. 155.

(39) Voyez ci-dessus p. 211. Note (8).

(40) Strabo XI. p. 491.

(41) *Locupletes vinum bibunt ex Italia petitum, vel Massiliensium regione.* Apud Athen. L. IV. Cap. 12.

(42) Voyez le passage de Diodore de Sicile ci-dessus p. 217. Note (27).

(43) *In Gallia Transalpina intùs ad Rhenum, cum exercitum ducerem, aliquot regiones accessi, ubi nec vitis, nec olea, nec poma nascerentur.* Varro R. Rust. L. I. Cap. 7. p. 321.

DES CELTES, *Livre II.* 221

dans la plupart des Provinces des Gaules. Les CHAP. II.
Germains qui demeuroient le long du Rhin,
achetoient à la vérité du Vin des marchands
étrangers (44) dans le tems de Tacite, & même
long-tems (45) avant. Mais il faut qu'ils
n'ayent commencé d'avoir des vignes qu'après le neuvième Siécle; puisque dans le
partage que les Enfans de Louis le Debonnaire firent des Etats de leur Pere, on reserva à (46) Louis le Germanique, quelques
villes au-delà du Rhin, du côté des Gaules,
comme Mayence, Worms, Spire, par la
raison qu'il y croissoit du Vin. Les Pannoniens (47) aussi, dont le païs fournit aujourd'hui à une grande partie de l'Europe le Vin
d'Hongrie, n'en avoient que très-peu du
tems de Dion Cassius, qui écrivit son Histoire sous le regne de l'Empereur Severe. Il
ne sera pas necessaire que j'entre dans le même détail par rapport aux autres peuples de
la Celtique. Si la chose en valoit la peine,
il seroit facile de déterminer, au moins (48)
à

(44) *Proximi ripæ & vinum mercantur.* Tacit. G. Cap. XXIII.
(45) Voyez le passage d'Athenée ci-dessus p. 216. Note (24).
(46) Duchesne Autor. Rer. Francic. T. II. 388. & seq. Chron. Belgic. apud Pistorium p. 58. Mezeray Abregé Chron. T. I. p. 317.
(47) *Nec oleum, nec vinum, nisi in minima parte colunt.* Dio. Cass. L. XLIX. p. 413. Herodien remarque, que la ville d'Aquilée faisoit de son tems un grand commerce de vin avec les peuples qui demeuroient plus avant dans le païs, & qui n'avoient point de vignes, à cause du froid. Herodian. VIII. 599.
(48) Le vin, par exemple, étoit encore inconnu

à peu près, le tems où ils ont commencé à connoître le Vin, qui fut une espece de poison pour eux, parce qu'il servit à nourrir le penchant que ces peuples, naturellement feroces & paresseux, avoient à l'yvrognerie. Il y eut des Scythes & des Celtes assez sages pour le prévoir. Les Nerviens (49) & les Belges en général défendoient l'entrée du Vin dans leur païs. Boerebistes Roi des Getes, dont j'ai parlé dans le Livre précedent (50) fit même arracher, sur les représentations de Diceneus, qui étoit le Souverain Pontife de la Nation, toutes les vi-

à quelques peuples Thraces, du tems de Pomponius Mela. *Vini usus quibusdam ignotus est.* Pomp. Mela L. II. Ch. 2. p. 43. Aux Getes, du tems d'Ovide. *Non hic pampineâ dulcis latet uva sub umbrâ, nec cumulant altos fervida musta lacus.* Tristium L. III. Eleg. 10. vs. 71. *Nam procul à Getico littore vitis abest.* Eleg. XII. vs. 13. Et à quelques peuples Goths du tems de Jornandes. Ci-dessus p. 216. Note (24). Aux Scythes, du tems d'Anacharsis. *Ardalus Anacharsin allocutus, interrogavit, an apud Scythas tibicinæ essent? ex tempore respondit, ne vites quidem apud Scythas esse.* Plutarch. Sept. Sapient. Conviv. T. II. p. 150. Aux Perses, du tems de Crésus. *Potu vini non utuntur, sed aquæ.* Herodot. L. I. Cap. 71.

(49) *Fortissimi Belgæ, propterea quod à cultu atque humanitate Provinciæ longissimè absunt, miniméque ad eos mercatores sæpe commeant, atque ea, quæ ad effœminandos animos pertinent, important.* Cæsar I. 1. *Nullum aditum esse ad eos (Nervios) mercatoribus, nihil pati vini, reliquarumque rerum ad luxuriam pertinentium inferri; quòd his rebus relanguescere animos, eorumque remitti virtutem existimarent.* Idem. II. 15.

(50) *Indicio est quàm fuerint dicto ejus audientes, quòd suadenti ut vites exscinderent, viverentque sine vino, paruerunt.* Strabo L. VII. p. 304.

vignes que l'on avoit plantées dans ses Etats. On sait aussi le bon mot du célebre Anacharsis (51), qui ayant exposé au Roi des Scythes les étranges effets du Vin, & lui montrant un sarment, ajouta, que cette plante auroit déja poussé ses jets jusques dans la Scythie, si les Grecs ne prenoient soin de la tailler tous les ans. Toutes ces précautions furent cependant inutiles. La plupart des peuples Scythes & Celtes, lorsqu'ils eurent une fois commencé à connoître le Vin, le rechercherent avec une telle fureur, qu'il y en avoit qui étoient capables de donner (52) un esclave pour un pot de Vin. Aussi a-t-on imputé aux Thraces d'être fort attachez au culte de Bacchus (53), parce qu'il n'y avoit point de païs où l'yvrognerie & les Bacchanales fussent plus communes. Peut-être aussi que les Thraces, après avoir appris des Grecs à cultiver la vigne, adopterent avec plaisir le culte d'une Divinité qui autorisoit en quelque maniere tous les excès auxquels ils s'abandonnoient.

Les Celtes (54) prenoient leurs repas assis

―――――――――

(51) *Anacharsis ille sapiens, vitis potestatem regi Scytharum cùm exposuisset, ostendens ejus sarmenta, jam, inquit, ad Scythas hæc pervenisset, nisi flagella Græci quotannis amputarent.* Athen. L. X. p. 320.

(52) Diod. Sic. L. V. p. 211.

(53) Voyez ci-dessous Chapitre dernier, vers le milieu. *Sacra Liberi patris,* apud Thraces. Pomp. M. II. 2. p. 42. *Hedera Liberi patris adornat thyrsos, galeasque etiam, & scuta, in Thraciæ populis, in solennibus sacris.* Plin. H. N. L. XVI. C. 35. p. 275. & 276.

(54) *Lusitani cænant sedentes, habentque ad parietes*

CHAP. II. à terre, ou sur des bancs devant une table;
noient au lieu que les Orientaux rangeoient des lits
leurs re- autour de la Table, sur lesquels ils se couchoient
pas assis pour se mieux délasser. Varron a remarqué
devant (55), *que les anciens Romains mangeoient assis,*
une Table. *comme les Lacedémoniens & les Cretois, de qui*
ils avoient reçu cet usage. Il n'étoit assurément
pas necessaire de chercher si loin l'origine
d'une coûtume qui étoit commune à tous
les peuples de l'Europe, avant que les Phéniciens & les Egyptiens eussent envoyé des Colonies dans cette partie du monde. Les Lacedémoniens l'avoient reçuë (56) des Pelasges, de qui ils descendoient; & ces Pelasges
l'a-

rietes constructa in hunc usum sedilia. Strabo III. 155.
Galli sedentes in stramentis cibum capiunt. Strabo
IV. 197. *Galli cibum capiunt omnes, sedentes*
non in thronis, sed in terra, stramentis utentes, coriis
luporum aut canum. Diod. Sic. V. 212. *Celtæ fœno*
substrato cibos proponunt, super ligneis mensis, à ter-
ra parùm extantibus. Athenæus ex Posidonio L.
IV. C. 12. *Illyrici cœnant & bibunt sedentes.* Idem
ex Theopompo L. X. Cap. 12. Voyez la page suivante Note (58) & (59).

(55) *Apud veteres Romanos non erat usus accum-*
bendi: postea viri discumbere cœperunt, mulieres se-
dere, quia turpis visus est in muliere accubitus. Varronis Opera Edit. Popmæ p. 217. *Majores nostri*
sedentes epulabantur, quem morem habuerunt à La-
conibus & Cretensibus, Ibidem p. 204. *Majores no-*
stri sedentes epulabantur, quem morem habuerunt à
Laconibus & Cretensibus, ut Varro docet in Libris
de gente Populi Romani, in quibus dicit, quid à qua-
que gente traxerint per imitationem. Servius ad
Æneid. VII. vs. 176. p. 474. *Apud veteres omnes seden-*
tes vescebantur. Idem ad Æneid. VIII. vs. 176.

(56) J'ai montré dans le Livre précedent Chap.
IX. p. 68. & suiv. que les Pelasges étoient les anciens habitans de la Gréce. Ils prenoient leurs repas assis. *Nec antiquis mos fuit accumbere, sed se-*
dentes

DES CELTES, Livre II. 225

l'avoient aussi portée dans l'Isle de (57) Crete. Pour revenir aux Celtes, chacun (58) étoit assis séparément, & avoit sa table à part, qui n'étoit ni couverte d'une (59) nappe, ni chargée de beaucoup de délicatesses.

Leur (60) Vaisselle étoit anciennement de bois ou de terre. Ils apprirent ensuite des Grecs & des Romains à en avoir aussi de cuivre, & même d'argent, dont ils ne faisoient cependant pas (61) un grand cas. Ils bû-

CHAP. II.

Leur Vaisselle étoit de bois ou de terre.

---

dentes epulabantur. Athen. VIII. Cap. 16. *Apud Homerum sedentes epulantur.* Idem Lib. I. Cap. 9.

(57) J'ai aussi montré que les Pelasges avoient passé dans l'Isle de Crete. Ci-dessus Liv. I. Chap. 9. p. 70. Note (z).

(58) *Iberes soli cibum capiunt, ob parsimoniam.* Athenæ: L. II. Cap. 6. Steph. de Urb. p. 410. *Apud Germanos separatæ singulis sedes, & sua cuique mensa.* Tac. G. 22. Voyez ci-dessous Chap. XII.

(59) *Dromichætes Thracibus apposuit olera & carnes modicè præparatas, in ligneis tabulis nudæ mensæ superpositis. Vinum poculis corneis, ac ligneis, Getarum more.* Fragmt. ex Diod. Sic. in Excerptis Valesianis L. XXI. p. 258. *Germani sine apparatu, sine blandimentis expellunt famem.* Tacit. Germ. Cap. XXIII.

(60) Voyez la Note précédente. *Ex eadem materia (fictili,) sunt patinæ, quibus Galli cibos advehunt. Æneæ tamen sunt aliquibus. Nonnullis, patinarum loco, canistra lignea vitilibus contexta.* Athenæus L. IV. Cap. 12. Diodore de Sicile Livre V. p. 212. & après lui Strabon III. 155. disent que les Lusitains & les Celtes mangent sur de la vaisselle de cire. (Κηρίνοις.) C'est visiblement une faute de Copiste. Cluvier. Germ. Ant. p. 127, croit qu'il faut lire Κεραμίνοις ou Κεραμείοις, de la vaisselle de terre.

(61) *Est videre apud Germanos argentea vasa,*

K 5

CHAP. II.
Ils bûvoient dans des Cruches de terre, de bois, ou d'argent.

Dans les festins on présentoit

bûvoient ordinairement (62) dans des Cruches, qui étoient aussi de terre, ou de bois, ou d'argent. C'est ce qu'Athenée appelle des vases qui ressemblent à des pots. Mais dans les festins on présentoit encore à boire dans des (63) Cornes de bœuf sauvage, ou dans des Cranes (64) humains. Pour rendre ces deux sortes de gobelets moins dégoutans & plus magnifiques, les grands Seigneurs avoient accoûtumé de les faire couvrir (65) d'or ou
d'ar-

legatis & principibus eorum muneri data, non in alia vilitate, quàm quæ humo finguntur. Tacit. Germ. Cap. V.

(62) *Apud Celtas, qui à poculis sunt, potum circumferunt in vasis ollæ similibus, aut fictilibus aut argenteis.* Athenæ: Lib. IV. Cap. 12. Voyez la page précedente Note (59).

(63) *Germani Urorum cornua studiosè conquisita ab labris argento circumcludunt, atque in amplissimis epulis pro poculis utuntur.* Cæsar VI. 28. Voyez la page précedente Note (59) & la suivante Note (66).

(64) *Anthropophagos supra Borysthenem amnem, ossibus humanorum capitum bibere Isigonus Nicæensis prodit.* Plin. H. N. Lib. VII. Cap. 2. p. 7. *Scythas hospites immolare, & carnibus eorum vesci, ac calvariis loco poculorum uti, tradit Apollodorus.* Strabo VII. 298. *Thraces in captivos sævientes, libabant Diis sanguinem humanum, bibebant in ossibus capitum.* Florus Lib. III. Cap. 4. Oros. Lib. V. Cap. 23. p. 310. *At Celtæ vacui capitis circumdare gaudent ossa (nefas) auro, & mensis ea pocula servant.* Silius Ital. L. XIII. vs. 482. C'est l'origine du mot de la basse Latinité, *Scala. Scala poculi genus.* Isidor. Orig. Lib. XX. Cap. 5. p. 1319. *Hoc poculi genus apud eos (Longobardos) Scala dicitur, linguâ vero Latinâ patera vocitatur.* Paul. Diac. Histor. Longob. L. I. Cap. 18. p. 365. Les Allemands appellent le Crane *Hirn-Schale*; *Hirn*, Cerebrum, *Schale*, Testa.

(65) Voyez le passage de Jules César ci-dessus.
Note

d'argent. Il est constant que la coûtume de CHAP. II.
boire dans des cornes (66) est fort ancienne.
On peut la regarder comme un reste de l'an- à boire
cienne simplicité des peuples Nomades, à qui dans des
leurs troupeaux fournissoient dans le com- Cornes.
mencement, non seulement les alimens dont
ils se nourrissoient, mais encore des peaux dont
ils se couvroient, des cornes qui leur tenoient
lieu de gobelets, & même des armes offensives & défensives; je parle de leurs boucliers, qui
étoient de cuir, & de leurs traits (67), qui
étoient

Note (63). Celui de Silius Note (64). Celui d'A-
thenée pag. 216. Note (25). *Scythæ de inimicissimorum
capitibus hoc faciunt, ut quisque illud quod est infra
supercilia recisum prorsus excutiat, & crudo tantùm
bovis corio, si pauper sit, sin dives, non modò exte-
rius inducat bovis corio, verùm etiam interius inau-
ret, & sic uterque pro poculo utatur. Idem agunt de
familiaribus, si inter eos extiterint discordiæ, & apud
regem victoriâ sint potiti.* Herodot. IV. 65. *Scythæ
Essedones parentum capita ubi fabrè expolivére, auro cincta pro poculis gerunt.* Pomp. Mela Lib. II.
Cap. I. p. 40. *Essedonum mos est, capitum ossa,
auro incincta, in poculorum tradere ministerium.* Solin. Cap. XXV. p. 234. *Scythæ interiores pocula,
ut Essedones parentum ita inimicissimorum capitibus
expoliunt.* Pomp. Mel. L. II. Cap. I. p. 40. Voyez ci-dessous p. 230. Note (78).

(66) Athenée remarque, que le mot de Κεράσαι
verser à boire, qui signifie proprement verser dans
une corne, vient de ce que les anciens Grecs bûvoient dans des cornes. *Prisci in boum cornibus bibebant,
inde* Κεράσαι, *vinum miscere.* Athenæ. XI. 354. *Paphlagones poculis corneis utuntur.* Xenophon. Exped. Cyr. L.
VI. p. 162. & *Thraces.* Lib. VII. p. 175. Athenæus
Lib. IV. C. 12. Voyez pag. 225. Note (59).

(67) *Fenni sagittas inopiâ ferri ossibus asperant.*
Tacit. Germ. Cap. XLVI. *Urorum cornibus bar-
bari Septentrionales præfixa hastilia cuspidant.* Plin.
H. N. Lib. XI. Cap. 37. p. 539.

K 6

CHAP. II. étoient garnis, en place de fer, d'un os pointu, ou d'une corne qu'ils aiguisoient pour la rendre tranchante. Mais les Celtes préferoient sur-tout les cornes du bœuf sauvage dont leurs forêts étoient remplies; soit parce qu'elles avoient une plus grande (68) capacité, ou parce que la chasse de cet animal (69) étoit fort dangereuse. Plus les cornes (70) étoient grandes, plus elles recommandoient l'adresse & le courage du chasseur qui avoit tué une bête pourvuë de semblables défenses.

Ou dans des Cranes humains.

Il faut dire la même chose de la barbare coûtume de boire dans des Cranes humains. Les nations Celtiques étoient dans l'idée, que la valeur est la seule vertu capable d'annoblir véritablement l'homme. En consequence de cet étrange préjugé, les cranes des ennemis qu'un (71) brave avoit tuez, étoient pour lui

(68) *Istis porro, quos Uros dicimus, taurina cornua in tantum modum protenduntur, ut dempta ob insignem capacitatem, inter regias mensas potuum gerula fiant.* Solin. Cap. XXXII. p. 247. & ex illo Isidorus Orig. Lib. XII. Cap. I. p. 1113. Voyez ci-dessous Note (70).

(69) Cæsar VI. 28. Voyez ci-dessous Chap. XII.

(70) Theopompus avoit remarqué que les Rois des Péoniens possedoient de ces cornes, qui tenoient jusqu'à trois ou quatre pintes. *Theopompus scribit in secunda Philippica, reges Pæonum ex boum, qui apud illos nascuntur cornibus, tam amplis, ut tres ac quatuor congios capiant, pocula facere, labris auro atque argento circumtectis.* Athenæ. L. XI. p. 355. *Urorum cornibus barbari Septentrionales potant, urnisque bina capitis unius cornua implent.* Plin. H. N. L. XI. Cap. 37. p. 539. D'autres lisent *urnasque binas.*

(71) *Ut quisque* (Scytharum) *plures interemerit, ita,*

lui & pour sa famille, des titres de noblesse. Quand un Scythe ou un Celte (72) avoit abattu son ennemi particulier dans un duel, ou un ennemi de l'Etat en bataille rangée, il commençoit (73) par lui couper la tête, qu'il promenoit en triomphe par toute l'armée, à la pointe d'une lance, ou à l'arçon de sa selle, afin que (74) chacun le felicitât, & benît Dieu de la victoire qu'il venoit de remporter. Il alloit ensuite la présenter à son

ita apud eos habetur eximius. Ceterùm, expertem esse cædis, inter opprobria vel maximum est. Pomp. Mel. L. II. Cap. I. p. 41. *Numero cædium honor crescit, quarum expertem esse, apud eos probrum est.* Solin. Cap. XXV. p. 235.

(72) Voyez la p. 226. Note (65).

(73) *Galli adversariorum, qui ceciderunt, capita amputant, & cervicibus equorum appendunt.* Diod. Sicul. V. 212. *Gallorum equites pectoribus equorum suspensa gestantes capita, (Romanorum) & lanceis infixa, ovantesque moris sui carmine.* Livius X. 26. *Habent Gallorum ingenia barbaricum quippiam & inusitatum, quod plerasque Septentrionales gentes comitatur, quod cum à pugna redeunt capita hostium de collis equorum suspendunt.* Strabo IV. 197. *Chlotarius interfecto Berthoaldo, sustulit caput ejus in conto.* Gesta Francor. ap. Duchesne T. I. p. 716. Vita Dagoberti p. 576. *Ptolomæi caput amputatum & lanceâ fixum, totâ acie ad terrorem hostium circumfertur.* Justin. XXIV. 5. Diodore de Sicile remarque, que les Gaulois, après avoir defait les Romains près de la riviere d'Allia, employerent le jour suivant à couper les têtes des ennemis qui étoient demeurez sur le champ de Bataille. Lib. XIV. p. 455.

(74) *Demetit aversi Vesagus tum colla, jubâque suspensam portans galeam, atque inclusa peremti ora viri, patrio Divos clamore salutat.* Silius L. IV. vs. 213. *Cumque Alabis caput ejus amputari præcepisset,*

son Général (75), pour en obtenir une recompense digne de sa valeur, & du service qu'il avoit rendu à l'Etat. Ces têtes étoient après cela, ou fichées (76) sur des troncs d'arbres dans le champ de bataille, ou clouées (77), aux portes des villes, ou déposées (78), dans quel-

pisset, ut levato eo in contum, Deo gratias acclamarent. Paul. Diac. Hist. Long. Lib. V. Cap. 17. p. 425.

(75) *Quoscunque* (Scytha) *in prælio interemerit, eorum capita regi offert, nam capite allato, fit prædæ quamcunque ceperint particeps, alioquin expers.* Herodot. IV. 64. *Pæonum dux Aristo, cum inimicum interfecisset, & ejus caput Alexandro monstraret, Hoc inquit, o Rex, apud nos poculo aureo pensatur donum. Cui arridens Alexander, nempe vacuo, inquit, ego verò plenum auro tibi propino.* Plutarch. Alex. T. I. p. 687. *Ibi tum contigit Cajum Consulem, dum inconsultiùs pugnat, in ipsa dimicatione mortem oppetere, ejusque caput trunco præcisum regibus (Gallorum) afferri.* Polyb. L. II. p. 116. Strabon dit que la même coûtume étoit établie parmi les Carmanes, qui étoient un peuple Perse. Ils portoient les têtes des ennemis qu'ils avoient tuez au Roi, qui les faisoit déposer dans son trésor. Celui qui en portoit le plus, étoit le plus estimé. Strabo Lib. XV. p. 727. Ἀποσκυθίσαι *propriè significat cutem capitis, cum ipsis pilis, Scytharum more, resecare.* Suidas T. I. p. 256.

(76) *Truncis arborum antefixa ora.* Tacit. An. I. 61.

(77) *Galli capita hostium, spectaculi gratiâ, ante portas oppidorum affigunt. Id se multis in Galliæ locis vidisse ait Posidonius.* Strabo IV. 197.

(78) *Boji caput Posthumii præcisum, ovantes templo quod sanctissimum apud eos est intulêre, purgato inde capite, ut mos iis est, calvam auro cælavêre, idque sacrum vas iis erat, quo solennibus libarent, poculumque idem sacerdotibus esse, ac templi antistibus.* Livius Lib. XXIII. Cap. 24.

quelque lieu sacré, ou enfin gardées (79) dans les maisons des guerriers, comme un monument perpétuel de leur valeur. On les conservoit même si précieusement parmi les Gaulois, qu'ils se seroient fait un scrupule, je ne dis pas de les vendre au poids de l'or, mais encore de les changer contre les plus grands trésors. Les têtes des (80) Chefs de l'armée ennemie, ou des personnes que l'on avoit tuées en duel, avoient ce privilege, qu'on en faisoit les coupes dont nous parlons. On les reservoit (81) à la vérité pour les grands fes-

---

(79) *Scythæ hæc capita hospitibus qui ad eos veniunt, viri alicujus existimationis, exhibent, referuntque, illos, cum essent domestici, & ad pugnam lacessissent illos, ab ipsis esse superatos, id strenuitatis loco ponentes.* Herodot. IV. 65. *Galli capita illustrium virorum cedrino inungentes, peregrinis ostentabant, neque reddere dignabantur, si quis tantundem auri pondus pro iis redimendis offerret.* Strabo IV. 197. *Illustrium ex inimicis virorum capita Galli cedro inungunt, magnoque studio in loculis asservant, peregrinis ea monstrantes, & indicantes, quomodo aut majorum aliquis, aut pater, vel ipsi, multas pro capite isto oblatas divitias repudiárunt. Dicunt etiam nonnullos illorum, barbaram magnanimitatem prædicantes, gloriari, se pondus auri capiti æquipendens non accepisse, gloriosum enim existimant, nullo pretio vendere monumenta virtutis, ferinum vero, bellum gerere cum consanguineis suis qui vitâ functi sunt.* Diod. Sic. V. 212. 213.

(80) Voyez p. 230. la Note (78). *In eo prælio Alboinus Cunimundum occidit, caputque illius auferens, ad bibendum ex eo poculum fecit.* Paul. Diac. Hist. Long. L. I. Cap. 18. p. 365. *Caput Nicephori Crunus accipiens, ac denudans, argentoque forinsecus induens, bibere in illo Sclavinorum principes fecit gloriatus.* Paul. Diac. Hist. Miscell. L. XXIV. p. 344. Voyez aussi ci-dessus p. 226. Note (65).

(81) Voyez ci-dessus la Note (78). *Semel quotannis singuli*

festins; mais il faloit aussi que tous les conviez y bûssent. Ils s'en faisoient même un honneur, parce qu'on ne les présentoit pas aux roturiers, c'est-à-dire à ceux qui n'avoient encore tué personne. On comptoit même (82) parmi les plaisirs d'une autre vie, celui de boire dans le crane de ses ennemis. Il y avoit des Scythes (83) qui conservoient de la même manière, & qui employoient au même usage, les têtes de leurs Peres. C'étoit parmi eux (84) le dernier devoir de l'estime & de l'amitié, de boire dans le crane de ses parens, & d'y faire boire tous leurs amis. Voilà certainement bien de la barbarie. Elle subsistoit cependant parmi les Gaulois du tems

singuli regionum principes miscent vinum crateri, de quo Scythæ omnes hostium homicidæ bibunt, at non gustant qui nihil præclari operis ediderint, sed sine honore seorsim sedent, quæ res apud eos maximæ est ignominiæ. Qui verò complures cædes fecerunt, hi duobus pariter quos habent calicibus potant. Herodot. IV. 65. Voyez Pomp. Mela L. II. Chap. 1. p. 40. & ci-dessous Chap. XII.

(82) Mr. Mascau rapporte une ancienne Chanson Danoise, où le Roi Regnerus Lodbrocx parle des plaisirs d'une autre vie, en des termes dont voici la traduction. *Bibemus cerevisiam brevi, ex concavis craniorum poculis, in præstantis Odini domicilio.* Mascau Geschichte der Teutschen T. II. p. 176. ex Bartholino *de causis contemptæ à Danis mortis* Lib. II. Cap. 12. p. 557.

(83) Voyez la page 226. Note (65). *Caput defuncti parentis Issedones denudatum purgatumque inaurant, eoque pro simulacro utuntur, agentes illi quotannis majores hostias, ceremoniasque.* Herodot. IV. 26.

(84) *Hæc filius patri facit, quemadmodum Græci natalitia.* Herodot. ibid. *Hæc sunt apud ipsos pietatis ultima officia.* Pomp. Mel. L. II. Cap. 1. p. 40.

DES CELTES, Livre II. 233

tems de Posidonius (85) & de Diodore de Sicile. Et ce qui est encore plus surprenant, (86) la Religion Chrétienne ne l'avoit pas bannie du milieu des Lombards dans le sixième Siécle, quoiqu'ils eussent déja reçû l'Evangile depuis quelque tems. (87) Au reste, comme on se servoit sur-tout de ces coupes dans les (88) festins sacrez, Herodote (89) s'est imaginé, mais sans aucun fondement, qu'elles étoient des Idoles, & qu'on leur offroit des sacrifices. J'aurai occasion de montrer, en parlant de la Religion des Scy-

(85) Voyez les Notes de la page 230. & suiv.

(86) *Alboinus cum poculo, quod de capite Cunimundi Regis, soceri sui, fecerat, Reginæ ad bibendum vinum dari præcepit, atque eam, ut cum patre suo lætanter biberet invitavit.... ego hoc poculum vidi.* Paul. Diac. Histor. Long. L. II. Cap. 14. p. 375. Il paroit par une lettre de St. Nisier (Nicetius) à Chlodosvinde première femme d'Alboin, que ce Prince étoit Chrétien, mais Arrien. Duchesne Rer. Francic: T. I. p. 853. Alboin fut assassiné vers l'An 572. de J. C. Marcellini Cronic. p. 215. Johan. Biclar. Cron. p. 13. Procope remarque, que les Lombards étoient déja Chrétiens avant le tems de l'Empereur Anastase, qui parvint à l'Empire l'An 491. de J. C. Procop. Gotth. L. II. Cap. 14. p. 420.

(87) Cette coûtume subsiste encore parmi les Indiens du Chily. *Malheur à ceux qui donnent dans leurs pieges, car ils les déchirent, leur arrachent le cœur, qu'ils mettent en morceaux, & se jettent sur leur sang comme des bêtes feroces, si c'est quelqu'un de consideration, ils mettent sa tête au bout d'une pique, boivent ensuite dans le crane, dont ils font enfin une tasse, qu'ils gardent comme une marque de triomphe.* Frezier Relation du Voyage de la Mer du Sud, fait en 1712. 1713. & 1714. à Amsterdam chez P. Humbert 1717. Tom. I. p. 110.

(88) Voyez la page 230. Note (78).

(89) Voyez la page précédente Note (83).

Chap. II. Scythes, qu'au lieu d'avoir des simulacres, ils en condamnoient l'usage dans les autres peuples, comme une véritable impieté.

Il n'est pas necessaire que j'avertisse ici, que les peuples Celtes ne traitoient aucune affaire, ni publique, ni particuliere, dont le festin ne fût pour ainsi dire le sceau & la ratification. On en trouvera les preuves dans tout cet Ouvrage. Comme je me reserve aussi de donner quelque part une courte description de ces festins, qui étoient en quelque manière la seule recréation des Celtes, je finirai ici ce Chapitre, pour passer dans le suivant à quelques refléxions qui apartiennent au sujet que je viens de traiter.

Chapitre Troisieme.

On a accusé les peuples Scythes & Celtes d'être Antropophages.

CE qu'il y avoit de feroce dans la manière de vivre des anciens habitans de l'Europe, m'engage naturellement à examiner, s'ils ont jamais été Antropophages, comme on en a accusé la plûpart des (1) peuples du Nord. S'il faut en croire les Auteurs que je cite en marge, il y avoit de ces

---

(1) Sanè Anthropophagiam Scythicum quid esse perhibent. Strabo IV. 200. *Anthropophagi Scythæ, humanis corporibus vescentes*. Plin. H. N. L. VI. Cap. 17. p. 678. *Esse Scytharum genera quæ corporibus humanis vescerentur, indicavimus*. Plin. L. VII. Cap. 2. p. 6. *Apud Anthropophagos ipsæ etiam epulæ humanis visceribus apparantur*. Pomp. Mel. Lib. II. Cap. 1. p. 41.

DES CELTES, Livre II. 235

CHAP. III.

ces peuples (2) qui mangeoient les prisonniers qu'ils faisoient à la guerre, & en général tous les (3) étrangers qui tomboient entre leurs mains.

Il y en avoit d'autres où les Enfans tuoient & mangeoient leurs propres Peres, quand ils étoient parvenus à un certain âge. C'est ce qu'Herodote attribue aux Massagetes. (4) *Quand un Massagete est accablé de vieillesse, ses parens s'assemblent, & l'immolent avec quelques animaux ; on apprête toutes ces viandes, & on les mange. Cette sorte de mort passe parmi eux pour la plus heureuse de toutes. Au lieu de manger ceux qui meurent de maladie, on les enterre. Un Massagete s'estime malheureux, quand il ne parvient pas à être immolé.* Selon le même Historien, les Issedons n'égorgeoient pas à la vérité leurs parens.

Ils

---

(2) Voyez la page 226. Note (64) & 537. Note (10) *Scythæ dicuntur hospites mactare, & humanâ carne vesci.* Lucianus Dialog. Junonis & Latonæ p. 81.

(3) Si le fait étoit constant, il faudroit entendre ceci des étrangers qu'une tempête ou quelqu'autre accident jettoit malgré eux dans le païs des Scythes. Car il est certain qu'ils recevoient avec beaucoup d'humanité les étrangers qui alloient les trouver volontairement. Voyez ci-dessous Chapitre XVI.

(4) *Apud Massagetas ubi quis admodùm senuit, convenientes propinqui eum immolant, & cum eo aliquot pecudes, quarum carnibus, pro epulo ubi coxerunt, vescuntur, quod genus obitus apud eos beatissimum habetur. Languore extinctos non edunt, sed terrâ operiunt, loco damni putantes, quod ad immolationem non pervenerint.* Herodot. I. Cap. 216. *Massagetæ mortis genus optimum censent, si senio confecti, cum carnibus ovillis in frusta concidantur, unâque devorentur. Qui morbo decedunt, eos abjiciunt, tanquam impios, & dignos qui à feris vorentur.* Strabo XI. 513. Lucian, in Toxari de Amicit. p. 615.

CHAP. III. Ils les laissoient mourir de mort naturelle. Mais au moins ils les mangeoient de la même manière que les Massagetes. (5) *Quand le Pere*, dit-il, *d'un Issedon vient à mourir, tous les Parens du défunt se rendent auprès de son fils, qui leur donne un festin. Chacun amene quelque bête, que l'on tue, & que l'on met en pieces. On coupe aussi par morceaux le corps mort, & après avoir mêlé toutes ces viandes, on les sert dans le festin.* Strabon dit la même chose des (6) Derbices. Il remarque ailleurs (7), que l'on imputoit aussi aux Irlandois, *de tenir pour une chose honnête, de manger leurs Peres quand ils venoient à mourir.* Un bon nombre d'Auteurs assurent en-

(5) *Quoties pater alicui decessit, omnes ejus propinqui pecora adducunt, quæ ubi mactaverunt, concideruntque, concidunt & mortuum patrem illius, à quo in convivium accipiuntur, commixtisque omnibus carnibus convivium exhibent.* Herodot. IV. 26. *Essedones funera parentum læti, & victimis, ac festo coitu familiarium celebrant. Corpora ipsa laniata, & cæsis pecorum visceribus commixta, epulando consumunt.* Pomp. Mel. L. II. Cap. 1. p. 40. *Essedones nefandis funestantur inter se cibis. Mos est parentum funera cantibus prosequi, & proximorum congregatis cœtibus, cadavera ipsa dentibus laniare, pecudumque carnibus mixtas dapes facere.* Solin. Cap. XXV. p. 234.

(6) *Derbices eos qui septuagesimum annum excesserunt, jugulant, carnes eorum proximi genere absumunt.... Qui intra septuagesimum annum moritur, non editur, sed humatur.* Strabo L. XI. p. 520.

(7) *Defunctos parentes comedere in eximia honestatis parte ponunt.* Strabo IV. 200. Diodore de Sicile avoit dit la même chose. *Galatæ qui ad Septentrionem vergunt, & Scythiæ vicini sunt, ferocissimi sunt. Eorum nonnullos dicunt hominibus vesci, ut Britannos qui Irim inhabitant.* Diod. Siculus L. V. p. 214.

encore, qu'il y avoit dans la Scythie des peuples (8) qui se nourrissoient ordinairement de chair humaine, & qui la regardoient comme le plus (9) salutaire de tous les alimens. Le fait est même rapporté avec des circonstances qui semblent le rendre indubitable. On dit, par exemple, (10) que les Antropophages faisant des courses continuelles sur leurs voisins, pour chercher de la chair fraîche, & que personne ne s'accommodant d'un si mauvais voisinage, tous les païs qui confinoient au leur, étoient deserts & abandonnez. On marque aussi le tems où les peuples Scythes commencerent à se corriger de ces barbares coûtumes. *Les Sogdiens,*
dit

(8) *Erant igitur in illis libris,* (Aristeæ Preconnesii, Isigoni Nicæensis, Ctesiæ, Onesicriti, Poly, Stephani, Hegesiæ,) *scripta hujuscemodi. Scythas illos penitissimos, qui sub ipsis Septentrionibus ætatem degunt, corporibus hominum vesci, ejusque victus alimento vitam ducere, &* Ἀνθρωποφάγους *vocari.* A. Gell. Lib. IX. Cap. 4. p. 246. *Græcus mortuos exurit, Persa defodit, Indus adipe suilla oblinit, Scytha devorat, muria condit Ægyptius.* Lucian. de Luctu p. 812.

(9) Voyez la Note (12) de la page suivante.

(10) *Supra Anthropophagos deserta omnia, nec ulla gens quantùm nos scimus.* Herodot. IV. 18. *Anthropophagi quibus execrandi sunt cibi humana viscera. Quem morem impiæ gentis, adjacentium terrarum prodit tristissima solitudo; quas ob nefarium ritum, finitimæ nationes metu profugæ reliquerunt.* Solin. Cap. XXV. p. 232. *Post Agathyrsos, Melanchlænas, & Anthropophagos palari accepimus per diversa, humanis corporibus victitantes, quibus ob hæc alimenta nefanda desertis, finitimi omnes longa petivére terrarum; ideóque plaga omnis Orienti æstivo objecta, usque dum venitur ad Seras, inhabitabilis mansit.* Ammian. Marcell. Lib. XXXI. Cap. 3. p. 619.

dit (11) Plutarque, *tuoient leurs Peres & leurs Meres. Les Scythes mangeoient leurs morts. Alexandre le Grand, apprit aux Sogdiens à nourrir leurs Parens, & aux Scythes à enterrer leurs morts.* Selon Pline, ce furent les Romains qui abolirent dans les Provinces de la Celtique, ou de la Scythie, qui leur étoient soumises, (12) le detestable usage d'immoler des hommes, & d'en manger la chair. Eusebe soutient au contraire, que ce fut la Religion Chrétienne qui reforma la manière de vivre de ces peuples, dans tout ce qu'elle avoit d'opposé aux loix de l'humanité, de la justice & de la charité. (13) *Les Scythes ne mangent plus de chair humaine, parce que la parole de Christ est parvenue jusqu'à eux. Les Barbares n'étranglent plus leurs vieillards; ils ont renoncé à l'ancienne coûtume de manger la chair de leurs meilleurs amis.* On voit bien que tous ces Auteurs supposent, comme une chose constante & reconnue, que les Scythes & les Celtes mangeoient de la

(11) Plutarch. de Fortitud. Alexand. T. II. p. 328. *Sogdianis persuasit ut alerent, non interficerent patres.... fecit ut Scythæ mortuos humarent, non ut ante comederent.*

(12) Après avoir parlé des victimes humaines que les Gaulois immoloient à leurs Dieux, des Druïdes qui étoient les Ministres de ces sacrifices, des Arts Magiques auxquels les habitans de la Grande-Bretagne, aussi bien que les Perses étoient fort attachez, Pline ajoute: *Nec satis æstimari debet, quantum Romanis debeatur, qui sustulêre monstra, in quibus hominem occidere, religiosissimum erat, mandi verò etiam saluberrimum.* Plin. Hist. Nat. Lib. XXX. Cap. I. p. 728. & seqq.

(13) Euseb. Præp. Evang. Lib. I. p. 11.

la chair humaine. Il faut que les anciens habitans de la Sicile eussent la même reputation. C'est-là qu'on plaçoit les Lestrigons (14) & les Cyclopes qui dévorerent les compagnons d'Ulysse, & qui l'auroient mangé lui-même, s'il ne leur avoit échapé par une de ces rufes qui lui étoient ordinaires. Mais les Auteurs que je viens de citer, sont-ils dignes de foi dans ce qu'ils rapportent sur cet Article? C'est une question que je vais examiner en deux mots.

J'avouerai d'abord, qu'il ne faudroit pas s'étonner que les anciens habitans de l'Europe eussent été Antropophages. Plusieurs peuples de l'Amerique le sont encore aujourd'hui. Ils (15) ressemblent aux Scythes & aux Celtes par tant d'autres endroits, qu'il ne seroit pas surprenant que l'on trouvât encore ce trait de conformité entre les anciens & les nouveaux Barbares. Dans le fond, c'est une barbarie mille fois plus grande de tuer injustement un homme, que de le manger. A proprement parler, un corps mort n'est susceptible d'aucun outrage. Il n'a ni connoissance, ni sentiment; il ne souffre rien. Au lieu que c'est un outrage très-réel d'ôter à un homme la vie, sans laquelle il ne peut jouïr d'aucun des autres biens temporels. Je sais que bien des gens jugeront de la chose tout autrement. Un homme d'épée frémiroit à la seule proposition de manger de la chair humaine ; & cependant il ne se fera aucun scrupule de tuer un homme con-

---

(14) Homer. Odyss. L. IX. & X. Plin. L. VII. C. 2. p. 6.
(15) Voyez ci-dessus p. 233. Note (87).

CHAP. III. contre toutes les loix de la justice & de l'humanité, lorsqu'il y est appellé par les maximes d'un faux honneur. Mais tout ce que cela prouve, c'est que les peuples même qui passent pour les plus éclairez, conservent encore différentes idées, qui ne sont autre chose qu'un renversement de la raison. Les Pharisiens ne sont certainement pas les seuls qui ayent coulé le moucheron & englouti le chameau.

Il y a apparence que cette imputation est fausse.

Quoi qu'il en soit, comme je ne dois pas chercher ici la vraisemblance, mais la vérité, je me crois obligé de décharger les peuples Scythes & Celtes de l'imputation d'avoir été Antropophages. Je ne disconviens pas, que dans des tems de famine, & dans d'autres cas de nécessité, ils ne puissent avoir été reduits à manger de la chair humaine. Jules-César (16) remarque, par exemple, que lorsque les Gaules furent ravagées par les Cimbres & les Teutons, les habitans du païs se retirerent dans les villes fortes, & que les vivres leur ayant manqué, ils se nourrirent de la chair des personnes qui n'étoient point propres pour la guerre. Strabon ajoute (17), que les Celtes & les Iberes ont souvent

---

(16) *Mei consilii est, facere quod nostri majores, nequaquam pari bello Cimbrorum Teutonumque fecerunt, qui in oppida compulsi, & simili inopiá subacti, eorum corporibus, qui ætate inutiles ad bellum videbantur, vitam toleraverunt, neque se hostibus transdiderunt.* Cæsar. VII. 77.

(17) *Sanè Anthropophagiam Scythicum quid esse perhibent, & necessitate in obsidionibus coactos Celtas, Iberos, & plures alios id fecisse perhibent.* Strabo IV. p. 200. Tacite parle aussi d'une Cohorte Romaine, dont les Soldats, qui étoient tous Germains,

CHAP. III.

vent été réduits à cette extrêmité dans de longs fiéges. Mais on trouvera de femblables exemples chez tous les autres peuples. Peutêtre aussi qu'au milieu des emportemens & des excès, où une guerre, une bataille jettent quelquefois les hommes, il a pû fe trouver parmi les Celtes, comme par-tout ailleurs, des furieux, capables de porter la rage auffi loin que des bêtes féroces, qui ne tuent les hommes que pour en faire leur proye. Par cette raifon, je ne contefterai point ce que dit Paufanias (18), que Brennus ayant envoyé une partie de fes troupes pour faire une diverfion en Etolie, il fe trouva dans ce détachement des foldats, qui après avoir égorgé des Enfans, en bûvoient le fang, & en mangeoient la chair. Je veux bien accorder auffi ce que dit Florus (19), que les Myfiens étant fur le point de donner bataille

mains, fe voyant réduits à la derniere extrêmité fur un vaiffeau, prirent le parti de manger d'abord les plus foibles de la troupe, après quoi ils choifirent par le fort, ceux qui devoient fervir de nourriture aux autres. Tacit. Agric. Cap. XXVIII. *Vafcones, ut fama eft, alimentis talibus ufi, Produxêre animas. Sed res diverfa, fed illic, Fortunæ invidia eft, bellorumque ultima, cafus, Extremi, longæ dira obfidionis egeftas.* Juvenal. Satyr. XV. vf. 93.

(18) *Parvulorum fi qui erant lactis alimoniâ melius curati, fanguinem bibebant & carnes edebant.* Paufan. Phocic. XXII. p. 851.

(19) *Ante aciem immolato equo, concepére votum, ut cæforum extis Ducum & libarent & vefcerentur.* Florus IV. 12. Cette Bataille fe donna l'an de Rome 724. Il eft conftant au refte, que les peuples Thraces deteftoient l'Antropophagie. *Clearchus Lacedæmonius exploratum habens, Thracas omnia victui neceffaria in montes comportâffe, una quoque ope fuftentari*

CHAP. III. le à Crassus, immolerent un cheval à la tête de leur armée, & firent vœu d'offrir à leurs Dieux, & de manger tous les Chefs de l'armée ennemie qui tomberoient entre leurs mains. Mais si l'on en excepte ces cas extraordinaires, qui ne prouvent rien, je crois que l'on a accusé mal à propos, & sans aucun fondement, les Scythes & les Celtes de manger des hommes. Voici ma raison. Les Voyageurs qui nous ont donné des Relations de l'Amerique, sont dignes de foi dans ce qu'ils rapportent des peuples Antropophages que l'on trouve en différentes parties de ce vaste continent. Ils ont vû les Barbares, égorger, rôtir, manger leurs prisonniers. Ils en produisent une infinité d'exemples. Ici au contraire je ne trouve personne qui ait vû. St. Jerôme nous apprend à la vérité (20), *qu'ayant eu occasion dans sa jeunesse, de faire un voyage dans les Gaules, il y avoit vû des Ecossois qui mangeoient de la chair humaine.*

Ils

tentari, quod crederent eum commeatûs inopiâ recessurum, per id tempus, quo legatos eorum venturos opinabatur, aliquem ex captivis in conspectu jussit occidi, & membratim, tanquam alimenti causâ, in contubernia distribuit. Thraces nihil non facturum perseverantiæ caussâ eum credentes, qui tam detestabiles epulas sustinuisset experiri, in deditionem venerunt. Frontinus. Stratag. L. III. Cap. 5. n. 1.

(20) *Quid loquar de ceteris nationibus, cum ipse adolescentulus, in Gallia viderim Scotos, gentem Britannicam, humanis vesci carnibus, & cùm per sylvas, porcorum greges & armentorum pecudumque reperiant, pastorum nates, & fœminarum papillas solere abscindere, & has solas ciborum delicias arbitrari.* Hieronym. adv. Jovin. L. II. p. 53.

Ils trouvent, dit-il, *dans les forêts, des Troupeaux entiers de pourceaux & d'autre bétail; & cependant ils préferent de couper les fesses des bergers, & les mammelles des femmes. Ce sont-là pour eux, les plus délicieux de tous les mets.* Mais comme on ne trouve rien de semblable dans Jules-Céfar, dans Tacite, ni dans aucun des autres Hiſtoriens qui ont parlé des Bretons & des Ecoſſois, il faut, ou que l'on en ait impoſé à St. Jerôme, qui n'étoit alors qu'un enfant, (*adoleſcentulus*,) ou que ces Ecoſſois fûſſent des furieux, qui étant au déſéſpoir qu'on les eût arrachez à leur patrie, commirent les violences que St. Jerôme rapporte; afin que les Romains, qui les avoient enrôlez, perdant eſpérance de les humaniſer, les renvoyaſſent dans leur païs. A l'égard des autres Auteurs dont j'ai cité les paſſages, ils aſſurent à la vérité, que les Scythes & les Celtes étoient Antropophages; mais ils ne parlent de la choſe que ſur un ouï-dire, ſans en produire aucun exemple, ni aucun témoin digne de foi. Hérodote eſt le premier qui en ait fait mention. Il a été copié par Pline, par Solin, & par Pomponius Mela. Mais ce qu'il en dit eſt tiré (21) d'Ariſtée de Préconneſe, & de quelques Auteurs de la même trempe, qui ont débité trop de fables ſur le ſujet des Scythes, pour que l'on puiſſe ſe prévaloir de leur témoignage. (22) Ils plaçoient les Antropophages

---

(21) Herodot. IV. 13, 16. Voyez un paſſage de Pline ci-deſſus p. 226. Note (64) & Aul. Gell. L. XI. 4. p. 246.

(22) *Erant autem iſti omnes libri Græci, miraculorum*

CHAP. III. ges sous le Pole Arctique, dans le voisinage des Arimaspes, qui (23) n'avoient qu'un œil au milieu du front; & d'un autre peuple qui avoit les pieds tournez au rebours des nôtres. Aussi Hérodote ne donne-t-il pas pour certain (24) ce qu'il dit des Essedons. Il ne faut pas omettre une refléxion qu'il fait ailleurs à la décharge des Scythes. Après avoir parlé d'un vaste désert que l'on trouve au dessus du Borysthène, il ajoute : (25) *Au delà de cette solitude habitent les Antropophages. Ils ne sont pas Scythes, mais une Nation différente.* Les (26) *Grecs se trompent*, dit-il ailleurs, *en attribuant aux Scythes, ce qui convient aux Massagetes.* Il s'agit de la communauté des femmes, & de la coûtume d'immoler & de manger les vieil-

lorum fabularumque pleni; res inauditæ, incredulæ; Scriptores veteres non parvæ autoritatis, Aristeas Preconnesius, & Isigonus Nicæensis, & Ctesias, & Onesicritus, & Polystephanus, & Hegesias.... Erant igitur in illis libris scripta hujuscemodi. Scythas illos penitissimos qui sub ipsis septentrionibus ætatem agunt, corporibus hominum vesci, ejusque victûs alimento vitam ducere & ἀνθρωποφάγας *nominari. Item esse homines sub eadem regione cœli, unum oculum in frontis medio habentes, qui appellantur Arimaspi, quâ fuisse facie Cyclopas Poetæ ferunt. Alios item esse homines, apud eandem cœli plagam, singularis velocitatis, vestigia pedum habentes retrò porrecta, non ut ceterorum hominum prospectantia.* Agellius L. IX. Cap. 4. p. 246.

(23) Ci-dessus Livre I. Chap. I. p. 9.

(24) *Issedones talibus moribus uti feruntur.* Herodot. IV. 26.

(25) *Ultra eam solitudinem habitant Androphagi, separata natio, ac nequaquam Scythica.* Idem IV. 18.

(26) *Nam quod Græci memorant facere Scythas, id non Scythæ faciunt, sed Massagetæ.* Idem I. Cap. 216.

vieillards. Comment Hérodote pouvoit-il soutenir que les Antropophages & les Massagetes n'étoient point Scythes, puisque l'on désignoit sous ce nom, tous les peuples qui demeuroient au-delà du Danube, jusques dans le fond du Nord ? Il vouloit insinuer, selon les apparences, qu'aucun des peuples Scythes qui étoient connus de son tems ne mangeant de la chair humaine, les peuples plus éloignez, à qui l'on attribuoit cette barbare coûtume, devoient être regardez comme une Nation toute différente. (27) Il est vrai que les Auteurs qui décrivirent dans la suite les expéditions d'Alexandre le Grand, faisoient encore mention de quelques peuples Scythes qui mangeoient leurs morts. C'est la source où Strabon, Plutarque & Lucien ont puisé ce qu'ils disent des Scythes, dans les passages que j'ai rapportez. Mais (28) Strabon nous aver-

(27) Peut-être aussi qu'il vouloit dire, que les Antropophages n'étoient pas de ces Scythes qui ont reçû dans la suite le nom de Celtes, mais des Sarmates. Il dit, Liv. IV. Ch. 20. que les Melanchlenes n'étoient pas un peuple Scythe. Il est constant qu'ils étoient Sarmates. Ailleurs Hérodote assure, Liv. IV. C. 107. que les Melanchlenes mangeoient de la chair humaine. Mon plan ne m'appelle pas à examiner, si les Sarmates ont jamais été Antropophages. Peut-être qu'on leur a fait autant de tort à cet égard qu'aux peuples Celtes. Mais au moins il est certain qu'ils étoient encore plus féroces que les Celtes.

(28) *Plerisque eorum qui de Alexandro scripserunt credere non satis est tutum. Nam & isti facilè verba dant, cum ob Alexandri gloriam, tum quod expeditio procul à nobis in extremos Asiæ fines facta fuit. Difficulter autem redarguuntur quæ de longè dissitis narrantur.* Strabo Lib. XI. p. 508. *Qui Alexandrum*

Chap.III. avertit auſſi, qu'il faut ſe défier beaucoup de ces Hiſtoriens, ſur-tout dans ce qu'ils diſent des Indiens & des Scythes. Enfin, à l'égard de ce que Diodore de Sicile & le même Strabon attribuent aux Irlandois, le premier avouë qu'il n'en eſt informé (29) que par le bruit public; & le ſecond avertit, qu'il rapporte la choſe ſans la garantir (30), parce qu'elle n'eſt atteſtée par aucun témoin digne de foi. C'eſt donc une queſtion fort problématique, ſi les Scythes & les Celtes ont jamais été Antropophages. Je panche beaucoup pour la négative, d'autant plus que je crois entrevoir ce qui peut avoir donné le change aux Auteurs qui ont accuſé les peuples Septentrionaux, de manger de la chair humaine. Il eſt certain que les Scythes & les Celtes immoloient à leurs Dieux une partie des priſonniers qu'ils faiſoient à la guerre, & que ces barbares ſacrifices étoient toûjours accompagnez de réjouiſſances & de feſtins, pendant leſquels on bûvoit dans les coupes dont j'ai parlé dans le Chapitre précedent.

Il eſt conſtant encore, qu'il y avoit de ces peuples où l'on faiſoit mourir les vieillards, comme des fardeaux inutiles à la Societé; & d'autres, où la mode vouloit qu'un homme d'honneur renonçât volontairement à la vie, d'abord qu'il n'étoit plus en état de porter les armes. Si l'on ajoute à cela, que

drum in Aſiâ domandâ ſunt comitati, ſinguli ſingulis contraria ſæpe tradunt. Idem Lib. XV. p. 685.

(29) *Dicunt*; ſupra p. 236. Note (7).

(30) *Quæ quidem ita referimus, ut fide dignos teſtes non habentes.* Strabo IV. 200.

CHAP. III.

que les funerailles d'un Scythe ou d'un Celte, qui duroient ordinairement plusieurs jours, étoient pour les parens & pour les amis du défunt, un tems de fête & de bonne chere, on ne sera pas surpris que l'on ait imputé à ces peuples de manger leurs morts. Je conviens au reste, que les terres voisines de la Scythie étoient désertes & abandonnées. Mais on se tromperoit beaucoup, si l'on prétendoit conclure de-là, que les Scythes étoient Antropophages. On fuyoit le voisinage des Scythes & des Celtes, parce que ces peuples, qui ne vivoient que de pillage, faisoient des courses continuelles sur leurs voisins; & ces peuples de leur côté, avoient leurs raisons pour ravager au long & au large toutes les contrées qui confinoient à leur païs. Jules-César l'a remarqué en parlant des Germains. Comme ils n'avoient ni châteaux, ni villes fortes, ils étoient obligez de prendre (31) cette précaution, pour se mettre à couvert de toute surprise de la part de leurs ennemis.

Je dois rappeller ici une autre refléxion, que j'ai eu occasion de toucher dans le Livre précedent. C'est que la manière de vivre des Sarmates, différoit à plusieurs égards de celle des Celtes. On comprend bien à la vérité, que les deux peuples étant (32) Nomades,

Les Sarmates avoient une manière de vivre différente de celle des Celtes.

(31) *Hoc se fore tutiores, arbitrantur, repentinæ incursionis timore sublato.* Cæsar VI. 23. IV. 3. Pomp. Mel. L. III. Cap. 3. p. 75.

(32) *Post Tyrigetas Jazyges Sarmatæ, & qui Basilii dicuntur, & Urgi, plerique Nomades, pauci agriculturæ operam navantes.* Strabo VII. p. 306.

L 4

CHAP. III. mades, negligeant l'Agriculture, devoient vivre, comme les autres Sauvages, de la chasse, ou des racines & des fruits que la terre produit naturellement. Il est vrai d'ailleurs que les Sarmates, lorsqu'ils eurent appris à cultiver la terre, avoient ceci de commun avec les Celtes, qu'ils semoient sur-tout du millet (33), & qu'ils s'en servoient principalement pour faire de la bouillie & de la Biere. Mais au lieu que les Celtes avoient des troupeaux de toute sorte de bêtail, les Sarmates (34) ne nourrissoient que des chevaux, & en tiroient la plus grande partie de leur subsistance. La chair de cheval, le lait (35) & le fromage de cavale, étoient leurs alimens les plus ordinaires. Ils ne sçavoient ce que c'étoit que de faire rôtir ou bouillir la chair. Les uns la (36) mangeoient cruë. Les autres

(33) *Sarmatarum gentes maximè pulte ex milio aluntur.* Plin. L. XVIII. Cap. II. p. 466. *Mæotæ & Sarmatæ milium comederunt primi.* Ælian. Var. Hist. L. III. Cap. 39. Voyez ci-dessus p. 215. Note (20) p. 218. Note (29).

(34) *Apud Sarmatas multos equos unusquisque nutrit. Iis utuntur non solùm ad bellum, sed etiam eos mactant Diis indigetibus, & carne eorum vescuntur.* Pausan. Attic. Cap. 21. p. 50.

(35) *Scythæ Nomades è pecore, lacte & caseo, maximè equino, victitant.* Strabo VII. 300. *Dum credunt (Bulgari) satis esse ad delicias equini pecoris lac potare. Quis ferat adversarium qui pernicis jumenti beneficio currit & pascitur. Quid quod & illis animalibus indicunt studiosè famis patientiam, per quæ esuriem vitare didicerunt.* Ennodius Panegyr. ad Theodoric. Reg. p. 24. Inter Opp. Cassiodori Paris 1589. *In Ponto fluvius Astaces rigat campos, in quibus pastæ nigro lacte equæ gentem alunt.* Plin. L. II. Cap. 103.

(36) *Nomades, & Troglodytæ, & Scythæ, & Hunnorum nova feritas, semicrudis vescuntur carnibus.* Hieronym. adv. Jovin. Lib. II. p. 53. *Illis*

(Bis-

tres se contentoient, comme je l'ai remarqué de la (37) mortifier, en la tenant pendant quelques heures sous leurs cuisses, sur le dos des chevaux qu'ils montoient. Quand ils étoient pressez par la faim, (38) ils avoient
tou-

(Bistonibus) *semianimum pecus, excussæque leonum Ore dapes, & lacte novo domuisse cruorem, Luxus* &c. Statius Thebaid. Lib. II. vs. 83. Pline dit aussi, qu'ils mangeoient la farine cruë détrempée avec du lait & du sang. *Sarmatæ crudâ farinâ aluntur, equino lacte vel sanguine è cruris venis admixto.* Plin. Lib. XVIII. Cap. 2. p. 466.

(37) *Hunni neque igni, neque saporatis indigent cibis, sed radicibus herbarum agrestium, & semicrudâ cujusvis pecoris carne vescuntur, quam inter femora sua, & equorum terga subsertam, fotu calefaciunt brevi.* Ammian. Marcellin. L. XXXI. Cap. 3. p. 615.

(38) Voyez les passages de Pline & de Stace à la Note (36). *Profuit incensos æstus avertere, & inter Ima ferire pedis, salientem sanguine venam, Bisaltæ quo more solent; acerque Gelonus, Cum fugit in Rhodopen, atque in deserta Getarum, Et lac concretum cum sanguine potat equino.* Virgil. Georg. L. III. vs. 459. *Longaque Sarmatici solvens jejunia belli, Massagetes quo fugit equo.* Lucanus L. III. vs. 282. *Fame laborans Scytha alimentum ab equo petit, hic venas præbet.* Clem. Alex. L. III. Cap. 3. p. 267. *Venit & epoto, Sarmata pastus equo.* Martial. Epigr. L. I. 3. *Massagetis nec suavis frumenti cibus est, nec vinum indigenum, sed equorum sanguine miscentes album lac, convivium apponunt.* Dionys. Perieget. vs. 744. *Lactea Massagetes qui sanguine pocula miscet.* Seneca Oedip. vs. 470. *Et qui cornipedes in pocula vulnerat audax Massagetes.* Claudian. in Rufin. L. I. vs. 329. *Lactea Massagetæ veluti cum pocula fuscant, Sanguine puniceo.* Statius Achilleid. Lib. I. vs. 307. *Adeò horrida est hæc gens* (Hunnorum) *ut cum famem in bello fuerit passa, venam tangat equi, & sic excludat hausto sanguine famem.* Isidor. Chron. p. 717. *Pectore vix alitur quisquam, sed ab ubere tractus, plus potat per*
vulnus

CHAP. III.

Usage que l'on peut faire de cette remarque.

toûjours une reſſource prête pour l'appaiſer. C'étoit d'ouvrir la veine du cheval ſur lequel ils étoient montez, & de boire le ſang qu'ils en avoient tiré. Le lait & le ſang de cavale mêlez enſemble, étoient même pour ce peuple, le plus délicieux de tous les mets.

Je fais ici cette remarque, parce qu'elle fournit un caractère auquel on peut reconnoître & diſtinguer aſſez ſûrement, les deux Nations qui occupoient autrefois toute l'Europe; je parle des Celtes & des Sarmates. Les peuples qui mangeoient de la chair de cheval, qui ſe nourriſſoient de lait & de ſang de cavale (39), étoient Sarmates. Il faut ſeulement ſe ſouvenir de ce que (40) j'ai dit ailleurs, qu'entre les peuples Celtes qui étoient autrefois voiſins de Sarmates, il y en avoit pluſieurs qui avoient adopté en tout, ou en partie, les coûtumes, & la manière de vivre des derniers. St. Jerôme remarque, par exemple, (41) que non ſeulement les Sarmates, mais auſſi

vulnus equum. De Thracibus Sidon. Apoll. Panegyr. Anthemii vſ. 37. 38. Helmoldus dit la même choſe des Sarmates ou Sclaves, qui occupoient la Pruſſe de ſon tems. *Carnes jumentorum pro cibo ſumunt, quorum lacte vel cruore utuntur in potu.* Helmold. Cron. Sc avor. Lib. I. Cap. 1. p. 3.

(39) Les Scythes ne montoient ordinairement que des juments. *Per bella fœminis uti malunt, quoniam urinam curſu non impedito reddunt.* Plinius L. VIII. Cap. 42. p. 211. *Mas ad bella nunquam producitur apud Scythas, eò quòd fœminæ levare veſicas etiam in fuga poſſint.* Solin. Cap. 57. fin.

(40) Voyez ci-deſſus Livre I. p. 13. & 56.

(41) *Sarmatæ, Quadi, Vandali, & innumerabiles aliæ gentes equorum & vulpium carnibus delectantur.* Hieronym. adverſ. Jovinian. Lib. II. p. 53.

aussi les Quades & les Vandales, qui étoient des peuples Germains, faisoient beaucoup de cas de la chair de cheval. Les Quades occupoient la Moravie. Les Vandales avoient (42) demeuré quarante ans, dans un quartier de la Pannonie, où Constantin le Grand leur avoit permis de s'établir; & selon les (43) apparences, leurs anciennes demeures n'étoient pas fort éloignées de celle des Quades. Il ne faut pas être surpris qu'ils eussent pris plusieurs choses des Sarmates (44), dont

(42) *Pannoniam sibi à Constantino Principe petiére, ibique per 40. annos plus minus sedibus locatis, Imperatorum decretis ut incolæ famulárunt.* Jornandes Cap. XXII. p. 641.

(43) Dion Cassius met les sources de l'Elbe dans les montagnes de la Vandalie. *Profluit Albis ex Vandalicis montibus.* Dio. Cass. Lib. LV. p. 548.

(44) Les Sarmates, voisins des Quades, étoient les Jazyges. *Celticarum nationum ad Istrum extremi sunt Quadi & Marcomanni; postea Jazyges, Sarmatarum pars; tunc Getæ immortales; tunc multi Sarmatarum.* Arrian. Exped. Alex. p. 8. *Sarmatæ & Quadi, vicinitate & similitudine morum, armaturæque concordes.* Ammian. Marcell. L. XVII. Cap. 13. p. 174. *Marcomannicum bellum Quadi, Vandali, Sarmatæ, Suevi, & omnis barbaria commoverat.* Eutrop. L. VIII. Cap. 6. p. 202. *M. Aurelius Pannonias, Marcomannis, Sarmatis, Wandalis, simul etiam Quadis extinctis, servitio liberavit.* Capitolinus in Marc. Aurel. Cap. XVII. p. 352. On voit aussi dans les lettres de Grégoire III. à Boniface Archevêque de Mayence, que les Saxons mangeoient de la chair de cheval. Epist. 122. Mascau Lib. XVI. Cap. 26. Not. 13. Selon les apparences, ils l'avoient appris des Venedes, leurs voisins. Mr. Jean-George Keysler a publié dans ses Antiquitez Septentrionales & Celtiques, imprimées à Hanover en 1720. une Dissertation *de Interdicto Carnis equinæ usu.*

CHAP. III. dont ils étoient voisins & alliez (45).

Je trouve cependant parmi les anciens habitans de l'Espagne, un peuple qu'Horace & Silius appellent *Concanes* (46), & auquel ils attribuent aussi la coûtume de saigner leurs chevaux, & de boire le sang qu'ils leur avoient tiré. J'avouë que je ne sçais d'où les Concanes pouvoient être venus, ni d'où ils avoient pris cet usage. Comme dans le tems de la grande migration des peuples, il passa dans les Provinces de l'Empire Romain, plusieurs troupes de Sarmates, à la suite des Vandales, des Sueves, des Goths & des Lombards, il n'est pas impossible que la même chose ne soit arrivée dans des migrations plus (47) anciennes.

(45) J'examinerai, en parlant des expéditions de Cyrus contre les Massagetes, & de Darius Hystaspe contre les Getes, si ces peuples étoient Scythes ou Celtes. Il suffira de remarquer ici, qu'ils se nourrissoient de lait de jument. Sur les Massagetes, qui étoient un peuple de l'Asie, voyez Herodote IV. 2. & ci-dessus p. 249. Note (38) Voici ce que Nicolas de Damas avoit remarqué des Getes que Darius alla attaquer au-delà du Danube. *Galactophagi Scythica gens. Victus eis solo equarum lacte constat, unde caseos conficiunt, atque eo tum potu, tum cibo utuntur. Illi Darium repulerunt... Eorum etiam meminit Homerus, ubi ait* ἀγαυῶν ἱππημολγῶν (Iliad. XIII. 5.) Nicol. Damasc. Serm. XXXVII. p. 118. Sidonius Apollinaris dit aussi: *Solitosque cruentum, Lac potare Getas, ac pocula tinguere venis.* Sid. Ap. Panegyr. Avit. vs. 83.

(46) *Et lætum equino sanguine Concanum.* Horat. Carmin. L. III. Od. 4 vs. 34. *Nec qui Massegeten monstrans feritate parentem, Cornipedis fusâ satiaris Concane venâ.* Silius Ital. L. III. vs. 360.

(47) Silius place effectivement des Sarmates en Es-

ciennes. Quelques Commentateurs d'Horace placent les Concanes, non en Espagne, mais dans la Thrace. Si cette conjecture étoit fondée, elle leveroit entierement la difficulté. Il est constant qu'il y avoit en Thrace plusieurs peuples (48) Sarmates.

CHAP. III.

Le Lecteur ne sera peut-être pas fâché de trouver ici la manière dont les peuples Celtes faisoient leur sel. Non seulement elle se ressent beaucoup de l'ancienne simplicité, elle a d'ailleurs quelque chose de si extraordinaire, que je ne doute point du tout que les Espagnols, les Gaulois & les Germains, ne la tinssent tous du même endroit. On allumoit un grand tas de bois. (49) Quand il étoit réduit

Manière dont les peuples Celtes faisoient leur sel.

Espagne. *At non Sarmaticos attollens Susana muros, Tam levibus persultat equis.* Silius Lib. III. vs. 384. La Note de Cellarius porte : Susana, *urbs Hispaniæ, ceteris omnibus ignota. P. Marsus Scholiographus addit, à Sarmatis conditam.*

(48) Ci-dessus Livre I. Chap. 8. p. 64. Note (r).

(49) *In Gallia Transalpina, intus ad Rhenum, aliquot regiones accessi, ubi ... salem nec fossitium nec maritimum haberent, sed ex quibusdam lignis combustis, carbonibus salsis pro eo uterentur.* Varro Rei Rust. L. I. Cap. 7. p. 321. *Galliæ Germaniæque ardentibus lignis aquam salsam infundunt. Hispaniæ quadam sui parte è puteis hauriunt, Muriam appellant, & illi quidem etiam lignum referre arbitrantur. Quercus optima, ut quæ per se cinere sincero vim salis reddat. Alibi Corylus laudatur. Ita infuso liquore salso, carbo etiam in salem vertitur. Quicunque ligno consit sal, niger est.* Plinius XXXI. Cap. 7. p. 807. *Dicebant Hermunduri & Catti, illis sylvis salem provenire, non ut alias apud gentes, eluvie maris arescente undâ, sed super ardentem arborum struem, fusa, ex contrariis inter se elementis, igne atque aquâ, concretum.* Tacit. An. XIII. 57.

L 7

duit en charbon, on l'éteignoit avec de l'eau salée, que des rivieres, ou des fontaines chargées de nitre fournissoient. Le charbon, impregné de cette eau, tenoit lieu de sel. Il faut certainement que les Scythes & les Celtes fussent bien jaloux de leurs anciennes coûtumes, puisque cette maniere de faire le sel, subsistoit encore en Espagne & dans les Gaules, du tems de Pline.

Chapitre Quatrieme.

Les Celtes étoient de grands dormeurs.

Les Celtes passoient parmi les Anciens pour de grands dormeurs. Je ne crois pas qu'on leur fit tort. Des peuples qui n'avoient d'autre occupation que la guerre & la chasse, devoient avoir bien du tems de reste. Il y a même des saisons de l'année où ils devoient se trouver réduits à ne faire autre chose que manger, boire & dormir. Tacite l'a remarqué en parlant des Germains. (1) *Toutes les fois qu'ils ne vont pas à la guerre, ils employent une petite portion de leur tems à la chasse, & en passent la plus grande partie à ne rien faire, ne pensant qu'à manger & à dormir.* Ailleurs il dit, que les Germains (2) *aimoient à dormir la grasse matinée;* On comprend facilement que cette paresse dût être commune à tous les peuples Celtes, aussi long-

(1) *Quoties bella non ineunt, non multum venatibus, plus per otium transigunt, dediti somno ciboque.* Tacit. Germ. C. 15.

(2) *Somnum plerumque in diem extrahunt.* Tacit. Germ. C. XXII.

long-tems qu'ils ne furent point désabusez de cet étrange préjugé, qui leur faisoit regarder tout travail, tant du corps que de l'esprit, comme une chose basse & servile. Il ne faut pas s'imaginer cependant, qu'à l'exemple des peuples mous & efféminez, ils prissent leurs aises & leurs commoditez, pour mieux goûter les douceurs du sommeil. Ils couchoient (3) à terre, & tout (4) habillez, se contentant d'étendre sous eux (5) un peu de paille, ou la peau de quelque bête sauvage. Les Sarmates avoient la même coûtume, qu'ils conservent encore aujourd'hui. Mais ils étoient d'une malpropreté dégoutante (6), au lieu que les

Ils couchoient à terre, & tout habillez.

---

(3) *Cubile mihi terra.* Anacharsis Scytha, in Epistola ad Hannonem, apud Ciceronem Tuscul. Quæst. Lib. V. p. 3600. *Humi cubare commune est Iberis cum Gallis.* Strabo Lib. III. 164. *Plerique Galli humi cubant, usque ad hodiernum diem.* Strabo IV. 197.

(4) *Hispani sagis amiciuntur, quibus involuti super stramentis cubant.* Strabo Lib. III. p. 155. Varron dit la même chose des anciens Romains. *Præterea quoque in lecto togas antea habebant, ea enim olim fuit commune vestimentum, & diurnum & nocturnum, & muliebre & virile.* Fragment. Varronis in Edit. Popmæ p. 206.

(5) *Galli humi cubare consueverunt in ferarum pellibus.* Diod. Sic. V. 214. *Galli in pellibus cubant.* Athen. L. XIII. Cap. 8. *Gallis (in Italia) somnus in herba aut stramentis erat.* Polyb. II. p. 106. XI. p. 625. On voit dans Paul Diacre, que du tems de Grimoald Roi des Lombards, les grands Seigneurs de cette Nation couchoient à terre, sur une peau d'ours, que l'on couvroit d'un drap, & d'un oreiller. P. Diac. Hist. Long. Lib. V. Cap. I. p. 412.

(6) *Sordes Sarmatarum.* Tacit. Germ. Cap. XLVI. *Nec alia Hunnis domestica vestis, alia forensis, sed semel obsoleti coloris tunica collo inserta,*

CHAP. IV.
Ils aimoient la propreté.

les Celtes aimoient d'être propres & bien mis. *Tous les Gaulois* (7), disoit Ammien Marcellin, *sont fort soigneux de ce qui regarde la propreté du corps & des habits. Vous ne trouverez dans ces contrées ni hommes, ni femmes, fussent-ils même des plus pauvres, qui ayent des habits sales & déchirez.* Diodore de Sicile (8) loue aussi la propreté des Celtiberes. Tacite remarque (9), que les Germains se lavoient regulierement tous les jours, & que c'étoit la première chose qu'ils faisoient après être levez. En général il est certain que les peuples Celtes usoient fréquemment des bains, dans lesquels ils ont souvent été surpris par leurs ennemis (10). Comme ils en usoient, non seulement pour la santé & pour la propreté du corps, mais encore pour l'endurcir, ils se baignoient (11) ordinairement dans les rivieres, & cela tant en hyver qu'en été. Les étrangers,

non ante deponitur, aut mutatur, quàm diuturnâ carie in pannos defluxerit, defrustata. —Amm. Marcell. XXXI. Cap. 3. p. 616.

(7) *Tersi pari diligentiâ cuncti & mundi, nec in tractibus illis, maximéque apud Aquitanos, poterit aliquis videri, vel femina, licet perquam pauper, ut alibi frustis squalere pannorum.* Amm. Marcell. L. XV. Cap. 12. p. 106.

(8) Voyez ci-dessous pag. 258. Note (17).

(9) *Statim è somno lavantur.* Tacit. Germ. Cap. XXII. Les Perses avoient la même coûtume. Suidas ex Appiano in ἀναλαμβάνειν, Tom. I. p. 168.

(10) Voyez-en des exemples, Plutarch. in Mario T. I. p. 416. Zosim. Lib. IV. Cap. 23. p. 397. Amm. Marcell. L. XXVII. Cap. 2. p. 476. Jornand. Cap. XX. p. 639.

(11) *Germani locis frigidissimis lavantur in fluminibus.* Cæsar IV. 1. *Promiscuè in fluminibus perlauntur.* Idem VI. 21. *Germani in fluminibus tantùm lavantur.* Herodian. Lib. VII. p. 525.

DES CELTES, *Livre II.* 257

gers, & sur-tout (12) les Romains, leur apprirent ensuite à se servir des bains chauds; & ce fut l'une des choses qui contribua à énerver la (13) vigueur de leur tempérament. Aussi Bondvica (14) Reine des Bretons, qui resista si vigoureusement aux Romains du tems de Neron, disoit-elle à ses troupes, *que les Romains étoient des efféminez, qui se baignoient dans de l'eau chaude.*

Je ne sçais au reste si cette autre propreté des peuples Celtes seroit du goût de notre Siécle. La plupart de ces peuples, pour avoir le teint plus (15) luisant, se frottoient le visage avec du beurre. Par-tout où l'on brassoit de la Biere, les Dames employoient au même usage (16) la levure ou l'écume dont
elle

(12) *Hispani calidâ lavari, post secundum bellum Punicum à Romanis didicêre.* Justin. XLIV. 2. Voyez aussi Plutarch. Sympos. VIII. 9. T. II. p. 734. Tacit. Germ. XXII.

(13) Dion Cassius, parlant des Cimbres, dit que Marius en vint facilement à bout, parce que la bonne chere & les bains chauds les avoient entierement amollis, depuis qu'ils étoient entrez en Italie. *Aquis calidis utebantur, cum anteâ frigidâ lavarentur.* Dio in Excerpt. Vales. p. 634.

(14) *Romanos nec viros appellandos, quòd calidâ laventur.* Xiphil. Brev. Dion. L. LXII. p. 172. On peut remarquer ici, que les bains chauds n'étoient point en usage parmi les Lacedémoniens, qui conserverent le plus long-tems l'ancienne manière de vivre des Pelasges. *Spartani* Ψυχρολύται. Plutarch. Alcib. T. I. p. 203.

(15) *Butyro Barbari omnes unguntur.* Plin. Hist. Nat. Lib. XI. Cap. 41. p. 591. *Pæones unguntur oleo quod à lacte separatur.* Athen. Lib. X. Cap. 13.

(16) *Ex frugibus fiunt & potus. Zythum in Ægypto,*

Chap. IV. elle se décharge quand elle fermente dans le tonneau. Les Celtiberes avoient une coûtume encore plus extraordinaire. (17) *Se piquant beaucoup de propreté, ils ne laisſoient pas d'avoir la vilaine manière de ſe laver tout le corps d'urine, & de s'en frotter les dents. Ils regardoient cette cure comme très-ſalutaire au corps.* Diodore de Sicile & Catulle n'attribuent cette coûtume qu'aux seuls Celtiberes. Mais Strabon remarque expressement, qu'elle étoit commune (18) aux Espagnols & aux Gaulois. Il dit aussi, qu'afin que l'urine eût plus de force, on la faisoit vieillir dans des citernes. C'est donc ici une nouvelle preuve de la parfaite conformité qu'il y avoit entre les anciens habitans des Gau-

---

gypto, Celia & Ceria in Hispania, Cervisia & plura genera, in Galliis aliisque Provinciis, quorum omnium spuma cutem fœminarum in facie nutrit. Plin. Lib. XXII. Cap. 25. p. 234. 235.

(17) *Peculiaris quædam apud eos consuetudo est, & admirabilis. Nam licet puritatis & elegantiæ in victu studiosi existant, unum tamen quiddam sordidum, & spurcitiæ non mediocris plenum ab eis committitur: urina enim totum corpus perluunt, adeoque dentes etiam fricant, quæ corporis illis ratio curandi non frivola habetur.* Diod. Sicul. Lib. V. 215. *Nunc Celtiber in Celtiberia terra, Quod quisque minxit, hoc solet sibi mane, Dentem atque russam defricare gingivam.* Catull. Epigr. 96.

(18) *Hispani urina lavantur, in cisternis inveterata; eaque tum ipsi, tum uxores eorum, dentes tergunt; quod & Cantabros, & eorum vicinos facere ajunt. Hoc & humi cubare, commune est Iberis cum Celtis.* Καὶ τῦτο δὲ, καὶ τὸ χαμευνεῖν κοινόν ἐστι τοῖς Ἴβηρσι πρὸς τοὺς Κελτούς. Strabo Lib. III. p. 164. Les versions Latines ont supprimé mal à propos le καὶ τῦτο δὲ.

DES CELTES, *Livre II.* 259

Gaules & de l'Espagne, jusques dans les choses les plus petites & les plus extraordinaires.

CHAP. IV.

Chapitre Cinquieme.

I. J'Ai déja remarqué, que les anciens habitans de l'Europe ne bâtissoient ni villes, ni villages, & qu'ils n'avoient même point de demeure fixe. Au lieu que notre manière de vivre nous attache à nos champs, à nos vignes, à nos possessions ; au lieu qu'on ruineroit un homme, si on vouloit l'arracher d'un endroit où il a pris racine ; les Scythes, libres de tous ces liens, n'avoient aucune raison qui pût les déterminer à s'arrêter long-tems dans une contrée, encore moins à s'y établir pour toute leur vie. Obligez de parcourir successivement les campagnes, les forêts, les prairies, pour y faire subsister leur bêtail, ils trouvoient au contraire leur avantage à mener une vie ambulante, & à ne se point separer des troupeaux dont ils tiroient la plus grande partie de leur subsistance. Ainsi ils passoient (1) toute leur vie sur des chariots cou-

Les peuples Celtes n'avoient anciennement point de demeure fixe.

---

(1) *Scythis nullæ urbes, nulla mœnia extructa. Domos secum ferunt singuli, pro domibus plaustra habentes.* Herodot. IV. 46. *Nec domus illis, aut tectum, aut sedes est, armenta & pecora semper pascentibus, & per incultas solitudines errare solitis. Uxores liberosque secum in plaustris vehunt, quibus, coriis, imbrium hyemisque causâ tectis, pro domibus utuntur.*

Chap. V.

Ils demeuroient sur des chariots.

couverts, sur lesquels ils transportoient leurs femmes, leurs enfans, & leur bagage d'un pâturage à l'autre. S'ils bâtissoient quelques chetives cabanes dans les lieux où ils étoient campez, ils les abandonnoient au bout de quelques jours pour remonter sur leurs chariots, & pour passer dans d'autres contrées. Quelque grands que pûssent être ces chariots, une famille devoit y être fort à l'étroit, & y souffrir de grandes incommoditez. Une semblable demeure ne peut même convenir qu'à des bergers; au moins elle n'accommoderoit gueres ni des artisans, ni des gens d'étude. Aussi n'en voyoit-on pas plus parmi les Scythes, qu'on n'en trouve aujourd'hui chez les Sauvages. Les peuples Nomades avoient pourtant un avantage; c'est qu'ils changeoient

---

utuntur. Justin. II. 2. *Scythæ Nomades non sunt aratores, in plaustris degunt, vagantur incertis sedibus, neque urbes incolunt.* Arrian. Indic. p. 521. *Galactophagi,* (ce sont les Getes,) *Scythica gens, domos non habent, ut plerique alii Scytharum.* Nicol. Damasc. Ap. Stobæ:: Serm. XXXVII. p. 118. *Mysi, Abii dicti, quod laribus careant, & in vehiculis degant.* Strabo VII. p. 296. *Scythis Europæis caritates, & habitacula, vilesque supellectiles plaustris impositæ sunt, corticibus tectis, & cum placuerit, sine obstaculo migrant, eadem carpenta quò libuerit convolventes.* Ammian. Marcel. Lib. XXII. Cap. 8. p. 317. *Utrique barbarorum istorum luxum odio habent; apertos testes proferunt, Rhenum* (scil. quem bibit,) *Germanus, currum Scytha.* Clem. Alex. Pædag. L. III. p. 267. *Quin & ab Hyrcanis, Titanius expulit antris, Cyris in arma viros, plaustrisque ad prælia cunctas Coralétæ traxére manus, ibi sutilis illis, Et domus & crudo residens sub vellere conjunx, Et puer è primo torquens temone Catejas.* Valer. Flac. Argon. L. VI. vs. 79. *Scythæ, Quorum plaustra [vagas] rite trahunt domos.* Horat. Carm. Lib. III. Od. 24. vs. 9.

geoient d'air fort souvent, & qu'ils alloient ordinairement établir leur quartier d'hyver (2) sous un climat temperé, ou dans des contrées que leur situation mettoit à couvert des vents froids. D'ailleurs, comme tous les païs leur étoient égaux, parce que les troupeaux dont ils se nourrissoient trouvoient par-tout de l'herbe à brouter, ils n'étoient pas obligez d'exposer leur vie & leur liberté pour se maintenir dans la possession d'un païs. Au contraire, toutes les fois qu'on venoit les attaquer avec des forces supérieures, ils avoient toûjours un moyen assuré pour se mettre à couvert. C'étoit de se retirer (3) dans des solitudes, où il n'étoit pas possible à une armée de les suivre, sans courir risque de périr totalement par le manque de vivres. C'est de cette manière que les (4) Getes firent échouer l'expédition de Da-

(2) *Scenæ Nomadum tectæ veste stragulâ è lanâ confectâ, infixæ sunt vehiculis, in quibus ii degunt. Circùm eas versantur pecora, quorum lacte, caseo & carnibus victum suppeditant. Sequuntur autem ipsi pascua, subinde herbosa occupantes loca; hyeme in paludibus Mæotidi propinquis, æstate etiam in campis.* Strabo L. VII. 308. *Scythæ, cùm frigus intolerandum est, supellectile in currus impositâ, in aliam regionem transeunt.* Schol. Aristophan. Avib. p. 290.

(3) *Quod maximum ab eis excogitatum id est, ut neque quisquam qui ad eos se contulerit aufugere, neque ipsi capi possint, aut ne inveniri quidem, si nolint, atque deprehendi. Siquidem nullæ sunt eis urbes, nulla mœnia extructa, domos secum ferunt singuli.* Herodot. IV. 46.

(4) Herodot. IV. 120. *Galactophagi non facilè bello superantur, quòd commeatus ubique ipsis præstò sit. Illi Darium domum remeare coegerunt.* Nicol. Damasc. ap. Stobæ Sermo. XXXVII. p. 118.

Chap. V. Darius Hystaspe, qui vint les attaquer à la tête d'une armée de sept-cens mille hommes. Quoi qu'il en soit, il est certain que tous les peuples (5) Scythes, tant (6) Celtes que (7) Sarmates, n'avoient dans le commencement point d'autre demeure que leurs chariots. C'est de-là qu'ils avoient reçû le nom

(5) *Pro domo plaustris utuntur Scythæ & Sarmatæ.* Strabo VII. 295. *Agathyrsi & Sauromatæ, quia pro sedibus plaustra habent, Hamaxobii dicti.* Pomp. Mel. L. II. Cap. 1. p. 37. Quoi qu'en ayent dit les Historiens & les Géographes, qui placent les Agathyrses, les uns le long de la Mer Baltique, Ptol. L. III. Cap. 5. p. 82. les autres autour du Palus Méotide ou en Moscovie, Amm. Marcell. L. XXII. Cap. 8. p. 314. L. XXXI. Cap. 3. p. 619. Bruzen de la Martiniere, Diction. Geogr. T. I. 138. Il est constant que les Agathyrses étoient des Thraces, ou des Getes, établis autour d'un fleuve qui se jette dans le Danube. *Ex Agathyrsis fluens Maris Istro miscetur.* Herodot. IV. 49. *Agathyrsi, sic Græci Thracas nominant.* Steph. de Urb. *Agathyrsi ad Thracum consuetudinem accedunt.* Herodot. IV. 104. *Agathyrsi gens intra Hæmum.* Suidas T. I. p. 20. Valerius Flaccus L. II. vs. 160. dit, que les Thraces demeuroient sur des chariots.... *& plaustro derepta nurus.*

(6) Voyez la Note précedente & la Note (1) de la page 259. & les Notes suivantes.

(7) J'ai dit dans le Livre précédent, que les Sarmates étoient toûjours à cheval ; mais ils mettoient les femmes & les enfans sur des chariots. *Sarmatæ in plaustro equoque vivunt.* Tacit. Germ. XLVI. *Hunni ædificiis nullis unquam tecti, sed hæc velut ab usu communi discreta sepultra declinant ; nec enim apud eos vel arundine fastigatum reperiri tugurium potest..... Semper fugientium similes, cum carpentis in quibus habitant, ubi conjuges tetra illis vestimenta contexunt, & cœunt cum maritis, & pariunt, & adusque pubertatem nutriunt pueros.* Amm. Marcell. L. XXXI. Cap. 3. p. 615. & 617.

DES CELTES, *Livre II.* 263

nom (8) d'*Hamaxobii*, que les Grecs leur donnent ordinairement.

Les Gaulois (9) ne différoient point anciennement à cet égard des autres Celtes. Ce ne fut qu'après la fondation de la (10) Colonie de Marseille qu'ils commencerent à cultiver les terres, & à bâtir des villes pour s'y établir. La plupart (11) des Germains étoient encore Nomades du tems des premiers Empereurs. On en trouve même dans le (12) quatrième Siè-

---

(8) Ἁμαξόβιοι, Ἁμαξοβίται, Gens qui demeurent sur des chariots. *Scythæ Hamaxobii.* Steph. de Urb. 235. 236. Voyez ci-dessus Note (5).

(9) Je ne dis rien des anciens-habitans de l'Espagne, parce que les monumens manquent. Ce qu'on rapporte des Rois Habis & Gerion, du tems desquels ces peuples étoient encore Nomades, est fabuleux. Justin. XLIV. 4. Il y a apparence que ce furent les Phéniciens & les Carthaginois qui tirerent ces peuples de la barbarie.

(10) Voyez le passage de Justin. ci-dessus p. 211. Note (8).

(11) Voyez le passage de Strabon à la Note (13) de la page suivante. *Germanis circa Istrum nulla domicilia, nullæ sedes, nisi quas lassitudo in diem posuit.* Senec. de Provid. Cap. IV. p. 386. *Quid induratius Germanis ad omnem patientiam, ut quibus, magná ex parte, non tegumenta corporum provisa sunt, non suffugia adversùs perpetuum cœli rigorem.* Senec. de Ira Lib. I. Cap. 2. p. 399.

(12) *Alani plaustris supersidentes, quæ operimentis curvatis corticum, per solitudines conferunt, sine fine distentas. Cùmque ad graminea venerint, in orbiculatam figuram locatis sarracis, ferino ritu vescuntur, absumptisque pabulis, velut carpentis civitates impositas vehunt, ... & habitacula sunt hæc illis perpetua.... Omnis ætas & sexus imbellis, circà vehicula ipsa versatur.* Amm. Marcell. Lib. XXXI. Cap. 3. p. 620.

Siécle, qui n'avoient encore point de demeure fixe. Il ne faut donc pas être surpris des fréquentes migrations des Nations Celtiques, que l'on voit inonder quelquefois un païs comme des essains d'abeilles. Des peuples (13) que rien n'attachoit à une contrée, & qui avoient toûjours des voitures prêtes pour se transporter avec leurs familles d'un païs à l'autre ; des Nomades, qui sans se charger d'aucunes provisions, n'avoient pas à craindre que les vivres leur manquassent en aucun endroit, ont pu passer très-facilement d'Asie (14) en Europe, & s'avancer en très-peu de tems jusqu'aux extrêmitez de l'Espagne ; au lieu que de semblables migrations sont presque impossibles à un peuple qui est fixé & ancré depuis long-tems dans un païs. Aussi est-il constant que les Cimbres, les Teutons, les Sueves, les Vandales, les Goths, les Alains, & tous ces autres

---

(13) *Commune est omnibus qui in istis partibus degunt, ut facilè solum mutent, propter tenuem victum, & quòd neque colunt agros, neque fructus recondunt, sed in casis habitant, structurâ in unum diem constantibus. Cibus eis à pecore plurimus, ut & Nomadibus, quorum etiam imitatione, rebus suis in currus impositis, facilè cum pecore abeunt quò visum fuerit.* Strabo de Suevis Lib. VII. p. 291. *Scythæ Massagetæ admodum inopes, nec urbes habent, neque certas sedes figunt, neque metu perdendi res maximè charas occupantur ; propterea non difficulter ad alia atque alia bella inducuntur.* Arrian. Expedit. Alex. L. IV. p. 278.

(14) Assurément Tacite n'y avoit pas bien pensé, lorsqu'il disoit que les Germains sont *Indigetes*, parce qu'il est difficile de comprendre, qu'aucun peuple ait pu se transporter par terre d'Asie en Europe. Voyez ci-dessus Livre I. Chap. 13. p. 129.

tres peuples, qui en divers tems vinrent se jetter sur les Provinces de l'Empire, étoient encore Nomades (15) lorsqu'ils entreprirent ces expéditions. Il y a toute apparence, que les Gaulois l'étoient aussi, lorsqu'ils envahirent cette partie de l'Italie qu portoit parmi les Romains le nom de *Gallia Togata*. Strabon l'insinuë dans un passage (16) que je cite en marge; & la chose est presque indubitable, s'il est vrai, comme Tite-Live (17) l'assure, qu'ils passerent en Italie sous le regne de Tarquin l'Ancien, c'est-à-dire, dans le tems même où la Colonie de Marseille fut fondée. De cette remarque il en resulte une autre. C'est que les Géographes se donnent assurement une peine inutile, en voulant déterminer au juste l'ancienne demeure des Sueves, des Vandales, des Alains, & des autres Nations qui menoient une vie ambulante, sans se fixer dans aucun païs. On peut dire, par exemple, que les Vandales étoient autour de l'Elbe du tems de Dion Cassius, (18) qui fait descendre ce fleuve des montagnes de la Vandalie. On peut marquer les vastes contrées au milieu desquelles ils avoient accoûtumé de se promener; les fleuves, les montagnes où ils étoient obligez

---

(15) On verra dans la suite de ce Chapitre, en quel sens ils étoient encore Nomades, quoiqu'ils s'appliquassent déja à l'Agriculture.

(16) *Gallis facilius migrationes acciderunt, cum gregatim ac omnibus copiis ferrentur, imò potiùs cum omni familiâ migrarent*. Strabo IV. 196.

(17) Tit. Livius L. V. 34.

(18) Ci-dessus p. 251. Note (43).

gez de borner leurs courses. Mais il faut en demeurer-là, & se souvenir que c'est tomber en contradiction, d'assigner des villes & une demeure fixe, (19) à des peuples dont le nom même avertit qu'ils n'en avoient point.

II. Les peuples Celtes ne pensèrent donc point à bâtir des maisons, aussi long-tems qu'ils n'eurent d'autre occupation que de paître leurs troupeaux. Les choses dûrent naturellement changer de face, lorsque ces peuples commencèrent de s'appliquer à l'Agriculture. Il est vrai que dans le commencement ils ne jugèrent pas à propos de s'approprier les terres qu'ils cultivoient, ni même de s'arrêter dans une contrée au-delà d'un an. Jules-César l'a remarqué en parlant des Sueves. (20) *Ils ne séparent point leurs champs. Personne n'en possede en propre. Il n'est même pas permis de demeurer plus d'un an dans une contrée pour la cultiver.* Il dit la même chose de tous les peuples Germains en général. (21) *Ce n'est pas la coûtume des Germains, de posseder des terres en propre. Chaque année les Magistrats en assignent aux peuples & aux familles qui vivent ensemble, autant & en tel lieu qu'ils le jugent à propos. L'année suivante ils les obligent à changer de demeure, & à passer*

Lors même que ces peuples eurent commencé de s'appliquer à l'Agriculture, ils ne renoncèrent pas d'abord à la vie errante & vagabonde à laquelle ils étoient accoûtumez.

Tous les ans ils changeoient de demeure, & culti-

───────────

(19) Ci-dessus Livre I. Chap. 14. p. 141.

(20) *Privati ac separati agri apud eos nihil est, neque longius anno remanere in uno loco, incolendi causâ licet.* Cæsar IV. 1.

(21) *Neque quisquam agri modum certum, aut fines proprios habet. Sed Magistratus ac Principes, in annos singulos, gentibus, cognationibusque hominum qui unà coïerunt, quantum eis & quo loco visum est, attribuunt agri; atque anno post aliò transire cogunt.* Idem VI. 22.

passer dans d'autres lieux. Le même usage subsistoit encore parmi les Germains, près de 150 ans après, c'est-à-dire du tems de Tacite, (22) Les Germains, dit cet Historien, occupent successivement des terres plus ou moins étendues, à proportion du nombre de ceux qui doivent les cultiver. Après que le Canton entier a pris possession d'une contrée, on la partage entre les particuliers, selon leur condition. L'étendue des campagnes & des terres labourables, fait qu'on n'a gueres de difficulté sur le partage. Tous les ans ils cultivent de nouvelles terres, & ne laissent pas d'en avoir encore de reste. Cette coûtume n'étoit pas particuliere aux peuples de l'Allemagne. Horace l'attribuë aux Getes,

- - - - (23) *Et rigidi Getæ,*
Immetata quibus jugera, liberas
Fruges, & Cererem ferunt,
Nec cultura placet longior annuâ.

On voit dans Diodore de Sicile, (24) que les Vaccéens, qui étoient un peuple de l'Espagne, conservoient encore de son tems la coûtume

CHAP. V.

voient de nouvelles terres.

---

(22) *Agri, pro numero cultorum, ab universis per vices occupantur, quos mox inter se secundùm dignationem partiuntur. Facilitatem partiendi, camporum spatia præstant. Arva per annos mutant, & superest ager &c.* Tacit. Germ. Cap. 26.
(23) Horatius Carm. L. III. Od. 24.
(24) *Vaccæi quotannis regionem dividentes, eam colunt, & fructus communes faciunt, suam cuique partem tribuentes. Agricolas, qui aliquid frumenti intervertunt, morte plectunt.* Diodor. Sicul. V. 215. Les Mosyniens, qui étoient un peuple Scythe établi dans l'Asie mineure, pratiquoient la même chose. *Proveniens ipsis frumentum æqualiter distribuunt.* Nicol. Damasc. ap. Stobæ. Serm. CLXV. p. 470.

CHAP. V. tume de partager leurs terres tous les ans; & qu'ils en rassembloient le provenu dans des greniers publics, où l'on distribuoit ensuite aux particuliers, la quantité de grain dont ils avoient besoin pour l'entretien de leurs familles. Enfin Strabon remarque, (25) que les Dalmates procédoient tous les huit ans à un nouveau partage de leurs terres. La chose est d'autant plus remarquable, que les peuples de l'Illyrie portoient déja depuis plusieurs années le joug des Romains. Il paroît par ces passages, que lors même que les peuples Celtes eurent commencé de connoître les avantages qu'ils pouvoient tirer de l'Agriculture, il falut encore du tems pour leur faire quitter cette vie errante & vagabonde à laquelle ils étoient accoûtumez. Les raisons que les Germains alleguoient pour justifier à cet égard leur manière de vivre, paroissent assez specieuses. Jules-César les expose au long. Ils disoient: (26) ,, Que s'ils se fixoient ,, dans une contrée, à l'exemple des autres ,, peuples, il seroit à craindre que la passion qu'ils avoient pour les armes, ne se ,, changeât bientôt en passion pour l'Agriculture: Que comme chacun chercheroit à se ,, loger d'une manière commode, propre à ,, le

---

(25) *Proprium hoc habent Dalmatæ, quod singulis octenniis agros denuò dividunt.* Strabo VII. 315.
(26) *Ejus rei multas afferunt causas, ne assiduâ consuetudine capti, studium belli gerendi agriculturâ commutent, ne latos fines parare studeant, potentioresque humiliores possessionibus expellant, ne accuratius ad frigora atque æstus vitandos ædificent, ne qua oriatur pecuniæ cupiditas; qua ex re factiones dissensionesque nascuntur, ut animi æquitate plebem contineant, cùm suas quisque opes cum potentissimis æquari videat.* Cæsar VI. 22.

„ le garantir du chaud & du froid, on ver-
„ roit ces peuples belliqueux s'amollir, & per-
„ dre insensiblement toute leur vigueur. Ils
„ ajoutoient, que s'ils possedoient des terres
„ en propre, chacun chercheroit infaillible-
„ ment d'étendre ses bornes, & que les Grands
„ ne manqueroient pas de déposseder les pe-
„ tits; que de cette manière on ouvriroit la
„ porte à l'amour des richesses, & par-là
„ aux factions & aux dissensions; au lieu que
„ le menu peuple est plus facilement entre-
„ tenu dans la dépendance, quand il voit
„ qu'il égale les plus puissans en biens & en
„ richesses ". Ces raisons n'étoient dans le
fond que des prétextes. Il est bon à la vérité, que l'homme s'accoûtume à supporter
également le chaud & le froid. Mais il est
encore plus utile & plus necessaire qu'il
s'accoûtume au travail, & qu'il renonce à
une certaine humeur féroce & brutale, qui
le pousse, non à défendre ses biens & sa
vie contre un injuste aggresseur, mais à
attaquer des gens dont il n'a aucun sujet de
se plaindre, ou à envahir des biens sur lesquels il n'a aucun droit. C'est certainement
une étrange délicatesse, que de ne vouloir
posseder aucun bien en propre, de peur de
donner lieu à des factions & à des dissensions, pendant qu'on ravit & qu'on pille
tous les jours les biens d'autrui. Je ne vois
pas aussi, que l'Agriculture soit incompatible
avec la profession des armes, à moins qu'on
ne regarde le Soldat, comme un homme
que le métier qu'il exerce appelle à piller,
& à se nourrir du travail d'autrui, au lieu
que le Laboureur est obligé de vivre du travail de ses propres mains. Il est fâcheux de
le

CHAP. V. le dire : Mais la chose est pourtant constante. Les peuples Celtes annoblissoient la paresse & le brigandage. Ils méprisoient l'Agriculture, parce qu'ils aimoient beaucoup mieux vivre de pillage que du travail de leurs mains. Ils ne vouloient se fixer en aucun endroit, pour être toûjours en état de piller, tantôt un païs & tantôt l'autre. Ils comprenoient d'ailleurs fort bien, que d'abord qu'ils se seroient établis dans un païs, & qu'ils auroient des champs, des maisons, des granges, il faudroit renoncer aux courses continuelles qu'ils faisoient sur leurs voisins, ou s'attendre à être pillez & ravagez à leur tour.

Aussi long-tems qu'ils n'eurent point de demeure fixe, ils cachoient leur moisson dans des caveres soûterreines.

Quoi qu'il en soit, d'abord que ces peuples commencerent à cultiver des terres, il falut se résoudre à attendre la recolte, & s'arrêter dans une contrée, au moins l'espace d'un an. Ce fut alors que quelques-uns de ces peuples bâtirent des maisons, ou plutôt des cabanes, pour s'y cantonner durant l'hyver. Mais le plus grand nombre s'ouvrirent des cavernes soûterreines pour y (27) serrer leur moisson.

Outre

(27) *Britanni spicas in horreis subterraneis reponunt.* Diod. Sic. Lib. V. p. 209. *Sabinus, cum ruri* (in Gallia) *haberet sub terra effossas cameras, ubi bona recondi poterant, in specus istas subterraneas descendit.* Plutarch. Amator. T. II. p. 770. Xiphilin. Lib. LXVI. p. 752. *Quidam granaria habent, sub terris speluncas, quas vocant* Siros, *ut in Cappadocia ac Thracia. Alii, ut in Hispania citeriore, puteos.* Varro Re. Rust. Lib. I. Cap. 57. p. 357. *Sub terra habent frumentum, in iis quos vocant* Siris. Idem. Lib. I. Cap. 63. p. 359. *Germani solent & subterraneos specus aperire, eosque multo insuper fimo onerant, suffugium hyemi, & receptaculum frugibus.* Tacit. Germ. Cap. XVI. *Utilissimè frumenta servantur in scrobibus, quos Siros vocant, ut in Cappadocia & in Thracia, in Hispania & Africa,*

Outre que le (28) grain se conservoit parfaitement dans ces caves pendant plusieurs années, ils y trouvoient eux-mêmes une (29) retraite contre les rigueurs de l'hyver, & contre les incursions subites de l'ennemi. Quand ils quittoient une contrée, (30) ils couvroient si bien ces caves, de terre & de gazon, qu'il n'étoit pas possible à un ennemi de les découvrir. Tous les peuples Scythes

Africa, ante omnia ut sicco solo fiant curant; mox ut palea substernatur. Plin. L. XVIII. Cap. 30. p. 533. *Spelunca* Cire *dicta in Thracia.* Dio. Cas. Lib. LI. p. 463.

(28) *Possunt etiam defossa frumenta servari, sicut transmarinis quibusdam Provinciis, ubi puteorum in modum, quos apellant* Siros, *exhausta humus, editos à se fructus recipit.* Columella R. Rust. Lib. I. Cap. 6. p. 174. *Varro autor est, sic conditum triticum durare annis quinquaginta, milium verò centum.* Plin. ubi sup.

(29) C'est ce que marque le nom de Troglodytes, que les Grecs donnoient aux peuples, qui au lieu de bâtir des maisons, se retiroient dans des cavernes. *Scythæ interius habitantes, specus incolunt.* Solin. Cap. XXV. p. 234. *Peucem insulam circumcolunt Troglodytæ.* Amm. Marcel. Lib. XXII. Cap. 8. p. 317. *Germani frigorem hyemis ejusmodi locis molliunt.* Tacit. Germ. Cap. 16. *Per subterranea occulta, fossasque multifidas, multi Germani latebant.* Amm. Marcel. XVII. 1. p. 156. *Dardani subter sterquiliniis, effossas speluncas inhabitabant.* Strabo VII. 316. *Ob sæva hyemis, Sarmatæ admodum assiduè, demersis in humum sedibus, specus aut suffossa habitant.* Pomp. Mel. L. II. Cap. I. p. 40.

(30) *Si quando hostis advenit, aperta populatur; abdita autem & defossa ignorantur, aut eo ipso fallunt, quod quærenda sunt.* Tacit. Germ. Cap. 16. *Magno usui Getis in Thraciâ fuerunt, sequendarum auri venarum periti ... conditoria frugum occulta, & latebras hominum, & receptacula secretiora monstrando.* Amm. Marcel. L. XXXI. Cap. 6. p. 630.

CHAP. V.

Lorsque les peuples Celtes prirent le parti de

thes avoient autrefois de ces cavernes, tant en (31) Asie qu'en Europe; & ce qu'il y a de plus remarquable, c'est qu'elles portoient par-tout le même nom. On les appelloit *Sir*, *Cir*, comme on peut le voir dans les différentes notes qui se trouvent au bas de cette page & sur les précedentes. J'ai déja averti dans le Livre précedent (32), que le mot de *Sir*, *Schir*, *Scheuer*, signifie en Allemand une grange.

III. A la fin, lorsque les peuples Celtes eurent pris le parti de se fixer pour toûjours dans un païs, ce qu'ils firent les uns plutôt, les autres plus tard, ils commencerent aussi à bâtir des maisons solides, & à
se

(31) On voit dans les notes précedentes, que les peuples de l'Europe avoient tous de ces cavernes, où ils serroient leur moisson. Voici quelques passages qui regardent les Scythes établis en Asie. *Syassus vicus Phrygiæ. In hoc vico ajunt Cimmerios, in Siris reconditas invenisse myriades tritici, indéque eos longo tempore sustentatos.* Steph. de Urb. p. 683. Vitruve décrit ces cavernes, qui de son tems servoient encore de granges aux Phrygiens. Lib. II. Cap. I. p. 19. Quinte-Curce, parlant d'un peuple qui demeuroit au-delà du mont Caucase, dans le voisinage des Bactriens, dit: *Sirrhos vocant barbari, quos ita solerter abscondunt, ut nisi qui defoderunt, invenire non possint.* Curtius L. VII. Cap. 4. p. 304. *Mardi specus in montibus fodiunt, in quos se, ac conjuges, & liberos condunt.* Idem. Lib. V. Cap. 6. p. 203. Theophylacte Simocatte, Liv. II. Ch. 7. p. 39. dit, que dans l'Arsanene les Perses avoient des habitations soûterreines, que l'on découvroit en frappant sur la terre. Voyez ce que Valerius Flaccus dit des Hyrcans, ci-dessus p. 260. dans la Note. Les Cosaques & les Circasses qui demeurent le long du Pont-Euxin, ont encore aujourd'hui de ces cavernes, qu'ils appellent *Amber*. Stralenberg. pag. 311.

(32) Voyez ci-dessus Livre I. p. 175.

se loger d'une manière plus commode qu'ils ne l'étoient sur des chariots, dans des cabanes, ou dans des cavernes. Il faut seulement faire ici deux réfléxions.

La première, qui ne m'arrêtera qu'un moment, c'est que du tems de (33) Vitruve les Espagnols & les Gaulois bâtissoient encore leurs maisons de charpente & de terre grasse, & les couvroient de roseaux. Strabon (34) dit à peu près la même chose des Gaulois. Herodien (35) remarque, que les Germains n'avoient

CHAP. V.
se fixer dans un païs, & de se loger dans des maisons, ils ne bâtirent cependant ni Ville ni Village.

(33) *Alii luteas glebas arefacientes, struebant parietes, materiâ eos jugamentantes, vitandoque imbres & æstus, tegebant arundinibus & fronde; postea, quoniam per hybernas tempestates, tecta non poterant imbres sustinere, fastigia facientes luto inducto, proclinatis tectis, stillicidia deducebant. Hæc autem ex iis, quæ suprà scriptæ sunt originibus instituta esse, possumus sic animadvertere, quod ad hunc diem, nationibus exteris, ex his rebus ædificia constituuntur, ut in Gallia, Hispania, Lusitania, Aquitania scandulis robustis, aut stramentis.* Vitruv. Lib. II. Cap. I. p. 19.

(34) *Galli domos ex asseribus & stramentis habent, magnas, rotundas, magno imposito fastigio.* Strabo IV. p. 197.

(35) *Sunt autem urbes & ædificia apud illos maximè incendiis obnoxia. Lapide enim & lateribus deficiuntur. Densas habent sylvas, quarum ligna coagmentantes & adaptantes, quædam quasi tabernacula ædificant.* Herodian. L. VII. p. 523. *Ne cæmentorum quidem apud illos, aut tegularum usus. Materiâ ad omnia utuntur informi, & citrà speciem aut delectationem.* Tacit. Germ. Cap. 16. *Tegulo arundinum domus suas Septentrionales populi operiunt, durantque ævis tecta alta.* Plin. XVI. 36. p. 279. Dion Cassius Lib. XXXIX. p. 111. dit, que du tems de Jules-César, les Morins & les Menapiens n'avoient point de villes, mais qu'ils demeuroient dans des huttes. ἐν καλύβαις.

voient de son tems, ni pierres, ni briques, mais de vastes forêts, qui leur fournissoient une grande abondance de bois, qu'ils charpentoient & qu'ils enchassoient pour en faire des maisons, qui n'étoient, à proprement parler, que des cabanes fort exposées au feu. Vitruve étoit contemporain de Jules-César & d'Auguste. Strabon écrivoit sous l'Empire de Tibere. Hérodien a conduit son Histoire jusqu'à celui de Gordien le Jeune. Je fais cette remarque, pour désabuser ceux qui ont du penchant à attribuer aux anciens Gaulois quelques vieux édifices que l'on voit dans les Gaules, & qui sont constamment des Romains. La bévuë est encore plus grande, si l'on prétend que ces édifices étoient des Temples consacrez à quelque Divinité, parce qu'il est constant, que les Gaulois n'ont point eu de Temples avant l'invasion des mêmes Romains.

Chaque particulier occupoit un certain terrein, & bâtissoit au milieu de sa possession.

Je serai obligé de proposer ma seconde refléxion avec un peu plus d'étendue, parce qu'elle est essentielle pour donner une juste idée du Gouvernement & de l'ancienne manière de vivre des Celtes. Ces peuples ne bâtissoient point des Villes, ni même des Villages, dont les maisons fussent contiguës. Tacite l'a remarqué en parlant des Germains. (36) *Chacun s'établissoit le long d'un ruisseau, dans*

---

(36) *Nullas Germanorum populis urbes habitari satis notum est. Ne pati quidem inter se junctas sedes. Colunt discreti ac diversi, ut fons, ut campus, ut nemus placuit. Vicos locant, non in nostrum morem, connexis & cohærentibus ædificiis. Suam quisque domum spatio circumdat, sive adversus casus ignis remedium, sive inscitia ædificandi.* Tacit. Germ. Cap. XVI.

dans une campagne, ou dans une forêt, selon qu'il le trouvoit bon, & se logeoit avec sa famille au milieu de sa possession. C'est l'origine des Cantons, dont j'ai déja dit un mot (37) dans le Livre précedent. On donnoit le nom de Canton à un district occupé par un certain nombre de familles, qui avoit ses Magistrats & sa Jurisdiction particuliere. Tous les (38) peuples de l'Europe étoient anciennement partagez en Cantons, & dispersez dans les campagnes, de la manière que je viens de le dire. (39) Les Espagnols,

CHAP. V.

C'est l'origine de ce qu'on appelloit un Canton.

Tous les peuples de l'Europe étoient anciennement par-

C'est peut-être ce qui a fait dire, que les Hyperboréens n'avoient point d'autre demeure que les forêts & les bois. *Sylvas lucosque habitant.* Pomp. Mel. Lib. III. Cap. 5. p. 77. *Domus iis nemora lucique.* Plin. Lib. IV. Cap. 12. p. 471. Solin. Cap. XXVI. p. 239. Voyez ci-dessus Livre I. Chap. I. p. 7.

(37) *Pagus*, en Allemand *Gaw*, *Aw*, Voyez ci-dessus Livre I. Chap. 14. p. 138. Chap. 15. p. 167. 168. 169.

(38) Ce que je dis ici, doit s'entendre proprement des peuples qui avoient une demeure fixe. Cependant les Nomades étoient aussi partagez en Cantons. Jules-César dit par exemple, que Cent Cantons des Sueves s'étoient avancez jusques sur le bord du Rhin. *Pagos centum Suevorum ad ripam Rheni consedisse.* Cæsar I. 37. *Alani, licet dirempti spatiis longis, per pagos vagantur immensos.* Amm. Marcel. Lib. XXXI. Cap. 3. p. 619. Parmi les Nomades, un Canton étoit composé d'un certain nombre de familles qui campoient toûjours ensemble, & qui obéïssoient à un même chef.

(39) *Plerique Hispanorum vicos habitant.* Strabo III. 163. *Celtiberi vicatim habitant.* κωμηδὸν. Strabo III. 151. Strabon remarque ailleurs, que l'Espagne étoit partagée en beaucoup de petits Etats; ce qui fut cause que les Carthaginois, & ensuite les Romains, s'en emparerent facilement,

M 6 parce

CHAP. V.
partagez en Cantons.

gnols, (40) les Gaulois, (41) les Germains, (42) les Thraces, (43) les Illyriens, les anciens habitans de (44) l'Italie, de la

parce qu'ils subjuguerent un peuple après l'autre. Strabo III. 158.

(40) *Omnis civitas Helvetia in quatuor pagos divisa est.* Cæsar I. 12. *Allobroges vulgò per pagos habitant.* Strabo IV. 186. *Galli* (in Italia) *vicos habitabant sine muris.* Polyb. II. 106. *Insubres per pagos habitabant universi.* Strabo V. 213. *Ligures per pagos dissipati vivunt.* Strabo V. 218. *Oromansaci juncti pagò qui Gessoriacum vocatur.* Plin. L. IV. Cap. 17. p. 483. Quand Appien dit de Bello Civili L. II. p. 848. que Jules-César soûmit 400 Nations des Gaules, il y a toute apparence qu'il faut entendre par ces Nations des Cantons, ou tout au plus des peuples composez d'un petit nombre de Cantons. Il faut entendre de la même manière ce qui est dit des Boïens d'Italie, qu'ils étoient partagez en 112 Tribus. Plin. III. Cap. 15. p. 367.

(41) *Germanorum principes jura per pagos vicosque reddunt.* Tacit. Germ. Cap. 12. *Suevi centum pagos habere dicuntur.* Cæsar IV. 1. *Semnones centum pagis habitantur.* Tacit. Germ. Cap. 39. *In Scandinavia Hillevionum gens, quingentos incolit pagos.* Plin. IV. 13. p. 476. *Pagi & vici Cattorum.* Tacit. Ann. I. 56. *Barbarici pagi Alamannorum.* Amm. Marcel. L. XIV. Cap. 10. p. 50. *Leutienses pagi Alemannici.* Idem L. XV. Cap. 4. p. 72. *Vindelici & Rhæti omnes in multas civitates divisi.* Plin. L. III. Cap. 20. p. 376. *Pannonii nullas urbes habent, agros duntaxat & villas per cognationes possident.* Appian. Illyr. p. 1205.

(42) *Thracia in Strategias quinquaginta divisa.* Plin. Lib. IV. Cap. 11. init.

(43) *Quáque per Illyricum Taulantius incola litus, Exiguos habitat, non ullo nomine muros.* Silius Ital. L. XV. vs. 294.

(44) *Aborigines in montibus, sine mœnibus vicatim & passim habitabant.* Dionys. Halic. Lib. I. p. 7. *Cùm Roma conderetur, Æqui, Volsci, Hernici, Aborigines*

DES CELTES, *Livre II.* 277

la, (45) Sicile & de la (46) Grece. La plûpart de ces Cantons (47) étoient dans le commencement des Etats séparez & indépen-

---

origines, Rutuli, liberè per pagos habitabant, nulli communi subjacentes genti. Strabo V. 229. *Vestini, Marsi, Peligni, Marrucini, Ferentani, Samnites, per vicos habitabant.* Strabo V. 241. *Samnites in montibus vicatim habitabant.* Livius IX. 13.

(45) *Sicani olim vicatim habitabant, urbeculas (castella) in collibus, ut quisque naturâ munitissimus erat, propter latronum incursus, exstruentes. Non enim sub unum regis imperium redacti erant, sed unumquodque oppidum suum habebat principem.* Diod. Sic. Lib. V. p. 201.

(46) *Ætoli in vicis nullo muro cinctis, & longo intervallo distantibus, habitabant.* Thucyd. L. III. Cap. 94. p. 202. *Iones, Achivorum vicini, vicatim habitabant.* Strabo VIII. 386. *Elæi per familias regiones inhabitabant.* Strabo VIII. 337. *Lacedæmon non coædificata, sed antiquo Græciæ more, pagatim condita habitatur.* Thucyd. Lib. I. Cap. 10. p. 6. *Olim populi Græci multi & exigui erant, & ignobiles; tamen virtutem colebant, & unusquisque regem suum habebant.* Strabo VIII. 322. Thucydide dit, que du tems de Cecrops & de leurs anciens Rois, les Athéniens demeuroient à la campagne par Cantons, (c'est ce que signifie dans cet endroit κατὰ πόλεις) qui avoient chacun leur Magistrat particulier. Quand ils n'avoient rien à craindre de la part d'un ennemi, ils ne s'assembloient point auprès du Roi, qui regnoit à Athènes. Chacun se gouvernoit à sa manière. Thesée changea cet ordre, abolit les Magistrats particuliers, obligeant les Athéniens à former tous un seul Conseil, & à n'avoir désormais qu'une seule assemblée. Thucyd. Lib. II. Cap. 15. p. 93. 94. *Theseus Athenienses in unum congregavit, antea dissipatos & per vicos habitantes.* Scholion ad Aristophan. Nubes p. 25. Col. 2. *Athenienses quondam pagatim habitantes.* Livius XXXI. 30.

(47) Voyez les notes précedentes.

CHAP. V.

Les peuples Celtes fuyoient le séjour des villes.

pendans. La nécessité de se défendre contre des ennemis communs, les obligea ensuite à se réünir, & à former une sorte de République, dont je représenterai la constitution, lorsque je parlerai de la forme de Gouvernement qui étoit reçuë parmi les peuples Celtes.

IV. A l'égard des Villes, il est constant que ces peuples en fuyoient le séjour avec une véritable aversion.

1. Ils prétendoient qu'elles ne pouvoient servir (48) qu'à enchaîner la liberté, & à affermir la servitude. C'est effectivement par le moyen des places fortes, & des garnisons qui y étoient entretenuës, que les ennemis qu'ils avoient en tête, arrêtoient leurs courses & leurs pilleries, les mettoient eux-mêmes sous le joug, ou les obligeoient au moins à abandonner les contrées où ils étoient établis. Au lieu de cela, les villes fortes ne leur étoient d'aucune utilité à eux-mêmes. Ne craignant point qu'on ruinât leurs campagnes, qu'ils abandonnoient volontairement aussi-tôt qu'ils avoient fait leur recolte, comptant pour rien la perte d'une moisson, ne connoissant pas encore le prix de l'or & des autres biens que nous avons accoûtumé de mettre à couvert dans des forteresses, ils trouvoient mieux leur compte, quand ils étoient attaquez, (49) à se retirer dans des marais, & dans des contrées

___

(48) *Muros Coloniæ, munimenta servitii, detrahatis.* C'est ce que disoient les Tenchteres aux habitans de Cologne. Tacit. Hist. IV. 64.

(49) C'est ce que firent les Menapiens, lorsque Jules-César vint les attaquer. Cæsar III. 29. IV. 38. Les Suevès prirent le même parti. Idem IV. 19. VI. 29.

trées inaccessibles, où leur bêtail trouvoit de quoi subsister, pendant qu'il n'étoit pas possible à un ennemi de les y forcer. Il arrivoit aussi souvent, que les Princes qui se rendoient puissans au milieu d'une Nation, bâtissoient des villes & des châteaux, & y entretenoient des garnisons, pour sapper par ce moyen les fondemens de la liberté publique. C'est la raison pourquoi les Celtes se faisoient une Loi, de ne tenir jamais leurs assemblées dans une ville, où ils pouvoient être pris au trebuchet, mais toûjours en rase campagne. Cette coûtume a subsisté dans les Gaules, jusques dans le huitième siécle, & il n'y a pas long-tems qu'elle est abolie en Allemagne.

2. Les peuples Celtes étoient encore dans l'opinion, que les villes fortes ne pouvoient servir qu'à amollir le courage du Soldat. (50) *Il n'y a pas jusqu'aux bêtes féroces*, disoient les Tenchteres, *qui ne perdent leur force & leur courage quand on les tient enfermées*. Tous les Scythes en général soutenoient, qu'il y avoit infiniment plus de bravoure & de gloire à se battre contre un ennemi en platte campagne (51), qu'à l'attendre & à le gueter derriere une muraille. Les maximes du point d'honneur qu'ils ont transmises à leurs descendans, leur faisoient regarder les soldats qui alloient se renfermer dans une ville, à peu près comme on regarderoit aujourd'hui un homme, qui ayant reçu un défi, iroit se bat-

---

(50) *Etiam fera animalia, si clausa teneas, virtutis obliviscuntur.* Tacit. Histor. IV. 64.

(51) Les Lacedémoniens étoient dans la même idée. *Spartani urbem semper armis, non muris defenderant.* Justin. XIV. 5.

battre, couvert d'une cuirasse, contre un homme qui seroit en chemise.

3. Comme ils étoient d'ailleurs dans le préjugé, que la guerre est un jugement de Dieu, où la Providence décide toujours en faveur de la bonne cause, ils en concluoient, qu'un homme qui se couvre d'un rempart, étoit non seulement un poltron & un lâche, mais encore un impie, qui se défioit de la puissance de Dieu. Ces idées étoient certainement fausses. La Providence ne fait pas des miracles tous les jours, ni sans aucune nécessité. Elle favorise ordinairement dans les guerres, non pas ceux qui ont la meilleure cause, mais ceux qui s'y conduisent avec le plus de prudence & de bravoure. Des armées à peu près égales peuvent essayer leurs forces & leur courage en platte campagne. Mais des troupes fort inférieures en nombre, font assurement très-bien de se couvrir de murailles & de remparts ; & ce seroit sans contredit une témérité, & une fausse délicatesse de leur part, que de hasarder une bataille où elles succomberoient infailliblement.

Au lieu d'en bâtir, ils ruinoient celles qui tomboient entre leurs mains.

V. On ne sera pas surpris, après ce que je viens de dire, que les Celtes, au lieu de bâtir des Villes, ruinassent au contraire toutes celles qui tomboient entre leurs mains. S'ils en laissoient quelquefois subsister les maisons, pour servir de retraite aux anciens habitans, ils ne manquoient jamais de les démanteler, & d'en abattre les fortifications. C'est ce que firent les Goths, les Vandales, les Alains, les Sueves, les Allemans, les Lombards, & tous les autres peuples qui envahirent en divers tems les Provinces

ces de l'Empire Romain. Comme leur inclination & leur intérêt les portoient également à ne point quitter le séjour de la campagne, auquel ils étoient accoûtumez, & où chaque particulier vivoit dans une espece d'indépendance, (52) ils ruinoient les villes fortes, pour empêcher que les peuples qu'ils

(52) *Chrotarius* (Longobardorum Rex) *cum exercitu, Genavam maritimam, Albingaunum, Varicottim, Saunam, Ubitergium & Lunam, civitates in littore maris, de Imperio auferens vastat... muros civitatibus subscriptis, usque ad fundamenta destruens, vicos has civitates nominare præcepit.* Fredegarii Chronic. Cap. LXXI. p. 761. Julien l'Apostat, dans son Epître aux Athéniens, remarque, que lorsqu'il fut envoyé dans les Gaules, il trouva les Germains, qui demeuroient tranquillement autour des villes ruinées de la Celtique. Il dit que le nombre des villes dont les murailles étoient ruinées, montoit à 45. sans compter les tours & les châteaux. Epistol. ad Atheniens. p. 278. *Julianus audiens, Argentoratum, Brocomagum, Tabernas, Salisonem, Nemetas & Vangionas, & Mogontiacum civitates, barbaros possidentes, territoria earum habitare, nam ipsa oppida, ut circumdata retiis busta declinant.* Ammian. Marcel. Lib. XVI. Cap. 2. p. 112. Cluvier German. Antiq. p. 103. remarque, que la Noblesse d'Allemagne conserve encore la coûtume de demeurer à la campagne. On peut ajoûter, que lorsque Henri l'Oiseleur & ses successeurs commencèrent à bâtir des villes, la Noblesse fit difficulté de s'y établir. De-là la distinction de *Bourgeois* & de *Noble*. Un Bourgeois est un homme qui demeure *in Burgo*, c'est-à-dire dans une ville. Les habitans des villes passoient tous pour roturiers. Il y avoit même des contestations continuelles entre les villes & la Noblesse, parce qu'un esclave qui avoit demeuré un an & un jour dans une ville, étoit reputé libre, au lieu que la Noblesse prétendoit être toûjours en droit de revendiquer ses sujets, & de les faire rentrer dans la servitude.

CHAP. V. qu'ils avoient subjuguez, ou leurs propres chefs, ne s'y fortifiassent. C'est à ce trait de politique, plutôt qu'à la fureur du soldat, qu'il faut imputer la ruine de tant de belles villes que ces peuples renverserent de fond en comble, en Espagne, dans les Gaules & en Italie. Cette politique, bonne ou fausse, leur coûta cher dans la suite. Toutes les fois qu'ils eurent en tête un ennemi puissant & victorieux, ils se virent à la merci du vainqueur. Ainsi (53) Procope remarque, que Genseric, Roi des Vandales, ayant autrefois abattu les murs de toutes les villes d'Afrique, à la reserve de ceux de Carthage, Bélisaire trouva le païs tout ouvert, lorsqu'il y fut envoyé par Justinien, à la tête d'une bonne armée. Ce Général ayant eu le bonheur de gagner la première bataille qu'il livra aux Vandales, & ceux-ci n'ayant aucune place forte où ils pussent se retirer, furent soûmis dans une seule campagne.

Les Espagnols, les Gaulois

VI. Je dois cependant remarquer ici, que les Espagnols (54), les Gaulois & les Thraces,

―――――

(53) Procop. Vandal. Lib. I. Cap. 5. p. 189.

(54) Les Carthaginois trouverent des Villes en Espagne, lorsqu'ils y passerent pour la première fois. Fragment. ex Libr. XXV. Diodor. Sicul. in Excerpt. Legat. Hoeschelii p. 169. 170. Il paroît par les Commentaires de Jules-César, qu'il y avoit de son tems plusieurs Villes fortes dans les Gaules. Cet Auteur rapporte aussi, que dans le tems de l'invasion des Cimbres, les Gaulois ne se sentant pas en état de resister à ce redoutable ennemi, prirent le parti de se retirer dans les Villes fortes. Cæsar VII. 77. Cette invasion arriva environ soixante ans avant les expéditions de Jules-César dans les Gaules. A l'égard des Thraces, des Getes, des Illyriens, des Péoniens, il est

ces, ont eu des Villes de fort bonne-heure, en comparaison des autres Celtes. On en voit bien la raison. D'abord que ces peuples se furent entierement fixez dans un païs, & qu'ils eurent appris des Nations policées, à partager les terres, à avoir chacun sa maison, ses champs, ses vignes, ils sentirent la nécessité qu'il y avoit de couvrir & de fermer leurs Etats par de bonnes forteresses. Les Espagnols bâtirent, selon les apparences, des villes fortes, pour arrêter les conquêtes des Phéniciens, des Phocéens & des Carthaginois, qui venoient souvent débarquer sur leurs côtes, & qui y avoient établi plusieurs Colonies. Les Gaulois prirent le même parti, pour resister d'un côté aux Romains, qui les presserent vivement, lorsqu'ils eurent une fois passé les Alpes; & de l'autre, à une foule de peuples Germains qui passoient tous les jours dans les Gaules. Les Thraces & les autres peuples barbares qui demeuroient dans leur voisinage, furent aussi obligez de con-

CHAP. V.

& les Thraces, ont eu des Villes de bonne heure, en comparaison des autres peuples Celtes.

est constant qu'ils ont eu quelques Villes, dès le tems de Philippe & d'Alexandre le Grand, Rois de Macedoine, comme nous le dirons en parlant des expéditions de ces Princes contre les peuples que je viens de nommer. Je ne parle pas au reste des Villes de la Grande-Bretagne, qui n'étoient que de grands abattis d'arbres, dont les habitans de cette Isle se couvroient en tems de guerre, contre les incursions subites d'un ennemi. *Oppidum Britanni vocant, cum sylvas impeditas vallo atque fossâ muniêrunt, quò incursionis hostium vitandæ causâ convenire consueverunt.* Cæsar V. 21. *Urbium loco Britannis sunt nemora. Arboribus enim dejectis, ubi amplum circulum sepierunt, ipsi casas ibidem sibi ponunt, ac pecori stabula condunt, non in longum tempus.* Strabo IV. 200.

CHAP. V.

Changement remarquable arrivé dans les Gaules

construire des châteaux & des forteresses, pour empêcher que les Grecs, qui, depuis le tems de Darius Hystaspe, avoient fait plusieurs établissemens sur les côtes du Pont-Euxin, ne pénétrassent plus avant dans le pais.

VII. Il arriva au reste un changement considérable dans les Gaules sur la fin du quatrième Siécle, & au commencement du cinquième. La plûpart des villes des Gaules (55) perdirent alors leur ancien nom, & pri-

---

(55) Ainsi *Andomatunum Lingonum* fut appellée *Lingones* ou *Lingonum*, Langres. Ptolem. L. II. Cap. 9. p. 52. *Agendicum Senonum*, Sens. Cæsar VI. 44. Ptolem. L. II. Cap. 8. p. 50. Amm. Marcel. L. XVI. Cap. 3. p. 113. *Atuatuca Tungrorum*, Tongres. Ptolem. L. II. Cap. 9. p. 52. *Avaricum Biturigum*, Bourges. Cæsar VII. 13. Ptolem. Lib. II. Cap. 7. p. 50. *Augustomana* vel *Augustobana Tricasium*, Troies. Ptolem. Lib. II. Cap. 8. p. 51. Amm. Marcell. Lib. XVI. Cap. 2. p. 111. *Augustoritum*, ou selon d'autres, *Limonum Pictonum*, Poitiers. Ptolem. L. II. Cap. 7. p. 49. *Autricum Carnutum*, Chartres. Ptolem. L. II. Cap. 8. p. 51. *Bratuspantium*, ensuite *Cæsaromagus Bellovacorum*, Beauvais. Cæsar II. 13. Ptolem. L. II. Cap. 9. p. 53. *Cæsarodunum Turonum*, Tours. Ptolem. II. Cap. 8. p. 51. *Condivincum Nannetum*, Nantes. Ptolem. ibid. *Condate Rhedonum*, Rennes. Ptolem. ibid. *Durocortorum Rhemorum*, Rheims. Cæsar VI. 44. Strabo IV. 194. Amm. Marcellin. ub. supr. *Divodurum Mediomatricum*, Mets. Tacit. Hist. I. 63. Ptolem. L. II. Cap. 9. p. 53. Amm. Marcell. XVII. 1. p. 155. *Dariorigum Venetorum*, Vannes. Ptolem. L. II. C. 8. p. 51. *Juliomagus Andicavorum*, Angers. Ibidem. *Juliobona Caletum*, Calais. ibid. *Ingena Abrincatum*, Avranches. Ibidem. *Jatinum Meldorum*, Meaux. ibid. *Lutetia*, vel *Lucotecia Parisiorum*, Paris. Cæsar VI. 3. Strabo IV. 194. Ptolem. ub. supr. *Mediolanum Xantonum*, Xaintes.

Pto-

prirent celui du peuple dans le territoire duquel elles étoient situées. Il me paroît très-vraisemblable, que les continuelles incursions des Francs, des Vandales, & de plusieurs autres peuples barbares qui ravageoient les Gaules, obligerent alors les (56) *Citez*, c'est-à-dire les peuples, les hommes libres qui demeuroient chacun au milieu de sa possession, à se retirer dans les villes fermées. On ne laissa à la campagne que des esclaves, pour faire valoir les terres. Je conjecture qu'avant ce tems-là, les villes des Gaules étoient, ou des forteresses qui servoient d'azile & de retraite en tems de guerre, ou des villages auprès desquels se tenoit tous les ans l'Assemblée générale d'un Canton ou d'un peuple, ce qui obligeoit la Noblesse à y bâtir des maisons où elle pût se loger commodément dans le tems des Etats. C'est ce que Strabon assure formellement de la ville de Vienne en Dauphiné. (57) *Les Allobroges*

CHAP. V.
vers le
IV. & V.
Siécle.

occu-

Ptolem. L. II. Cap. 7. p. 49. 50. *Noviodunum Suessionum*, Soissons. Cæsar II. 12. Ptolem. L. II. C. 9. p. 53. *Nemetocenna*, ou selon d'autres, *Origiacum Atrebatum*, Arras. Cæsar VIII. 47. Ptolem. ub. sup. *Ratiastum Lemovicum*, Limoges. Ptolem. L. II. C. 7. p. 50. *Segodunum Rhutenorum*, Rhodes. ibid. *Samarobriva Ambianorum*, Amiens. Cæsar V. 24. Cicero Epist. ad Famil. L. VII. Ep. 11. & 16. Ptolem. L. II. C. 9. p. 53. *Vesuna Petrocoriorum*, Perigueux. Ptol. L. II. Cap. 7. p. 50.

(56) *Civitates*. C'est le nom que Jules-César donne aux peuples des Gaules. *Civitas Æduorum*, c'est le peuple, la République, l'Etat des Eduens.

(57) *Allobroges vulgò per pagos habitant. Præstantiores Viennam, quæ antea vicus erat, & simul Metropolis gentis dicebatur, urbem effecerunt.* Strabo IV. 186.

occupent leur païs par Cantons. La Noblesse a fait de Vienne, qui étoit autrefois un village, & en même tems la (58) Métropole de la Nation, une belle ville. Il dit à peu près la même chose de Milan. (59) Milan étoit autrefois la Métropole des Insubres, & un simple village. Elle est aujourd'hui une ville célèbre.

Chapitre Sixieme.

Manière dont les peuples Celtes étoient habillez.

JE parlerai dans ce Chapitre de la manière dont les peuples Celtes s'habilloient anciennement. Il seroit difficile de satisfaire le Lecteur sur cet article, si nos Peres avoient été sujets, autant que nous le sommes aujourd'hui, au caprice des modes. Mais ils donnoient dans une extrêmité toute opposée. Au lieu de chercher la nouveauté, ils étoient tellement attachez à leurs usages, qu'ils se faisoient un scrupule de toucher même aux coûtumes les plus indifférentes & les plus incommodes, quand elles étoient anciennes. Aussi longtems qu'ils ne se mêlerent point avec des peuples étrangers, ils étoient tous habillez de la même manière. On distinguoit les peuples Celtes des Sarmates, par la seule forme des

---

(58) La Métropole signifie ici le lieu où se tenoient les Etats, l'Assemblée générale d'un peuple.

(59) *Insubrum fuit metropolis Mediolanum, pagus olim, nam per pagos eâ tempestate habitabant universi; nunc urbs est præclara.* Strabo V. 213.

des habits qu'ils portoient, & que je vais représenter en peu de mots. J'espère que le Lecteur ne me saura point mauvais gré, que je l'arrête un moment à ces bagatelles, & que je profite de l'occasion qu'elles me fournissent, de faire ici différentes refléxions qui ne me paroissent pas indignes de sa curiosité.

Je dois faire d'abord une remarque préliminaire. On entrevoit assez clairement, que les plus anciens habitans de l'Europe ne connoissoient point l'usage des habits, ou qu'au moins les habits qu'ils portoient, laissoient la plus grande partie du corps découverte. La chose paroît à la vérité extraordinaire. D'un côté on a de la peine à comprendre, que la nudité ne fut ni honteuse, ni dangereuse parmi des peuples qui connoissoient, & qui respectoient la pudeur, la modestie, la chasteté, comme de grandes vertus. D'un autre côté, il est encore plus difficile de concevoir, que des peuples parfaitement nuds pussent resister au froid excessif qui regnoit autrefois dans toute la Celtique, comme je l'ai prouvé dans le Livre précedent (1). Cependant le fait n'en est pas moins certain, & il y a lieu d'être surpris que personne ne s'en soit encore apperçû. Je sais bien que je ne dois pas me prévaloir de plusieurs passages des Auteurs Grecs & Latins, qui disent que les (2) Gaulois, les Perses, & les autres Barbares, se battoient tout nuds, pour marquer qu'ils ne

Il est assez vraisemblable que les plus anciens habitans de l'Europe ne connoissoient point l'usage des habits.

_____
(1) Ci-dessus Livre I. Chap. 12.
(2) *Gallorum nonnulli thoraces habent ferreos & hamatos. Alji iis quæ natura præbet, contenti, nudi pugnant.* Diodor. Sicul. L. V. p. 213.

CHAP. VI. ne portoient, ni cuirasse, ni casque, ni aucune de ces armes qui couvroient le corps comme un habit. Aulu-Gelle, par exemple, dit (3) que le Gaulois qui se battit en duel contre T. Manlius Torquatus, étoit nud, à la reserve d'un bouclier & de deux épées. Cela signifie, que l'épée, le bouclier & le poignard, étoient les seules armes du champion Gaulois. Car il paroît au reste par Tite Live, (4) qu'il portoit un habit bigarré. Ainsi Strabon remarque (5), que les Perses, après avoir subjugué les Medes, adopterent plusieurs coûtumes des vaincus; *Au lieu*, dit-il, *qu'auparavant ils étoient nuds & vêtus légerement, ils prirent des habits de femmes qui leur couvroient tout le corps.* Il veut dire que les Perses quitterent le Sagüe, (*Sagum*) des Scytho-Celtes, pour prendre cette longue robe, que les Medes portoient à la manière des Sarmates, dont ils étoient descendus. (6) Je conviens encore, qu'il ne faut pas tirer une preuve générale d'une coûtume particuliere, à ceux des Celtes qui vouloient se distinguer par leur bravoure. J'ai déja remarqué, qu'ils regardoient comme un poltron & un lâche, un soldat qui, au lieu de se battre contre son ennemi en platte campagne, prenoit le parti de l'attendre derriere un rempart ou une muraille. En consequence

---

(3) *Nudus præter scutum & gladios duos.* A. Gellius L. IX. Cap. 13. p. 259.
(4) *Versicolori veste.* Livius VII. 10.
(5) *Cùm antea nudi essent, & levissimo vestitu uterentur, muliebrem stolam, & vestem ad talos demissam sumserunt.* Strabo XI. p. 526.
(6) Voyez ci-dessus Livre I. Chap. 2. sur la fin.

quence de ce préjugé, ils étoient encore dans l'opinion, qu'il étoit de l'honneur d'un véritable guerrier, de courir à la bataille tout nud, armé seulement d'un bouclier pour se couvrir, & en même tems d'une épée & d'une lance pour attaquer. Personne ne pouvoit l'accuser alors, d'avoir usé d'aucun charme pour se rendre invulnerable. On les a vûs souvent se battre dans cet équipage contre des ennemis (7) qui étoient armez de pied en cap. Tant il est vrai que la valeur, quand elle n'est pas conduite par la raison, dégénere en férocité & en fureur.

CHAP. VI.

Laissant donc à part ces deux preuves, dont je puis fort bien me passer, je vais en produire d'autres, qui justifieront assez mon sentiment. Il est constant que la plûpart des peuples Celtes, les (8) Espagnols, par exemple, les habitans de la Grande (9) Bretagne, les

La plûpart des peuples Celtes traçoient sur leur corps des

---

(7) *Gesatarum tanta fuit vanitas, tanta confidentia, ut braccis sagisque abjectis, nudi cum solis armis, primos ordines occuparent; hac ratione quàm expeditissimos se fore rati, cum senticeta alicubi essent, quæ dependentibus laciniis, & vinculis adhærerent, & armorum usum impedirent.* Polyb. Lib. II. p. 116. *Nonnulli Gallorum adeò mortem contemnunt, ut nudi & accincti periculum subeant.* Diod. Sic. L. V. p. 212. *Detegebat vulnera Gallorum, quod nudi pugnant, & sunt fusa & candida corpora, ut quæ nunquam nisi in pugna nudentur.* Livius XXXVIII. 21. *Galli suprà umbilicum nudi erant.* Livius L. XXII. 46.

(8) *Silurum in Britannia colorati vultus..... Iberos veteres trajecisse easque sedes occupasse fidem faciunt.* Tacit. Agricol. Cap. II. *Notis corporisque inustæ parvulo fuerant, nepos agnitus.* de Habide Justin. XLIV. 4.

(9) *Omnes Britanni vitro se inficiunt, quod cœruleum efficit colorem, atque hoc horribiliore sunt in pugna*

CHAP. VI.
figures de

les (10) Thraces, les (11) Illyriens, les

pugna aspectu. Cæsar V. 14. *Incertum ob decorem, an quid aliud, ultro corpora infecti.* Pomp. Mel. III. Cap. 6. p. 82. *Equidem & formæ gratiâ, ritúsque perpetui, in corporibus suis, aliquas exterarum gentium uti herbis quibusdam, adverto animum. Illinunt certe aliis aliæ faciem in populis Barbarorum fœminæ, maresque etiam apud Dacas & Sarmatas, corpora sua inscribunt. Simile plantagini glastum, quo Britannorum conjuges, nurusque, toto corpore oblitæ; quibusdam in sacris & nudæ incedunt, Æthyopum colorem imitantes.* Plin. H. N. L. XXII. Cap. 1. p. 177. *Per artifices plagarum figuras, jam inde à pueris variæ animalium effigies incorporantur, inscriptisque visceribus hominis, incremento pigmenti notæ crescunt. Nec quicquam magis patientiæ loco nationes feræ ducunt, quàm ut per memores cicatrices, plurimum fuci artus bibant.* Solin. Cap. XXXV. p. 254. *Barbara de pictis veni Bascauda Britannis.* Martialis L. XIV. Ep. 99. *Stigmata Britannum.* Tertull. de Vel. Virg. Cap. X. p. 199. Isidor. Orig. L. XIX. Cap. 23. p. 1300. . . . *Ferroque notatas, Perlegit exsangues Picto moriente figuras.* Claudian. de Bello Getic. vs. 435. *Inde Caledonio velata Britannia monstro, Ferro picta genas.* Idem de Laud. Stiliconis L. II. vs. 247. *Scotti propriâ linguâ nomen habent à picto corpore, eò quòd aculeis ferreis, cum atramento, variarum figurarum stigmate annotentur.* Isidor. Orig. L. IX. Cap. 2. p. 1006.

(10) *Picti Agathyrsi.* Virgil. Æneid. IV. vs. 146. J'ai prouvé ci-dessus pag. 262. Note (5) que les Agathyrses étoient un peuple de Thrace. Valerius Flaccus, parlant des habitans de l'Isle de Lemnos, qui quitterent leurs femmes pour épouser des prisonnieres Thraces, dit *Picta manus, ustaque placet, sed barbara mento.* Argon. Lib. II. vs. 150. *Alexander Pheræus ad uxorem in cubiculum veniens, barbarum & eum quidem, ut scriptum est, compunctum notis Threjiciis, districto gladio jubebat anteire.* Cicero de Offic. Lib. II. Cap. 7.

(11) *Japodes notis compuncti sunt* (κατάστικτοι) *corpora, in morem reliquorum Illyriorum & Thracum.*

les (12) Daces, & (13) plusieurs autres, avoient la coûtume de tracer sur leur corps, des figures de toute sorte d'animaux. On dessinoit la figure par une infinité de petits points, que l'on gravoit dans la chair avec une aiguille, ou un fer bien pointu. Ensuite on frottoit cette espece de gravure d'une (14) couleur bleuë, qui s'imbiboit tellement dans les chairs, qu'aucun tems ne pouvoit l'effacer.

CHAP. VI.

toute sorte d'animaux.

(12) Voyez la Note (9).
(13) *Pictosque Gelonos.* Virg. Georg. II. vs. 115. Ad quæ Servius: *Stigmata habentes populi Scythiæ.* p. 105. *Membraque qui ferro gaudet pinxisse Gelonus.* Claudian. in Rufin. L. I. vs. 331. *Geloni Thraciæ, picti corporis parte.* Vibius Sequest. Catalog. Gentium p. 346. *Mossyni notis corpus omne persignant.* Pomp. Mela L. I. Cap. 19. p. 34. *Mossynoeci ab infantia, dorsum & pectus stigmatibus variegant.* Diodor. Sic. XIV. p. 413. Il ne faut pas confondre cette coûtume des Celtes, avec celle des Sarmates, qui en plusieurs occasions se découpoient le visage avec des rasoirs. *Apud Hunnos ab ipsis nascendi primitiis infantum ferro sulcantur altius genæ, ut pilorum vigor tempestivus emergens, corrugatis cicatricibus hebetetur.* Amm. Marcel. L. XXXI. Cap. 3. p. 615. *Etiam in pignora sua primo die nata desæviunt. Nam maribus ferro genas secant, & antequam lactis nutrimenta percipiant, vulneris coguntur subire tolerantiam. Hinc imberbes senescunt, & sine venustate ephebi sunt, quia facies ferro sulcata, tempestivam pilorum gratiam per cicatrices absumit.* Jornand. de Hunnis Cap. XXIV. p. 645. *Hunni in funere Attilæ facies cavis temperant vulneribus.* Idem Cap. 49. p. 684. Les Turcs pratiquoient la même chose dans les enterremens de leurs Rois. Menander in Excerpt. Legat. p. 164.

(14) Jules-César l'appelle *Vitrum*, ci-dessus Note (9) Pline *Glastum.* ibid. C'est le Pastel qui entre dans la composition du verre. Joseph. Scalig. Epist. Lib. I. Ep. 18. & 21.

cer. Jules-César dit (15) que les Bretons mettoient sur leur corps une couche de couleur bleuë, pour paroître plus terribles à leurs ennemis. Solin prétend (16) qu'ils se faisoient stigmatiser de la manière que j'ai rapportée, pour montrer combien ils étoient patiens, & maîtres de leur douleur. Pomponius Mela soupçonne (17) que ces marques étoient parmi les barbares, des traits de beauté. Enfin les Grecs, qui devinent souvent en l'air, assurent que les Thraces (18) marquoient leurs femmes, pour les punir du meurtre qu'elles avoient commis dans la personne d'Orphée. Toutes ces raisons sont fausses, puisqu'il est certain que les hommes & les femmes ornoient également leur corps de ces figures. La vérité est, qu'elles servoient à (19) distinguer les conditions & les fa-

Ces figures servoient à

---

(15) Voyez la Note (9).
(16) Voyez la Note (9).
(17) Voyez ci-dessus pag. 289. Note (9).
(18) *Thraces ad hunc usque diem compungunt uxores suas, ulciscendi Orphei causâ.* Plutarch. de sera Num. Vindicta. T. II. p. 557. Cette fable se trouvoit dans un Poëte Grec, nommé *Phanocles Lesbius*, dont Stobée nous a conservé le passage Serm. 185. p. 624. Voyez une autre fable sur le même sujet. Athenæ. XII. Cap. 5.
(19) *Apud Thraces, punctis notis frontes esse nobile judicatur, non esse notatas punctis, ignobile.* Herodot. V. 6. *Diegylis non paucas mulieres notis compunctas, quæ apud Thraces primariæ habentur, antequam ad supplicium ducerentur, prostituebat omnium libidini.* Excerpta ex Diod. Sicul. Lib. XXVI. apud Valesium p. 357. *Vidistine in Thracia mulieres liberas, stigmatum plenas, & tantò plura habentes stigmata, & magis varia, quantò honestiores, & ex honestioribus sunt natæ.* Dio. Chrysost. Orat. XIV. p. 233. 234. *Agathyrsi ora artusque pingunt, ut quique*

familles. On ne voyoit aucune de ces figures sur le corps des esclaves. Elles étoient un embellissement affecté aux personnes libres. Les libres de basse condition, les portoient petites, éloignées les unes des autres. On reconnoissoit la Noblesse, à de grandes figures, qui couvroient non seulement le visage & les mains, mais encore les bras, les cuisses, le dos & la poitrine. On comprend bien, que des peuples, où l'on avoit accoûtumé d'imprimer sur le corps même des personnes, les preuves de leur liberté, & les titres de leur noblesse, devoient être nuds. Ces marques auroient été parfaitement inutiles, si la bienséance n'avoit pas permis de les montrer. Herodien l'a remarqué. (20) *Les Bretons*

gra-

CHAP. VI.

distinguer les conditions & les familles.

Il faut par conséquent que ces peuples fussent nuds.

que majoribus præstant, ita magis, vel minùs. Ceterùm iisdem omnes notis, & sic ut ablui nequeant. Pomp. Mela Lib. II. Cap. 1. p. 40. *Gelonis Agathyrsi contimirant, interstincti colore cœruleo corpora simul & crines, & humiles quidem minutis atque raris, nobiles verò latis, fucatis, ac densioribus notis.* Amm. Marcellin. L. XXXI. Cap. 3. p. 619. *Nec abest gentis Pictorum nomen à corpore, quod minutis opifex acûs punctis, & expressos nativi graminis succos includit, ut has ad sui specimen cicatrices, ferat pictas artubus maculosa nobilitas.* Isidor. Orig. Lib. XIX. Cap. 23. p. 1300. On dit qu'Epimenide le Cretois avoit le corps tout marqué de lettres & de caractères. Pezron, Antiquité de la Nation & de la Langue des Celtes. p. 134.

(20) *Britanni maximâ parte corporis nudi sunt. Vestis usum ignorant, sed ventrem ac cervicem ferro cingunt... Corpora notant punctis, quæ omnis generis animalium formas repræsentant; propterea vestes non induunt, ne picturam corporis tegant, Gladius nudo corpore dependet.* Herodianus L. III. p. 301. J'ai rapporté page 289. Note (9) un passage de Pline, qui dit, qu'il y avoit des fêtes que les femmes de

gravent sur leur corps des figures de toute sorte d'animaux. C'est la raison pourquoi ils ne mettent point d'habits, afin de ne pas cacher ces figures. Aussi cette coutume se perdit-elle insensiblement, (21) lorsque celle de porter des habits commença de s'introduire parmi les peuples dont je viens de parler. Il me paroît assez vraisemblable que la Noblesse fit peindre alors sur ses boucliers & sur ses étendarts, ces figures d'animaux qu'elle portoit autrefois sur la chair, & qui servoient à distinguer les familles. Peut-être que la maison la plus ancienne & la plus illustre qu'il y eut parmi les Ostrogoths, portoit par cette raison le nom (22) d'*Amali*, c'est-à-dire *de Moutons*, parce que le Mouton étoit l'enseigne de leur famille. C'est une conjecture que j'abandonne au Lecteur. Quoi qu'il en soit,

la Grande-Bretagne celébroient encore de son tems toutes nuës.

(21) Elle subsistoit encore dans quelques Provinces de l'Angleterre dans le VIII. Siécle. Un Synode la condamna alors, comme une impieté Payenne, & une chose diabolique. Voici le Décret, dont les raisons sont tout-à-fait plaisantes. *Annexuimus, ut unusquisque fidelis Christianus à Catholicis juris exemplum accipiat; & si quid ex ritu Paganorum remansit avellatur, contemnatur, abjiciatur. Deus enim formavit hominem pulcrum, in decore & specie. Pagani verò diabolico instinctu, cicatrices teterrimas superinduxerunt; dicente Prudentio, Tinxit & innocuam maculis sordentibus humum. Domino enim videtur facere injuriam, qui creaturam fœdat ac deturpat. Certe si pro Deo aliquis hanc tincturæ injuriam sustineret, magnam inde remunerationem acciperet. Sed quisquis ex superstitione gentilium id agit, non ei proficit ad salutem.* Synod. Calchutæ celebrata anno 787. Can. 19. Concil. Labb. T. VI. p. 1872. apud Mascov. Addit. T. II. p. 183.

(22) *Hamel* en Allemand est un Mouton.

CHAP. VI.

soit, on trouve ici un nouveau trait de conformité, entre les anciens Celtes, & les barbares de l'Amerique, qui chargent encore aujourd'hui leur corps de toute sorte de figures (23).

Ce n'est pas pourtant que cet usage fut commun à tous les peuples de la Celtique. Au moins on ne lit rien de semblable des Gaulois & des Germains. J'ai cependant de fortes raisons de croire, que dans les tems les plus reculez, ils étoient nuds comme les autres peuples dont j'ai fait mention. Premièrement il est constant que le Saye (*Sagum*) dont je parlerai tout-à-l'heure, & qui étoit autrefois le seul habillement des peuples Celtes, n'étoit pas, à proprement parler, un habit, mais une simple peau, sur laquelle ils couchoient, & dont ils se couvroient les épaules quand le tems étoit froid. En second lieu, il paroît par le témoignage d'un grand nombre d'Auteurs, que les Germains étoient encore à peu près nuds, lorsqu'ils commencerent d'être connus par les Romains, & même long-tems après. (24) Ils ne mettoient absolument rien sur le corps de leurs enfans, avant qu'ils fussent parvenus à l'âge de puberté, non pas même dans les plus grands froids. Les hommes faits (25) ne se couvroient

(23) Stralenberg remarque que les Tunges, qui sont un peuple de la Siberie, ont aussi la même coûtume. p. 166. 438.

(24) *Germani maximo frigore nudi agunt, antequam puberes sint.* Pomp. Mela III. 3. p. 75. *Liberi in omni domo nudi ac sordidi.* Tacit. Germ. Cap. 20.

(25) *Germani magnâ parte corporis nudâ.* Cæsar VI. 21. *Propter pellium exiguitatem magna est cor-*

CHAP. VI. vroient que d'une peau. Encore étoit-elle si petite, qu'elle laissoit la plus grande partie du corps découverte. *C'est*, dit Tacite, *la raison pour laquelle ils passent les jours entiers devant leurs foyers.* Les peuples les plus Septentrionaux de l'Allemagne n'étoient pas habillez d'une autre manière. Plutarque remarque, par exemple, (26) que les Cimbres qui étoient venus du fond du Nord, bien qu'ils eussent le corps nud, ne laissoient pas de monter au travers des neiges & des glaces, jusqu'au sommet des Alpes. Dans le sixième Siécle les Francs (27), dont les anciennes demeures s'étendoient depuis la Hollande jusqu'au Veser, conservoient encore la coûtume d'avoir la poitrine & le dos découverts jusqu'aux hanches. Il y a donc toute apparence que les anciens Scythes n'étoient point habillez. Justin l'assure formellement. (28) *Ils ne connoissent*

poris pars aperta. Cæsar IV. 1. *Germanis intecta corpora.* Senec. de Provid. Cap. IV. pag. 386. Salustius apud Isidorum Lib. XIX. Cap. 23. p. 1300. *Germanis magna ex parte non tegumenta corporum provisa sunt.* Senec. de Ira Lib. I. Cap. XI. p. 399. *Tegumen omnibus sagum, fibulâ, aut si desit, spinâ consertum. Cetera intecti, totos dies juxta focos atque ignem agunt.* Tacit. Germ. Cap. 17. *Germani in immensum missilia vibrant, nudi aut sagulo leves.* Tacit. Germ. Cap. VI.

(26) Plutarchus in Mario T. I. p. 418.

(27) *Franci nudi pectora ac terga ad lumbos.* Agathias Lib. II. p. 40.

(28) *Scythis lanæ usus ac vestium ignotus, quanquam continuis frigoribus urantur. Pellibus tamen ferinis aut murinis utuntur.* Justin. II. 2. Comme les Doriens, dont les Lacedémoniens faisoient partie, conserverent plus long-tems les coûtumes des Scythes, ils prirent aussi des habits plus tard que les autres Grecs. Δωριάζειν, *Partem corporis*

noissent point l'usage de la laine & des habits, quoique le froid soit continuel dans leur Païs. Ils se servent cependant de peaux de bêtes sauvages, ou de souris. L'Auteur semble se contredire. Comment les Scythes ne connoissoient-ils pas l'usage des habits, puisqu'ils étoient toûjours habillez, soit qu'ils le fussent de laine ou de peau ? Il est facile de lever la contradiction, pourvû qu'on se souvienne que Justin oppose les Scythes aux Grecs & aux Romains. Ceuxci s'habilloient d'étoffes de laine ; ils en faisoient des habits qui couvroient parfaitement tout le corps, & que l'on prenoit le matin, pour ne les quitter que le soir. Les Scythes, veut-il dire, ne pratiquent rien de semblable ; ils se couvrent seulement dans les grands froids de quelques peaux. On peut expliquer aussi par ce que je viens de dire, un passage d'Elien, où cet Auteur rapporte le bon mot d'un Scythe. (29) *Un jour*, dit-il, *qu'il étoit tombé de la neige en abondance, un Roi Scythe ayant demandé à un homme qui demeuroit nud, s'il n'avoit pas froid ? Celui-ci demanda à son tour au Roi, s'il avoit froid au front ? Le Roi ayant répondu que non. Ni moi non plus, repliqua le Scythe, je n'ai pas froid, car je suis tout front.* Ce conte semble supposer, que les Scythes dont il s'agit ici, étoient habillez, sans quoi la vûë d'un homme nud n'auroit eu rien d'extraordinaire. Si la chose étoit

nudare. Dorienſium enim mos erat, partem aliquam corporis nudam conspiciendam præbere, quod nec zonis uterentur, & tunicas plerumque geſtarent, Spartæ vero puellæ etiam nudæ conſpicerentur. Suidas ex Euſtathio T. I. 624.

(29) Ælian. Var. Hist. Lib. VII. Cap. 6.

CHAP. VI. étoit ainsi, il faudroit entendre ce passage d'Elien des Scythes modernes, puisque j'ai montré que les Daces, les Getes, les Thraces, les Agathyrses, les Illyriens, qui sont les Scythes que les Grecs ont connu, ne portoient anciennement aucun habit. Mais dans le fond, ce passage ne détruit pas ma conjecture. Je ne sçaurois me persuader qu'un homme nud eût osé paroître dans cet état devant son Roi, si la nudité avoit été honteuse parmi les Scythes, comme elle l'est parmi nous. Le Roi n'est pas surpris de voir un homme nud. Mais il l'est avec raison, de voir qu'un homme demeurât nud, dans un tems où le froid étoit excessif, & où tous les autres Scythes étoient couverts de peaux.

Les premiers habits des Celtes étoient de peau.

Je passe au tems où l'usage de porter des habits s'introduisit parmi les Celtes. Dans le commencement ils étoient habillez de peau, (30) comme tous les autres peuples Scythes, à qui leurs troupeaux fournissoient la nourriture, le vêtement, & en général toutes les choses nécessaires à la vie. Les Germains (31) & les habitans de la Grande-Bretagne

---

(30) *Et pecudum fulvis velantur corpora setis.* Virgil. de Hyperboreis Georg. L. III. vs. 383. Ad quæ Servius, *Rhenonibus, & inversis pecudum ferarumque pellibus; nam ut Sallustius dicit in Historiis, vestes de pellibus Rhenones vocantur.* Servius p. 140. *Magna pars Scytharum, tergis vulpium induitur, ac murium, quæ tactu mollia & impenetrabilia ventis sunt.* Seneca Epist. XC. p. 752.

(31) *Neque vestitûs* (Germani) *præter pelles habent quicquam.* Cæsar IV. 1. *Germani gerunt ferarum pelles.* Tacit. Germ. Cap. 17. *Pelliti satellites Theodorici.*

tagne furent ceux qui conserverent le plus long-tems cette ancienne simplicité. On en voit bien la raison. L'agriculture, les lettres, les manufactures, & une infinité d'autres choses qui étoient parfaitement inconnuës aux Scythes, ont été apportées en Europe par des Orientaux, qui établirent leurs premières Colonies sur les côtes de l'Espagne, des Gaules & de l'Italie. Il a falu du tems, avant que toutes ces choses parvinssent à des peuples qui refusoient aux étrangers l'entrée de leur païs, & qui n'ont commencé d'être connus & visitez, que sous les premiers Empereurs de Rome.

CHAP. VI.

Aux habits de peau succederent des habits de toile, qui étoient communs chez tous les peuples Scythes (32) & Celtes, qui avoient quel-

Ensuite ils en eurent de toile.

---

dorici. Sidon. Apoll. Lib. I. Ep. 2. *Ibant pellitæ, post classica Romula turmæ, Ad nomen currente Geta.* Idem Panegyr. Aviti vs. 349. *Britanni interiores pellibus sunt vestiti.* Cæsar V. 14. Ceux des Ligures qui n'avoient pas encore été forcez dans leurs montagnes, du tems de Diodore de Sicile, portoient aussi des habits de peau. *Ferarum pelles gestant.* Diodor. Sic. V. 219. Les Perses étoient habillez de la même manière du tems de Cyrus. *Coriacea subligacula, è corio reliquam vestem ferunt.* Herodot. I. 71.

(32) *Thraces ex cannabi conficiunt vestimenta.* Herodot. IV. 74. *Fœminæ Germanorum lineis amictibus velantur.* Tacit. Germ. Cap. 17. *Fœminæ fatidicæ Cimbrorum, albo vestitu, carbasinis supparis.* Strabo VII. 294. *Alemanni linteati.* Isidor. Orig. L. XIX. Cap. 23. p. 1300. *Thraces, Illyrii Gothi, Heruli, Vandali,* (in exercitu Belisarii) *tunicis tantum lineis, & braccis induti.* Procop. Pers. Lib. II. Cap. 21. p. 138. *Ac sordida macro, Lintea pinguescunt tergo.* Sidon. Apoll. Panegyr. Aviti vs. 454. *Linea vestimenta Gothorum.* Eunap. Sard. in

CHAP. VI.
Et enfin d'etoffes de laine.

quelque connoiffance de l'Agriculture. Enfin les Efpagnols, & les Gaulois, apprirent de leurs voifins à faire des draps & d'autres étoffes de laine, qui étoient eftimées chez les (33) Romains, non pas à caufe de leur fineffe, mais parce qu'étant épaiffes & ferrées, elles étoient bonnes contre le froid & la pluye, qui ne pouvoient les percer. Les Sarmates (34) étoient auffi habillez de peliffes ou de toiles. Mais ils portoient, comme je l'ai dit, (35) une robe longue & flottante, qui leur defcendoit jufqu'au talon, & qui étoit fort propre pour des gens à cheval. Cette robe (36) leur étoit commune avec les Medes, parce qu'ils étoient (37) anciennement le même peuple. Comme la plûpart des peuples Sarmates s'habilloient de noir, ils reçurent de-là le nom de Melanchlenes, (38) qui fi-

Excerpt. Legat. p. 20. *Longobardis veftimenta erant laxa, & maximè linea, qualia Anglo-Saxones habere folent.* Paul. Diac. Rer. Long. L. IV. Cap. 7. p. 398. Sur les Efpagnols & les Gaulois voyez les Notes fuivantes.

(33) Voyez les Notes fuivantes.

(34) *Pellibus & futis arcent male frigora braccis. De Sauromatis, Beffis, Getis,* Ovid. Trift. L. III. Eleg. 10. vf. 19. & Lib. V. Eleg. 7. vf. 48. *Hunni indumentis operiuntur linteis, vel ex pellibus filveftrium murium confarcinatis.* Amm. Marcel. L. XXXI. Cap. 3. p. 615. 616.

(35) Ci-deffus Liv. I. Chap. 2. p. 12. *Locupletiffimi Germanorum vefte diftinguuntur, non fluitante, ficut Sarmatæ ac Parthi, fed ftrictâ, & fingulos artus exprimente.* Tacit. Germ. Cap. XVII.

(36) *Trans Iftrum audio habitare Sigynas vefte Medicâ utentes.* Herodot. V. 9. C'étoient des Sarmates.

(37) Ci-deffus Liv. I. Chap. 2. fur la fin.

(38) *Melanchlenæ omnes nigra gerunt veftimenta, unde*

signifie en Grec, *les Robes noires.*

I. Au lieu de cette sorte d'habits, les peuples Celtes portoient premièrement le Saye (*Sagum*), que les Espagnols appelloient *Strig*, (39) selon les apparences, parce qu'ils le portoient ordinairement d'étoffes rayées, ce que les Anciens appelloient *Virgata Sagula.* Cependant ceux des (40) Celtiberes & des Lusitains étoient noirs. Dans les Gaules, on nommoit cet habillement *Sagum*, (41) un Sac.

CHAP. VI.
L'habillement des peuples Celtes consistoit
1. Dans le Saye.

unde & cognomen habent. Herodot. IV. 107. *Melanchlenæ à nigris vestibus sic dicti.* Dio Chrys. Or. XXXVI. p. 439. *Hunnis conjuges tetra vestimenta contexunt.* Amm. Marcel. Lib. XXXI. Cap. 3. p. 617.

(39) *Quibusdam nationibus sua cuique vestis est.... Hispanis Striges.* Isidor. Orig. L. XIX. Cap. 23. p. 1300. *Strich* signifie en Tudesque une Raye.

(40) *Celtiberi ferunt saga nigra, aspera, quorum lana similis pilis caprinis.* Diod. Sic. V. 215. *Lusitani omnes nigro utuntur vestitu, plerumque in sagis degunt, & in eis super stramentis dormiunt.* Strabo III. 155.

(41) *In his multa peregrina, ut* Sagum, Reno, Gallica. Varro de Ling. Lat. L. IV. p. 39. Edit. Popmæ. Quand Varron dit que le nom de *Reno* est Gaulois, il faut entendre qu'il étoit en usage parmi les peuples Germains qui étoient établis de son tems dans les Gaules, tels qu'étoient les Eburons, les Condruses &c. Cæsar II. 4. *Sagum Gallicum est nomen, dictum autem sagum quadrum, eò quòd apud eos primum quadratum vel quadruplex esset.* Isidor. Orig. L. XIX. Cap. 24. p. 1302. *Galli saga gestant striata, quæ fibulis alligant.* Diod. Sicul. Lib. V. p. 213. *Gesatarum saga.* Polyb. ci-dessus p. 289. Note (7). *Boji & Insubres leviora saga induti.* Polyb. II. 116. *Sagum Gallorum.* Ibid. p. 117. *Atrebatica saga.* Treb. Pollio Gallieno p. 201.

Sac. Les Belges l'appelloient plus communément (42) *Lene*, ou *Linne*, parce qu'ils le portoient de toile, ou d'étoffes faites au métier. Une partie des peuples Germains lui donnoient le nom de (43) *Reno*. Cluvier prétend, (44) que ce nom vient des peaux de Rennes, dont les habitans du Nord se couvroient anciennement. Au moins cette étymologie est-elle plus naturelle que celle (45) d'Isidore de Seville, qui dit que le mot de *Reno* vient du Rhin, parce que cet habit étoit commun à tous les peuples qui demeuroient le long de ce fleuve. Le même habit étoit connu parmi les peuples Méridionaux

(42) *Belgæ saga ferunt. Lana eorum aspera est, sed ipsam proximè pellem detonsa. Ex ea saga densa texunt, quas Lænas vocant.* Strabo IV. 196. *Linnæ saga quadra & mollia sunt, de quibus Plautus, Linnæ cooperta est textrino Gallia.* Isidor. Orig. L. XIX. Cap. 23. p. 1300. *Linnen* en Tudesque est de la Toile, une Etoffe.

(43) Voyez la Note (41) de la page précédente, & les passages de Saluste & de Servius pag. 298. Note (30) *Germani pellibus, aut parvis Renonum tegumentis utuntur.* Cæsar VI. 21. *Germanis Rhenones.* Isidor. Orig. ub. supra. *Clausa bullatis latera Renonibus.* Sidon. Apoll. L. IV. Ep. 20. *Tegumen omnibus sagum, fibulá, aut si desit, spinâ consertum.* Tacit. Germ. Cap. XVII. *Viri sagis velantur.* Pomp. Mel. III. 3. p. 75.

(44) Cluver. German. Antiq. p. 110.

(45) *Renones sunt velamina humerorum & pectoris usque ad umbilicum, atque intortis villis adeo hispida, ut imbres respuant, quos vulgò reptos vocant, eò quod longitudo villorum quasi reptat, de quibus Salustius, Germani intectum Renonibus corpus tegunt. Dicti autem Renones, à Rheno Germaniæ flumine, ubi illis frequenter utuntur.* Isid. Orig. ub. sup.

naux de la Germanie, sous le nom de (46) *Mastruga*; parce qu'il étoit fait de peaux de souris. Il paroît par un passage de (47) Cicéron, que les habitans de l'Isle de Sardaigne lui donnoient le même nom. Les Perses l'appelloient (48) *Gaunaccem*. Je ne sais quel nom il avoit dans la Grande-Bretagne & en Thrace. Mais au moins il est certain qu'on y en portoit, (49) comme dans tout le

(46). *Sardis Mastrugæ*. *Mastruga vestis Germanica ex pelliculis ferarum, de quâ Cicero pro Scauro*, Quem purpura regalis non commovit, Sardonum Mastruga mutavit. *Mastruga autem dicta, quasi monstruosa, eò quòd qui eâ induuntur, quasi in ferarum habitum transformatur*. Isidor. Orig. ub sup. *Mastrucis proceres vestire togatos*. Prudent. contra Sym. II. vs. 698. L'étymologie d'Isidore est ridicule. *Mastruga* est en Tudesque un habit de peaux de souris; de *Maus* une Souris, & *tragen* porter.

(47) Voyez la Note précédente.

(48) *Alii vocant Persida, alii Caunacem*. Schol. Aristophan. Vesp. p. 253. *Cannuces, ludus, & vestis genus, quam etiam Persida vocant*. Suidas T. II. p. 283. *Caunacarum purpurearum Menander de stratis loquens meminit*. Pollux VI. 1. p. 272. *Gaunacum majus sagum*. Varro de Ling. Lat. Edit. Popmæ L. IV. p. 39. *Murium pelles institores ad Persas vehunt, quibus vestes consuuntur, & corpus optimè fovetur. Has suo sermone Caunacas appellant*. Ælian. de Animal. XVII. 7. Mr. Bochart a prouvé Geogr. Sacr. Part. II. Lib. I. Cap. 42. p. 748. que le mot de *Gausapa*, qui se trouve dans Martial, signifie la même chose que celui de *Gaunacum*. *Gausapa*. Martial. Lib. XIV. Epigr. 28. *Gausape quadratum*. Epigr. 152. *Lydorum & Persarum reges, antiquis temporibus gestabant amicula quadrangula*. Dionys. Halic. L. III. p. 195.

(49) *Scotti sagati*. Isidor. Orig. ub. sup. *Thraces circumdati variis sagulis*. Herodot. VII. 75. *Habebat super humeris palliolum parvum, nigrum, texile, ut moris*

CHAP. VI. le reste de la Celtique. On voit aussi dans les différens passages que j'ai citez en marge, que le Saye (*Sagum*) avoit par-tout la même forme. C'étoit une peau, ou une piéce d'étoffe quarrée, que l'on endossoit à-peu-près comme un manteau. Il couvroit les bras, les épaules & la poitrine; & on l'arrêtoit par devant avec une agrafe, afin qu'il n'échapât pas. Ce Saye étoit dans le commencement le seul habillement des peuples Scythes & Celtes. Ils ne le mettoient même que dans les grands froids. Dans la suite ils s'accoûtumerent tellement à le porter, qu'ils ne le quittoient ni jour ni nuit. Les Romains portoient anciennement ce Saye, comme les autres peuples Celtes. Ils prirent ensuite une Robe, (*Togam*) à la manière des Grecs, & on ne se servit plus du Saye que dans les expeditions militaires (50). Ce que je viens de dire, me fournit l'occasion d'expliquer deux fables que l'on a debitées sur le sujet des Scythes.

1. Herodote (51) dit, que des Grecs établis

---

moris est Borysthenitis. Dio Chrysost. Orat. XXXVI. p. 439. Le Scholiaste d'Aristophane Av. p. 305. remarque, que les Thraces portoient leur habit, c'est-à-dire leur Saye, sur l'épaule gauche, ou enveloppé sur le bras gauche ἐπ' ἀριστερὰ περιβαλλομένῳ.

(50) De-là la Formule des *Senatus-Consultes*, *Tumultum esse, justitiam edici, saga sumi*, & les façons de parler, *Sagata Civitas; Togas sagis mutare; Ad vestitum redire.*

(51) *Neuri periculum faciunt, se homines esse maleficos, quod dicuntur à Scythis, & ab iis qui in Scythia incolunt Græcis, semel quotannis singuli, ad aliquot dies effici lupi, & rursus in pristinum habitum redire.*

blis en Scythie l'avoient affuré, que les Scythes, appellez *Neures*, étoient changez une fois par an en loups, & qu'ils reprenoient après quelques jours leur forme naturelle. *Ils ne m'ont point*, dit-il, *perfuadé la chofe, bien qu'ils l'affurent fortement, & même avec ferment.* Herodote avoit raifon de n'ajouter aucune foi à cette fable. Mais il eft furprenant qu'il ne fe foit pas apperçû que ces Grecs fe jouoient de fa credulité, en lui repréfentant comme une merveille, la chofe du monde la plus naturelle & la plus commune. Les Neures étoient des Scythes, qui dans les grands froids fe couvroient d'un Saye fait de peaux de loup, & qui quittoient cette fourrure d'abord que le tems étoit radouci. Voilà tout le myftère, qu'Herodote n'a pas compris, non plus que ceux qui l'ont (52) copié. Ce n'eft pas la feule occafion où cet Auteur ne s'eft pas apperçû qu'on cherchoit de fe divertir à fes dépens. Quand les Thraces & les Scythes qu'il queftionnoit, lui difoient (53) que l'on trouvoit au-delà du Danube des armées d'abeilles, qui ne permettoient pas aux voyageurs d'entrer dans le païs, (54) que l'air y étoit fi plein de plu-

---

redire; quod tamen dicentes, mihi non perfuadent; nihilominus tamen illi ajunt ita effe, ac dejerant. Herodot. IV. 105.

(52) Pomp. Mela L. II. Cap. 1. p. 41. Solin. Cap. XXV. p. 231.

(53) *Verum, ut Thraces ajunt, apes loca quæ funt trans Iftrum obtinent, & ob illas ulterius pergi non poteft, quæ cum dicant, haud credibilia apud me dicunt &c.* Herodot. V. 10.

(54) *De pennis quibus ajunt Scythæ oppletum effe aërem, . . . opinor pennas nivem effe.* Idem IV. 31.

plumes, qu'on ne voyoit pas à deux pas de soi, il est visible que ces gens-là ne lui parloient pas sérieusement. Herodote avertit gravement son Lecteur, que ces relations lui paroissent incroyables. J'aurois une idée encore plus grande de son jugement, s'il n'en avoit pas chargé son Ouvrage.

2. On parle encore de certains Scythes, appellez *Phanesiens* (55) *Panotiens* ou *Satmales*, qui se passoient d'habits au milieu du froid le plus excessif. La nature les avoit pourvûs de si grandes oreilles, qu'ils pouvoient y envelopper tout le reste du corps. C'est pour cela qu'on les appelloit *Panotiens*, Πανώτοι, c'est-à-dire des gens qui étoient tout oreilles, ou Ἐνωτοικοίτοι, c'est-à-dire des hommes qui couchoient dans leurs oreilles. Ces prétendus Panotiens étoient encore des Scythes, qui ne portoient autre chose sur le corps qu'un Saye; qui se couvroient le jour d'une peau, dans laquelle ils s'enveloppoient pendant la nuit. Des Grecs qui les virent dans cet équipage, vêtus d'un Saye, qui leur couvroit les épaules & le derriere de la tête, comme un Capuchon, eurent la plaisante imagination que cette pelisse étoit un appendice des oreilles, & en firent des railleries quand ils furent de retour dans leur païs. On voit par ces exemples, quel fond on peut faire sur les relations des Grecs qui ont parlé des peuples du Nord. Ils ont souvent écrit sur le rapport de quelques Voyageurs, qui, au lieu de rapporter na-

---

(55) Pomp. Mela L. III. Cap. 6. p. 83. Solin. Cap. XXX. p. 244. Plin. IV. 13. p. 474. Strabo II. 70. XV. 711. Tzetzes les appelle Ὠτοκλίνοι Chiliad VII. vs. 633. Bibliothèq. Germanique XXVIII. 40.

naturellement les choses qui étoient de leur CHAP. VI.
connoissance, en faisoient des plaisanteries.

II. Je reviens aux Celtes. La seconde par- 2. Les
tie de leur habillement étoient les (56) *Brayes*, Brayes.
c'est-à-dire une espece de culotte à laquelle
les bas seroient attachez. Les uns les portoient larges, comme les Suisses, & les autres étroites comme les Espagnols. Mais
au reste elles étoient communes à tous
les peuples Scythes, tant (57) Celtes
que

---

(56) Les Gaulois les appelloient *Braxe*. Ἀναξυρίδες, φημινάλια, βράκια βαρβαρικά. Hesgeh. Ἀναξυρίδας, φοιμινάλια, βράκια; Suidas Tom. I. 174. Les Germains *Hosen*. Ce mot se trouve dans quelques éditions de Paul Diacre, Hist. Long. L. IV. 7. *Postea ceperunt* Hosis *uti*. Et dans le Moine de St. Gal: *Cum ad obsequium Domini cuncti vellent* Hosas *suas extrahere*. Lib. II. Les Scythes & les Perses *Sarabara*. *In Scythis, Antiphanes ait, Sarabara & tunicas induti*. Pollux L. VII. Cap. 12. p. 330. *Anaxyrides apud Scythas & Tauros Sarabara*. Pollux L. X. Cap. 40. p. 497. *Sarabara vestis Persica, secundum nonnullos, Braccæ*. Suidas Tom. III. 284.

(57) *Celtiberi ocreas* κνημῖδας *è pilis contextas cruribus circumligant*. Diod. Sic. V. 215. *Tam laxa... quam veteres brachæ Britonis pauperis*. Martialis XI. 22. *Galli femoralia habent quæ Braccas vocant*. Diod. Sic. V. 213. *Belgæ braccis utuntur circumextentis*. Strabo IV. 196. *Boji braccati*. Polyb. II. 116. *Braccæ Gallorum*. Ibid. 117. *Tetricus braccis Gallicis ornatus*. Vopisc. Aurelian p. 496. *Braccati milites*. Amm. Marc. Lib. XV. Cap. 5. p. 86. Lib. XVI. p. 146. *Cæcina Gallico more braccis indutus*. Plutarch. Othon. T. I. p. 1069. *Et qui te laxis imitantur Sarmata braccis, Vangiones*. Lucan. I. 430. *Franci nudi sunt pectora ac terga usque ad lumbos; inde braccis, alii lineis, alii coriaceis crura tegunt*. Agath. Lib. II. p. 40. *Persæ femoralia circum crura gestant*. Herodot. VII. 61. *Persarum fe-*

308   HISTOIRE

CHAP. VI. que (58.) Sarmates. Ces Brayes furent l'objet qui frappa le plus les Romains dans les peuples qui demeuroient au-delà des Alpes. Ils donnerent à cette partie des Gaules, qu'ils avoient conquife avant les expéditions de Jules-Céfar, le nom de (59) *Gallia Braccata*. Quelque étrange & ridicule que cet habillement leur parût, il étoit

moralia coriacea. Idem I. 71. *Hos quoque qui Graja geniti creduntur ab urbe, Pro patrio cultu Perſica bracca tegit.* Ovid. Triſt. L. V. Eleg. 10. vſ. 33. 34. *Perſæ, Bactri, Parthi, & alii barbari femoralia habent.* Dio. Chryſoſt. Or. LXXI. p. 628. *Perſicæ Braccæ.* Max. Tyr. Diſſ. IV. p. 54. *Perſarum propria Candys, & Anaxyris.* Pollux VII. 13. p. 339. Θύλακος *genus braccæ apud Perſas.* Schol. ad Ariſtoph. Veſp. p. 252. *Sacæ femoralibus induti.* Herodot. VII. 64. *Paphlagones pedibus gerebant caligas, more gentis ad media crura ſubtentas.* Idem VII. 72. *Thraces pedibus ac tibiis induti caligá, è pellibus hinnulorum.* Idem VII. 75. *Thracibus qui Aſiam incolunt, crura panno phœnicio induta.* Idem VII. 76. Οι βάρβαροι (id eſt Thraces) σκέλη περιβέβληνται Schol. ad Ariſtoph. Aves. p. 305. *Vulgus adeſt Scythicum, braccataque turba Getarum.* Ovid. Triſt. IV. El. 6. vſ. 47. *Braccæ Scytharum.* Dio. Chryſ. Or. XXXVI. p. 439. *Thraces, Illyrii, Gothi, Eruli, Vandali,* (in exercitu Beliſarii) *braccis induti, ſicut præcincti ingrediebantur.* Procop. Perſ. II. 21. p. 138.

(58) Ovide dit des Sarmates, des Beſſes & des Getes qui demeuroient autour de la ville de Tomos : *Pellibus & ſutis* (laxis) *arcent male frigora braccis.* Ovid. Triſt. L. III. Eleg. 10. vſ. 19. Lib. V. El. 7. vſ. 48. Valerius Flaccus dit des Egyptiens établis dans la Colchide. *Et jam Sarmaticis permutant carbaſa braccis.* Val. Flac. Argon. L. V. vſ. 424. *Hunni hirſuta crura, coriis muniunt hœdinis.* Amm. Marcell. L. XXXI. Cap. 3. p. 616.

(59) *Provincia Narbonenſis, olim Braccata dicta.* Plin. H. N. L. III. Cap. 4. p. 308.

toit dans le fond beaucoup plus propre pour garantir du froid & de l'humidité, & en même tems beaucoup plus commode, que les longues robes des Romains & des Grecs, qu'ils étoient obligez de rélever & de ceindre, toutes les fois qu'ils avoient une traite ou quelque ouvrage embarassant à faire.

III. A la fin les peuples Celtes prirent encore une sorte d'habillement, que les Romains appelloient une Tunique, & que nous nommerions aujourd'hui un Pourpoint. C'étoit un habit à manches, qui étoit juste au corps, & qui ne descendoit que jusqu'aux hanches. Tacite remarque, (60) que de son tems il n'y avoit en Germanie que les grands Seigneurs qui portassent cette Tunique. Mais il y avoit long-tems qu'elle étoit en usage parmi les Celtes dans les païs plus méridionaux, comme dans les (61) Gaules, dans la

Thra-

3. La Tunique.

---

(60) Voyez le passage de Tacite ci-dessus p. 300. Note (35) Du tems de Sidonius Apollinaris, c'est-à-dire dans le cinquième Siécle, cette Tunique étoit déja commune parmi les Germains. *Vestis alta, stricta, versicolor, vix appropinquans poplitibus exertis, manicæ sola brachiorum principia velantes.* Sid. Apoll. L. IV. Ep. 20. *Strictius assutæ vestes procera coercent, Membra virûm patet hic arctato tegmine poples.* Idem. Panegyr. Major. vs. 243. Dans le VI. Siécle les simples Soldats la portoient parmi les Goths & les Herules. *Thraces, Illyrii, Gothi, Eruli (in exercitu Belisarii) tunicis lineis induti.* Procop. Pers. II. 21. p. 138. Il paroît cependant par un passage d'Agathias que j'ai cité p. 296. Note (27), que les Francs ne la connoissoient pas encore de son tems.

(61) *Galli tunicas habent.* Diod. Sic. V. 213. *Belgæ utuntur loco tunicarum, veste fissili manicata, usque ad pudenda & nates dimissa.* Strabo IV. 196. *Thraces nigris tunicis induti.* Plut. Paul. Æmil. T. I.

p.

Thrace & en Perse. Les Pannoniens avoient à cet égard une mode particuliere (62). Ils coupoient l'étoffe en plusieurs bandes, que l'on cousoit ensemble pour en faire la Tunique. Cette espece de Pourpoint que l'on portoit en Pannonie, plût tellement à l'Empereur Caracalla, qu'il ne le quittoit jamais. Dion Cassius remarque, (63) que ce Prince craignant beaucoup d'être assassiné, comme il le fut effectivement, & ne pouvant se résoudre à porter une cuirasse, dont le poids l'auroit incommodé, il prit cet habit, qui ressembloit parfaitement à une (64) cuirasse, pour trom-

p. 264. *Thraces tunicis induti.* Herodot VII. 75. *Persæ immortales manicatas tunicas habebant.* Q. Curtius Lib. III. 3. p. 52. Capyris. *Persica. Tunica manicata.* Pollux VII. 13. p. 339. Les Athéniens avoient porté autrefois de ces Tuniques. *Athenienses tunicas lineas deponunt.* Thucyd. Lib. I. Cap. 6. p. 3.

(62) *Tunicas manicatas è vestimentis quibusdam in pannos, more indigenarum patrio scindunt, & consuunt, & inde nomen assumunt.* Dio. XLIX. p. 413.

(63) *Tunicas manuleatas in formam loricæ ac spetiem factas, induebat, ut cum absque pondere armorum, tamen esse videretur armatus, nullis peteretur insidiis. Porrò hujusmodi tunicis, etiam pacis tempore utebatur.* Dio. in Excerpt. Vales. p. 758. *Peculiare aliquod vestimentum excogitavit, quod more barbaro discissum ac consutum erat, in modum pænulæ; eâ veste semper indutus, ex quo & Caracallus cognominatus, jussit militibus imprimis, ut eodem genere vestis se induerent.* Xiphilin. ex Dione Lib. LXXVIII. p. 881. *Germanorum vestes induebat, atque in eorum chlamydibus quibus utuntur, argento variegatis, conspiciebatur.* Herodian IV. p. 342.

(64) Puisque Dion Cassius, contemporain & domestique des Severes, assure que cette Tunique ressembloit à une cuirasse ou à un corselet; Aurelius Victor se trompe donc, lorsqu'il dit, *quod indu-*

tromper les personnes qui pourroient avoir la pensée d'entreprendre sur sa vie. C'est delà qu'il reçut le nom de Caracalla. Il se fit remarquer & mépriser à Rome par cet habillement, non seulement parce que la mode en étoit étrangere, & qu'elle venoit des Barbares, mais aussi parce (65) qu'il n'y avoit parmi les Romains que les gens mous & efféminez qui portassent des manches à leurs habits. Les vêtemens des peuples Celtes consistoient donc 1. dans le Saye (*Sagum*) 2. dans les Brayes (*Bracca*) & 3. dans le Pourpoint (*Tunica.*) Ainsi Vopiscus, parlant du Tyran Tetricus, dit, (66) qu'il étoit habillé d'un Saye couleur de pourpre. (*Chlamyde coccinea*,) d'une Tunique jaune, (*Tunica* (67) *galbina*) & de Brayes à la manière des Gaulois (*& Braccis Gallicis*). C'est-à-dire que Tetricus étoit équipé, non comme un Romain, mais comme un véritable Gaulois (68).

Cette

indumenta in talos demissa largiretur, Caracalla dictus. Aurel. Victor. Cæs. Caracal. p. 143. Mr. Meseray a aussi mal décrit cette Tunique: *C'étoit, à bien dire, une espece de pantalon, qui n'alloit pas tout-à-fait jusqu'aux genoux, & qui n'avoit point de manches.* Hist. de France avant Clovis p. 28. 29. La Tunique ne descendoit que jusqu'aux hanches, & elle avoit des manches courtes.

(65) *Tunicis uti virum prolixis ultra brachia, & usque in primores manus, ac prope in digitos, Romæ atque omni in Latio indecorum fuit.* A. Gellius VII. 12.

(66) Vopiscus Aureliano p. 496.

(67) *Gelb* signifie en Tudesque jaune. La Tunique étoit de drap d'or, comme Saumaise l'a remarqué.

(68) Je ne dis rien de la Chaussure des Celtes, parce que je n'ai pas cru devoir m'arrêter à ces

CHAP. VI.

Cette simplicité que les Celtes affectoient dans leur habillement, aussi-bien que dans toutes leurs manières de vivre, n'empêchoit pas qu'ils ne fussent propres & bien mis, comme je l'ai remarqué dans l'un des (69) Chapitres précedens. On ne voyoit point parmi eux, comme chez les Sarmates, des habits sales & déchirez qui s'en alloient en lambeaux. La Noblesse aussi trouvoit le moyen de se distinguer du commun, & d'être magnifique à sa mode. Parmi les peuples qui étoient habillez de peaux, les grands Seigneurs (70) portoient des pelisses rares & précieuses, qu'ils faisoient moucheter, de la manière que Tacite le décrit dans le passage que je cite en marge. Les Gentilshommes Gau-

---

minuties. Il est constant que les anciens Scythes n'avoient ni bottes ni souliers. Anacharsis, dans sa lettre à Hanon, dit, *Calceamentum mihi solorum callum.* Cicero Tusc. Quæst. L. V. p. 3600. Je ne parle pas aussi de l'habillement des femmes Celtes, parce que les Auteurs que j'ai consultez, ne me fournissent rien de particulier sur cet article. Tacite remarque seulement, que parmi les Germains, les femmes étoient habillées de la même manière que les hommes, si ce n'est que leur Tunique n'avoit point de manches, & qu'elle laissoit une partie de la gorge découverte. *Nec alius fœminis quam viris habitus, nisi quod fœminæ sæpius lineis amictibus velantur, eosque purpurâ variant, partemque vestitûs superioris, in manicas non extendunt, nudæ brachia ac lacertos, sed & proxima pars pectoris patet.* Tacit. Germ. Cap. XVII.

(69) Ci-dessus Chap. IV. p. 256.

(70) *Gerunt & ferarum pelles, proximi ripæ negligenter, ulteriores exquisitius, ut quibus nullus per commercia cultus. Eligunt feras, & detracta velamina spargunt maculis, pellibusque belluarum, quas exterior Oceanus, atque ignotum mare gignit.* Tacit. Germ. Cap. XVII.

Gaulois conserverent cette marque de distinction, long-tems après que le commun du peuple eut quitté les habits de peau. Ainsi Pline, parlant d'un Chevalier Romain, originaire d'Arles, (71) dit qu'il étoit *Paternâ gente pellitus*, c'est-à-dire qu'il descendoit d'une ancienne Noblesse des Gaules. Les Rois (72) & la Noblesse des Visigoths étoient encore habillez de Pelisse du tems de Sidonius Apollinaris. Eginhard remarque aussi, (73) que Charlemagne portoit ordinairement en hyver un Saye de peau de loutre ou de martre. Enfin Helmoldus, qui écrivoit, sous l'empire de Fréderic Barberousse (74), se plaint que de son tems on soupiroit en Allemagne après les Pelisses de martre, comme après la souveraine félicité ; selon les apparences, parce

(71) *At hercule Pompejum Paulinum, Arelatensis equitis Romani filium, paternâque gente pellitum, quòd XII. pondo argenti habuisset, apud exercitum, ferocissimis gentibus oppositum scimus.* Plin. XXXIII. Cap. 11. p. 69.

(72) *Stetit ante pellitos reges.* Sid. Apoll. L. VII. Ep. 9. p. 195. *In media pelliti principis aula.* Idem Panegyr. Aviti vs. 219. *Regesque Getarum, Respice, queis ostro contempto & vellere serum, Eximius decor est, tergis horrere ferarum.* Prosp. Aquit. de Providentia Dei p. 601. *Crinigeri sedére Patres, pellita Getarum Curia.* Claudian. de Bello Getic. vs. 499. Le Patrice Ricimer est appellé *Pellitus Geta.* Ennodi. vita Epiphan.

(73) *Ex pellibus lutrinis vel murinis thorace confecto, humeros ac pectus muniebat.* Eginhard Cap. XXIII.

(74) *Prusi pellibus abundant peregrinis, quarum odor letiferum nostro orbi superbiæ venenum propinavit, & illi quidem ut stercora hæc habent, ad nostram credo damnationem, qui ad marturinam vestem anhelamus, quasi ad summam beatitudinem.* Helmold. Cron. Slav. Lib. I. Cap. 1.

parce qu'elles étoient affectées à la première Nobleſſe, & aux Chanoines des Cathedrales.

Lorſque les habits de toile commencerent enſuite à s'introduire, (75) les perſonnes accommodées & les gens de qualité ſe diſtinguerent, en faiſant broder ſur leurs Sayes & ſur leurs Tuniques, des bordures, des rayes, des bandes, des carreaux, chargez d'une infinité de fleurs & d'ornemens de toute ſorte de couleurs, mais principalement de pourpre. En général, les (76) habits bigarrez étoient ſi fort à la mode parmi la plûpart des peuples Celtes, qu'on les reconnoiſſoit à cette mar-

(75) *Hiſpanorum mulieres veſtibus utuntur floridis.* Strabo III. 155. *Hiſpani linteis prætextis purpura tunicis, candore miro fulgentibus conſtiterant.* Livius XXII. 46. *Galli veſtibus utuntur magnificis, tunicas habent omnis generis coloribus interſtinctas... ſaga ſtriata geſtant... laterculis, qui multis floribus referti ſunt, interſtincta.* Diod. Sic. V. 213. *Virgatis lucent ſagulis,* Æneid. VIII. vſ. 660. Ad quæ Servius: *Quæ habebant in virgarum morem deductas vias, & bene alluſit ad Gallicam linguam, per quam virga purpurea dicitur. Virgatis ergo, ac ſi diceret purpuratis.* Servius p. 546. *Wirken* en Allemand ſignifie broder, brocher. *Gallus* qui cum Torquato conflixit, *verſicolori veſte.* Livius VII. 10. *Germanorum fœminæ lineos amictus purpurâ variant.* Tacit. Germ. Cap. XVII. *Longobardorum veſtes lineæ, ornatæ inſtitis latioribus vario colore contextis.* Paul. Diac. Hiſt. Long. Lib. IV. 7. p. 398. *Linea veſtimenta Gothorum magnifica.* Eunap. Sard. in Excerpt. Legat. p. 20.

(76) Olympiodore dit, par exemple, que du tems de Conſtance, fils de Conſtantin le Grand, on trouva en Thrace trois ſtatues, vêtues à la manière des Barbares, d'habits de différentes couleurs. Olympiod. Excerpt. ex Photio in Hiſtor. Byzant. T. I. p. 10. *Viridantia ſaga, limbis marginata puniceis.* Sidon. Ap. Lib. IV. Ep. 20. Voyez ci-deſſus p. 309. Note (60).

marque. A la fin ces peuples naturellement vains CHAP. VI.
& fiers, dégenererent entierement de l'ancienne simplicité (77), & donnerent dans tous les excès de la magnificence & du luxe. Il est certain cependant, que les dorures & les habits riches leur sont venus d'ailleurs. Le commerce que les Phocéens & les Phéniciens faisoient sur toutes les côtes de la Mediterranée, porta d'abord le luxe dans les Provinces maritimes de l'Espagne, des Gaules & de l'Italie. Il se répandit insensiblement de-là par toute l'Europe. Du tems de Jules-Céfar, les Germains étoient encore habillez de peaux. Du tems d'Herodien (78), ils portoient déja des Sayes chamarrez d'argent.

Je ne dois pas oublier ici, que les loix de Les Celtes ne paroissoient point en public sans leurs armes. Ils se rendoient (79) aux Assemblées civiles &

(77) *Hispani sumtuosissimis induuntur vestibus.* Athen. II. 6. *Chryxi Boji, Auro virgatæ vestes.* Sil. Ital. L. IV. vs. 155. *Qui honores gerunt apud Gallos, vestes tinctas atque auro variegatas usurpant.* Strabo IV. 197.

(78) *Germani chlamydes argento variegatas gestant.* Herodian. Lib. IV. p. 343.

(79) *Celtæ ferro accincti Reipublicæ negotia tractant.* Nicol. Damasc. ap. Stob. Serm. 164. p. 470. *Galli armati, ita mos gentis erat, in concilium venerunt.* Livius XXI. 20. *Armatum Concilium apud Gallos.* Cæsar V. 56. VII. 21. *Germani armati considunt. Si displicuit sententia, fremitu aspernantur, sin placuit, frameas concutiunt.* Tacit Germ. Cap. 11. Histor. IV. 64. *Germani nihil publicæ, neque privatæ rei, nisi armati agunt.* Tacit. Germ. 13. *Ad negotia, nec minùs sæpe ad convivia, procedunt armati.* Tacit. Germ. 22. *Adstant à tergo (Celtis) cœnantibus, qui pendentes clypeos pro armis gestant. Hastati verò ex adverso in orbem sedent, ac utrique cibum cum*

& religieuses, avec l'épée, le bouclier & la lance, & ils traitoient dans le même équipage toutes leurs affaires publiques & particulieres. Cet usage s'étendoit encore aux visites familieres, & même aux festins. Quand on se mettoit à table, les conviez gardoient leur épée, & avoient derriere eux des servans d'armes, qui tenoient le bouclier & la lance de leurs maîtres. D'abord que le repas étoit fini, chacun reprenoit son armure complette, & la gardoit dans les jeux, dans les courses, dans les danses, & dans les autres exercices dont les festins étoient ordinairement suivis. Il en étoit de même des Danses sacrées, qui faisoient parmi les Barbares une partie considerable du culte de la Divinité. Un Celte ne paroissoit donc jamais sans ses armes. Il les épousoit (80) en quelque manière. Après les avoir portées depuis l'âge viril jusqu'à la vieillesse decrépite (81), il faloit encore qu'on les brûlât, (82) ou qu'on les enterrât avec lui. Cet attachement des

dominis capiunt. Athen. ex Posidonio, Athen. IV. Cap. 12. *Dextera non segnis fixo dare vuinera cultro, Quem vinctum lateri, barbarus omnis habet.* Ovid. Trist. L. V. Eleg. 7. vs. 19.

(80) On voit dans les Loix des Lombards, qu'il n'étoit pas permis de prendre pour gage l'épée d'un particulier. *In compositione Widrigild volumus ut ea dentur, quæ in lege continentur, excepto accipitre & spatha, quia propter illa duo aliquoties perjurium committitur, quando majoris pretii, quàm illa sint, esse jurantur.* Leg. Longob. L. I. Tit. 9. Leg. 33. p. 533. Capitular. Lib. IV. Tit. 21.

(81) *Et tremulos regit hasta gradus, & nititur altis, Pro baculo, contis non exarmata senectus.* Claudianus de Bello Get. vs. 501. Tacit. Germ. Cap. 13.

(82) Cæsar VI. 19. *Sua cuique arma, quorumdam igni & equus adjicitur.* Tacit. Germ. Cap. 27.

des Celtes pour leurs armes alloit si loin, qu'ils préféroient de perdre la vie, plutôt que de les quitter. Ainsi Tite-Live rapporte, que (83) Caton ayant jugé à propos de désarmer tous les Espagnols qui demeuroient en deçà de l'Ebre, la peine parut si dure & si mortifiante à ces peuples, qu'il y eut une infinité de personnes qui s'ôterent la vie. Tacite remarque aussi (84), qu'un Germain qui perdoit son bouclier dans une bataille, étoit déshonoré pour le reste de ses jours. Banni du commerce des hommes, il n'avoit point d'autre ressource pour finir son opprobre, que de se donner lui-même la mort qu'il n'avoit point trouvée dans le combat. Il ne faut donc pas être surpris que l'on ait accusé les Celtes d'adorer leurs armes, & d'en faire de véritables Divinitez. L'imputation est à la vérité fausse, mais ils y donnoient occasion. D'un côté, quand ils étoient appellez à prêter serment, ils juroient (85) par
Dieu

---

(83) *Consul arma omnibus cis Iberum Hispanis ademit, quam rem adeo ægre passi, ut multi mortem sibimet ipsis consciscerent. Ferox genus,* nullam vitam rati sine armis esse. *Livius Lib.* XXXIV. 17. *Hispanis arma sanguine ipso cariora.* Justin XLIV. 2.

(84) *Scutum reliquisse, præcipuum flagitium. Nec aut sacris adesse, aut concilium inire, ignominioso fas; multique superstites bellorum, infamiam laqueo finierunt.* Tacit. Germ. 6. La même chose avoit lieu parmi les Grecs. Voyez ce qui est dit d'Epaminondas, Cicero de Finib. L. II. Cap. 30. Epist. ad Lucej. V. 12.

(85) *Toxaris jurat per ventum & acinacem.* Lucian. Toxar p. 630. *Anacharsis per acinacem & Zamolxim.* Lucian. Scyth. p. 340. *Saxones sacramentis, ut eorum mos erat, super arma patratis, pactum pro universis Saxonibus firmant.* Vita Dagobert. a-
d

CHAP. VI. Dieu & par leur épée ; & de l'autre, on avoit accoûtumé dans les armées, de planter en terre une épée ou une halebarde, autour de laquelle toute l'armée alloit faire ses dévotions, parce qu'elle étoit la marque du *Mallus*, c'est-à-dire du lieu où se tenoient les Assemblées religieuses & le Conseil de guerre. Quoi qu'il en soit de cette imputation, que j'examinerai plus au long en parlant de la Religion des Celtes, il est constant que la coûtume de porter les armes en pleine paix, étoit commune à tous les peuples Scythes (86). C'est d'eux que les (87) Grecs & les (88) Perses la tenoient. Ils descendoient les uns

&

pud Duchesi. T. I. Cap. 31. p. 581. *Dani pacem firmam, ritu gentis, per arma juraverunt.* Adam. Bremensis Cap. 30. On en trouve une infinité d'exemples dans les anciennes Loix des Allemans, des Ripuariens, des Saxons & des Lombards. Lindenbrog. Glossar p. 1358. & 1420.

(86) Tacite dit que les Sujons, (c'est-à-dire les Suedois,) sont le seul peuple de la Germanie, où les particuliers n'ont pas la liberté de porter les armes, ni même de les garder dans leur maison. Ils obéissoient à des Rois absolus, qui pour se maintenir, tenoient toutes les armes enfermées sous la garde de quelques esclaves. Tacit. Germ. Cap. 44.

(87) Ἐσιδηροφοροῦντο τε γὰρ οἱ Ἕλληνες. Aristotel. Polit. II. 8. *Olim omnis Græcia gestabat arma. Athenienses primi deposuerunt... Multis etiam aliis in rebus, demonstraverit quis, priscos Græcos, eodem genere vitæ usos, quo hujus ætatis Barbari utuntur.* Thucyd. Lib. I. Cap. 6. Homere représente Telemaque, se rendant à une assemblée, armé de sa halebarde. Odyss. II. 10.

(88) *Omnes Persæ promiscuè, vel inter epulas, festosque dies, gladiis cincti cernuntur. Quem Græcorum veterum morem, abjecisse primos Athenienses, Thucydides auctor est.* Ammian. Marcellin. Lib. XXIII. Cap. 6. p. 383.

& les autres des Scythes. Quelque ancien que soit cet usage, quelque universel qu'il soit encore aujourd'hui, il faut avouer cependant qu'il a quelque chose de féroce, & qu'il est incompatible avec les Loix d'une bonne Police. Une Societé ne peut se former & se maintenir, que par l'engagement où entrent les particuliers, de ne se point offenser réciproquement, & de laisser au Magistrat le soin de prévenir & de punir les injustices. Tout homme qui porte des armes dont il ne lui est pas permis de se servir contre ses Concitoyens; tout homme qui tire l'épée dans un lieu où il peut appeller les Loix & le Magistrat à son secours, viole cette Loi fondamentale des Etats, qui défend aux particuliers de se rendre justice à eux-mêmes. Il ouvre la porte à tous les inconvéniens que les hommes ont voulu prévenir, en renonçant à l'égalité, où ils naissent tous, pour se soûmettre à des Juges & à des Magistrats. Il est vrai que les Scythes croyoient excuser cet abus, en disant (89) qu'ils n'avoient point de villes fermées; & qu'étant par conséquent toûjours exposez aux surprises d'un ennemi, ils étoient obligez de se tenir continuellement en garde, & d'avoir toûjours leurs armes prêtes. Mais ce n'étoit-là dans le fond qu'un pur prétexte. D'un côté, la plûpart des peuples Scythes avoient assez pourvû à l'inconvénient, en ravageant (90) au long & au large toutes les contrées qui confinoient à leur païs. D'un

au-

---

(89) Lucian. de Gymnos. p. 803.
(90) Ci-dessus Livre II. Chap. 3. p. 247.

CHAP. VI. autre côté, s'ils avoient pû se résoudre à laisser leurs voisins en paix, personne n'auroit assurément pensé à attaquer des gens avec qui il n'y avoit rien à gagner. La véritable raison pour laquelle les Scythes alloient partout avec leurs armes, c'est qu'ils n'avoient point d'autre métier que la guerre. Accoûtumez à vivre de pillage, ils se tenoient toûjours en état de courir par-tout où il y avoit quelque butin à faire, & de forcer tout ce qui osoit leur résister. Thucydide avoue la chose sans aucun detour (91) : *Les anciens habitans de la Grece étoient des brigands. C'est l'origine de la coûtume que quelques peuples conservent encore, d'aller par-tout avec leurs armes.* D'ailleurs, quoique les Scythes eussent des Rois, & des Juges qui administroient la justice dans les Cantons, ils ne se soûmettoient jamais tellement à leurs Chefs, qu'ils ne se reservassent la liberté de se rendre justice à eux-mêmes, quand leur honneur ou leur intérêt le demandoit ainsi. Toutes les fois qu'un Scythe étoit tiré en cause devant le Magistrat (92), il lui étoit permis d'offrir le duel à son Antagoniste, qui de son côté ne pouvoit pas refuser de vuider la querelle à la pointe de l'épée, en présence du Magistrat, qui donnoit toûjours gain de cause au victorieux.

Il faut que les Grecs & les Romains eussent bien compris, que la coûtume de porter des armes dans un Etat qui n'est pas en guerre, alloit au renversement de toute poli-

---

(91) Thucyd. Lib. I. Cap. 5. p. 3.
(92) Voyez ci-dessous Chap. 11. où cette matière est traitée plus au long.

police. C'est une des premières choses (93) qu'ils corrigerent, lorsqu'ils eurent une fois conçû le dessein d'établir un bon ordre dans leurs Etats, & d'en regler l'intérieur par de bonnes Loix. Les Grecs conserverent seulement dans leurs spectacles, les danses & les courses de gens armez, parce que ces exercices, qui étoient un divertissement pour les spectateurs, formoient encore la jeunesse aux travaux militaires. Les Romains aussi retinrent de cette ancienne coûtume, premièrement la danse des Saliens, dont j'ai déjà fait mention (94), & dont j'aurai encore occasion de parler dans l'un des Chapitres suivans. En second lieu, la fête où les Citoyens Romains offroient leurs sacrifices, armez de pied en cap. Ils l'appelloient (95) *Armilustrium*, la revuë des armes. Elle venoit originairement des peuples Celtes, qui dans l'Assemblée de Mars, faisoient la revuë des hommes & des armes, & offroient en même tems des

---

(93) Voyez la page 318. Note (87) Lucien remarque, que ce n'étoit pas l'usage des Grecs de porter quelque arme, ni de ceindre l'épée en tems de paix. Il étoit même défendu, sous peine d'amende, d'en porter dans les villes, à moins d'un cas de nécessité. Lucian. de Gymnos. p. 803. On sçait aussi, que parmi les Romains personne ne portoit des armes dans la ville, à la réserve des Soldats. Marc-Antoine ayant un jour paru en public, l'épée au côté, le peuple soupçonna qu'il aspiroit à la Monarchie. On peut voir ce que Rosinus a dit sur ce sujet dans ses Antiquitez Romaines.

(94) Ci-dessus Liv. I. Chap. 10. p. 107.

(95) *Armilustrium, ab eo quod in armilustrio armati sacra faciunt.* Varro de Ling. Lat. V. p. 49. Edit. Popmæ.

CHAP. VI. des sacrifices pour le succès de la campagne.

Lorsque les peuples Celtes commencerent à connoître la Religion Chrétienne, les Princes & les Evêques ne négligerent rien pour abolir (96) une coûtume, aussi opposée au bien des Etats, qu'incompatible avec les Loix du Christianisme. Malgré cela l'usage de porter des armes a repris le dessus. On y est si accoûtumé, que l'on voit sans étonnement, (97) *qu'en pleine paix & dans une tranquillité publique, des Citoyens entrent dans les Temples, aillent voir des femmes, ou visitent leurs amis, avec des armes offensives ; & qu'il n'y ait presque personne qui n'ait à son côté de quoi pouvoir d'un seul coup en tuer un autre.* C'est une nouvelle preuve, que les peuples même qui se piquent d'être polis & civilisez, plus que tous

---

(96) *De armis intra patriam non portandis, id est scutis, lanceis & loricis.* Additiones Caroli M. ad Leg. Salic. de anno 803, apud Lindenbrog. p. 353. *Ut nullus ad mallum, vel ad placitum intra patriam, arma, id est scutum & lanceam portet.* Car. Mag. in Leg. Bajuar. ap. Lindenb. p. 443. *De armis intra patriam non portandis, id est scutis, lanceis & loricis.* Imp. Carolus, Leg. Longob. p. 585. Capitular. Lib. III. Tit. 3. p. 874. Tit. 22. p. 877. Dans les Capitulaires de Charlemagne & de Louis le Débonnaire, il est défendu de venir à l'Eglise avec ses armes. Lib. VII. Tit. 202. p. 1087. Voyez aussi Leg. Pipini & Lotharii Leg. Longob. Lib. II. Tit. 43. p. 643. *Laicis verò qui apud nos sunt, arma portare non præjudicamus, quia antiquus mos est, & ad nos usque pervenit.* Synod. Mogunt. Can. 17. *Ut nemo gladium in Ecclesia portet, regali tantùm excepto.* Decret. Synod. Salagunst. Can. 8. apud Lindenbr. in Gloss. p. 1358. L'Empereur Frédéric II. renouvella ces défenses. Constit. Siculæ L. I, Tit 9. p. 705.

(97) La Bruyere Discours sur Théophraste.

tous les autres, ne laissent pas d'être barbares & féroces à bien des égards.

CHAPITRE SEPTIEME.

IL me reste à dire un mot de quelques ornemens qui étoient particuliers aux peuples Celtes.

I. Il est constant qu'ils portoient tous une longue chevelure (1), & qu'on les reconnoissoit

On reconnoissoit les Celtes

(1) *Ex gentibus, Celtæ ac Scythæ comam alunt.* Clem. Alex. Pædag. III. p. 267. *Lusitani crines, mulierum in modum, demittunt.* Strabo III. 155. *Gallia omnis Comata uno nomine appellata.* Plin. Lib. IV. Cap. 17. p. 482. *Promissæ comæ Gallo-græcorum.* Livius XXXVIII. 17. *Belgæ comam alunt.* Strabo. IV. 196. *Et nunc tonse Ligur., quondam per colla decora, Crinibus effusis toti prælate Comatæ.* Lucan. I. 442. *Ligures multis nominibus maxime capillati.* Plin. L. III. 4. p. 417. *Capillatorum plura genera ad confinium Ligustici maris.* Plin. III. 20. p. 376. *Lygii comati.* Dio. Cass. LIV. p. 538. *Britanni capillo sunt promisso.* Cæsar V. 14. *Crinigeræ catervæ Germanorum.* Sidon. Apollin. Carm. 12. *Crinigeros Caycos.* Lucan. I. vs. 463. *Sub Septentrionibus nutriuntur gentes directo capillo.* Vitruv. VI. 1. p. 104. Θρήικες ἀκρόκομοι. Homer. Iliad. IV. vs. 533. *Non coma, non ulla, barba resecta manu.* Ovid. de Getis Trist. L. V. Eleg. 7. vs. 18. Olympiodore dit, que les trois statues dont j'ai fait mention ci-dessus page 314. Note (76) étoient vêtues d'habits de différentes couleurs, & qu'elles avoient de longs cheveux, à la façon des Barbares, c'est-à-dire des Goths. *Alani non tantopere comam alunt ac Scythæ.* Lucian. Toxari p. 637. *Scythis Bactrianisque intonsæ comæ.* Curtius IV. Cap. 9. p. 148. *Persæ criniti.* Herodot. VI. 19.

CHAP. VII.

Celtes a leurs longs cheveux.

soit à cette marque. C'étoit celui de tous les ornemens dont les hommes & les femmes étoient le plus (2) jaloux, & pour lequel ils se mettoient le plus en fraix. Les Grecs & les Romains portoient anciennement de longs cheveux, comme les Scythes & les Celtes. Au moins (3) Homere donne souvent aux Grecs le nom de chevelus. Juvenal donne la même (4) épithète aux anciens Consuls de la République Romaine. Dans la suite on se conforma à Rome & en Grece, à l'usage des Orientaux, qui se rasoient la tête, ou qui portoient au moins les cheveux fort courts, pour n'en être pas incommodez dans les chaleurs. Il faut en excepter pourtant les Lacedémoniens (5), qui conserverent plus long-tems que les autres Grecs, les coûtumes & la manière de vivre des Scythes.

II.

---

(2) Tacite, parlant de la peine que les Germains infligeoient aux femmes adultères, dit: *Accisis crinibus nudatam, coram propinquis expellit domo maritus, ac per omnem vicum verbere agit.* Tacit. Germ. Cap. 19. Les Lombards condamnoient à la même peine, les femmes qui, à l'instigation de leurs maris, usoient de violence pour déposseder quelqu'un de ses biens. *Publicus faciat eas calvare, & fustare per vicos vicinantes ipsius loci.* Leg. Long. apud Lindenbr. p. 544.

(3) Καρηκομόωντας Ἀχαιὸς. Homer. Iliad. II. vs. 11.

(4) *Ipse capillato diffusum Consule potat.* Juvenal. Satyr. V. 30. *Intonsi avi.* Ovid. Fast. II. vs. 29.

(5) *Apud Lacones laudabile est comam nutrire.* Aristotel. Rhetor. Lib. I. Cap. 9. *Charilaus Rex Lacedæmoniorum, interrogatus cur comam Spartani nutrirent? respondit, quia omnium ornatuum hic minimo constat sumptu.* Plutarch. Apophteg. II. 189. Voyez aussi Pezron, Antiquité de la Langue & de la Nation des Celtes, p. 156.

II. Distinguez par une longue chevelure, les peuples Celtes l'étoient encore par une autre coûtume, qui n'étoit pas moins générale. Leurs cheveux étoient naturellement blonds. Au lieu de les entretenir de cette couleur, ils s'étudioient à les rendre (6) non seulement ardens, mais véritablement roux. Ils se servoient pour cela d'une espece de pomade ou de savon, qu'ils composoient avec du suif, de la cendre & de la chaux, & dont ils avoient grand soin de se frotter tous les jours les cheveux & la barbe. Il est facile de comprendre après cela, pourquoi on ne trouvoit dans toute la Celtique, (7) que des gens par-fai-

CHAP. VII.

Qu'ils teignoient en rouge.

---

(6) *Infantes apud Galatas, à nativitate quàm plurimum sunt albis capillis; procedente verò ætate in paternum colorem mutantur.* Diodor. Sicul. L. V. p. 214. *Galli capillos naturâ habent rufos, sed arte quoque nativum colorem augere student. Calcis enim lixiviâ frequenter capillos lavant, eosque à fronte ad verticem, atque inde ad cervicem, ut eò magis sint conspicui, retorquent; Satyros igitur & Panas aspectu referunt. Hac enim culturâ ita densantur, ut ab equorum setis nihil differant.* Diod. Sic. V. 212. *Medicamentum quo mulieres Gallorum comam inungentes, eam, in auri morem, rutilam & fulvam efficiunt.* Plut. Amat. T. II. p. 771. *Sapo Galliarum inventum, rutilandis capillis. Fit ex sebo & cinere, optimus fagino, & caprino; duobus modis spissus ac liquidus: uterque apud Germanos, majore in usu fœminis quàm viris.* Plin. Lib. XVIII. Cap. 12. p. 624. *Caustica Teutonicos accendit spuma capillos.* Martial. XIV. Epigr. 25. *Videbat (Alamannos) lavantes, alios quosdam comam rutilantes ex more.* Amm. Marcell. XXVII. Cap. 2. p. 476. *Quod Burgundio cantat esculentus, infundens acido comam butyro.* Sidon. Apoll. Carm. 12.

(7) *Hispanus comam rutilus.* Sil. Ital. L. XVI. vs. 471. *Promissæ & rutilatæ comæ Gallorum.* Livius XXXVIII, Cap. 17. *Aurea cæsaries ollis,* de Gallis. Virg.

faitement roux. La mode vouloit, que les hommes & les femmes teignissent leurs cheveux de la manière que je viens de le dire. Ainsi, lorsque (8) Caligula & Domitien voulurent triompher des Germains, sur lesquels ils n'avoient fait aucun prisonnier, ils prirent le parti de ramasser tout ce qu'ils trouverent de gens d'une taille avantageuse, & les obligerent à laisser croître leurs cheveux & à les teindre en rouge. Sans cette précaution, personne ne les auroit pris pour des Germains. (9)

Fes-

Virg. Æneid. VIII. vs. 659. *Galli rutili.* Amm. Marcellin. Lib. XV. Cap. 12. p. 196. *Rutilæ Caledoniam habitantium comæ, magni artus, Germanicam originem adseverant.* Tacit. Agric. Cap. II. *Rutilæ comæ Germanorum.* Idem Germ. Cap. 4. *Sub Septentrionibus nutriuntur gentes, directo capillo & rufo.* Vitruv. VI. Cap. I. p. 104. *Rutilâ comâ & candore corporis indicans Provinciam.* Hieronym. vita Hilarion. T. I. p. 159. *Rutili sunt Germaniæ vultus.* Calpurn. Flaccus Declam. 2. *Coma illi rubore cute concolor.* Sid. Ap. L. IV. Ep. 20. *Nec est Æthiopis inter suos insignitus color, nec rufus crinis apud Germanos.* Senec. de Ira Lib. III. Cap. 26. p. 452. *At tu transcendens Germanice facta tuorum, Jam puer auricomo performidate Batavo.* Sil. Ital. L. III. vs. 607. *Hæc Lybicos pars tam flavos gerit altera crines, Ut nullas, Cæsar, Rheni se dicat in arvis, Tam rutilas vidisse comas.* Lucan. X. vs. 129. *Prolixo crine rutilantia corpora Francorum.* Eumen. Panegyr. Constant. Chlori Cap. 16. p. 177. *Budini natio valde glauca & rufa.* Herodot. Lib. IV. Cap. 108.

(8) *Caligula procerissimum quemque Galliarum ad Germanicum triumphum legit, coegitque rutilare & submittere comam.* Sueton. Calig. Cap. 47. *Domitiano inerat conscientia, derisui fuisse nuper falsum è Germanis triumphum, emptis per commercia, quorum habitus & crines in captivorum speciem formarentur.* Tacit. Agric. Cap. 39.

(9) *Rutilium, rufum significat, cujus coloris studiosæ etiam antiquæ mulieres fuére.* P. Festus p. 72.

Festus & (10) Valere Maxime ont remarqué, que dans les premiers tems de la République, les Dames Romaines teignoient leurs cheveux en rouge avec de la cendre. Ce n'est pas la seule fois (11) que j'aurai occasion de montrer, que les Romains ne différoient en rien des Celtes, avant que les coûtumes des Grecs eussent prévalu au milieu de ce nouveau peuple, qui se forma d'un mélange des anciens habitans du païs, avec les Grecs qui avoient passé dans le Royaume de Naples. Au reste, les Romains rentrerent encore dans le goût des cheveux roux, du tems d'Auguste & de ses successeurs. Je ne parlerai pas ici des Empereurs Caracalla & Gallien (12), qui se conformerent à cet égard à la mode des Germains. Ces Princes avoient leurs raisons, pour flatter des peuples auxquels ils avoient confié la garde de leur personne. Il étoit bien plus glorieux pour les peuples Celtes, de voir les Dames Romaines rendre hommage à leur chevelure, (13) en faisant venir à grands fraix,
du

(10) *Quò formam suam concinniorem efficerent, summa cum diligentia capillos cinere rutilârunt.* Valer. Max. Lib. II. Cap. I. p. 43.
(11) Voyez ci-dessus Livre I. Chap. 10. pag. 106-110.
(12) *Caracalla rufos capillos capiti imponebat, ad modum Germanicæ tonsuræ.* Herodian IV. p. 343. *Gallienus crinibus suis, auri scobem aspersit.* Treb. Pollio. Gallien. p. 232. *Cum suis semper flavum crinem condidit.* Idem. p. 250.
(13) *Nunc tibi captivos mittet Germania crines, Culta triumphatæ munere gentis eris, O quàm sæpe comas aliquo mirante rubebis, Et dices emtâ nunc ego merce probor, Nescio quam pro me laudat nunc iste Sicambram.* Ovid. Amor. Lib. I. Eleg. 14. vs. 45.

328 HISTOIRE

CHAP. VII.

du fond des Gaules & de la Germanie, des tours de cheveux, ou des (14) Savonetes pour teindre leurs propres cheveux en rouge. Tertullien (15) & St. Jerôme ont rélevé cet abus, avec une sévérité qui paroîtroit outrée, s'il n'étoit constant qu'il avoit sa source dans un esprit de galanterie, & que les Courtisanes (16) avoient le plus contribué à introduire cette nouvelle mode dans la Capitale de l'Empire.

On distinguoit les peuples par la manière différente

III. Ce que je viens de remarquer, regarde les peuples Celtes en général. On les reconnoissoit tous à leur chevelure longue & rousse. On distinguoit après cela les divers peuples de la Celtique, par la manière dif-

Fœmina canitiem Germanis inficit herbis, Et melior vero quæritur arte color; Fœmina procedit densissima crinibus emtis, Proque suis alios efficit ære suos. Idem Art. Amat. Lib. III. vf. 163. *Arctoa de gente comam tibi Lesbia misi, Ut scires quantò sit tua flava magis.* Martial. L. V. Ep. 69. *Caustica Teutonicos accendit spuma capillos, Captivis poteris cultior esse comis.* Martial. XIV. Ep. 25.

(14) *Et mutat Latias spuma Batava comas.* Martial. VIII. 33. *Si mutare paras longævos cana capillos, Accipe Mattiacas, (quo tibi calva?) pilas.* Idem XIV. 26.

(15) Tertullien dit, que les Dames Romaines qui teignent leurs cheveux en rouge, renient leur nation & leur patrie. St. Jerôme dit, qu'elles prennent les livrées de l'enfer. *Video quasdam & capillum croco vertere. Pudet eas etiam nationis suæ, quod non Germanæ aut Gallæ sint procreatæ, ita patriam capillo transferunt.* Tertullian. de cultu fœmin. Cap. 6. *Ne capillum irrufes, & ei aliquid de Gehennæ ignibus auspiceris.* Hieronym. Ep. VII. ad Lætam T. I. p. 36.

(16) Juvenal dit de Messaline. *Et nigrum flavo crinem abscondente galero, Intravit calidum veteri lentone lupanar.* Juvenal. Sat. VI. vf. 120.

différente dont ils accommodoient leurs cheveux. (17) Les Thraces, par exemple, les Goths, les Saxons, les Pelasges, ne laissoient croître que les cheveux qui tombent sur les épaules, & se rasoient tout le devant de la tête.

On a remarqué qu'ils prenoient cette précaution, pour empêcher que dans la mêlée l'ennemi ne les empoignât par les cheveux. Les Sicambres, (18) les Lombards & quelques

---

(17) *Archemachus Eubœensis Curetas ait Chalcidem incoluisse, cumque continenter de Lelanto campo dimicarent, anterioreque eos comâ hostes apprehenderent, & prosternerent, comam alere in occipite, radere sinciput cepisse: inde Curetes dicti à coma:* ἀπὸ τῆς κεφᾶι. Strabo X. p. 465. Les Curetes dont il s'agit ici, étoient les anciens habitans de l'Isle d'Eubée, c'est-à-dire les Abantes, qu'Homere appelle aussi ὄπιθεν κομόωντες. Iliad. Catolog. L. II. vs. 48. Les Abantes étoient venus de Thrace. Strabo X. 447. C'est d'eux que l'Isle avoit reçû le nom d'Abantis. Voyez ci-dessus Livre I. Chap. 9. p. 70. & 68. 70. Ils disputerent long-tems aux nouveaux Grecs la possession de la plaine la plus fertile de l'Isle, où il y avoit aussi des eaux minerales. Ils l'appelloient en leur Langue *Lelant*. Strabo I. 58. *Lelantus campus super Chalcidem, ubi aquæ calidæ, ad morbos sanandos aptæ.* Idem X. 447. *Flumine Lelanto aquisque calidis, quæ Hellopiæ vocantur.* Plin. IV. 12. p. 188. *Land* signifie en Allemand un païs, une campagne. *Helffen*, aider, guérir. Synesius, parlant des Goths, dit: *Flavos illos, & Euboico more comatos.* Oratione de Regno p. 23. Sidonius Apollinaris dit des Saxons:.. *Crinibus ad cutem resis, Decrescit caput, additurque vultus.* Lib. VIII. Ep. 9.

(18) *Hic tonso occipiti senex Sicamber.* Sid. Ap. L. VIII. Ep. 9. *Longobardi se à cervice usque ad occipitium radentes nudabant, capillos à fronte usque ad os demissos habentes, quos ab utraque parte in fron-*

ques autres peuples de la Germanie, avoient une coûtume toute opposée. Ils se rasoient le derriere de la tête, & rangeoient sur les deux jouës, les cheveux qu'ils gardoient sur le devant. C'est, selon les apparences, à cet égard, que (19) l'Empereur Caracalla imitoit la tonsure des Germains. Les (20) Francs se rasoient tout le tour de la tête, & n'avoient des cheveux que sur le sommet. Les (21) Gaulois & les Bretons laissoient leur che-

frontis discrimine dividebant. Paul. Diac. Hist. Long. L. IV. Cap. 7. p. 398. *Hic quoque monstra domat, rutili quibus arca cerebri Ad frontem coma tracta jacet, nudataque cervix, Setarum per damna nitet.* Sidon. Ap. Panegyr. Majorian. vs. 238. Au reste les Germains, & sur-tout les Cattes, ne permettoient pas à leurs jeunes gens de se raser la tête, à la manière usitée dans leur nation, qu'ils n'eussent tué un ennemi. Souvent aussi les braves faisoient vœu de ne se point raser, qu'ils n'eussent défait l'ennemi qu'ils avoient en tête. *Et aliis Germanorum populis usurpatum, rara & privata cujusque audentia, apud Cattos in consensum vertit, ut primùm adoleverint, crinem barbamque summittere, nec nisi hoste cæso exuere votivum obligatumque virtuti oris habitum. Super sanguinem & spolia revelant frontem. ... ignavis & imbellibus manet squalor.* Tac. Germ. 31. *Civilis, barbaro voto, post cœpta adversus Romanos arma, propexum rutilatumque crinem, patratâ demùm cæde legionum deposuit.* Tacit. Histor. IV. 61. Silius attribue la même coûtume aux Gaulois de l'Italie. *Occumbit Sarmens, flavam qui ponere victor, Cæsariem crinemque tibi, Gradive, vovebat, Auro certantem, & rutilum sub vertice nodum.* Silius Ital. L. IV. vs. 200.

(19) Voyez ci-dessus p. 327. Note (12).

(20) Voyez un passage d'Agathias ci-dessous p. 333. Note (27).

(21) *Rhodanique comâ intonsâ juventus.* Sil. Ital. L. XV. 671. *Britanni omni parte corporis rasâ, præter*

DES CELTES, Livre II. 331

CHAP. VII.

chevelure dans son entier, sans en rien retrancher. Outre cela, il y avoit des Nations où les hommes, (22) pour paroître plus grands, retroussoient & nouoient leurs cheveux sur le sommet de la tête, en un ou plusieurs toupets, qui ressembloient à des cornes. D'autres peuples avoient conservé la coûtume des anciens (23) Scythes, qui portoient leurs che-

---

ter caput & labrum superius. Cæsar V. 14. Ces paroles *omni parte corporis rasâ*, sont expliquées par un passage d'Athenée: *Omnes qui ad Occidentem habitant barbari picantur, & corpora radunt.* Athen. XII. Cap. 3. Et par le Scholiaste d'Aristophane, Ἀποτέθρακεν, ἀνέτιλε. Ἐλεταίγοντο δὲ καὶ ἀπετίλοντο οἱ Θρᾶκες τὰ αἰδοῖα: καὶ ἀποσεσυρμένα εἶχον αὐτὰ p. 195.

(22) Voyez la page 325. Note (6) *Flava repexo, Gallia crine ferox.* Claudian. de Laud. Stiliconis L. II. vs. 240. *Truces flavo vertice Galli.* Claudian. in Rufin. II. vs. 110. *Et rutilum sub vertice nodum.* Silius supra Note (18). *Insigne gentis obliquare crinem, nodoque substringere. Sic Suevi à ceteris Germanis, sic Suevorum ingenui à servis separantur.... Horrentem capillum retro sequuntur, ac sæpe in ipso solo vertice religant. Principes & ornatiorem habent.* Tacit. Germ. Cap. XXXVIII. *Triplex crista jubas, effundit crine Suevo.* Silius Lib. V. vs. 134. *Cærula quis stupuit Germani lumina, flavam Cæsariem & madido torquentem cornua cirro.* Juvenal. Satyr. XIII. vs. 164. *Videmus cirros Germanorum, grana & cinnabara Gothorum.* Isidor. Orig. XIX. Cap. 23. p. 1300. *Crobyli barbarorum, cirri Germanorum.* Tertullian. de veland. Virgin. Cap. X. *Cirroque madente.* Sidon. Apoll. Panegyr. Major. vs. 226.

(23) *Parthi Scythico more horrebant capillo incomto.* Plutarch. in Crasso T. I. 557. *Alamannorum comæ fluentes.* Amm. Marcell. L. XVI. Cap. 13. p. 144. *Tu flexâ nitidus comâ vagaris, Hispanis ego contumax capillis.* Martial. X. 62. *Et nunc tonse Ligur, quondam*

CHAP. VII.

cheveux épars & flottans sur les épaules. D'autres encore en faisoient une ou plusieurs tresses (24) qui leur pendoient sur le dos.

IV. Enfin l'on pouvoit distinguer encore au milieu de chaque peuple, (25) les Nobles, les Roturiers & les Esclaves, par la seule manière dont ils ajustoient leurs cheveux. Les grands Seigneurs y cherchoient beaucoup de façon. Ils avoient le privilege de porter les cheveux plus longs que le reste du peuple. Ainsi le nom de (26) *Capillati* étoit affecté par-

quondam per colla decora, Effusis crinibus toti prælatæ Comatæ. Lucan. I. 442. *Ligurum horrentes comæ.* Silius L. I. Perf. 628. *Saxonum diffusa scapulis cæsaries.* Abbas Ursp. apud Lindenb. Gloss. p. 1384.

(24) *Silurum intorti plerumque crines, Iberos trajecisse fidem faciunt.* Tacit. Agric. Cap. II. *Undantemque sinum nodis irrugat Iberis.* Statius Thebaid. IV. vs. 266. *Quid capillum ingenti diligentiâ comis, cùm illum vel effuderis more Parthorum, vel Germanorum nodo vinxeris, vel, ut Scythæ solent, sparseris?* Seneca Epist. CXXIV. *Rufus crinis & coactus in nodum apud Germanos.* Senec. de Ira. Lib. III. Cap. 26. *Quæ crine vincit, Bætici gregis vellus, Rheniquè nodos.* Martial. V. 38. *Crinibus in nodum tortis venére Sicambri.* Martial. I. 3. *Flavent capitibus intextis Getæ.* Isidor. XIX. C. 23. p. 1300.

(25) Voyez la page précedente Note (22).

(26) *Universis Provincialibus & Capillatis, Defensoribus & Curialibus in Suavia constitutis.* Epist. Theodoric. R. XLIX. ap. Cassiodorum. Var. IV. p. 75. *Crinigeri sedére patres, pellita Getarum curia.* Claudian. de Bell. Get. vs. 499. *Dicenæus sacerdotibus Gothorum nomen Pileatorum contradens, reliquam gentem Capillatos dicere jussit, quod nomen Gothi pro magno suscipientes, adhuc in suis cantionibus reminiscantur.* Jornand. Cap. II. C'est-à-dire, que dans les Hymnes qu'ils chantent à la louange

DES CELTES, Livre II. 333

parmi les Goths à la Noblesse. Par la même raison les Francs donnoient aux Princes & aux Seigneurs de leur nation, le nom de (27) *Criniti*, *Crinigeri*, (28) *Cristati*, c'est-à-

CHAP. VII.

ge de leurs Héros, ils leur donnent le nom de *Capillati*. Il y a apparence que le mot que les Latins ont traduit par *Capillati*, est celui de *Langhaar*, que plusieurs Princes ont porté en Thrace & en Illyrie. Voyez ci-dessus Liv. I. Ch. 15. p. 174.

(27) *Si quis puerum crinitum sine voluntate parentum totonderit.* Leg. Salic. p. 324. *Crinigero flaventes vertice reges* (Francorum). Claudian. de Laud. Stilicon. L. I. vf. 203. *Reges Crinitos super se creaverunt, de prima, & ut ita dicam nobiliori suorum familia.* Gregor. Tur. Lib. II. p. 278. *Burgundiones Clothomere humi jacente, promissam illius laxamque comam, & ad scapulas usque demissam, protinus tunc conspicati, confestim intellexerunt, se ducem hostium occidisse. Solemne enim regibus Francorum, nunquam tonderi, sed à pueris intonsi manent. Cæsaries tota decenter eis in humeros propendet, anterior coma è fronte discriminata, in utrumque latus deflectitur. Neque verò quemadmodum Turcis & barbaris, impexa iis & squalida sordidaque coma, vel complicatione indecenter cirrata, sed smigmata varia ipsi sibi adhibent, diligenterque curant, idque velut insigne quoddam, eximiaque honoris prærogativa, regio generi apud eos tribuitur. Subditi enim orbiculatim tondentur, neque eis prolixiorem comam alere facile permittitur.* Agath. L. I. p. 11. *Gundobaldus cùm natus esset in Galliis, & diligenti curâ nutritus esset, ut regum istorum mos est, crinium flagellis per terga demissis.* Gregor. Tur. VI. 24. p. 363.

(28) Le mot de *Cristati* désigne proprement une Crête, un de ces toupets dont j'ai parlé plus haut. p. 331. Note (22) Les Grecs ont rendu ce mot par celui de Τριχοροχάτοι, qui marque un homme qui porte trois crêtes de cheveux droits & hérissez, comme la soye de cochon. C'est l'origine de la fable, que les Rois des Francs avoient

sur

CHAP.
VII.

à-dire de Chevelus, parce que la chevelure étoit l'une des principales marques de leur dignité, dont on les (29) dégradoit en leur coupant les cheveux, ou en leur rasant la tête. On distinguoit aussi (30) les Rois de Perse à leur chevelure.

Les Auteurs qui ont parlé des Celtes, conviennent assez généralement, que ce n'étoit pas pour avoir une belle tête, ni pour donner de l'amour, qu'ils prenoient un si grand soin de leur chevelure, mais uniquement pour donner de la terreur à leurs ennemis. Clement d'Alexandrie dit, (31) *que cette épaisse chevelure avoit quelque chose de terrible.* Il a raison en cela. Diodore de Sicile avoit remar-

sur l'épine du dos, de la soye de cochon. *Dicebantur Francorum reges ex genere illo descendere* Cristati, *quod interpretatur* Trichorochati. *Pilos enim habebant natos in spina dorsi, velut porci.* Paul. Diacon. Hist. Miscell. Lib. XXII. p. 302. Hotom. Franco Gal. Cap. II. Besselius ad Eginh. Cap. I.

(29) Childebert dans sa lettre à Clotaire lui dit : *Debes velociter adesse Parisiis, & habito communi consilio, pertractare oportet, quid de his fieri oporteat. Utrum incisâ cæsarie, ut reliqua plebs habeantur, an certe his interfectis, regnum germani nostri, inter nosmetipsos, æqualitate habitâ, dividatur.* Gregor. Turon. L. III. Cap. 18. p. 301. *Gundobaldum Chlotarius videns, comam capitis tondere jussit.* Idem VI. 24. p. 363.

(30) Μέγας δὲ βασιλεὺς οὐχὶ διὰ τοῦτον κομᾷ. Aristophan. Plut. p. 7. Κομᾷ, τουτέςι σεμνύνεται τῇ περιουσίᾳ τῆς ἀρχῆς. Schol.

(31) *Gentium Celtæ & Scythæ comuntur,* (κομῶσιν) *sed non ornantur.* (κοσμῶνται). *Habet enim terribile aliquid densum capillitium barbari, & flavus color bellum minatur, cognatus enim sanguine.* Clem. Alex. Pædag. III. 267.

marqué avant lui, (32) que les Gaulois avec leurs cheveux épais & rudes reſſembloient véritablement à des Satyres. Tacite auſſi reconnoît (33), que les Sueves retrouſſoient & nouoient leurs cheveux pour paroître plus grands & par conſequent plus redoutables aux yeux de l'ennemi. St. Clement ajoute, (34) *que ces cheveux rouges, dont la couleur approchoit de celle du ſang, ſembloient annoncer & porter avec ſoi la guerre.* On peut pardonner cette pointe à un Orateur, d'autant plus qu'il paroît par la manière dont il s'exprime, que la penſée venoit de lui. Je n'excuſe pas auſſi facilement les Hiſtoriens qui l'ont copiée & miſe ſur le compte des Celtes. (35) *Ils croyoient*, dit Mr. Mezeray, *que cette couleur rouge menaçoit de mettre tout à feu & à ſang.* La vérité eſt, que les Celtes cherchoient d'avoir les cheveux épais & rudes. Le ſavon qu'ils employoient pour cela, avoit encore la qualité de leur donner une couleur rouſſe, qui étoit eſtimée autrefois, autant que des cheveux parfaitement blonds ou noirs le ſont aujourd'hui.

V. J'aurois preſque oublié de parler de la manière dont les peuples Celtes portoient la barbe. (36) L'uſage le plus commun étoit,
de

---

(32) Ci-deſſus p. 325. Note (6).

(33) *Principes & ornatiorem habent. Ea cura formæ, ſed innoxiæ. Neque enim ut ament amenturve; in altitudinem quandam & terrorem adituri bella comti, ut hoſtium oculis ornantur.* Tacit. Germ. Cap. XXXVIII.

(34) Voyez la page précedente Note (31).

(35) Mezerai Hiſt. de France avant Clovis. p. 29.

(36) Voyez le paſſage de Jules-Céſar ci-deſſus p. 330.

CHAP. VII.

de se raser le menton, & les joues, & de garder de grandes moustaches, qui les incommodoient beaucoup en mangeant. Il faut que la barbe fût fort respectée parmi les Celtes, puisqu'ils juroient par leur barbe comme par leur épée. C'est de cette manière que Clovis & Alaric jurerent la paix. (37) Alaric toucha la barbe de Clovis, & les deux Princes se jurerent une amitié éternelle.

VI. Les peuples Celtes avoient encore un autre ornement qui leur étoit particulier. (38) Ils

p. 330. Note (21). *Barbas nonnulli* (Gallorum) *abradunt; quidam modicè alunt. Nobiliores tonsurâ genas quidem lævigant, mystaces verò demittunt, ut ora ipsorum obtegantur. Ideò cum edunt, cibi pilis implicantur. Cum bibunt, ceu per colum potus dimanat.* Diod. Sic. V. 212. *Vultibus undique rasis, Pro barba tenues perarantur pectine cristæ.* Sidon. Apollin. de Francis Panegyr. Major. vf. 241.

(37) Aimon. Gest. Franc. Lib. I. Cap. 20.

(38) *Galli carpos & bracchia pselliis ornant, & crassos ex puro auro circa collum torques gestant.* Diod. Sic. V. 211. *Galli gestant aureos circum colla torques, & circa bracchia, ac manus cum bracchio commissuram bracchialia.* Strabo IV. 197. *Signis militaribus & maniacis,* (ita vocant armillas aureas ad collum & manus gestari à Gallis solitas,) *Capitolium Consul ornavit.* Polyb. L. II. p. 119. *Tum lactea colla auro innectuntur.* Virgil. Æneid. VIII. vf. 660. *Colla viri fulvo radiabant lactea torque, Auro virgatæ vestes manicæque rigebant, Ex auro.* Sil. Ital. Lib. IV. vf. 154. *Gallia crine ferox, evinctaque torque decoro.* Claudian. de Laud. Stilic. L. II. vf. 241. *Cæcina Gallico more, manicis indutus.* Plutarch. in Othon. I. p. 1069. *Præda ex torquibus Gallorum ingens Romam perlata est.* Eutrop. L. IV. Cap. 10. p. 104. *Victor Drusus equos, pecora, torques eorum* (Germanorum) *ipsosque præda divisit*

Ils portoient autour du col, des Chaînes ou des Colliers d'or fort maffifs. Ils avoient auffi autour du bras & du poignet des Bracelets du même métal. Autant que je puis en juger, cet ornement servoit à diftinguer les Nobles, & particulierement ceux qui avoient quelque commandement dans les troupes. Ainfi Polybe (39), repréfentant une armée de Gaulois rangez en bataille, dit que le premier rang étoit tout compofé de gens ornez de Colliers & de Bracelets, c'eft-à-dire de gens de qualité, qui fe battoient toûjours à la tête des armées. Herodote auffi parlant de Mardonius, que Xerxès laiffa en Grece pour y continuer la guerre, remarque (40), qu'il

vifit & vendidit. Florus IV. 12. *Sabini armillas in finiftris brachiis geftabant, & annulos ferebant.* Dionyf. Halicar. I. 105. *Sabini aureas armillas magni ponderis, brachio lævo, gemmatofque magnâ fpecie annulos habebant.* Livius I. II. *Græci à cæforum Perfarum cadaveribus exuebant armillas & torques aureos.* Herodot. IX. 79. *Perfas ajunt ftudiofos effe armillarum & pfelliorum.* Dio Chryfoft. II. 29. Les Efpagnols appelloient ces Bracelets *Viriæ*, & les Gaulois *Violæ*. Plin. XXXIII. 3. p. 22. Les Bretons portoient auffi de ces Colliers, comme les autres Celtes, mais ils étoient de fer. *Ventrem atque cervicem ferro ornant: ornamentum ac divitiarum argumentum exiftimantes, perinde ut aurum ceteri barbari.* Herodian. III. 301.

(39) *In primis cohortibus Gallorum neminem cerneres maniacis armillifque aureis non adornatum.* Polyb. II. 117.

(40) *Plurimos ex una gente Perfarum delegit torquatos & armillatos.* Herodot. VIII. 113. Les Gardes des Rois de Perfe avoient tous de ces colliers. *Perfæ immortales aureos torques habebant.* Curtius III. Cap. 3. p. 52. Il paroît auffi par un paffage de Cornelius Nepos, que le collier & les bracelets étoient parmi les Perfes un ornement affecté aux grands Seigneurs. *Datames Thyum ornavit*

qu'il choisit dans l'armée des Perses, tout ce qu'il y avoit de gens à colliers & à bracelets, c'est-à-dire l'élite de la Noblesse. C'est peut-être pour cette raison que Tite Live (41), quand il parle de quelque victoire remportée par les Romains sur les Gaulois, spécifie ordinairement le nombre des colliers & des bracelets gagnez sur l'ennemi. C'étoit une marque pour juger du nombre des Officiers & des personnes de distinction qu'il avoit perdus dans la bataille. Les Guerriers qui avoient accoûtumé de sortir des rangs, & de se présenter entre les deux armées, pour faire un défi au plus brave des ennemis, (42) étoient ordinairement de ces gens à collier, qui cherchoient de signaler leur noblesse, & de se faire un nom au milieu de leurs compatriotes, par quelque action d'éclat. Quoi qu'il en soit, il est certain que les Celtes étoient extrêmement jaloux de cette sorte d'ornemens. Les colliers & les bracelets (43) trouvoient place par-

torque, & armillis aureis, ceteroque regio cultu. Corn. Nep. Datame Cap. III.

(41) *P. Cornelius triumphavit de Bojis.... aureos torques transtulit 1470.* Liv. XXXVI. 40. Voyez aussi XXIV. 42. XXXIII. 36.

(42) *T. Manlius ad Anienem, Galli, quem ab eo provocatus occiderat, torque detracto, cognomen invenit.* Cicero de Offic. L. III. p. 4079. *Jacentis corpus, uno torque spoliavit, quem respersum cruore, collo circumdedit suo.* Livius VII. 10. *Gallus torque atque armillis decoratus processit.* A. Gell. L. IX. Cap. 13. p. 259. *Gallos cum auro pugnare solitos, Torquatus indicio est.* Plin. XXXIII. 1. p. 9. Eutrop. II. 2. Florus I, 13. Suidas dans un passage tiré, selon Kuster, de l'ancienne Version Grecque d'Eutrope, dit que ce Gaulois étoit un Roi des Celtes. Suid. T. III. p. 488. & Not. Küsteri.

(43) *Principes gaudent præcipuè finitimarum gentium*

parmi les présens que les particuliers, & même les États, offroient aux Princes qui étoient en réputation de bravoure. Aussi les Romains (44) en firent-ils des recompenses militaires, d'abord qu'ils eurent commencé d'employer dans leurs armées des troupes Celtes. (45)

tium donis, quæ non modò à singulis, sed publicè mittuntur, equi, magna arma, phaleræ, torquesque. Tacit. Germ. Cap. XV.

(44) *Torquati, quibus torques aureus, virtutis præmium fuit.* Veget. L. II. Cap. 7. Scaliger remarque, que les Romains appelloient ces bracelets *Calbeæ*. *Armillæ in re militari dicuntur Calbeæ.* Jos. Scalig. Epist. L. IV. Ep. 427. Ils portoient ce nom parce qu'ils étoient d'or. *Armillæ calbeæ*, ou simplement *Calbeæ*, sont des bracelets jaunes, comme *Tunica galbina* est une Tunique jaune, c'est-à-dire de drap d'or. Ci-dessus p. 311. Note (67).

(45) Comme les Bagues n'étoient pas un ornement particulier aux Celtes, je n'en fais pas mention. Je citerai seulement ici un passage de Pline sur ce sujet. *Gallia, Britanniaque in medio (digito) annulo dicuntur usæ. Hinc nunc solus (Romanis) excipitur, ceteri omnes onerantur, atque etiam privatim articuli minoribus aliis.* Plin. XXXIII. 1. p. 14. *Cujus sceleris nos coarguimus illum primum, qui auro dignitatem per annulos fecit, ut habeant in lacertis jam pridem & viri, quod è Dardania venit, itaque & Dardanium vocatur.* Idem XXXIII. 3. Les Dardaniens étoient un peuple de Thrace. On peut voir aussi Diod. Sic. V. 211. Tit. Liv. I. 11. XXIV. 42. Dionys. Halic. I. 105. Tac. Germ. 31.

CHAPITRE HUITIEME.

JE n'ai confideré jufqu'ici les Celtes que par rapport à l'extérieur. Ce que j'ai à dire préfentement, fervira à faire connoître le caractère de ces peuples, leurs inclinations, leurs vertus & leurs vices. On ne fera pas étonné de trouver ici, comme par-tout ailleurs, du bon & du mauvais, du grand & du petit. Naturellement on doit auffi pardonner quelque chofe à des peuples déftituez de la plupart des connoiffances qui fervent à former l'efprit & la conduite de l'homme. On verra peut-être avec plus d'étonnement, que ce que l'on appelloit à jufte titre ferocité, barbarie, dans ces peuples, eft précifément ce qui a paffé jufqu'à nous, bien que fous d'autres noms.

Les biens des peuples Celtes ne confiftoient anciennement ni en maifons & en terres,

Après ce que j'ai remarqué dans les Chapitres précedens, de la manière de vivre des Scythes & des Celtes, il fera facile de juger, en quoi pouvoient confifter leurs biens dans les tems les plus reculez. Des peuples (1) qui n'avoient point de demeure fixe, qui ne s'appliquoient pas à l'Agriculture, (2) ou qui ne jugeoient pas à propos de s'approprier les terres

---

(1) Voyez ci-deffus Chap. II. p. 209. Chap. V. p. 259.

(2) *Scythis inter fe nulli fines, neque enim agrum exercent, nec domus illis ulla, aut tectum, aut fedes eft, armenta & pecora femper pafcentibus, & per incultas folitudines errare folitis.* Juftin. II. 2.

res qu'ils cultivoient, n'avoient par confe- CHAP.
quent, ni maifons, ni champs, ni poffef- VIII.
fions.

Il eft certain auffi qu'ils (3) ne connoif- Ni en or
foient pas le prix de l'or & de l'argent. Cha- & en argent.
que particulier trouvoit au milieu de fon troupeau, la nourriture, le vêtement, avec la plûpart des chofes dont il avoit befoin. Celles qu'il étoit obligé de chercher ailleurs étoient en fi petit nombre, qu'il pouvoit fe les procurer facilement par la voye de l'échange, qui étoit anciennement la feule manière de negocier. Ces peuples pouvoient fe paffer par confequent des efpeces, qui font aujourd'hui d'une fi grande utilité pour faciliter le commerce, & pour mettre un prix commun à une infinité de chofes que les hommes tirent continuellement les uns des autres. Elles étoient parfaitement inutiles dans des païs où il n'y avoit point de commerce, & où chacun menoit une vie à peu près ifolée. Auffi Anacharfis répondit-il fort plaifamment à un hom-

---

(3) *Scythæ aurum & argentum non perinde ac reliqui mortales appetunt.* Juftin. II. 2. *Scythæ Nomades, neque reponendi proventus fuos, aut cauponandi ullam nôrunt artem, tantùm mercibus merces permutare.* Strabo VII. 300. *Germanis argentum & aurum propitii an irati Dii negaverint, dubito.... poffeffione & ufu haud perinde afficiuntur.... interiores fimplicius & antiquius, permutatione mercium utuntur.* Tacit. Germ. Cap. V. *Silures nummum refutant, dant res & accipiunt.* Solin. Cap. XXXV. p. 252. *Quod Dalmatæ nullo utantur nomifmate, id refpectu Italorum vicinorum eis eft peculiare; alioqui id cum multis aliis barbaris habent commune.* Strabo VII. 315.

CHAP. VIII.

Le bétail & les esclaves étoient leurs seules richesses.

homme qui lui demandoit, (4) de quel usage la monnoye étoit aux Grecs, que c'étoient des jettons, dont on pouvoit se servir pour apprendre à compter. Les biens des peuples Scythes & Celtes, comme ceux des Patriarches, ne consistoient donc anciennement que dans le bétail qu'ils nourrissoient, & dans des (5) Esclaves qui avoient soin de leurs troupeaux. C'étoient-là, du tems de Tacite, (6) les seules richesses des Germains, qui conservèrent le plus long-tems l'ancienne manière de vivre des Celtes. Avec cela ils étoient heureux, s'ils étoient contens. Leur contentement étoit même une vertu, s'il étoit le fruit d'une sage modération, qui nous apprend à régler nos desirs, plutôt qu'à multiplier nos besoins. Tant qu'ils vécurent dans cette pauvreté, elle fut une espece de rempart qui les mit en sureté contre tous leurs voisins. Personne ne pensa à les attaquer, ou au moins on se lassa bientôt de faire la guerre à des peuples avec qui il n'y avoit rien à gagner. C'est ce qu'un des sujets de Crésus représentoit sagement à ce Prin-

(4) *Anacharsis, percontante quodam, ad quam rem esset pecunia Græcis usui, respondit ad numerandum.* Athen. Lib. IV. Cap. 15.

(5) Herodot. IV. 1, 2. Je parlerai dans l'un des Livres suivans, de la condition des esclaves parmi les Celtes.

(6) *Germania pecorum fœcunda.... numero gaudent, eæque solæ & gratissimæ opes.* Tacit. Germ. Cap. V. Hannibal disoit à ses troupes, après qu'elles eurent passé les Alpes & mis le pied en Italie: *Satis adhuc in vastis Lusitaniæ, Celtiberiæque montibus, pecora consectando, nullum emolumentum tot laborum periculorumque vidistis.* Tit. Liv. XXI. 43.

Prince, qui se préparoit à faire la guerre aux Perses: (7) Que gagnerez-vous à vaincre des gens qui n'ont rien à perdre. Que de biens ne perdrez-vous pas au contraire si vous êtes battu? Mais il faut avouer après cela, que les passions pour avoir de plus petits objets parmi les Celtes, n'y étoient point inconnuës. Il y a même toute apparence, qu'ils ne se contenterent dans le commencement d'un si petit nombre de biens, que parce qu'ils n'en connoissoient point d'autres. On en trouve une preuve dans Jules-César, qui comparant les Gaulois avec les Germains, (8) remarque, que les vaisseaux étrangers qui abordoient dans les Gaules, y avoient porté depuis longtems le luxe avec l'abondance; au lieu que les Germains, qui n'étoient encore que peu connus & visitez, menoient par cette raison une vie frugale & pauvre.

L'or & l'argent furent les premières choses pour lesquelles ces peuples prirent du goût, non que ces métaux eussent aucun cours dans l'intérieur de leur païs, (9) mais par-

---

(7) Herodot. I. 71.
(8) *Nunc in eadem inopiâ, egestate, patientiaque Germani permanent, eodem victu & cultu corporis utuntur. Gallis autem propinquitas, & transmarinarum rerum notitia, multa ad copiam atque usus largitur.* Cæsar VI. 24.
(9) C'est ce que Tacite dit des Germains. *Proximi, ob usum commerciorum, argentum & aurum in pretio habent. Argentum magis quàm aurum sequuntur, nullâ affectione animi, sed quia numerus argenteorum facilior usui est, promiscua ac vilia mercantibus.* Tacit. Germ. Cap. V. Polybe dit à

CHAP.
VIII.

parce qu'ils leur étoient utiles, pour acheter des Nations voisines, du Vin & les autres choses dont ils étoient amoureux. Dans la suite ils firent un si grand cas de ces mêmes métaux, qu'on les accusa, non sans raisons, (10) de ne rien faire sans argent, & d'être capables de tout entreprendre, pourvû qu'on fît briller à leurs yeux des especes. Par des degrez différens, ils commencerent ensuite à posseder des maisons, des terres, & à se conformer entierement aux Nations policées, par rapport à la proprieté des biens. Selon les apparences, c'est ici qu'il faut chercher la véritable origine des fiefs. On permit aux particuliers de posseder des terres, mais sous la condition expresse, qu'ils ne quitteroient point la profession des armes. C'est ce que j'aurai occasion d'examiner plus à fond, en parlant de la constitution de leurs Etats, qui étoit par tout la même.

Ils ne s'appliquoient ni à l'Agriculture,

Je passe aux occupations des peuples Celtes. J'ai prouvé dans l'un des Chapitres précédens (11), que ces peuples n'ont commencé que fort

peu près la même chose des Gaulois qui avoient passé en Italie : *Opes singulorum erant in pecore vel auro, quod sola hæc, ad omnes fortunæ casus, facile sit circumducere, ac pro arbitrio transferre.* Polyb. L. II. p. 106.

(10) *Venale Cohortes, Hispanæ, vulgus, Libyco quas fecerat auro, Hasdrubal.* Sil. Ital. L. XIII. vs. 680. *Venales animæ, Rhodani quæ gurgite gaudent.* Idem L. XV. vs. 500. *Alexander (Severus) Germanis pecunias magnâ copiâ pollicitus est; his enim rebus maximè persuadentur Germani, cùm sint pecuniæ avidi, & pacem cum populo Romano semper auro cauponentur.* Herodian. Lib. V. p. 498.

(11) Ci-dessus Chap. II. p. 210, 213. & V. p. 263.

DES CELTES, *Livre II.* 345

CHAP. VIII.

fort tard de s'appliquer à l'Agriculture ; & je ne crois pas me tromper, en assurant qu'il y a tout au plus 2500. ans, qu'on ne savoit encore dans toute l'Europe, à la reserve de la Grece, ce que c'étoit que de labourer, de semer & de planter. Après même que les Celtes eurent appris à connoître les biens & les douceurs que l'Agriculture procure au genre humain, (12) ils la regarderent long-tems comme une occupation basse & servile, qui ne convenoit pas à des guerriers. (13) Laissant aux femmes, aux en-

(12) *Agrum colunt Ægyptii, bellum gerunt Scythæ; fortes Scythæ, timidi Ægyptii ; liberi Scythæ, servi Ægyptii. Agrum colunt Assyrii, bellum gerunt Persæ ; serviunt Assyrii, regnant Persæ. Antea Lydi bellum gerebant, postea agricolæ effecti ; cùm liberi essent, bellum gerebant, servi effecti, ad agriculturam conversi sunt.* Maxim. Tyr. Diss. XIII. p. 61.

(13) *Gallœcorum fœminæ res domesticas, agrorumque culturas administrant, ipsi armis & rapinis serviunt.* Justin. L. XLIV. 3. *Hæc requies ludusque viris, ea sacra voluptas, Cetera fœmineus peragit labor, addere sulco Semina, & impresso tellurem vertere aratro, Segne viris ; quicquid duro sine Marte gerendum est, Callaici conjux obit irrequieta mariti.* Sil. Ital. L. III. vs. 344. *Communia hæc* (Hispanis) *cum Celticis, Thraciis, & Scythicis nationibus sunt; fortitudo viris & fœminis communis est, terram fœminæ colunt.* Strabo III. p. 164. *Galli pugnatores potiùs quàm agricolæ.* Strabo IV. 178. *Id Gallis cum compluribus aliis barbaris commune est, quod contariâ nostris moribus ratione, virorum & mulierum officia habent distributa.* Strabo IV. 197. *Germanorum fortissimus quisque ac bellicosissimus, nihil agens, delegata domus, & Penatium & agrorum curâ ; fœminis, senibusque, & infirmissimo cuique ex familia ipsi habent.* Tacit. Germ. Cap. XV. *Domus officia uxor & liberi exequuntur.* Ibid. Cap. XXV.

P 5

346 HISTOIRE

CHAP.
VIII.

enfans, aux vieillards, aux esclaves, le soin des terres, ils se réservoient eux mêmes pour la guerre, & ne vouloient vivre que de leur épée. Chose étrange, que l'homme puisse tenir à déshonneur, de cultiver une terre destinée à le nourrir, & faire consister sa gloire à piller, à vivre du travail d'autrui, & à faire véritablement le métier d'un paresseux & d'un brigand. *Vous ne leur persuaderiez pas aussi facilement*, disoit Tacite (14) *en parlant des Germains, de labourer la terre, & d'attendre la recolte, que d'aller provoquer un ennemi, & gagner des blessures. Ils regardent comme une paresse & un manque de courage, de gagner à la sueur de son visage, ce qu'on peut acquerir au prix de son sang.* Bien des gens ont trouvé de la grandeur dans ces sentimens. Pour moi, j'avoue que je n'y trouve qu'une ferocité qui étoit commune autrefois à tous les peuples de l'Europe, & que ni la raison, ni le Christianisme, n'ont encore pû corriger parfaitement dans aucun de ces peuples.

Ni aux arts méchaniques.

Les Celtes ne jugeoient pas plus favorablement des Arts méchaniques. Au contraire, la plupart de ces peuples revinrent peu à peu du préjugé qui leur faisoit mépriser l'Agriculture (15), & ceux qui s'y appliquoient. Mais ils regarderent toûjours ce que nous appel-

XXV. *Apud Thracas otiosum esse pro honestissimo habetur, agricolam verò pro contemtissimo; è bello atque rapto vivere, pulcherrimum.* Herodot. V. 6.

(14) *Nec arare terram, aut exspectare annum tam facilè persuaseris, quàm vocare hostes & vulnera mereri; pigrum quinimo & iners videtur, sudore acquirere, quod possis sanguine parare.* Tacit. Germ. Cap. XIV.

(15) Voyez ci-dessus Chap. V. p. 266.

pellons (16) un métier, une profession, comme des occupations viles, qui dégradoient non seulement celui qui les exerçoit, mais encore sa postérité. Ce qu'Herodote a remarqué sur cet Article, mérite d'être rapporté mot à mot. (17) *Les Scythes, les Perses, les Lydiens, & en un mot la plupart des peuples barbares, regardent comme une vile populace, les gens qui apprennent un métier, & leurs enfans. Ceux qui n'exercent aucune profession, passent pour nobles, principalement ceux qui se reservent pour la guerre. Les Grecs, & sur-tout les Lacedémoniens, ont emprunté d'eux les mêmes principes. Les Corinthiens aussi méprisent souverainement les gens de métier.* Ces idées, qui ne sont autre chose qu'un renversement de la raison, n'ont gueres changé (18) depuis le tems d'Herodote,

CHAP. VIII.

(16) *Galli neque supellectilis ullum usum norunt, quippe simplex illis vivendi modus; nec quicquam aliud curæ, nisi res bellicæ & agrorum cultus, nullâ aliâ neque scientiâ, neque arte, apud eos cognitâ.* Polyb. II. 106.

(17) *Apud Scythas, Persas, Lydos, denique apud omnes ferè barbaros, habentur pro ignobilioribus civibus, illi qui artificia discunt, eorumque liberi; generosiores autem ii qui à manuariis artibus abstinent, præsertim qui cessant ob bellum. Hoc itaque cum ceteri Græci, tum præcipuè Lacedæmonii didicerunt. Corinthii quoque minimi faciunt opifices.* Herodot. II. Cap. 167.

(18) Posidonius qui, comme je l'ai remarqué ailleurs, fit ses voyages à la suite du grand Pompée, dit que les Gaulois employoient des femmes & des vieillards à tirer l'or des rivieres. *Auri ramenta radunt & separant mulieres ac viri invalidi, lotaque in conflatorium conjiciunt, apud maris accolas, & alios quosdam Celtas, inquit meus Posidonius.* Athænæus Lib. VI. Cap. 4. Les mêmes

dote, & je doute qu'aucun tems puisse jamais les corriger. Il est vrai que les Celtes prétendoient justifier le mépris qu'ils témoignoient pour les arts méchaniques, en disant qu'ils introduisoient la mollesse & le luxe dans la Société, & qu'ils multiplioient les vices, avec les agrémens & les commoditez de la vie. Mais dans le fond, ce n'étoit là qu'un prétexte, dont ils se servoient pour couvrir leur paresse naturelle, & la folle imagination, qu'un homme libre se commet & se déshonore, en faisant quelque autre métier que celui des armes. On en sera convaincu, si l'on veut considérer qu'ils témoignoient le même mépris pour les Sciences & pour les Arts les plus nobles & les plus utiles. Il est vrai que le Clergé (19) cultivoit la Théologie, la Philosophie, la Médecine, outre une infinité de sciences vaines & superstitieuses, dont je parlerai en son lieu. Mais d'un côté, pour entretenir les peuples dans la dépendance, & pour être toûjours consultez comme des Oracles, les Ecclésiastiques vouloient être les seuls Savans ;

préjugez subsistoient encore du tems d'Eusebe, ou au moins de Bardesanes, Auteur du troisième Siécle, duquel Eusebe avoit tiré le passage suivant: *Apud Tainos, Saracenos, in Lybia superiore, apud Mauros, & apud Nomades, qui ostium Oceani accolunt, in exteriore Germania, Scythia superiore & Scythia, & apud omnes gentes quæ ad septentrionales partes Ponti degunt, & omni Alania, Albania, & Otene, & Saunia, & aurea Chersoneso, non reperies Trapeziten, Plasten, Pictorem, Architectum, Geometram, Phonascum, Histrionem.* Euseb. Præp. Evang. L. IV. Cap. 10. p. 227.

(19) Cæsar VI. 14. Strabo IV. 197. Pomp. Mel. L. III. Cap. 2.

vans; & de l'autre, les Celtes, qui regardoient CHAP.
tout travail, tant du corps que de l'esprit (20), VIII.
comme une chose servile, abandonnoient de
bon cœur toutes les Sciences à leurs Druides, qu'ils consideroient non seulement comme des Savans, mais encore comme de véritables Magiciens. Les études des Nations
Celtiques se réduisoient donc uniquement
à apprendre par cœur certains Hymnes
qui renfermoient leurs Loix, leur Religion,
leur Histoire, & en général tout ce qu'on
vouloit bien que le peuple sût. Comme
c'est ici l'occasion de parler de ces Hymnes,
qui étoient anciennement les seules Annales
des peuples de l'Europe, & de fixer le tems
où ces peuples ont commencé à se servir des
lettres, je vais employer les deux Chapitres
suivans à éclaircir ces matières, que personne n'a traitées à fond, au moins autant
qu'il est de ma connoissance.

CHAPITRE NEUVIEME.

ON diroit au premier abord, que c'est un Toutes
Paradoxe insoutenable, d'assurer que les études
les des Celtes

(20) On voit dans Procope, qu'*Amalasunthe*, mere & tutrice d'*Athalaric* Roi des Goths, lui
ayant donné des Maîtres, & l'envoyant même
aux leçons d'un Grammairien, les grands Seigneurs de la Nation vinrent représenter à cette
Princesse, que les études étoient opposées à la
valeur. Qu'un Prince qui alloit à l'école, qui
craignoit la ferule & le fouët, n'apprendroit jamais à ne pas craindre l'épée & la halebarde.
Procop. Gotth. L. I. Cap. 2. p. 311.

CHAP. IX.
se réduisoient à apprendre par cœur des Hymnes.

les Vers sont beaucoup plus anciens en Europe que la Prose. Tous les hommes sont en état d'écrire de la manière dont ils parlent, au lieu qu'il faut un genie particulier, & une espece d'enthousiasme, pour faire des ouvrages de Poësie. Le bon sens dicte d'ailleurs, que la parole étant destinée à exprimer les idées & les sentimens de l'ame, l'homme doit employer dans le discours les termes les plus clairs & les plus significatifs, & que c'est une chose contraire à la raison, de s'écarter ou de la proprieté des termes, ou de l'ordre des pensées, pour s'assujettir à la rime ou à la mesure d'un Vers. Il semble par cette raison, que les hommes n'ont dû commencer que fort tard à s'éloigner de la nature, qui certainement ne leur a pas appris à parler ou à écrire en Vers. Malgré cela, il suffit d'être tant soit peu versé dans l'Antiquité, pour sçavoir que ce Paradoxe est une vérité démontrée, & que (1) les Poëtes sont beaucoup plus anciens que les Historiens & les Orateurs. Les Auteurs Grecs & Latins ont marqué le tems où l'on a commencé d'écrire en Prose dans les deux langues. Au lieu de cela, il n'est pas possible de fixer l'origine de la Poësie. Elle remonte au-delà des Olympiades, & même du Siége de Troye (2). Il n'est cependant pas difficile, de découvrir la raison pour laquelle la Poësie est

d'une

---

(1) *Poetæ multò antiquiores quàm Historici, & Oratores, & cetera genera Scriptorum.* Lactantius VII. 22. *Poetæ multò priores quàm Philosophi.* Idem V. 5.

(2) *De Poematum origine magna quæstio. Ante Trojanum bellum probantur fuisse.* Plin. VII. 56.

d'une si grande antiquité. Les anciens habitans de l'Europe ne connoissoient point les lettres. Ils les ont reçuës assez tard des Phéniciens, comme je le prouverai dans le Chapitre suivant. Avant ce tems-là, on confioit à la mémoire, tout ce qu'on a confié depuis au papier. Les Loix, la Religion, l'Histoire des peuples, des Princes & des Familles, tout cela ne se conservoit & ne se transmettoit à la postérité, que par la voye d'une Tradition orale. Comme la mémoire ne pouvoit qu'être extrêmement chargée par le grand nombre de choses, que des hommes qui ne savoient ni lire ni écrire étoient obligez d'apprendre par cœur, on chercha de la soulager, en renfermant tout ce qu'on lui confioit dans des Vers, que la mémoire saisit & retient beaucoup plus facilement que la Prose.

Ces Vers dont il faut parler avec quelque détail, étoient anciennement les seules Annales des Celtes, & même de tous les peuples de l'Europe. Les Poëtes qui les composoient, portoient parmi les Celtes le nom de (3) Bardes, qui désigne un Poëte, un Chantre, un Musicien. La considération que l'on avoit pour les Bardes étoit si gran-

CHAP. IX.

Que les Bardes composoient.

---

(3) *Bard* est un mot Celtique, qui signifie un Poëte. Glossar. Celtic. in Collectan. Leibnitz. T. II. p. 95. Dictionaire de Rostrenen. p. 734. *Bardus Gallicè cantor appellatur, qui virorum fortium laudes canit, à gente Bardorum, de quibus Lucanus:* Plurima securi fudistis carmina Bardi. Pompej. Festus, Pauli Diaconi p. 258. Selon les apparences, le nom de *Barditus*, que l'on donnoit aux Hymnes que les Germains chantoient en allant au combat, (Tacit. Germ. Cap. III.) est derivé de celui de *Bard.*

CHAP. IX. grande, (4) que leur préfence, & leurs exhortations, avoient fouvent arrêté des armées prêtes d'en venir aux mains. C'eſt peut-être la raiſon pour laquelle on en a fait des (5) Eccléfiaſtiques, quoique la chofe ne foit pas démontrée, & que les Ecrivains les plus exacts, diſtinguent toûjours les (6) Bardes des Druides. D'autres au contraire, trompez par un paſſage d'Athenée, en font des (7) Paraſites, fans confiderer qu'un femblable caractère, au lieu de leur attirer de la confideration, n'auroit pû que les rendre infiniment méprifables. Voici le paffage d'Athenée. (8)

Po-

(4) *Vatibus, non folùm in rebus ad pacem fpectantibus, fed & in bellis maximè parent, & Poetis qui carmina pangunt, idque non folùm amici, fed & inimici. Sæpe enim in prœliis, propinquis exercitibus, cùm jam enfes ſtrinxiſſent, & lanceis in fe invicem jaculati eſſent, in medium illi procedentes, militum animos placant, tanquam feras demulcentes.* Diod. Sic. V. 213. 214.

(5) Religion des Gaulois, Liv. I. p. 173.

(6) *Apud univerfos ferè* (Gallos) *tria funt hominum genera, quæ in ſingulari habentur honore, Bardi, Vates & Druidæ.* Strabo IV. 197.

(7) Religion des Gaulois, Liv. I. p. 12.

(8) Ποσειδώνιος δ'ὁ Ἀπαμεὺς ἐν τῇ εἰκοςῇ καὶ τρίτῃ τῶν Ἱσοριῶν, Κελτοὶ φησι περιάγονται μεθ' ἑαυτῶν καὶ πολεμοῦντες συμβιωτὰς, ὕς καλοῦσι παρασίτους, οὕτοι δὲ ἐγκώμια αὐτῶν, καὶ πρὸς ἁθρόυς λέγουσιν ἀνθρώπους συνεστῶτας, καὶ πρὸς ἕκαςον τῶν κατὰ μέρος ἐκείνων ἀκροωμένοι. Τὰ δὲ ἀκούσματα αὐτῶν εἰσὶν οἱ καλούμενοι Βάρδοι. Ποιηταὶ δὲ οὗτοι τυγχάνουσί μετ' ᾠδῆς ἐπαίνους λέγοντες. Athenæ. L. VI. 12. Cafaubon, dans fon Commentaire fur Athenée, remarque que les Paraſites font les Soldurii, les Cliens, qui s'attachoient aux grands Seigneurs, & qui faifoient voeu de vivre & de mourir avec eux. On en parlera en fon lieu.

Posidonius d'Apamée, au Livre XXIII. de son CHAP. IX.
Histoire, dit que les Celtes, lors même qu'ils vont
à la guerre, ont accoûtumé de mener avec eux
une suite de gens, qu'ils appellent Parasites. Ces
gens, qui mangent à la table de leur Patron,
chantent ses louanges, non seulement au peuple
qui se ramasse en foule autour d'eux pour les
écouter, mais encore à chaque particulier qui
veut bien les entendre. Les Poëmes qu'ils recitent
sont composez par les Bardes. C'est le nom
qu'on donne aux Poëtes qui font des Cantiques
à l'honneur des Grands. Posidonius distingue
clairement les (9) Bardes qui composoient
les Poëmes, & qui dressoient l'air sur lequel on les chantoit, des Parasites qui les
repétoient par-tout, pour fortifier le parti du
Patron auquel ils étoient attachez. Ce n'est
pas pourtant qu'il ne pût se trouver des Parasites parmi les Bardes. Comme ils se mêloient de louer des hommes vivans, & que
les grands Seigneurs, principalement ceux
qui étoient à la tête d'une Faction, avoient
ordinairement à leurs gages un (10) Poëte, que
l'on payoit pour chanter la noblesse & la bravoure de son Héros (11), & pour déchirer en
même

___

(9) Voyez Biblioth. German. T. XXXVII. p. 152.

(10) *Musicus quidam sequebatur barbaro cantu regem Bituitum & Allobroges, sive ipsum legatum
laudans, tum à genere, tum à fortitudine & opibus
laudans eos. Cujus rei causâ nobiliores legati eos
circumducere solent.* Fragment. ex Appian. Celtic.
apud Valesium in Amm. Marcell. Lib. XV. Cap. 9.
p. 98. Not.

(11) *Sunt etiam apud Gallos Poetæ, qui carmina
conficiunt, & Bardi vocantur: Ii cum instrumentis,
quæ à lyra non multum differunt, canunt; alios*
qui-

CHAP. IX. même tems les Chefs des Factions opposées; il étoit presque inévitable, que des Poëtes de cet ordre ne fussent souvent reduits à faire le métier de vils adulateurs (12). De tout tems il y a eu de ces ames vénales parmi les éleves d'Apollon. Mais on feroit certainement un grand tort aux Poëtes, si l'on prétendoit conclure de-là qu'ils sont tous des Parasites. Quoi qu'il en soit, les Bardes (13) sont appellez tantôt Poëtes, parce

quidem laudantes, alios convitiis proscindentes. Diodor. Sic. V. 213. L'Auteur de la Religion des Gaulois n'a pas compris le sens de ce passage, ou au moins il l'a trop étendu, en faisant des Bardes de véritables *Censeurs Romains*. *Les louanges*, dit-il, *ne faisoient pas l'unique occupation des Bardes; ils se mêloient encore de censurer, de syndiquer les actions des particuliers; sur-tout ils chargeoient ceux dont la conduite ne répondoit pas à leurs devoirs.* Tom. I. 173. Dire des injures, n'est pas l'office d'un Censeur.

(12) On en trouve un exemple dans Athenée. *Posidonius refert, cum Lucrius epularum diem aliquando constituisset, ac præfuisset, virorum quendam Poetam, tardius ceteris eò commeantem, illi occurrisse, ac canentem laudes ejus excellentesque virtutes celebrâsse, vicem verò suam doluisse ac deflevisse, quòd seriùs adventasset; illum, cantu delectatum, auri sacculum poposcisse, & accurrenti cantori projecisse, quo sublato, Poetam ejus rursus laudes iterantem prædicasse, currus quem ducebat, impressa terræ vestigia, aurum & beneficia procreare mortalibus.* Hæc Posidonius Libr. XXIII. memorat. Athen. L. IV. Cap. 13.

(13) Ὁι Βάρδοι ὑμνηταὶ καὶ ποιηταί. Strabo IV. 197. *Plurima securi fudistis carmina Bardi.* Lucan. I. vs. 449. Βάρδοι, ἀοιδοὶ παρὰ Γαλάταις. Hesych. *Viguére studia laudabilium doctrinarum, inchoata per Bardos, & Eubages, & Druidas. Et Bardi quidem fortia virorum illustrium facta, heroicis*

ce qu'ils faisoient des ouvrages de Poëſie, CHAP. IX.
tantôt Chantres & Muſiciens; parce qu'ils re-
citoient leurs Vers en chantant, & que la voix
étoit ordinairement accompagnée de quelque
inſtrument.

A l'égard des Ouvrages même de Poëſie Sujet de
que l'on faiſoit apprendre aux Celtes, il y en ces Poë-
avoit dont le ſujet étoit hiſtorique. (14) On mes.
rapportoit en abregé l'origine des peuples,
leurs migrations, leurs guerres, avec tout
ce qui s'étoit paſſé de remarquable au milieu
d'une Nation. Il ne faut pas être ſurpris par
conſequent que l'ancienne Hiſtoire fut mêlée de tant de fables. Elle étoit entre les
mains des Poëtes, c'eſt tout dire. On a
ſoutenu que Lucain n'étoit pas Poëte (15) parce qu'au lieu de ſe livrer à ſon imagination, non ſeulement pour le tour, mais
pour le fond même des choſes, il s'étoit
attaché trop ſcrupuleuſement à l'Hiſtoire.
D'autres Poëmes renfermoient les Loix &
les

cis compoſitis verſibus, cum dulcibus lyræ modulis
cantitârunt. Amm. Marcell. L. XV. Cap. 9. p.
97. 98. Au reſte, les Sarmates avoient auſſi de ces
Poëtes. Priſcus le Rhéteur, repréſentant un
feſtin qu'Attila donnoit, dit qu'il entra deux Barbares qui chantoient des Hymnes, qu'ils avoient
compoſez ſur les victoires & ſur les vertus militaires de ce Prince. Priſcus Rhet. in Excerpt.
Legat. p. 67. Cantus funereus in funere Attilæ.
Jornand. Getic. Cap. XLIX. p. 684.

(14) Celebrant carminibus antiquis, quod unum a-
pud illos memoriæ & annalium genus eſt. Tacit.
Germ. Cap. 2. Quemadmodum & in priſcis eorum
carminibus, penè hiſtorico ritu recolitur. Jornand.
Getic. Cap. 4. p. 613. Quod nomen (Capillatorum)
Gothi pro magno ſuſcipientes, adhuc in ſuis cantionibus reminiſcuntur. Idem Cap. II.

(15) Fabricii Bibl. Latin. p. 74.

CHAP. IX. les coûtumes des peuples, ou les dogmes & les devoirs (16) de la Religion. D'autres étoient ce que nous appellerions aujourd'hui des Hymnes, des Cantiques facrez. Ils en avoient fur toute forte de fujets, & pour toutes les circonftances. Sur la Naiffance, fur le (17) Mariage, fur la Mort, pour les Enterremens (18), pour les Sacrifices & les folemnitez religieufes, pour la Guerre, & fur la Paix. Il y avoit des Hymnes que l'on chantoit en (19) allant à la charge, & qui fervoient à allumer le courage du foldat. Il y en

---

(16) *Quèm non Bardus pater aut avus augur... Rem docuere Dei.* Prudent. Apotheof. vf. 296.

(17) *Barbaricus refonabat Hymen, Scythicifque choreis, Nubebat flavo fimilis nova nupta marito.* Sidon. Apoll. Panegyr. Major. vf. 219.

(18) *Cum Vefigothæ regem* (Theodericum) *inter denfiffima cadavera reperiffent, cantibus honoratum, inimicis fpectantibus abftulerunt.* Jornand. Cap. 41. p. 670. *Effedonum mos eft, parentum funera cantibus profequi.* Solin. Cap. 25. p. 234.

(19) *Sunt illis hæc quoque carmina, quorum relatu,* quem Barditum *vocant, accendunt animos, futuræque pugnæ fortunam ipfo cantu augurantur. Terrent enim, trepidantve, prout fonuit acies.* Tacit. Germ. Cap. 3. Le *Barritus*, paffa des Celtes aux Romains, lorfque les derniers commencerent d'employer dans leurs armées des troupes auxiliaires, tirées des Gaules, & de la Germanie. *Clamor, quem* Barritum *vocant, priùs non debet attolli, quàm acies utraque fe junxerit.* Veget. III. 18. *Cornuti & Braccati* Barritum *civere vel maximum, qui clamor, ipfo fervore certaminum, à tenui fufurro oriens, paulatimque adulefcens, ritu extollitur fluctuum cautibus illiforum.* Amm. Marcell. L. XVII. Cap. 13. p. 146. *Romani voce undique martia concinentes, è minore folita ad majorem protolli, quam gentilitate appellant* Barritum, Idem. Lib. XXXI. Cap. 7. p. 632.

en avoit auſſi que le vainqueur entonnoit en revenant du combat (20), pour remercier Dieu de la victoire qu'il venoit de remporter. Les ouvriers avoient des chanſons (21) qui les amuſoient pendant le travail. Il ſe trou-

(20) Voyez ci-deſſus Chap. 2. p. 229. Note (73). *Galli ſanguinolenta ſpolia cum triumpho ducunt, Pæanem, & victricia carmina canentes.* Diodor. Sicul. V. 212. *Thraces cum cantu, ſuperfixa hoſtium capita ferentes, rediêrunt.* Livius XLII. 60.

(21) Les Phrygiens, les Bithyniens, les Mariandins, qui étoient tous des peuples Celtes, les appelloient *Lityerſes*, c'eſt-à-dire des chanſons d'ouvriers. *Lit*, populus, *Ouerk*, opus. *Meſſorum cantio* LITYERSES *vocatur*. Athen. XIV. 3. LINUS & LITYERSES, *foſſorum & ruſticorum carmina ſunt.* Pollux. Lib. I. Cap. 1. parag. 33. p. 12. Les Grecs, ſelon leur coûtume, derivent ce mot d'un Prince nommé Lityerſus. *Lityerſus Midæ filius.* Athen. X. 3. *Lityerſes, nomen cantionis. Menander in Chalcedonio* Canentem tunc Lityerſen à prandio. *Alii verò dicunt, fuiſſe genus cantionis, quæ tibiâ caneretur. Lityerſes autem erat nothus Midæ filius, Celænis habitans, qui prætereuntes domo ſuâ exceptos metere cogebat, & poſtea amputatis eorum capitibus, reliquum corpus manipulis involvebat. Hoc ab Hercule ſublato, in honorem patris Midæ, hymnus meſſorius in memoriam ejus compoſitus eſt.* Suid. T. II. p. 452. *Adonimaoidus & Borymus Maryandenorum ruſticorum carmen, ſicut Ægyptiorum Manerus eſt, & Lityerſas Phrygum. Sed Ægyptiis Manerus eſt agriculturæ inventor, Muſarum diſcipulus, Phrygibus verò Lityerſas. Hi autem eundem & Midæ filium fuiſſe tradunt. Sed ad Ameti certamen provocatum, flagellare concedentes. Ameto verò fortiore exiſtente, illum obiiſſe. Alii verò hujus occiſorem Herculem eſſe tradunt. Canebatur autem Threnus ille circa aream & meſſem, in Midæ conſolationem. Borimus verò Jollæ & Maryandeni frater, Opii regis filius, juvenis in venatione, meſſis tempore, mortuus; honoratur verò lugubri inter agriculturam carmine.*
Pollux.

CHAP. IX. trouvoit aussi des Bardes, qui, comme plusieurs Poëtes modernes, se plaisoient à dire des bagatelles & des saletez en vers. On appelloit ces vers (22) *Vallemachiæ*, c'est-à-dire des chansons scandaleuses, parce qu'il n'y a effectivement rien de plus scandaleux ni de plus séduisant, que de faire du crime un sujet de raillerie & de divertissement.

Cependant le sujet le plus ordinaire sur lequel les Bardes avoient accoûtumé d'exercer leur verve, étoit des Odes (23) qui commençoient

Pollux. Lib. IV. Cap. 7. p. 185. C'est de cette manière que la version Latine rend les paroles de Pollux. Mais les paroles que j'ai laissées en lettres Romaines ne forment aucun sens. Il faut traduire : *Dicitur autem operarios, ut in metendo inter se contenderent, provocasse, & ab opere cessantes, flagellis cecidisse. Cùm autem nimium messi incumberet, extinctus esse.* Voyez sur le mot de Lityerses Bochart. Geograph. Sacra Diss. de Ænea p. 17. Athenée dit des Tusces : *Cantum adhibent tibiæ, cum sontes flagris cædunt, pugilatu certant, & farinam subigunt.* Athen. XII. 3.

(22) *Vallemachiæ, inhonestæ cantationes, & carmina jocaque turpia.* Isidor. Glossar. p. 32. *Fallen*, en Tudesque, tomber, commettre un péché ; *Machen*, faire ; c'est ce que les Romains appelloient *Fescennina carmina*.

(23) *Celtæ hymnorum suorum argumentum faciunt, viros qui in prœlio fortiter pugnantes occubuerunt.* Ælian. Var. Histor. XII. 23. *Celebrant (Germani) antiquis carminibus Tuistonem Deum, terrâ editum, & filium Mannum, originem gentis conditoresque... Herculem, primum omnium virorum fortium, ituri in prœlia canunt.* Tacit. Germ. Cap. 2. *Vos quoque qui fortes animas, belloque peremtas, Laudibus in longum vates dimittitis ævum, Plurima securi fudistis carmina Bardi.* Lucan. I. vs. 447. *Arminius canitur adhuc apud barbaras gentes.* Tacit. Annal. II. 88.

çoient par la loüange des Dieux, & finissoient CHAP. IX.
par l'éloge des grands hommes qui s'étoient
distinguez par leur vertu & par leur bravoure, principalement de ceux qui avoient sa-
crifié leur vie pour le bien de la patrie. C'est
cette sorte d'Odes que l'on recitoit dans les
Festins (24), & en allant (25) au combat.
II

88. *Majorum facta modulationibus citharisque canebant Erbespamaræ, Hamalæ, Fridigerni, & aliorum quorum in hac gente magna opinio est, quales vix heroas fuisse miranda jactat antiquitas.* Jornand. Cap. IV. p. 617. *Carolus Magnus barbara & antiquissima carmina, quibus veterum regum actus atque bella canebantur, scripsit, memoriæque mandavit.* Eginhard. Cap. 29.

(24) Xenophon, représentant un festin que le Roi de Thrace lui donna, dit: *Gladiator Sidalca, qui patrius illis cantus erat, cantans abiit.* Xenoph. Exped. Cyr. Min. L. VI. p. 162. *Sitalcæ canens laudes egreditur.* Athen. Lib. I. Cap. 13. Seuth & Seuthale étoient des noms fort communs parmi les Rois des Thraces & des Getes. Voyez ci-dessus Liv. I. Chap. 15. p. 174. 175. Ainsi Jornandes appelle le Roi Boerebistes, qui régnoit du tems de Jules-César, *Sitalcus Boroeista.* Jornand. Cap. II. Nous verrons en son lieu, que *Sithalcus* est le serviteur du Dieu *Seuth*, ou *Zeus*, dont les Rois des Getes & des Thraces se disoient issus, & dont ils aimoient de porter le nom. *Unde nonnunquam in convivio cùm esset, lætitiæ causâ, ut omnes per ordinem cantare deberent, ille, ubi adpropinquare sibi citharam cernebat, surgebat à media cœnæ.* Beda de Anglo-Saxon. IV. 24.

(25) Voyez ci-dessus p. 356. Note (18) & la Note (23) de la page précédente. *Nunc magna referto, Facta patrum laudes.* Virg. Æn. X. vs. 281. Ad quæ Servius: *Traxit hoc de Salustio, qui dicit Hispanorum fuisse morem, ut in bella euntibus, facta adulescentibus parentum memorarentur à matribus.* pag. 611. *Coralli prælia nec rauco curant incendere cornu, Indigenas sed ritè duces, & prisca suorum Facta canunt, veterumque viris hortamina laudes.*

CHAP. IX. Il y avoit-là certainement quelque chose de grand & de noble. On louoit les Dieux, comme la source de tous les biens, & le modèle de toute perfection. On ne louoit les Héros, qu'autant qu'ils participoient à la gloire de la Divinité, par l'imitation de ses vertus, & par les importans services qu'ils rendoient à un Etat. De semblables Hymnes devoient être naturellement un grand aiguillon à la vertu. Il auroit été à souhaiter seulement, qu'on eût loué dans ces Odes, toutes les vertus qui rendent l'homme véritablement grand, au lieu de se borner à des vertus guerrieres, qui sont souvent communes aux grands Princes, avec les usurpateurs & les tyrans.

Forme de ces Poëmes. Pour dire aussi ma pensée sur la forme des Poëmes Celtiques, il me paroît très-vraisemblable, que les vers dont ils étoient composez, finissoient par des rimes. J'avoue que je n'ai trouvé jusqu'à présent aucun ancien Auteur qui l'ait dit, ou seulement insinué. Cependant si l'on considere, que les plus anciens Poëmes des François, des Germains, des peuples du Nord, & même des Persans, sont tous écrits en rimes, on ne doutera pas que cet usage, qui distingue notre Poësie de celle des Grecs & des Latins, ne vienne originairement des Celtes. Ces rimes étoient d'une grande utilité pour aider la mémoire, la chûte du premier vers avertissant toûjours de celle du second. Outre cela, les Poëmes ou les Odes des Celtes étoient partagez en Stro-

---

des. Valer. Flacc. L. VI. vs. 89. *Si quis ad pugnam oblatam procedat, majorum fortitudinem hymnis celebrant.* de Gallis Diodor. Sic. V. 212.

Strophes, (26) afin que ceux qui les reci- CHAP. IX.
toient, eussent le tems de faire des pauses,
& de reprendre haleine. C'est de-là que les
Loix ont reçû parmi les Germains le nom
de *Gesetze*, c'est-à-dire de Strophes; comme
les Grecs les appelloient (27) Νόμοι, parce
qu'ils avoient accoûtumé de chanter les Odes
où ces Loix étoient contenues. Les Celtes On les
aussi chantoient tous leurs (28) Poëmes, & chantoit
cela au son d'un instrument, qui, selon quel- au son
ques Auteurs, ressembloit à une (29) Lyre, d'un in-
& selon d'autres, à une (30) Guitarre. La strument,
Musi-

(26) Ainsi le Poëte Saxon, qui, par ordre de
Louis le Debonnaire, traduisit le Vieux & le
Nouveau Testament en vers Tudesques, fut o-
bligé, pour se conformer à l'usage, de partager l'ouvrage en Strophes. *Juxta morem verò illius Poe-
matis, omne opus per vitteas distinxit, quas nos le-
ctiones vel sententias possumus appellare.* Du Chesne
T. II. p. 326.

(27) Voyez ci-dessous p. 368. Note (54).

(28) *Vidi barbaros qui trans Rhenum sunt, agrestia
carmina, verbis facta, quæ avium asperè clamantium
stridorem vel crocitationem referebant, canentes, &
gaudentes iis carminibus.* Julianus Misop. p. 337.
*Affectatur præcipuè asperitas soni, & fractum mur-
mur, objectis ad os scutis, quo plenior & gravior vox
repercussu intumescat.* Tacit. Germ. Cap. 3.

(29) Voyez le passage de Diodore de Sicile pag.
353. Note (11) & celui d'Ammien Marcellin pag.
354. Note (13).

(30) Voyez les passages de Jornandes & de Bede
ci-dessus p. 358. Note (23) & p. 359. Note (24). Vossius
croit que c'étoit une Harpe. *De Poematum Cantu*. p.
107. Il est constant que la Musique des Grecs, & la
plupart des Instrumens dont ils se servoient dans les
Concerts, venoient originairement des peuples Scythes. *Harmoniam primi Phryges reperierunt.* Athen.
XIV. 5. *Quinquechordium organum, à Scythis re-
pertum est; è loris verò bovillis compactum erat, &*

Q *plectra*

CHAP. IX.
Et en dansant.

Musique étoit accompagnée de différentes sortes de (31) Danses, qui étoient toutes fort animées, ensorte que les Chanteurs, par les divers mouvemens qu'ils faisoient des mains, des pieds, & de tout le corps, ressembloient véritablement à des possedez. C'est l'origine de ce qu'on appelle les pieds, la mesure, la scansion, en termes de Poësie. Enfin, comme les Danseurs étoient armez de pied en cap, ainsi que je l'ai déja remarqué, ils avoient accoûtumé de battre la mesure, en frappant de leurs épées & de leurs halebardes contre les énormes boucliers qu'ils portoient. Tout cela servoit, selon les apparences, soit à marquer la cadence, soit à animer le chant, soit à

plectra erant caprarum labia. Pollux. Onom. L. IV. Cap. 9. p. 187. *Obliquam tibiam Midas invenit in Phrygia, geminas tibias Marsias, in eadem gente Lydios modulos Amphion. Dorios Thamyras Thrax, Phrygios Marsias Phryx, citharam Amphion, ut alii Orpheus, ut alii Linus.* Plin. VII. 56. *Qui priscæ Musicæ operam dederunt, Thraces fuisse perhibentur, Ephorus, Orpheus, Musæus, Thamyris, ob id etiam Eumolpo inde nomen inditum est... instrumentorum etiam quædam barbarum habent nomen.* Strabo X. 470. 471. Voyez ci-dessous Chap. 12 sur la fin.

(31) *Misit dives Gallæcia pubem, Barbara nunc patriis ululantem carmina linguis, Nunc pedis alterno percussâ verbere terrâ, Ad numerum resonas gaudentem plaudere cetras,* Sil. Ital. L. III. vs. 345. *Ritu jam moris Iberi, Carmina pulsatâ fundentem barbara cetrâ.* Idem X. vs. 231. Ces Danses s'étendoient même aux Hymnes sacrez que l'on chantoit en offrant des Sacrifices. *Celtiberos perhibent, & qui ad Septentriones eorum sunt vicini, innominatum quendam Deum, noctu in plenilunio, ante portas, cum totis familiis, choreas ducendo, totamque noctem festam agendo venerari.* Strabo III. 164. *Colabrismus Thracia saltatio, & Carica, sed & hæc armata erat.* Pollux. L. IV. Cap. 14. p. 197.

à soulager la mémoire, soit à exprimer les divers mouvemens que les Hymnes que l'on chantoit excitoient dans l'ame.

CHAP. IX.

Voilà quelles étoient les (32) Annales des peuples Celtes. Un peuple de l'Espagne (33) se vantoit d'avoir de ces Poëmes qui remontoient à un tems de six-mille ans. A ce compte les Arcadiens n'étoient pas les seuls qui dûssent se glorifier d'être plus anciens que la Lune. Il est certain que les uns & les autres en imposoient. La marotte de l'Antiquité, commune à tous les peuples, étoit surtout fort enracinée parmi les Celtes, qui s'imaginoient que la qualité d'*Indigetes*, de premiers habitans de la terre, leur donnoit un droit primitif & inaliénable sur tous les païs du monde. Mais au moins il est constant que les Celtes devoient avoir un très-grand nombre de ces Poëmes, puisque la jeunesse, dont on confioit l'éducation aux Druides, employoit (34) quelquefois jusqu'à vingt années entieres à apprendre des vers. Au reste, puisque toutes les études de la jeunesse se rédui-

(32) *Germani celebrant carminibus antiquis, quod unum apud illos memoriæ & annalium genus est, Tuestonem &c.* Tacit. Germ. Cap. 2.

(33) *Turdetani omnium Hispanorum doctissimi judicantur, utunturque Grammaticâ, & antiquitatis monumenta habent conscripta, ac poemata, & metris inclusas leges, à sex millibus, ut ajunt, annorum.* Strabo III. 139.

(34) *Magnum ibi numerum versuum ediscere dicuntur. Itaque nonnulli annos vicenos in disciplina permanent.* Cæsar VI. 14. L'Auteur de la Religion des Gaulois (Préface pag. III) dit, *que ces vers se montoient à vingt-mille.* Je ne sais d'où il a pris cette particularité.

duisoient à charger leur mémoire d'une infinité de piéces de Poësie, il ne faut pas être surpris que, généralement parlant, le stile des Celtes fut obscur, enflé, concis, comme je l'ai remarqué sur la fin du Livre précédent. Ces défauts sont assez ordinaires aux Poëtes, qui ont été long-tems les seuls maîtres de tous les peuples de l'Europe, par rapport au stile.

Après ce que je viens de remarquer, il sera facile de découvrir la raison de certains usages qui étoient communs à tous les peuples Scythes & Celtes, & qui paroissoient tout à-fait étranges aux autres Nations. On rapporte, par exemple, comme la chose du monde la plus extraordinaire, que les (35) Espagnols, les (36) Gaulois, les (37) Brétons, les (38) Germains, les (39) Thraces, les

---

(35) *Lusitani in prælia ad numerum procedunt, & Pæanes canunt, cùm hostes aggrediuntur.* Diodor. Sic. V. p. 215. *Carpesiani erumpunt è castris, more suo tripudiantes.* Livius. L. XXIII. Cap. 26.

(36) *Cantus inchoantium prælium, & ululatus, & tripudia, & quatientium scuta in patrium quendam morem, horrendus armorum crepitus.* Livius Lib. XXXVIII. 17. *Cantus, exultatio, armorum agitatio vana.* Idem VII. 10. *Gallus cantabundus.* A. Gell. L. IX. Cap. 13. p. 254. Voyez aussi Livius V. 37. XXI. 28. 42. Suidas in ἰύγγες Tom. II, 97.

(37) *Barbari Britanni in prælium euntes, multos clamores edunt, & cantus minaces.* Dio. L. LXII. p. 706.

(38) *Temerè subeuntes cohortes Germanorum, cantu truci, & more patrio, nudis corporibus, super humeros scuta quatientes.* Tacit. Hist. II. 22. *Ut virorum cantu, fœminarum ululatu sonuit acies.* Idem. Hist. L. IV. 18. *Sugambra cohors cantuum & armorum tumultu trux.* Idem Annal. IV. 47. Voyez aussi Hist. V. 18.

(39) *Thraces ante vallum more gentis, cum carminibus & tripudiis persultabant.* Tacit. Ann. IV. 47.

DES CELTES, Livre II. 365

les (40) Illyriens, & quelques (41) Scythes CHAP. IX.
d'Asie, alloient au combat, comme à un bal
& à un festin. Plutarque, parlant d'une bataille que Marius gagna près d'Aix en Provence sur deux peuples Celtes, dit, (42) *que les Ambrons ne couroient pas au combat comme feroient des furieux. Leurs cris aussi n'étoient pas confus. Ils frappoient leurs armes avec une espèce de mesure & d'harmonie. Ils avançoient en sautant & en dansant, & en faisant souvent retentir le nom d'Ambrons.* Strabon ne sauroit comprendre, (43) *que les Cantabres puissent pousser la folie jusqu'à chanter des Hymnes, même sur la croix, & au milieu des tourmens.* Quinte-Curce rapporte quelque chose de semblable de trente jeunes Seigneurs Scythes, dont la fermeté frappa d'étonnement & d'admiration Alexandre le Grand & toute son armée. *D'abord,* (44) dit-il, *qu'un in-*

---

(40) *Illyriorum clamores & inanis armorum concussio.* Thucyd. L. IV. Cap. 126. p. 285.
(41) *Mosynæci cum cantu ad numerum ingredientes... inimici ejusdem gentis capita cæsorum, saltantes, ac patrio ritu carmina modulantes, ostentabant.* Xenoph. Exped. Cyr. Min. L. V. p. 153.
(42) Plutarch. in Mario T. I. p. 416.
(43) *Et illud Cantabrorum desipientiæ tribuunt, quod nonnulli capti, atque in crucem acti, pæanas canebant.* Strabo L. III. p. 165. *Celebratur etiam bello Punico, servi illius (Hispani) patientia, qui ultus dominum, inter tormenta risu exultavit.* Justin. XLIV. 2. Livius XXI. 2. Valer. Max. III. 3.
(44) *Ex captivis Sogdianorum, triginta nobilissimi, corporum robore eximio perducti erant. Qui, ut per interpretem cognoverunt, jussu regis ipsos ad supplicium trahi, carmen lætantium more canere, tripudiisque & lasciviori corporis motu, gaudium quoddam animi ostentare cœperunt.* Q. Curt. L. VII. 10.

Q 3

interprète les eut avertis qu'on les conduisoit au supplice, ils entonnerent un Hymne, comme des gens qui auroient appris une nouvelle agréable. On les voyoit exprimer leur joye par des sauts, & par une infinité de différentes cabrioles. Il n'y a dans tout cela rien qui doive surprendre, si l'on veut se souvenir, que le soldat Celte, au lieu d'attendre que son Général le préparât au combat, s'y animoit lui-même par des Hymnes, dans lesquels il célébroit, soit les Dieux qui présidoient à la guerre, soit les anciens Braves (45) de la Nation, ou le Général (46) qui commandoit l'armée. La mode vouloit que l'on récitât ces Hymnes en chantant, & que le chant fût accompagné du cliquetis des armes, & de divers mouvemens du corps. Si l'on ajoute à cette remarque, que les Hymnes des Celtes étoient remplis d'une opinion répandue par toute l'Europe, avant que le Christianisme l'eût corrigée; c'est qu'un homme qui (47) meurt les armes à la main, ou qui périt, de quelque ma-

---

(45) *Si quis ad pugnam oblatam procedat, majorum fortitudinem hymnis concelebrant.* Diod. Sic. L. V. p. 212. *Barbari majorum laudes, clamoribus stridebant inconditis.* Amm. Marcell. L. XXXI. p. 632.

(46) *Ad hunc frementes verterunt bis mille equos, Galli canentes Cæsarem.* Horat. Epod. 9.

(47) *Cimbri & Celtiberi in acie exultabant, tanquam gloriosè & feliciter vitâ excessuri, lamentabantur in morbo, quasi turpiter & miserabiliter perituri.* Valer. Max. L. II. 6. Je développerai en son lieu cette opinion, que je ne fais qu'indiquer ici. On verra qu'elle portoit les Scythes & les Celtes à se tuer eux-mêmes, ou à se faire assommer, d'abord qu'ils étoient vieux & incapables de porter les armes.

manière que ce soit, d'une mort violente, passe à une vie plus heureuse, dans laquelle il joüira encore d'une félicité plus distinguée que ceux qui meurent d'une mort naturelle ; on comprendra non seulement, pourquoi les gens de guerre témoignoient une si grande joye aux approches du combat, mais aussi pourquoi ceux-là même que l'on menoit au supplice, y alloient avec allegresse & en chantant. Ils chantoient des Hymnes qui remplissoient leur esprit de l'idée & de l'espérance de l'Immortalité ; ils se réjoüissoient, comme le disent les jeunes Seigneurs Scythes dont j'ai parlé, d'aller trouver leurs (48) braves Ancêtres. Ce qui doit plutôt surprendre ici, c'est que l'idée d'une autre vie fit plus d'impression sur des peuples barbares, qu'elle n'en fait ordinairement sur des Chrétiens, qui s'attendent à quelque chose de meilleur (49) qu'à boire dans le crane de leurs ennemis.

Une autre refléxion que je ne dois pas oublier, c'est que l'on trouve ici une nouvelle preuve de ce que j'ai avancé, que l'Europe n'étoit autrefois habitée que par un seul & même peuple. Sans cela il seroit bien difficile de rendre raison de la parfaite conformité que l'on remarque entre les premiers habitans de l'Europe, même dans les choses les plus petites & les plus extraordinaires. Arrêtons-nous aux Grecs & aux Romains.

Les Grecs ne différoient autrefois des Celtes,

---

(48) *A tanto rege, victore omnium gentium, majoribus suis redditos, honestam mortem, quam fortes viri voto quoque expeterent, carminibus sui moris, lætitiáque celebrare.* Curtius ub. sup.
(49) Voyez ci-dessus p. 232. Note (82).

CHAP. IX. tes, sur aucun des articles dont j'ai parlé dans ce Chapitre. Les Poëtes étoient beaucoup plus anciens (50) parmi eux que les Orateurs. On avoit des piéces de Poësie avant la guerre de Troye, au lieu que Phérécide (51) de Sciros, qui nâquit vers la (52) XLV. Olympiade, c'est-à-dire près de 600 ans après cette guerre, est le premier Auteur qui ait entrepris d'écrire en Prose. Les plus anciens Poëtes des Grecs étoient en même tems (53) Musiciens. Voilà un nouveau trait de conformité avec les Celtes. Dans les tems les plus reculez, toutes les études de la jeunesse (54) consistoient parmi les

(50) *Poemata ante Trojanum bellum probantur fuisse. Prosam orationem condere Pherecydes Syrus instituit, Cyri regis ætate.* Plin. H. N. VII. 56. *Sciendum, tam apud Græcos, quàm apud Latinos, longè antiquiorem curam carminum fuisse quàm Prosæ. Omnia enim priùs versibus condebantur. Prosæ autem studium serò viguit. Primus apud Græcos Pherecydes Syrus solutâ oratione scripsit; apud Romanos autem Appius Cæcus adversùs Pyrrhum solutam orationem primus exercuit.* Isidor. Orig. Lib. I. Cap. 27. p. 851. Sciros est une Isle voisine de celle de Delos. Suidas T. III. 592.

(51) Voyez la note précedente.

(52) Γέγονε δὲ κατὰ τὸν τῶν λυδῶν βασιλέα ἀλυάττην, ὡς συγχρονεῖν τοῖς ζ σοφοῖς. καὶ τετέχθαι περὶ τὴν με ὀλυμπιάδα. Suidas, ub sup. Diodore de Sicile met depuis la prise de Troye, jusqu'à la première Olympiade 408 ans, Livre I. pag. 4. Ajoutez pour 45 Olympiades 180 ans, vous trouverez 588 ans depuis la prise de Troye jusqu'à Phérécyde.

(53) Τὸ παλαιὸν οἱ μάντεις καὶ μουσικὴν εἰργάζοντο. Strabo VII. 330. Suidas in Olympiis II. 681.

(54) *Cretenses jubebant pueros liberos leges perdiscere,*

les Grecs, à charger la mémoire d'un grand nombre de Poëmes. D'abord on faisoit apprendre aux enfans les Loix de l'Etat, qui étoient toutes en vers & en Musique. Ensuite on leur enseignoit des Hymnes à la louange des Dieux; après quoi ils passoient à des Odes, dans lesquelles on célébroit la valeur & les autres vertus des Héros. Ces différentes piéces de Poësie se récitoient toutes en chantant. ,, C'est de-là, dit Strabon, (55) ,, que

scere, cum quodam concentu & melodia, ut ex Musica voluptatem caperent, & facilius eas memoriâ complecterentur, & ne, si quid contra leges admisissent, per ignorantiam se fecisse possent defendere. Secundum quod eis discendum proponebant, erant hymni in honorem Deorum. Tertium, fortium virorum encomia. Ælian V. H. II. Cap. 39. Apollo, ut ajunt, adhibitâ lyrâ, leges hominibus dedit, secundùm quas viverent, mitigans simul cantu feritatem ipsis insitam, & numerorum musicorum suavitate efficiens, ut præcepta facilius admitterent; unde leges Citharœdicæ dictæ sunt. Hinc verò, ut Aristoteli videtur, moduli musici secundùm quos canimus, magnifico nomine Νόμοι *appellati fuére.* Suidas T. II. p. 630. *Græcorum civitates ab ipso primordio, liberos suos in Poetica erudiebant.* Strabo Lib. I. p. 15. 16. *Apud Arcadas pueri ab infantia consuescunt hymnos & pæanas canere, præscriptis numeris, quibus singuli, ut patrius mos est, gentiles Heroas & Deos celebrant.* Athen. XIV. 5. *Apud majores Deorum laudes, heroumque acta, musicis cantibus personabant.* Idem. XIV. 8.

(55) *Pro eloqui* (φράζειν), *olim canere* (ᾄδειν) *posuére majores, unde & Rhapsodiam, & Tragœdiam, & Comœdiam veteres dixerunt. Oratio Poetica dicebatur cum modulatione.* Strabo I. p. 18. On sait que les vers d'Homere, d'Hesiode, & des autres Poëtes, se chantoient parmi les Anciens. Athen. XIV. 3. fin. Athenée ajoute, qu'il y a dans Homere des vers imparfaits, parce que la Musique, & l'air sur lequel on les chantoit, le demandoit ainsi. Idem. XIV. 8.

„ que sont venus les mots Grecs de Rap-
„ sodie, de Tragédie & de Comédie. C'est
„ par cette raison que les Anciens se ser-
„ voient du mot de chanter, où nous em-
„ ployons ceux de parler ou de raconter ".
L'ancienne coûtume des Grecs étoit aussi (56)
de réciter leurs Odes au son d'un instrument.
Les mots de (57) pied, de mesure, de cadence, de Strophe & d'Antistrophe, c'est-à-
dire de demi tour à gauche ou à droite, dont
ils se servoient en parlant de Poësie, venoient originairement de ce que la Danse é-
toit autrefois inséparable du Chant. Enfin,
plusieurs peuples de la Grece conserverent
pendant long-tems les différens usages (58)
de

---

(56) *Musici cantûs, & lyræ, & tibiarum modos edo-
cebant.* Strabo I. p. 15. 16. *Carmina cantare tibiis.* Cornel. Nep. Præfat. & Epaminond. Cap. II.
Schol. Pindari p. 176. *Lyrici ad lyram Poemata canebant.* Ibid. p. 5.

(57) *Rhythmus spectatur in illis qui manibus & pedibus plaudunt. Cùm enim cita & tarda pedum su-
blatio & positio, proportionem inter se habent ; Rhythmus existit. Et hinc per translationem certus syllaba-
rum modulus, quo versus constat, pedes dicti sunt.*
Suidas in Ῥυθμος T. III. p. 269. ex Schol. Aristophan. & Philopono in Libr. II. Aristotelis de
Animâ. Küster ad Suidam. Voyez aussi Athen. L.
XIV. 3 init. *Strophe, quod à dextera in sinistram
convertebantur. Antistrophe, cùm à sinistra in dexte-
ram se movebant. Epode, cùm consistebant in uno loco, & Odas recitabant.* Schol. Pindari p. 5.

(58) Strabon remarque, que les Cretois apprenoient à la jeunesse à danser & à sauter avec les
armes, & à chanter au son des instrumens, des
Hymnes que l'on attribuoit à Thales. Strabo X.
480. 481. κατ' ἐνόπλιον. Aristophan. Nub. ad
quæ Scholiastes, *Genus Rhythmi est, in quo saltabant armati, arma concutientes..... Creticus etiam
voca-*

DES CELTES, Livre II. 371

de danser avec leurs armes, (59) d'aller au combat en cadence & en chantant des Hymnes, & (60) de ne célébrer aucun festin, où le chant des Hymnes & la danse en armes ne fûssent une partie essentielle de la fête. On m'avouera qu'une si parfaite ressemblance entre les Celtes & les anciens Grecs, ne sauroit être regardée comme une chose purement accidentelle. Il ne sera pas nécessaire aussi, que j'entre dans de grandes discus-

CHAP. IX.

vocatur à carmine quod *Curetes invenerunt*; hoc enim certâ quadam mensurâ saltant, arma concutientes. pag. 72. *Saltabant armati in Panathenæis pueri.* Idem Scholiast. ad Nubes p. 81. Voyez aussi Athen. XIV. 6.

(59) *Tirtæi Lacedæmone recitantur cùm ad prælium eunt.* Dio. Chrys. S. XXXVI. p. 440. *Tyrtæusque mares animos in Martia bella Versibus exacuit.* Horat. Arte Poet. *Lycurgus lege latâ Lacedæmonios ad tibiarum sonum in aciem prodire jussit.* Suidas in Lycurg. T. II. p. 470. *Lacedæmonii ad cantum multorum tibicinum, ad prælium ferebantur, & ad numerum æquali gradu incedentes.* Thucyd. L. V. Cap. 70. p. 332. Athen. XIV. 7. Athenée remarque, que les Lacedémoniens conservoient avec un très-grand soin leurs anciens Hymnes. Ibid. Cap. 8. Voyez aussi Schol. ad Pindari Pyth. II. p. 229.

(60) *Charondæ modi* (Νόμοι, leges) *Athenis inter pocula canebantur, ut auctor est Hermippus, Libro VI. de Legislatoribus.* Athen. XIV. 3. *Imperat lex* (Charondæ) *ut cives omnes hæc Proæmia calleant, eaque in festis post Pæanes recitent, quemcunque convivii dominus id facere jusserit.* Leg. Charondæ ap. Stobæ. Serm. 165. p. 470. *Prisci consuetudine, & lege, Deorum hymnos & laudes in conviviis ab omnibus cantari jusserunt.* Athen. XIV. 6. Tout le Livre XIV. d'Athenée traite de cette matière. Voyez aussi le Scholiaste d'Aristophane ad Vespas. p. 255. 256.

cussions, pour montrer ce qu'étoient les Curetes (61), les Corybantes, les Cabires, les Telchines, les Dactiles Idéens, desquels les Grecs avoient reçu tous les différens usages dont je viens de parler. On les dépeint comme des gens qui, couverts de leurs armes, de la même manière que s'ils avoient eu à se battre contre un ennemi, offroient des sacrifices aux Dieux, avec des chants, des cris, des danses, des contorsions & une musique si enragée, que tout le monde les prenoit pour des possedez. On reconnoît clairement dans cette description l'usage des Scythes & des Celtes, qui offroient leurs sacrifices en chantant des Hymnes, de la manière & dans l'équipage que l'on attribue aux Curetes. Effectivement les Scythes avoient eu des établissemens dans tous les païs où l'on

---

(61) *Probabile est armatam saltationem ab ita comitis & vestitis initio introductam, qui Curetes dicerentur, ansam præbuisse aliis, qui vitam in armis degerent bellicosiores, ut communi voce Curetæ & ipsi dicerentur, de iis loquor qui in Eubœa fuerunt, in Ætolia, Acarnania... Curetas apellabant juvenes qui in armis saltabant... Nonnulli Phrygios Curetas tibicines faciunt, alii terrigenas & æreis scutis armatos... Ut in summa dicam, Curetes, Corybantes, Cabyri, Idæi, Dactyli, Telchines, ab omnibus furore quodam divino correpti, & bachantes describuntur, qui armatâ saltatione, cum tumultu & strepitu, tintinnabulis, tympanis, armis, tibiâ & clamore, in sacrificiis perterreant homines, sub administrorum specie. Atque hæc sacra quodammodo communia habere pleraque censentur, cum Samothraciis, Lemniis aliisque compluribus, ideò quòd idem omnium famuli perhibentur... Phrygii Curetes tibicines.* Strabo X. p. 466-472. *Saltationem armatam Curetes docuére, Pyrrhichen Pyrrhus, utramque in Creta.* Plin. VII. 56. *Saltatio armata, quæ Curetica dicitur, vernacula erat Cretensibus.* Dio. Chrys. l. 31.

l'on place ces prétendus possedez; en Phry- CHAP. IX.
gie, en Mysie, dans les Isles de Crete,
d'Eubée, de Lemnos, & en général dans
toute la Grece. Les Curetes, les Corybantes &c. étoient des gens qui servoient les Dieux
suivant l'ancienne manière du païs. Les différentes danses qu'on leur attribue, étoient
des danses sacrées, qui faisoient partie du
culte de la Divinité. Comme chaque Canton, chaque peuple, avoit ses danses particulieres, elles différoient encore dans un même peuple, selon la diversité des fêtes & des
Cantiques, dont elles étoient pour ainsi dire
l'accompagnement (62).

Ce que j'ai dit des Grecs, il faut le dire
aussi des Romains, & des anciens habitans
de l'Italie. Le premier Ouvrage en Prose
qui ait paru à Rome (63), fut un Discours
qu'Appius, surnommé l'Aveugle, composa
vers la (64) CXXV. Olympiade, pour empêcher que le Sénat & le peuple Romain
n'acceptassent la paix que Pyrrhus leur offroit. Avant ce tems-là on ne connoissoit en
Italie (65) que des Ouvrages de Poësie, ou
une

(62) Voyez ce que Suidas a remarqué sur les différentes danses, appellées *Berecynthia*, *Cretica*,
Cnossia &c. Suidas in Νύσια Tom. II. p. 641. On peut
consulter aussi le X. Livre de Strabon, qui a rassemblé avec un très-grand soin tout ce que les
Anciens avoient dit des Corybantes & des Curetes.

(63) Voyez ci-dessus page 368. Note (50).

(64) Polybe Lib. I. p. 6. dit, que Pyrrhus passa
en Italie, l'année qui préceda la défaite des Gaulois près de Delphes. Pausanias met cette défaite en la 2 année de la 125. Olympiade Pausan.
Phocic. XXIII. p. 857.

(65) Ci-dessus p. 368. Note (50).

Q 7

une tradition orale (66), qui se perpetuant de Pere en fils, conservoit le souvenir des évenemens les plus remarquables. Silius, représentant quelques anciens peuples de l'Italie, dit (67) qu'ils alloient au combat en chantant les louanges du Dieu Sancus, auquel ils rapportoient l'origine de leur Nation, & de son fils Sabus, duquel les Sabins ont reçû leur nom. Virgile dit à peu près la même chose des peuples Latins, qui s'opposoient à l'établissement d'Enée & de ses Troyens en Italie.

Ibant æquati numero, regemque canebant (68). Ciceron regrette souvent dans ses écrits, la perte des anciens Cantiques dont Caton avoit parlé dans ses *Origines* (69). J'en ai dit un mot dans le Livre précedent (70). ,, On
,, y

---

(66) *Auruncos ita ferre senes.* Æneid. VII. vs. 206. Ad quæ Servius: *Historiæ hoc genus fuit, ut majores natu, anteacta posteris indicarent.*

(67) *Ibant & læti pars Sancum voce canebant, Autorem gentis, pars laudes ore ferebant, Sabe tuas, qui de patrio cognomine primus, Dixisti populos magnâ ditione Sabinos.* Sil. Ital. VIII. vs. 420.

(68) Æneid. VII. vs. 698. Les Commentateurs du Poëte ont remarqué, que ces mots *ibant æquati numero*, signifient qu'ils s'avançoient en cadence.

(69) Ci-dessus Liv. I. Chap. 10. p. 107.

(70) *Utinam extarent illa carmina, quæ multis sæculis ante suam ætatem in epulis esse cantitata, à singulis convivis, de clarorum virorum laudibus, in Originibus scriptum reliquit Cato.* Cicero Bruto p. 455. *Gravissimus autor in Originibus dixit Cato, morem hunc epularum apud majores fuisse, ut deinceps qui accubarent, canerent ad tibiam clarorum virorum laudes atque virtutes, ex quo perspicuum est, cantus tum fuisse rescriptos, vocum sonis, & carmina.* Idem Tuscul. Quæst. L. IV. p. 3535. *Est in Originibus, solitos esse in epulis canere convivas ad tibicinem*

" y louoit les vertus & les exploits des Hé- CHAP. IX.
" ros. On les récitoit principalement dans
" les festins. Chaque convié prenoit à son
" tour la Lyre, & chantoit quelqu'un de ces
" Cantiques ". Voilà bien des traits de conformité entre les Celtes & les anciens habitans de l'Italie. Mais comme les différentes coûtumes dont je viens de parler s'étoient perdues parmi les Romains par la longueur du tems, je vais en ajouter quelques autres qui subsistoient encore du tems des Empereurs. Tout le monde sait, (71) que dans la solemnité du triomphe l'armée victorieuse avoit accoûtumé de chanter des Hymnes à l'honneur des Dieux, & en même tems du Général dont elle suivoit le char. Sextus Pompejus remarque, (72) que les Romains avoient des Cantiques funèbres, que l'on chantoit dans les enterremens, au son d'un instrument. Ces Cantiques, que l'on appelloit *Nænia*, étoient en vers, & renfermoient l'éloge du mort. Strabon (73) nous apprend, que les spectacles dans les-

cinem de clarorum hominum virtutibus. Idem Tusc. Quæst. Lib. I. p. 3434. *In conviviis pueri modesti ut cantarent carmina antiqua, in quibus laudes erant majorum, & assâ voce & cum tibicine.* Varro Frag. p. 212.

(71) *Copiæ Romulum sequebantur, & patriis hymnis Deos celebrantes, & carminibus ex tempore compositis, suum ducem laudantes.* Dionys. Halic. Lib. II. p. 102. *Sequebatur Marcellum exercitus, Jovem & Imperatorem carminibus compositis atque cantilenis victorialibus concelebrans.* Plutarch. in Marcello T. I, p. 302.

(72) *Nænia est carmen, quod in funere laudandi gratiâ cantatur ad tibiam. Næniam autem inter exequias cantitabant.* Sext. Pomp. p. 10.

(73) *Peculiare quippiam Oscis & Ausonibus usu venit,*

CHAP. IX. lesquels les Romains produisoient des baladins, qui chantoient, avec mille postures grotesques, d'anciennes chansons, venoient originairement des Osces & des Ausons, qui étoient les plus anciens habitans de l'Italie. Enfin Denis d'Halicarnasse (74) assure, que les Saliens étoient precisément parmi les Romains, ce que les Curetes étoient parmi les Grecs. J'ai déja rapporté en substance, dans le (75) Livre précedent, ce que cet Auteur a remarqué sur le sujet des Saliens. ,, C'étoient, di-
,, sions-nous, de jeunes gens, qui dans un
,, certain tems de l'année couroient par la
,, ville, armez d'une épée, d'un bouclier &
,, d'une lance, & chantant des Hymnes à
,, (76) l'honneur des Dieux qui président à
,, la guerre. La cérémonie étoit accom-
,, pagnée de sauts, de danses & de gam-
,, bades, que ces jeunes gens faisoient avec
,, beaucoup d'adresse & en cadence. La
,, mesure étoit marquée, tant par la voix
,, que par le son de la flutte, & outre cela
,, par un certain cliquetis qu'ils faisoient,
,, en frappant de l'épée ou de la lance
,, contre le bouclier ". Il faut ajouter encore ici quelques remarques, qui serviront à
mieux

---

nit. *Nam cùm Oscorum gens interierit, dialectus apud Romanos restat, ita ut carmina quædam, ac mimi, certo quodam certamine, quod instituto majorum celebratur, in scenam producantur.* Strabo V. 233.

(74) *Salii, quantùm ego intelligo, si Græcè nomen interpreteris, sunt Curetes.* Dionys. Halic. L. II. p. 129.

(75) Ci-dessus Liv. I. Chap. 10. p. 107.

(76) *Sunt quidam saltatores, & laudatores Deorum illorum, qui armorum sunt præsides.* Dion. Halic. ub. sup.

mieux confirmer ce que j'ai dit, que cet usage étoit purement Celtique. Les Saliens (77) célébroient par leurs Hymnes, Mars & Hercule, le Dieu qui présidoit à la guerre & le Héros qui s'y étoit le plus distingué. 2. Ils offroient leurs sacrifices selon l'ancienne manière, c'est-à-dire qu'ils (78) dansoient en armes autour de l'autel. 3. La fête des Saliens tomboit sur le même tems où les (79) Athéniens en célébroient une parfaitement semblable, c'est-à-dire sur le mois de Mars, où les Celtes avoient accoûtumé de faire la revuë de leurs troupes, & d'offrir des sacrifices pour la prosperité de la campagne qui étoit sur le point de commencer. 4. Les Saliens avoient un usage qui subsiste encore en Allemagne & dans le Nord. Le (80) Conducteur de la bande dansoit d'abord tout seul, ensuite la troupe qu'il conduisoit répétoit tous les mouvemens qu'il avoit faits. 5. Numa-

(77) *Numa Salios duodecim Marti gradivo legit, ac per urbem ire canentes carmina, cum tripudiis solemnique saltatu jussit.* Livius I. 20. *Tum Salii ad cantus, incensa altaria circùm, Populeis adsunt evincti tempora ramis, Hic juvenum chorus, ille, senum, qui carmine laudes Herculeas, & facta ferunt.* Virg. Æneid. VIII. vs. 285. Ad quæ Servius: *Salii sunt, qui tripudiantes aras circumibant. . . . saltabant, ritu veteri, armati &c.* p. 521.

(78) Voyez la Note précedente.

(79) *Eorum dies festi, qui plures erant, incidunt in Panathenæa, quæ fiebant mense Martio.* Dionys. Halic. L. II. p. 129. Voyez le passage d'Athenée ci-dessus p. 371. Note (60). *Salii à saltando, quod facere in comitio, in sacris, quotannis. & solent & debent.* Varro de L. Lat. L. IV. 21. Edit. Popmæ.

(80) *Redemptruare dicitur, in Saliorum exultationibus, cùm Præsul amtruavit, quod est motus edidit, & referuntur invicem iidem motus.* Sext. Pompej. p. 80.

Chap. IX. ma-Pompilius avoit introduit (81) à Rome la fête des Saliens ; mais il n'en étoit pas le premier Auteur. Les habitans de Tusculum (82) avoient leurs Saliens avant qu'ils fussent connus à Rome. 6. Les Romains avoient plusieurs solemnitez où l'on voyoit quelque chose (83) qui approchoit de la danse des Curetès. Je conclus, qu'il est plus que vraisemblable, que des coûtumes si extraordinaires n'ont été communes par toute l'Europe, que parce qu'elles avoient originairement la même source. Ce qui me surprend le plus, c'est que les anciens Perses eussent precisément les mêmes usages. Je n'ai pû découvrir jusqu'à présent d'où ce peuple étoit sorti. Plus j'apprens à le connoître, & plus je m'affermis dans la pensée, qu'il étoit du nombre de ces Scythes qui reçurent ensuite le nom de Celtes. Je prie le Lecteur de jetter les yeux sur les passages que je cite en marge (84). Je
suis

(81) *Dionys. Halic. ub. sup.* Voyez la Note (77) de la page précedente.

(82) *Tiburtes Salios etiam dicaverant. . . . habuerunt sanè & Tusculani Salios, ante Romanos.* Servius ub. sup.

(83) *Ista autem Curetica saltatio, patriis Romanorum moribus est recepta, ut ex Circensibus & theatralibus pompis & spectaculis conjicio.* Dionys. Halic. II. 130. *Virgines, sonum vocis, pulsu pedum modulantes, incesserunt.* Livius XXVII. 37. Voyez aussi Liv. VII. 2.

(84) *Persæ disciplinarum magistris continentissimis utuntur, qui & fabulas ad utilitatem accommodatas intexunt, cum cantu, & sine cantu, Deorum ac clarorum virorum facta celebrantes.* Strabo XV. 733. *Tum verò (Romani) progressi ad murum, præter omnem spem irruebant in Persas, qui cantilenas more patrio factas pronunciabant, regis sui virtutem celebrantes, & Romani Imperatoris irritum conatum re-*
pre-

suis obligé de l'y renvoyer, pour ne pas repéter toûjours les mêmes choses. Il y verra, que tout ce que j'ai dit dans ce Chapitre des peuples Celtes, étoit observé de la même manière, & sans la moindre différence parmi les Perses.

CHAPITRE DIXIEME.

IL est naturel d'examiner présentement d'où les peuples Celtes ont pris leurs lettres, c'est-à-dire les caractères de l'Alphabet; en quel tems ils ont commencé de s'en servir, & de mettre par écrit leurs Loix, leur Histoire, leur Religion, & en un mot, tout ce qu'ils avoient accoûtumé de renfermer dans leurs Cantiques.

Ce que j'ai dit du mépris que ces peuples témoignoient pour les Sciences, il faut le dire aussi des lettres, qui en sont pour ainsi dire la clef. Les anciens habitans de l'Europe ne savoient absolument ce que c'étoit ni de lire ni d'écrire. Ils avoient cela de commun avec la plupart des autres Nations de la terre, qui ont ignoré pendant long-tems cet

Les peuples Celtes tenoient à déshonneur de savoir lire ou écrire.

---

prehendentes. Zosim. L. III. Cap. 22. p. 308. Ammien Marcellin rapporte le même fait en ces termes: *Romani per cuniculum urbem ingressi, obtruncarunt vigiles, ex usu moris gentici justitiam felicitatemque regis sui, canoris vocibus extollentes.* Amm. Marcell. L. XXIV. Cap. 4. p. 402. *Magi suo more carmen canentes.* Curtius Lib. V. Cap. 1. p. 176. *Quidam Persicam saltabat, cetras collidens, obstrepens & obtundens, eaque omnia faciens ad tibiæ numeros concinnè.* Athenæ. I. Cap. 13.

CHAP. X. cet excellent secret. Mais au lieu que les autres peuples reçurent les lettres avec empressement d'abord qu'elles leur furent apportées, on négligea & on refusa même de s'en servir en Europe, depuis qu'elles y furent parfaitement connues.

La férocité naturelle des peuples Celtes fut, selon les apparences, la première & la principale cause du mépris &, si j'ose le dire, de l'aversion qu'ils témoignoient pour les lettres. Accoûtumez à ne faire d'autre métier que celui des armes, ils tenoient à déshonneur d'apprendre à lire & à écrire. Elien nous a conservé un passage remarquable d'Androtion sur ce sujet. Il porte, (1) *que parmi les anciens Thraces il n'y en avoit aucun qui connût les lettres; & qu'en général tous les barbares établis en Europe, regardoient comme la chose du monde la plus basse & la plus honteuse de s'en servir; au lieu que l'usage en étoit commun parmi les barbares de l'Asie.* Théodoric Roi d'Italie, n'avoit pû se défaire de ce préjugé, quoiqu'il eût passé sa jeunesse, & une bonne partie de sa vie, parmi les Romains. (2) Il étoit si peu lettré, qu'il

———

(1) Τῶν Ἀρχαίων φασὶ Θρακῶν μηδένα ἐπίςα-
σθαι γράμματα, ἀλλὰ καὶ ἐνόμιζον αἴσχιςον εἶναι,
πάντες οἱ τὴν Εὐρώπην οἰκοῦντες Βάρβαροι,
χρῆσθαι γράμμασιν, οἱ δὲ ἐν τῇ Ἀσία, ὡς λό-
γος, ἐχρῶντο αὐτοῖς μᾶλλον. Ælian. V. H. VIII.
6. Les Huns étoient dans les mêmes idées. *Ils n'ont pas le secret des lettres, & n'en font aucun cas.* Procop. Goth. L. IV. Ch. 18. p. 618.

(2) *Rex Theodericus inliteratus erat, & sic obruto sensu, ut in decem annos regni sui, quatuor literas sub-*

qu'il savoit à peine signer les premières lettres CHAP. X. de son nom.

Le Clergé, au lieu de combattre cet étrange préjugé, l'appuyoit de tout son pouvoir. Comme les Druides ne vouloient pas que les Sciences, dont ils étoient dépositaires, devinssent communes, ni qu'on pût les puiser ailleurs que chez eux, ils insinuoient au peuple, (3) que la mémoire se perdroit aussi-tôt que l'on commenceroit à se fier sur le papier, & que personne ne voudroit plus se donner la peine d'apprendre par cœur, ce qu'il pourroit trouver en tout tems dans un Livre. Ils disoient encore, que leurs instructions n'étant que pour les personnes initiées dans la Religion du païs, devoient être tenues fort secretes, & que c'étoit un véritable sacrilège de les mettre par écrit, parce qu'il ne seroit pas possible après cela, d'empêcher que les Livres où leur Doctrine seroit renfermée, ne tombassent tôt ou tard entre les mains des étrangers. Ainsi, tant que le Clergé Payen conserva son autorité, il trouva le moyen de persuader aux peuples,

que

---

subscriptionis edicti sui, discere nullatenus potuisset. De qua re laminam auream jussit interrasilem fieri, quatuor literas regis habentem Teod, ut si subscribere voluisset, positâ laminâ super chartam, per eam pennâ duceret, & subscriptio ejus tantùm videretur. Excerpta Autoris ignoti, apud Valesium ad calcem Ammian. Marcell. p. 669.

(3) *Neque fas esse existimant ea literis mandare, . . . id mihi duabus de causis instituisse videntur; quòd neque in vulgus disciplinam efferri velint, neque eos qui discunt, literis confisos, minùs memoriæ studere, quod ferè plerisque accidit, ut præsidio literarum diligentiam in perdiscendo ac memoriam remittant. Cæsar VI, 14.*

CHAP. X. que la conscience & la Religion ne permettoient pas à un Laïque d'apprendre à lire ou à écrire. Le commerce des Grecs & des Romains guérit les Gaulois, au moins en partie, de ce préjugé. Nous apprenons de Jules-César & de Strabon, (4) qu'ils écrivoient des lettres, des contrats, des comptes, & qu'ils se servoient de l'écriture dans toutes les affaires publiques & particulieres qui concernoient la vie civile. Mais les Druides ne voulurent jamais consentir que l'on mît par écrit l'Histoire, les Loix, encore moins la Religion des Celtes, & ils se garderent bien de leur côté de rien publier sur ces matières. Origene l'a remarqué en répondant à Celse, qui faisoit valoir l'antiquité des Druides. *Je ne sache pas*, dit-il (5), *que nous ayons aucun de leurs Ouvrages.* Il ne faut pas être surpris par conséquent, qu'il reste si peu de monumens de l'ancienne Histoire de l'Europe. Elle étoit toute renfermée dans des Cantiques, & c'étoit un crime de les écrire. Il est vrai que d'abord que la Religion Chrétienne commen-

(4) *Contractus Græcâ oratione scribunt.* Strabo IV. 181. *In reliquis ferè rebus, publicis privatisque rationibus, (Græcis) literis utuntur.* Cæsar VI. 14. Jos. Scaliger. Lib. I. Epist. 16. & Hotoman Franco-Gall. Cap. 2. prétendent, que le mot de *Græcis*, n'est pas de Jules-César. Effectivement on voit bien que Jules-César ne veut dire autre chose, si ce n'est que les Druides ne souffroient pas qu'on couchât par écrit leurs instructions & leur doctrine, mais qu'ils permettoient aux particuliers d'écrire des lettres, des comptes &c. Mais au reste il est constant que les Gaulois écrivoient en caractères Grecs. Voyez ci-dessous.

(5) Origen. contra Cels. Lib. I. p. 14. Edit. Spenceri Cantabrig. 1677.

mença à s'introduire parmi les peuples Cel- CHAP. X.
tes, ils revinrent insensiblement de ce honteux préjugé qui annoblissoit & qui sanctifioit une crasse ignorance. Ils consentirent, les uns après les autres, qu'on écrivît leurs Loix & leur Histoire. Mais on sent bien que la destruction de l'ancienne Religion, dut entraîner après soi la perte des Hymnes où elle étoit renfermée. Les partisans de l'Idolâtrie étoient bien éloignez d'enseigner ces Hymnes aux Chrétiens ; & les Chrétiens de leur côté, n'épargnoient rien pour les supprimer, parce qu'on y louoit de fausses Divinitez, & des Héros attachez à un culte idolâtre. Les Cantiques des Goths subsistoient encore du tems de Jornandes. D'où vient qu'ils ont péri depuis ce tems-là ? Je viens d'en indiquer la raison. Les Chrétiens n'approuvoient pas qu'on les écrivît.

Bientôt même le Clergé Chrétien fit revivre les préjugez & les artifices dont les Druides s'étoient servis pour entretenir les peuples dans l'ignorance. Il n'eut même pas beaucoup de peine de persuader à la Noblesse des Gaules & de la Germanie, qu'il ne convenoit pas à un homme d'épée d'aller à l'école, & d'apprendre à lire ou à écrire. C'étoit un ancien préjugé, que ni le tems, ni la lumiere de l'Evangile, n'avoient pû déraciner parfaitement. Non seulement l'érudition, mais la connoissance même des lettres & l'art d'écrire, étoient tellement concentrez dans les Cloîtres, que l'on étoit obligé d'appeler un Moine, toutes les fois qu'il faloit dresser un Testament, une Donation, un Privilege, ou quelqu'autre Acte public. Les témoins & les personnes mention-

nées

CHAP. X.

nées dans l'Acte, faisoient au bas une croix, ou quelque marque qui leur étoit particuliere, auprès de laquelle le Notaire avoit soin d'écrire, *signum Leidradi, Caroli*, &c.

L'ignorance des lettres est la véritable origine de la Poësie.

Je ne crois donc pas me tromper, en assurant que l'ignorance & le mépris des lettres est la véritable origine de la Poësie, au moins en Europe. Tant que les peuples ne connurent pas les lettres, ou qu'ils refuserent de s'en servir, il falut renfermer dans des vers, tout ce qu'on vouloit confier à la mémoire des hommes, & transmettre de cette maniere à la posterité. Ainsi, lorsque dans le neuvième Siécle, Louis le Débonnaire voulut donner l'Ecriture Sainte aux Saxons, il fut obligé de charger (6) un Poëte de la nation, de mettre le Vieux & le Nouveau Testament en vers Tudesques. Otfridus ayant entrepris, dans le même Siécle, de traduire en Allemand les IV. Evangiles, prit aussi le parti de les publier en vers. Une version en Prose n'auroit été d'aucun fruit. Les Saxons ne savoient pas lire, & ne se soucioient pas de l'apprendre. Au lieu qu'ils consentoient d'apprendre par cœur les Livres sacrez, pourvû qu'on les mît en vers, & qu'on leur permît de les chanter à leur manière. Je sais que des Savans du premier ordre ont cherché ailleurs l'origine de la Poësie. L'illustre Mr. Rollin prétend, qu'elle a sa source dans la contemplation, & dans l'amour de l'Etre infini (7). Il entre même

---

(6). Voyez du Chesne Rer. Franc. T. II. 326.

(7). Manière d'enseigner & d'étudier les belles lettres. Amsterd. 1732. Tom. I. p. 289.

même dans un grand détail, pour montrer
„ de quelle manière, la vûë de l'objet seul
„ digne d'être aimé, a dû conduire naturel-
„ lement l'homme, soit à exprimer ses idées
„ & les sentimens par le mouvement des
„ pieds & des mains ; soit à soutenir la foi-
„ blesse de sa voix par le son des instru-
„ mens ; soit enfin à imprimer en quelque
„ manière dans ses paroles, le nombre, la
„ mesure & la cadence qu'il marquoit par
„ le geste de ses mains en jouant des in-
„ strumens, & par le tressaillissement de
„ ses pieds en dansant ". Dans le fond, cette
conjecture est preférable par bien des endroits,
à celle qui attribuë l'origine de la Poësie à
l'Amour & au Vin. S'il faut recourir à l'enthousiasme, il vaut infiniment mieux le supposer sacré que profane. Mais quelque respect que j'aye pour ce grand homme, j'a-
voue que je n'ai pû comprendre jusqu'à présent, comment la dévotion a pû enseigner à
l'homme la Poësie, la Musique & la Danse. Au moins suis-je bien sûr, que ce n'é-
toit pas l'amour de Dieu qui avoit appris
aux Celtes à reciter leurs Hymnes, & à
danser autour des autels, avec des armes
meurtrieres, & teintes le plus souvent du
sang de leurs ennemis. Voyons présentement d'où les Celtes ont pris les Lettres, &
dans quel tems ils ont commencé de s'en
servir.

CHAP. X.

Il est constant que les Grecs en ont eu l'u-
sage avant les autres peuples de l'Europe. C'est
même de la Grece que les Lettres & les Sciences passerent successivement dans les autres
Provinces de l'Occident. Les Grecs avouent
cependant qu'ils ne sont pas les premiers in-
venteurs

Les Grecs ont reçu leurs lettres des Phéniciens.

R

CHAP. X. venteurs de cet excellent secret, dont la gloire est duë aux Phéniciens. (8) C'étoit une tradition constante en Grece, que les Tyriens, qui passerent dans le Peloponnese sous la conduite de Cadmus, (9) dans le tems que les Ioniens & les Pelasges en occupoient la plus grande partie, y introduisirent plusieurs connoissances utiles, & en particulier les lettres, que les Grecs ne connoissoient point avant ce tems-là. Comme par la suite du tems les Pelasges, c'est-à-dire les anciens habitans de la Grece, changerent quelque chose dans la forme & dans la prononciation des caractères

---

(8) *Phœnices invenerunt literas.* Athen. L. I. Cap. 22. *Phœnices primi, famæ si creditur, ausi, Mansuram rudibus vocem signare figuris.* Lucan. Lib. III. vs. 220. *Si famæ libet credere, hæc gens* (Tyriorum) *literas prima aut docuit, aut didicit.* Curtius Lib. IV. Cap. 4. fin. *Ipsa gens Phœnicum in magna gloria literarum inventionis.* Plin. V. 12.

(9) *Phœnices isti qui cum Cadmo advenerunt, cùm alias multas doctrinas in Græciam introduxere, tum verò literas, quæ apud Græcos, ut mihi videtur, antea non fuerant. . . . eâ tempestate, in plerisque locis, eorum accolæ Iones erant, qui literas à Phœnicibus acceperunt.* Herodot. V. Cap. 58. *Volunt utique in Græciam intulisse è Phœnice Cadmum sedecim numero, quibus Trojano bello Palamedem adjecisse quatuor, hac figurâ,* Θ Ξ Φ Χ. *Totidem post eum Simonidem Melicum* Ζ Η Ψ Ω *quarum omnium vis in nostris recognoscitur. Aristoteles decem & octo priscas fuisse* Α Β Γ Δ Ε Ζ Ι Κ Λ Μ Ν Ο Π Σ Τ Υ Φ, *& duas ab Epicharmo additas* Θ Χ: *quàm à Palamede mavult.* Plin. VII. 56. Isidor. Orig. Lib. I. Cap. 3. p. 820. Euripide attribuë à Palamede l'invention des lettres: *Ego remedium oblivionis statuens solum, Ex consonis & vocalibus literis syllabas jungens, Autor fui hominibus ut literas scirent.* Euripid. in Palamede apud Stobæ. Serm. CCXI. p. 707.

ractères Phéniciens, on donna à ces nouvelles lettres le nom de (10) Pelasgiques, pour les distinguer de celles qui étoient en usage en Phénicie. L'important service que Cadmus avoit rendu aux habitans du Peloponnese, n'empêcha pas qu'il n'en fut chassé par les (11) Argiens. Il se retira dans le païs des Illyriens, où il mourut, & où l'on voyoit encore son tombeau du tems de l'Historien Philarque, qui a conduit son Histoire (12) jusqu'au régne de Ptolemée Evergete, Roi d'E-

CHAP. X.

(10) *Cadmus literas è Phœnicia allatas, primus ad Græcorum enuntiationem transtulisse dicitur, suum cuique nomen attribuens, & characterem effingens. Hinc literæ vocabulo communi* Phœniciæ *(quòd videlicet ex Phœnicia traductæ essent) denominatæ, quæ tamen* Pelasgicæ *deinceps sunt dictæ; quòd primus translatarum usus Pelasgis innotuisset.* Diod. Sic. III. 140. *Primæ quidem illæ extiterunt, quibus omnes Phœnices utuntur, progressu verò temporis und cum sono mutaverunt & modulum pristinum.* Herodot. V. 58. Voyez ci-dessous p. 390. Note (22).

(11) *Cadmæi ejecti ab Argivis, ad Encheleas se contulerunt.* Herodot. V. 61. Pausan. Bœot. IV. 719. *Apud multos celebris in Illyrio locus quem Calices appellant; ubi visitur Cadmi & Harmoniæ monumentum, ut narrat Phylarchus Libro XXII.* Athen. XI. 2. *Cadmus in Illyriam ejectus.* Schol. ad Pindar. Pyth. III. p. 242. *Cadmum assumens Agave misera exibat, patrem suum trementem; gestabat autem ipsum humeris, confectum senio, & onere premebatur honesto.* Julius ap. Stobæum Serm. CXCVIII. p. 674. Apollodore dit, que Cadmus vint d'abord en Thrace, d'où il passa à Thèbes, & de-là en Illyrie. Il rapporte aussi fort au long, tout ce que la fable publioit sur le sujet de Cadmus. Apollod. L. III. p. 129. 130. 136. 143.

(12) Suidas in Phylarcho.

CHAP. X. d'Egypte. S'il est vrai que Cadmus ait apporté les lettres en Grece, il faudra convenir que les Grecs négligerent pendant plusieurs Siécles de s'en servir. Selon le calcul de Monsieur des Vignoles (13), ou plutôt suivant les marbres d'Oxford qu'il cite, Cadmus vint à Thèbes l'an de la Periode Julienne 3195, cent vingt-six ans après que les Israëlites furent sortis d'Egypte, & 743. ans avant les Olympiades, qui commencent l'an 3938. de la Periode Julienne. Depuis l'arrivée de Cadmus, jusqu'au tems où (14) Pherecyde de Sciros donna le premier aux Grecs un ouvrage en Prose, il y a tout au moins 950. ans. Dans cet intervale, qui est de près de mille ans, les Grecs n'avoient eu que des Poëtes qui leur composoient les Hymnes & les Odes qu'ils apprenoient par cœur, & dont j'ai parlé dans le Chapitre précedent. C'est certainement un grand préjugé, que les lettres & l'écriture furent peu connues en Grece pendant ce long espace de tems. Il est vrai que les Poësies d'Homere & d'Hesiode semblent avoir été écrites environ (15) 250. ans avant le tems de
Phe-

---

(13) Chronologie de l'Histoire Sainte, Tom. II. p. 31.

(14) J'ai remarqué ci-dessus p. 368. Note (50) & (52), que Pherecyde naquit vers la 45. Olympiade. La derniere année de cette Olympiade est l'an de la Per. Jul. 4118. & le 923. après l'arrivée de Cadmus. Si l'on ajoute à ces 923. ans, 35. ou 40. ans que Pherecyde pouvoit avoir lorsqu'il publia ses Ouvrages, on trouvera un intervalle de 958. à 963. ans.

(15) Herodote commença d'écrire son Histoire l'an de Rome 310. Plin. H. N. XII, 4. c'est-à-dire

Pherecyde. Mais 1. ces Poëtes font encore postérieurs à Cadmus de 675. ans. 2. Homere (16) étoit de ces Grecs Eoliens qui demeuroient en Asie, où la connoissance des lettres étoit beaucoup plus ancienne qu'en Europe. Hesiode (17) à la vérité étoit né à Aseres en Béotie. Mais son Pere étoit sorti de Cumes, ville de l'Eolide en Asie. 3. Il est certain que la manière d'écrire des Grecs avoit encore quelque chose de grossier & d'informe du tems de Pherecyde. On a remarqué, par exemple, que Solon, qui donna des Loix (18) aux Athéniens dans le cours

de re l'an de la Per. Jul. 4270. Des Vignoles Cron. T. II. p. 769. Cet Historien dit, qu'Homere & Hesiode ont vécu tout au plus 400. ans avant lui. Herodot. II. 5. A ce compte ces deux Poëtes auront fleuri vers l'an 3870. de la Per. Jul. soixante-huit ans avant les Olympiades. Suidas n'est pas éloigné de ce compte. Il dit qu'Homere est antérieur aux Olympiades de 57. ans. L'Auteur de la vie d'Homere, attribuée à Herodote Chap. XXXVIII. fait ce Poëte plus ancien de 258. ans. Il dit, que depuis la naissance du Poëte jusqu'à l'expedition de Xerxès, il y a 622. ans. Xerxès passa en Europe l'an premier de la LXXV. Olympiade. Diodor. Sic. Lib. XI. p. 242. Qui est l'an de la P. J. 4234. Petav. Rat. Temp. Tom. I. p. 117. 118. Des Vignol. T. II. p. 769. Selon ce calcul Homere seroit né l'an de la P. J. 3612. ce qui ne se peut, parce que les Grecs n'allerent s'établir en Asie, où Homere étoit né, qu'en l'an 3660. de la Periode Julienne. Au reste, les Historiens ne sont pas d'accord sur le tems où Homere a vécu. A. Gell. XVII. 21. Solin. Cap. 53. Calvis. p. 42. Ludovic. Vives ad Augustinum de Civ. Dei L. III. Cap. 2. p. 138.

(16) Herodot. Vita Homeri Cap. I. & XXXVII.
(17) Hesiodi Opera & Dies Lib. II. vs. 251.
(18) Plutarch. in Solone. Des Vignol. T. II. p. 830.

CHAP. X.

Ils les ont reçuës beaucoup plus tard que le commun des Auteurs ne le prétend.

de la XLVI. Olympiade, les fit graver (19) sur des planches. J'avoue que par toutes ces raisons j'ai du penchant à croire, que les lettres étoient beaucoup plus nouvelles en Grece que le commun des Auteurs ne le prétend. Il me paroît incroyable que les Grecs n'ayent commencé à avoir des Historiens & des Ouvrages en Prose, qu'environ mille ans après avoir connu les lettres. Peut-être que les Ioniens, qui reçurent les lettres des Phéniciens, ne sont pas, comme Hérodote le prétend, ceux du Peloponnese, mais ceux qui étoient établis en Asie, où ils avoient passé, selon le Pere (20) Petau, 130. ans après la prise de Troye, c'est-à-dire l'an de la Periode Julienne 3660. Ainsi quand Suidas dit, après un ancien Auteur, (21) que les Lydiens & les Ioniens ont reçu les lettres d'un nommé Phénix, ou d'un Phénicien, fils d'Agenor, il est assez vraisemblable, qu'il s'agit-là des Ioniens qui étoient voisins des Lydiens. On peut dire la même chose d'un passage de Pline, qui assure (21) *que tous les peu-*

---

(19) *Solonis leges, ligneis axibus inscriptæ.* Suidas in Solone T. III. p. 345. Κύρβις ἡ σανὶς ἔνθα ἦσαι οἱ νόμοι γεγραμμένοι. Schol. ad Aristophan. Nubes p. 64.

(20) Petav. Rat. Temp. T. I. p. 53. Doctrina Temp. Lib. XIII.

(21) Φοινικήϊα γράμματα Λυδοὶ καὶ Ἴωνες τὰ γράμματα ἀπὸ Φοίνικος τοῦ Ἀγήνορος εὑρόντος ἔλαβον. Suid. T. III. p. 639.

(22) *Gentium consensus tacitus, primus omnium conspiravit, ut Ionum literis uterentur.* Plin. VII. 57. Hotoman Franco-Gall. Chap. II. retranche de ce passage le mot d'*Ionum* pour l'accommoder à ses idées.

peuples s'étoient accordez à se servir des lettres des Ioniens, c'est-à-dire que tous les peuples de l'Europe avoient pris leurs lettres des Ioniens de l'Asie. Peut-être aussi que l'on a confondu l'ancien Cadmus, avec un autre du même nom, mais postérieur de plusieurs Siécles. Je parle de Cadmus de Milet dans l'Asie Mineure, qui passe pour avoir vécu peu de tems (23) après Orphée. On voit dans Suidas (24), que quelques Auteurs attribuoient à ce Cadmus l'invention des Lettres. D'autres, qui ont été suivis par (25) Pline & par Solin, lui attribuoient le premier ouvrage Historique que l'on eut donné aux Grecs en Prose. Ce fut peut-être ce Cadmus qui apprit à ses compatriotes à con-

CHAP. X.

idées. Au reste, il n'est point du tout entré dans le sens de Pline. Les Ioniens ont reçu leurs lettres des Phéniciens ; mais au lieu que ceux-ci écrivent de la droite à la gauche, les Ioniens écrivirent de la gauche à la droite, & renverserent par conséquent la forme des lettres Phéniciennes. *C'est en cela*, dit Pline, *qu'ils ont été suivis par tous les autres peuples*, c'est-à-dire de l'Europe. Cette remarque peut servir aussi à éclaircir les passages citez ci-dessus p. 187. Note (10). Voyez Scaliger Thes. Temp. p. 110.

(23) Voyez la Note suivante.

(24) *Cadmus Milesius literarum inventor. Cadmus, Pandionis filius, Milesius Historicus, qui primus, secundùm nonnullos, Historiam scripsit, Prosâ oratione, Orpheo paululum recentior.* Suidas in Cadmo.

(25) *Miletus non fraudanda cive Cadmo, qui primus Prosam orationem condere instituit.* Plin. V. 29. *Historiam instituit Cadmus Milesius.* Idem VII. 56. *Miletos Ioniæ caput. Cadmi olim domus, sed ejus qui primus invenit Prosæ orationis disciplinam.* Solin. Cap. LIII.

CHAP. X. connoître les lettres. Au moins est il constant qu'il fit en Asie, ce que Pherecyde fit long-tems après en Grece; il écrivit le premier en Prose. De-là on peut conclure affez naturellement, que les Ioniens ne connoissoient pas encore les lettres lorsqu'ils passerent en Asie. D'ailleurs, puisque Cadmus de Milet étoit un Grec établi dans l'Ionie Asiatique, il est clair qu'il ne peut avoir vécu qu'après la migration des Ioniens, qui, comme je l'ai déja dit, ne passerent en Asie (26) que l'an 3660 de la Periode Julienne. Il ne pouvoit être par consequent contemporain d'Orphée, qui vivoit du tems des Argonautes, une génération ou deux avant la prise de Troye, arrivée l'an (27) 3530 de la même Periode. Je ne m'arrêterai pas davantage à ces discussions Chronologiques. Quoi qu'il en puisse être du tems où les Grecs ont commencé à connoître les lettres, & à s'en servir, il demeure toûjours constant, qu'ils les ont reçuës des Phéniciens. Quand leurs propres Auteurs ne l'avoueroient pas, il suffiroit de jetter les yeux sur les noms qu'ils donnent aux lettres de (28) l'Alphabet, sur l'ordre où ils les placent, & sur (29) l'ancienne forme de

(26) Ci-dessus p. 390. Note (20).
(27) Petav. Rat. Temp. I. 47. De Vignoles T. II. 820.
(28) Comme les Hébreux disent Aleph, Beth, Gimel, Daleth &c. les Grecs disent Alpha, Beta, Gamma, Delta &c. Voyez J. Scalig. Thesaur. Temp. p. 110. Bochart. Geogr. Sacr. L. II. Cap. 20. p. 488.
(29) Pline dit, que la forme des anciennes lettres des Grecs approchoit beaucoup des caracteres

de leurs caractères, pour s'en convaincre pleinement.

CHAP. X.

Des Grecs passons aux Latins. C'étoit une tradition constante parmi les Romains, (30) que les anciens habitans de l'Italie avoient reçu leurs lettres des Pelasges, c'est-à-dire des (31) Grecs, qui étoient venus s'établir en divers tems dans le Royaume de Naples. Je ne vois pas que l'on puisse douter raisonnablement de la vérité de cette tradition. J'ai montré dans le Livre précedent (32), que les Romains avoient enrichi leur Langue d'une infinité de mots tirez de la Grecque, & adopté d'ailleurs différentes coûtumes des Grecs, qui occupoient une partie considerable de l'Italie inférieure. Il est assez vraisemblable, que c'est de-là aussi qu'ils tenoient leurs lettres & l'art d'écrire. Ou plutôt il y a plus ici qu'une simple vraisemblance, puisque Pline assûre, & prouve par une Inscription qui subsistoit de son tems (33), que les anciens caractères Grecs ne différoient point des Romains. Il s'agit seulement de savoir, si les Latins ont connu les lettres d'aussi bonne-heure qu'ils le prétendent.

Les Latins ont reçu leurs lettres des Grecs.

Mais long-tems après la fondation de Rome.

res Romains. *Veteres Græcas fuisse easdem penè, quæ nunc sunt Latinæ, indicio erit Delphica tabula, quæ est hodie in Palatio* &c. Plin. H. N. L. VII. 58. Les caractères Romains ont beaucoup plus de rapport avec l'Hébreu, que les caractères modernes des Grecs.

(30) *In Latium eas attulerunt Pelasgi.* Plin. VII. 56.
(31) Ci-dessus L. I. Ch. 10. p. 79.
(32) Ci-dessus L. I. Ch. 10. p. 105.
(33) Voyez ci-dessus Note (29).

R 5

dent. Tite Live rapporte (34) qu'Evandre, qui mena une Colonie de Peloponnesiens en Italie, se rendit célèbre parmi les Latins, en leur apprenant le secret des lettres, qui jusqu'alors avoit été inconnu à ces peuples grossiers & barbares. Denis d'Halicarnasse, qui dit la même chose, ajoûte (35), que l'usage des lettres étoit encore nouveau parmi les Grecs, lorsqu'ils le porterent en Italie. Il saloit bien qu'il fût nouveau, s'il est vrai (36) que la mere d'Evandre, qui passoit pour une Prophetesse, se vanta d'avoir inventé cet admirable secret. Mais si tout ce qu'on dit d'Evandre n'est pas une pure fable, j'ai au moins de fortes raisons de croire que les lettres passerent beaucoup plus tard en Italie.

1. Selon Denis d'Halicarnasse (37), Evandre vint s'établir dans le païs Latin environ soixante ans avant la guerre de Troye. Cependant il paroît assez par ce que j'ai remarqué dans l'Article précedent, que c'est une chose fort problématique, si les Grecs connois-

---

(34) *Evander profugus ex Peloponneso,... venerabilis vir, miraculo literarum, rei novæ inter rudes artium homines, venerabilior divinitate credita Carmentæ matris, quam fatiloquam, ante Sibyllæ in Italiam adventum, miratæ hæ gentes fuerant.* Livius I. 7.

(35) *Arcades etiam dicuntur Græcarum literarum usum in Italiam primi transtulisse, qui recens ipsis apparuerat, & quem nuper didicerant.* Dionys. Halic. I. p. 26.

(36) *Latinis* (literas) *tradidit Carmentis Nympha, sic dicta quia carmina canebat, proprie Nicostrata vocata.* Isid. Orig. L. III. Cap. 8. p. 820. 821. ex Servio ad Æneid. VIII. vs. 336.

(37) Dionys. Halicarn. Lib. I. p. 24. 25. Lib. II. p. 77. Ci-dessus Liv. I. Chap. 10. p. 97.

noissoient déja les lettres dans ce tems-là. CHAP. X.
2. Il est visible que les Romains n'ont commencé à s'en servir que plusieurs Siécles après le tems d'Evandre. On sait, par exemple, (38) que les Romains avoient accoûtumé de planter tous les ans un clou dans le Capitole, & de marquer de cette manière le nombre des années qui s'étoient écoulées depuis la fondation de leur ville. La cérémonie s'en fit encore l'an de Rome 391. sous le Consulat de (39) *Cne: Genutius*, & de *L. Æmilius Mamercus II.* Je ne prétens pas que dans ce tems-là les Romains ne connussent pas encore les lettres. Mais on m'avouera, que ceux qui introduisirent les premiers une manière de compter si grossiere, soit à Rome, soit dans les autres villes de l'Italie (40), où la même chose se pratiquoit, ne savoient certainement ni lire ni écrire. Cependant la fondation de Rome est postérieure de 500 ans (41) au tems où Evandre passa en Italie

(38) *Clavus annalis appellatur, qui figebatur in parietibus sacrarum ædium, per annos singulos, ut per eos numerus colligeretur annorum.* Sext. Pomp. L. III. Rolin. Ant. R. Lib. IV. p. 666.

(39) *Cn. Genucio, L. Æmilio Mamerco II. Coss. Senatus Dictatorem clavi figendi causâ dici jussit.... Lex vetusta est, priscis literis verbisque scripta, ut qui Prætor maximus sit, Idibus Septembribus clavum pangat... Eum clavum, quia raræ per ea tempora literæ erant, notam numeri annorum fuisse ferunt... Volsiniis quoque clavos, indices numeri annorum, fixos in templo Nortiæ Etruscæ Deæ comparere, diligens talium monumentorum auctor Cincius affirmat.* Livius Lib. VII. 3.

(40) Voyez la Note précédente.

(41) La ville de Troye fut prise l'an de la P. J. 3530 ou 3531. Evandre vint en Italie 60 ans

CHAP. X. lie avec ses Arcadiens. 3. Si l'on veut se souvenir encore de ce que j'ai rapporté plus haut (42), qu'Appius, surnommé l'Aveugle, fut le premier des Romains qui écrivit en Prose; & que la (43) mémoire des anciens Cantiques des peuples Latins, n'étoit pas entierement perduë du tems de Caton le Censeur; on en tirera une forte présomption, que la connoissance des lettres étoit beaucoup plus moderne en Italie, que le commun des Auteurs ne le prétendent.

Les Gaulois ont

(44) A l'égard des Gaulois, il est constant qu'ils

avant la guerre de Troye, & par conséquent 70. ans avant la prise de la ville, dont le siége dura 10 ans. Son arrivée en Italie tombe par conséquent sur l'an de la P. J. 3460. De-là jusqu'à la fondation de Rome, que les Chronologistes mettent à l'an de la P. J. 3960 ou 3961, il y a 500 ans. Petav. Rat. Temp. Tom. I. p. 8. Des Vignoles T. II. p. 863.

(42) Voyez ci-dessus p. 368. Note (50) & p. 373.

(43) Voyez ci-dessus Livre I. Chap. 2. p. 107. Livre II. Ch. 9. p. 374.

(44) Je ne m'arrête pas à refuter les visions & les inexactitudes de l'Auteur de la Religion des Gaulois. Il dit que les Gaulois, qu'il fait sortir de Phénicie, avoient apporté avec eux leurs lettres d'Asie en Europe; & cependant il assure aussi, qu'ils se servoient des caractères Grecs. Ce dernier fait lui paroît incontestable. Livre I. p. 39. Il a raison. Mais la preuve sur laquelle il se fonde est bien foible. C'est une Inscription Latine en caractères Grecs, trouvée à Rome sur le tombeau du Martir Gordien, Messager des Gaules, & rapportée premièrement par l'Auteur du Livre intitulé *Roma subterranea* Livre III. 22. & ensuite par Dom Mabillon. Mais 1. L'Inscription en elle-même me paroît fort suspecte. L'Heta, η, y est employée pour un Iota, ι, c'est-à-dire pour

un

qu'ils ont reçu leurs lettres des Grecs, qui a-
voient une célèbre Colonie à Marseille. Il y a
un paſſage dans (45) Strabon, qui ſemble in-
ſinuer, que les Gaulois adopterent non ſeulement les caractères, mais la langue même
des Grecs. Cependant, pour ne pas prendre
le change, il eſt bon de remarquer, que
Strabon ne parle dans cet endroit que des
Provinces voiſines de Marſeille. La jeuneſ-
ſe que l'on envoyoit étudier dans cette Colonie, en rapportoit, avec le goût de l'éloquence, la connoiſſance de la langue Grecque. Dans toutes les autres Provinces on
parloit le (46) Gaulois, qui étoit un Dialecte
de la langue Celtique. Ainſi Jules-Céſar,
qui entendoit également le Grec & le Latin,
fut obligé de ſe ſervir d'un (47) Interprête,
dans la conférence qu'il eut avec un Seigneur Eduen, nommé Divitiac. Dans une
au-

CHAP. X.
reçu leurs
lettres des
Grecs.

un i. voyelle & conſone. L'Ypſilon v, pour un
Omicron Ypſilon ov. Προ φηδε κυγυλατυς pro-
fide jugulatus. Cette manière d'écrire & de prononcer eſt fort moderne. 2. Quand même le
monument ſeroit ancien, j'avoue que je ne ſens
pas la force de la preuve que l'on prétend en tirer. S'enſuit-il que les anciens Gaulois ſe ſer-
voient des caractères Grecs, parce que dans le ſecond ou dans le troiſième ſiécle du Chriſtianiſme,
on a fait à Rome une Inſcription Latine en caractères Grecs?

(45) Ὥϛε τὰ συμβόλαια ἑλληνιϛὶ γραφεῖν.
Strabo IV. 181.

(46) St. Jérôme nous a conſervé un paſſage de
Varron, qui portoit, *que l'on parloit à Marſeille
trois ſortes de langues, le Grec, le Latin & le Gaulois.* Tom. IX. p. 135. Les Gaulois avoient donc
leur langue particuliere.

(47) Cæſar I. 19.

autre occasion (48), où il s'agissoit de faire tenir à Quintus Ciceron une lettre que l'ennemi ne pût déchiffrer, supposé qu'elle vînt à être interceptée, il prit le parti de l'écrire en Grec ; précaution fort inutile, si le Grec avoit été la langue commune des Gaules. Mais quoique les Gaulois eussent leur langue particuliere, ils écrivoient cependant tous en caractères Grecs. Ainsi Jules-César dit, (49) qu'après la défaite des Helvetiens, on trouva parmi le butin, un rôle de leurs troupes écrit en caractères Grecs. Tacite aussi, parlant de quelques Inscriptions trouvées sur les frontieres de la Germanie & de la Rhetie, remarque, (50) qu'elles étoient en caractères Grecs. On doit expliquer de la même maniere un passage de Jules-César que j'ai cité plus haut (51). Quand il dit que les Druides ne vouloient pas qu'on couchât par écrit leurs instructions, mais qu'ils ne laissoient pas dans les autres affaires, & en matière de comptes, de se servir des lettres Grecques, il veut dire qu'ils écrivoient en caractères Grecs (52).

Pour

---

(48) Cæsar V. 48.
(49) *In castris Helvetiorum tabulæ repertæ sunt Græcis literis confectæ.* Idem I. 29.
(50) *Tumulos quosdam Græcis literis inscriptos, in confinio Germaniæ, Rhætiæque adhuc extare.* Tacit. Germ. Cap. 3.
(51) Ci-dessus p. 381 Note (3) & p. 382. Note (4).
(52) Scaliger *Epistol. Lib. I.* 16. est d'un autre sentiment. Il prétend que les Druides, & en général tous les Gaulois, quoiqu'ils eussent leur langue particuliere, n'écrivoient cependant qu'en langue & en caractères Grecs. Mais il ne propose son sentiment que comme une conjecture qu'il n'oseroit garantir. *Habui hæc quæ dicerem, vel potiùs non dicerem, nihil planè habeo quod vero affir-*

Pour finir par les Germains, il faut nécessairement user ici de quelque distinction. Les peuples qui avoient été soûmis par les Romains, comme les Bataves, les Noriciens, les Pannoniens, apprirent bientôt à connoître les lettres, & même les Sciences que l'on cultivoit à Rome, par le moyen des différentes Colonies que les Romains établirent le long du Rhin & du Danube. La Pannonie, par exemple, fut soûmise par Auguste; & du tems de Tibere (53) l'écriture y étoit déja commune. Je dis la même chose des peuples qui étoient voisins & alliez des Romains. D'abord que les Goths eurent été reçus au nombre des alliez du peuple Romain, ce qui arriva (54) du tems de Constantin le Grand, on leur envoya un Evêque (55) nommé Ulphilas, qui leur prêcha le Christianisme, leur apprit à connoître les lettres, & traduisit même l'Ecriture Sainte en leur langue. Ce ne fut cependant qu'environ

CHAP. X.

Les Germains les ont reçuës, les uns des Latins & les autres des Grecs.

affirmare possim. Hotoman *Franco-Gall. Cap. II.* n'a pas laissé de suivre le sentiment de Scaliger. Il soutient que cette façon de parler, *uti literis Græcis*, signifie constamment dans les Auteurs Latins, écrire en Langue, & non pas simplement en caractères Grecs. Les différens passages que je cite dans ce Chapitre, fournissent assez d'exemples du contraire.

(53) *In omnibus Pannoniis, non disciplinæ tantùm, sed linguæ quoque notitia Romanæ, plerisque etiam literarum usus*. Vellej. Paterc. L. II. Cap. 110.

(54) Jornand. Cap. 21. p. 640. Γότθοι Φοιδεράτοι. Epit. Nov. Græc. II. Sirmond. ad Apollin p. 18.

(55) *Ulphilas Episcopus in Gothia... propriarum literarum inventor extitit, & in linguam eorum Scripturas vertit*. Philostorg. II. 5. Socrat. IV. 27. Sozom. VI. 36. Mascau I. 318.

CHAP. X. viron cent ans après, (56) que les Loix des Visigoths furent redigées par écrit; ce qui prouve qu'il falut du tems pour défabuser le peuple de la prévention où il étoit, que ce seroit un Sacrilege de confier au papier, les Loix par lesquelles il étoit gouverné. On peut appliquer la même remarque aux Francs, aux Lombards, aux Vandales, & aux autres peuples Germains qui vinrent s'établir dans les Provinces de l'Empire. Naturellement, ils durent connoître les lettres aussi-tôt qu'ils eurent passé dans des païs où elles étoient en usage. Il s'écoula cependant un tems considerable avant qu'ils commençassent de s'en servir, ou au moins d'en faire un usage public. L'Empereur Justinien, par exemple, assigna des terres aux Lombards en Pannonie, vers le milieu du sixième Siécle, & il se passa encore (57) un Siécle entier, avant que ce peuple consentît que ses Loix fussent écrites. A l'égard des Nations qui demeuroient dans le cœur de la Germanie, & qui n'entretenoient aucun commerce avec des peuples policez, il est certain que les lettres leur étoient parfaitement inconnuës. Tacite l'assure formellement (58): *Les hommes & les femmes*

___

(56) *Sub Eurico Gothi legum instituta scriptis habere cœperunt; antea tantùm moribus & consuetudine tenebantur.* Isidor. Chron. p. 719.

(57) *Rotharis Rex Longobardorum, Leges quas sola memoria & usus retinebant, scriptorum serie composuit, codicemque ipsum edictum appellari præcepit.* Paul. Diacon. Hist. Long. L. IV. Cap. 15. p. 405. Les Lombards sortirent de la Pannonie en 568 après y avoir demeuré 42 ans. Idem Lib. II. Cap. 6. p. 368.

(58) *Literarum secreta viri pariter ac fœminæ ignorant.* Tacit. Germ. Cap. 19.

femmes ignorent également le secret de l'Ecriture. Eginhard, dans sa Vie de Charlemagne (59), remarque, qu'il y avoit sous la domination de ce Prince, des peuples dont les Loix n'avoient pas encore été rédigées par écrit. Il s'agit, selon les apparences, des Westphaliens, que cet Empereur avoit subjuguez après une longue & sanglante guerre. Il est assez naturel de rapporter à ces mêmes peuples, ce qu'Eginhard ajoute immédiatement après, que (60) Charlemagne mit par écrit certains Cantiques barbares, & fort antiques, qui renfermoient les exploits & les guerres des anciens Rois. J'ai aussi eu occasion d'avertir plus haut (61), que sous le régne de Louis le Debonnaire, son fils & son successeur, les Saxons méprisoient les lettres, & ne vouloient apprendre que des Cantiques. Aussi ne fut-ce que dans le XII. ou XIII. Siécle (62) que leurs Loix furent rédigées par écrit. Tout cela prouve assez clairement, que les lettres sont fort nouvelles en Allemagne, & que c'est sans aucun fondement, que les Modernes donnent aux (63) *Runes* une antiquité qu'elles n'ont certainement point. Autant que je puis le savoir, *Venantius Fortunatus,* qui écrivoit vers le commencement du VI. Sié-

CHAP. X.

_____

(59) *Omnium nationum quæ sub ejus dominatu erant, jura, quæ scripta non erant, describere ac literis mandari fecit.* Eginh. Cap. 29.
(60) Ci-dessus p. 358. Note (23).
(61) Ci-dessus p. 384.
(62) Schottelius de Antiq. Germ. Juribus pag. 284.
(63) C'est le nom que les Germains & les peuples du Nord donnoient autrefois à leurs lettres. *Runa, ab incidendo,* dit Mr. Celsius, dans la lettre dont il est fait mention page 402. Note (66).

Siécle, est le premier Auteur qui ait fait mention de ces Runes. Mais il les donne aux Francs, dont la manière d'écrire avoit encore quelque chose de grossier & d'informe, comme celle des Goths, bien que les uns & les autres eussent reçû leurs lettres des Grecs & des Latins. On voit dans le même *Venantius Fortunatus* (64), quelle étoit la manière d'écrire des barbares dont il parle. Ils peignoient, ou plutôt ils gravoient leurs Runes sur des planches de Frêne. Le mot de (65) *Buchstab*, qui désigne en Allemand une lettre, insinue aussi, que les anciens Germains gravoient leurs lettres sur le Fau, ou sur l'écorce de cet arbre. Mais au reste, ce que l'on appelle le caractère Runique, n'est autre chose que le caractère ordinaire (66) des autres peuples de l'Europe, quoiqu'un peu défiguré. Sans entrer dans de plus grandes discussions sur le tems où chaque peuple de

---

(64) *Barbara fraxineis pingatur Runa tabellis.* Venant. Fortun. L. VII. Carm. 18.

(65) *Buche*, un Fau, un Charme. *Stab*, un Bâton, une Barre, parce que les caractères se gravoient tous en lignes droites.

(66) C'est ce que Mr. Celsius, Professeur en Astronomie à Upsal, a démontré dans une Lettre qu'il a écrite à Mr. des Vignoles sur cette matière, le 8 Janvier 1733. Il fait voir que le caractère Runique n'est autre chose que le caractère Romain, avec cette différence, que les peuples du Nord, ayant d'abord gravé leurs lettres sur le bois & sur la pierre, trouverent qu'il étoit plus facile & plus commode de tracer toutes les lettres en lignes droites. C'est ce qui donne aux *Runes*, une forme un peu différente de nos lettres. La Dissertation de Mr. Celsius mériteroit bien de voir le jour, si ce Savant veut consentir qu'elle soit imprimée.

de l'Allemagne a commencé à connoître les lettres, il suffira de remarquer ici, qu'ils semblent les avoir reçues des Grecs, plutôt que des Latins. Il est vrai qu'ils placent les lettres de l'Alphabet dans le même ordre que les Latins. Il est vrai encore qu'ils ont la lettre C, que les Grecs ne connoissoient point. Mais ils ont certainement pris des Grecs, le Ca, K, l'Ypsilon, Y, & le Ve, W, qu'ils prononcent précisément de la même manière que les Grecs l'Omicron Ypsilon, ου, dans les mots de Ὀυεσπασιάνος, Ὀυαλεντινιάνος. Outre cela ils prononcent certains mots étrangers à la manière des Grecs, & non des Latins. Ils disent, par exemple, *Kaïser*, Καίσαρ, & non *Cæsar*. Enfin ils ont dans leur langue divers mots, qu'ils tiennent manifestement de l'Eglise Grecque, comme *Kirche*, Κυριακὴ, une Eglise; *Pfaffe*, Πάππας, un Prêtre; *Litaney*, Λιτανεία, Litanie; *Spende*, Σπονδὴ, une distribution de denrées que l'on fait aux pauvres, & plusieurs autres. Je soupçonne que ce furent des Missionaires Grecs qui leur apprirent à connoître les lettres, en leur annonçant la Religion Chrétienne. Ils conserverent les caractères des Grecs, aussi long-tems que leurs Eglises en suivirent le Rit, & qu'elles demeurerent soûmises aux Patriarches d'Orient; & ce n'est que depuis qu'ils ont été soûmis à l'Eglise Latine, qu'ils ont commencé de se servir des caractères Romains.

Je dois avertir au reste, que tout ce que j'ai dit dans ce Chapitre & dans le précedent, de l'indifférence & du mépris que les Celtes témoignòient pour les lettres & pour les Sciences, ne doit pas être pris

dans

CHAP. X. dans un sens si général, qu'il ne faille y apporter quelque restriction. Strabon, par exemple, remarque, (67) qu'il y avoit un peuple de l'Espagne qui faisoit beaucoup de cas de l'érudition. J'ai cité plus haut un passage du même Auteur qui porte, (68) que les Gaulois, voisins de Marseille, y alloient étudier dans leur jeunesse, & en rapportoient, avec le goût de l'éloquence, la connoissance de la langue Grecque. Dans un autre endroit il donne cette louange aux Gaulois, (69) qu'ils sont fort dociles, & que depuis quelque tems ils avoient commencé de s'appliquer aux lettres & aux Sciences. On se tromperoit cependant, si l'on entendoit ce passage de tous les peuples des Gaules, sans aucune exception. Il ne s'agit que des Provinces où les Romains avoient des Colonies. On y prit du goût pour les Sciences & pour les Arts que les Romains cultivoient, & on adopta insensiblement leur Langue, leurs Coûtumes & leur Religion. Mais l'ignorance & la barbarie se maintinrent long-tems dans les contrées où le vainqueur n'avoit pas jugé à propos de faire des établissemens, & où les Druides conserverent leur autorité. Caton le Censeur avoit remarqué, près de deux Siécles avant le tems de Strabon (70), que

(67) Ci-dessus p. 363. Note (33).
(68) Ci-dessus p. 397.
(69) *Galli sibi facilè persuaderi sinunt, ut utiliora amplectantur, adeò ut disciplinam & literas etiam recipiant.* Strabo IV. 195.
(70) *Pleraque Gallia, duas res industriosissimè persecuta, rem militarem, & argutè loqui.* Cato Orig. L. II. apud Charis. Lib. II. & Bochart. Geogr. Sac. P. II. Lib. I. Cap. 42. p. 737. Il est bon de re-

DES CELTES, Livre II. 405

que la plupart des Gaulois s'appliquoient CHAP. X. avec beaucoup de soin, premièrement aux exercices militaires, & en second lieu à l'art oratoire. Effectivement cet art ne pouvoit qu'être d'une grande utilité dans ces Assemblées où chaque Chef de parti haranguoit à son tour devant des peuples libres & souverains. Un Orateur habile & véhément emportoit ordinairement tous les suffrages.

C'est ce qu'un Général Romain, nommé Cerealis, leur disoit du tems de Vespasien. (71) *On ne vous gagne que par des paroles, parce que vous jugez des biens & des maux, non par la nature même des choses, mais par les discours de quelques séditieux.* Aussi la Rhétorique fut-elle l'art dont les Gaulois firent le plus grand cas. Les Empereurs s'accommoderent en cela au goût de la Nation. Ils établirent des Academies & des prix d'éloquence en divers endroits des Gaules. La seule Academie (72) d'Autun, avoit du tems de Tibere quarante-mille étudians. Il paroît par Suetone (73) & par Ausone (74), qu'il y avoit

de

remarquer, que ce passage doit s'entendre principalement des Gaulois de l'Italie, qui étoient les seuls qui fussent bien connus du tems de Caton.

(71) *Apud vos verba plurimùm valent; bonaque ac mala, non suâ naturâ, sed vocibus seditiosorum æstimantur.* Tacit. Hist. IV. 73.

(72) Idem Ann. III. 43.

(73) *Caligula edidit Lugduni certamen Græcæ Latinæque facundiæ.* Sueton. Calig. Cap. XX. Les Harangues se prononçoient devant l'Autel dressé à l'honneur d'Auguste : *Lugdunensem Rhetor dicturus ad aram.* Juvenal. Satyr. I. vs. 44.

(74) Voyez Ausonii Professores.

de ces Ecoles à Lyon, à Bourdeaux, à Toulouse & à Narbonne. Il ne faut pas être surpris après cela, qu'il y ait eu dans les Gaules beaucoup de bons Orateurs, & (75) encore plus de Déclamateurs. La Rhétorique étoit l'étude favorite de la Nation. Tous s'y appliquoient. Mais il n'y avoit, comme cela arrive dans toutes les autres études, que le plus petit nombre qui eût les talens nécessaires pour y réüssir.

Chapitre Onzieme.

La guerre étoit la seule profession de tous les peuples Celtes.

JE reviens présentement aux occupations des peuples Celtes. A proprement parler, la guerre étoit leur unique profession. (1) La jeunesse ne faisoit point d'autre ap-

(75) *Gallia semper viris fortissimis & eloquentissimis abundavit.* Hieronym. adv. Vigilantium Tom. II. p. 83. *Audio religiosam te habere matrem, multorum annorum viduam, quæ aluit, quæ erudivit infantem, ac post studia Galliarum, quæ vel florentissima sunt, misit Romam. . . . Ut ubertatem Gallici, nitoremque sermonis, gravitas Romana condiret.* Idem Epist. IV. ad Rusticum T. I. p. 28. *Gallia causidicos docuit facunda Britannos.* Juvenal. Satyr. XV. vs. 111.

(1) *Adveniebant Perseo rogati Bastarnæ, X mille equites, X mille parabatæ mercenarii, omnes homines non agriculturæ periti, nec rei nauticæ, nec pecore pascendo vitam tolerantes, sed unum opus, unam artem curantes, semper pugnare & hostes superare.* Plutarch. P. Æmil. T. I. p. 260. 261. *Gallis nihil aliud curæ, nisi res bellicæ, & agrorum cultus.* Polyb.

apprentissage que celui des armes. Les hommes faits alloient tous à la guerre, & ils y alloient aussi long-tems qu'ils étoient en état de servir. Ces peuples auroient été véritablement à plaindre, s'ils avoient été reduits, malgré eux, à prendre tous le parti des armes. Il est fâcheux & désespérant, d'avoir continuellement à défendre, ou ses biens, ou sa liberté, ou sa vie, contre un injuste aggresseur. Mais ce n'étoit point cela. Personne ne les attaquoit, parce qu'il n'y avoit rien à gagner avec eux. Mais ils faisoient eux-mêmes des courses continuelles sur leurs voisins, parce que la guerre étoit pour ainsi dire leur (2) gagne-pain. Tout ce que les Scythes & les Celtes ne tiroient pas de leurs troupeaux, il faloit qu'ils le gagnassent à la pointe de l'épée. L'éducation qu'ils recevoient, les conduisoit-là. Les Peres & les Meres n'élevoient leurs enfans qu'aux exercices militaires, & n'avoient point d'autre soin, que de les accoûtumer de bonne-heure aux travaux & aux fatigues de la guerre. Quand un jeune-homme étoit parvenu à l'âge de 18. ou 20. ans, on l'émancipoit, en lui donnant un bouclier, une épée & une lance. Il faloit après cela qu'il subsistât par lui-même, & qu'il vécût ou de la chasse, ou de ce qu'il pouvoit piller sur les peuples voisins.

lyb. II. p. 106. *Vita omnis in venationibus & studiis rei militaris consistit : ab parvulis duritiei ac labori student.* De Germanis Cæsar VI. 21. *Germanis quid armorum cupidius, quibus innascuntur, innutriunturque, quorum unica illis cura, in alia negligentibus.* Senec. de Ira Lib. I. Cap. II. p. 399.

(2) *Celtæ ob cibum & potum bellum gerunt,* Athen. VI. 174.

fins. Les Magistrats aussi ne vouloient pas, que les peuples qui leur étoient soûmis exerçassent d'autre métier que celui des armes. (3) La grandeur & la force de la Noblesse consistoit principalement dans le grand nombre de clients qu'un homme de qualité avoit à sa dévotion; & ce n'étoit que (4) par le moyen de la guerre, qu'un grand Seigneur pouvoit entretenir cette foule de clients qui s'attachoient à sa personne. C'est pour cela que, du tems de Jules-César, les Chefs des Germains (5) ne souffroient pas que les peuples qu'ils commandoient s'arrêtassent plus d'un an dans une contrée, ni qu'ils bâtissent d'une manière propre à se garantir de la chaleur & du froid. On permettoit à la vérité aux particuliers de s'appliquer à l'agriculture. Mais après qu'ils avoient employé une année à cultiver la terre, ils étoient obligez de faire la (6) campagne l'année suivante. Le but de toutes ces précautions étoit, comme Jules-César le remarque, (7) d'empêcher que la passion que les Germains avoient pour la guerre, ne se changeât insensiblement en passion pour l'a-

---

(3) *Hæc dignitas, hæ vires, magno semper electorum juvenum globo circumdari, in pace decus, in bello præsidium.* Tacit. Germ. Cap. XIII.

(4) *Magnum comitatum nonnisi vi belloque tueare. . . . materia munificentiæ, per bella & raptus.* Tacit. Germ. Cap. XIV.

(5) Ci-dessus Ch. V. p. 266. 268.

(6) *Ex quibus* (pagis) *quotannis singula millia armatorum bellandi causâ suis ex finibus educunt, reliqui, qui domi remanserint, se atque illos alunt; hi rursus invicem anno post in armis sunt, illi domi remanent.* Cæsar IV. I.

(7) Ci-dessus pag. 268.

l'agriculture. Ce qu'il y a ici de plus re- CHAP. XI.
marquable, c'est que le peuple même, au
lieu de se dégoûter d'un métier aussi pénible & aussi dangereux que la guerre, n'en
vouloit point d'autre (8). Je ne doute pas
qu'il ne faille en attribuer la cause, au moins
en partie, ou à la ferocité des Celtes, qui
se plaisoient au sang & au carnage, ou à
leur paresse excessive : ennemis de la peine
& du travail, rien ne leur paroissoit plus
facile & plus (9) commode que de piller
la moisson d'autrui, fût-ce même aux dépens de leur sang. Cela étoit bientôt fait;
au lieu que c'étoit pour eux la chose du
monde la plus pénible & la plus désagréa-
ble, de labourer la terre & d'attendre la recolte. Mais ce qui contribuoit le plus à leur
inspirer cette forte passion pour la guerre,
c'est qu'on avoit trouvé le moyen d'y atta-
cher la gloire, la justice, & en quelque
manière le salut.

I. La gloire (10) d'un peuple consistoit à Ils y atta-
ra- choient la
gloire.

(8) Voyez ci-dessus Chap. VIII. p. 345. *Artem bellicam solam hodieque barbari putant esse servandam, cetera aut in hac arte consistere, aut per hanc assequi se posse confidunt.* Veget. L. III. Cap. 10. *Apud Gallos, ad militandum omnis ætas aptissima, & pari pectoris robore senex ad procinctum ducitur, nec eorum aliquando quisquam, ut in Italia, munus Martium pertimescens, pollicem sibi præcidit.* Ammian. Marcell. L. XV. Cap. 12. p. 106.

(9) Ci-dessus Chap. VIII. p. 346.

(10) *Publicè maximam putant esse laudem* (Suevi) *quàm latissimè à finibus suis vacare agros, hac re significari, magnum numerum civitatum, vim suam sustinere non potuisse.* Cæsar IV. 3. *Civitatibus* (Germanorum) *maxima laus est, quàm latissimis*

S *circùm*

ravager les contrées voisines des siennes, & à avoir tout autour de soi une grande étenduë de païs desert & inculte. C'étoit une preuve que la terreur de son nom étoit si grande, qu'aucun autre peuple n'osoit lui resister, ni demeurer dans son voisinage. La gloire aussi du particulier consistoit à vivre, non pas de son industrie & de son travail; c'eût été se plonger dans la roture & dans la crasse; mais de ce qu'il pouvoit ravir & piller dans les Etats voisins (11). De semblables larcins ne passoient pas pour infames. Au contraire, c'étoit par-là que la jeunesse s'ouvroit un chemin à la véritable grandeur; elle apprenoit à vivre de son épée. Aussi voit-on l'un de ces anciens Pelasges de l'Isle de Crete se vanter, (12) ,, que ,, son

circum se vastatis finibus solitudines habere; hoc proprium virtutis existimant, expulsos agris finitimos cedere, nec quenquam prope se audere consistere, nec quenquam prope se audere consistere. Idem VI. 23. *Germani bella cum finitimis gerunt, ut circa ipsos quæ jacent vasta sint.* Pomp. Mel. III. 3. p. 75.

(11) *Iberi putabant nihil pulchrius esse latrocinio.* Plutarch. Mario T. I. 408. *Vis raptaque pascunt, Hispanos.* Silius L. III. vs. 389. *Apud Germanos, latrocinia nullam habent infamiam quæ extra fines cujusque civitatis fiunt, atque ea juventutis exercendæ ac desidiæ minuendæ causâ fieri prædicant.* Cæsar VI. 23. *Ne latrocinii quidem eos pudet.* De Germanis Pomp. Mel. III. 3. p. 75. *Innumeræ circa gentes fera bella minantur, Quæ sibi non rapto vivere turpe putant.* Ovid. Trist. L. V. Eleg. 10. vs. 15.

(12) *Sunt mihi pro magnis divitiis, hasta, ensis, & pulchrum scutum, munimentum corporis. Cum hoc aro, cum hoc meto, cum hoc suave vinum quod præbet vitis, pedibus tero. Cum hoc supplices me Dominum*

CHAP. XI.

„ son épée, sa lance & son bouclier, lui te-
„ noient lieu des plus grandes richesses.
„ Avec ces armes je laboure, je moisson-
„ ne, je foule le vin au pressoir. Elles m'atti-
„ rent mille démonstrations de respect, de la
„ part du Public. Chacun m'appelle son Sei-
„ gneur. Que tout homme qui n'ose me-
„ surer son épée à la mienne, se prosterne à
„ mes pieds, m'appelle son Souverain, &
„ publie par-tout que je suis un grand Do-
„ minateur ". Quand on trouve sa gloire
dans le larcin & dans le pillage, il faut, par
une conséquence nécessaire, qu'on se fasse
aussi un honneur de battre & de tuer ceux
qui se mettent en devoir de défendre les
biens qu'on veut leur ravir. Effectivement
les peuples Celtes s'accordoient à regarder
la guerre comme la seule profession véritablement noble, jusques-là qu'un Roi de
Thrace disoit, (13) *que quand il ne faisoit pas
la guerre, il ne voyoit point en quoi il étoit
préférable au moindre de ses palfreniers.* La
véritable gloire ne se moissonnoit que dans
un champ de bataille (14), au milieu du sang
&

---

*minum publicè vocant. Hastam qui non audet com-
parare, nec ensem, nec pulchrum scutum, corporis te-
gumentum, flexis ille genibus me adoret, Dominumque
salutet, & magnum esse regem vociferetur.* Hybrias
Cretensis apud Athen. L. XV. Cap. 14.

(13) *Teres Sitalcæ pater dicebat, cum in otio esset, & à militia vacaret, se nihilo meliorem
suis equisonibus sibi videri.* Plutarch. Apopht. II.
174.

(14) Voyez ci-dessus Chap. II. p. 228. Note (71)
*Nec quicquam est quod elatius jactent, quàm homine
occiso.* De Alanis Amm. Marc. L. XXXI. Cap. 3.
p. 620.

CHAP. XI. & du carnage. Le soldat arrivoit à un degré de noblesse plus ou moins distingué, à proportion du nombre des ennemis qu'il avoit tuez. Les Cantiques dont j'ai parlé plus haut, les honneurs, les distinctions, le butin, (15) les présens, tout cela n'étoit que pour les braves qui se distinguoient par leur valeur. S'ils périssoient à la guerre, ils avoient la consolation de mourir au lit d'honneur (16), & de laisser après eux une foule d'admirateurs. Chacun célébroit à l'envi, la gloire & le bonheur qu'ils avoient eu de mourir les armes à la main. Au contraire, un Celte (17) qui revenoit de la bataille sans avoir tué un seul homme de l'armée ennemie, n'avoit aucune part au butin, & devenoit encore, au milieu de toute sa Nation, un objet de mépris & de risée. Ceux qui se laissoient battre, ou qui perdoient (18) leur bouclier dans la mêlée, passoient pour des infames. On les bannissoit non seulement des festins, mais encore des assemblées civiles & religieuses. On

(15) *Scytha ... capite allato, fit prædæ particeps, alioquin expers.* Herodot. IV. 64.

(16) *Celtiberis ... pugnâ cecidisse decus.* Silius III. vf. 341. *Judicatur ibi beatus qui in prælio profuderit animam, senescentes enim, & fortuitis mortibus mundo digressos, ut degeneres & ignavos, conviciis atrocibus insectantur.* Amm. Marcell. ub. sup.

(17) *Mœrebant cæde sine ulla, (Insolitum sibi,) bella geri, siccasque cruoris, Inter tela sui Mavortis hebescere dextras.* Sil. Ital. de Celtis L. VIII. vf. 18.

(18) *Scutum reliquisse præcipuum (apud Germanos) flagitium, nec aut sacris adesse, aut concilium inire ignominioso fas, multique superstites bellorum, infamiam laqueo finierunt.* Tacit. Germ. Cap. VI.

On les (19) condamnoit à faire l'ouvrage des femmes. C'est en conséquence de ces principes, que les Bataves (20) tenoient à grand honneur que les Romains, après les avoir subjuguez, au lieu de les charger de tailles & d'impôts, les eussent réservez pour la guerre, comme on feroit des épées & des halebardes. La carriere de la gloire leur demeuroit ouverte, au lieu qu'on la fermoit aux peuples que l'on désarmoit. On sent bien que ces idées étoient fausses, mais au moins elles ne l'étoient qu'en partie. Je conviens qu'il faloit avoir une bien petite idée de l'homme, pour s'imaginer que sa grandeur, sa perfection, sa gloire, consistent uniquement dans une adresse, & dans une force extérieure, qui le met en état d'assujettir & de détruire ses semblables. Je conviens encore, que c'est un renversement de la raison d'annoblir le massacre & le brigandage. Mais on m'avouera aussi, qu'un soldat qui, dans une guerre juste, expose courageusement sa vie pour le bien de l'Etat; qu'un Général qui, par des actions de prudence & de valeur, sauve toute sa Nation de l'oppression & de la

---

(19) *Daci cùm, Orole rege, adversùs Bastarnas malè pugnâssent, ad ultionem segnitiæ, capturi somnum, capita loco pedum ponere jussu regis cogebantur; ministeriaque uxoribus, quæ ipsis antea fieri solebant, facere. Neque hæc ante mutata sunt, quàm ignominiam bello acceptam, virtute delerent.* Justin. XXXII. 3.

(20) *Manet honos & antiquæ societatis insigne; nam nec tributis contemnuntur, nec publicanus atterit; exemti oneribus & collationibus, & tantùm in usum præliorum sepositi, velut tela, atque arma, bellis reservantur.* Tacit. Germ. Cap. XXIX.

la ruine dont elle étoit menacée, est véritablement digne de louanges & de distinctions.

La Justice.

II. Il est bien plus difficile de comprendre, comment les Scythes & les Celtes on pû se persuader, que la guerre étoit encore un acte de justice, & que la force donne à l'Homme un droit réel & absolu sur ceux qui sont plus foibles que lui. Quand nous disons, que la raison & la justice sont toûjours du côté du plus fort; nous entendons par-là, que celui qui a la force en main, ne manque presque jamais d'en abuser, pour violer la foi des traitez, ou les principes de la justice & de l'équité naturelles. Que malgré cela, il trouve toûjours le moyen de se faire illusion à soi-même & aux autres, & de couvrir du manteau de la raison & de la justice, les prétentions les plus injustes, & les violences les plus manifestes. Les Celtes disoient aussi, que la force faisoit leur droit; mais ils prenoient cette maxime dans un tout autre sens. Ils soutenoient, que l'intention même de la Divinité étoit, que le plus fort dépouillât le plus foible, & que celui-ci abandonnât de bonne-grace, les biens qu'il n'étoit pas en état de défendre. Nos Jurisconsultes disent, que la parfaite égalité où les Hommes naissent tous, doit en mettre aussi dans le devoir, comme dans un commerce entre pareils. Les Celtes au contraire croyoient être en droit de se prévaloir de l'inégalité des Hommes, pour autoriser une Jurisprudence toute opposée. Il sera bon de les entendre eux-mêmes, & de leur laisser le soin de developper leurs principes. L'an de Rome 363. ou 364.

364. les (21) Gaulois Senons, se trouvant CHAP. XI. trop à l'étroit dans leurs habitations, vinrent assiéger la ville de *Clusium*, qui étoit fort à leur bienséance. Les assiégez ayant demandé du secours aux Romains, le Sénat jugea à propos d'envoyer sur les lieux trois Ambassadeurs, qui exposerent leur commission dans l'Assemblée des Gaulois. Cette commission se réduisoit en substance, à requerir les Senons, qu'ils cessassent de molester les habitans de *Clusium*, desquels ils n'avoient aucun sujet de se plaindre; sans quoi la République se verroit contrainte, bien qu'à regret, de les soutenir de tout son pouvoir. Les Gaulois répondirent d'abord aux Ambassadeurs, de la manière du monde la plus polie : „ Quoique nous ne connoissions
„ point les Romains, nous ne laissons pas
„ cependant d'avoir une grande idée de
„ leur valeur, puisque les habitans de
„ *Clusium* ont imploré leur assistance dans
„ la perplexité où ils se trouvent. Vos
„ Maîtres ayant préféré de nous envoyer
„ une Ambassade, au lieu de faire marcher
„ des troupes pour soutenir leurs alliez,
„ nous ne refusons pas la paix que vous
„ venez nous offrir, pourvû que les assié-
„ gez, qui ont plus de terres qu'ils ne
„ peuvent en cultiver, veuillent en ceder
„ une partie aux Gaulois, qui en manquent.
„ Nous ne pouvons faire la paix qu'à ces
„ conditions, & nous attendons une répon-
„ se positive avant votre départ. Si les
„ gens de *Clusium* n'agréent pas ces condi-
„ tions, nous sommes prêts de leur donner ba-
„ taille

(21) T. Livius Lib. V. Cap. 35. & seq.

„ taille en votre préfence, afin que vous
„ puiffiez apprendre à vos compatriotes,
„ combien les Gaulois font fupérieurs à tous
„ les autres peuples, par rapport à la va-
„ leur ". Les Ambaffadeurs faifant femblant
de ne pas fentir toute l'énergie de cette ré-
ponfe, revinrent à la charge, & repréfente-
rent, que c'étoit une haute injuftice de demander leurs terres à des gens qui les pof-
fedoient légitimement, & de les menacer de
la guerre, s'ils refufoient de les ceder. Là-
deffus les Gaulois declarerent fans aucun dé-
tour, (22) *qu'ils portoient leur droit à la pointe de leur épée, & que tout apartenoit aux
bons guerriers.* „ Vous-mêmes, difoient ils
„ aux Ambaffadeurs, (23) vous avez bien
„ declaré la guerre aux Albaniens, aux
„ Fidenates, &c. pour vous emparer de leurs ter-
„ res. En cela cependant vous n'avez rien fait
„ d'étrange ni d'injufte. Vous avez fuivi la
„ plus ancienne de toutes les Loix, qui
„ donne au plus fort les biens du plus foi-
„ ble. Cette Loi commence par la Divinité,
„ & s'étend jufqu'aux bêtes brutes. La na-
„ ture les a faites d'une telle manière, que
„ les fortes veulent avoir plus que les foi-
„ bles, & les foûmettre. Ceffez donc de plain-
„ dre les Clufiens affiégez, de peur que vous
„ ne voyïez à votre tour les Gaulois fe
„ montrer doux & compâtiffans, envers
„ ceux que vous avez opprimez ". L'argu-
ment que l'on appelle *ad hominem*, eft excellent & fans replique. Les Romains, fans ap-
prou-

---

(22) *Se in armis jus ferre, & omnia fortium virorum effe*. Livius ub. fup.

(23) Plutarch. Camill. T. I. p. 136.

prouver le principe des Gaulois, ne laissoient CHAP. XI. pas de le suivre. C'est aux Jurisconsultes à montrer, que le principe en lui-même est faux & insoutenable, & qu'il confond les choses du monde les plus opposées, la justice & la violence. Quoi qu'il en soit, les Celtes ont fait valoir ces maximes en mille occasions. Ainsi, lorsque les Romains, assiégez dans le Capitole, (24) eurent fait avec les Gaulois dont je viens de parler un accord, en vertu duquel les assiégeans promettoient de se retirer, moyennant une somme de mille livres d'or; le Général Gaulois fit apporter de faux poids, & le Tribun Romain ayant demandé, en les rebutant, ce que cela signifioit? L'insolent Brennus mit encore son épée & son baudrier dans la balance, en disant, *Que voulez-vous que cela signifie, si ce n'est malheur au vaincu?* Tout de même, avant la bataille que Marius gagna contre les Cimbres en Italie, on voit un Chef de ces (25) barbares s'approcher du camp des Romains, & faire à Marius un défi, par lequel il le sommoit de fixer un jour & un lieu pour la bataille, dans laquelle on décideroit, à qui devoit apartenir le païs où les deux armées étoient campées. On voit-là l'idée des Celtes, qui regardoient une bataille, comme un jugement de Dieu, (26) dans le-

(24) Livius V. 48. Plutarch. Camill. T. I. p. 142.

(25) *Bojorix Cimbrorum Rex ad castra adequitans, provocavit Marium, ut definito die & loco procederet, & dimicaret de regione.* Plutarch. Mario T. I. p. 419.

(26) *Virtutem proprium hominis bonum. Deos*

CHAP. XI. lequel la Providence fait connoître le plus fort, & par conſequent le plus digne de commander. Ariovifte raiſonnoit auſſi ſur les principes que je viens de rapporter, lorſqu'il diſoit à Jules-Céſar, (27) que ſelon le droit de la guerre, le vainqueur diſpoſe des vaincus à ſa fantaiſie. Le Droit de la Guerre, c'eſt ici la Loi du plus fort.

Ce que les Celtes diſoient de la guerre, ils l'appliquoient auſſi au Duel. C'étoit un jugement de Dieu qui décidoit les querelles des particuliers, de la même manière que les conteſtations qui naiſſent entre des peuples & des Etats ſont decidées dans une bataille. Cette ſorte de Juriſprudence leur paroiſſoit la plus claire, la plus courte & la plus ſûre. Auſſi ne pouvoient-ils ſouffrir qu'on voulût les forcer à en recevoir d'autre. C'étoit l'outrage du monde le plus ſenſible, d'aſſujettir aux procedures du barreau, un Homme d'honneur, qui (28) croyoit avoir une voye bien plus courte & plus glorieuſe pour ſortir promptement d'affaire. Il y avoit cependant quelque choſe de fâcheux pour ces

fortioribus adeſſe. Civilis apud Tacit. Hiſt. IV. Cap. 17.

(27) _Jus eſſe belli, ut qui viciſſent, iis quos viciſſent, quemadmodum vellent, imperarent._ Cæſar I. 36.

(28) _Cum verbis (eos) diſceptare Scipio vellet, ac ſedare iras, negatum id ambo dicere communibus cognatis, nec alium Deorum hominumve quàm Martem ſe judicem habituros eſſe._ Liv. XXVIII. 21. C'eſt ce que diſoient à Scipion deux Princes Eſpagnols, qui étant l'un fils & l'autre neveu d'un Roi qui venoit de mourir, diſputoient entre eux ſur la ſucceſſion. Voyez ci-deſſous p. 435. Note (73).

ces braves qui ne vouloient rien tenir que de leur épée. En vertu de leurs propres principes, ils étoient obligez de convenir, que celui qui avoit une meilleure épée que la leur, & qui sçavoit s'en mieux servir, avoit par cela même un droit plus fondé sur tous les biens qu'ils possedoient. Aussi vit-on les mêmes Gaulois qui disoient que la force faisoit leur droit (29), se retrancher sur les accords, quand les affaires eurent pris un tour favorable aux Romains. A force de battre les Celtes, & de les traiter comme ils avoient traité les autres, on leur apprit à connoître & à respecter les Loix de la justice, de l'équité & de l'humanité.

III. Enfin il est certain, que les Celtes attachoient encore à la profession des armes la félicité à venir. J'en ai déja touché (30) quelque chose, & j'aurai occasion de traiter la matière plus à fond, lorsque j'examinerai ce qu'ils pensoient sur une autre vie, & sur les moyens d'y parvenir. Il suffira de remarquer ici, (31) qu'ils souhaitoient tous de mourir à la guerre, parce qu'ils étoient dans l'idée, qu'un homme qui mouroit d'une mort naturelle, étoit exclus du bonheur à venir, ou qu'au moins il n'arrivoit pas au même degré de gloire & de félicité, qu'un autre qui perdoit la vie sur un champ de bataille. C'est pour cette raison que les Irlandoises,

Le Salut.

quand

---

(29) Livius V. 49.
(30) Voyez ci-dessus pag. 232. Note (82) pag. 366. Note (47) pag. 412. Note (16).
(31) *Cimbri læti perire in bello, in morbo cum lamentis.* Paul. Diac. Hist. Misc. L. V. p. 58.

CHAP. XI. quand elles étoient accouchées d'un fils, prioient Dieu (32) qu'il fît la grace à cet enfant de mourir à la guerre & les armes à la main.

Ces principes avoient une influence générale sur la manière de vivre des peuples Celtes.

Comme les divers Principes dont je viens de parler, étoient communs à tous les peuples Scythes & Celtes, il est facile de comprendre ce qui devoit en résulter. Il n'est pas étonnant, par exemple, qu'ils ne respirassent que la guerre, qu'ils ne la refusassent jamais, qu'ils y allassent tous, depuis le plus grand jusqu'au plus petit, & qu'ils trouvassent autant de charmes dans les dangers & dans les combats, que les peuples policez trouvent de douceurs dans la paix. Il ne faut pas être surpris aussi, que la plupart de ces peuples vécussent de pillage. Guerriers & brigands par inclination, ils le devenoient en quelque manière par nécessité. Quand on ne connoît ni art, ni profession, quand on tient à déshonneur de vivre de son travail, & qu'on n'a appris d'autre métier que celui des armes, on ne peut que manquer d'une infinité de choses pendant la paix. Il faut se résoudre à mourir de faim, ou prendre le parti de piller & de tuer. C'étoit-là anciennement le noble & le seul métier (33) des

Ils étoient toûjours en guerre

Es-

_____

(32) *Puerpera si quando marem edidit, gentilibus votis optat, non aliter quàm in bello & inter arma mortem appetat.* Solin. Cap. XXV. p. 252.

(33) Voyez ci-dessus Chap. VIII. p. 345. Note (13) *Hispani bellum quàm otium malunt.* Justin. XLIV. 2. *Aut impacatos à tergo horrebis Iberos.* Virgil. Georg. Lib. III. vs. 408. Ad quæ Servius: *Ferè enim Hispani omnes acerrimi abactores sunt.* Servius Daniel p. 141. *Gentes triginta tractum inter*

DES CELTES, Livre II. 421

Espagnols, (34) des Gaulois, (35) des Bretons, (36) des Germains, (37) des Illyriens, (38) des Thraces, (39) des Ligures,

CHAP. XI.
avec quelqu'un de leurs voisins.

inter Artabros & Tagum inhabitant, quibus cum pecore, auro, argento, aliisque rebus differtissima regio sit... prædis tamen & latrociniis incubant. Strabo III. 154.... *Venatibus ævum Transigitur, vel more patrum vis raptaque pascunt.* Silius de Suanetibus, Lib. III. vf. 389.

(34) Voyez ci-dessus Chap. II. p. 211. Note (8). Chap. VIII. p. 345. Note (13).

(35) *Britanni gens pugnæ & cædis amans.* Herodian. L. III. p. 301.

(36) Voyez ci-dessus Chap. VIII. p. 345. Note (13) *Septentrionales populi ad bella promtissimi.* Veget. Lib. I. Cap. 2. *Sicambri in bello latrociniisque nati.* Cæsar VI. 35. *Cæde gaudentes Sicambri.* Horat. Carmin. Lib. IV. Od. 14. fin. *Germani raptu venatuque viventes.* Isidor. Orig. IX. 2. pag. 1006. *Cupidissimi latrociniorum Cimbri.* Diodor. Sic. V. 214. Plutarque dit, que le nom même de *Cimbre* signifie un Brigand. Plut. Mario T. I. p. 411. *Barbari (qui trans Istrum sunt) incursibus & populationibus victum sibi parant.* Herodian. I. p. 32. *Venedi, quicquid inter Peucinos, Fennosque, sylvarum & montium est, latrociniis pererrant.* Tacit. Germ. Cap. XLVI. *Catti latrocinia exercent.* Tacit. Ann. XII. 27. *Pannonii ad cædes promtissimi.* Dio. XLIX. 413.

(37) *Illyrii in pugnam & cædes promtissimi.* Herodian. II. 171. *Illyrii & Thraces rapto vivere assueti.* Curtius III. 10. p. 73.

(38) *Ad Æmum sedes habent, & infra istos, ad Pontum usque, Coralli, Bessi, Medorum nonnulli, & Denthelete. Hæ gentes omnes majorem in modum latrociniis deditæ sunt.* Strabo VII. 318. *Daci quoties concretus gelu Danubius junxerat ripas, montibus decurrere solebant, & vicina depopulari.* Florus IV. 12.

(39) *Ligures... magis latrocinia quàm bella faciebant.* Florus II. 3. *Ligures latrones.* Nigidius apud Servium ad Æneid. XI. 715. *Rhæti, Venones,*

CHAP. XI. & en général de tous les peuples de (40) l'Europe. Ils menoient tous une vie de brigands, avec cette différence, qu'au lieu qu'aujourd'hui un brigand pille & tue souvent ses propres compatriotes, & le fait toûjours de sa propre autorité, les Celtes pilloient les peuples qui leur étoient voisins, & faisoient ce beau métier de l'aveu de leurs Magistrats.

Le grand but de l'assemblée que les peuples Celtes tenoient au commencement de chaque printems, étoit de résoudre où l'on porteroit la guerre pendant cette année.

Au (41) commencement de chaque printems, on tenoit dans chaque Etat une assemblée générale, où tout homme libre, & capable de porter les armes, étoit obligé de se rendre. Ils y venoient, comme je l'ai dit (42) plus haut, armez de pied en cap, & tout prêts d'entrer en campagne. Là on délibéroit, de quel côté il étoit à propos de porter la guerre dans le cours de l'année. On rappelloit les divers sujets que l'Etat avoit de se plaindre de ses voisins. On insistoit sur l'occasion favorable qui se présentoit de se venger. Celui qui parloit avec le plus de férocité, entraînoit ordinairement tous les suffrages. Au défaut de bonnes raisons, on cherchoit, comme le Loup de la Fable,

nes, Lepontii, Tridentini, Stoni, & aliæ complures exiguæ gentes, quæ superioribus temporibus Italiam tenuére, latrociniis deditæ. Strabo IV. 204. Dio LIV. 536.

(40) *Scythæ bella cædesque amant.* Pomp. Mel. II. 1. p. 41. *Scytharum bellicosissima gens, & rapto vivere assueta.* Curtius IV. 6. p. 116. *Tauri ex rapto & bello vivunt.* Herodot. IV. 103.

(41) Je parlerai plus au long de ces Assemblées, lorsque j'examinerai la forme de Gouvernement qui étoit établie parmi les peuples Celtes.

(42) Ci-dessus Chap. VI. p. 315. 316.

ble, (43) des prétextes pour attaquer avec quelque sorte de bienséance les peuples qui étoient à portée. Tantôt (44) il faloit abattre une Nation trop puissante, ou en dépouiller une autre qui s'étoit engraissée du butin qu'elle avoit fait sur ses ennemis. (45) Tantôt il faloit courir au secours d'un peuple injustement opprimé, & soutenir des voisins bien intentionnez. Tantôt on proposoit (46) de donner des troupes auxiliaires, à un Etat qui offroit de les entretenir, ou d'en fournir à son tour dans un cas semblable. En un mot, le resultat de l'assemblée étoit toûjours une declaration de guerre. Ainsi, quoique les Gaulois fussent déja policez, au moins en partie, du tems de Jules-César, cet Auteur assure cependant (47), qu'avant son arrivée dans les Gaules, il ne se passoit presque point d'année, où les peuples du païs ne fussent engagez dans quel-

(43) *Germani bella cum finitimis gerunt, causas eorum ex libidine accersunt.* Pomp. Mela III. 3. p. 75.

(44) *Apud nos bella perpetua. Vel enim alios invadimus, vel cedimus invadentibus, vel concurrentes pro pascuis, vel prædá, depugnamus.* Lucian. de Scythis in Toxari p. 624.

(45) *Galli semper indignationem suscipientes pro vicinis injuriâ se affectos putantibus.* Strabo IV. 195.

(46) *Alemannos sequebantur armatorum millia triginta quinque, ex variis nationibus, partim mercede, partim pacto vicissitudinis reddendæ quæsita.* Amm. Marcell. XVI. 13. p. 143.

(47) *Alterum genus est equitum; ii cum est usus, atque aliquod bellum incidit, (quod ante Cæsaris adventum, ferè quotannis accidere solebat, uti aut ipsi injurias inferrent, aut illatas propulsarent) omnes in bello versantur.* Cæsar VI. 15.

HISTOIRE

CHAP. XI. quelque guerre offensive ou défensive. Le même Auteur remarque, que (48) les Sueves faisoient la guerre tous les ans, mais qu'ils laissoient dans le païs une partie de leur monde pour cultiver les terres. Plutarque dit la même chose de tous les autres peuples Germains (49). Ils avoient accoutumé de sortir tous les ans de leurs contrées pour quelque expedition. En général, l'Histoire des peuples Celtes, c'est l'Histoire de leurs guerres, de leurs batailles, de leurs conquêtes. Ils ne faisoient autre chose que la guerre, ou au moins ils ne vouloient pas qu'on transmît autre chose à la posterité, que le souvenir de leurs exploits militaires.

Au défaut d'une guerre générale, on autorisoit dans l'Assemblée des guerres particulieres.

On sent bien cependant, que lorsque les peuples ne pouvoient s'engager dans une guerre sans courir à leur propre ruine, l'assemblée générale étoit obligée de préférer la paix. Il étoit permis alors aux jeunes gens qui avoient de la naissance & de la bravoure, de s'ériger en Chefs de parti, & de declarer qu'ils étoient dans l'intention de venger telle ou telle injure qu'ils avoient reçue, dans leur personne ou dans leur famille, de la part de quelque voisin. D'autres disoient, qu'ils avoient résolu de passer, avec leurs clients, au service d'une Puissance étrangere, & de chercher dans les païs où la guerre étoit allumée,

les

---

(48) *Suevi centum pagos habere dicuntur; ex quibus quotannis, singula millia armatorum, bellandi causâ, suis ex finibus educunt.* Cæsar IV. 1. Les Sueves de Jules-César, sont les peuples qui reçurent depuis le nom de Cattes, & que l'on appelle aujourd'hui Hessois.

(49) Plutarch. Mario T. I. p. 411.

les occasions de se distinguer, qu'ils ne trouvoient pas dans leur patrie. D'abord on voyoit accourir une foule de braves, qui prêtoient volontairement serment à ce nouveau Général. L'assemblée, bien loin de condamner ces levées de bouclier, donnoit mille louanges à ceux qui s'enrôloient de cette manière. *Quand un Scythe*, dit Lucien, (50) *a reçu quelque outrage, & qu'il ne se sent pas en état de se venger par lui-même de son ennemi, il immole un bœuf, qu'il fait cuire & couper par morceaux. Ensuite on étend par terre le cuir du bœuf, sur lequel le plaignant s'assied, tenant ses mains derriere le dos, à la manière des prisonniers qui sont enchaînez par les deux coudes. C'est la plus humble & la plus forte supplication dont un Scythe puisse user. Là-dessus les amis du suppliant, & tous les autres qui jugent à propos de s'enrôler, s'approchent, prennent un morceau de la chair du bœuf, mettent leur pied droit sur le cuir où le suppliant est assis, & lui promettent chacun selon*

ses

___

(50) *Ubi quis ab alio læsus est, cupitque ulcisci, neque par esse pugnæ videtur, tum bove immolato, carnes frustulatim concisas igni torret, ipse verò humi corium extendens, ei insidet, in tergum reductis manibus, more eorum qui à cubitis vincti sunt. Hæc nobis est maxima supplicatio; adjacentibus bovis carnibus accedunt domestici, & è reliquis qui volunt, & unusquisque portionem sumit, & dextro pede super corio posito, pollicetur pro viribus, alius quinque equites, proprio sumtu alendos & salariandos, alius decem, alius plures; alius pedites armatos, quotquot possit ducere, pauperrimus verò semetipsum. Colligitur autem aliquando in corio magna multitudo, & hujusmodi exercitus firmissimâ fide cohæret, & inexpugnabilis est inimicis, tanquam juramento astrictus.* Lucian. Toxar. p. 634.

CHAP. XI. *ses facultez, cinq, dix ou plus de Cavaliers qu'ils s'engagent d'entretenir à leurs propres dépens. D'autres lui promettent de la même manière un certain nombre de Fantassins armez. Le plus pauvre s'enrôle lui-même.* On engage quelquefois sur ce cuir une armée de gens affidez & invincibles à l'ennemi, chacun des enrôlez étant lié par un serment d'autant plus inviolable, qu'il est volontaire. Ce que Lucien dit des Scythes en général, s'accorde avec ce que Jules-Céfar & Tacite rapportent en particulier des Germains. Le premier remarque, (51) ,, que quand quelqu'un des
,, Chefs avoit résolu d'entreprendre une ex-
,, pedition, il le declaroit dans l'Affemblée
,, générale, afin que ceux qui vouloient le
,, suivre s'enrôlaffent. Ceux qui approu-
,, voient l'expedition, & qui agréoient le Gé-
,, néral, se levoient, & lui promettoient leur
,, assistance. Ils recevoient là-dessus de grands
,, applaudiffemens de la part de toute l'Af-
,, semblée. Si parmi les enrôlez il s'en trou-
,, voit quelqu'un qui ne suivît pas son Géné-
,, ral, on le regardoit, comme un déserteur
,, & un traître, & personne ne se fioit plus
,, à lui en quoi que ce fût ". Tacite dit à peu près la même chose. (52) ,, Quand un
peu-

---

(51) *Ubi quis ex Principibus in concilio dixit se ducem fore, qui sequi velint, profiteantur. Consurgunt ii, qui & causam & hominem probant, suumque auxilium pollicentur, atque ab multitudine collaudantur; qui ex iis secuti non sunt, in desertorum ac proditorum numero ducuntur, omniumque rerum iis postea fides abrogatur.* Cæsar VI. 23.

(52) *Si civitas in qua orti sunt, longâ pace & otio torpeat, plerique nobilium adolescentium, petunt ultrò*

„ peuple languit dans la paix & dans l'oi-
„ siveté la plupart des jeunes Seigneurs
„ vont trouver, de leur propre mouvement,
„ les Nations qui sont engagées dans quel-
„ que guerre, soit parce que c'est au mi-
„ lieu des périls qu'ils trouvent les occasions
„ de se distinguer, & d'acquérir de la ré-
„ putation, soit parce qu'ils ont besoin de la
„ guerre pour entretenir le grand nombre
„ de clients qu'ils ont à leur suite ". On
voyoit quelque chose de semblable parmi
les Espagnols, au rapport de Diodore de
Sicile. (53) Les jeunes gens, principalement
ceux qui avoient de la force & du courage, se retiroient dans les montagnes, où
ils formoient des corps d'armée qui ravageoient toute l'Espagne.

Indépendamment des Assemblées, qui
étoient ordinairement suivies de quelque expedition générale ou particuliere, les Celtes
étoient toûjours au service des peuples qui
avoient besoin de leur bras & de leur épée.
Prodigues de leur vie, ils offroient un sang
vénal à tous ceux qui étoient en état de

CHAP. XI.

Les Celtes fournissoient des troupes à tous ceux qui leur en demandoient.

l'a-

---

*ultrò eas nationes, quæ tum bellum aliquod ge-
runt, quia & ingrata genti quies, & facilius
inter ancipitia clarescunt, magnumque comitatum
nonnisi vi belloque tueare.* Tacit. Germ. Cap.
XIV.

(53) *Peculiare quippiam Iberis, & maximè Lusita-
nis, in usu est. Nam qui floridâ inter illos ætate,
rei familiaris inopiâ maximè premuntur, robore tamen corporis & fiduciâ præstant; fortitudinis & armorum viatico instructi, in aspretis montium congre-
gantur, validisque collectis agminibus, Iberiam incur-
santes, prædando divitias corradunt; & hoc perpetuo
magno periculorum contemtu factitant.* &c. Diod. Sic.
L. V. p. 215.

Chap. XI. l'acheter. Il leur étoit parfaitement indifférent que la guerre fût juste ou injuste, pourvû qu'elle leur fournît les moyens de subsister, & d'acquerir de la gloire. Ainsi les Cimbres (54) demandoient aux Romains, qu'on leur assignât quelques terres qui pûssent leur tenir lieu de gages. Ils consentoient après cela, qu'on se servît de leurs mains & de leurs armes comme on le jugeroit à propos. Arioviste (55) offroit aussi à Jules-César, de finir toutes les guerres dont il voudroit le charger, sans qu'il fût obligé de se donner pour cela aucune peine, ni de s'exposer au moindre danger. Cette marote, ou plutôt cette manie, d'aller servir dans les guerres étrangeres, étoit commune à tous les peuples Scythes & Celtes. (56) Ils fournissoient des trou-

(54) *Ut Martius populus aliquid sibi terræ daret, quasi stipendium; ceterùm ut vellet manibus atque armis suis uteretur.* Flor. III. 3.

(55) *Quæcunque bella geri vellet, sine ullo ejus labore & periculo confecturum.* Cæsar I. 44.

(56) . . . *Venale cohortes, Hispanæ vulgus, Lybico quas fecerat auro Hasdrubal.* Silius Lib. XIII. vs. 680. *Venales animæ Rhodani quæ gurgite gaudent.* Idem. L. XV. vs. 500. *Gallorum mercede conductorum quatuor millia Ptolemæo militabant.* Pausan. Attic. Lib. I. Cap. 7. p. 18. *Germani nullis adversùs Romanos auxilia denegabant.* Cæsar VIII. 45. Voyez ci-dessus Chap. VIII. p. 344. Note (10) *Thraces mercede conducti Atheniensibus.* Thucyd. IV. Cap. 129. p. 287. Pausan. Attic. Cap. XXIII. p. 53. *Alcibiades Thraces in exercitu habebat, cum Selybriam cepit.* Plutarch. Alcibiad. T. I. p. 208. *Agathocles expeditionem in Carthaginienses suscipiens, in exercitu habebat Samnitas, Tyrrhenos, Celtas ter mille.* Diod. Sicul. L. XX. p. 738. *Cari genus, usque eò quondam armorum pugnæque amans, ut aliena etiam bella mercede agerent.* Pomp. Mela. L. I.

troupes à tous ceux qui leur en demandoient, quelquefois même (57) aux deux partis, & contre (58) leurs propres compatriotes. La Noblesse prenoit ce parti par honneur, & le simple soldat, pour avoir du pain. Aussi ne se faisoit il presque point de guerre considerable en Europe, où l'on n'employât des troupes Celtiques. Elles rendirent, par exemple, de bons services à Alexandre le Grand dans ses expeditions. Dans la première campagne qu'il fit après être monté sur le trône, ce Prince (59) ayant éprouvé la valeur des Thraces, des Illyriens, des Triballes, des Getes, & des autres peuples barbares qui confinoient à la Macedoine, se desista d'abord de la guerre qu'il avoit entreprise contre eux; & préférant de les avoir pour amis, il trouva le moyen de les attirer (60) à son service par

---

I. Cap. 16. p. 26. *Cares primi mortalium mercede militârunt.* Suidas Ἐν καρὶ τὸ κύνδυνον. Tom. I. p. 748. Les Cariens étoient un peuple Scythe sorti de Thrace.

(57) *Tempore belli Cassiani, Rascypolis & Rascus fratres, ex regio Thracum genere, unius ditionis principes, sententiis de societate variabant. Rascus Antonium, Rascypolis Cassium fovebat, singuli tribus millibus equitum.* Appianus Bell. Civ. L. IV. p. 1023. & seq.

(58) *Marcus Aurelius emit Germanorum auxilia contra Germanos.* Jul. Capitolin. M. Aurel. Cap. 21. p. 369.

(59) Arrian. Expedit. Alexandri p. 3. & seq.

(60) *In exercitu habebat Odrysas, Triballos, & Illyrios, quinque (al. septem) mille, sagittarios & Agrianos mille, Thraces velites, & Pæones nongentos.* Diod. Sic. XVII. p. 570. *Ex barbaris, Thraces, Pæones, Illyrios, & Agrianos, fortissimos totius Europæ & bellicosissimos ducebat.* Arrian. ub. sup. II. 96. Curtius III. 9. IV. 9. 13. 15.

par ses liberalitez. Les Carthaginois aussi soutinrent (61) principalement leur première guerre contre les Romains, par le moyen des troupes Celtes qu'ils avoient prises à leur solde, mais qui mirent ensuite cette puissante République à deux doigts de sa perte, par les demandes excessives (62) qu'elles formerent, & par le soulevement qu'elles exciterent à la fin de la guerre. Cela n'empêcha pas, que dans les guerres suivantes la même République n'employât un grand nombre de troupes étrangeres, qu'elle faisoit lever parmi les peuples Celtes, comme en Espagne, dans les Gaules, & dans la Ligurie. Ainsi lorsqu'Annibal, (63) après avoir passé les Alpes, fit le denombrement de son armée, elle se trouva composée de 6000 Chevaux, & de 20000 hommes d'Infanterie, parmi lesquels il y avoit 8000 Espagnols. Il l'augmenta ensuite considerablement (64) d'un grand nombre de Gaulois & de Liguriens, qu'il enrôla les uns par force, les autres par argent, & d'autres enfin en leur donnant de bonnes paroles. C'est avec ces troupes qu'il fit trembler

---

(61) *Militabant in Sicilia cum Carthaginiensibus, Iberi, Celtæ, Baleares, Ligures.* Fragmentum ex Libro XXIV. Diodor. Sic. apud Hoeschel. in Excerpt. Legat. p. 169. *Carthaginienses mercenario milite ex transmarinis regionibus conducto, magnam Ligurum, ac Gallorum, & majorem etiam Hispanorum numerum, in Siciliam mittunt.* Polyb. I. 16. Orof. IV. 9. p. 194. Paul. Diac. Hist. Miscell. II. p. 24.

(62) Excerpta ex. Diod. Sic. Lib. XXIV. apud Hoeschel. ub. sup.

(63) Polyb. Lib. III. p. 209.

(64) Appian. Rer. Punic. p. 546. Eutrop. L. III. Cap. 4. p. 63.

bler l'Italie pendant plusieurs années, & qu'il auroit détruit la République Romaine, s'il avoit sû profiter de ses victoires. On sait aussi, que depuis le tems de Jules-César (65), les Romains s'accoûtumerent insensiblement à employer dans leurs armées un grand nombre de troupes auxiliaires, que les peuples Celtes leur fournissoient; & j'aurai peut-être occasion de montrer un jour, que ces troupes étrangeres, après avoir soutenu l'Empire pendant quelque tems, furent enfin l'une des principales causes de sa décadence & de sa ruine totale.

Quand un Etat étoit en pleine paix, & que le soldat ne trouvoit à s'employer, ni au dedans ni au dehors, on voyoit ces peuples feroces (66) se déchirer & se détruire réciproquement par des guerres civiles, qui leur ont toûjours fait plus de mal que les ennemis de dehors. On conviendra que la chose étoit inévitable, si l'on veut se rappeller une refléxion que Jules César faisoit à l'occasion des Gaulois, mais qui doit être étendue à tous les peuples Celtes, comme je le montrerai en parlant de la forme de leur Gouvernement. On voit, dit-il (67), *non seulement les peu-*

Quand le soldat Celte n'étoit pas employé au dehors, les peuples se déchiroient au dedans par des guerres civiles.

---

(65) *Antonius bello contra Parthos, habebat Hispanorum, Gallorumque inter equitatum Romanum recensitorum decem millia.* Plutarch. Anton. I. p. 932.

(66) *Hispani bellum quàm otium malunt; si extraneus deest, domi hostem quærunt.* Justin. XLIV. 2. *Germani vacui externo metu, gentis adsuetudine, & tum æmulatione gloriæ, arma in se verterant.* Tacit. Ann. II. 44. *De Gallis, Boji & Scordisci, de Illyriis Autariatæ, Ardiæi, Dardani, de Thracibus Triballi, primùm à se invicem attriti.* Strabo VII. 315.

(67) *In Gallia non solum in omnibus civitatibus atque*

peuples, les Cantons, les quartiers, mais encore la plupart des maisons, partagées entre différentes factions, qui ont à leur tête des Chefs revêtus d'une espece d'autorité souveraine sur leurs clients. Toutes les affaires du parti leur sont rapportées, & ne se dirigent que par leur conseil. Comme chaque parti vouloit avoir le dessus, & s'emparer des affaires, on ne voyoit par-tout que querelles & contestations, qui degéneroient facilement en guerre ouverte. Si les factions se réunissoient quelquefois, pour mieux resister à un ennemi commun, elles ne manquoient jamais de revivre d'abord que l'Etat étoit en paix. Tacite avoit donc bien raison de souhaiter, que les Germains fussent toûjours possedez de cet esprit (68). *S'ils ne nous aiment point, qu'ils continuent au moins de se haïr réciproquement. La fortune ne sçauroit nous rendre un service plus important, que de semer la discorde entre nos ennemis.* Polybe remarque encore (69), que quand

atque pagis, partibusque, sed penè etiam in singulis domibus factiones sunt; earumque factionum sunt principes, qui summam autoritatem eorum judicio habere existimantur, quorum ad arbitrium, judiciumque, summa omnium rerum consiliorumque redeat. Cæsar VI. 11. Voyez aussi Tacit. Ann. I. 55.

(68) *Maneat quæso duretque gentibus, si non amor nostri, at certè odium sui; quando urgentibus Imperii fatis, nihil jam præstare majus fortuna potest, quàm hostium discordiam.* Tacit. Germ. Cap. 33.

(69) *Galli impressione factâ, magnam quidem prædam avertere, finibusque Romanorum sine periculo excesserunt; verùm in patriam ubi rediissent, mutuâ cupiditate rerum captarum ad seditionem impulsi, & prædæ, & exercitûs sui bonam partem amiserunt. Consuetum est hoc Gallis, quoties vicina rapuerunt; præ*

CHAP. XI.

quand les Gaulois revenoient d'une expedition; le seul partage du butin donnoit lieu à des contestations & à des batailles, qui faisoient périr quelquefois la fleur de l'armée victorieuse. On en vit un exemple dans les barbares qui envahirent l'Espagne & les Gaules, du tems de l'Empereur Honorius. Ne pouvant s'accorder sur le partage des terres qu'ils avoient conquises, il falut vuider la querelle à la pointe de l'épée, & en venir jusqu'à se détruire réciproquement. Ils avouoient eux-mêmes, que leurs divisions faisoient la sureté de leurs ennemis; mais pour tout cela ils n'en devenoient pas plus sages. (70) Vallia, Roi des Visigoths, avoit promis à l'Empereur Honorius, de lui soûmettre tous les peuples étrangers qui s'étoient établis en Espagne. Les Rois des Alains, des Vandales & des Sueves, informez de ce Traité, écrivirent à l'Empereur en ces termes : *Vivez en paix avec nous tous: acceptez les ôtages que nous vous offrons tous pour votre sureté. Laissez-nous battre entre nous,*

---

præsertim propter immodicas cibi & vini ingurgitationes. Polyb. L. II. p. 107.

(70) *Wallia Romanæ securitati periculum suum obtulit, ut adversum ceteras gentes, quæ per Hispanias confedissent, sibi pugnaret, & Romanis vinceret; quamvis & ceteri Alanorum, Vandalorum, Suevorumque reges, eodem nobiscum placito depacti forent, mandantes Imperatori Honorio* : Tu cum omnibus pacem habe, omniumque obsides accipe; nos nobiscum confligimus, nobis perimus, tibi vincimus. Immortalis verò quæstus erit Reipublicæ tuæ, si utrique pereamus. Orosius L. VII. Cap. 43. p. 514. Paul. Diac. Hist. Misc. Lib. XIV. p. 181.

nous, puisque la perte sera toute pour nous, au lieu que vous remporterez vous-même tout le fruit des victoires que nous remporterons les uns sur les autres. Le plus grand bien qui puisse arriver à l'Empire, c'est que nous perissions tous dans cette guerre. Voilà certainement la ferocité, l'acharnement & l'esprit de parti, portez à un point au-delà duquel on ne peut rien imaginer.

<small>Les particuliers vuidoient ordinairement leurs différens à la pointe de l'épée.</small>

Outre les factions qui déchiroient les Etats, la situation des particuliers étoit en quelque manière un état de guerre continuel. Ce n'est pas qu'un Celte eût à craindre, ni surprise, ni trahison de la part de ses compatriotes. Les Loix de l'honneur établies dans toute la Celtique, ne permettoient pas à un honnête homme d'en attaquer un autre, ni de le tuer, sans l'avoir premièrement averti de se mettre en défense. Agir autrement, c'étoit une bassesse, une lâcheté, & même une abomination, parmi des peuples qui détestoient la trahison, non pas à la vérité par un principe de conscience, mais parce qu'ils faisoient consister la gloire d'un homme d'épée, à tout emporter de vive force. Ce n'est pas d'ailleurs que les Celtes n'eussent de bonnes Loix, & des Magistrats revêtus d'une autorité suffisante pour décider les différens qui pouvoient naître entre les particuliers. Mais il y avoit un Loi suprême, que le Magistrat même étoit obligé de respecter. C'est qu'un Scythe ou un Celte ne devoit jamais refuser un défi qui lui étoit fait.

<small>Le Magistrat étoit obligé d'y consentir.</small>

1. Quand un particulier étoit tiré en cause, fût-ce même devant le Roi, pour des affaires d'injures ou d'intérêt, l'accusé étoit

en droit de décliner la Jurisdiction civile, & d'offrir de se purger par les armes, de l'accusation qu'on lui intentoit. Si la question de Droit ou de Fait dont il s'agissoit, n'étoit pas parfaitement claire; si l'accusé nioit la dette que l'on exigeoit, ou le crime qui lui étoit imputé; s'il ne pouvoit pas être convaincu par la déposition de plusieurs témoins dignes de foi, les parties étoient d'abord mises hors de cour & de procès, & renvoyées à vuider leur querelle par le (71) Duel. Les témoins même étoient obligez de se battre quand ils ne s'accordoient pas dans leurs dépositions. Une semblable décision qui se faisoit par les armes, passoit pour bien plus sûre que celle du Magistrat. C'étoit la décision de la Providence, le jugement même de Dieu. Ainsi les Scythes (72) montroient aux étrangers qui passoient dans leur païs, les têtes de leurs amis, qui leur ayant intenté un procès, ou fait un défi, avoient succombé dans le combat. Ainsi les Germains (73),

pour

(71) *Nec metuunt leges, sed cedit viribus æquum, Victaque pugnaci jura sub ense jacent.* Ovid. Trist. Lib. V. El. 7. vs. 47. *Adde quod injustum rigido jus dicitur ense.* Ibid. Eleg. X. vs. 43. *Libido cuncta armis agendi.* Tacit. Ann. XIII. 57. Voyez p. 443. Note (90).

(72) *Idem agunt de familiaribus, si inter eos extiterint discordiæ, & apud regem victoriâ sint potiti. Hæc capita hospitibus qui ad eos veniunt, viri alicujus existimationis, exhibent, referuntque, illos cùm essent domestici, & ad pugnam lacessissent, ab ipsis esse superatos, id strenuitatis loco ponentes.* Herodot. VI. 65.

(73) *Gratias agere Varo, quod solita armis discerni, jure terminarentur.* Vellej. Paterc. L. II. Cap. 118.

pour mieux endormir Varus, lui difoient en le careffant, qu'il avoit trouvé le moyen de terminer par les voyes de la juftice, des différens qui, avant fon arrivée, ne fe vuidoient qu'à la pointe de l'épée.

On fe battoit en duel pour les Charges.

2. Tout de même, quand il fe préfentoit pour une charge plufieurs concurrens d'un mérite à peu près égal, il falloit que le combat en champ clos, fît connoître (74) celui qui étoit le plus digne d'en être revêtu.

Pour les Dignitez Eccléfiaftiques.

3. Il n'y avoit pas jufqu'aux dignitez Eccléfiaftiques qui ne fe donnaffent quelquefois de cette manière. Jules-Céfar le remarque expreffement (75). *Tous les Druides obéiffent à un feul Chef, qui exerce fur eux une autorité fouveraine. Quand il vient à mourir, & que parmi les Druides il s'en trouve quelqu'un qui ait un mérite fupérieur, il lui fuccede. S'il fe préfente plufieurs concurrens d'un mérite égal, le fucceffeur eft élu par les fuffrages des Druides. Quelquefois auffi la place fe difpute par les armes.* Ce barbare ufage s'étoit confervé dans un ancien Temple qui étoit au voifinage de Rome (76). Le Sacrificateur du Tem-

(74) *Corbis & Orfica patrueles fratres, de principatu civitatis, quam Ibem vocabant, ambigentes, ferro fe certaturos profeffi funt.* Livius XXVIII. 21.

(75) *Druidibus unus præeft, qui fummam inter eos habet autoritatem: hoc mortuo, fi quis ex reliquis excellit dignitate, fuccédit; at fi funt plures pares, fuffragio Druidum adlegitur, nonnunquam etiam de principatu armis contendunt.* Cæfar VI. 13.

(76) *Haud longè ab Aretia, in Dianæ templo, poft mutatum ritum facrificiorum, fuit arbor quædam, de qua infringi ramum non licebat. Dabatur autem fugitivis poteftas, ut fi quis inde potuiffet ramum auferre, monomachiâ cum fugitivo templi facerdote, dimicaret. Nam fugitivus illic erat facerdos, ad prif-*
tinæ

DES CELTES, *Livre II.* 437

CHAP. XI.

Temple étoit un esclave fugitif, qui ne conservoit cette dignité, qu'aussi long-tems qu'il avoit le bonheur de tuer les autres fugitifs qui se présentoient pour la lui disputer. Le premier qui étoit assez heureux pour tuer le Sacrificateur, lui succedoit sans autre formalité. Suetone remarque (77), que l'Empereur Caligula, las de voir dans ce poste un Prêtre qui s'y maintenoit depuis plusieurs années, aposta un breteur, qui lui arracha sa charge avec la vie. Il y a toute apparence que les Romains, lorsqu'ils quitterent la Religion des anciens habitans de l'Italie pour adopter celle des Grecs, abandonnerent à leurs esclaves un Pontificat que l'on ne pouvoit acquerir & conserver qu'à des conditions si fâcheuses. Le passage de Servius, que je cite en marge, l'insinue assez clairement. Mais ce n'est pas ici de lieu d'examiner cette question, qui regarde, à proprement parler, la Religion des Celtes.

4. Il y a infiniment plus que tout ce que je viens de dire. C'étoit une chose commu- Et souvent de gayeté de coeur,

tinæ imaginem fugæ. C'est-à-dire, en mémoire de la fuite d'Oreste & d'Iphigenie, que l'on disoit avoir abordé ensemble en Italie, & fondé ce Temple. Servius (Danielis) p. 422. ad Æneid. VI. vf. 136. *Ecce suburbanæ templum nemorale Dianæ, Partaque per gladios regna nocente manu.* Ovidius Art. Amat. Lib. I. vf. 259. *Barbaricus & Scythicus mos apud id templum obtinet. Perfuga enim sacerdos ibi constituitur, qui sacerdotem priorem suâ manu trucidaverit, strictoque semper gladio paratus, ad insultus propulsandos circumspicit.* Strabo V. 239.

(77) *Caligula nemorensi regi, quòd multos jam annos potiretur sacerdotio, validiorem subornavit adversarium.* Sueton. Calig. Cap. 35.

T 3

mune parmi les Celtes, de faire des défis à ses meilleurs amis, & cela de gayeté de cœur, dans la seule vûë de savoir qui seroit le plus brave. La chose arrivoit très-frequemment dans les compagnies, dans les festins & dans les spectacles, lorsque la conversation, le vin, ou le concours d'une grande foule de peuple, avoient échauffé ces esprits feroces. Celui à qui on faisoit l'appel, ne pouvoit le refuser, sans se couvrir d'infamie pour le reste de ses jours. Tite-Live, parlant des obseques que Scipion l'Afriquain fit à son Pere & à son Oncle, qui avoient péri tous deux dans les guerres d'Espagne, remarque, qu'il se rendit à Carthagene un grand nombre de personnes de distinction, pour honorer la fête par des Duels. (78) ,, Ils se bat-
,, tirent tous, non pas comme des gladiateurs,
,, par force, ou pour de l'argent, mais vo-
,, lontairement & gratuitement. Quelques-uns
,, avoient été envoyez par les Rois du païs,
,, pour donner des preuves de la valeur de
,, leur Nation. D'autres declarerent, qu'ils
,, venoient se battre pour faire honneur à
,, Scipion. D'autres étoient des gens qui
,, vouloient faire parade de leur bravoure,
,, ou qui n'osoient refuser l'appel qu'on leur
,, avoit fait. Il y en avoit aussi, qui étant
,, en-

―――――

(78) *Voluntaria omnis, & gratuita opera pugnantium fuit. Nam alii missi ab regulis sunt, ad specimen insitæ genti virtutis ostendendum. Alii ipsi professi, se pugnaturos in gratiam Ducis. Alios æmulatio & certamen, ut provocarent, provocatique haud abnuerent, traxit; quidam, quas disceptando controversias finire nequierant, aut noluerant, pacto inter se, ut victorem res sequeretur, ferro decreverunt. Neque obscuri generis homines, sed clari illustresque.* Liv. XXVIII. 21.

„ engagez dans des procès qu'ils n'avoient CHAP. XI.
„ pû, ou qu'ils n'avoient pas voulu terminer
„ par les voyes de la juſtice, conſentirent de
„ ſe battre, après être convenus, que le bien
„ pour lequel ils étoient en différend, tom-
„ beroit en partage au vainqueur ". On
trouve dans le même Auteur un autre exemple bien mémorable, qui regarde auſſi le ſujet que nous traitons. (79) Annibal avoit
dans ſon armée des priſonniers Gaulois. Il
leur fit propoſer de ſe battre les uns contre
les autres, promettant non ſeulement la liberté, mais encore des armes & un cheval, à
chacun des combattans qui tueroit ſon champion. Ils accepterent tous la condition, &
ſe battirent avec une allegreſſe & une bravoure qui leur attira l'admiration de toute
l'armée Punique.

Je laiſſe à mes Lecteurs le ſoin d'appliquer tout ce que je viens de dire, à notre propre Siécle. Ils auront ſouvent occaſion de
reconnoître, ſans qu'il ſoit néceſſaire d'en
avertir, que les peuples de l'Europe conſer-
vent

(79) *Annibal, rebus priùs quàm verbis adhortan-
dos milites ratus, circumdato ad ſpectaculum exercitu,
captivos montanos vinctos in medio ſtatuit, armiſque
Gallicis ante eorum pedes projectis, interrogare interpretem juſſit, ecquis, ſi vinculis levaretur, arma-
que & equum victor acciperet, decertare ferro vellet?
Cùm ad unum omnes ferrum pugnamque poſcerent, &
dejecta in id ſors eſſet, ſe quiſque eum optabat, quem
fortuna in id certamen legeret. Ut cujuſque ſors ex-
ciderat, alacer, inter gratulantes gaudio exultans;
cum ſui moris tripudiis arma raptim capiebat; ubi verò dimicarent, is habitus animorum, non inter ejuſ-
dem modò conditionis homines erat, ſed etiam inter
ſpectantes vulgo, ut non vincentium magis, quàm benè
morientium fortuna laudaretur.* Livius XXI. 42.

vent encore bien des restes de l'ancienne barbarie, & qu'à certains égards, ils ont même encheri sur la ferocité de leurs Ancêtres. Il me suffit de l'avoir représentée au naturel. J'ai été obligé de le faire avec quelque étenduë, non seulement parce que le sujet le demandoit ainsi, mais aussi, parce que sans cela il seroit bien difficile de comprendre, comment les Scythes & les Celtes pouvoient prendre tant de plaisir à la guerre, à laquelle un homme sage & raisonnable ne se résoudra jamais qu'à la derniere extrêmité, & dans la seule vûë d'avoir la paix. Assurement Quinte-Curce (80) & Florus n'ont pas outré les choses, lorsqu'ils ont dit, le premier, que les Scythes sont un peuple qui est toûjours en armes; & le second, qu'il régnoit une si grande barbarie au-delà du Danube, que le nom même de la paix n'y étoit point connu. Si les Germains connoissoient la paix, il est constant au moins qu'ils ne l'aimoient pas, (81) & qu'elle leur étoit insupportable. Tacite remarque, (82) *qu'il n'y avoit que la seule fête du Dieu Herthus, où la paix & le repos leur fussent connus. Alors toutes les armes étoient enfermées;* soit qu'ils prissent cette précaution pour prévenir les querelles & les meurtres, qui sans cela auroient été presque inévitables, dans une solem-

---

(80) *Scythæ gens semper armata.* Curtius VII. 8. p. 326. *Tanta barbaries est, ut pacem non intelligant.* Flor. IV. 12.

(81) *Ingrata genti quies.* Tacit. sup. p. 426. Note (52).

(82) *Non bella ineunt, non arma sumunt, clausum omne ferrum. Pax & quies tunc tantùm nota, tunc tantùm amata.* Tacit. Germ. Cap. 40.

lemnité où les Nations entieres paſſoient les jours & les nuits à boire ; ſoit qu'ils trouvaſſent dans leur Religion même quelque raiſon particuliere pour ne pas ſouiller cette fête par l'effuſion du ſang humain. C'eſt ce que j'aurai occaſion d'examiner en ſon lieu.

CHAP. XI.

La manière de vivre que je viens de repréſenter, quelque étrange qu'elle nous paroiſſe aujourd'hui, avoit tant d'attraits pour les peuples Celtes, qu'ils renonçoient volontairement à la vie, auſſi-tôt qu'un âge avancé les mettoit hors d'état de porter les armes. Les infirmitez de la vieilleſſe paroiſſant inſupportables à ces eſprits feroces, qui ne ſe croyoient nez que pour la guerre, ils ſe tuoient eux-mêmes, ou ſe faiſoient aſſommer par leurs plus proches parens, pour décharger la terre & la Société d'un fardeau inutile, & pour ſe délivrer eux-mêmes d'une vie qui leur étoit à charge. Il y avoit de la gloire à ſortir du monde par cette porte. Cette barbare coûtume (83) s'eſt conſervée plus long-tems en Allemagne & dans le Nord. Mais on verra dans l'un des Livres ſuivans, qu'elle étoit commune autrefois à tous les peuples de l'Europe. En attendant on peut voir les paſſages (84) qui ſont

Les braves ſe tuoient eux-mêmes, quand ils n'étoient plus propres pour la guerre.

___

(83) *Apud Erulos, nec ſenibus, nec ægrotis fas erat vitam producere, & ſi quem ſenium occupáſſet, vel morbus, rogare is cogebatur propinquos, ut quamprimùm ex hominum numero eum tollerent.* Procop. Goth. Lib. II. Cap. 14. p. 419.

(84) *Thraces concordant omnes ad interitum voluntarium.* Solin. Cap. XV. p. 214. *Prodiga gens animæ, & properare facillima mortem, Namque ubi tranſcendit florentes viribus annos, Impatiens ævi ſper-*

Les anciens habitans de la Grece & de l'Italie, n'avoient aussi point d'autre profession que celle des armes.

sont citez en marge, & ce que j'en ai dit dans le (85) Livre précédent.

Après tout ce que je viens de dire, il ne sera pas necessaire que je m'arrête long-tems à montrer, d'où les Grecs & les Romains avoient pris leur ancienne manière de vivre. 1. Thucydide remarque au commencement de son Histoire, ,, que les premiers ,, habitans de la Grece étoient des (86) brigands, ,, qui ne vivoient que de guerre & de pilla- ,, ge. Ceux qui demeuroient le long des ,, côtes, & sur-tout les Cariens, équipoient ,, des vaisseaux pour écumer les mers. Les ,, autres attaquoient les Citez qui n'avoient ,, point de murailles, & les peuples qui é- ,, toient établis par Cantons. La chose ne ,, passoit point pour honteuse; au contraire, ,, ils en faisoient gloire. De-là est venu la ,, coûtume que quelques peuples ont long- ,, tems conservée, d'aller par-tout avec leurs ,, armes. Cet usage étoit commun autrefois ,, à tous les Grecs. Les Athéniens furent ,, les

spernit novisse senectam, Et fati modus in dextra est. Silius de Hispanis Lib. I. vs. 225. *Mirus amor populo, cum pigra incanuit ætas, Imbelles jam dudum annos prævertere saxo, Nec vitam sine Marte pati, quippe omnis in armis Lucis caussa sita, & damnatum vivere paci.* Idem de Cantabris Lib. III. vs. 328. *Consummatamque senectam, non ferro finire pudet.* Sidon. Apoll. de Thracibus Panegyr. Anthem. vs. 43. Valerius Flaccus dit la même chose des Jazyges, qui étoient un peuple Sarmate. Lib. VI. vs. 122.

(85) Ci-dessus Liv. I. Chap. 1. p. 8. Chap. X. p. 110. Note (x).

(86) *Olim enim Græci... sese ad latrocinia converterunt.* Thucyd. Lib. I. Cap. 5. Voyez aussi ce que Stobée remarque après Platon, des anciens Cretois. Sermo 167. p. 573.

,, les premiers qui l'abolirent. (87) On pour-
,, roit montrer, s'il étoit néceffaire, qu'à plu-
,, fieurs autres égards les anciens Grecs a-
,, voient précifément la même manière de
,, vivre que les barbares retiennent encore
,, aujourd'hui " ; c'eſt-à-dire que les Pelafges vivoient précifément comme les Thraces, voifins de la Grece. La chofe n'eſt pas
furprenante ; c'étoit le même peuple. 2. (88) A
Rome comme à Sparte, on ne connoiſſoit
dans le commencement point d'autre profeſſion que celle des armes. Comme les Lacedémoniens tenoient cette manière de vivre
des Pelafges, les Romains l'avoient reçue
des anciens habitans de l'Italie, qui vivoient de
brigandage, comme je l'ai montré dans le (89)
Livre précedent. *Quand les Umbres, (90) difoit Nicolas de Damas, ont quelque différend
entre eux, ils courent aux armes, & fe battent,
comme on pourroit le faire dans une guerre de-
clarée. Ils font dans l'opinion, que la raifon &
la juſtice font toûjours du côté de celui qui tue
fon adverfaire.* 3. Les Perfes encore (91)

n'in-

(87) *Multis etiam aliis in rebus demonſtraverit
quis, priſcos Græcos eodem vitæ genere uſos, quo
hujus ætatis barbari utuntur.* Thucyd. ub. fup.
Cap. 6.

(88) *Artem bellicam quondam, reliêtis doêtrinis omnibus, Lacedæmonii, & poſt coluère Romani. Hanc ſo-
lam hodieque barbari putant eſſe ſervandam; cetera,
aut in hac arte conſiſtere, aut per hanc aſſequi ſe poſ-
ſe confidunt.* Veget. III. 10.

(89) Ci-deſſus Liv. I. Ch. 10. p. 97.

(90) *Umbrici, cùm controverſias invicem habent,
arma fumunt, & tanquam aperto Marte congrediun-
tur; & putantur juſtiora dicere, qui adverſarium oc-
cidunt.* Nicol. Damaſc. ap. Stobæum L. LIII. p.
220.

(91) *Liberos ſuos, à quinto anno incipientes, uſque*

T 6 *ad*

CHAP. XI. n'instruisoient leurs enfans, depuis l'âge de cinq ans jusqu'à vingt, qu'à ces trois choses; monter à cheval, tirer de l'arc & dire la vérité. C'est l'éducation que les Scythes donnoient à leur jeunesse.

CHAPITRE DOUZIEME.

JE parlerai dans ce Chapitre des Exercices, des Spectacles, & des différentes sortes de Récréations, qui étoient le plus en usage parmi les Celtes. Mais je n'en ferai mention qu'autant que la chose sera nécessaire pour mieux connoître le caractère de ces peuples, qui paroissent par-tout les mêmes. La joye, la table, le jeu, ne les adoucissoient jamais tellement, qu'on ne remarquât des traces de leur ferocité jusques dans leurs divertissemens.

Leurs Exercices étoient tous militaires.

Ce que j'ai dit dans les Chapitres précedens de leur manière de vivre, & de la profession qu'ils suivoient tous, nous met en état de juger de la nature & du but de leurs exercices. C'étoient ce que l'on appelle des exercices militaires, destinez à faire de bons soldats. Leur premier soin (1) étoit d'endurcir

Ils avoient

ad vicesimum, tribus tantùm instituunt; equitare, arcu sagittas excutere, vera loqui. Herodot. I. 136.

(1) _Vita omnis Germanorum in venationibus, at studiis rei militaris consistit, à parvulis duritiei ac labori student._ Cæsar VI. 21. _Germani corpora ad consuetudinem laborum exercent, maximo frigore nudi agunt, antequam puberes sint._ Pomp. Mela. III. 3. p. 75. _Quid induratius Germanis, ad omnem patientiam!_ Seneca de Ira Lib. I. Cap. 11.

durcir le corps, & de l'accoûtumer de bonne-heure à souffrir la faim, le froid & la fatigue. Jules-César (2) remarque, que de son tems les Gaulois étoient toûjours battus par les Germains, parce que les premiers avoient donné dans le luxe & dans la molesse, au lieu que les seconds conservoient toûjours la manière de vivre dure & frugale des peuples Celtes. Ainsi Arioviste, dans une conférence qu'il eut avec Jules-César, lui disoit (3), que les Romains auroient à faire à des troupes aguerries, qui depuis quatorze ans, couchoient à la belle étoile. Les Celtes s'étudioient aussi à rendre leur corps agile & léger. Ils s'exerçoient continuellement à la course, & l'on (4) distinguoit à cet exercice les Germains des Sarmates, qui étoient toûjours à cheval, & perdoient en quelque manière l'usage des jambes. Je ne doute pas que les larges ceintures de cuir que l'on portoit autrefois dans toute la Celtique, n'eussent été inventées pour soutenir les reins, & pour empêcher qu'un homme qui faisoit de longues traites ne fût mis si-tôt hors d'haleine. 1. Erasistrate prétendoit (5), que les Scythes se lioient de

CHAP. XII.

pour but d'endurcir le corps.

De le rendre léger.

_____

(2) Cæsar VI. 24.
(3) *Intellecturum Cæsarem, quid invicti Germani, exercitatissimi in armis, qui intra quatuordecim annos tectum non subiissent, virtute possent.* Cæsar. I. 36.
(4) *Germani pedum usu ac pernicitate gaudent, quæ omnia diversa Sarmatis sunt, in plaustro, equoque viventibus.* Tacit. Germ. Cap. 46. *Vincitur illic, Cursu Herulus, Chunus jaculis, Francusque natatu.* Sidon. Apoll. Panegyr. Aviti vs. 235.
(5) *Scythas dicit Erasistratus, cùm sit usus ut famem longiùs tolerent, fasciis ventrem strictissimè circumligare. Ex ventris compressione, esuritionem posse*

CHAP. XII.

de ces ceintures, pour mieux soutenir une longue diete. *En se serrant fortement, ils chassoient la faim.* 2. Selon (6) Theopompus, les Illyriens employoient ces ceintures à un usage tout opposé. *Ils s'en servoient pour mieux boire,* & afin que le vin passât plus promptement. 3. Ephorus soutenoit, que (7) *les Celtes,* c'est-à-dire les Gaulois, *portoient ces ceintures, pour ne pas prendre trop d'embonpoint. Comme elles étoient toutes d'une certaine mesure, les jeunes gens qui ne pouvoient plus tenir dans leur ceinture, étoient condamnez à une amende.* 4. (8) Nicolas de Damas disoit la même chose des Espagnols. On voit-là des Auteurs qui dévinent, ou qui se divertissent à donner des raisons ridicules, d'un usage dont le but étoit naturel & visible, comme je viens de le dire. Il faut au reste, que le plaisir de la promenade fût inconnu aux Espagnols, comme il l'est encore aujourd'hui aux Turcs. Au moins (9) Strabon

se depelli creditum est. A. Gellius L. XVI. Cap. 3. p. 421.

(6) *Illyrii latis cingulis bibentes, alvum adstringunt, principio quidem modicè, cùm largiùs biberint, arctiùs cingulum attrahentes.* Athen. X. Cap. 12.

(7) *Ephorus ait, Celtas exercere se ne obesi fiant, neve prominentem ventrem habeant, & si quis adolescens, cingulo præscriptam mensuram excedat, eum multari.* Strabo IV. 199.

(8) *Habent Iberi zonam certæ mensuræ, quæ si ventrem comprehendere non possit, pro dedecore id habetur.* Nicol. Dam. apud Stobæ. Serm. XXXVII. p. 123.

(9) *Vettones, quo tempore primùm in Romanorum castra venerunt, cùm viderent aliquos centuriones, huc & illuc in viis euntes, & redeuntes, deambulandi gratiâ, opinantes homines illos insanire, duces se illis*

bon remarque, que quelques Espagnols étant entrez pour la première fois dans un camp Romain, & y ayant apperçû des Centurions qui alloient & venoient en se promenant par les rues du camp, crurent qu'ils avoient perdu l'esprit, & les ramenerent dans leurs tentes, comme on feroit un fou qui s'est échapé.

Les Celtes avoient un autre exercice, qui étoit certainement très-utile à des soldats. Comme ils se lavoient & se (10) baignoient tous les jours, tant en hyver qu'en été, dans des eaux courantes, on les accoûtumoit aussi, dès la tendre jeunesse, à passer à la nage (11) les fleuves les plus larges & les plus rapides. Aussi voyoit-on leurs troupes passer les fleuves par bataillons & par escadrons. La Cavalerie Batave étoit sur-tout en grande réputation à cet égard. Les Cava-

CHAP. XII.

On les exerçoit à passer à la nage les fleuves les plus larges & les plus rapides.

---

illis ad tabernaculum præbuerunt; putabant enim, aut in tabernaculo quietè sedendum, aut pugnandum. Strabo III. 164.

(10) Voyez ci-dessus Chap. IV. p. 256. *Sævâ hyeme nandi non patientia tantùm illis,* (Germanis) *studium etiam est.* Pomp. Mel. III. 3. p. 75. *Germani ad nandum exercitati, ut qui tantùm fluminibus lavantur.* Herodian. VII. 2. p. 525.

(11) *Germani maxima præ ceteris flumina transmeare in regionibus genuinis, à prima pueritia sunt instituti.* Amm. Marc. Lib. XXV. Cap. 6. p. 432. *Lecti milites Brenni, natandi periti, Sperchium noctu transnatant, scutis pro ratibus usi.* Pausan. Phocic. XX. p. 846. *Hostibus mos est eadem illa nunc rigentia gelu flumina* (Rhenum & Danubium) *aut campis superflua, nunc liquida, ac deferentia, lustrare navigiis, nandoque superare.* Plin. Sec. Paneg. Traj. Cap. 82. p. 737. Tacit. Hist. V. 14. 18. *Tibi vincitur Francus natatu.* Sid. Apoll. Paneg. Avit. vs.

valiers (12) traversoient à la nage le Rhin & le Danube, sans rompre leurs rangs, tenant leurs armes d'une main, & de l'autre la bride de leurs chevaux. Dans le fond la chose ne devoit pas être fort difficile. Les énormes boucliers que les soldats Celtes portoient, étant faits, ou de planches, ou d'ofier, ou de cuir de bœuf préparé, foutenoient & portoient en quelque manière le nageur, pendant que la lance, qui étoit auſſi de bois, lui tenoit lieu de rame & de gouvernail.

Après cela on apprenoit aux Celtes à monter à cheval, à manier les armes, à tirer au but, à s'escrimer, à faire les évolutions militaires; & ces exercices qui formoient le Soldat, étoient encore un spectacle (13) & un divertissement que l'on donnoit au Public dans les festins, dans les obsèques, dans les aſ-

vſ. 235. *Cetratis citerioris Hispaniæ proclive erat transnare flumen, quòd consuetudo eorum omnium, ut sine utribus ad exercitum non eant.* Cæsar. B. C. I. 48. *Ad grandiloquentiam feruntur exerceri Perſæ, item æstum juxta atque frigus ferre, imbresque, & torrentium transitus, armis ac veste intactis ab aqua.* Eustath. in Dionyſ. Perieg.

(12) *Patrius nandi usus, quo simul seque, & arma, & equos regunt.* Tacit. Agric. Cap. 18. *Erat & domi delectus eques, præcipuo nandi studio, arma equosque retinens, integris turmis Rhenum perrumpere.* Tacit. Histor. IV. 12. II. 17. 35. Ann. I. 56. II. 8. 11. Dio Caſſ. Lib. LX. p. 677. 678. Xiphilin. Excerp. Dion. Lib. LXIX. p. 792.

(13) *Lusitani certamina gymnica armata & equestria edunt, pugno, cursu, velitatione, & instructo cohortatim prælio.* Strabo III. 155. *Gothi exercere seſe telis, ac præliis præludere, maximè diligunt, ludorum certamina usu quotidiano gerunt.* Iſidor. Cron. p. 730. *Nec minùs alio in genere sunt, ludi Velitis Gal-*

assemblées générales, & dans les autres so- **CHAP.**
lemnitez. C'est, selon les apparences, la vé- **XII.**
ritable origine des Tournois. Comme je serai obligé de revenir à ces derniers exercices, en parlant des armes dont les peuples
Celtes se servoient, & de leur manière de faire la guerre, il ne sera pas nécessaire que je
m'y arrête ici.

Après les exercices militaires, il n'y en a- La Chasse
voit point dont les Celtes fissent plus de cas étoit aussi
que la Chasse, ou plutôt elle faisoit leur u- l'un de
nique occupation en tems de paix. Jules- leurs
César dit, (14) *que les Germains sont de grands* exercices
chasseurs, que toute leur vie est partagée entre favoris.
la chasse & la guerre. Tacite dit, (15) *que toutes les fois qu'ils ne vont pas à la guerre, ils employent une petite portion de leur tems à la chasse, & en passent la plus grande partie dans l'inaction, ne pensant qu'à manger & à dormir.* Les Commentateurs prétendent que Jules-César est ici directement opposé à Tacite. J'avoue que je ne vois pas la contradiction, & que ces deux Auteurs me paroissent parfaitement d'accord. Le premier remarque, que la chasse & la guerre étoient les seules occupations des peuples Germains. Le second avoue aussi, qu'en tems de paix ils n'avoient point d'autre occupation que la chasse. Mais il ajoute, qu'ils n'y employoient que très-peu de tems,
en

Galli, Germani Petauristæ. Varron. Fragment. p. 213. Edit. Popmæ.

(14) *Germani multùm sunt in venationibus.* Cæsar IV. 1. *Vita omnis in venationibus, ac studiis rei militaris consistit.* Idem VI. 21.

(15) *Quotiens bella non ineunt, non multùm venatibus, plus per otium transigunt, dediti somno ciboque.* Tacit. G. Cap. 15.

CHAP. XII.

en comparaison de celui qu'ils paſſoient dans une honteuſe oiſiveté. Il ſeroit à ſouhaiter que l'on ne trouvât jamais dans les anciens Auteurs, des nœuds plus difficiles à réſoudre que celui-là, qui n'a pas laiſſé d'arrêter un Lipſe, un Colerus (16) & d'autres. Quoi qu'il en ſoit, la paſſion pour la chaſſe (17) étoit commune à tous les peuples Celtes. Ils la regardoient, après la guerre, comme le plus noble & le plus utile de tous les exercices. Outre qu'elle amuſoit des gens qui ne pouvoient occuper leur eſprit, & qui auroient employé encore plus mal leur tems s'ils avoient été privez de cette récréation, elle ſert encore à endurcir le corps, à augmenter ſes forces, à lui donner de l'adreſſe & de l'agilité. Elle contribue d'ailleurs à l'entretien de la vie, & délivre le genre humain d'une infinité de bêtes feroces & nuiſibles, tant à l'homme qu'aux fruits de la terre, & aux animaux privez & domeſtiques. Mais les Celtes aimoient ſur-tout la chaſſe, parce que cet exercice meurtrier étoit pour eux une image & un apprentiſſage de la guerre. Les jeunes gens commençoient par faire la guerre aux bêtes, pour la faire enſuite aux hommes, auſſi long-tems qu'ils étoient en état de porter les armes. De-là vient que ces peuples ſe plaiſoient principalement aux chaſſes dangereuſes, comme à celle de l'Elan (18) & du Bœuf ſauvage.

Je

(16) Vide Lipſium, Colerum & alios ad h. l. Taciti.

(17) *Venatibus ævum transfigitur.* Silius de Suſanetibus L. III. vſ. 389. *Germanicæ gentes, raptu venatuque viventes.* Iſidor. Orig. L. IX. Cap. 2. p. 1006. Voyez les Notes ſuivantes.

(18) L'Elan, *Biſons.* Le Bœuf ſauvage, *Urus.*

Je ne crois pas me tromper, en assurant que l'Elan est le même animal que les Grecs appelloient Βίσων, Βίσοης (19), & les Latins *Bisons*. Il ressemble, comme ils le disent, en partie au cerf, & en partie au bœuf. Au cerf, pour la grandeur & les cornes; au bœuf, pour la grosseur & la force. Les Allemans l'appellent encore aujourd'hui *Wisen* (20). J'ai dit dans la Bibliothèque Germanique (21) qu'il n'a point de cornes. C'est une méprise. Je devois dire, que le mâle en a, & non la femelle, quoi qu'en ait écrit Jules-César. Le Bisons a d'ailleurs deux cornes, au lieu que cet Auteur ne lui en donne qu'une seule (22), qu'il représente d'une manière qui fait voir, qu'il n'a peint cet animal que d'imagination, ou sur des relations infidèles. Pour prendre le Bisons, on menageoit, dans le bas d'un (23) vallon, une fosse que l'on environnoit de fortes

CHAP. XII.

Ils s'exerçoient sur-tout à la chasse de l'Elan.

(19) *Germania gignit insignia boum ferorum genera, jubatos Bisontes, excellentique vi & velocitate Uros.* Plin. H. N. VIII. 15. p. 157. *In hoc tractu sanè, & in omni septentrionali plaga, Bisontes frequentissimi, qui boves feris similes, setosi colla, jubis horridi, ultra tauros pernicitate, capti assuescere manu nequeunt. Sunt & Uri, quos imperitum vulgus vocat Bubalos, cùm Bubali, pene ad cervinam faciem, in Africa procreentur.* Solin. Cap. 32. p. 247. *Tibi villosi terga Bisontes, Latique feri cornibus Uri.*

(20) Autrefois Wisant. *Wisant Bubalus.* Glossar. Lindenbrog. p. 1365.

(21) Biblioth. Germ. Tom. XXVIII. p. 42.

(22) *Est bos cervi figurâ, cujus à media fronte, inter aures, unum cornu existit, altius magisque directum, his quæ nobis nota sunt. Ab ejus supremo, sicut palmæ, rami quàm latè diffunduntur. Eadem est fœminæ marisque natura, eadem forma, magnitudoque cornuum.* Cæsar VI. 26.

(23) Pausan. Phocic. XIII. p. 828.

tes palissades. On étendoit en même tems sur la pente du vallon, tout autour de la fosse, des cuirs de bœuf frais, ou mouillez. Ensuite les chasseurs, qui étoient tous à cheval, poussoient l'Elan, qui ne pouvant assurer ses pas sur les cuirs mouillez, glissoit & tomboit dans la fosse, où on le laissoit pendant quatre à cinq jours pour l'affamer. Après cela on l'attachoit, & on l'apprivoisoit, de manière (24) qu'on pouvoit l'atteler à un chariot. On chassoit autrefois cet animal, non seulement dans la Germanie (25), mais encore dans les montagnes de (26) l'Italie, de la Pannonie & de la (27) Pœonie, & sur le mont (28) Vosge. Mais on ne le trouve plus aujourd'hui qu'en Lithuanie, & dans les Provinces plus septentrionales de l'Europe.

Et de l'U-rus, A l'égard de l'*Urus*, les Anciens & les Modernes conviennent assez généralement que c'est le Bœuf sauvage; & c'est le nom que les Allemans donnent encore aujourd'hui à cet (29) animal. On le trouvoit autrefois sur les monts (30) Pirenées, dans les Alpes, & dans

---

(24) *Turpes esseda quod trahant Bisontes.* Martial. Lib. I. Epigr. 105.

(25) Voyez la Note (19) de la page précédente.

(26) Paul. Diac. Hist. Long. L. II. Cap. 7. p. 369.

(27) Βίσων, *Pæonicus Taurus.* Pausan. Phocic. ub. sup.

(28) Gregor. Tur. L. X. Cap. 10. p. 442.

(29) *Auerochs*, par contraction *Ur-os*, un Bœuf sauvage, un bœuf de forêts, comme *Auer-hahn*, un Coq de bruyere. Servius (Danielis) p. 115. dit *Uri*, ἀπὸ τῶν ὀρῶν, *à montibus*. Il avoit tiré cette étymologie des Grecs, qui vouloient que tous les mots étrangers fussent derivez de leur langue.

(30) *Sylvestres Uri.* Virgil. Georg. II. vs. 374. Ad quæ

dans toutes les grandes forêts de l'Europe; au lieu qu'on ne le voit plus aujourd'hui qu'en Prusse, & dans le Nord, où il commence même de devenir rare. Jules-César dit (31) que c'est une espece de bœuf; qu'il en a la couleur & la figure. Cela est vrai. Il est, dit-il, un peu plus petit que l'Elephant. Il se seroit exprimé d'une manière plus-juste, s'il avoit dit qu'il étoit un peu plus grand que le taureau ordinaire. Car il y a encore bien loin de l'Urus à l'Elephant. (32) Comme ces animaux, qui avoient une force & une agilité merveilleuse, n'épargnoient ni les hommes ni les bêtes qui se présentoient devant eux, on exerçoit & on endurcissoit les jeunes gens à cette chasse. Ceux qui en tuoient le plus, & qui en (33) produisoient les cornes, pour faire voir qu'ils n'en imposoient pas, recevoient de grandes louanges. On prenoit l'*Urus* à-peu-près de la même ma-

quæ Servius: *Id est boves agrestes, qui in Pyrenæo monte nascuntur.* pag. 115. *Habent etiam Alpes boves sylvestres.* Strabo IV. 207. *Boves perferi multi sunt in Dardania, Media & Thracia.* Varro R. R. L. II. 1. p. 365. *Pæonios tauros spectavi, hirto corpore, cum omni parte, tum præcipuè pectoribus & mentis.* Pausan. Bœot. XXI. 750. *Uri agrestes boves sunt in Germania.* Isidor. Orig. XII. 1. p. 1113. Theudibert, Roi des Francs, périt à la chasse de l'*Urus.* Agath. I. 15. Voyez ci-dessus p. 451. Note (19).

(31) *Magnitudine paulò infra elephantos.* Cæsar VI. 28.

(32) Cæsar ibid.

(33) J'ai remarqué ci-dessus Chap. II. p. 226. que l'on faisoit de ces cornes, des coupes où l'on buvoit dans les festins. On en conserve une dans le cabinet du Roi de Prusse.

manière que le Bisons, c'est-à-dire dans des fosses (34).

Mon dessein n'est pas d'entrer ici dans un grand détail par rapport à la manière de chasser des peuples Celtes. Selon les apparences, le sujet intéresseroit peu la plupart de mes Lecteurs, & j'aurois certainement à me reprocher, de m'être étendu sur une matière qui n'est pas de ma competence. Il suffira d'indiquer en deux mots, ce que j'ai trouvé sur ce sujet de plus remarquable dans les Anciens.

1. Selon Pline, il ne devoit y avoir que peu de chasse dans la Scythie en général, & dans la Germanie en particulier (35). Il dit *que les animaux n'y trouvoient pas de quoi subsister.* Je doute que la remarque fût juste, quelques restrictions qu'on pût y apporter. Naturellement le gibier & les bêtes féroces devoient se multiplier beaucoup dans de vastes forêts, dans des campagnes incultes & désertes, & dans des prairies qu'on leur abandonnoit entierement. D'ailleurs, quand on se rappelle ce que j'ai dit, que (36) les Scythes & les Celtes tiroient de la chasse une partie de leur subsistance; quand on refléchit sur le grand commerce qu'ils faisoient avec les Nations voisines de cuirs & de peaux, & sur la quantité qu'ils en consumoient eux-mêmes pour leurs habits, pour leurs boucliers,
&

---

(34) *Hos studiosè foveis captos interficiunt.* Cæsar ub. sup.

(35) *Paucissima animalia Scythia gignit, inopiâ fruticum, pauca contermina illi Germania.* Plin. VIII, 15. p. 153.

(36) Voyez ci-dessus Chap. 2.

& pour couvrir leurs chariots ; on conviendra, qu'il faloit de toute nécessité que le païs nourrît un grand nombre de bêtes privées & sauvages. Aussi est-il constant, qu'outre les animaux qui abondent encore aujourd'hui dans les contrées dont Pline parloit, comme le cerf, le sanglier, le chevreuil, le renard, le lievre, on y voyoit autrefois (37) des troupeaux entiers de chevaux & d'ânes sauvages, qui présentement sont à-peu près détruits dans toute l'Europe, comme les loups en Angleterre (38).

2. Les

---

(37) *Septentrio fert & equorum greges ferorum, sicut asinorum.* Plin. VIII. 15. *Habent etiam Alpes equos sylvestres.* Strabo IV. 207. *Scythæ & Sarmatæ venationes habent, in paludibus cervorum, & aprorum, in campis onagrorum & caprearum.* Strabo VII. 312.

(38) Je ne parle point ici de l'*Alce*, du *Bonassus*, & de plusieurs autres animaux, qui selon les Anciens, se trouvoient autrefois dans la Celtique, parce qu'il est constant qu'ils n'ont jamais existé. Jules-César, qui copie ici quelque Grec, dit que l'*Alce* n'avoit ni jointures, ni articulations dans les jambes, & ne pouvoit prendre de repos qu'en s'appuyant contre un arbre. Cæsar VI. 27. Pline (VIII. 15.) & Solin (Chap. 32-33) parlent de l'*Alce*, sans faire mention de cette merveille, qu'ils attribuent à un autre animal, appellé *Achlis*, ou *Machlis*. Pausanias Bœot. XXI. 750. Eliac. I. C. 12. p. 404. parle aussi de l'*Alce*, mais il ne dit pas un mot du prodige en question. Voici ce que Pline dit, après Aristote, du Bonassus. *Tradunt in Pæonia feram quæ Bonassus vocatur, equiná jubá, ceterá tauro similem, cornibus ita in se flexis, ut non sint utilia pugnæ, quapropter fugá sibi auxiliari, reddentem in ea fimum, interdum & trium jugerum longitudine, cujus contactus sequentes ut ignis aliquis amburat.* Plin. ub sup. Aristot. Hist. Anim. Lib. IX. Cap. 45. p. 584. De mir. Audit, p. 702.

Solin

CHAP. XII.

2. Les anciens Auteurs mettent assez généralement la fléche au nombre des armes dont les Celtes se servoient à la chasse. La chose mérite d'être remarquée, parce qu'il est constant, qu'à la reserve des peuples qui étoient voisins des Sarmates, les autres ne connoissoient gueres l'usage de l'arc & de la fléche. Strabon dit à la vérité (39), que quelques peuples des Gaules avoient des arcs & des frondes. Mais il ajoute dans le même endroit, que les Gaulois dardoient les oiseaux avec une sorte de trait qui se lançoit de la main. Il y a par consequent toute apparence, que la fléche dont les Chasseurs se servoient, doit se prendre ici, dans un sens général, pour un dard, un javelot. C'est de cette manière qu'il faut expliquer ce que dit (40) Grégoire de Tours, après Sulpice Alexan-

───────────

Solin (Ch. 32.) dit encore, que l'on trouvoit dans la forêt Hercynie, des oiseaux dont les plumes jettoient une si grande lumiere pendant la nuit, que les Voyageurs s'en servoient pour trouver le chemin dans les ténèbres les plus épaisses. Artemidore avoit parlé de deux corbeaux encore plus merveilleux, que l'on voyoit dans une ville maritime des Gaules. Les gens du païs leur remettoient la décision de leurs procès. *Eò accedere quibus aliquid controversiæ est, & in sublimi loco positâ tabulâ, utrumque pro se liba conjicere. Corvos advolantes, altera vorare, altera dissipare. Obtinere autem causam suam, eum cujus liba disjiciuntur.* Apud Strab. IV. 198. Ce sont des fables, mais que plusieurs Auteurs graves n'ont pas laissé de copier.

(39) *Nonnulli arcubus & fundis utuntur. Habent & lignum pili formâ, quod non amento, sed è manu torquent, longius etiam atque sagitta, quo maximè utuntur in avium venatione.* Strabo IV. 196.

(40) Ci-dessous p. 459. Note (50).

lexandre, que les Francs jetterent sur les Romains une grande quantité de fléches; car il paroît par Agathias (41), que les Francs n'avoient ni arcs, ni fléches. Outre ces dards, les chasseurs avoient encore une espece de pieu. On l'appelloit en Gaulois (42) *Sparus*, & les Allemans lui donnent encore aujourd'hui le nom de *Speer*.

3. Les Celtes avoient accoûtumé, comme les barbares de l'Amerique, d'empoisonner les traits dont ils se servoient à la chasse, en les trempant dans le suc d'une herbe qui s'appelloit (43) *Lineum* en langue Gauloise. Pline & (44) Aulu-Gelle semblent dire que cette herbe étoit l'Ellebore. L'Auteur de la Religion des Gaulois a plus de penchant
à

_____

(41) Agath. II. 40.
(42) *Rumex genus teli simile Spari Gallici, cujus meminit Lucilius*. Pomp. Fest. p. 79. *Sparos, lanceæ tela sunt, non bellica... Varro Meleagris, aut ille cervum qui volabile currens, Sparo secutus, tragulave trajicit*. Non. Marcell. Cap. 18. p. 798. Varron, suivant sa coûtume, donnoit à ce mot une étymologie Latine. *Sparus est rusticum telum, in modum pedis recurvum. Varro ait, telum, missile, à piscibus ductâ similitudine, qui Spari vocantur. Alii Sparus à spargendo dici putant*. Servius ad Æneid. XI. vs. 682. p. 679. Quelques peuples d'Espagne s'en servoient à la guerre. *Rindacus his ductor, telum Sparus*. Silius de Vettonibus L. III. vs. 388.
(43) *Lineum* (v. *Limeum*) *herba appellatur à Gallis, quâ sagittas in venatu tingunt, medicamento quod venenum cervarium vocant*. Plin. XXVII. 11. p. 534.
(44) *Galli sagittas in venatu elleboro tingunt, circumcisoque vulnere, teneriorem sentiri carnem affirmant*. Plin. XXV. 5. p. 394. *Præterea scriptum legimus, Gallos in venatu tingere elleboro sagittas, quòd his ictæ, exanimatæque feræ, teneriores ad epulas fiant*.

V

à croire que (45) c'étoit la Jusquiame. Strabon avoit lû quelque part, (46) que ce poison se tiroit d'un arbre qui ressembloit au figuier, & dont le fruit avoit à peu près la forme du chapiteau d'une colomne de l'ordre Corinthien. Je laisse aux Botanistes, qui connoissent la figure & la vertu des plantes, d'éclaircir cette matière, qui est au dessus de ma sphère. Ce qu'il y a de constant (47), c'est que les traits empoisonnez de la manière que je viens de le dire, faisoient mourir les bêtes, quelque légerement qu'elles en eussent été blessées; mais la chair n'en étoit pas moins bonne à manger; au contraire elle en devenoit plus tendre. Cependant (48) on coupoit & on jettoit la chair que la fléche a-

fiant, sed propter ellebori contagium, vulnera ex sagittis facta, circumcidere latiùs dicuntur. A. Gell. XVII. 15. p. 466.

(45) Rel. des Gaulois Livre II. p. 384.

(46) *Créditum est id quoque, in Belgico arborem nasci ficus similem, quæ fructum edat, formâ capituli columnæ Corinthiaci, qui fructus incisus, succum immittat, jaculis inunctus, qui sit lethalis.* Strabo IV. 198.

(47) *Dicunt apud Celtas venenum esse, Toxicum ab illis dictum; quod ajunt tantâ celeritate carnes corrumpere, ut venatores Celtæ, cùm cervum aut aliam feram percusserint, accurrant, & statim exsecent carnem vulneratam, ne promeante veneno animal putrefiat. Verùm inventum est huic Antipharmacum, cortex quercina, aut, ut alii volunt, folium quod κοράκιον ab ipsis appellatur, inde nimirùm quòd observationibus compertum sit, corvum ex gustato veneno malè affectum, herbam eam adiisse, moxque ut gustavisset doloribus liberatum.* Aristot. de Mir. Aud. T. I. 706.

(48) Voyez la Note précedente, & ci-dessus Note (44).

avoit touchée. Le même poison étoit mortel aux hommes qui étoient blessez de ces traits envenimez. De-là vient que les (49) anciennes Loix des Francs & des Bavarois leur défendoient de s'en servir contre leurs compatriotes. Il faut que la même défense n'eût pas lieu par rapport aux ennemis. Au moins on voit dans Grégoire de Tours (50), que les Francs tirerent un jour sur les Romains, des fléches teintes du suc de certaines herbes, qui faisoient périr tous ceux qui en étoient blessez, lors même que la playe n'étoit pas mortelle par elle-même. Ces exemples étoient pourtant fort rares en Occident; au lieu que les Sarmates, & en général tous les Scythes Orientaux de l'Europe, se servoient ordinairement à la guerre, de fléches trempées dans un poison encore plus subtil & plus dangereux. Il entroit dans sa composition, des (51) vipères & du sang

---

(49) *Si quis alterum sagittâ toxicatâ percutere voluerit.* Leg. Salic. p. 322. *Si quis cum toxicata sagitta alicui sanguinem fuderit.* Leg. Bajuar. p. 411.

(50) *Franci effudére sagittas inlitas herbarum venenis, ut summæ cuti, neque lethalibus inflicta locis vulnera, haud dubiæ mortes sequerentur.* Gregor. Tur. II. 278.

(51) *Ajunt Scythicum venenum, cui sagittas immergunt, è vipera componi. Servant enim, ut apparet, Scythæ viperas viviparas, quas acceptas dies aliquot tabificant. Ubi verò totum sat videtur computruisse, humanum sanguinem in scatulam effundunt, & obturatum in fimeto defodiunt. Hoc omne ubi rursùm computruit, quod sanguinis supernè subsedit aquosum, miscent cum viperina sanie, & sic lethale efficiunt.* Aristot. de Mir. Audit T. I. p. 712. *Scythæ, toxico quo sagittas oblinunt, dicuntur humanum sanguinem admiscere.* Ælian.

CHAP. XII.

fang humain, comme on peut le voir dans les paſſages que je cite en marge.

4. Les Celtes avoient des chiens de chaſſe extrêmement légers. *Il faut*, dit Arrien (52), *que Xenophon ne les connût point, puiſqu'il poſe en fait, que naturellement un chien ne ſauroit forcer un liévre, & que la choſe n'arrive jamais que par hazard.* On les appelloit en langue Celtique (53) *Vetragi*, ou *Vertragi*, ou *Veltragi*.
Il

de Animal. IX. 15. Le paſſage d'Elien eſt corrompu; on peut le rétablir par celui d'Ariſtote. *Nam volucri ferro tinctile virus ineſt.* Ovid. Triſt. III. 10. vſ. 64. *Aſpicis & mitti, ſub adunco toxica ferro, Et telum cauſſas mortis habere duas.* Idem Epiſt. ex Ponto L. IV. Ep. 7. vſ. 11. *Sintne litæ tenues ſerpentis felle ſagittæ.* Ibid. L. IV. Ep. 9. vſ. 83. *Dacus & armiferis Geticæ telluris in oris, Spicula quæ patrio gaudens acuiſſe veneno, Fundit apud ripas, inopina binominis Iſtri.* Silius Lib. I. vſ. 324. *Scythæ ſagittas tingunt viperinâ ſanie & humano ſanguine, irremedicabile id ſcelus mortem illicò adfert, levi tactu.* Plin. XI. 53. p. 608. *Scythæ ſagittas veneno tingunt.* Lucian. Nigrin. p. 26.

(52) *Nullum genus canum Celticos velocitate æquat. Illi Xenophonti, Grylli filio, qui de venatione ſcripſit, incogniti, cùm dicat, quotquot lepores à canibus capiuntur, præter corporis naturam, aut caſu fortuito id fieri.* Arrian. de Venat. p. 191. Xenoph. p. 573. Edit. Græc. Stephan. 1581. Ovide en parle auſſi comme d'une choſe extraordinaire. *Ut canis in vacuo leporem cùm Gallicus arvo Vidit; & hic prædam pedibus petit, ille ſalutem.* Ovid. Metamorph. I. vſ. 533. *Generoſi canes, Celtici, Iberici, Cares.* Pollux L. V. Cap. 5. p. 234.

(53) *Celtici canes velociſſimi, vocantur eorum linguâ Vetragi* Ουετραγοι (la verſion porte *Vertragi*,) *à celeritate, pulcherrimi ſpecie, viſu, oculis, formâ, pilo, colore, maculoſi.* Arrian. ub. ſup. p. 194. *Si quis canem Seuſium furaverit, aut Veltrem*
por-

DES CELTES, Livre II.

CHAP. XII.

Il y avoit aussi une sorte de Bassets, que les Gaulois appelloient (54) *Segusii*. J'aurois du penchant à croire, qu'ils portoient ce nom, parce qu'on les tiroit du païs des *Segusiens*, qui demeuroient autour de Lyon. Je n'oserois cependant garantir cette étymologie, parce que je vois que le nom de (55) *Segusii*, leur étoit donné dans toute la Germanie. Peut-être qu'il est derivé du mot de *Suchen*, chercher, parce qu'ils entroient dans les tanieres pour chercher les blereaux & les renards. Strabon remarque, que les Gaulois (56) tiroient de la Grande-Bretagne des Dogues, qui étoient non seulement excellens pour la chasse, mais qui leur rendoient encore service à la guerre. On a dit la même chose des chiens des Cimbres (57) & des Péoniens. Il ne faut donc pas être surpris

porcarium, sive Veltrem leporarium, qui & argutarius dicitur. Leg. Salic. p. 317. *Canis Seusius... Veltrem leporalem.* Leg. Aleman. LXXXII. p. 384. 385. *Seuces canes.... Veltrices canes.* Leg. Bajuar. p. 435. 436. Voyez du Cange Gloss. au mot de *Canis*. Col. 746. *Vertrager*, signifie endurant, bon à la fatigue. *Fel-trager*, un Chien velu, un Barbet. D'autres disent que c'est *Feld-jager*, un Chien de chasse, de *Feld* une Campagne, & *jagen*, chasser. Le mot de *Chien de Vautrait* a été corrompu de celui de *Veltraus*. Voyez Diction. de Furetiere: *Vautrait*.

(54) *Canes Segusii, specie turpi ac brutâ, ad investigandum apti, hirsuti & aspectu turpes.* Arrian. ub. sup. 192.

(55) Voyez ci-dessus la Note (53) & la Note (58) de la page suivante.

(56) *Britanni canes habent, ad venationem naturali præstantes facultate. Galli, cùm his tum suis canibus in bello utuntur.* Strabo IV. 199.

(57) *Canes defendere, Cimbris cæsis, domus eorum plaustris impositas.* Plin. VIII. Cap. 41. p. 202.

pris que des peuples, qui étoient en même tems grands chasseurs & grands guerriers, infligeassent une double amende à celui qui voloit un chien; l'une payable au Fisc, & l'autre au maître du chien. Le voleur pouvoit cependant se racheter de l'amende, en subsistant une peine aussi risible en elle-même, qu'elle étoit (58) honteuse dans l'idée de ces peuples. Nous verrons souvent revenir ces peines infamantes, qui étoient fort communes dans toute la Celtique, & particulierement parmi les Germains.

5. Les Celtes faisoient la plupart de leurs chasses à cheval. Arrien, dans son Traité de la Chasse, parlant des (59) Mysiens, des Getes, des Illyriens & des (60) Scythes, remarque que leurs chevaux, quoique petits, maigres & laids, étoient infiniment plus légers, & duroient plus long-tems à la course & à la fatigue, que les grands & beaux chevaux que l'on tiroit de son tems de Sicile, de Thessalie & du Peloponnese; de sorte qu'un Scythe n'étoit pas obligé de changer de cheval pour (61) forcer un cerf.

6. On *Dicunt & magnetas*, nutrire canes bellorum armigeros (ὑπασπιςὰς). *Tales erant etiam*, Pæonum canes venatici. Pollux V. 6. p. 236.

(58) *Si quis canem Veltraum, aut Segutium, vel petrunculum, præsumserit involare, jubemus, ut convictus coram omni populo, posteriora ipsius osculetur, aut quinque solidos illi cujus canem involavit, cogatur exsolvere; & multæ nomine solidos duos.* Leg. Burgund. p. 304.

(59) Arrian. de Venat. p. 206. & seqq.

(60) Ub. sup. 213. Les Scythes sont ici les habitans de la petite Scythie, qui étoit l'une des Provinces de la Thrace. Voyez ci-dessus Liv. I. Ch. 2. p. 17. Note (*e*).

(61) *Usque adeò laborem sustinet, donec cervus deficiat.* Arrian, ub. sup. p. 213.

6. On voit dans le même Traité (62), que quelques peuples Celtes avoient une fête qui reſſembloit aſſez à celle que nous appellons aujourd'hui *la Saint-Hubert;* & il n'eſt pas ſans apparence, que ce Saint a pris ici la place d'une Divinité Payenne. ,, Les Chaſ-
,, ſeurs, dit Arrien, célèbrent tous les ans une
,, fête à l'honneur de Diane. Il y en a qui
,, offrent à cette Déeſſe une bourſe pleine
,, d'argent qu'ils ont amaſſé durant le cours
,, de l'année. Ils y mettent, pour chaque
,, Liévre qu'ils ont pris, deux oboles. Une
,, dragme pour chaque Renard, & quatre
,, dragmes pour un Chevreuil. Au bout de
,, l'année, quand le jour de la naiſſance de
,, Diane eſt arrivé, ils ouvrent la bourſe, &
,, achetent de l'argent qu'ils ont amaſſé
,, quelque victime; comme une Brebis, une
,, Chevre ou un Veau, ſi la ſomme eſt aſſez
,, conſiderable. Après avoir fait leurs dévo-
,, tions, & offert les prémices de la victime,
,, ils font bonne chere, tant les Chaſſeurs que
,, les Chiens, qui ſont couronnez ce jour-là,
,, pour montrer que c'eſt à leur occaſion que
,, la fête ſe célèbre.

CHAP. XII.

Entre les recréations des peuples Celtes, les Feſtins tenoient toûjours la première place; ou plutôt toutes leurs autres recréations n'étoient que la ſuite & l'accompagnement de celle-là. Il n'y avoit point d'Aſſemblée d'un peuple, ou d'un canton, point de Fête civile ou religieuſe, point de Jour de Naiſſance, de Mariage, ou d'Obſeques qui fût dûement ſolemniſé, point d'Amitié ni d'Alliance qui

Les Feſtins étoient la grande recréation des peuples Celtes.

(62) Arrian. p. 222.

qui fût bien cimentée, si le Festin n'avoit été de la partie. Tacite disoit (63), que les Germains étoient peut-être celui de tous les peuples où l'on se plaisoit le plus à manger ensemble, & à regaler les étrangers. Les Gaulois étoient dans le même goût, ou plutôt c'étoit le goût commun des Scythes & des Celtes. Un grand Seigneur qui vouloit gagner l'affection des peuples, s'acquerir un grand nombre de cliens, ne pouvoit mieux y réussir qu'en regalant les peuples entiers. Aussi Posidonius rapportoit (64) que *Luernius*, pere de ce *Bituitus* que *Fabius Maximus* défit, avoit fait faire un enclos qui contenoit douze stades en quarré, dans lequel on servit, pendant plusieurs jours, des viandes apprêtées & des liqueurs exquises, à tous ceux qui se présentoient. Philarque parloit d'un autre grand Seigneur Gaulois, nommé (65) Ariamnes, qui fit dresser sur les grands chemins des loges, dont chacune pouvoit contenir quatre-cens personnes. Il y regala pendant une année entiere, tous ceux qui se présentoient. Outre les gens qui s'y rendoient exprès des villages & des villes voisines, on ne laissoit passer aucun étranger sans l'inviter de prendre part à cette fête. Comme la grandeur & la force de la Noblesse consistoient dans le nombre des cliens qui s'attachoient à un grand Seigneur, les Nobles qui vouloient se rendre Chefs de parti, tenoient ordinairement table ouverte. Il y avoit une sorte de cliens affidez,

---

(63) *Convictibus & hospitiis, non alia gens effusius indulget.* Tacit. Germ. Cap. XXI.
(64) Athenæus IV. 12.
(65) Idem ub. sup.

dez, qui fe devouoient aux Princes & aux Généraux, pour partager avec eux leur bonne & leur mauvaife fortune, & même pour vivre & pour mourir avec eux. Ceux-là, que l'on appelloit *Soldurii*, tant en Efpagne que dans les Gaules & en Germanie, n'avoient point d'autre table que celle de leur Patron. (66) *Leurs appointemens*, difoit Tacite, *confiftent dans des Feftins, où tout eft à la vérité mal ordonné, mais où il régne cependant une grande profufion.* Herodote, parlant des Scythes en général, remarque (67) que chaque Chef de Province donnoit tous les ans un feftin, auquel affiftoient tous les braves qui avoient tué un ou plufieurs ennemis à la guerre. On voit bien pourquoi ces feftins révenoient tous les ans dans un tems marqué. C'étoit, comme je le conjecture, le tems de l'Affemblée générale, pendant laquelle les Grands n'épargnoient ni foin ni dépenfe pour gagner les fuffrages du peuple, auquel ils rendoient compte de leur adminiftration, & de la faveur duquel dépendoient leur crédit & les dignitez dont ils étoient revêtus. On careffoit fur-tout les braves, parce que la confideration où ils étoient, les rendoit en quelque manière maîtres de toutes les delibérations. Outre les

Fef-

---

(66) *Epulæ, & quanquam incompti, largi tamen apparatus pro ftipendio cedunt.* Tacit. Germ. Cap. XIV.

(67) *Semel quotannis unufquifque Provinciæ Præfectus in fua Provincia craterem vini temperat, de quo Scythæ omnes hoftium homicidæ bibunt; at non guftant qui nihil præclari operis ediderint, fed fine honore feorfum fedent, quæ res apud eos maxima eft ignominia.* Herodot. IV. 66.

CHAP. XII.

Festins (68) que l'on donnoit auſſi long-tems que l'Aſſemblée générale ſubſiſtoit, & dans les autres ſolemnitez, les Loix de l'honnêteté & de l'hoſpitalité vouloient encore, qu'un Celte donnât à manger à tous ceux qui venoient le viſiter, ſans en excepter même les perſonnes les plus inconnuës (69). *La première choſe*, dit Diodore de Sicile, *que fait un Gaulois quand il rencontre un étranger*, *c'eſt de l'inviter à manger.* Si l'ami ou l'étranger que l'on invitoit, n'avoit pas le tems de s'arrêter, il falloit au moins le prier de boire un coup pour ſe rafraîchir. Les Dames même n'étoient pas diſpenſées de cette honnêteté. On voit, par exemple, dans Grégoire de Tours (70), qu'un Franc étant venu faire des reproches à Frédegonde ſur la mort de Prétextat, cette Princeſſe le pria à dîner. Comme il refuſa d'accepter l'invitation, elle le ſollicita de boire au moins un coup, & de ne lui pas faire l'affront de ſortir à jeûn de ſon Palais. C'étoit un piége qu'elle lui tendoit; car il fut empoiſonné dans le breuvage qu'on lui préſenta.

Tous les peuples Scythes & Celtes obſervoient

---

(68) Théophylacte Simocatta, parlant d'une Aſſemblée des Gepides, remarque que ce n'étoit que feſtins, & que l'on y paſſoit les nuits à boire. Συμπόσιον καθίσαντες, πανήγυριν ἑώρταζον ἐπιχώριον. Theoph. Sim. L. VIII. Cap. 3. p. 200.

(69) *Ad convivia peregrinos etiam invitant, iiſque finitis, tum demum qui ſint, quid venerint, ſciſcitantur.* Diod. Sic. V. 212. Voyez ci-deſſous Chap. XVI.

(70) Gregor. Tur. L. VIII. Cap. 31. p. 406. Voyez d'autres exemples; Paul. Diac. Hiſt. Long. Lib. I. Cap. 13. p. 360. Lib. III. Cap. 14. p. 389. Cap. XVIII. p. 393.

voient à-peu-près le même ordre & les mêmes cérémonies dans leurs festins. Il ne me paroît pas indigne de la curiosité du Lecteur, de le prouver par quelques exemples. Athenée décrivant, d'après Posidonius qui avoit voyagé dans les Gaules, les festins des Celtes, c'est-à-dire des Gaulois, dit en substance (71), ,, Qu'ils mangeoient sur des tables ,, basses. Qu'ils consumoient très-peu de ,, pain, mais beaucoup de chair bouillie, gril- ,, lée ou rôtie. Ils mangeoient assez mal-pro- ,, prement, prenant les morceaux des deux ,, mains, les déchirant avec les dents, & cou- ,, pant ce qu'ils ne pouvoient dépecer, avec ,, un petit couteau qu'ils portoient toûjours ,, à la ceinture. Quand la Compagnie étoit ,, nombreuse, les conviez s'asseyoient en rond. ,, On mettoit à la place d'honneur, qui étoit ,, au milieu, le Coryphée de la fête, c'est-à- ,, dire celui des conviez qui étoit le plus ,, distingué, ou par sa bravoure, ou par sa nais- ,, sance, ou par ses richesses. Il avoit à son ,, côté l'hôte de la maison. Les autres é- ,, toient placez des deux côtez, chacun se- ,, lon sa qualité. Les conviez avoient derrie- ,, re eux des servans d'armes, qui tenoient ,, leurs boucliers. Les gardes étoient assis en ,, rond vis-à-vis, & tous ces domestiques ,, étoient regalez comme les maîtres ". Philarque ajoutoit (72), *que parmi les Gaulois on servoit le pain tout brisé*, c'est-à-dire du pain fait d'une manière qu'on pouvoit le rompre en plusieurs piéces égales, pour chacun des

con-

---

(71) Athenæ. IV. 12.
(72) Idem, IV. 13.

CHAP. XII.

conviez, & que personne ne pouvoit se servir d'un plat, que le Roi, c'est celui que Posidonius appelle le Coryphée de la fête, *n'y eût touché premièrement.* Selon Diodore de Sicile (73), ,, Les Gaulois mangeoient assis à terre. On ,, étendoit sous eux, des peaux de loup ou ,, de chien. Ils étoient servis à table par leurs ,, enfans, ou par de jeunes gens, tant garçons ,, que filles. Près de la table il y avoit des ,, foyers & des brasiers, couverts de chaudie- ,, res, & de broches garnies de quartiers ,, de viande tout entiers. On présentoit les ,, meilleures portions au plus brave ''. Quoique les Thraces fûssent bien éloignez des Gaulois, ils ne laissoient pas d'avoir à cet égard les mêmes coûtumes. Xenophon, parlant d'un festin que Seuthes Roi de Thrace lui donna, lorsqu'il revenoit d'Asie avec ses Grecs, remarque (74) ,, qu'on servit les viandes sur ,, des tables à trois pieds. Elles étoient au ,, nombre de vingt, selon le nombre des ,, conviez. Chaque table étoit chargée de ,, viandes & de pain levé. On les servoit ,, plusieurs fois. Les conviez étoient assis en ,, rond. Le Roi rompoit le pain, & le don- ,, noit aux conviez. Il faisoit la même cho- ,, se des viandes, ne gardant que ce qu'il ,, vouloit manger ''. Anaxandride, décrivant les nôces d'Iphicrates Athenien, avec la fille de Cotis, autre Roi de Thrace, disoit (75), ,, que le marché fut couvert de tapis; qu'un ,, grand nombre de mal-peignez y mangeoient
,, du

---

(73) Diodor. Sic. L. V. p. 212.
(74) Xenophon Exped. Cyr. L. VII. p. 177. Athen. IV. 12.
(75) Athen. IV. 3.

„ du beurre. On y voyoit des chaudieres, CHAP.
„ grandes comme des cîternes. Cotis préfen- XII.
„ toit du bouillon aux conviez dans une é-
„ cuelle d'or.

On voit dans ces différentes defcriptions,
1. Que les Celtes mangeoient affis devant des
tables (76), & que chacun avoit fa table à
part. 2. Quoiqu'ils euffent foin de placer
chacun, fuivant le rang que fon âge, fa naiffance & fes charges lui donnoient, cependant
la place d'honneur étoit ordinairement pour le
plus brave. 3. Celui qui avoit la place d'honneur, jouiffoit d'une autre prérogative. On
fervoit devant lui tout le pain & toutes les
viandes, qu'il envoyoit (77) aux autres conviez, après s'être réfervé le meilleur morceau.
Les Celtes, difoit encore Pofidonius (78), *a-
voient anciennement cette coûtume, que quand on
avoit fervi les viandes, le plus brave prenoit le
meilleur morceau. S'il y avoit quelqu'un dans la
compagnie qui le lui difputât, il falloit tirer l'é-
pée, & fe battre jufqu'à la mort.* On n'aura
pas de la peine de croire après cela, ce que
Pomponius Mela rapporte, que l'on n'entendoit dans les feftins des Scythes (79) que des
ro-

(76) Voyez ci-deffus Chap. II. p. 223. 224.

(77) C'eft ce que Strabon appelloit porter les
plats de l'un à l'autre: *Lufitani priora in fedendo
loca ætati dignitatique deferunt, cœna circumgefta-
tur.* Strabo III. 155.

(78) *Prifcis temporibus mos apud Celtas fuit, ut
appofitis pecudum artubus, femur fumeret ftrenuiffi-
mus, & fi quis alius id fibi vindicaret, ad alterutrius
interitum ufque gladiis dimicarent.* Athen. IV. 13.

(79) *Inter epulas, quot quifque interfecerit, referre, lætiffima & frequentiffima mentio.* Pomp. Mel.
II. L. p. 4L.

CHAP. XII.

rodomontades, chacun parlant de ses actions héroïques, & du nombre des ennemis qui avoient peri sous sa main meurtriere. Cela n'empêchoit pas cependant qu'on n'y traitât aussi les affaires les plus serieuses. Tout ce qui devoit être proposé dans l'Assemblée générale, étoit premièrement entamé dans les Festins. Tacite l'a remarqué en parlant des Germains (80). *Le plus souvent ils deliberent à table des choses les plus importantes, comme de réconcilier des ennemis, de faire des mariages, de choisir des Princes, de faire la paix ou la guerre; comme s'ils estimoient, qu'il n'y a point de tems où l'homme ait l'esprit plus ouvert pour dire librement sa pensée, & où il soit plus échauffé pour les grandes entreprises. Ce peuple, qui n'est ni fin ni rusé, est encore plus disposé à s'ouvrir, & à découvrir ses pensées les plus secretes, par la liberté du lieu. Ainsi, dans ces occasions, chacun découvre ses pensées sans le moindre déguisement. Le lendemain on examine ce qui avoit été proposé la veille. L'un & l'autre de ces tems est propre aux affaires qu'on y traite. Ils deliberent dans un tems où ils ne sauroient ni feindre ni déguiser. Ils déterminent & prennent leur résolution, lorsqu'ils sont* de sang

---

(80) *Sed & de reconciliandis invicem inimicis, & jungendis affinitatibus, & adsciscendis principibus, de pace denique & bello, plerumque in conviviis consultant: tamquam nullo magis tempore, aut ad simplices cogitationes pateat animus, aut ad magnas incalescat. Gens non astuta, nec callida, aperit adhuc secreta pectoris licentiâ loci. Ergo detecta & nuda omnium mens, posterâ die retractatur; & salva utriusque temporis ratio est. Deliberant dum fingere nesciunt; constituunt dum errare non possunt.* Tacit. Germ. Cap. XXII. Voyez un exemple, Tacit. Hist. IV. 14.

sang froid, & par conséquent *moins en danger de se tromper*. Ce qu'il y a ici de remarquable, c'est qu'Herodote dit la même chose, & presque en autant de termes, des Perses ; avec cette seule différence, qu'il ne mêle point dans sa narration les belles & solides reflexions que le grand genie de l'Historien Romain lui suggeroit. Voici les paroles d'Herodote. (81) *Les Perses ont la coûtume de deliberer des choses les plus sérieuses, lorsqu'ils commencent d'avoir une pointe de vin. Quand la chose qu'ils ont ainsi examinée, le verre à la main, plaît & passe, le maître de la maison où ils ont consulté, leur propose la même affaire le lendemain pendant qu'ils sont à jeûn. Si alors la proposition est encore agréée, on l'exécute, si-non on la laisse tomber. Quand ils ont deliberé d'une chose étant à jeûn, ils l'examinent encore à table.* Je ne saurois me persuader que Tacite ait copié Herodote sans en avertir ; & j'aime mieux croire, que c'est la parfaite conformité qu'il y avoit à cet égard entre les Germains & les Perses, qui a produit celle que l'on remarque entre les deux passages que je viens de rapporter.

J'ai

---

(81) *Poti de rebus maximè seriis consultare consueverunt. Nam si quando ipsis consultandum videtur, tum posterá die jejunant, proponitque is, qui ædibus illis in quibus fortè consultatur, præest: & si placuerit, atque jejunaverint, utuntur ipso ; sin minùs comprobetur, abrogant ; & de quibus jejuni deliberaverint, de eisdem poti pronunciant.* Herodot. I. 133. *Persæ de rebus maximis in vino consultant, eaque decreta firmiora censent, quàm ea quæ sobrii faciunt.* Strabo L. XV. p. 734. *Bessus, Diis patriis sacrificio ritè facto, sicut illis gentibus mos est, cum amicis ducibusque copiarum, inter epulas de bello consultabat.* Curtius Lib. VII. Cap. 4.

CHAP. XII.

J'ai montré au commencement de ce Livre, que les peuples Celtes bûvoient ordinairement dans des cruches de terre ou de bois (82), & que dans les Festins on présentoit encore à boire dans des cornes de bœuf sauvage, ou dans des cranes humains. Les guerriers jouissoient ici d'une autre distinction. ,, Au lieu, dit Herodote (83), qu'un ,, Scythe qui n'avoit tué aucun ennemi, ne ,, pouvoit être placé à la table d'honneur, ,, ceux qui en avoient tué plusieurs, avoient ,, aussi le privilege de boire plus souvent ,, que les autres ". Le Roi ou le Coryphée de la fête, qui étoit ordinairement le plus brave (84), bûvoit le premier, & portoit toutes les santez à droite & à gauche. Il demandoit à l'échanson, comme il le jugeoit à propos, un crane, une corne, ou quelqu'une des cruches qui étoient sur le buffet. Après qu'on lui avoit présenté le vase plein de vin ou de biere, il se levoit, saluoit son voisin, en l'appellant par son nom, & vuidoit la coupe, ou toute entiere, ou en partie. Après l'avoir fait remplir par un domestique, il la remettoit à celui qu'il avoit salué. Celui-ci en usoit de même à l'égard de son plus proche voisin, ou de celui qui le suivoit en dignité (85). Quand la coupe avoit fait

(82) Voyez ci-dessous p. 225. Note (59) & page 225-234.
(83) Voyez le passage d'Herodote ci-dessus pag. 231. Note (81). *Binisque poculis, qui plurimos retulére.... interlocantur.* Pomp. Mel. II. 1. p. 41.
(84) *Cotym calices præguſtáſſe, ante compotores inebriatum fuiſſe.* Athen. IV. 3.
(85) *Celtæ forbillant paulatim ex eodem poculo,*
non

DES CELTES, Livre II. 473

CHAP. XII.

fait le tour de la table, & passé du premier jusqu'au dernier, on la remettoit sur le buffet pour en reprendre une autre. Ainsi les conviez ne pouvoient boire, que quand la cruche qui faisoit le tour de la table parvenoit jusqu'à eux. Mais ils ne pouvoient aussi la refuser quand elle leur étoit préfentée. Il y avoit cependant des fantez, que l'on ne portoit, comme je l'ai remarqué, qu'aux guerriers les plus distinguez. On voit ici, pour le dire en passant, l'origine d'une cérémonie qui étoit commune à tous les peuples Scythes & Celtes. C'étoit de boire à la santé des conviez. L'institution & le but en étoient très-naturels. Comme ceux qui assistoient à un Festin, bûvoient l'un après l'autre dans la même coupe, & qu'on leur servoit à tous la même boisson, celui qui bûvoit le premier, disoit à son voisin, en le saluant: (86) *Je bois à vous, ou je bois avant vous*, προπίνω σοὶ, *Propino tibi*, & je souhaite que ce bruvage vous fasse

---

non plus cyatho, frequentiùs pitissantes. Pocula ad dextram sinistramque puer circumfert. Athen. IV. 13.

(86) *Xenophon Libro VII. expeditionis, cùm exponit celebratum convivium apud Thracen Seuthen, ad hunc modum scribit, mutuò se quidem primò salutârunt, deinde, ut mos est, vini cornua protenderunt.* Athen. XI. 7. *Illyrii cœnant ac bibunt sedentes, ductis in eos conventus uxoribus, quibus indecorum non est, cuivis eorum qui adsunt præbibere.* Athen. X. 12. *Dromichætes cornu maximum mero implevit, & Lysimachum patrem appellans, interrogavit* &c. *Excerpta ex Diodor. Siculo Lib. XXI. p. 258. Pocula vino plena circumferre Lydorum inventum est, in dextram proferre calices quá propinant, suoque nomine eum provocare cui præbibere velis.* Critias apu Athenæ. L. X. Cap. 9. *Thracia propinatio.* Pollux VI. 3. p. 276.

fasse autant de bien qu'à moi-même. C'étoit un avis qu'il n'y avoit, ni poison, ni maléfice dans la coupe. De-là vient que c'étoit un affront de présenter à boire à quelqu'un, sans avoir goûté premièrement le vin, ou la biere qu'on lui offroit. La plupart de ces usages subsistent encore aujourd'hui en Allemagne & dans le Nord. Ils étoient établis autrefois parmi les Romains, & même en Grece, comme dans toute la Celtique. Varron (87), par exemple, parlant d'un Festin public que l'on faisoit tous les ans à Rome, dit que, pour ne pas perdre les anciennes coûtumes, on y bûvoit à la ronde dans des coupes. Critias, (88) cité par Athenée, disoit la même chose des Lacedémoniens. *Ils ont accoûtumé dans leurs Festins, de boire tous dans la même coupe.* Plutarque a prétendu (89), que cette cérémonie de se saluer réciproquement en bûvant, tiroit son origine des Perses. Il auroit parlé plus exactement, s'il avoit dit qu'elle étoit commune à tous les peuples qui descendoient des Scythes. Je dis la même chose de ceux qui croyent, que cette coûtume vient originairement des (90) Lydiens. Au reste, les Thraces avoient à cet égard deux usages particuliers. Xenophon les rapporte dans la déscription du Festin dont j'ai

---

(87) *Pateris etiam nunc in publico convivio, antiquitatis retinendæ causâ, cùm magistri fiunt, potio circumfertur.* Varro de L. L. IV. 21.

(88) *Spartæ mos est, ratumque institutum, eundem calicem vino gravem ebibere.* Critias apud Athenæ. X. 9.

(89) *Persicus mos est, consalutare inter pocula.* Plutarch. Sympos. VII. Cap. 9. p. 714.

(90) Voyez la Note (86) de la page précedente.

j'ai déja fait mention (91). Il dit, 1. ,, que ,, lorsque l'échanson avoit présenté à quel- ,, qu'un des conviez une corne pleine de ,, vin, celui-ci s'addressoit au Roi, & lui di- ,, soit, προπίνω σοι, je bois à votre santé, ,, & je vous donne un cheval sur lequel ,, vous atteindrez tous ceux que vous pour- ,, suivrez ; dans la retraite aussi vous n'aurez ,, pas à craindre de tomber entre les mains ,, d'aucun ennemi. D'autres lui offrirent de ,, la même manière, des esclaves, des habits, ,, des phioles, des tapis ''. On voit-là un usage dont je parlerai en son lieu, & qui étoit commun à tous les peuples Celtes (92). C'étoit d'offrir à leurs Princes des présens & des contributions volontaires, qui faisoient la plus grande partie de leur revenu. 2. Xenophon ajoute (93), qu'ayant bû lui-même à la santé de Seuthes, ce Prince se leva, but après lui, & jetta le reste du vin sur l'habit de celui des conviez qui étoit assis le plus près de lui. J'ignore quel étoit le but de cet usage (94), qui passoit pour une politesse parmi les Thraces.

CHAP. XII.

Après que l'on avoit desservi, les conviez continuoient toûjours de boire, & toûjours dans

(91) Xenoph. Exped. Cyr. Min. L. VII. p. 177. Athen. IV. 12.

(92) *Mos est civitatibus, ultrò ac viritim conferre Principibus, vel armentorum, vel frugum, quod pro honore acceptum, etiam necessitatibus subvenit.* Tacit. Germ. 15.

(93) *Invitatus Seuthes surgit, ac cum Xenophonte bibit, deinde in ejus vestem qui proximus assidebat cornu effudit.* Athen. IV. 12.

(94) *Thraces in vestes, effuso vino, honestum & fortunatum vitæ genus sibi delectum putant.* Athen. X. p. 322.

dans de plus grands gobelets. La fête ne finissoit ordinairement que le lendemain; & afin qu'elle fût bien accomplie, il ne falloit pas qu'il restât une goutte de vin ou de biere dans la maison, ni qu'aucun des conviez se retirât qu'on ne l'emportât à quatre. Strabon, par exemple, après avoir remarqué que la boisson ordinaire (95) des Lusitains, c'est-à-dire des Portugais, étoit la biere, & qu'ils avoient peu de vin, ajoute, que tout ce qu'ils en recueilloient dans une vendange, étoit d'abord consumé dans un seul Festin. Athenée, dans un passage que j'ai déja cité (96), dit que les Gaulois bûvoient à la vérité peu à la fois, mais qu'ils y revenoient souvent. Nous apprenons aussi de Tacite (97), que ce n'étoit pas une chose honteuse parmi les Germains, de passer le jour & la nuit à boire. Bien loin de là, l'usage vouloit qu'un hôte retînt ses conviez jusqu'au lendemain. Elien dit à-peu-près (98) la même chose des Perses; & nous verrons bientôt, en parlant du penchant que les peuples Scythes & Celtes avoient à l'yvrognerie, que ces abus s'étendoient aussi loin que les bornes de la Celtique. Les Romains même,

---

(95) *Lusitani zytho utuntur, vini parùm habent, & quod provenit statim consumunt in convivio cum cognatis.* Strabo III. 155.

(96) Ci-dessus p. 472. Note (85).

(97) *Diem noctemque continuare potando, nulli probrum.* Tacit. Germ. Cap. 22. *Hortarius Rex, Reges omnes, & Regales, & Regulos, ad convivium corrogatos, retinuit, epulis adusque vigiliam tertiam, gentili more, extentis.* Amm. Marcell. L. XVIII. Cap. 2. p. 189.

(98) *Persæ cibo saturati, vino & propinationibus indulgent, potum tanquam adversarium aggredientes.* Ælian. V. H. Lib. XII. Cap. 1.

même, qui dans la suite se rendirent si recommandables par leur sobrieté, ont été longtems Celtes à cet égard. Varron l'insinuoit dans un passage dont Nonius Marcellus nous a conservé un petit fragment; encore les mots en sont-ils transposez (99). On y entrevoit cependant, que les plus anciens Romains faisoient apporter dans leurs Festins, premièrement des outres, ensuite des tonnelets, & enfin des bariques pleines de vin.

CHAP. XII.

Il étoit naturellement impossible, que des esprits fiers & feroces, échauffez encore par les fumées du vin & par des conversations qui ne respiroient que la guerre, ne prissent souvent querelle dans la boisson, & qu'ils n'en vinssent des contestations & des injures aux voyes de fait. Diodore de Sicile l'a remarqué en parlant des Gaulois. (100). *Il est assez ordinaire, que la conversation venant à s'échauffer pendant le repas, ils se font des défis pour se battre en duel, ces peuples ne tenant aucun compte de la vie.* Tacite dit la même chose des Germains. (101) *Il leur arrive assez souvent, comme la chose est inévitable, de prendre*

que-

---

(99). *Varro de vita Populi Romani antiquissimi in conviviis, utres vini primò, posteà tinas ponebant. Idem mori longi cum operculo ad cupas, tertiò amphoras.* Non. Marcell. Cap. XV. p. 791. Tine en Allemand est un Baquet, Cupe un Tonneau, une grosse Barique.

(100) *Inter ipsas quoque epulas, causâ ex jurgio quomodocunque arrepta, insurgere, & ex provocatione, nihil vitæ jacturam æstimantes, inter se digladiari solent.* Diodor. Sic. V. 212. Voyez un passage de Polybe ci-dessus p. 432. Note (69).

(101) *Crebræ ut inter vinolentos rixæ, rarò conviciis, sæpius cæde & vulneribus transiguntur.* Tacit. Germ. 22.

CHAP. XII.

querelle dans la boisson. Ces querelles se terminent rarement à des injures ; on en vient le plus souvent aux coups, aux blessures & aux meurtres. On a aussi reproché de tout tems aux Thraces (102), de ne célébrer aucun Festin où il n'y eût du sang répandu.

Cependant, lorsque les choses se passoient tranquillement, le Festin étoit suivi du chant de quelqu'un de ces Cantiques dont j'ai parlé au long dans l'un des (103) Chapitres précedens. J'ai remarqué que ces Hymnes se chantoient au son d'un ou de plusieurs instrumens ; que le chant étoit accompagné d'une danse fort animée, que les Danseurs avoient chacun son armure complette , & qu'ils battoient la mesure en frappant de l'épée & de la lance contre leurs boucliers. Il suffira d'ajouter ici, que les Celtes prenoient ce divertissement, non seulement dans les Festins (104), mais

―――

(102) *Natis in usum* lætitiæ scyphis , *pugnare Thracum est.* Horat. Carm. L. I. Od. 27. *At Ogygii si quando afflârit Jacchi Sævus odor , tum saxa manu, tunc pocula pulchrum Spargere, & immeritò sociorum sanguine fuso, Instaurare diem, festasque reponere mensas.* Statius Thebaïd. II. vs. 85. *Odrysæ ita fundere humanum sanguinem assueti, ut cùm hostium copia non daretur, ipsi inter epulas, post cibi satietatem & potús, suis, velut alienis corporibus, imprimerent ferrum.* Amm. Marcell. XXVII. 4. pag. 483.

(103) Voyez ci-dessus Chap. IX. pag. 358-374.

(104) *Lusitani inter potandum ad tibiam saltant , & ad tubam choreas ducunt ; interdum exilientes, & poplitibus flexis , rectum corpus demittentes. In Bastetania id etiam mulieres faciunt , una alteram manu tenentes.* Strabo III. 155. *Lusitani , pacis tempore, saltationis genus quoddam levissimæ , in qua magnâ crurum agilitate opus est , exercent.* Diodor. Sicul. L. V.

mais encore dans toutes leurs autres réjouissances. *Les Germains*, dit Tacite (105), *prennent un plaisir singulier à voir leurs jeunes gens se jetter, en sautant & en dansant, au milieu des épées & des halebardes. C'est leur seul spectacle, que l'on voit revenir dans toutes les assemblées.*

Quand le chant & la danse avoient duré quelque tems, les Danseurs donnoient une nouvelle scene à la Compagnie (106). Ils commençoient à s'escrimer les uns contre les au-

CHAP. XII.

V. p. 215. *Post hæc* (in convivio Seuthis) *ingrediuntur Musici cum tibiis, & tubis omoboinis, signum bellicum Thracibus dare soliti, certis numeris tubæ magadis sonum imitantes.* Athen. IV. 12.

(105) *Genus spectaculorum unum, atque in omni cœtu idem. Nudi juvenes, quibus id ludicrum est, inter gladios se atque infestas frameas saltu jaciunt.* Tacit. G. 24.

(106) *Thraces ad tibiam armati saltabant, atque altè quidem è terra se summa cum agilitate extollebant, gladios tenentes, quibus ita alter alterum verberabat, ut planè omnes hominem percussum existimarent. Sed ea erat ars ludendi quædam. Paphlagones verò clamorem tollebant. Sed ex gladiatoribus illis, qui arma jacenti detraheret, deinde Sitalca, (qui patrius illis cantus fuit) cantans abiret. Item qui alium jam mortuum efferret, cum & ille nulla ex parte, non mortuus videretur.* Xenoph. Exped. Cyr. Min. VI. 162. *Oplopœam venustus Xenophon in Cyri expeditione, apud Seuthem Thracem in convivio exhibitam, sic repræsentat. Postquam, inquit, Diis libatum est, Pæanaque cecinerunt, surrexere primi Thraces, & ad tibiam armati saltaverunt, leviter in altum subsilientes, gladiosque vibrantes. Tandem alter alterum ferit, ut hominem percussum omnes crederent. Ille verò artificiosâ simulatione cecidit, cunctis acclamantibus. Mox qui sauciasse videbatur, jacentem armis spoliat, & Sitalca canens egreditur. Ac reliqui Thraces stratum efferunt, quamvis nullo esset malo affectus.* Athen. I. 13.

CHAP. XII.

autres ; & afin que le jeu fût une image parfaite de la guerre, il falloit que quelqu'un fît semblant d'y perdre la vie. Le vainqueur dépouilloit le vaincu, de la même manière qu'il auroit pû le faire dans une bataille. Il célébroit par un Hymne, la victoire qu'il venoit de remporter; après quoi les Acteurs se retiroient, emportant avec eux le mort. On voit par-là, que les Cantiques que les Celtes chantoient dans leurs Festins, étoient les mêmes qu'ils entonnoient avant le combat & après la victoire. Posidonius avoit remarqué (107), que ces combats que l'on voyoit dans les Festins des Gaulois, étoient ordinairement un jeu & une farce, mais qu'il ne laissoient pas de devenir quelquefois très-serieux, parce qu'il arrivoit souvent aux Acteurs de se piquer, de s'emporter, & d'en venir aux blessures & au meurtre, quand ils n'étoient pas separez par les spectateurs. Quelquefois on introduisoit aussi dans la salle du Festin des Gladiateurs, qui étoient payez pour donner à la compagnie le barbare spectacle de se battre & de se tuer en sa présence. La même chose se pratiquoit dans les (108) as-
sem-

___

(107) *Posidonius scribit Lib. XXIII. Historiarum, Celtas nonnunquam super cœnam gladiatorio certamine congredi. Armati enim sese invicem ad umbratilem pugnam provocant, sumimasque tantùm manus, ac gladiorum cuspides conserunt, mutuò parcentes. Nonnunquam adusque vulnera res procedit, ac tum irritati, nisi qui adsunt eos dirimant ac inhibeant, ad mortem usque præliantur.* Athen. IV. 13.

(108) *In urbe Curambe vidi pompam juvenum elegantium ac strenuorum, bi nimirum viritim, mercede lecti, ad monomachiam tertio die depugnaturi erant. Cum certamen haberetur, producto juvene quodam præ-*
grav-

DES CELTES, Livre II. 481

semblées des Peuples, des Cantons, & sur- CHAP.
tout dans les Obseques. C'est de-là, selon XII.
les apparences, que les anciens habitans de
l'Italie avoient pris leurs combats de Gladiateurs. A l'exemple des Celtes, ils donnoient ce divertissement au peuple dans les
Spectacles publics, & aux particuliers dans
les Festins. Nicolas de Damas (109) avoit
même remarqué, qu'ils tenoient cet usage
des Tusces, qui étoient un peuple Celte,
comme je l'ai prouvé dans le (110) Livre
précédent. On a vû plus haut, que les Conviez aussi (111) se faisoient quelquefois des
défis, dans la seule vûë de faire montre
de leur adresse & de leur valeur. Je n'ai
par consequent aucune peine à croire ce
que l'on raconte, que les Géans, c'est-à-dire
les Thraces, habitans de la ville de Pallene (112),

of-

grandi, præco dixit, si quisquam velit cum hoc duello
depugnare, præmium pugnæ accipiet Drachmarum decem millia. Lucian. Toxari p. 640.

(109) E Campanis quidam super conviviis, singu-
lari certamine digladiantur. Nicolaus Damascenus
Libro CX. Historiarum, Romanos narrat post cœnam
gladiatorum paria committere, scribens; Gladiatorum
spectacula non solùm publicis ludis & theatris,
populique frequentiâ & celebritatibus edunt Romani, à Thuscis invecto more, sed etiam inter e-
pulas. Itaque nonnullos ex amicis & necessariis,
& aliis de causis ad cœnam invitant, & hac po-
tissimùm, ut gladiatorum paria duo vel tria dimi-
cantia conspiciant, tum scilicet eos advocantes,
cùm ebrii sunt, cœnæque ferculis exsatiati; si quis
jugulatur plaudentes, & ejus cæde læti. Athen.
IV. 13.
(110) Ci-dessus Livre I. Chap. 10. p. 94. 101.
(111) Ci-dessus Livre II. Chap. 11. p. 438.
(112) *Gigantes interfecit Hercules, qui ei bellum,*

X   *tan-*

482 HISTOIRE

CHAP. XII.

offrirent à Hercule le Duel, en reconnoissance de l'honneur qu'il leur avoit fait de passer chez eux. Les Thraces, comme tous les autres peuples Celtes, se piquoient d'exercer l'hospitalité, & de bien recevoir les étrangers. Mais par cela même, ils croyoient qu'il étoit de l'honnêteté, de demander à un étranger qui étoit en reputation de bravoure, s'il vouloit rompre une lance, & montrer ce qu'il savoit faire. Un homme qui tuoit son champion de cette manière, au lieu d'être puni, n'en étoit que plus estimé & plus caressé.

Tous les autres divertissemens des Celtes se ressentoient de la ferocité de ces peuples, qui regardoient la mort d'un homme comme un jeu, & un spectacle amusant. La fête n'étoit point entiere, si quelqu'un n'y périssoit, ou ne couroit au moins risque de la vie. Seleucus, par exemple, avoit remarqué, (113) ,, que quelques-uns des Thraces jouoient ,, dans

---

tanquàm hospitale donum, quòd ad eos navigásset, obtulerant. Πόλεμον αὐτῷ ξένια τῦ κατάπλυ παρασχόντας. Stephanus de Urb. in Pallene p. 620. Amycus, Roi des Bebryces, offroit le duel à tous les étrangers qui passoient chez lui. *Amycus Bebrycum Rex, advenas hospites colluctari cum eo cogebat, & hoc modo interimebat.* Apollodor. Lib. I. p. 45.

(113) *Seleucus, ex Thracibus quosdam in conviviis scribit suspendium ludere. Tereti laqueo altiori cuidam loco adaptato, subjectoque ad perpendiculum saxo volubili, si quis ascendisset. Illos ergo sortiri, & cui sors eveniffet, falcem eum manu tenentem insistere lapidi, ac collo restim innectere; alium tum accedentem, saxum pellere, quo fugiente, nisi mox falce laqueum abscindat, qui pendet strangulatur & perit, aliis ridentibus, qui mortem ejus pro joco habent.* Athen. IV. 14.

„ dans leurs Festins un certain jeu, que l'on CHAP.
„ appelloit le jeu du Pendu. On attachoit XII.
„ dans un lieu élevé une corde, sous laquel-
„ le on mettoit perpendiculairement un
„ caillou rond & uni. Après que l'on avoit
„ choisi par le sort celui qui devoit être
„ l'Acteur, on le faisoit monter sur le cail-
„ lou, armé d'une faux. Il étoit obligé de
„ se mettre lui-même la corde au cou, pen-
„ dant qu'un autre ôtoit adroitement la pier-
„ re. Si celui qui demeuroit suspendu, n'a-
„ voit pas le bonheur & l'adresse de cou-
„ per à l'instant la corde avec la faux qu'il
„ tenoit des deux mains, il étoit étranglé, &
„ périssoit au milieu des risées de tous les
„ spectateurs, qui se moquoient de lui com-
„ me d'un mal-adroit.

Cette fureur étoit poussée si loin, que l'on voyoit quelquefois dans les Théâtres (114), des Celtes faire une collecte parmi les Spectateurs, pour leur donner le plaisir de se tuer en leur présence. On donnoit à ces furieux de l'or, de l'argent, des cruches de vin, qu'ils recevoient en promettant avec serment de ne pas tromper l'attente de l'assemblée. Après avoir distribué tous ces présens à leurs meilleurs amis, ils se couchoient tranquillement sur leur bouclier, & se laissoient couper la gorge, sans faire la moindre grimace.

Je

(114) *Aurum alii argentumve in theatro accipiunt, aut amphorarum vini certum quendam numerum, & ubi jurejurando polliciti sunt, irritam non fore donationem, muneraque accepta intimis amicis dispertiti sunt, supinos se distendunt, & in scutis jacent, adstante qui gladio jugulum fodiat & exscindat.* Athen. IV. 13.

CHAP. XII.

Je n'ajouterai sur cet Article qu'une seule remarque que Tacite me fournit. *Les Germains*, (115) dit-il, *aiment beaucoup, ce qui vous étonnera peut-être, les Dez, ou les jeux de hazard. Ils jouent ce jeu, même sans avoir bû, & au milieu des occupations les plus sérieuses. Ils sont si âpres & si téméraires, soit dans le gain, soit dans la perte, qu'après avoir perdu tous leurs autres biens, ils hazardent sur le dernier coup de Dé, leur personne & leur liberté. Celui qui perd, entre volontairement en servitude. Fût-il même plus jeune & plus robuste que le gagnant, il se laisse cependant lier & vendre, tant ils sont obstinâtres à soutenir une méchante action. Mais ils appellent cela tenir sa parole. Ceux qui gagnent, ont accoûtumé de vendre les esclaves de cette sorte à des marchands étrangers, pour se délivrer eux-mêmes de la honte & de la confusion que leur donne une semblable victoire.* Tacite avoit bien raison de s'étonner, que les Germains portâssent si loin la passion du jeu. Ils regardoient la liberté comme le plus précieux de tous les biens, jusques-là qu'ils la préféroient à la vie. Malgré cela, ils la hazardoient sur un coup de Dé. C'étoit le comble de la folie & de la fureur.

Les peuples Scyner, jusqu'où les peuples Scythes & Celtes avoient

Ce seroit naturellement ici le lieu d'exami-

---

(115) *Aleam, quod mirere, sobrii inter seria exercent, tantâ lucrandi perdendive temeritate, ut cùm omnia defecerunt, extremo ac novissimo jactu, de libertate & de corpore contendant. Victus voluntariam servitutem adit. Quamvis junior, quamvis robustior, adligari se ac venire patitur; ea est in re prava pervicacia, ipsi fidem vocant. Servos conditionis hujus per commercia tradunt, ut se quoque pudore victoriæ exsolvant.* Tacit. Germ. Cap. 24.

avoient pouffé leurs connoiffances par rapport à la Mufique, qui étoit auffi une de leurs grandes recréations. Je ne le ferai cependant qu'en deux mots, pour ne pas m'écarter de la loi que je me fuis préfcrite, de ne parler que fort fuccinctement des chofes qui ne font pas de ma fphère. Il femble au premier abord que la Mufique fût inconnuë aux Scythes, ou qu'au moins ils n'en fiffent aucun cas. Atheas (116) Roi des Scythes, qui vivoit du tems de Philippe Roi de Macédoine, ayant appris qu'il y avoit parmi les prifonniers qu'il avoit fait fur les Grecs, un excellent Joueur de flutte, le fit venir pour jouer en fa préfence. Comme toute la compagnie admiroit l'habileté du Muficien, le Roi protefta, qu'il aimoit mieux entendre le henniffement de fon cheval. Anacharfis auffi (117), fur la demande qu'on lui faifoit, s'il y avoit des Joueurs ou des Joueufes de flutte en Scythie, répondit fans héfiter, qu'on n'y voyoit pas feulement des vignes. Il fembloit infinuer, qu'il n'y avoit que des gens dont la raifon étoit étouffée par les fumées du vin, qui puffent prendre plaifir au fon des inftrumens.

CHAP. XII.

thes & Celtes cultivoient la Mufique.

I. Il faut cependant que ces peuples ne mé-

___

(116) *Atheas Scytharum Rex, tibicinem præftantiffimum cùm cepiffet, juffit fuper cœnam canere. Ceteris verò mirantibus, juravit fe majore voluptate audire hinnitum equi.* Plutarch. de Fortit. Alex. T. II. 334. Apophteg. T. II. 174.

(117) *Anacharfin Ardalus interrogavit, an apud Scythas tibicinæ effent? qui ex tempore refpondit, ne quidem vites apud Scythas effe.* Plutarch. Conviv. Sapient. II. p. 148.

méprisassent que la Musique molle & efféminée des Grecs. Car au reste il est constant qu'ils avoient des (118) Lyres, des (119) Guitarres, des (120) Fluttes, des (121) Trompettes, & d'autres sortes d'instrumens.

II. Les Hymnes (122) qu'ils chantoient dans les Assemblées civiles & religieuses, dans les Festins, dans les Obseques, ou en allant au Combat, étoient ordinairement accompagnez d'un ou de plusieurs instrumens.

III. Les Bardes, qui faisoient ces Hymnes (123), étoient Poëtes & Musiciens; ils composoient les paroles, & l'air sur lequel on les chantoit. De-là vient qu'ils ne marchoient jamais sans leur Guitarre, parce qu'on les invitoit souvent à chanter dans les compagnies, & même dans les places publiques, & que la coûtume vouloit, qu'ils ne récitassent aucun Cantique, que la voix ne fût soutenue & accompagnée du son de quelque instrument. Théopompus, par exemple, avoit remarqué, que quand les Getes envoyoient quelque Ambassade aux peuples avec lesquels ils étoient en guerre (124), les Ambassadeurs entroient

dans

(118) Voyez ci-dessus Chap. IX. p. 353. Note (11) p. 354. Note (13).

(119) Ci-dessus p. 358. Note (23). p. 361. Note (30) ci-dessous Note (124).

(120) Ci-dessus p. 361. Note (30) page 479. Note (106). *Dardani, quánquam essent oppido agrestes, ... musicæ tamen operam dederunt, semperque usi sunt musicis fistulis, & instrumentis quæ fidibus intenduntur.* Strabo VII. 316.

(121) Ci-dessus p. 478. Note (104).

(122) Ci-dessus p. 360-363.

(123) Ci-dessus Chap. IX. p. 351. Note (3) p. 354. Note (13).

(124) *Theopompus Libro XLVI. Historiarum, tradit*

CHAP. XII.

dans l'armée ennemie, en jouant de leurs Guitarres. On voit bien ce que c'étoit. Ils chantoient à leur manière des Hymnes, sur les douceurs de la paix qu'ils venoient offrir ou demander.

IV. Je ne doute pas aussi, que les peuples Celtes n'eussent des Airs & des Concerts qui n'étoient point accompagnez de la voix. Athenée (125) dit, que toutes les fois que les Rois de Thrace étoient à table, on les divertissoit par le son de quelque instrument. Il dit (126) ailleurs, que quand un Thrace, ou un Phrygien, se levoit dans un Festin pour porter une santé, on jouoit un Air à boire, pendant qu'il avaloit sa biere. La Musique étant si commune parmi les Celtes, & ces peuples chantant, comme je l'ai montré (127), leurs Loix, leur Histoire, & en général tout ce qu'ils sçavoient, il est naturel de présumer, qu'un exercice continuel devoit les rendre habiles dans cet Art.

V. Ce qu'il y a de constant, c'est que toute la Musique des Grecs venoit des peuples

―――

dit Getarum legatos citharas pulsantes advenire. Athen. XIV. p. 467. *Getarum leges sunt... citharâ pulsare legatos, cùm ad hostem mittuntur.* Stephan. de Urb. p. 271. Jornandes rapporte aussi, que Philippe Roi de Macedoine, assiégant une ville de Mœsie, nommée *Udisitana*, les Prêtres Goths firent lever le siége, en venant au devant des Macédoniens avec des Guitarres & des habits blancs. Jornand. Cap. X. p. 624.

(125) *Musicum instrumentum, quod cœnæ adhibent Thraciæ reges.* Athen. XIV. p. 474.

(126) *Velut Thrax quidam, aut Phryx, ad tibiem prono corpore bibens, brytum exugebat.* Archilochus apud Athen. Lib. X. Cap. 13.

(127) Ci-dessus pag. 361.

CHAP.
XII.

ples Scythes ou Celtes. 1. Les Muficiens qui leur avoient enfeigné cet Art, comme Orphée, Mufée, Thamiris, Eumolpus, (128) étoient tous fortis de Thrace. 2. La plupart (129) des inftrumens dont les Grecs fe fervoient, venoient de Scythie ; il y en avoit même qui retenoient les anciens noms qu'ils avoient porté parmi les Scythes. 3. Enfin les trois différentes fortes d'Harmonies (130), c'eft-à-dire de clefs ou de games qui étoient en ufage en Grece, avoient été prifes des Phrygiens, des Lydiens (deux (131) peuples

(128) Ci-deffus 361. Note (30).

(129) Voyez le paffage de Strabon ci-deffus p. 361. Note (30). *Magadæ inventionem Cantharus Thracibus tribuit.* Pollux. L. IV. Cap. 9. p. 189. *Fertur Phryges tibiam lugubrem inveniffe, quâ ab ipfis acceptâ Cares utuntur.* Idem IV. 10. *Scythæ maximè Antropophagi, Melanchlæni, Arimafpi, aquilarum vulturumque offa, tibiæ in morem inflant, fed arundinea fyrinx Gallis maximè competit, & Oceani infulanis.* Idem IV. 10. p. 191.

(130) Voyez ci-deffus p. 361. Note (30). *Tres igitur, ut initio diximus, funt Harmoniarum differentiæ, Phrygia, Lydia, & Barbara. Græcis innotuerunt ex quo Lydi ac Phryges, in Peloponnefum cùm Pelope defcenderunt.* Athen. XIV. 5. *Harmoniæ tres, Dorica, Phrygia, Lydia.* Schol. Demetrii Triclin. ad Pindar. Olymp. I. p. 133. *Harmoniæ funt, Doria, Ionica, & Æolica, quæ primæ funt ; & Phrygia, & Lydia, & Locrenfis Philoxeni inventum.* Pollux. Lib. IV. Cap. 9. p. 188. *Harmonia Tibicinum eft Dorica, Phrygia, Lydia Ionica, & continua Lydia, quam Anthippus invenit.* Pollux. IV. 10. p. 191. Selon les apparences, les Harmonies que Pollux appelle Ionique & Eolique, font celles que ces peuples Grecs, établis en Afie, avoient prifes des Phrygiens & des Lydiens leurs voifins.

(131) Je le prouverai en parlant des migrations des

ples Thraces qui avoient passé d'Europe en Asie) & des Barbares, c'est-à-dire des Doriens, qui étoient aussi des Thraces ou des Pelasges, comme je l'ai prouvé dans le Livre (132) précedent. *L'Auteur de l'Harmonie Dorique*, dit Pline (133), *est Thamyras, Musicien venu de Thrace*. Si l'on ajoute ici ce que j'ai remarqué (134) ailleurs, tant sur ce qui faisoit le sujet des anciens Hymnes des Grecs, que sur la manière dont ils les chantoient, on ne doutera pas qu'ils ne tinssent à cet égard plusieurs choses des Scythes; ou plutôt on sera convaincu, que les anciens habitans de la Grece étoient de véritables Scythes, qui perfectionnerent ensuite leur Musique, & les autres Arts, par les lumieres que leur donnerent les Phéniciens, les Egyptiens & d'autres peuples policez qui établirent des Colonies dans leur païs.

CHAP. XII.

CHAPITRE TREIZIEME.

Après tout ce que j'ai dit dans les Chapitres précedens de la manière de vivre des Celtes, de leurs occupations & de leurs recréations, il sera facile de se faire une idée du caractère de ces peuples, & en même me

Caractère des peuples Celtes.

des peuples Celtes. Voyez en attendant le premier Livre de cet Ouvrage Chapitre II. page 20. 21.
(132) Ci-dessus Livre I. Chap. 9. p. 73.
(133) Ci-dessus p. 361. Note (30).
(134) Ci-dessus p. 369.

CHAP. XIII.

me tems des vertus & des vices qui devoient naturellement en resulter. Si les hommes se faisoient un devoir de répondre à leur destination, & de régler toutes leurs démarches sur les lumieres de la droite raison, qui fait véritablement la gloire de l'homme, & dont les principes sont surs & invariables, on remarqueroit une parfaite uniformité dans leurs sentimens & dans leur conduite. Au lieu de cela, la plupart des hommes se livrent sans refléxion à la pente de leur tempérament (1), & à des inclinations qui sont différentes, & quelquefois opposées, selon la diversité, ou du climat, ou de la constitution du corps, ou de l'éducation qu'ils reçoivent, ou du genre de vie qu'ils embrassent, ou de mille divers intérêts qui les partagent. Il arrive de-là, que pour connoître le caractère, les vertus & les vices d'un peuple, il ne faut pas s'arrêter à ses principes. Les principes ne sont ordinairement que pour la spéculation; il n'y a que le plus petit nombre qui les suive. Il faut tacher de connoître son tempérament, ses inclinations, ses intérêts, & en un mot, ses passions, qui ont une influence générale & presque invincible sur les mœurs & sur la conduite de l'homme. Je dois donc commencer par dire un mot de la complexion naturelle des peuples Scythes & Celtes, qui fut à-peu-près la même dans tou

---

(1) *Anima, cùm ad corpus venerit, non naturâ suâ utitur, sed ex ejus qualitate mutatur. Inde Afros versipelles, Græcos leves, Gallos pigrioris videmus ingenii, quod natura climatum facit; sicut Ptolemæus deprehendit, qui dicit, translatum ad aliud clima hominem, naturam ex parte mutare.* Servius ad Æneid. VI. vs. 724. p. 455.

toutes les Provinces de l'Europe, auſſi long-tems qu'ils ne ſe mêlerent point avec des Nations étrangeres.

CHAP. XIII.

Les anciens Auteurs nous diſent aſſez généralement, que les Celtes étoient tous d'un naturel vif & bouillant (2), ce qu'ils attribuent, tant à l'abondance du ſang, qu'à la vigueur extraordinaire de leur tempérament. Au lieu de moderer & de menager cette vivacité naturelle, qui peut être d'un grand ſecours

Ils étoient d'un tempérament vif & bouillant.

---

(2) *Septentrionales populi largo ſanguine redundantes.* Veget. I. 2. *Galli violentiam partim à corporibus habent, quæ ſunt procera, partim à multitudine.* Strabo IV. 195. Vitruve a repréſenté d'une manière toute extraordinaire le tempérament des peuples Septentrionaux, c'eſt-à-dire des Gaulois, des Germains & des Bretons. Ils avoient une grande abondance de ſang : mais cela n'empêchoit pas qu'ils ne ſe reſſentiſſent auſſi de la rigueur du climat. L'abondance du ſang les rendoit courageux, intrépides. La rigueur du climat les rendoit peſans, ſtupides, étourdis. *Sub Septentrionibus nutriuntur gentes immanibus corporibus, candidis coloribus, directò capillo & rufo, oculis cæſiis, ſanguine multo, quoniam ab humoris plenitate, cœliq́ue refrigerationibus ſunt conformati.... Itaque corpora quæ naſcuntur ſub Septentrione, à febri timidiora & imbecilla, ſanguinis autem abundantiá ferro reſiſtunt ſine timore... Septentrionales autem gentes, infuſæ craſſitudine cœli, propter obſtantiam aeris, humore refrigeratæ, ſtupentes habent mentes... Qui verò refrigeratis naſcuntur regionibus, ad armorum vehementiam paratiores ſunt, magniſque viribus ruunt ſine timore ; ſed tarditate animi ſine conſiderantia irruentes, ſine ſolertia, ſuis conſiliis refringuntur.* Vitruv. VI. 1. p. 104. 105. Ces idées ne ſont point Philoſophiques. Ce n'étoit point la peſanteur, la ſtupidité des peuples du Nord, mais la trop grande vivacité de leur tempérament, qui les rendoit inconſiderez, étourdis, &c.

X 6

CHAP.
XIII.

cours à l'homme quand il sait la soûmettre à la raison; il semble que les Celtes priffent à tâche de l'augmenter, & de s'y abandonner fans aucune refléxion. L'éducation, par exemple, qu'ils donnoient à leurs enfans, tendoit naturellement à les rendre violens & indomptables. Au lieu de les occuper, & de les entretenir dans la dépendance, ils avoient pour principe, qu'il ne falloit les gêner ni les contraindre en rien. Ils difoient que, comme les arbres des forêts, qui n'ont été ni taillez, ni cultivez, devenoient les plus hauts & les plus forts, auffi le véritable moyen de voir réuffir les jeunes gens, c'étoit de les abandonner à leurs propres inclinations, de leur laiffer prendre le pli que la nature même leur donnoit, & (3) de ne les obliger jamais à faire quelque chofe contre leur volonté. D'ailleurs, comme la profeffion des armes, à laquelle ces peuples fe dévouoient tous, les appelloit à augmenter, autant qu'il étoit poffible, les forces du corps, auffi leur manière de faire la guerre, qui vouloit que le Soldat emportât tout de vive force, leur faifoit regarder la temérité & la fureur, comme le caractère le plus effentiel de la véritable bravoure. Les loix encore de l'honneur, qui vouloient qu'un homme de cœur ne dépendît que de fon bras & de fon épée, qu'il fe rendît toûjours juftice à lui-même, & qu'il lavât dans le fang de fes ennemis, tous les outrages qu'il recevoit; tout cela devoit contribuer naturellement à augmenter l'impétuofité des peuples Celtes.

La

(3) *Germani à pueris nullo officio nec difciplinâ affuefacti, nihil omninò contra voluntatem faciunt.* Cæfar IV. 1.

CHAP. XIII.

La fougue de leur tempérament (4) n'étant donc moderée, ni par l'éducation, ni par la dépendance, ni par aucune sorte de contrainte; étant au contraire flattée & nourrie par toute leur manière de vivre, il resultoit de ce caractère quelques bonnes qualitez, mais incomparablement plus de vices. Ils n'étoient naturellement ni pesans (5) ni cachez, ni soupçonneux, ni défians, ni trompeurs, ni timides. La lenteur, le mensonge, la dissimulation, les ruses, les fraudes, les trahisons, les longues rancunes, & sur-tout la bassesse & la lâcheté, ne sont pas des défauts qu'on pût leur reprocher, ou qui fussent au moins fort communs parmi eux. Au contraire ils avoient, généralement parlant, un esprit vif & ouvert, qui comprenoit facilement (6) les choses. Ils étoient

Ils avoient l'esprit ouvert.

---

(4) *Liberas videbis gentes quæ iracundissimæ sunt, ut Germanos & Scythas, quod evenit, quia fortiora solidaque naturâ ingenia, antequam disciplinâ molliantur, prona in iram sunt.* Seneca de Ira Lib. II. Cap. 15. p. 417. Cap. 16. p. 418.

(5) *Britannis mores simplices, à versutia, & improbitate nostræ tempestatis hominum longè remoti.* Diod. Sicul. V. 309. *Galli homines aperti, miniméque insidiosi, qui per virtutem, non per dolum dimicare consueverunt.* Cæsar Bello Afric. Cap. 73. *Germani gens non astuta, nec callida.* Tacit. Germ. Cap. 22. C'est parce que les Celtes, au lieu d'être cachez & soupçonneux, étoient ouverts & francs avec tout le monde, qu'on les accusoit d'être épais & pesans. Car au reste on leur attribue un esprit vif & pénétrant. *Illyrii pingui ingenio, non facilè sentiunt, si astutè aut subdolè dicas & agas.* Herodian. II. 171. *Galli pigrioris ingenii.* Servius suprà p. 490. Note (1) Voyez le passage de Vitruve ci-dessus p. 491. Note (2).

(6) *Galli ingenio acuto præditi, & ad disciplinas non inepto.* Diodor. Sic. V. 213. *Cattis multùm*,

CHAP. XIII.

Le cœur bon.

Ils étoie<t>t

étoient prompts, hardis, adroits, inventifs, industrieux, & excellens pour un coup de main, parce qu'ils avoient bientôt assemblé leur Conseil. Ils avoient aussi le cœur grand & naturellement bon (7), ce qui les rendoit courageux & intrépides dans les dangers, dociles quand on savoit les prendre & les flatter, francs & sinceres dans le commerce, (8) hospitaliers envers les étrangers, doux & compâtissans envers les supplians.

Mais comme les hommes qui ont un tempérament vif & bouillant, sont ordinairement inquiets, légers, téméraires, étourdis, curieux, crédules, fiers, emportez, les Celtes aussi avoient tous ces défauts, & les avoient même au souverain degré. Leur légereté étoit (9) si grande,

---

ut inter *Germanos, rationis ac solertiæ*. Tacit. Germ. Cap. 30. *Gothi populi naturâ pernices, ingenio alacres, conscientiæ viribus freti, robore corporis validi, manu promti*. Isidor. Cron. p. 730.

(7) *Universa natio, quam nunc Gallicam & Galaticam vocant, martialis est, & animi plena, & promta ad pugnam. Ceterùm simplex, & non maligna.... Iidem facilè sibi persuaderi sinunt, ut utiliora amplectantur, adeò ut disciplinam & literas etiam recipiant.* Strabo IV. 195.

(8) *Germani hospitibus boni, mites supplicibus*. Pomp. Mela III. 3. p. 75. Voyez ci-dessous Chap. 16.

(9) *Inquies animus Hispanis*. Justin. XLIV. 2. *Galli, mobilitate & levitate animi novis imperiis studebant*. Cæsar II. 1. *Galli sunt in consiliis capiendis mobiles, & novis plerumque rebus student*. Idem. IV. 5. *Galli gens inquietissima*. Vopisc. Saturnin. p. 717. *Galli, quibus insitum est esse leves*. Treb. Pollio. Gallien. duo. p. 193. *Galli novarum rerum semper sunt cupidi*. Idem in Triginta Tyr. p. 259. *Quin etiam ingenio fluxi sed prima feroces, Vaniloquum Celtæ genus, ac mutabile mentis*. Silius Ital. L. VIII. vs. 16. *Septentrionales populi inconsultiores*. Veget. I. 2.

de, qu'ils se déterminoient souvent dans les affaires de la plus grande importance, sur de simples (10) bruits. Ayant une adresse & une pénétration naturelle, ils s'en servoient rarement pour examiner une affaire à fond. Comme leur vivacité les faisoit donner tête baissée dans le premier projet qui se présentoit, elle ne permettoit pas aussi qu'ils s'en accommodassent long-tems. Il leur faloit du changement, & ce n'est qu'en cela qu'ils se montroient constans.

CHAP. XIII.

aussi légers.

Ils portoient la (11) curiosité à un tel excès, qu'ils couroient après les Voyageurs, & les contraignoient de s'arrêter, afin d'en tirer des nouvelles. Dans les villes, la populace entouroit les Marchands, & les obligeoit à declarer de quel païs ils venoient, & ce qu'on y disoit de nouveau. Comme ces nouvelles, que les

Curieux.

---

(10) Voyez la Note suivante.
(11) *Est autem hoc Gallicæ consuetudinis, ut & viatores, etiam invitos, consistere cogant, & quod quisque eorum de quaque re audierit aut cognoverit, quærant, & mercatores in oppidis vulgus circumsistat, quibus ex regionibus veniant, quasve res cognoverint, pronuntiare cogant; & his rumoribus atque auditionibus permoti, de summis sæpe rebus consilia ineunt; quorum eos è vestigio pœnitere necesse est, cùm incertis rumoribus serviant, & plerique eorum ad voluntatem ficta respondeant.* Cæsar IV. 5. *Quæ civitates (Gallorum) commodiùs suam Rempublicam administrare existimantur, habent legibus sancitum, si quis quid de Republica à finitimis rumore aut famâ acceperit, uti ad Magistratum deferat, neve cum quo alio communicet, quòd sæpe homines temerarios atque imperitos falsis rumoribus terreri, & ad facinus impelli, & de summis rebus consilium capere cognitum est. Magistratus quæ visa sunt occultant, quæque ex usu esse judicaverint, multitudini produnt. De Republica, nisi per concilium, loqui non conceditur.* Cæsar VI. 20.

CHAP.
XIII.

les Voyageurs & les Marchands forgeoient souvent à plaisir, causoient quelquefois de grands mouvemens dans les Etats, & donnoient lieu à mille résolutions précipitées, les Etats bien réglez des Gaules avoient une Loi, qui défendoit aux particuliers de répandre des nouvelles dans le Public. Il faloit les porter au Magistrat, qui les supprimoit ou les rendoit publiques, comme il le jugeoit à propos. Il n'étoit même pas permis de s'entretenir d'affaires d'Etat hors de l'assemblée générale.

Fiers.

La fierté (12) des Celtes étoit aussi des plus outrées. Ils étoient dans l'opinion, qu'il n'y avoit aucun peuple de l'univers qui pût leur être comparé, au moins du côté de la valeur, qui étoit, à proprement parler, la seule vertu dont ils se piquassent. Cette folle présomption les rendoit vanteurs, fanfarons, querelleux, insultans, téméraires. Quelque ennemi qu'ils eussent en tête, ils le méprisoient. Se reposant sur leur force & sur leur courage, ils regardoient comme une bassesse & une lâcheté, qu'un bon Soldat appellât à son secours

la

(12) *Scythæ sunt suprà modum fastuosi & superbi.* Suidas in Ἀγερωχία Tom. I. 25. *Simplicitati Gallorum & ferociæ, multùm adest stoliditatis, & jactantiæ, & ornatûs studii.* Strabo IV. 197. *Proprias virtutes jactant* (Galli) *inimicos convitiis proscindunt, & deprimunt,.. quod ipsos attinet, grandiloqui, alios verò semper deprimentes.* Diodor. Sic. V. 212. 213. *Celtæ magna de seipsis sentiunt.* Arrian. Exped. Alex. p. 11. *Bastarnæ superbi & splendidi minis, quibus adversùm hostem utuntur.* Plutarch. Paul. Æmil. T. I. 260. 261. *Cimbri omnes alios populos contemtui habentes.* Diodor. Sic. V. 214. *Cimbri gens stolida viribus, insolens successu.* Quintil. Declam. III. Cap. 4. p. 63. Voyez aussi ce que Plutarque dit des Cimbres & des Teutons. Plut. Mario T. I. p. 413. 418.

la prudence & la conduite, qu'il eût recours à des stratagêmes pour vaincre un ennemi.

Quand la fortune favorisoit cette fierté naturelle des Celtes, ils devenoient insupportables par leurs bravades & par leur insolence. On les accusoit de chercher querelle à tout le monde (13). Mais ces peuples, si arrogans dans la prospérité, (14) se montroient lâches, timides, & tout-à-fait abattus dans l'adversité. Dans le fond la chose étoit inévitable. Des gens qui ne savent pas se moderer dans la bonne fortune, parce qu'ils sont assez aveugles pour se persuader qu'elle ne sauroit leur tourner le dos, ne pensent gueres à prendre des précautions, ni à se menager des ressources contre des accidens & des malheurs auxquels ils ne s'attendent point, & ainsi il est impossible qu'ils n'en soient déconcertez.

Enfin la colere, avec tous les excès qu'elle entraîne après soi, étoit pour ainsi dire le caractère essentiel & distinctif des Celtes. D'abord qu'on leur résistoit, ou qu'on les cho-

CHAP. XIII.

Insupportables dans la prosperité.

Abattus dans l'adversité.

Et outre cela coleres & emportez.

(13) *Galli avidi jurgiorum, & sublatiùs insolescentes.* Amm. Marc. L. XV. Cap. 12. p. 106. *Vulgi sermonibus tritum est, omnes Celtas contentiosos esse.* Strab. IV. 199.

(14) *Galli, ob hanc levitatem, & intolerabiles sunt ubi vincunt, & ubi vincuntur planè consternati.* Strabo IV. 196. *Nam ut ad bella suscipienda Gallorum alacer & promptus est animus, sic mollis, ac minimè resistens ad calamitates perferendas eorum mens est.* Cæsar III. 19. *Germani, inter secunda, non divini, non humani juris memores, adversis pavidi.* Tacit. Ann. II. 14. *Ut rebus secundis avidi, ita adversis incauti.* Idem Ann. I. 68. *Nativo more sunt barbari humiles in adversis, disparesque in secundis.* Amm. Marc. L. XVI. Cap. 13. p. 151.

choquoit le moins du monde, ils en venoient aux injures (15), aux coups, & quelquefois au meurtre. Les peuples entiers couroient aux armes (16), lorsqu'ils se croyoient outragez par quelque ennemi du dedans ou du dehors ; & quand ces esprits, naturellement violens & feroces, entroient une fois en fureur, ils étoient capables d'exercer les cruautez les plus inouïes contre les malheureux qui leur tomboient sous la main. Mais le plus souvent la colere & l'emportement leur faisoient encore plus de mal qu'à leurs ennemis (17). Livrez à une passion aveugle, & à une fureur brutale & inconsiderée, qui n'écoutoit aucun conseil, ils ne pouvoient qu'échouer dans toutes les entreprises qui demandoient un esprit rassis, & devenir le jouet des ennemis qui leur opposoient de la conduite & de la fermeté.

Voilà quel étoit le caractère dominant & général des peuples Celtes. Tout cela cependant ne doit s'entendre que du plus grand nombre. Quand on parle du caractère d'un peuple, il est toûjours sous-entendu qu'il faut excepter, non seulement ceux qui corrigent par la refléxion, les défauts du tempérament commun à certaines Nations, mais encore ceux qui ont reçû de la nature un tempérament & des inclinations opposées à celles de la foule. Il faut entrer présentement dans quel-

(15) Voyez ci-dessus pag. 493. Note (4). *Galli iræ impotens gens.* Livius V. 37. *Pannonii ad iram & cædes promtissimi.* Dio Cass. L. XLIX. p. 413.

(16) *Galli facilè coeunt ob simplicitatem & libertatem, semper indignationem suscipientes pro vicinis, injuriâ se affectos putantibus.* Strabo IV. 195.

(17) Voyez ci-dessous Chap. 15.

quelque détail, & parler, tant des vertus que des vices les plus communs parmi les peuples Celtes.

Chapitre Quatorzieme.

Tous les peuples Scythes (1) & Celtes avoient anciennement le même amour pour la Liberté, bien qu'elle se soit maintenuë plus long-tems dans le Nord, que dans les Provinces Méridionales de l'Europe. Je ferai voir, en parlant de la forme de leur Gouvernement, qu'ils avoient une juste idée de la Liberté, & on leur feroit tort, si on s'imaginoit qu'ils la faisoient consister dans l'indépendance. Une Société civile ne peut se former & se maintenir, si on ne pose pour fondement, la dépendance & la subordination. Aussi les Nations Celtiques avoient-elles des Juges, des Princes, des Rois, comme tous les autres peuples de l'Univers. Mais les Celtes étoient dans l'idée, qu'un peuple libre doit avoir le droit de choisir lui-même ses Magistrats, & de leur prescrire les Loix par lesquelles il veut être gouverné. Ainsi leurs Princes n'étoient pas revêtus d'une autorité souveraine & illimitée. Le particulier dépendoit du Magistrat, & le Magistrat de l'Assemblée générale qui l'avoit établi, & qui se reservoit toûjours le droit de

Les vertus communes à tous les peuples Celtes étoient l'amour de la Liberté.

Idée qu'ils avoient de la Liberté.

___

(1) *Libertas Germanum Scythicumque bonum.* Lucan. L. VII. vs. 435. *Regno Arsacis acrior Germanorum libertas.* Tacit. Germ. Cap. 37. *Germani libertatem amant, & impatientes jugi sunt.* Julian. apud Cyrillum contra Julian. p. 138.

CHAP. XIV.

de lui demander compte de sa conduite, de réformer & d'annuller ses jugemens, & de le destituer lui-même, lorsqu'il abusoit de son autorité, ou qu'il se montroit incapable d'exercer l'emploi dont il étoit revêtu. Au lieu de regarder la volonté & le bon plaisir du Prince, comme une Loi vivante que tous les membres de l'Etat devoient respecter, les Celtes lui refusoient le droit de donner jusqu'à la moindre Loi. Ils prétendoient que le Magistrat n'est établi que pour faire observer les Loix de l'Etat, & pour punir ceux qui les violent. Ils ne permettoient pas non plus aux Princes & aux Rois, d'imposer aucun tribut à leurs sujets. D'un côté, les Princes n'avoient pas besoin de ces contributions, parce que le particulier étoit obligé de s'entretenir lui-même à la guerre. D'un autre côté, quoique le peuple ne fût chargé d'aucune taxe, les revenus des Chefs d'un Etat ne laissoient pas d'être suffisans pour les mettre en état de soutenir leur dignité. Outre les biens de patrimoine, ils jouissoient 1. d'une portion considerable du butin qu'on faisoit sur l'ennemi. 2. On leur assignoit aussi une certaine partie des amendes, qui devoient aller fort loin, parce que la peine de la plupart des crimes étoit rachetable, & que le criminel payoit toûjours une double amende, l'une au Fisc, l'autre à la partie lésée, ou à ses parens. 3. Enfin les particuliers avoient encore accoûtumé d'offrir à leurs Princes des présens, & des contributions volontaires, chacun selon ses facultez & sa bonne intention (2).

Telle

(2) Je prouverai tout ce que j'avance ici, dans
l'un

DES CELTES, Livre II.

Telle étoit l'idée que les peuples Celtes avoient de la Liberté. Regardant cette Liberté (3) comme l'appanage naturel de l'homme, & même des animaux, l'estimant comme le plus précieux de tous les biens, ils n'épargnoient rien pour l'assurer tant au dedans qu'au dehors.

CHAP. XIV.
Ils prenoient de sages précautions pour l'assurer au dedans.

1. Les Germains, par exemple, (4) ne faisoient aucun cas, ni des esclaves, ni des affranchis, ni de leurs descendans, & ne les admettoient jamais aux charges publiques, parce qu'ils étoient dans l'idée, qu'un homme qui avoit servi, ne pouvoit communiquer à sa postérité que des sentimens bas & rampans.

2. Les mêmes peuples ne souffroient pas qu'on leur imposât la moindre taxe. Ils étoient si jaloux de cette immunité, (5) qu'entre les raisons dont Tacite se sert, pour prouver que les Gothins & les Oses n'étoient pas des peuples Germains, il allegue celle-ci, qu'ils payoient des tributs.

3. Les Factions qui partageoient tous les Etats Celtiques, suites naturelles de la Liberté,

con-

---

l'un des Livres suivans, lorsque je parlerai de la forme de Gouvernement qui étoit établie parmi les peuples Celtes.

(3) *Libertatem naturâ, mutis etiam animalibus datam.* Civilis apud Tacit. Hist. IV. 17.

(4) *Liberti non multùm super servos sunt, raro aliquod momentum in domo, nunquam in civitate, exceptis duntaxat iis gentibus quæ regnantur. Ibi enim & super ingenuos, & super nobiles ascendunt. Apud ceteros impares libertini, libertatis argumentum sunt.* Tacit. Germ. Cap. 25.

(5) *Gothinos Gallica, Osos Pannonica lingua coarguit non esse Germanos, & quòd tributa patiuntur.* Tacit. Germ. Cap. 43.

contribuoient beaucoup à l'affermir, un parti tenant toûjours l'autre en échec & en balance.

4. On ne permettoit pas auſſi que les grands Seigneurs priſſent trop d'autorité, ni qu'ils devînſſent trop puiſſans dans un Etat. C'étoit la raiſon, comme j'ai eu occaſion de le (6) remarquer, pour laquelle les Germains ne vouloient pas qu'on partageât les terres, ni qu'on bâtît des forteresſes dans leur païs. Ils craignoient que les Grands ne dépoſſedâſſent les petits, & que les Princes à qui l'on pourroit confier la garde des villes fortes, ne s'en ſerviſſent pour enchaîner la Liberté des peuples. D'abord qu'on croyoit entrevoir qu'un Prince cherchoit de ſe rendre indépendant, & qu'il aſpiroit à la domination abſoluë, il étoit abandonné de la plupart de ſes cliens, & livré à la fureur de la faction oppoſée, qui l'avoit bientôt accablé. La plupart des Rois de l'Eſpagne & des Gaules périſſoient de cette manière, & les importans ſervices que le célèbre Arminius avoit rendus à ſa patrie, ne furent pas capables de le ſauver (7), lorſqu'il ſe fût rendu ſuſpect d'affecter la Royauté.

5. Les Scythes (8) en général ſe declaroient

(6) Ci-deſſus Chap. V. p. 268-273.
(7) *Ceterùm Arminius, abſcedentibus Romanis, & pulſo Maroboduo, regnum adfectans, libertatem popularium adverſam habuit, petitusque armis, cùm variâ fortunâ certaret, dolo propinquorum cecidit.* Tacit. Ann. II. 88.
(8) *Nihil parare quod amittere timeant.* Juſtin. II. 3. *Nihil habent Scythæ cujus cauſâ ſervitutem ſuſtinere velint.* Ephorus ap. Strabon VII. 203. *Pari olim inopiâ ac libertate Oſi & Araviſci.* Tacit. Germ.

roient contre la proprieté des biens. Regardant la pauvreté comme l'un des meilleurs appuis de la Liberté, ils croyoient qu'un peuple, d'abord qu'il aimoit les richesses, étoit capable de vendre sa Liberté.

CHAP. XIV.

6. Enfin il est constant que les Assemblées générales où toutes les affaires de l'Etat se décidoient à la pluralité des voix, étoient le plus ferme rempart de la Liberté des Nations Celtiques. Tant que ces Assemblées subsisterent, il ne fut pas possible aux grands Seigneurs de mettre les peuples sous le joug.

Prenant toutes ces précautions, pour empêcher qu'on ne donnât au dedans quelque atteinte à leur Liberté, les Celtes ne la défendoient pas avec moins de vigueur quand elle étoit attaquée au dehors. La domination des Carthaginois, des Romains, & des autres Nations qui entreprirent en divers tems de les assujettir, leur paroissoit une véritable tyrannie. D'abord que ces nouveaux maîtres avoient conquis un païs, ils renversoient les Loix les plus fondamentales du Gouvernement des peuples Celtes; interdisant les Assemblées générales, changeant les Magistrats, désarmant les particuliers, leur imposant des tributs, & les assujettissant à une forme de Jurisprudence qui leur étoit insupportable. Aussi les Espagnols firent-ils, pendant plusieurs siécles, des efforts incroyables pour maintenir leur Liberté, ou pour la recouvrer. S'il ne falut à Jules-César que neuf à dix ans pour soûmettre les Gaulois, ce n'est pas qu'ils fussent

Ils la défendoient avec vigueur contre les ennemis de dehors.

Germ. 28. *Est apud Sujones & opibus honos, eoque unus imperitat, nullis exceptionibus, nec precario jure parendi.* Idem Cap. 44.

CHAP. XIV.

sent moins jaloux de leur Liberté mais parce qu'une infinité de circonstances différentes, qu'il faut chercher dans l'Histoire des Gaules, se réunirent pour les accabler. Ils furent attaquez, par exemple, dans un tems où la République Romaine étoit parvenue au plus haut faîte de sa grandeur. Elle n'avoit point d'autre guerre à soutenir, & se vit par consequent en état de leur opposer l'élite de ses troupes. Ils eurent d'ailleurs à se défendre contre un Général vigilant, expérimenté, qui faisant dépendre l'exécution des vastes projets qu'il rouloit dans son esprit, de la conquête des Gaules, ne se laissa rebuter par aucun obstacle. Enfin il est certain que les Gaulois se conduisirent dans cette guerre comme de véritables furieux. Strabon l'a remarqué (9). *Les Romains soûmirent beaucoup plus facilement les peuples des Gaules que ceux de l'Espagne. Les Gaulois, tombant tous à la fois sur les Romains, avec des armées fort nombreuses à la vérité, mais encore plus mal conduites, ne firent qu'augmenter le nombre des vaincus. Au lieu que les Espagnols firent traîner la guerre, en la partageant, & en disputant le terrein pied à pied.* La refléxion de Strabon est juste. Mais cet Auteur semble n'être pas d'accord avec lui-même, puisqu'il dit ailleurs (10), *que l'Espa-*
gne

---

(9) *Romani Gallos multò faciliùs quàm Hispanos subegerunt. Galli enim confertim, numerosis agminibus, confertim victi fuere. Hispani bellum traxerunt, & in partes exiguas certamina discerpserunt, diversis temporibus & locis, latrocinii in morem belligerantes.* Strabo IV. 196.

(10) *Romani per partes Hispanorum, modò hanc, modò aliam ditionem bello impetentes... tandem omnes in suam redegerunt potestatem.* Strabo III. 158.

gne étoit partagée en beaucoup de petits Etats ; ce qui fut cause que les Carthaginois, & ensuite les Romains, la soûmirent plus facilement, parce qu'ils subjuguerent un peuple après l'autre. Il est aisé cependant de lever la contradiction. L'union des Gaulois leur auroit été salutaire, s'ils avoient eu plus de conduite, & s'ils n'avoient pas été assez imprudens, pour s'imaginer qu'ils pourroient accabler les Romains par le seul nombre de leurs armées. Les Espagnols aussi, qui avoient infiniment plus de conduite que les Gaulois, auroient été invincibles, s'ils avoient été capables de se réunir contre des ennemis qui en vouloient à leur commune liberté.

CHAP. XIV.

On peut assurer que les peuples Celtes préféroient la liberté à la vie même, non seulement parce qu'ils exposoient courageusement leur vie pour resister aux ennemis qui vouloient les mettre sous le joug ; mais encore parce qu'ils avoient tous pour principe, qu'il faloit préférer ce qu'ils appelloient une mort glorieuse, à un honteux esclavage. Arminius le disoit à ses Germains (11). *Que nous reste-t-il, si-non de maintenir notre liberté, ou de mourir avant la servitude?* Effectivement il y avoit long-tems que ce principe étoit reçû & suivi dans toute la Celtique.

Ils la préféroient à la vie.

1. Quand une ville assiégée ne pouvoit plus se défendre, les assiégez, au lieu de capituler, & d'user de supplications auprès de l'ennemi, prenoient le parti (12) d'égorger leurs fem-

Et se tuoient eux-mêmes pour éviter la servitude.

(11) *Nec aliud sibi reliquum quàm tenere libertatem, aut mori ante servitium.* Tacit. Ann. II. 15.

(12) *Istri in cædem conjugum & liberorum versi, palàm in muris trucidatos præcipitant.... Rex fer-*

Y

femmes & leurs enfans, & de se tuer ensuite eux-mêmes, pour ne pas tomber dans la servitude. Les habitans de Sagunte (13), qui par leur constance & par leur fidélité donnerent une si grande admiration aux Romains, ne firent rien dans cette occasion que les peuples Celtes ne pratiquassent constamment, toutes les fois qu'ils se trouvoient reduits à choisir entre la mort & la perte de leur liberté.

2. Quand une armée étoit obligée de se retirer avec précipitation, & qu'elle manquoit de voitures pour emporter ceux qui n'étoient pas en état de suivre à pied (14), on tuoit sans façon les malades & les blessez, qui, bien loin de se plaindre d'un traitement si rigoureux, demandoient avec empressement qu'on leur ôtât la vie, plutôt que de les abandonner à la merci de l'ennemi. Ainsi le célèbre (15) Brennus, se sentant blessé dangereu-

---

ro trajecit pectus, ne vivus caperetur. Livius XLI.
11. *Quintus Martius Consul Gallorum gentem, sub radice Alpium sitam, bello aggressus est, qui, cùm se Romanis copiis circumseptos viderent, belloque impares fore intelligerent, occisis conjugibus ac liberis, in flammas sese projecerunt.* Oros. L. V. Cap. 14. p. 272. *Japydes domos suas incenderunt, seipsos cum uxoribus & liberis interfecerunt, ita ut nihil ab illis ad Cæsarem accesserit.* Dio Cass. Lib. XLIX. p. 403. *Aneroestus Gallorum Rex, in quendam locum fugâ se recepit, ubi mox sibi & necessariis suis manus intulit.* Polyb. II. 118.

(13) Livius XXI. 14. Silius L. II. vs. 611.

(14) *Autariatæ milites per viam ægros in vivis non relinquunt.* Nicol. Damasc. ap. Stobæum Serm. CLXXI. p. 585. *Persæ, interfectis qui fugientes comitari non poterant, devios montes petiverunt.* Curtius L. V. 6.

(15) *Brennus verò tribus vulneribus confectus, cùm morti*

gereusement, & voyant qu'il ne pouvoit sortir avec honneur de l'expédition qu'il avoit entreprise contre la Grèce, parce qu'une partie de son armée avoit été ruinée par l'ennemi, & l'autre par la faim, par le froid & par la débauche du Soldat, assemble les troupes qui lui restoient, & leur conseille de brûler leurs chariots, de le tuer lui-même avec tous les blessez, & de se retirer ensuite avec toute la diligence possible. Son avis fut ponctuellement exécuté. Cichorius (16) auquel il avoit remis le commandement de l'armée, fit tuer vingt-mille malades, & Brennus lui-même n'auroit pas été épargné, s'il n'avoit jugé qu'il lui seroit plus glorieux de mourir de sa propre main (17). Justin (18) rapporte une autre action bien remarquable des mêmes Gaulois. Comme ils étoient sur le point de donner bataille à Antigonus, & que les Auspices, au lieu de leur être favorables,

morti proximus jaceret, convocato populo Galatas allocutus est, suasitque ut seipsum cum omnibus sauciis interficerent, & curribus combustis, expediti in patriam redirent, & Cichorium regem constituerent. Fragment. Diod. Sic. ex Lib. XXII. in Excerpt. Legat. Hoeschel. p. 158.

(16) *Cichorius: saucios, cum iis qui vel frigore adusti, vel fame confecti ægrotabant, interfecit numero viginti millium.* Diodor. Sic. ub. sup. *Galli ex suis, qui propter vulnera aut debilitatem sequi non poterant, occiderunt.* Pausan. Phocic. Cap. XXIII. p. 855.

(17) Ἄκρατον πολὺν ἐμφορησάμενος ἑαυτὸν ἀπέσφαξε. *Mero largius hausto seipsum jugulavit.* Diod. Sic. ub. sup. *Pugione vitam finivit.* Justin. XXIV. 8. *Ajunt Brennum ultrò vitæ renuntiâsse mero largius hausto.* Pauf. Phoc. XXIII. p. 856.

(18) Justin. XXVI. 2.

bles, préfageoient une défaite totale de leur armée, ils tuerent leurs femmes & leurs enfans, & allerent enfuite chercher dans le combat, la mort que les Aufpices leur avoient annoncée. On voit auffi dans Paul Diacre (19), que Grimoald, qui fut depuis Roi des Lombards, faillit d'être tué dans une retraite par fon propre frere, qui difoit, qu'il valoit mieux que ce jeune garçon pérît par l'épée, que de fubir le joug de la fervitude.

3. Quand les foldats Celtes avoient le malheur de tomber entre les mains de l'ennemi, & que le vainqueur prétendoit les traiter, non feulement en prifonniers, mais encore en efclaves, les mettant en prifon, les liant de chaînes, & les condamnant au travail ; cette double captivité leur paroiffoit fi dure & fi infupportable (20), qu'il n'y avoit rien de plus ordinaire que de voir les prifonniers Scythes & Celtes fe détruire eux-mêmes par toute forte de moyens. Ainfi Spar-

---

(19) *E quibus unus Grimoaldum puerulum, fratrem suum, quòd existimaret eum propter parvitatem super equum currentem se retinere non posse, perimere voluit, dicens, melius eundem gladio perire quàm captivitatis jugum sustinere.* Paul. Diac. Hift. Long. L. IV. Cap. 12. p. 402.

(20) *Qui verò* (Gallorum) *præoccupantibus Romanis, peragendæ tunc mortis suæ copiam non habuerant, captique fuerant, alii ferro, alii suspendio, alii abnegato cibo sese consumserunt.* Orof. L. V. Cap. 14. p. 272. *Sed & qui vivi ex Japydibus capti fuerant, voluntariâ morte perierunt.* Dio L. XLIX. p. 403. *Augustus legatos Germanorum comprehendens, illos per urbes quasdam disposuit, quod illi molestissimè ferentes, seipsos interfecerunt.* Idem L. LV. p. 551. & feq.

Spargapises, fils de la Reine Tomyris (21), que Cyrus avoit fait prisonnier par un stratagême, étant revenu de son yvresse, & se voyant chargé de chaînes, demanda avec instance qu'on le déliât pour un moment, & l'ayant obtenu, il se tua sur le champ. Les Gallo-Grecs (22), dit Florus, que l'on avoit enchaînez, donnerent aux Romains le spectacle du monde le plus extraordinaire. On les voyoit mordre leurs chaînes, se présenter la gorge l'un à l'autre, & se rendre le service de s'étrangler réciproquement.

CHAP. XIV.

Enfin, ce qu'il y a ici de plus surprenant, c'est que les femmes Celtes, au lieu de plier sous le joug & d'adoucir l'humeur feroce & indomptable de leurs maris, se montroient encore plus ardentes à défendre la liberté. Elles étoient les premières à encourager les hommes, non seulement par des prieres & par des exhortations, mais encore par leur propre exemple, à perdre plutôt la vie que la liberté. Tacite dit (23) que les Germains craignent la servitude, non seulement pour eux, mais sur-tout pour leurs femmes, auxquelles l'esclavage paroît encore plus insuppor-

Les femmes des Celtes témoignoient le même attachement pour la liberté.

(21) *Filius Reginæ Tomyridis Spargapises ; ubi, à vino relaxatus, didicit se in malo esse, exoravit à Cyro ut vinculis solveretur, statimque cùm solutus est, ac manuum compos effectus, seipsum interemit.* Herodot. I. 213.

(22) *Alligati Gallogræci miraculo quodam fuere, cùm catenas morsibus & ore tentassent, cùm offocandas invicem fauces præbuissent.* Flor. II. II. *Thraces in ipsa captivitate rabiem ostendere, quippe cùm catenas morsibus tentarent, feritatem suam ipsi puniebant.* Flor. IV. 12.

(23) Voyez ci-dessous Note (26).

portable qu'aux maris. Dion Caſſius remarque auſſi (24), que les femmes des Dalmates s'obſtinoient à défendre la liberté, même contre le ſentiment de leurs maris, & qu'elles étoient diſpoſées à ſouffrir tout, plutôt que la ſervitude.

Quand les armées étoient ſur le point d'en venir à une bataille (25), on voyoit les femmes ſe mêler parmi les troupes, conjurer, les mains jointes & avec larmes, leurs maris & leurs enfans, de combattre vaillamment, & de ne pas ſouffrir qu'elles tombaſſent dans une honteuſe ſervitude.

Quand une armée commençoit à plier (26), elles couroient, comme des furieuſes, au devant des fuyards, & les contraignoient, à force de prieres, de reproches, de menaces & de coups, à retourner au combat, pour y chercher la mort ou la victoire. On ſçait ce que les femmes des Perſes firent dans une ſemblable occaſion (27). Leur armée ayant été pouſ-

---

(24) *Mulieres Dalmatarum, libertatis, etiam contra virorum ſententiam cupidæ, & quidvis potiùs quàm ſervitutem pati paratæ.* Dio. LVI. p. 581.

(25) *Mulieres (Germanorum) in prælium proficiſcentes milites, paſſis manibus, flentes implorabant, ne ſe in ſervitutem Romanis traderent.* Cæſar. I. 51. Voyez auſſi Tacit. Ann. IV. 51. XIV. 29.

(26) *Memoriâ proditum eſt, quaſdam acies, inclinatas jam & labantes, à feminis reſtitutas, conſtantiâ precum, & objectu pectorum, & monſtratâ cominùs captivitate, quam longè impotentiùs feminarum ſuarum nomine Germani timent.* Tacit. Germ. Cap. 8. Voyez auſſi le Chapitre 7. & Hiſtor. IV. 18. *Triballorum mulieres ipſos in fugam verſos ſiſtunt, convitiis proſcindentes.* Nicol. Dam. apud Stob. Serm. CLXXI. p. 585.

(27) Plutarch. de Virt. Mul. T. II. 246. Juſtin. I.

poussée par celle des Medes, & lâchant insensiblement le pied, les soldats qui fuyoient trouverent sur leurs pas, les uns leurs femmes, les autres leurs meres, qui les prierent de retourner à la bataille. Comme ils balançoient, elles se découvrirent en leur criant; *Où courez-vous, lâches? Voulez-vous rentrer d'où vous êtes sortis?* Ce reproche fit une telle impression sur les Perses, qu'ils retournerent sur le champ à la bataille, & la gagnerent.

CHAP. XIV.

Il est facile de se représenter après cela, ce qui devoit arriver quand une armée étoit battuë à platte couture, & les affaires entierement désespérées. Je vais rapporter quelques exemples, qui montreront à quelles extrêmitez les femmes des Celtes étoient capables de porter les choses pour se préserver de la servitude. ,, Les Ambrons, dit Plutarque (28),
,, ayant été battus par Marius près d'Aix en
,, Provence, furent poursuivis jusqu'à leurs
,, chariots. L'armée victorieuse trouva dans
,, cet endroit les femmes des Ambrons qui
,, s'étoient pourvûës d'épées & de haches, &
,, qui jettoient des cris effroyables. Elles re-
,, sistoient également aux fuyards & à ceux
,, qui les poursuivoient. Aux uns, comme à
,, des traîtres; aux autres, comme à des en-
,, nemis. Elles se mêloient parmi les com-
,, battans, arrachoient avec leurs mains nuës
,, les

---

l. 6. Oros. L. I. Cap. 20. p. 52. Suidas in Θη-τικὸν πλῆθος. T. II. 197. Teles rapportoit, qu'une femme Lacedémonienne fit la même chose en voyant fuir ses fils. Apud Stob. Serm. CCLIV. p. 846.

(28) Plut. Mario T. I. 417.

CHAP. XIV.

„ les bouclïers des Romains, empoignoient
„ leurs épées, & confervant leur colere juſ-
„ qu'à la mort, elles ſe laiſſoient percer &
„ hacher en piéces, ſans lâcher priſe ". Les
Teutons furent défaits trois ou quatre jours
après les Ambrons. Il ſemble que leurs femmes fûſſent moins emportées & moins furieuſes; mais elles témoignerent le même amour pour la liberté. Voyant toute leur armée détruite, diſſipée ou priſonniere, elles
envoyerent demander (29) trois choſes à
Marius. 1. La liberté, c'eſt-à-dire qu'on ne
les

(29) *Teutonorum conjuges Marium victorem orárunt, ut ab eo Virginibus Veſtalibus dono mitterentur, affirmantes, æquè ſe atque illas virilis concubitûs expertes futuras. Eâque re non impetratâ, laqueis ſibi nocte proximâ ſpiritum eripuerunt.* Valer. Max. L. VI. Cap. I. fine. *Trecentæ matronæ Teuthonum, cùm aliis ſe viris, captivitatis conditione, tradendas eſſe didiciſſent, Conſulem deprecatæ ſunt, ut templo Cereris ac Veneris in ſervitium traderentur. Quod cùm non impetrarent, ſubmovente eas lictore, parvulis cæſis liberis, manè mortuæ ſunt repertæ, ſuffocatis laqueo faucibus, & mutuis complexibus ſe tenentes.* Hieron. Ep. XI. ad Gerontium Opp. T. I. p. 58. *Mulieres eorum conſtantiore animo, quàm ſi viciſſent, conſuluerunt Conſulem, ut ſi inviolatâ caſtitate virginibus ſacris ac Diis ſerviendum eſſet, vitam ipſi ſibi reſervarent. Itaque cùm petita non impetráſſent, parvulis ſuis ad ſaxa illiſis, cunctæ ſeſe ferro ac ſuſpendio peremerunt.* Oroſ. V. 16. p. 281. *Nam cùm miſſâ ad Marium legatione, libertatem ac ſacerdotium non impetráſſent (nec fas erat) ſuffocatis eliſiſque paſſim infantibus ſuis, aut mutuis concidere vulneribus, aut vinculo è crinibus ſuis facto, ab arboribus, jugiſque plauſtrorum pependerunt.* Flor. III. 3. Florus attribue cette Ambaſſade aux femmes des Cimbres. Mais il y a apparence qu'il ſe trompe en cela, comme en bien d'autres choſes; cet Auteur n'étant rien moins qu'exact dans ſes narrations. J'aurai ſouvent occaſion d'en avertir.

les reduisît point à la condition des esclaves. 2. Qu'on leur promît de ne pas attenter à leur chasteté. 3. Qu'on les employât à servir les Vestales. Ces demandes leur ayant été refusées, elles écraserent leurs enfans contre des pierres, & on les trouva toutes le lendemain, ou penduës, ou mortes dans leur sang. Les femmes des Cimbres, qui furent exterminez l'année suivante, surpasserent en ferocité celles des Ambrons & des Teutons.

„ Les Romains (30), dit encore Plutarque,
„ ayant poursuivi les Cimbres jusqu'à leur
„ camp, y virent un effroyable spectacle.
„ Les femmes barbares, vêtuës de noir, se
„ tenoient debout sur leurs chariots, &
„ tuoient les fuyards, sans épargner ni Mari, ni Frere, ni Pere. Elles étrangloient
„ leurs enfans, les jettoient sous les rouës
„ des chariots, & sous les pieds des chevaux, après quoi elles se coupoient elles-
„ mêmes la gorge. On dit qu'on en trouva
„ une penduë à l'échelle d'un chariot, qui
„ avoit un enfant pendu à chaque pied. On
„ ajoute, que les hommes aussi, ne trouvant
„ pas assez d'arbres pour se pendre, s'atta-
„ choient par le cou aux cornes ou aux
„ jar-

(30) Plutarch. Mario T. I. 419. Orose dit à-peu-près la même chose. *Cimbrorum fœminæ, aliæ concursu mutuo jugulatæ, aliæ apprehensis invicem faucibus strangulatæ, aliæ funibus per equorum crura consertis, ipsisque continuò equis extimulatis, postquàm suas iisdem funibus quibus eorum crura nexuerant, indidere cervices, protractæ atque exanimatæ sunt. Aliæ laqueo de subjectis plaustrorum temonibus pependerunt. Inventa etiam est quæ duos filios, trajectis per colla eorum laqueis, ad suos pedes vinxerit, & cùm seipsam suspendio morituram dimisisset, secum traxerit occidendos.* Oros. V. 16. p. 283.

CHAP. XIV.

,, jarrets de leurs bœufs, & piquoient enfui-
,, te ces animaux avec un aiguillon, pour fe
,, faire entraîner & écrafer ". Il arriva quelque chofe de femblable du tems d'Auguste. (31)
Les Meres, dit Orofe, écrafoient leurs enfans
contre terre, & les jettoient au vifage des
ennemis.

Ce n'étoit pas feulement dans le défefpoir
que la perte d'une bataille eft capable de
caufer, que les femmes des Germains fe
montroient fi furieufes. Elles étoient les mêmes de fang froid, & lorfqu'on leur laiffoit le
tems de refléchir mûrement fur le parti qu'elles avoient à prendre. Ce que Dion Caffius
rapportoit de quelques femmes Cattes & Al-
lemandes, qui étoient prifonnieres parmi les
Romains du tems de l'Empereur Caracalla,
eft trop remarquable pour être paffé fous fi-
lence. (32) ,, Comme elles ne vouloient pas
,, fouffrir qu'on les traitât en efclaves, ce
,, Prince leur fit propofer de choifir entre ces
,, deux partis, ou d'être venduës, ou d'être
,, maf-

(31) (*Germanorum*) *ex eo confiderari virtus ac feritas poteft, quod mulieres quoque eorum, fi quando præventu Romanorum inter plauftra fua concludebantur, deficientibus telis, vel qualibet re qua velut telo uti furor poffet, parvos filios collifos humi, in hoftium ora jaciebant, in fingulis filiorum necibus bis parricidæ.* Orof. VI. 21. p. 391. *Quæ fuerit Alpinarum gentium feritas, facilè vel mulieres oftendére, quæ, deficientibus telis, infantes ipfos afflictos humo, in ora militum adverfa miferunt.* Florus IV. 12.

(32) *Chattorum & Alamannorum uxores, & fi quæ aliæ captæ fuerant, nihil fervile pati fuftinuerunt. Sed interrogante Antonino, utrum eligerent, venundari aut occidi, hoc elegerunt. Poft hæc fub corona venditæ, omnes feipfas, nonnullæ etiam liberos interfecerunt.* Dio in Excerpt. Valef. L. LXXVII. p. 759. & Xiphil. p. 876.

„ massacrées. Elles préférerent toutes la CHAP.
„ mort; & l'Empereur n'ayant pas laissé de XIV.
„ les faire vendre publiquement, elles s'ôte-
„ rent toutes la vie. Il y en eut même qui
„ tuerent premièrement leurs enfans.

Il ne faut pas s'imaginer aussi, qu'il n'y eût que les femmes des Germains qui fussent capables d'en venir à de si grandes extrêmitez. Les Germains étoient à la vérité les plus feroces des Celtes. Mais cela n'empêche pas qu'on ne trouve de semblables exemples chez les (33) Espagnols, les (34) Gaulois, les (35) Dalmates & les (36) Illyriens. Strabon remarque même (37), qu'ils étoient communs parmi tous les peuples Celtes & Thraces.

Il n'y avoit pas jusqu'aux enfans qui ne suivîssent fidèlement dans ces occasions l'exemple & les leçons de leurs Meres. Orose, après avoir parlé de ces Gaulois (38) qui se brûlerent avec leurs femmes & leurs enfans

pour

(33) Voyez ci-dessous Note (39).

(34) Plutarque rapporte, que Jules-César ayant battu les Helvetiens, trouva encore beaucoup de difficulté près des chariots & du camp ennemi. Non seulement les hommes, mais les femmes & les jeunes garçons, se défendirent jusqu'à la mort, & se laisserent tailler en piéces. Plut. Cæs. T. I. 716.

(35) *Mulieres Dalmatarum, arreptis liberis, aliæ in ignem se conjecerunt, aliæ in flumen præcipites se dederunt.* Dio LVI. p. 581.

(36) *Plurimæ Illyriorum mulieres seipsas, filiosque interemerunt, quædam natos vivos deferentes injecere igni.* Appian. Illyr. p. 1205.

(37) Voyez ci-dessous Note (39).
(38) Voyez ci-dessus p. 505. (12). *Nullusque omnino vel parvulus superfuit, qui servitutis conditionem vitæ amore toleraret.* Oros. V. 14. p. 272.

pour ne pas tomber entre les mains des Romains, ajoute, *que de toute la Nation il ne resta pas un seul enfant que l'amour de la vie fût capable de retenir dans la servitude.* On voit aussi dans Strabon (39) ,, qu'un jeune garçon ,, Espagnol, voyant toute sa famille dans les ,, fers, & ayant trouvé par hazard une épée, ,, s'en servit pour exécuter l'ordre que son ,, Pere lui avoit donné de les tirer de la ser- ,, vitude. Il tua son Pere, sa Mere, & tous ,, ses freres. Une femme rendit le même ,, service à d'autres prisonniers.

Il est donc constant que les peuples Celtes préféroient véritablement la liberté à la vie. Mais cet amour qu'ils témoignoient pour la liberté étoit-il une vertu ? C'est une question qu'il ne sera pas difficile de décider. La liberté est un bien, entant qu'elle délivre l'homme d'une dépendance qui lui impose souvent la nécessité de faire ou de souffrir des choses contraires à la raison & à ses véritables intérêts. Mais quand un homme libre se permet à lui-même des choses mauvaises & injustes, sa liberté dégenere en licence, & devient le plus grand de tous les maux, tant pour lui-même, que pour ceux qui sont obligez de vivre avec lui. C'est ce que l'on voyoit ordinairement parmi les peuples Celtes. Toûjours ennemis de la servitude, ils l'é-

---

(39) *Bello Cantabrico matres liberos suos necárunt, ne in hostium manus pervenirent, & puer parentes, fratresque captos omnes interfecit, ferrum nactus, mandante patre. Itemque mulier quædam, una secum captos. Quidam ad ebrios vocatus, seipsum in rogum injecit. Hæc illis communia sunt cum Celtis, Thracibus & Scythis, sicut & fortitudo, non virorum modo, sed mulierum.* Strabo III. 164.

l'étoient bien souvent de cette dépendance raisonnable qui est absolument nécessaire pour soutenir un Etat & pour le rendre florissant. Ils choisissoient eux-mêmes leurs Princes & leurs Magistrats. Mais ces Maîtres ne jouissoient ordinairement que d'une autorité précaire ; le peuple qui se plaisoit au changement de maître (40) & de domination, les déposant aussi facilement qu'il les avoit établis. Les peuples ne se laissoient point asservir. Ils décidoient souverainement de tout ce qui intéressoit le bien de l'Etat. Mais ils étoient incapables de bien conduire les affaires, parce que les Factions entre lesquelles ils étoient partagez, préféroient leur intérêt particulier au bien public, & que dans chaque Faction, l'avis le plus violent l'emportoit ordinairement sur le plus sage. Les Celtes ne portoient aucune charge. Mais le métier qu'ils faisoient tous, exposoit continuellement, non seulement leurs biens, mais encore leur liberté & leur vie ; chaque Etat étant presque toûjours en guerre avec quelqu'un des Etats voisins. Ils avoient de bonnes Loix. Mais le privilege que les particuliers se réservoient, de mettre à côté la Loi toutes les fois qu'ils le jugeoient à propos, pour décider leurs différens à la pointe de l'épée ; ce privilege étoit dans le fond une véritable oppression, & le plus dangereux écueil de la liberté, parce qu'il soûmettoit tout au plus fort.

Au

(40) *Germanos non juberi, non regi, sed cuncta ex libidine agere.* Tutor. ap. Tacit. Hist. IV. 76. *Galli mobilitate & levitate animi, semper novis rebus studebant.* Cæsar II. 1. IV. 5. VI. 20.

Au lieu de cela, sous une domination étrangere la vie des (41) Celtes étoit dans une pleine sureté. En payant le tribut qui leur étoit imposé, ils jouissoient tranquillement du fruit de leurs terres & de leurs autres biens. Ce n'est d'ailleurs que depuis qu'ils ont été soûmis par des étrangers, que les Sciences & les Arts les plus utiles ont commencé à fleurir parmi eux. Ainsi, à tout prendre, cette servitude qui leur paroissoit si redoutable, étoit un bien pour eux. Pline a fait sur ce sujet une belle remarque. Il dit (42) que la Fortune punit la plupart des peuples de la Germanie, par cela même qu'elle empêche qu'ils ne soient soûmis à la domination des Romains. Il a raison. Les Espagnols, les Gaulois, les Bretons, les Germains, ont été plus heureux sous l'empire des Romains, que lorsqu'ils étoient leurs propres maîtres, & qu'on les voyoit toûjours en armes pour se détruire les uns les autres. Si, malgré cela, ils ne pouvoient s'accoûtumer à la domination des étrangers, c'est uniquement (43) parce qu'ils aimoient la liberté, comme les bêtes feroces, que rien ne peut dompter. Incapables de fléchir sous aucun

___

(41) *Nostrâ ætate omnes Galli pacati serviunt, & secundùm leges Romanorum, qui eos subegerunt, serviunt.* Strabo IV. 195.

(42) *Et hæ gentes, si vincantur hodie à populo Romano, servire se dicunt. Ita est profectò, multis fortuna parcit in pœnam.* Plin. XVI. 1. pag. 224. 225.

(43) *Omnes istæ feritate liberæ gentes, leonum luporumque ritu, ut servire non possunt, nec ita imperare.* Senec. de Ira L. II. Cap. 15. p. 418. *Ferocia Germanorum servituti non apta.* Eumen. Panegyr. Constantini Cap. XII. p. 210.

DES CELTES, *Livre II.* 519

cun joug, ils l'étoient encore plus de se gou- CHAP.
verner eux-mêmes d'une manière sage & rai- XIV.
sonnable.

CHAPITRE QUINZIEME.

LA valeur étoit (1) aussi une vertu com- La valeur mune à tous les peuples Celtes. C'é- étoit la toit même celle de toutes les vertus dont ils grande faisoient le plus de cas. J'ai montré (2) que peuples. tout les conduisoit-là. 1. L'Education qu'ils Celtes. recevoient. N'apprenant point d'autre métier que celui des armes, le seul objet de leur émulation étoit, de se distinguer dans les guerres & dans les combats. 2. Les loix de l'Honneur. Tous les égards, toutes les distinctions étoient

(1) *Septentrionales populi ad bella promtissimi.* Veget. Lib. I. Cap. 2. *Universa natio, quam nunc Galaticam vocant, martialis est, & animi plena, & promta ad pugnam.* Strabo IV. 195. *Galli omnes naturâ sunt pugnaces.* Ibid. p. 196. *Celtæ & Germani audaces.* Julian. apud Cyrill. L. IV. p. 116. *Germani incredibili virtute, atque exercitatione in armis.* Cæsar I. 39. *Germani moribus feroces quoad animum audacissimi.* Appian. Celtic. p. 1192. *Germanis quid animosius.* Senec. de Ira Lib. II. Cap. 11. p. 399. *Pannonii fortissimi omnium quos novimus reputantur.* Dio Cass. L. XLIX. p. 413. *Pannonia viro fortis.* Solin. Cap. XXXIV. p. 250. *Getæ Thracum fortissimi.* Herodot. IV. 93. *Gothi gens fortis & potentissima, corporum mole ardua, genere terribilis.* Isid. Orig. IX. 2. p. 104. *Gothi populi naturâ pernices, ingenio alacres, conscientiæ viribus freti, robore corporis validi... manu promti, duri vulneribus, juxta quod ait Poeta de ipsis*, Mortem contemnunt laudato vulnere Getæ. Isid. Chron. p. 730.

(2) Ci-dessus Chap. XI. p. 406. & suiv.

CHAP. XV.

toient pour les braves ; au lieu qu'il n'y avoit rien qui rendît un Scythe ou un Celte plus infame que la poltronerie. 3. Le motif de l'Intérêt. Le grand moyen de faire fortune, de recevoir des présens de tous côtez, d'avoir une double portion du butin que l'on faisoit sur l'ennemi, de gagner des procès, qui se décidoient le plus souvent par la voye des armes, c'étoit d'avoir du courage. 4. La Religion enfin leur faisoit regarder la valeur comme un devoir sacré. Méprisant (3) la mort, par l'espérance qu'ils avoient de revivre, ils s'imaginoient que la bravoure étoit le seul chemin qui conduisoit à l'immortalité, & que le degré de valeur auquel chacun arrivoit ici bas, seroit la mesure de la gloire & de la félicité dont il jouiroit dans une autre vie.

Ils s'y engageoient par des vœux solemnels.

Par toutes ces raisons ils croyoient devoir s'engager à la valeur par des vœux solemnels. Ils prêtoient serment, les uns, (4) de ne se raser ni la tête ni la barbe, ou de ne point (5) quitter des anneaux de fer, qui étoient parmi eux des marques de servitude ; les autres, (6) de

(3) *Germani mortem contemnunt, quia sperant se revicturos.* App. Celt. p. 1192. *Germani magnitudine corporum, & contemtu mortis ceteris validiores.* Hegesipp. Lib. II. in Biblioth. Patr. Tom. VI. p. 448. *Getæ cùm se non mori, sed alio migrare existiment, multò sunt paratiores ad subeunda pericula, quippe qui migrationes præstolentur, & expectent.* Julian. Cæsares de Trajano p. 327.

(4) *Occumbit Sarmens flavam qui ponere victor Cæsariem crinemque, tibi Gradive, fovebat.* Sil. Ital. IV. vf. 201. Voyez d'autres exemples Tacit. Germ. 31. Histor. IV. 61. Gregor. Tur. L. V. Cap. 15. p. 337. Fredegar. p. 736.

(5) Tacit. Germ. 31.

(6) Florus II. 4.

de ne point quitter leur baudrier, (7) de n'entrer sous aucun toit, & de ne revoir ni pere, ni mere, ni femme ni enfans, qu'ils n'eussent triomphé de leurs ennemis. Tous, sans exception, avoient accoûtumé (8), quand ils étoient sur le point de livrer bataille, de faire serment qu'ils se comporteroient en gens de cœur.

Il ne faut pas être surpris après cela, que les Scythes & les Celtes fussent, généralement parlant, de bons soldats. Ils avoient pour (9) devise, qu'il faloit vaincre ou mourir; & quoiqu'on les accusât assez généralement d'être fanfarons à l'excès, & de témoigner un trop grand mépris pour les ennemis qu'ils avoient à combattre, il faut avouer pourtant, que les peuples les plus belliqueux ne leur ont jamais contesté, ni le courage, ni l'intrépidité.

Quand les Romains apprirent à les connoître pour la première fois, (10) ils jugerent que ces peuples étoient nez pour la ruine des villes,

CHAP. XV.

Vaincre ou mourir étoit leur devise.

Les Romains ont rendu justice à

---

(7) Cæs. VII. 66.
(8) *Aut conjurato descendens Dacus ab Istro.* Virg. Georg. II. 497. *Barbari, postquam inter eos ex more juratum est.* Amm. Marc. L. XXXI. Cap. 7. pag. 632. *Geticus.. tyrannus patrio veniens juratus ab Istro.* Prudentius contra Symmach. II. vs. 696. Voyez un semblable serment des Samnites, Livius L. X. 38.
(9) *Umbri turpissimum ducunt amissæ victoriæ superesse, sed ita statuunt, aut vincendum aut moriendum esse.* Nicol. Damasc. ap. Stob. Serm. XLVIII. p. 168. *Hispanorum animi ad mortem parati.* Justin. XLIV. 2.
(10) *Gens Senonum adeò omni genere terribilis fuit, ut planè nata ad hominum interitum, urbiumque stragem videretur.* Flor. I. 13. *Gallorum nomen semper Romanos terruit.* Just. XXXVIII. 4.

CHAP.
XV.

leur va-
leur.

les, & pour la destruction du genre humain. Deux choses montrent sur-tout, combien la terreur du nom Gaulois étoit grande au milieu de cette puissante République. La première, c'est que pendant des (11) siécles entiers on s'étoit tenu sur la défensive avec les Gaulois, quoiqu'ils fussent les plus proches voisins des Romains, du côté du Nord. La seconde, (12) c'est que la Loi qui dispensoit les Sacrificateurs & les Vieillards d'aller à la guerre, en exceptoit la guerre avec les Gaulois, où tous les Citoyens étoient obligez de prendre les armes. Effectivement, dit Saluste (13), la valeur du peuple Romain a subjugué facilement les autres parties de l'univers; mais toutes les fois que nous nous sommes battus avec les Gaulois, depuis les tems les plus anciens jusqu'à notre siécle, il ne s'agissoit pas simplement de la gloire de notre Nation, mais de sa conservation & de son salut. Ciceron fait

(11) *Bellum Gallicum antea tantummodò repulsum. Semper illas nationes, nostri Imperatores, refutandas potius bello quàm lacessendas putavére... restitimus semper lacessiti.* Cicero de Princ. Cons. p. 1778.

(12) Ce sont les paroles d'Appien, de Bello Civ. L. II. p. 848. *Tantus terror Gallorum erat, ut lege esset cautum, vacationem belli Sacerdotibus praeterquàm Gallico tumultu esse.* Plutarch. Camill. Tom. I. 151. 152. *Gallos quàm maximè videntur Romani timere, quod urbem aliquando ceperint. Ex illo enim tempore legem tulerunt, à militia immunes fore Sacerdotes, nisi bellum Gallicum ingruat.* Plut. in Marcello, T. I. p. 299. *Senatus decrevit, vacationes ne valerent.* Cicero Epist. ad Attic. Lib. I. Ep. 14.

(13) *Ad nostram usque memoriam Romani sic habuère, alia omnia virtuti suæ prona esse, cum Gallis non pro gloria, sed pro salute certare.* Salust. Bel. Jugurth. Cap. ult.

fait une remarque toute semblable. (14) Dans la guerre, dit-il, que nous avons euë à soutenir contre les Celtiberes & contre les Cimbres, il n'étoit pas question lequel des deux peuples commanderoit à l'autre, mais lequel éviteroit d'être totalement exterminé. Julien l'Apostat reconnoît aussi, (15) que les Celtes, (c'est à dire les Gaulois & les Germains) passoient autrefois pour des peuples invincibles, & que c'étoit une chose (16) presque incroyable qu'on eût vû un soldat Celte tourner le dos à l'ennemi.

CHAP. XV.

Les Grecs en avoient jugé de même avant les Romains. La crainte des Gaulois, disoit Polybe (17), a causé de terribles inquiétudes aux Grecs, non seulement du tems de nos Peres, mais encore dans notre propre siécle. Justin, parlant des Gaulois qui ravagerent la Grece, & qui passerent ensuite dans l'Asie Mineure, (18) assure que la terreur de leur nom étoit si grande, que les Rois même qu'ils n'attaquoient pas, achetoient la paix, en leur donnant de grandes sommes d'argent. Dans le Livre suivant il ajoute, (19) que leur

Les Grecs aussi les ont redouté.

---

(14) *Cum Celtiberis, cum Cimbris, bellum, ut cum inimicis, gerebatur, uter esset, non uter imperaret.* Cic. Offic. L. I. p. 3984.

(15) Julian. Orat. I. p. 34.

(16) Ibidem. p. 36.

(17) *Porrò metus Gallorum, non solùm majorum temporibus, sed nostrâ etiam memoriâ, Græcos sæpiùs sollicitos anxiosque habuit.* Polyb. II. 123.

(18) *Tantusque terror Gallici nominis erat, ut etiam reges non lacessiti, ultrò pacem ingenti pecuniâ mercarentur.* Justin. XXIV. 4.

(19) *Denique neque reges Orientis sine mercenario Gallorum exercitu ulla bella gesserunt, neque pulsi re-*

524 HISTOIRE

CHAP. XV.

leur nom étoit si redouté en Orient, qu'il ne s'y faisoit aucune guerre, où les Rois ne prissent à leur solde des troupes Gauloises. Les Rois dépossedez n'avoient recours qu'à eux; comme s'ils n'avoient pû soutenir ou recouvrer leur Majesté que par la valeur des Gaulois.

Si l'on me demandoit après cela ce que je pense de cette valeur que personne ne contestoit aux peuples Celtes; j'avouerois que je n'en juge pas plus favorablement que de l'attachement qu'ils témoignoient pour la liberté. Je ne dirai pas ici que leur courage avoit quelque chose d'insensé & de contraire à la nature, qui pousse chaque Individu à se conserver. Plusieurs Auteurs graves ont assuré (20), „ que

---

regno, ad alios quàm ad Gallos confugerunt. Tantus terror Gallici nominis, & armorum invicta felicitas erat, ut aliter neque majestatem suam tutari, neque amissam recuperare se posse, sine Gallica virtute arbitrarentur. Justin. XXV. 2. Tite Live dit là même chose: *Tantum terroris omnibus quæ cis Taurum incolunt gentibus injecerunt, ut quas adissent, quasque non adissent, pariter ultimæ propinquis imperio parerent... Syriæ quoque ad postremum reges stipendium dare non abnuerent.* Livius XXXVIII. 16.

(20) *Galli neque motum terræ, neque fluctus metuunt.* Aristot. Eudem L. III. Cap. 1. & Nicomach. L. III. Cap. 10. *Celtæ Oceani accolæ pro dedecore habent, si quis muro aut domo ruente aufugerit. Cùm inundatio maris externi accidit, armis induti, fluctibus obviam procedunt, subsistuntque donec mergantur, ne fugientes videantur mortem timere.* Nicol. Damasc. ap. Stobæum Serm. XLVIII. p. 168. 178. *Omnium hominum ad subeunda pericula promptissimos esse Celtas audio. Adeò verò ducunt ignominiosum fugere, ut è corruentibus & incidentibus ædibus, sæpè non effugiant, sed ne ardentibus quidem, ita ut incendio ignique circumveniantur. Multi etiam inundans mare*

,, que les Celtes Septentrionaux, & voisins CHAP.
,, de la Mer Océane, tenoient à déshonneur XV.
,, de fuir quand une maison venoit à s'ébou-
,, ler, ou que le feu s'y mettoit. On disoit
,, encore, que quand il survenoit une inonda-
,, tion de la Mer, ils couroient tout armez
,, au devant des flots, frappoient sur les on-
,, des, comme s'ils avoient pû les blesser, &
,, se laissoient submerger, de peur qu'on ne
,, pût les accuser de craindre la mort, s'ils a-
,, voient pris la fuite ". Strabon (21) se moque avec raison de ces Fables, qu'Aristote, E-
lien & Nicolas de Damas, n'auroient pas
dû copier sur la foi d'un Ephorus, qui, selon
le même Strabon, étoit le premier qui les eût
rapportées. Quoique les Celtes Septentrionaux & voisins de la Mer (22) fussent plus
belliqueux que les autres, il est constant qu'ils
n'ont jamais porté à ce point la bravoure &
le mépris de la vie; & dans le fond on peut
être véritablement courageux, sans prodiguer
sa vie d'une manière aussi extravagante.

Les raisons que j'ai de ne pas juger favorablement de la valeur des peuples Celtes, sont:
Pre-

mare sustinent. Sunt etiam qui armis sumtis in fluctus
irruunt, & eorum impetum excipiunt, nudos gladios
& hastas vibrantes, perinde ac si vel terrere, vel vul-
nerare possent. Ælian. V. H. XII. 23.

(21) Non rectè etiam is, qui arma adversus inun-
dationem cepisse Cimbros ait, neque id quod Celtæ ad
vacuitatem metus sese adsuefacientes, patiantur domus
suas aquis obrui, rursumque ædificent, pluresque eorum aquis quàm bello pereant, quod Ephorus tradidit...
Hæc Posidonius jure reprehendit in scriptoribus. Strabo VII. 293.

(22) Galli, quò magis ad Boream & Oceanum vergunt, eò sunt bellicosiores. Strabo IV. 196. Cæsar
L. I, VI. 24. Julian. Orat. I. p. 34.

CHAP.
XV.

Premièrement, que la plupart des guerres qu'ils faisoient étoient injustes. Je l'ai déja prouvé, ainsi il ne sera pas nécessaire de répéter ici ce que j'ai dit sur cet Article. Personne ne disputera le nom de Brave, à un homme qui expose courageusement sa vie, pour sauver un peuple injustement attaqué, de la ruine & de l'oppression dont il est menacé. Mais qu'on honore d'un si glorieux titre un brigand, qui fait la guerre pour tuer & pour piller, un mercenaire que l'on paye pour répandre le sang humain, & pour accabler la bonne cause ; c'est en vérité abuser étrangement des termes, confondre la violence & l'oppression avec une défense légitime de soi-même, & annoblir même le massacre & le brigandage.

En second lieu, la valeur des (23) peuples
Celtes

(23) *Perdita Celtarum audacia.. non dicam in plerisque, sed prorsus in omnibus actionibus suis, irâ atque impetu non consilio, reguntur.* Polyb. II. 122. *Galli irritati confertim coeunt ad pugnam, & palam, nulla cum circumspectione, quò fit ut facilè circumveniantur, si quis calliditate bellicâ adversùs eos uti velit ; facilè enim, quando & ubi volet, & quacunque causâ objectâ, eos lacessitos ad prælium conferendum elicuerit, nullâ, præter vim & audaciam, re instructos.* Strabo IV. 195. *Quid enim aliud est quod barbaros, tantò robustiores corporibus, tantò patientiores laborum, comminuit, nisi ira infestissima sibi? Quid Cimbrorum, Teutonorumque tot millia superfusa Alpibus ita sustulit, ut tantæ cladis notitiam ad suos, non nuntius, sed fama pertulerit, nisi quod erat illis ira pro virtute.* Seneca de Ira Lib. I. Cap. II. p. 398. *Germanis quid animosius, quid ad incursum acrius, quid induratius ad omnem patientiam?.. Hos tamen Hispani, Galli, & Asiæ Syriæque molles bello viri, antequam legio visatur, cædunt, ob nullam aliam rem opportunos, quàm ob iracundiam. Agedum illis corporibus, illis animis, delicias, luxum, opes igno-*

CHAP. XV.

Celtes n'étoit ordinairement qu'une colere aveugle, téméraire & brutale, qui n'écoutoit aucun conseil. D'abord (24) qu'ils voyoient l'ennemi, ils tomboient sur lui avec une rapidité qui approchoit de celle du feu. Rien n'égaloit l'ardeur, le courage, l'impétuosité, l'allegresse, avec laquelle ils alloient au combat. Mais ils y alloient sans ordre, sans précaution, sans avoir examiné si le tems & l'occasion étoient favorables, s'il étoit possible de forcer l'ennemi dans son poste, & si leur valeur pourroit les tirer du danger auquel ils s'exposoient. De-là naissoient ordinairement deux inconvéniens. Le premier, c'est qu'ils (25) périssoient le plus souvent sans aucun fruit. Il est vrai qu'ils faisoient dans un premier choc, des efforts incroyables de valeur, qu'ils mouroient comme des gens de cœur, qui ne (26) s'effrayent d'aucun danger, qui ne se laissent point abattre à la vûë d'une mort présente & iné-

---

gnorantibus, da rationem, da disciplinam, ut nihil amplius dicam, necesse erit nobis certè mores Romanos repetere. Ibid. p. 399.

(24) C'est ce que Plutarque disoit des Cimbres. Plut. Mario T. I. 412. Ammien Marcellin dit la même chose des Allemans : *Violentiâ iráque incompositi, in modum exarsere flammarum.* Amm. Marcell. XVI. 13. p. 146.

(25) *Hi sunt barbari, quos rabies & immodicus furor ad perniciem rerum suarum coegit occurrere.* Amm. Marc. XVI. 13. p. 144.

(26) *Barbari suapte naturâ periculorum despicientes.* Herodian. de Germanis Lib. I. p. 32. *Devota morti pectora. Non paventes funera Galliæ.* Horat. Carm. L. IV. Od. 14. *Si forte premantur, Seu numero, seu forte loci, mors obruit illos, Non timor, invicti perstant, animoque supersunt, Jam propè post animam.* Sidon. Apoll. Panegyr. Majorian. vs. 250.

CHAP. XV.

évitable. Mais la plupart auſſi (27) ſe faiſoient tuer comme des bêtes feroces, qui courent au pieu pour l'enfoncer davantage. L'autre inconvénient étoit, que ce feu avec lequel ils commençoient l'action, ſe ralentiſſoit inſenſiblement, & s'éteignoit bientôt-tout-à-fait. Ils auroient été invincibles, (28) ſi la vigueur avec laquelle ils alloient aux coups s'étoit ſoutenuë juſqu'à la fin. Mais comme ils épuiſoient leurs forces dès le premier choc (29), ils

(27) *Galli furore, & animi impetu, oppreſſâ ratione, ritu ferarum in hoſtes ruebant, neque verò, aut ſecuribus aut gladiis diviſos, dementia iſta dum ſpiritum agebant dereliquit ; neque qui ſagittis aut jaculis transfixi erant, quamdiu vita remanebat, ab-ira remittebant. Nonnulli etiam è vulneribus haſtas, quibus verberati fuerant, evellentes, in Græcos conjiciebant, vel cominùs iis utebantur.* Pauſan. Phoc. XXI. p. 848. *Hic barbaris* (Germanis) *forte ruentibus in bella exitus eſt, cùm mobiles animos ſpecies injuriæ perculit ; aguntur ſtatim, & quà dolor traxit, ruinæ modo regionibus incidunt, incompoſiti, interriti, incauti, pericula appetentes ſua, gaudent feriri, & inſtare ferro, & tela corpore urgere, & per ſuum vulnus exire.* Senec. de Ira Lib. III. Cap. 3. p. 434.

(28) *Gallorum genus omne in fervore animorum, & primo impetu atrociſſimum.* Polyb. II. 120. On a dit la même choſe des Parthes. *Intolerandi forent, ſi quantus his impetus eſt, vis tanta & perſeverantia eſſet.* Juſtin. XLI. 2.

(29) *Si primum impetum, quem fervido ingenio, & cœcâ irâ* (Galli) *effundunt, ſuſtinueris, fluunt ſudore & laſſitudine membra, labant arma; mollia corpora, molles ubi ira conſedit animos, ſol, pulvis, ſitis, ut ferrum non admoveas, proſternunt.* Liv. XXXVIII. 17. *In certamen Galli plus terroris quàm virium ferunt.* Idem V. 44. *Omnis Gallorum in impetu vis, parva langueſcit mora.* Idem VII. 12. *Impetus* (Germanorum) *vehementiſſimus & præceps eſt in initio, ſed facilè frangitur, & brevi tantùm temporis ſpatio viget... Acriores primo incurſu, quam perſeve-*

ils étoient sur les dents d'abord que l'action duroit quelques heures. Il étoit d'ailleurs impossible que le soldat ne perdît tout courage, quand il voyoit que son impétuosité, au lieu de le conduire à la victoire, ne servoit qu'à le mettre plus à découvert, à le précipiter dans le danger, & à faciliter sa défaite. Aussi les Romains (30) avoient-ils pour maxime de se tenir sur la défensive, dans le commencement des batailles qu'ils livroient aux Celtes. On leur laissoit jetter leur premier feu, & après cela on les menoit battant, comme des troupeaux de moutons. J'avoue par toutes ces raisons, que je ne saurois regarder comme une vertu, un courage qui n'étoit pas conduit par la raison, & que l'on employoit rarement à défendre une bonne cause. On a eu raison de dire, (31) que les Celtes appelloient valeur, ce qui n'étoit dans le fond qu'une fureur, & quelquefois une rage de bêtes feroces.

CHA-

---

verantiores erant. Dio. Cass. XXXVIII. 89. 91. *Corpus, ut ad brevem impetum validum, sic nulla vulnerum patientia.* Tacit. Ann. II. 14. *Magna corpora & tantùm ad impetum valida, laboris atque operum non eadem patientia.* Tacit. Germ. Cap. 4. Voyez ci-dessus Chap. I. p. 207.

(30) *Gallos primo impetu feroces esse, quos sustineri satis sit.* Livius X. 28.

(31) *Invicta rabies, & impetus, quem pro virtute barbari habent.* Florus de Cimbris III. 3. *Ceterùm Germani laborum in præliis non admodùm tolerantes fuisse videntur, & bella non tam ratione gessisse, quàm impetu, sicut feræ; propterea etiam à scientia & tolerantia Romanorum superati sunt.* Appian. Celt. p. 1192. *Theudibertus furorem, temeritatemque, fortitudinem esse existimabat.* Agath. I. 15.

Chapitre Seizieme.

De l'Hospitalité des peuples Celtes.

SI le respect que je dois à la vérité, ne m'a pas permis de donner de grands éloges à la valeur des peuples Celtes, & à l'amour qu'ils témoignoient pour la liberté, je leur rendrai plus de justice par rapport à l'Hospitalité, qu'ils exerçoient tous de la manière du monde la plus louable. Cruels & barbares envers leurs ennemis, venant facilement aux contestations & aux coups avec leurs meilleurs amis, ils dépouilloient toute leur ferocité (1) à l'égard des étrangers & des voyageurs qui passoient dans leur païs, ou des fugitifs qui venoient y chercher une retraite.

I. Par-tout on se faisoit une Loi de les recevoir. Mais c'étoit un devoir, dont chacun s'acquittoit avec une véritable allegresse. On logeoit l'étranger. On lui donnoit à manger; & ce n'étoit qu'après ces démonstrations d'amitié, qu'on lui demandoit de quel païs, de quelle condition il étoit, & quelles étoient les affaires qui l'avoient amené. *Les Gaulois*, dit Diodore de Sicile (2), *invitent les étrangers*

---

(1) *Germani tantùm hospitibus boni mitesque supplicibus.* Pomp. Mela Lib. III. Cap. 3. p. 75. *Gothi ad urbem Bosporum, mortalium omnium erga hospites humanissimi.* Procop. de Ædif. L. III. Cap. 7. p. 63.

(2) *Ad convivia hospites etiam invitant, iisque finitis, tum demùm qui sint, quid venerint, sciscitantur.* Diodor. Sic. V. 212.

gers à leurs festins, & après le repas ils leurs demandent, qui ils sont, & en quoi on peut leur rendre service.

II. Non seulement les Celtes regardoient comme un crime de refuser leur maison & leur table à qui que ce fût, ils n'attendoient pas que les étrangers vinssent leur demander le couvert. D'abord qu'ils appercevoient un Voyageur, ils couroient au devant de lui, & le pressoient de venir loger chez eux. Il y avoit une espece de jalousie & de contention entre les particuliers, à qui l'emmeneroit. Celui que l'étranger choisissoit pour son Hôte, emportoit avec lui l'admiration de ses Concitoyens, qui regardoient cette préférence comme une grace que le Ciel n'accorde qu'à ceux qu'il chérit le plus. De peur qu'on ne m'accuse de prêter ces beaux sentimens à des barbares, je vais rapporter les propres paroles du même Diodore de Sicile. Parlant des Celtiberes, qui étoient l'un des peuples les plus feroces de l'Espagne; il remarque, (3) ,, que bien qu'ils se montrassent cruels envers ,, les malfaiteurs, & envers leurs ennemis, ils ,, ne laissoient pas d'être doux & humains à ,, l'égard des étrangers qui passoient dans ,, leur païs. *Chacun*, dit-il, *les invite à venir loger chez lui. Il y a de la contention entre eux à qui le recevra. Ils louent ceux que les étran-*

---

(3) *Quod ad mores, alioquin erga maleficos & hostes crudeles sunt, sed erga hospites mites & humani. Peregrinis enim omnibus, undecunque etiam venerint, hospitium ultrò offerunt, & hospitalitatis inter se officiis certant. Quos advenæ comitantur, eos laudant, & Diis caros esse arbitrantur.* Diodor. Sic. V. 215.

trangers préférent, & les croyeut bien aimez de Dieu

III. Les Voyageurs ne payoient nulle part leur dépense. On les recevoit sans aucun intérêt, dans la seule vûë de se faire des amis (4), & d'exercer un devoir de l'humanité. ,, Si le Germain, disoit Tacite (5), demande quelquefois un présent à un étranger ,, qui se retire, celui-ci a accoûtumé de l'accorder. Mais il peut demander aussi avec ,, la même liberté.

IV. Quand l'Hôte n'étoit plus en état de nourrir son étranger, au lieu de le renvoyer, il lui ménageoit un autre hospice. *Il n'y a point de nation*, ce sont encore les paroles de Tacite (6), *où on se plaise plus à manger ensemble, & à recevoir les étrangers, que les Germains. Ils regardent comme un crime de refuser l'entrée de leur maison à qui que ce soit. Chacun apprête à manger à ses hôtes, à proportion*

---

(4) *Thyni naufragos humaniter excipiunt, & amicitiâ sibi devinciunt, sed & ex peregrinis qui spontè accedunt, eximiè honorant, qui verò inviti ad eos delati fuerint, puniuntur.* Nicol. Damasc. ap. Stob. Serm. V. p. 40. CXXXVI. p. 400. Les Thyniens étoient un peuple Scythe, qui avoit passé de Thrace en Asie. Strabo VIII. 295. Le nom de *Bi-thyniens*, marque que ce peuple étoit voisin des Thyniens.

(5) Voyez la Note suivante.

(6) *Convictibus, & hospitiis, non alia gens effusiùs indulget. Quemcunque mortalium arcere tecto nefas habetur; pro fortuna quisque apparatis epulis excipit. Cùm defecêre, qui modò hospes fuerat, monstrator hospitii, & comes, proximam domum non invitati adeunt. Nec interest, pari humanitate accipiuntur. Notum, ignotumque, quantùm ad jus hospitii, nemo discernit. Abeunti, si quid poposceris, concedere moris, & poscendi invicem eadem facilitas.* Tacit. Germ. Cap. 21.

tion de ses moyens. Quand les provisions viennent à manquer, celui qui jusqu'alors avoit été l'Hôte, montre à l'autre un hospice, & l'y accompagne. Ils vont ensemble, sans être invitez, dans l'une des maisons voisines. Il n'importe même où ils aillent. Par-tout ils sont reçûs avec la même humanité. On ne met aussi point de différence entre les personnes connuës & inconnuës, par rapport aux droits de l'Hospitalité.

V. Quand un Celte étoit convaincu d'avoir refusé le couvert à un étranger, il étoit non seulement regardé avec exécration par ses Concitoyens, mais encore condamné à une amende pécuniaire par le Magistrat. Peut-on lire sans admiration cette Loi des Bourguignons (7) : *Quiconque aura refusé sa maison ou son feu à un étranger, payera trois écus d'amende. Si un homme, qui voyage pour ses affaires particulieres, vient demander le couvert à un Bourguignon, & que l'on puisse prouver que celui-ci ait montré à l'étranger la maison d'un Romain, le Bourguignon payera au Romain trois écus, & une pareille somme au Fisc?* On voit-là que les Bourguignons, au lieu de regarder l'Hospitalité comme une charge, la regardoient au contraire comme une gloire qu'il ne falloit pas se laisser enlever. La même Loi porte, que le Metayer, ou le Censier, qui aura refusé d'exercer l'Hospitalité, sera fustigé; que

les

---

(7) *Quicunque hospiti venienti tectum aut focum negaverit, trium solidorum inlatione mulctetur. Si in causa privata iter agens, ad Burgundionis domum venerit, & hospitium petierit, & ille domum Romani ostenderit, & hoc potuerit adprobari, inferat illi, cujus domum ostenderit, solidos tres, & mulctæ nomine solidos tres.* Leg. Burgund. p. 282.

CHAP. XVI.

les Ambassadeurs étrangers pourront prendre dans tous les endroits où ils coucheront, certaines provisions, & que la dépense sera bonifiée par la communauté. Cela s'accorde avec ce que pratiquoient les Mossyniens, peuple Celte, qui demeuroit dans l'Asie Mineure du côté de (8) Trebisonde. Cultivant la terre en commun (9), ils en partageoient le provenu par égales portions, après avoir pris premièrement sur le tout une portion que l'on reservoit pour les étrangers qui pouvoient passer dans le païs. Les Lucains, qui descendoient d'un des plus anciens peuples de l'Italie, c'est-à-dire des (10) Samnites, avoient aussi une Loi qui ressembloit assez à celle des Bourguignons. Elle (11) condamnoit à une amende celui qui refusoit sa porte à un étranger.

VI. Non contens de recevoir les étrangers de la manière du monde la plus humaine, les Celtes regardoient encore ces mêmes étrangers, comme des personnes sacrées, qu'un honnête homme devoit conduire, protéger, & défendre contre toute sorte de violences, fut-ce même au péril de sa propre vie. On voit dans

---

(8) Pomp. Mel. L. I. Cap. 19. p. 34.
(9) *Proveniens ipsis frumentum æqualiter distribuunt, partem aliquam communiter, pro hospitibus advenientibus seponentes.* Nicol. Damasc. ap. Stob. Serm. CLXV. p. 470.
(10) *Lucani à Samnitibus orti, duce Lucio.* Plin. H. N. III. 5.
(11) *Lucanorum quædam lex sic habet: Si sub occasum solis venerit peregrinus, & voluerit sub tectum alicujus divertere, & is hominem non susceperit, multetur ille, & pœnas luat inhospitalitatis.* Ælian. V. H. IV. 1.

dans Jules-César, (12) „ que les Germains re-
„ gardoient comme un crime, de faire quel-
„ que outrage aux étrangers. Quand il en
„ venoit chez eux, pour quelque cause que
„ ce fût, ils empêchoient qu'on ne les insul-
„ tât, & les regardoient comme des person-
„ nes sacrées. Toutes les maisons leur é-
„ toient ouvertes, & par-tout on leur don-
„ noit à manger ". Aristote dit (13) que les
Gaulois conduisoient les voyageurs & les gardoient à l'œil, parce qu'on punissoit ceux sur
le territoire desquels l'étranger avoit souffert
quelque injure ou quelque dommage. Nicolas de Damas avoit aussi remarqué (14) que
les Celtes en général punissoient beaucoup
plus sévèrement le meurtre d'un étranger
que celui d'un Citoyen. Il en coûtoit la vie
pour le premier de ces crimes, au lieu que
celui qui avoit commis le second, en étoit
quitte pour un bannissement.

Il ne sera pas hors de propos de rapporter
ici un exemple, qui montrera combien les
droits de l'Hospitalité étoient sacrez parmi les
Ger-

(12) *Hospites violare fas non putant; qui quaque de causa ad eos venerunt, ab injuria prohibent, sanctosque habent; iis omnium domus patent, victus communicatur.* Cæsar VI. 23.

(13) *Ex Italia dicunt usque ad Celticam, & Celto-Lygios, & Iberos, viam esse Herculeam, dictam, per quam si Græcus, aut indigena iter faciat, observatur ab incolis, ne ullâ injuriâ afficiatur; multam enim pendunt illi, apud quos viator damnum passus est.* Aristot. de Mir. Aud. T. I. p. 706.

(14) *Graviorem pœnam apud Celtas luit, qui peregrinum, quàm qui civem interemerit; ille enim morte mulctatur, hic exilio.* Nicol. Damasc. ap. Stob. Serm. CLXV. p. 470.

Germains, jusques dans le VI. Siécle. Selon les (15) Constitutions des Lombards, la dignité Royale devoit passer après la mort du Roi Vacès, à un Prince nommé Ildisgus, ou Ildigisal. Ce Prince ayant été exclus du Trône, par des intrigues qu'il n'est pas nécessaire de rapporter ici, se retira chez les Gepides. Audouin Roi des Lombards, qui auroit voulu se tirer cette épine du pied, fit redemander Ildigisal aux Gepides ses voisins. La demande fut fortement appuyée par des Ambassadeurs, que l'Empereur Justinien avoit envoyez pour la même fin. Torisin Roi des Gepides, qui venoit de faire tout nouvellement la paix avec les Romains & les Lombards, assembla là-dessus les Notables de son Royaume, pour leur exposer la demande qu'on lui faisoit, & le danger qu'il y avoit de la refuser. Le résultat unanime de l'Assemblée fût, qu'il vaudroit mieux que les Gepides périssent totalement, avec leurs femmes & leurs enfans, plutôt que de commettre un semblable sacrilège. Voilà un sentiment d'autant plus beau, qu'il fut soutenu, & que la Noblesse Gepide se montra infléxible sur cet Article.

Quoique les Sarmates fussent encore plus feroces & plus cruels que les Celtes, ils ne laissoient pas de s'humaniser de la même manière avec les étrangers, & de faire le même cas de l'Hospitalité. Helmoldus, qui écrivoit dans le XI. Siécle une Cronique des *Slaves*, c'est-à-dire des Sarmates, qui demeuroient de son

---

(15) Procop. Gotth. Lib. III. Cap. 35. p. 549. Lib. IV. Cap. 27. p. 645.

son tems au-delà de l'Elbe (16), avoue qu'il CHAP. étoit extrêmement rare qu'un Esclavon refu- XVI. sât le couvert à un étranger. Quand la chose arrivoit, il étoit permis de mettre le feu à la maison de celui qui avoit été assez lâche pour rebuter l'étranger, & chacun s'empressoit de venger l'outrage qu'il avoit fait à l'Hospitalité.

CHAPITRE DIX-SEPTIEME.

ON a encore loué dans les peuples Cel- Les autes, quelques autres vertus, comme la tres vertus des Frugalité, la Justice, l'Union & la Fidélité. Celtes é-J'ai déja eu occasion de parler de leur Fru- toient, galité (1). Généralement parlant ils man- la Frugeoient peu, & se nourrissoient des viandes galité. les plus communes, sans rechercher ni la variété, ni la délicatesse des mets. Il est vrai que cette manière de vivre simple & frugale, sembloit être une nécessité plutôt qu'une vertu dans la plupart des peuples Celtes. Les uns (2) vivoient dans une heureuse igno-

(16) *Si quis verò Slavorum, quod rarissimum est, peregrinum hospitio removisse deprehensus fuerit, hujus domum, vel facultates, incendio consumere licitum est, atque in id omnium pariter vota conspirant, illum ingloriam, illum vilem, & ab omnibus exibilandum dicentes, qui hospiti panem negare non timuisset.* Helmold. Cron. Slav. Cap. 82. p. 181.

(1) Ci-dessus Chap. II. p. 208-216. & 225. Voyez aussi Chap. I. p. 199. Note (9).

(2) *Germani delicias, luxum, opes ignorant.* Senec. de Ira Lib. I. Cap. 11. p. 399.

CHAP. XVII.

gnorance de tout ce qui peut flatter la fensualité de l'homme. Les autres étant paresseux à l'excès, incapables de travailler pour avoir du pain, étoient bien éloignez de se donner la moindre peine, pour se procurer un superflu dont l'homme peut se passer. D'autres s'accoûtumoient à la disette (3) par l'ingratitude du terroir qu'ils cultivoient. Ainsi du tems de Jules-César (4) les Germains vivoient fort sobrement, parce qu'ils étoient pauvres; au lieu que l'abondance & les délicatesses que les vaisseaux étrangers apportoient aux Gaulois, les avoient jettez dans le luxe & dans la débauche. On ne peut pas douter cependant, qu'il n'y eût des peuples qui n'estimassent la sobrieté pour elle-même, & qui ne la recherchassent avec un véritable choix. Tels étoient, par exemple (5), les Belges, les Nerviens, les Sueves,

(3) *Frigora, atque inediam, cœlo, solove adsueverunt.* Tacit. G. Cap. IV.

(4) *In eadem inopiâ, egestate, patientiaque Germani permanent. Gallis autem propinquitas & transmarinarum rerum notitia, multa ad copiam atque usus largitur.* Cæs. VI. 24. Polybe avoit déja accusé les Gaulois établis en Italie, de se gorger de viandes & de vin. *Gallorum immodicæ cibi & vini ingurgitationes.* Polyb. II. 107. Ci-dessus p. 432. Note (69).

(5) *Minimèque ad Belgas mercatores sæpè commeant, atque ea quæ ad effœminandos animos pertinent, important.* Cæsar I. 1. *Nullum aditum esse ad Nervios mercatoribus, nihil pati vini, reliquarumque rerum ad luxuriam pertinentium inferri, quòd his rebus relanguescere animos, eorumque remitti virtutem existimarent.* Cæsar II. 15. *Mercatoribus est ad Suevos aditus, magis eò, ut quæ bello ceperint, quibus vendant habeant, quàm quò ullam rem ad se importari desiderent.* Idem IV. 2.

ves, qui ne souffroient pas que l'on apportât dans leur païs, ni vin, ni aucune des choses qui peuvent amollir les esprits & affoiblir le courage. *Renoncez aux voluptez,* disoient les Tencteres aux habitans de Cologne (6), *dont les Romains se servent encore plus utilement que des armes, pour affoiblir leurs sujets.* On voit même que les Germains & les Scythes en général, étoient accoûtumez aux abstinences & au jeûne. Appien remarque, par exemple (7), que dans un manque de vivres & de fourage les Germains se nourrissoient d'herbes, & leurs chevaux d'écorces d'arbrisseaux. Pline nous apprendra quelles étoient ces herbes (8). *L'herbe appellée Scythique est fort estimée par les Scythes, parce qu'elle les garantit de la faim & de la soif aussi long-tems qu'ils la tiennent dans la bouche. Ils employent aussi à cet usage, l'herbe appellée Hippace, c'est-à-dire de l'herbe de cheval, parce qu'elle produit le même effet sur les chevaux. On prétend qu'avec le secours de ces deux sortes d'herbes, les Scythes peuvent resister à la faim & à la soif jusqu'à douze jours entiers.* Aussi un Roi des Scythes écrivoit-il à Philippe de Macédoine (9). *Vous commandez à des Macédoniens*

(6) *Abruptis voluptatibus, quibus Romani plus adversùs subjectos quàm armis valent.* Tacit. Hist. IV. 64.
(7) Appian. Celt. p. 1192.
(8) *Herbæ Scythicæ magna commendatio, quòd in ore eam habentes, famem sitimque non sentiunt. Idem præstat apud eos Hippace dicta, quòd in equis quoque eundem effectum habeat. Traduntque, his duabus herbis, Scythas etiam in duodenos dies durare in fame sitique.* Plin. L. XXV. Cap. 8. p. 403.
(9) *Atheas Philippo sic scripsit: Tu Macedonibus impera,*

niens, exercez à la guerre, & moi à des Scythes, qui sont instruits à combattre encore contre la faim & la soif. On prétend que les (10) Sarmates étoient de plus grands jeûneurs encore, & qu'ils ne prenoient leur repas que de trois en trois jours.

L'amour de la Justice.

Plusieurs Auteurs représentent encore les Scythes & les Celtes, comme les plus justes & les plus équitables de tous les hommes. Justin, par exemple, dit (11), *Que les Scythes sans avoir des Loix, ne laissoient pas d'avoir une Justice naturelle. Ils ne sont pas passionnez, comme les autres hommes, pour l'or & pour l'argent. Ils vivent de lait & de miel, & ne s'habillent que de peaux de souris, ou de bêtes sauvages. Des mœurs si reglées les rendent justes, & pré-*

---

pera, bollandi peritis, ego Scythis, qui etiam adversus famem sitimque pugnare nôrunt. Plutarch. Apopht. T. II. p. 174.

(10) *Longaque Sarmatici solvens jejunia belli.* Lucan. III. vi. 282. *Item esse compertum ac creditum, Sauromatas, qui ultra Borysthenem longè colunt, cibum capere semper diebus tertiis, medio abstinere.* A. Gell. L. IX. Cap. 4. p. 246. Nicolas de Damas semble dire tout le contraire. Σαυρομάται διὰ τριῶν ἡμερῶν σιτοῦνται εἰς πλήρωσιν. *Sauromatæ per tres dies cibantur ad saturitatem.* Nicol. Dam. ap. Stob. Serm. CLXV. p. 470. Selon les apparences Stobée a mal extrait le passage de Nicolas de Damas, qui avoit tiré ce qu'il dit des Sarmates, du même Auteur qu'Aulu-Gelle.

(11) *Justitia gentis ingeniis culta, non legibus... Aurum atque argentum non perindè ac reliqui mortales appetunt... Hæc continentia, illis morum quoque justitiam edidit, nihil alienum concupiscentibus, quippe ibidem divitiarum cupido est, ubi & usus.* Justin. II. 2. On a dit à-peu-près la même chose des Hyperboréens. Pomp. Mel. L. III. Cap. 5. p. 77. Solin. Cap. 26.

viennent en eux tout désir des biens d'autrui; les richesses n'étant gueres désirées que par ceux à qui elles peuvent être de quelque usage. Nicolas de Damas rend le même témoignage aux Scythes Galactophages, c'est à-dire aux Gêtes. (12) *Ce sont*, dit-il, *les plus justes de tous les hommes. On ne voit parmi eux, ni haine, ni envie, parce que tous les biens y sont communs.* Le même Auteur avoit remarqué (13) *que les Celtes ne fermoient jamais les portes de leurs maisons.* Agathias aussi, entre plusieurs bonnes choses qu'il avoit remarquées dans les Francs (14), *admiroit sur-tout la Justice qu'ils observoient entre eux.*

J'avouerai cependant que tout cela ne me donne pas une grande idée de la Justice des peuples Scythes & Celtes. On sent bien à la vérité, qu'aussi long tems qu'ils ne partagerent point leurs terres, & qu'ils les cultiverent en commun, les haines, les contestations & les injustices, qui naissent du mien & du tien, ne devoient pas être connuës parmi eux. Vivant ensemble dans une espece d'égalité, le grand n'ayant gueres plus que le petit, personne

---

(12) *Galactophagi justissimi, quia communia habent tum bona, tum uxores... Apud eos, ut ferunt, neminem deprehendere est invidiâ, aut odio, aut metu laborantem, propter vitæ communionem & justitiam.* Nicol. Damasc. ap. Stob. S. XXXVII. p. 118. Ce n'est pas ici le lieu d'examiner, si les femmes étoient effectivement communes parmi les Gêtes, & si cette communauté étoit un moyen pour retrancher la haine & l'envie de la Société. On en parlera dans l'un des Livres suivans.

(13) *Celtæ januas ædium nunquam claudunt.* Agathias Lib. I. p. 13.

(14) Ibidem.

sonne ne devoit penser à envahir les biens de ses Concitoyens. D'ailleurs, comme toutes leurs richesses ne consistoient qu'en bêtail, & que de semblables larcins, qu'il est difficile de cacher, étoient punis avec la derniere sévérité, il n'est pas surprenant (15) que le vol fût extrêmement rare parmi eux. Mais s'ils n'avoient pas beaucoup d'occasions de pêcher contre la bonne-foi, s'ils observoient les uns à l'égard des autres, quelques Loix de la Justice, il est constant qu'ils n'en gardoient aucune par rapport à leurs voisins. Leur Justice ressembloit assez à celle des brigands, qui étant étroitement unis entre eux, pillent & tuent tout ce qui n'est pas de leur bande; & quoique les Scythes ne s'emparassent pas des terres de leurs ennemis, parce qu'ils ne pouvoient en tirer aucun usage; (16) quoiqu'ils ne fissent la guerre que par amour pour la gloire, l'injustice n'en étoit pas moins criante; parce qu'il n'est pas plus permis de tuer un homme par honneur que par intérêt. Je ne sais même si l'on peut dire, que ces peuples observoient plus scrupuleusement la Justice au dedans qu'au dehors. Autant que je peux en juger, il me semble que la Loi du Duel dont j'ai parlé plus haut, & qui dans toutes les affaires d'honneur & d'intérêt, donnoit toûjours droit & gain de cause au plus fort, n'étoit autre chose qu'un ren-

ver-

(15) *Nullum scelus apud Scythas furto gravius. Quippe sine tecti munimento, pecora & armenta habentibus, quid salvum esse posset, si furari liceret?* Justin. II. 2.

(16) *Nihil victores præter gloriam concupiscunt.* Justin. II. 3.

versement total des Loix de la Justice & de l'équité.

CHAP. XVII.

L'union & la Concorde.

On a remarqué encore, que les Scythes & les Celtes vivoient entre eux dans une étroite union, & qu'il n'y avoit rien de plus admirable que l'affection & les égards qu'ils se témoignoient réciproquement. On dit, par exemple (17), que la discorde étoit inconnuë parmi les Hyperboréens; que les Scythes (18) Galactophages donnoient aux Vieillards le nom de Peres. Ceux-ci appelloient les jeunes gens leurs enfans; & les hommes d'un âge égal avoient accoûtumé de se donner entre eux le nom de Freres. Il faut qu'il en fût de même parmi les Germains, puisque l'on voit les (19) Cimbres demander à Marius des terres pour eux & pour leurs freres les Teutons. En Espagne aussi on avoit un si grand respect pour les personnes âgées, (20) qu'il n'étoit pas permis à un Jeune-homme de déposer contre un Vieillard. Sur la fin du sixième Siécle Agathias admiroit encore (21), non seulement la bonne justice que l'on rendoit parmi les Francs, mais aussi la concorde où ils vivoient. La preuve qu'il en donne est très remarquable. Partagez entre plusieurs Rois, qui ne pouvoient s'accorder, & qui vouloient décider leurs différens par la voye des armes; les trou-

(17) Plin. IV. 12. p. 471.
(18) *Inter se seniores Patres appellant, juniores filios, æquales fratres.* Nicol. Dam. apud Stobæum Serm. XXXVII. p. 118.
(19) Plut. Mario T. I. p. 419.
(20) *Apud Tartesios juniori contra seniorem testimonium dicere fas non est.* Nic. Dam. ap. Stob. S. CLXV. p. 470.
(21) Agath. ub. sup.

CHAP. XVII.

troupes, au lieu de servir le ressentiment de leurs Chefs, les exhorterent au contraire de ne point reduire le soldat à la dure nécessité de se souiller du sang de ses Compatriotes, mais de chercher entre eux des moyens de pacification, & d'empêcher que la Nation entiere ne fût détruite pour des querelles particulieres & personnelles.

Mais outre que cette bonne harmonie des Francs ne dura pas long-tems, ce que l'on dit de la parfaite union où vivoient les peuples Celtes, demande encore bien d'autres restrictions. Comme chaque peuple étoit ordinairement en guerre avec tous ses voisins, la concorde s'étendoit rarement au-delà des bornes d'un Etat, hors duquel il étoit permis de piller & de tuer. Outre cela, l'harmonie ne pouvoit être parfaite dans des Etats partagez entre deux ou plusieurs Factions opposées. Il n'y avoit donc que les Factions, dont les membres fussent étroitement & parfaitement unis. Là tout étoit conduit par les conseils d'un Chef, qui étoit pour ainsi dire l'ame du parti. Il y avoit même des Cliens, appellez *Soldurii* qui se lioient tellement à leur Chef, jusqu'à faire vœu de vivre & de mourir avec lui. Comme les familles entieres s'attachoient (22) ordinairement à une Faction, l'esprit de parti contribuoit à les réünir autant que les liens de la nature. Aussi étoit-ce une (23) abomination parmi les Germains, de tuer

(22) Je dis *ordinairement*, parce qu'il y avoit des exceptions, comme on le verra lorsque nous parlerons de la forme de Gouvernement que les peuples Celtes suivoient.

(23) *Apud Germanos quenquam ex agnatis necare flag*

tuer aucun de ses parens. Chacun étoit obligé d'épouser les querelles de sa famille, & de se prêter à tous ses intérêts. Quand il s'agissoit d'une réconciliation, la famille entiere qui avoit été offensée par le meurtre de quelqu'un de ses membres, ou de quelque autre manière, recevoit la satisfaction & le dédommagement, comme si elle n'avoit été qu'un seul homme. Voilà ce que c'étoit que la concorde des peuples Celtes. Comme l'intérêt & l'esprit de parti contribuoient à les réünir, encore plus que la raison, la justice & l'affection naturelle, on sent bien que leur union étoit souvent un mal; parce qu'un homme à qui il n'est pas permis de se départir des intérêts de sa famille & de la Faction qu'elle a embrassée, est souvent réduit à défendre un mauvais parti. Quoi qu'il en soit, le Lecteur ne sera pas fâché de lire ici la belle instruction qu'un Prince Scythe donnoit à sa famille. Quoique très-connuë, elle mérite d'être rapportée, par cela même qu'elle vient d'un Scythe. (24) ,, Le Roi Scilurus, qui a-
,, voit quatre-vingt fils, se voyant près de sa
,, fin, les fit appeller, & leur ayant présenté
,, un faisceau de dards qui étoient attachez
,, ensemble, il leur ordonna de les rompre.
,, Comme ils ne purent en venir à bout, il
,, tira les dards l'un après l'autre du faisceau,
,, &

CHAP.
XVII.

flagitium habetur. Tacit. Germ. 19. *Suscipere tam inimicitias, seu patris seu propinqui, quàm amicitias, necesse est, nec implacabiles durant; luitur enim etiam homicidium, certo armentorum ac pecorum numero, recipitque satisfactionem universa domus, utiliter in publicum, quia periculosiores sunt inimicitiæ juxta libertatem.* Idem Germ. Cap. 21.

(24) Plutarch. de Garrulit. Tom. II. p. 511.

CHAP. XVII.

„ & les rompit facilement de cette manière ".
Il vouloit leur infinuer par-là, qu'ils feroient
invincibles auffi long-tems qu'ils demeureroient
unis, au lieu qu'ils feroient la foibleffe même
d'abord que la divifion fe glifferoit parmi
eux.

La Since-
rité & la
Fidélité.

Les Celtes fe piquoient encore d'être fince-
res & gens de parole. On le voit dans une
faillie de deux Princes Frifons, que Tacite
rapporte. Comme on leur faifoit voir ce qu'il
y avoit de plus remarquable à Rome, &
qu'on les eût menez à un Spectacle que
l'Empereur Neron donnoit dans le Théâtre de
Pompée, ils demanderent à leurs conducteurs:
Qui étoient des gens habillez à l'étrangere, qu'ils
voyoient affis parmi les Sénateurs? Lorfqu'ils
eurent appris que les Romains faifoient cet
honneur aux Ambaffadeurs des peuples qui
fe diftinguoient par leur bravoure & par leur
attachement pour la République, ils allerent
fe placer fans héfiter au milieu des Senateurs
en difant (25), *que perfonne ne furpaffoit les
Germains, ni pour la bravoure, ni pour la fidélité.* Effectivement la plupart des Empereurs
Romains confioient la garde de leur perfonne à des foldats Celtes, comme s'ils ne pouvoient en choifir de plus braves ni de plus
affidez. L'Empereur Augufte, par exemple,
eut (26) une Garde d'Efpagnols jufqu'à la ba-

---

(25) *Nullos mortalium armis, aut fide ante Germanos effe.* Tacit. Ann. XIII. 54. Selon Suetone
la chofe fe paffa fous l'Empire de Claude. Sueton.
Claud. Cap. 25.
(26) *Dimiffâ Calagurritanorum manu, quam ufque
ad devictum Antonium; item Germanorum, quam ufque ad Varianam cladem, inter armigeros circa fe ha-
bue-*

bataille d'Actium. Il les congedia alors, CHAP.
pour prendre des Germains, qu'il retint dans XVII.
son service jusqu'à la défaite de Varus. Les
Empereurs, qui succederent à Auguste, suivirent son exemple. (27). Tibere, (28) Caligula, (29) Neron & plusieurs autres, eurent une
Garde de Germains; & ce fut pour recrûter
sa (30) Garde Batave que Caligula entreprit
une expédition en Germanie. Dion Cassius
remarque (31), que les Empereurs avoient
encore de son tems une Garde de Cavalerie
Batave, qui étoit en grande réputation. Le
même Historien dit ailleurs, (32) que Caracalla se fioit beaucoup plus aux Scythes &
aux Germains qu'il avoit près de sa personne, qu'aux soldats Romains. Ce n'étoit pas
seu-

buerat. Sueton. Aug. Cap. 49. *Quia complures Galli ac Germani Romæ obversabantur, alii peregrinantes, alii inter Prætorianos militantes, timuit ne quid novi molirentur. Hos quidem in quasdam insulas misit, illos inermes urbe exire jussit.* Dio. LVI. 585.

(27) *Robora Germanorum, qui tum custodes Imperatori (Tiberio) aderant.* Tacit. Ann. I. 24.

(28) *Germani corporis custodes.* Sueton. Calig. Cap. LVIII.

(29) *Nero abduxit à matre, militum, & Germanorum stationem.* Sueton. Neron. Cap. XXXIV. Tacit. Ann. XIII. 18. *Hilarus Neron. Cæs. Corp. Custos, Natione Frisæo.* Inscript. apud Cluver. G. A. p. 561.

(30) *Admonitus de supplendo numero Batavorum, quos circà se habebat, expeditionis Germanicæ impetum cepit.* Sueton. Calig. Cap. XLIII.

(31) Dio Cass. Lib. LV. p. 564. 565.

(32) *Scythas & Germanos ... armaverat, & circùm se habebat, tanquàm magis illis quàm militibus fidens.* Fragment. Dion. Cass. ex Lib. LXXVIII. p. 891. *Caracalla Germanos corporis custodes constituit.* Herodian. L. IV. p. 342. Excerpt. ex Joh. Antioch. ap. Vales. p. 824. Suidas in Antonino.

CHAP. XVII.

seulement à Rome que l'on avoit cette Idée de la fidélité des troupes Celtes. Avant le tems d'Auguste (33), Juba Roi de Mauritanie, avoit déja une Garde de Cavalerie Espagnole & Gauloise. On voit aussi dans Josephe (34), qu'Herode le Grand avoit des Compagnies de Gardes Thraces, Germaines & Gauloises. Les derniers (35) avoient servi en la même qualité la Reine Cléopatre. Auguste les donna à Herode après la mort de cette Princesse.

On ne peut pas disconvenir que les Celtes ne fussent en général sinceres, fidèles & religieux observateurs de leur parole. Les hommes d'un caractère vif & ouvert, sont naturellement ennemis du mensonge & de la duplicité. Un soldat aussi qui se fie sur ses forces & sur sa valeur, qui a d'ailleurs été nourri & élevé dans le principe, qu'il doit terminer par la voye des armes toutes les affaires qu'on lui suscite, regarde ordinairement la fraude, l'artifice & la trahison comme des bassesses & des lâchetez indignes d'un homme de cœur. Tacite avoit raison de dire, que les Germains portoient à cet égard les choses à l'excès (36). Ce que l'on appelle la parole, la foi d'un honnête homme, ne l'obligea jamais

---

(33) *Juba duo millia Hispanorum & Gallorum equitum, suæ custodiæ causâ circùm se habere consueverat.* Cæsar B. Civ. L. II. Cap. 40.

(34) Guerre des Juifs Liv. I. Ch. 21. p. 209. Mr. d'Andilly a mis *Allemans*, au lieu de *Germains*, pour ne s'être pas souvenu que le nom d'Allemans n'étoit pas encore connu du tems de Josephe.

(35) Idem. L. I. C. 15. p. 146.

(36) *Ea est in re prava pertinacia, ipsi fidem vocant.* Tacit. G. Cap. XXIV.

mais (37) à se laisser lier & vendre, parce que dans la fureur du jeu il a été capable de risquer sa liberté sur un coup de dé; encore moins à (38) se tuer lui-même, parce qu'il a promis de donner ce spectacle à une vile populace assemblée dans un Théâtre. Il faut avouer encore, que les troupes Celtes ont donné en différentes occasions, des preuves de leur attachement & de leur fidélité aux Princes qu'elles servoient. On admira, par exemple à Rome (39), l'action d'un soldat Germain de l'armée de Vitellius. Comme il vit cet Empereur entre les mains des troupes ennemies qui lui faisoient souffrir mille indignitez, il courut à lui, & lui dit: *Je m'en vais vous aider de la seule manière qui soit encore en mon pouvoir.* En prononçant ces paroles, il porta un coup d'épée à Vitellius, & se tua lui-même à ses pieds. Ce que des Cohortes de Germains avoient fait quelques mois auparavant en faveur de Galba, n'est pas moins remarquable. Cet Empereur avoit cassé (40) & renvoyé sans aucun émolument, la Garde des Germains, parce qu'il la croyoit affectionnée à l'un de ses concurrens. Il ne laissa pas cependant de traiter fort humainement quelques autres Cohortes de Germains,

(37) Ci-dessus p. 484.
(38) Ci-dessus p. 483.
(39) Xiphil. ex Dionis L. LXV. p. 743. Tacite raconte la chose d'une manière un peu différente. Histor. III. 85.
(40) *Germanorum cohortem, à Cæsaribus olim ad custodiam corporis institutam, multisque experimentis fidelissimam, dissolvit, ac sine ullo commodo remisit in patriam, quasi Cn. Dolabellæ, juxtà cujus hortos tendebat, proniorem.* Suet. Galb. Cap. 12.

mains, que Neron (41) avoit envoyées en Orient, pour servir dans l'expédition qu'il méditoit contre les Parthes. Comme elles revinrent à Rome, extrêmement fatiguées du trajet, Galba en prit un très-grand soin. En cela il n'obligea pas des ingrats. (42) D'abord que ces Cohortes furent informées que la vie de l'Empereur étoit en danger, elles volerent à son secours, & elles l'auroient sauvé, si elles ne s'étoient égarées dans les ruës de la ville.

Ces preuves & ces exemples, que l'on produit de la fidélité des Celtes, ne forment pourtant pas une démonstration. Outre que la fidélité n'est gueres estimable, quand elle n'est qu'une vertu de tempérament. Sans alleguer encore, qu'un homme qui ne se fait aucun scrupule de commettre des injustices & des violences ouvertes, ne doit pas s'applaudir de ce qu'il est incapable de faire une trahison; j'ai d'ailleurs montré que les Celtes étoient des mercenaires, qui pour de l'argent fournissoient des troupes à tous ceux qui leur en demandoient. Par cela même, ils se voyoient souvent engagez à servir des tyrans & des usurpateurs, aussi-bien que des Princes légitimes; & je ne crois pas que la fidélité doive être regardée comme une vertu, quand elle se prête à des ministères injustes. Il me semble d'ailleurs, que des soldats

_____

(41) Tacit. Hist. I. 31.
(42) *Mirum.. omnes qui accerserentur sprevisse nuntium, exceptâ Germanorum vexillatione. Hi, ob recens meritum, quod se ægros & invalidos magnoperè fovisset, in auxilium advolavére, sed seriùs, itinere devio, per ignorantiam locorum retardati.* Sueton. Galba Cap. 20.

dats qui s'engagent pour de l'argent au ser- CHAP.
vice d'un Prince étranger, doivent être tout XVII.
disposez à se vendre au plus offrant. Par
consequent, si des gardes Celtes ont servi a-
vec un attachement inviolable un (43) Caligula, un (44) Neron, un (45) Caracalla, &
d'autres Princes de ce caractère; une semblable fidélité ne mérite certainement pas de
grands éloges. Faut-il s'étonner, que des
gardes qui tenoient tout de la liberalité des
Empereurs, & dont la fortune dépendoit u-
niquement de la conservation de ces Princes,
ayent été fidèles à leurs propres intérêts (46)?

Au reste on a vû parmi les Celtes, comme
par-tout ailleurs, des exemples de trahison &
de perfidie. La trahison (47) d'Arminius Prince

---

(43) *Accurrerunt mox Germani, corporis custodes,
ac nonnullos ex percussoribus, quosdam etiam Se-
natores innoxios, interemerunt.* Sueton. Calig. Cap.
58.

(44) *Germani quibus fidebat Princeps quasi exter-
nis.* Tacit. Ann. XV. 58.

(45) *Tribunus qui illum vulneraverat, ab uno Scytharum vel Celtarum, quos Caracalla secum habebat,
jaculo transfixus est.* Xiphil. ex Dion. L. LXXVIII.
p. 882. 883. Fragment. Dion. ibid. p. 891.

(46) Il est constant que les Suisses tiennent des
anciens Celtes la coûtume qu'ils ont encore aujourd'hui, de fournir des troupes auxiliaires à
plusieurs Princes de l'Europe. On feroit cependant tort aux Suisses, si on les confondoit à cet
égard avec les Celtes. Ceux-ci fournissoient des
troupes à tous ceux qui leur en demandoient, sans
examiner si la guerre étoit juste ou injuste. Au
lieu de cela les Suisses ont avec plusieurs Princes
de l'Europe des Alliances, en vertu desquelles un
Etat est obligé de secourir & de défendre l'autre,
quand il est injustement attaqué. Il n'y a-là
rien que de naturel & de légitime.

(47) Dio Cass. L. LVI. p. 583. Vellej. Paterc. L.
II. Cap. 118.

ce des Cherusques, celle de (48) Civilis, qui s'érigea en Chef des Bataves, furent conduites avec un artifice détestable. Je dis la même chose de celle de (49) Sacrovir, grand Seigneur Gaulois, qui se revolta contre les Romains du tems de Tibere. Tacite parle (50) d'un Prince Catte, nommé Adgansterius, qui offrit aux Romains d'empoisonner Arminius, pourvû qu'on voulût lui envoyer le poison. La fidélité des troupes auxiliaires, que l'on tiroit de la Celtique, n'étoit pas aussi à toute épreuve. Après la mort de Jules-César, Antoine avoit cedé à Auguste, un corps de Cavalerie Celte. (51) Dans un choc qu'il y eut entre les armées de ces Triumvirs, cette Cavalerie tourna casaque, se jetta sur les troupes d'Auguste, & lui tua beaucoup de monde. Au contraire dans la bataille (52) d'Actium deux-mille Cavaliers Gaulois se détacherent de l'armée d'Antoine, & vinrent se ranger sous les enseignes d'Auguste, qui obtint la victoire par leur moyen. On a même accusé de perfidie tous les peuples Celtes en général. Asdrubal, Général des Carthaginois (53), la reprochoit aux Espagnols, pour l'avoir

---

(48) Tacit. Histor. IV. 16. 21. 32. 60.
(49) Tacit. Ann. III. 41. & seqq.
(50) Tacit. Ann. II. 88.
(51) Dio Cass. L. XLVI. p. 315.
(52) Il s'agit de la bataille qui se donnoit sur terre, pendant que les flottes combattoient sur mer. *Ad hunc frementes verterunt bis mille equos, Galli canentes Cæsarem.* Horatius Epod. IX. 17. *Transierunt ad Augustum ab Antonio, duo millia equitum, per quos est victoriam consecutus.* Horatius, *Ad hunc frementes, &c.* Servius Danielis ad Æneid. VI. vs. 612. p. 448.
(53) *Asdrubal peritus omnis barbaricæ, & præcipuè*

l'avoir cent & cent fois éprouvée. Polybe difoit (54), qu'il n'y avoit rien de plus ordinaire aux Gaulois, que de violer la foi des Traitez. Jules-César (55) aussi accusoit les Tencteres & les Usipetes, qui étoient des peuples Germains, d'avoir commis une insigne perfidie, en attaquant sa Cavalerie pendant une suspension d'armes qu'ils avoient eux-mêmes demandée. Il est vrai qu'il y avoit ici quelque chose à dire, & que le fait n'étoit pas clair, puisque (56) Caton opina en plein Sénat, que Jules-César devoit être livré aux barbares, afin qu'on ne pût pas reprocher aux Romains, d'avoir approuvé & autorisé la perfidie d'un de leurs Généraux. Du tems d'Auguste les Germains violerent très-souvent les accords qu'on avoit fait avec eux, & (57) Strabon remarque, que toutes les fois qu'on se fia à leur parole, on s'en trouva très-mal. *Ces gens-là*, dit Vellejus Paterculus (58) *ne sont nez que pour mentir.* Dans les Siécles suivans on reprocha le même défaut aux (59) Daces,

___

pue omnium earum gentium, in quibus per tot annos militabat, perfidiæ. Livius XXV. 33.

(54) *Gallica in fœderibus inconstantia.* Polyb. II. 120.

(55) Cæsar IV. 12.

(56) Sueton. Jul. Cæsar Cap. 24. Plut. Cæsar T. I. p. 718. Cato. Min. T. I. p. 784. Dio Cass. L. XXXIX. p. 113.

(57) *Sicambri deficiunt, fide & obsidibus proditis. Adversùs hos plurimùm utilitatis est in incredulitate; quibus fides habita est, illi maxima damna intulére.* Strabo VII. 291.

(58) *Natum mendacio genus.* Vellej. Pat. L. II. Cap. 118.

(59) Xiphilin, ex Dion. L. LXVIII. p. 774.

CHAP.
XVII.

ces, aux (60) Herules, aux (61) Goths, aux (62) Allemans, aux (63) Saxons, mais sur-tout aux (64) Francs, de qui l'on disoit, qu'ils faisoient du mensonge & du parjure un jeu

(60) Procope dit, que les Herules sont, généralement parlant, perfides & yvrognes. Proc. Vand. L. II. Cap. 4. p. 244.

(61) *Gothorum gens perfida.* Salvian de Prid. L. VII. p. 116. in Biblioth. Patr. Tom. V. Paris 1624. *Fœdifraga gens, Gothi.* Sid. Apoll. L. VI. Ep. 6. Il faudroit effectivement que les Goths eûssent été bien perfides, s'il étoit vrai qu'avant que de passer le Danube, du tems de Valens, ils eûssent juré de tendre toute sorte de piéges aux Romains, & de les attaquer par toute sorte de fraudes & de machinations. Eunap. Sard. in Exc. Leg. p. 21.

(62) *Juthungi jusjurandum, & cetera quantumvis firma fidei vincula, pro nihilo ducunt.* Dexippus in Excerp. Legat. p. 6. Les Juthunges étoient un peuple Allemand. *Juthungi Alamannorum pars.* Amm. Marc. L. XVII. Cap. 6. p. 166.

(63) *Saxones, sicut ferè omnes Germaniam incolentes nationes, naturâ feroces, neque divina, neque humana jura polluere vel transgredi, inhonestum arbitrantur.* Eginhard. Vit. Car. M. Cap. 7. *Saxonum perfidia.* Ibidem.

(64) *Francorum semper infida mobilitas.* Eumen. Panegyr. Constantini Cap. XI. p. 209. *Francis familiare est, ridendo fidem frangere.* Vopiscus Proculo p. 762. *Totius gentis Francorum, lubrica fides,* Panegyr. incerti Authoris Maximiano & Constantino dictus. Cap. IV. p. 192. *Franci omnium gentium infidissima.* Procop. Goth. L. II. Cap. 25. p. 447. *Si pejeret Francus, quid novi faceret, qui perjurium ipsum sermonis genus putat esse, non criminis?* Salvian. de Provid. L. IV. p. 82. *Franci mendaces.* Idem. Lib. VII. p. 116. *Provincia missos, Expellat citiùs, fallax quam Francia Reges.* Claudian. de Laud. Stilicon. Lib. I. vs. 237. On voit dans Procope, que les Goths se plaignoient autant que les Romains des fraudes & de la perfidie des Francs. Procop. Lib. II. Cap. 22. p. 440. Cap. 25. p. 447.

jeu & un divertissement. Les (65) Thraces & les (66) Ligures n'avòient pas été en meilleure réputation. Voilà donc à-peu-près tous les peuples Celtes repréfentez comme des gens qui faifoient profeſſion de mentir & de tromper. Je ne doute pas qu'ils ne répondîſſent, que les Romains avoient été les premiers à leur donner l'exemple de toutes ces obliquitez. Peut-être auſſi qu'ils ne ſe croyoient pas liez à des promeſſes & à des ſermens extorquez par des uſurpateurs, qui venoient opprimer injuſtement leur liberté. Peut-être encore, que l'on a quelquefois imputé aux Nations entieres, les vices des particuliers, & ſur-tout des Princes, qui alors, comme aujourd'hui, étoient accuſez de ne reſpecter les Traitez qu'autant qu'ils y trouvoient leur avantage. Mais la vérité eſt, que le menſonge, la perfidie & la trahiſon, ne ſont pas ordinairement des vices de tempérament. Un peuple qui eſt en état de triompher de ſes ennemis par la force des armes, n'employe gueres contre eux la fraude & la tromperie. Mais le foible eſt rarement à l'abri de la tentation de recourir à ces voyes obliques pour ſe tirer de l'oppreſſion. Je crois qu'il en étoit de même des Celtes. J'aurai occaſion de parler ailleurs de la Chaſteté de ces peuples, & de l'attachement qu'ils avoient pour leur Religion. Il ne me reſte plus que de dire un mot des vices qui étoient les plus communs parmi eux.

CHA-

(65) *Thraces fœdera neſciunt.* Suidas T. II. 203. Strabo IX. 401.

(66) *Ligures inſidioſi, fallaces, mendaces.* Servius ex Nigidio & Catone ad Æneid. XI. vſ. 715. p. 680.

CHAPITRE DIX-HUITIEME.

Les Vices capitaux des Celtes étoient La Ferocité.

ON a reproché à tous les peuples Celtes trois vices capitaux : la Ferocité, la Paresse & l'Yvrognerie.

I. J'ai déja produit assez de preuves de leur ferocité (1). Leur manière de vivre étoit opposée, je ne dis pas aux Loix de la civilité & de la politesse, qui sont souvent arbitraires, mais encore aux Loix les plus essentielles de la raison, de la justice & de l'humanité.

1. Cette ferocité paroissoit, par exemple, dans

---

(1) *Celtiberi quondam omnium maximè ferocissimi.* Strabo III. 151. *Galli Senones, gens naturâ ferox, moribus incondita.* Florus I. 13. *Belgæ à cultu atque humanitate Provinciæ longissimè absunt.* Cæsar I. 1. *Germani moribus feroces.* Appian. Celt. p. 1192. *Germani Gallos feritate superant.* Strabo VII. 290. *Germani immanes sunt animis atque corporibus, & ad insitam feritatem vastè utraque exercent, bellando animos, corpora ad consuetudinem laborum.* Pomp. Mel. Lib. III. Cap. 3. p. 75. *Germanicæ gentes dictæ, quòd sint immania corpora, immanesque nationes, sævissimis duratæ frigoribus, quæ mores ex ipso cœli rigore traxerunt, ferocis animi, & semper indomiti.* Isidor. Orig. Lib. IX. Cap. 2. p. 1006. *Alii Francos à feritate morum nuncupatos existimant; sunt enim illis mores inconditi, naturalisque ferocitas animorum.* Ibid. *Cimbri, gens indomita feritate, insolens successu, nec minùs animorum immanitate.* Quintil. Declam. III. Cap. 4. p. 63. *Cimbros, immensa millia ferorum atque immitium populorum.* Justin. XXXVIII. 4. *Getæ admodùm feri.* Pomp. Mela L. II. Cap. 2. p. 43. *Mysi feri, truces, ipsorum etiam barbari barbarorum.* Flor. IV. 12.

CHAP. XVIII.

dans le mépris qu'ils témoignoient pour la vie. Ils le pouſſoient à un point, qui marquoit clairement qu'ils n'en connoiſſoient pas le véritable prix (2). Il y a aſſurément des biens qui méritent que l'homme expoſe courageuſement ſa vie pour les conſerver. Mais n'étoit-ce pas une brutalité dans les Celtes, de ſacrifier leur vie au plus petit intérêt temporel, aux maximes d'un faux honneur, qui ne pouvoit ſouffrir ni contradiction, ni outrage, ni un ſimple démenti; de la donner pour une ſomme d'argent, pour quelques cruches de vin, & en un mot, de compter pour rien, ſoit de la perdre eux-mêmes, ſoit de l'ôter aux autres.

2. Leur naturel feroce paroiſſoit encore dans la profeſſion qu'ils embraſſoient tous. Il faut tenir quelque choſe des bêtes ſauvages, qui ſe plaiſent à nuire & à déchirer, pour s'imaginer que l'homme n'a été placé ſur la terre que pour s'y nourrir de ſang & de rapine.

3. Il paroiſſoit dans le penchant qu'ils avoient à décider par les armes toute ſorte de queſtions de Droit & de Fait. N'étoit-ce pas une fureur, de faire battre des Champions, pour ſavoir s'il (3) faloit quitter un païs ou y demeurer, ſi les enfans du frere défunt devoient jouir du droit de (4) Repré-

(2) *Non nobis mortis contemtus facilior, quàm pleriſque barbaris, cauſam vitæ non habentibus.* Quintil. Declam. III. Cap. 14. p. 71. *Francus, pro victûs ſui vilitate, vitam contemnit.* Panegyr. Conſtantin. dictus inter Pan. Vet. Cap. 24. p. 248.

(3) Voyez ce qu'Herodote rapporte des Cimmeriens Lib. IV. Cap. 11.

(4) L'Empereur Othon I. fit décider cette queſtion

présentation, ou en être exclus; si un homme étoit coupable ou innocent d'un crime dont il étoit accusé.

4. Leur férocité paroissoit encore dans les cruautez inouïes qu'ils exerçoient envers leurs ennemis. Non contens de tuer (5) tous les mâles, & même les femmes enceintes, quand leurs Devins assuroient qu'elles portoient des garçons, ils trouvoient encore leur plaisir à faire périr ces malheureux par tous les supplices que la barbarie la plus effroyable peut inventer.

5. Si toutes ces preuves ne suffisoient pas, on en trouvera de nouvelles dans la Religion par le Duel, lorsqu'on lui eut fait entendre que le Droit Romain, & les Loix des Saxons, se trouvoient à cet égard en opposition.

(5) *Galli in Callienses dira, & omnium, quæ unquam ad aures nostras pervenerint, atrocissima edidére facinora, & quæ omninò ausos unquam homines fuisse, veri neutiquam simile videri possit. Quicquid marium fuit, ad internecionem exciderunt, senes & parvulos ad ipsa matrum ubera trucidárunt.* Pausan. Phocic. XXII. p. 851. *Rhæti, quicquid masculi sexús inter captivos non modò jam rerum extaret in natura, verùm etiam in mulierum uteris adhuc, per divinationes quasdam deprehenderent, interfecerunt.* Dio LIV. p. 536. *De horum latronum in Italos sævitia hoc memoratur, eos pago aut urbe potitos, non modò puberes omnes mares necare, sed ne infantulis quidem masculis parcere, imò ne hîc quidem subsistere, sed gravidas etiam mulieres occidere, quas eorum vates dicunt virilem fœtum utero ferre.* Strabo IV. 206. *Nihil interim per omne id tempus residuum crudelitatis fuit in captivos sævientibus. Litare Diis sanguinem humanum, bibere in ossibus capitum, & cujusquemodi ludribio fœdare mortem, tam igni quàm fumo, partusque gravidarum extorquere tormentis.* De Thracibus Florus III. 4. *Germani crucifigunt Romanos.* Dio Cass. Lib. LIV. p. 535. & seq.

gion des peuples Celtes. Là j'aurai occasion de parler des barbares sacrifices qu'ils offroient à leurs Dieux; des cruelles épreuves auxquelles ils assujettissoient les personnes soupçonnées de quelque crime; & de mille autres superstitions, qui justifieront ce que disoit Diodore de Sicile (6); *Que la férocité des Gaulois se remarquoit sur-tout dans leur Religion, & qu'il n'y avoit rien de plus impie que les victimes qu'ils présentoient à la Divinité, ni de plus barbare que la manière de les offrir.* Il faut donc passer condamnation sur cet article. Les Celtes étoient à cet égard des Cannibales, de véritables Sauvages, & j'aurai occasion de montrer en son lieu, qu'ils (7) l'ont été assez long-tems après avoir reçû le Christianisme.

CHAP. XVIII.

II. La Paresse est un autre vice dont on ne peut en aucune manière disculper les peuples Celtes (8). Ennemis de tout ce qui occupoit ou le corps ou l'esprit, le travail leur paroissoit la chose du monde la plus insupportable. C'est la raison pour laquelle ils redoutoient la servitude, comme le plus dur & le plus fâcheux de tous les états. Les Grecs & les Romains assujettissoient leurs esclaves au travail, auquel le Celte ne pouvoit s'accoutumer.

La Paresse.

(6) *Consequenter pro insita genti ferocia, circa victimas irrationabiliter & impiè agunt.* Diod. Sic. V. 214.
(7) *Barbari enim isti* (Franci) *Christiani effecti, multos priscæ superstitionis ritus observant, humanas hostias, & alia nefanda immolantes; & divinationibus dediti.* Procop. Goth. L. II. Cap. 25. p. 448.
(8) Voyez ci-dessus Chap. VIII. p. 344. & suiv. Chap. XI. p. 409.

Aa 4

CHAP. XVIII.

mer. Il semble à la vérité, que cette paresse des peuples Scythes & Celtes venoit moins d'une indolence naturelle, que du défaut d'éducation, & des fausses idées qu'on leur inspiroit sur la destination de l'homme, & sur ce qui fait sa véritable gloire. Ils s'imaginoient, comme je l'ai montré, que l'homme est né pour la guerre, & qu'il s'avilit en exerçant quelque autre profession que celle des armes. J'ai déja cité un passage de Tacite, qui dit (9); *Que toutes les fois que les Germains ne vont pas à la guerre, ils employent une petite portion de leur tems à la chasse, & en passent la plus grande partie dans l'inaction, ne pensant qu'à manger & à dormir.* Il ajoute: *Que les plus forts & les plus belliqueux ne font rien du tout, & qu'ils abandonnent le soin de la maison, du menage & des terres, aux femmes, aux vieillards, & aux plus foibles de leurs domestiques.* Mais un préjugé si étrange auroit-il trouvé tant d'accès dans l'esprit des Celtes, auroit-il été si commun & si enraciné, s'il n'avoit flatté les inclinations de ces peuples, & le penchant qu'ils avoient à la paresse? Non contens de passer leur vie dans une honteuse oisiveté, ils avoient trouvé le moyen de transformer leur vice favori en vertu, & d'annoblir la paresse & le pillage. Jamais les idées qu'ils avoient sur cet article ne se présentent à l'esprit d'un homme raisonnable, qu'elles ne le revoltent. Que le Soldat s'annoblisse par sa bravoure, comme le Prince s'éleve en procurant le bien de ses sujets, comme le Savant se distingue par des découvertes belles & intéressantes; personne ne lui disputera une noblesse & une gloire si légi-

---

(9) Tacit. Germ. Cap. 15. 22. 23.

gitimement acquises. Mais de prétendre que l'homme ne puisse s'annoblir que dans la seule profession des armes ; de vouloir que dans un tems de paix, où l'Etat n'a pas besoin du bras des guerriers, le soldat conserve sa noblesse, pourvû qu'il passe sa vie dans une parfaite oisiveté ; & qu'il se dégrade au contraire, en exerçant quelque autre profession ; c'est dégrader en vérité la raison même, avec les Sciences & les Arts les plus nécessaires & les plus utiles. Cependant ces principes subsistent à-peu-près dans toute l'Europe. Encore aujourd'hui la Noblesse ne connoît point de métier que celui de la guerre, & croiroit se déshonorer si elle en faisoit d'autre. C'est une idée véritablement Celte. Il arrive de là, que dans le tems d'une longue paix on trouve bien des Nobles qui seroient fort embarassez de produire d'autres preuves de leur Noblesse, que celle de ne savoir ni lire, ni écrire, de ne connoître aucun Art, ni méchanique, ni libéral, & de ne s'être occupez de pere en fils, qu'à manger, à boire & à dormir. Il faut pourtant avouer, que ce que l'on appelloit oisiveté, fainéantise, dans les peuples Celtes, étoit préférable par toute sorte d'endroits, à ce qu'ils regardoient eux-mêmes comme la seule occupation véritablement noble. Jules-César dit (10), que les Germains permettoient à leur jeunesse de faire des courses, & de piller dans les Etats voisins, sous prétexte qu'il faloit exercer les jeu-

___

(10) *Latrocinia nullam habent infamiam, quæ extra fines cujusque civitatis fiunt ; atque ea juventutis exercendæ, ac desidiæ minuendæ causâ fieri prædicant.* Cæsar VI, 23.

CHAP.
XVIII.

jeunes gens, & empêcher qu'ils ne tombassent dans la paresse. Il valoit certainement mille fois mieux, que les jeunes & les vieux passassent toute leur vie dans l'oisiveté, s'ils ne pouvoient en sortir qu'à ce prix.

L'Yvrognerie.

III. Il ne me reste plus que de dire un mot du troisième vice que l'on a reproché aux peuples Celtes, c'est d'avoir tous un penchant excessif à la boisson. J'en ai déja touché quelque chose (11) en parlant du plaisir qu'ils trouvoient à manger ensemble, & des excès qui se commettoient dans leurs festins. Il ne me sera pas difficile d'en produire de nouvelles preuves. Les Scythes en général (12) passoient pour de grands yvrognes, jusques-là que les Grecs, quand ils vouloient représenter une debauche (13), disoient qu'on y avoit bû à la Scythe. C'étoit parmi les Scythes que (14) Cléomene, Roi de Lacedémone, avoit appris à boire, & à boire le vin pur. Ce que l'on disoit en commun des peuples Scythes, doit être appliqué particulierement à ceux qui ont été distinguez par le nom de Celtes. Je ne sais par quelle raison la plupart des Auteurs modernes ont chargé les seuls Germains du vice de l'yvrognerie. Il est

(11) Voyez ci-dessus Chap. XII. p. 463-476.
(12) *Scythæ meracius bibunt.* Ælian. Var. Hist. L. II. Cap. 41. *Immodicè omnis Scythica natio vino se ingurgitat, & citò eo repletur.* Dio Cass. L. LI. p. 461-463. *Scythica potatio.* Pollux L. VI. Cap. 3. p. 276. *Massagetæ ebrietati dediti.* Procop. Vandal. I. Cap. 12. p. 207.
(13) *Lacedæmonii cùm meracius bibere volunt* ἐπισκυθίσον *dicunt.* Herod. VI. 84. Athen. X. 319. 320.
(14) Herodot. Athen. ub. sup. Ælian. V. H. ub. sup.

est vrai, comme Tacite l'a remarqué (15), que les Germains ne pouvoient supporter, ni la soif, ni la chaleur, qu'ils ne tenoient pas pour une chose honteuse de passer (16) le jour & la nuit à boire. Cet Historien qui leur rend justice à bien des égards, après avoir loué leur frugalité, avoue qu'ils ne sont pas aussi sobres par rapport à la boisson : *Si vous flattez*, dit-il (17), *le penchant qu'ils ont à l'yvrognerie, & que vous leur donniez à boire autant qu'ils en demandent, vous en viendrez plus facilement à bout par le vin que par les armes.* L'Empereur Julien aussi a dit (18), que les peuples de l'Allemagne ne se marioient que pour avoir des enfans, & qu'ils bûvoient du vin, non pas autant qu'il leur en faloit, mais autant qu'ils pouvoient, c'est-à-dire jusqu'à n'en pouvoir plus. Enfin Procope, parlant des Herules, les (19) taxe d'être tous yvrognes.

Mais il y avoit bien long-tems qu'on en avoit

---

(15) *Minimè sitim æstumque tolerare.* Tacit. Germ. Cap. IV.

(16) *Diem noctemque continuare potando nulli probrum.* Tacit. Germ. Cap. XXII.

(17) J'ai suivi la version d'Ablancourt. Le sens que Gronovius donne aux paroles de Tacite est peut-être préférable. *Vous trouverez qu'ils sont moins redoutables à la guerre qu'à table, qu'il est plus difficile de leur tenir tête, le verre que l'épée à la main. Adversus sitim non eadem temperantia. Si indulseris ebrietati, suggerendo quantùm concupiscunt, haud minùs facilè vino, quàm armis vincentur.* Tacit. Germ. Cap. XXIII.

(18) *Veni ad populos animosos & bellicosos, qui Venerem Gameliam, & Bacchum lætitiæ datorem, conjugii prolisque gratiâ, & vini quantùm cuique liceat, potandi causâ tantùm nôrunt.* Julian. Misopog. p. 352.

(19) Ci-dessus p. 554. Note (60).

voit dit autant de tous les autres peuples Celtes. Je trouve, par exemple, dans Platon (20), que les *Lydiens*, les *Perses*, les *Carthaginois*, les *Gaulois*, les *Espagnols* & les *Thraces*, *étoient fort adonnez à la boisson.* Il ajoute ; *Que les Scythes* & *les Thraces*, & *même leurs femmes bûvoient le vin pur*, & *qu'ils faisoient consister leur gloire* & *leur félicité dans cette manière de vivre.* Effectivement, les Gaulois étoient encore si passionnez pour le vin du tems de Diodore de Sicile (21), qu'ils étoient capables de donner un homme, c'est-à-dire un esclave, pour une cruche ou pour un barril de vin. Aussi les Marchands avoient-ils grand soin de leur en apporter, tant par mer que par terre. On prétend même que ce fut la douceur du vin qui attira en Italie une partie de cette Nation.

Tite-

---

(20) *Inebriantur verò Lydi, Persæ, Carthaginienses, Galli, Thraces, & ejusmodi nationes... Scythæ quidem & Thraces, meri potionibus omninò dediti, eorumque fœminæ, & universi promiscuè, in vestes etiam effuso vino, honestum & fortunatum vitæ genus sibi delectum putant.* Plato de Leg. L. I. p. 777. Edit. Græc. Lat. Francfort 1602. Athenæus L. X. p. 319. 322. *Ebrietate maximè utuntur Scythæ, Celtæ, Iberi, Thraces, quæ universæ sunt bellicosæ gentes; pulcrum ac beatum vitæ studium exercere se putant.* Clem. Alex. Pæd. L. II. p. 186.

(21) *Præter modum vino capiuntur. Importatum à mercatoribus merum ingurgitant, & cupiditate ad largiorem potationem & ebrietatem provecti, aut somni gravedine, aut insaniæ vertigine corripiuntur. Proptereà multi ex Italia negotiatores, pro familiari sibi avaritia, temulentiam Gallorum in quæstum suum vertunt. Hi enim per fluvios navigationi aptos, navigiis, & per campestria plaustris, vinum ad eos devehunt, & inæstimabile indè pretium reportant. Pro cado enim vini puerum recipiunt, potu ministrum permutantes.* Diod. Sic. V. 211.

CHAP. XVIII.

Tite-Live (22) & Plutarque avoient trouvé dans des Auteurs plus anciens, que les Gaulois établis entre les Alpes & les monts Pyrenées, ayant goûté pour la première fois du vin qu'on leur avoit apporté d'Italie, furent tellement charmez de cette boisson, qu'ils plierent sur le champ armes & bagages, pour passer dans le bon païs où on recueilloit du vin. Le fait est, selon les apparences, faux, parce qu'il est fort incertain que l'on recueillît déja du vin vers le Nord de l'Italie, dans le tems où l'on prétend que les Gaulois y avoient passé, c'est-à-dire deux-cens ans (23) avant la prise de Rome. Mais il est assez vraisemblable, que les Historiens qui firent cette remarque, jugerent du caractère des anciens Gaulois, par celui de leurs descendans qui demeuroient en Italie. Je ne dois pas oublier ici ce que l'on a publié sur le compte du célèbre Brennus, dont j'ai eu occasion de parler dans l'un des Chapitres précedens. On disoit, qu'ayant résolu de mourir de sa belle main, il crut ne pouvoir choisir une mort plus douce, que de se tuer lui-même à force de boire.

Effec-

---

(22) *Eam gentem traditur famâ, dulcedine frugum, maximèque vini novâ tum voluptate captam, Alpes transisse.* Livius V. 33. *Galatæ, inter Pyrenæos montes & Alpes positi, vino, quod tunc primum ex Italia importatum, gustato, sic admirâsse eum potum, & novâ voluptate ad eam insaniam redacti dicuntur, ut armis arreptis, & parentes suos secum ducentes, ad Alpes ferrentur, quæsitum eam terram quæ talem ferret fructum, aliam terram sterilem & asperam ducentes.* Plut. Camillo T. I. p. 136.

(23) *Ducentis annis antequam Clusium oppugnarent, urbemque Romam caperent, in Italiam Galli transcenderunt.* Livius V. 33.

CHAP. Effectivement quelques-uns des passages que
XVIII. j'ai citez (24), peuvent souffrir cette interprétation.

Comme les Thraces & les Illyriens étoient voisins de la Grece, ils étoient aussi ceux de tous les peuples Celtes que les Grecs connoissoient le mieux. On peut ajouter foi par consequent à ce que leurs Auteurs assurent, (25) que les Thraces & les Illyriens étoient de terribles bûveurs. Aussi avoit-on remarqué, comme la chose du monde la plus extraordinaire, (26) qu'Alcibiade, quand il se trouvoit parmi les Thraces, les surpassât à cet égard, & qu'il bût encore mieux que ces barbares. Les Grecs font encore mention de deux Rois des Illyriens (27), l'un nommé Agron, qui se tua à force de boire, & l'autre (28) Gentius, qui étoit yvre jour & nuit, d'où resulterent
une

(24) Ci-dessus p. 507. Note (17).
(25) Voyez ci-dessus pag. 223. 446. 475, 476. *De Thracibus d. vulgatus & omnium auribus tritus rumor est, plurimùm eos bibendo posse.* ὡς εἰσὶ πιεῖν δεινότατοι. *Neque verò Illyrii carent hoc tempore tali culpâ, qui hoc etiam dedecus adjecerunt, quòd in convivio peregrinis & hospitibus permittitur, ut unusquisque mulieribus propinet, si libeat, etiamsi fœminæ eos nullâ cognatione attingant.* Ælian. III. 15. *Bibaces sunt omnes Thraces, quapropter Callimachus dixit, Oderat ille Thracum more, hianti ore, affatim vinum bibere, exiguo poculo contentus.* Athen. X. Cap. 12. *Neu multi Damalis meri Bassum Threiciâ vincat amystide.* Horat. Carm. I. Od. 36. *Ceterum Illyrii coeunt, ad temulentiam usque potaturi, intemperanter cibo ac potu se ingurgitantes.* Athen. ub. sup.
(26) Cornel. Nep. Alcib. Cap. II. Athen. XII. 9. Plut. Sympos. VII. quæst. 7. p. 710.
(27) Athen. X. 11. Ælian. V. H. II. 41. Polyb. II. 93.
(28) Athen. Ælian. ibid.

une infinité d'excès qu'il commit pendant le cours de son régne.

CHAP. XVIII.

Enfin les Perses étoient Celtes à cet égard, comme à tous les autres (29). On le voit dans un passage d'Elien, que j'ai déja cité. Il porte (30), qu'après le repas les Perses continuent toûjours de boire, & lutent avec le vin, comme avec une espece de champion, qui terrasse son adversaire, ou qui est lui-même renversé. Il faut même qu'ils se fissent un honneur de savoir bien boire, puisque (31) Cyrus, que l'on appelle le jeune, pour engager les Lacedémoniens à le soutenir contre son frere, leur fit représenter, que non seulement il avoit plus de cœur qu'Artaxerxés, mais qu'il bûvoit aussi plus de vin, & qu'il le portoit beaucoup mieux.

Je ne sais quelles pouvoient être les raisons par lesquelles les peuples Scythes & Celtes tâchoient de justifier, ou au moins d'excuser, le penchant qu'ils avoient à la boisson. Je m'imagine qu'ils disoient, que le vin enflammoit le courage du Soldat, & lui deroboit la vûë du danger. Mais j'ose bien assurer, qu'il n'y avoit point de vice qui pût leur être plus pernicieux dans la profession qu'ils exerçoient, que l'yvrognerie. Je ne parle pas ici du tort que ce vice fait à l'ame, qu'il abrutit, & au corps, qu'il ruine. Je mets à part (32) le mépris

---

(29) *Vinum largiùs illis apponitur.* Herodot. I. 133.
(30) Ci-dessus page 476. Note (98).
(31) Plutarch. Apopht. II. 173.
(32) Appien rapporte, que Jules-César ayant pris d'assaut la ville de Gomphes en Thessalie, & l'ayant donnée en pillage à ses troupes, les Germains se gorgerent de viandes & de vin, & furent la risée de toute l'armée par leur yvrognerie. Appian. Bell. Civ. II. 767.

pris & les railleries qu'il attiroit aux Celtes, les querelles, les contestations & les meurtres auxquels il donnoit occasion. Il faut avouer d'ailleurs, que la boisson étoit toûjours le plus redoutable ennemi des troupes Celtes.

1. D'abord qu'une armée entroit dans un païs où il y avoit du vin, (33) les soldats se débandoient, & se jettoient de tous côtez dans les villages & dans les métairies, pour vuider tous les tonneaux qu'ils y trouvoient. Quand les habitans, au lieu de cacher leurs provisions, prenoient le parti de les exposer dans les ruës & dans les grands chemins, ils étoient sûrs de prendre l'ennemi à cet appas. On assommoit les Celtes autour des barriques avant qu'ils fussent éveillez. On a remarqué que les Gaulois (34) qui prirent Rome, ceux (35) qui ravagerent la Grece environ cent ans après, périrent pour la plupart de cette manière. Les Cimbres furent aussi amollis par le vin & par la crapule (36). Comme ils étoient déja depuis quelques mois en Italie, la debauche les avoit à demi vaincus, lorsque Marius vint les combattre. On peut voir aussi dans Zosime (37), de quelle manière les Goths, qui s'étoient repandus dans la Thrace, furent surpris dans l'yvresse & dans les bains.

2. Pour

(33) Justin. L. XXIV. Cap. 7. & 8.
(34) *Galli qui Romam ceperant, præ ingluvie & ebrietate tardi & graves.* Appian. Celtic. p. 1220. Plut. Camill. Tom. I. p. 141. *Vagi per agros palantur, cibo, vinoque raptim hausto, repleti.* Camill. ap. Livium V. 44.
(35) Justinus ub. sup.
(36) *Vino & crapulâ madebant.* Excerpta ex Dion. ap. Valef. p. 634. *Poculis, cibis & lavacris emolliti.* Orof. V. 16. p. 281.
(37) Zosim. L. IV. Cap. 23. p. 397. Cap. 25. p. 403.

2. Pour être plus furieux (38), le soldat Celte avoit accoûtumé de s'enyvrer avant que d'aller à la bataille. Mais on comprend bien, qu'une semblable fureur ne pouvoit servir qu'à donner plus d'avantage à l'ennemi, contre des gens qui ne savoient ce qu'ils faisoient.

3. Enfin lorsque les Celtes avoient battu l'armée qu'ils avoient en tête, & pris le camp ennemi, ils ne manquoient jamais de se gorger des provisions qu'ils y trouvoient. Quand le vaincu avoit assez de présence d'esprit pour se remettre, & assez de courage pour rentrer dans son camp, ou la nuit même, ou seulement le lendemain, il étoit assuré de surprendre le vainqueur dans l'yvresse & dans le sommeil. Ainsi Cyrus le Grand (39) quitta & reprit son camp dans l'espace de vingt-quatre heures. On trouve un exemple semblable dans Tite-Live (40). Les Istres s'étoient emparez par surprise du camp des Romains. Ceux-ci s'étant reconnus, y revinrent le même jour, & le reprirent sans coup férir. Les Istres étoient tous ensevelis dans un profond sommeil, & les Romains retrouverent tout dans le même état où ils l'avoient laissé, à la reserve pourtant du vin & des provisions, qui étoient la seule chose à laquelle on eût touché.

En

_____

(38) C'est ce que Pausanias disoit des Thraces. Bœot. XXX. p. 768.

(39) *Cùm ventum ad Cyri castra esset, ignarus rei militaris adolescens, veluti ad epulas non ad prælium venisset, omissis hostibus, insuetos barbaros vino se onerare patitur, priùsque Scythæ ebrietate quàm bello vincuntur.* Justin. I. 8.

(40) *Istrorum pauci, qui modicè vinosi erant, memores fuerunt fugæ, aliis somno mors continuata, integraque sua omnia Romani, præter quàm quod vini cibique absumtum fuerat, receperunt.* Livius XLI. 4.

CHAP.
XVIII.

En voilà assez pour montrer, non seulement que les peuples Celtes avoient tous le même penchant à l'yvrognerie, mais encore que la boisson en faisoit périr par-tout un nombre infiniment plus considerable que la guerre (41). Je renvoye à la note plusieurs autres exemples qui prouvent la même chose.

On voit dans les Constitutions (42) que Charle-

(41) *Celtæ in Sicilia inebriati, clamore & confusione omnia implent, quo tempore Cæcilius Consul in eos irruens, splendidâ victoriâ potitus est.* Diodor. Sic. in Excerpt. Legat. apud Hoeschelium L. XXIV. p. 166. & seq. *Post prælium cum Hasdrubale, Romani castra hostium repentè diripuère, multosque Celtarum in toris stramineis præ temulentia jacentes, in modum victimarum jugulârunt.* Polyb. XI. p. 625. Voyez les Marses surpris dans la boisson. Tacit. Ann. I. 50. Les Cattes. Ann. XII. 27. Les Gepides surpris par les Romains, dans une fête où ils avoient passé le jour & la nuit à boire. Theophyl. Simocatt. L. VIII. Cap. 3. p. 200. Crassus enyvre les Ambassadeurs des Bastarnes, & découvre de cette manière tous leurs secrets. Dio L. LI. p. 461-463.

(42) *Ut nullus ebrius causam suam possit conquirere in Mallo, nec testimonium dicere, nec placitum Comes habeat, nisi jejunus. Ut nemini liceat, alium cogere ad bibendum amplius, nisi quantum sufficiat.* Addit. Karoli Mag. ad Leg. Salic de an 803. p. 352. *Et omninò nullus, nisi jejunus, ad juramentum vel ad testimonium admittatur.* Ibid. p. 353. *Ut Judices jejuni causas audiant & discernant.* Capit. Kar. Mag. ad Leg. Long. II. p. 651. *Ut nullus ebrius suam causam in Mallo possit conquirere, nec testimonium dicere, nec Comes placitum habeat, nisi jejunus.* Cap. Kar. Mag. ad Leg. Long. II. p. 652. *Ut Judices jejuni causas audiant & discernant &c.* Capit. Karol. M. Lib. I. p. 839. *Ut nemini liceat alium cogere ad bibendum, nisi quantum ei sufficit.* Capit. Kar. M. & Ludov. L. I. Cap. 143. p. 853. *Ut nullus ebrius suam causam in Mallo possit conquirere, nec testimonium*

lemagne ajouta aux Loix des Francs, des Lombards, & des autres peuples qui étoient soûmis à sa domination, un réglement qui défend aux Comtes & aux Juges de tenir leur Lit de Justice qu'ils ne soient à jeûn. Un autre ordonne, qu'aucun particulier ne pourra être reçû à plaider sa cause, & à déposer en Justice, s'il n'est aussi à jeûn. Un troisième défend de faire boire quelqu'un plus qu'il ne voudroit. Un quatrième porte, que quand les armées seront en campagne, il sera défendu aux soldats d'inviter leurs camarades, ou quelque autre personne que ce soit, à boire, & que celui que l'on trouvera yvre, sera excommunié, & condamné à boire de l'eau jusqu'à ce qu'il ait reconnu sa faute. Je rapporte ces Loix, parce qu'elles peuvent nous donner une idée des excès qui en furent l'occasion, & des divers abus qui se commettoient encore dans les Tribunaux, dans les Compagnies, & sur-tout dans les Armées, quelques siécles après que les Francs & les Lombards eurent embrassé le Christianisme.

CHAP. XVIII.

Je trouve au reste, que (43) les Scythes & les

---

nium dicere, nec placitum Comes habeat, nisi jejunus. Capit. Kar. M. & Ludov. L. III. Tit. 38. p. 879. Ut in hoste nemo parem suum, vel quemlibet alterum hominem, bibere roget. Et quicunque ebrius inventus fuerit, ita excommunicetur, ut in bibendo solá aquá utatur, quousque se malè fecisse cognoscat. Ibid. Tit. 72. p. 884.

(43) Herodote dit, qu'ils employoient à cet usage le fruit d'un arbre. Solin & Pomponius Mela prétendent que c'étoit une graine. Selon Maxime de Tyr, c'étoit une herbe odoriférante; & selon Plutarque, une herbe aquatique, qui ressembloit à l'O

HISTOIRE

CHAP. XVIII.

les Thraces, qui n'avoient point de vin, usoient d'une récréation qui ressembloit assez à la fumée du Tabac. Les hommes & les femmes s'asseyoient autour d'un grand feu, où l'on jettoit certaines herbes odoriferantes. La vapeur de ces herbes, qu'ils humoient à longs traits, les enyvroit. Mais c'étoit une yvresse douce, qui, au lieu de les rendre furieux, leur donnoit de la gayeté, ensorte qu'ils ne faisoient que rire, chanter & danser. On peut expliquer par-là le mot de Καπνοβάται, que

---

l'Origan. *Massagetæ dicuntur habere arbores, fructum quendam ferentes, qui conjectus in ignem, quem circumquaque circumsident, odore suo eos perinde inebriat, ac vinum Græcos, & eò vehementiùs, quò plus ejus fructûs fuerit injectum, donec ad tripudiandum & cantandum insurgant.* Herodot I. 202. *Vini usus quibusdam Thracibus ignotus est. Tamen ubi super ignes, quos circumsident, quædam semina ingesta sunt, similis ebrietati hilaritas ex nidore contingit.* Pomp. Mela. II. 2. p. 43. *Uterque sexus epulantes, focos ambiunt, herbarum quas habent semine ignibus superjecto, cujus nidore perculsi, pro lætitia habent imitari ebrietatem sensibus sauciatis.* Solin. Cap. XV. p. 215. *Apud quosdam barbarorum, ebrietatem dicunt fieri lenem, & per vaporem, quibusdam suffitum facientibus. Posteà gaudent, & surgunt ridentes, omniaque faciunt quæ benè poti facere solent, sed absque ulla mutua læsione.* Dio. Chrysost. S. XXXII. p. 378. *Est & unum quoddam, nisi fallor, Scytharum genus, aquam quidem bibunt, quotiescunque autem voluptatis causâ inebriari volunt, pyram struunt maximam, in qua herbas urunt odoriferas. Hanc pyram in orbem circumsident, & implent se odore, ut alii potu. Odore inebriati, saltant, canunt, tripudiant.* Maxim. Tyr. XI. 139. *Nascitur in Hebro herba similis Origano, cujus extrema decerpentes Thraces, igni admovent, postquàm cereali alimento satiati sunt, & exhalationem aut suffitum qui hinc oritur, crebris respirationibus haurientes inebriantur, & in profundum somnum conjiciuntur.* Plutarch. de Fluv. T. II. p. 1151.

que Posidonius avoit employé en parlant des Mysiens. Je fais cette remarque, parce que Casaubon a dit dans son Commentaire sur Strabon, qu'il n'entendoit pas ce mot, & qu'il étoit tenté de lui en substituer un autre, comme Denis Godefroi l'avoit déja fait. Le sens du passage de Posidonius, que Strabon nous a conservé, est cependant clair. Il porte (44).: *Que quelques Mysiens s'abstiennent, par un principe de Pieté, de manger de la chair d'aucun animal; qu'ils passent leur vie dans l'oisiveté, & ne se nourrissent que de miel & de fromage.* On les appelloit pour cette raison des *Devots*, & des *Avaleurs de fumée*. Ces Mysiens étoient une espece de Moines, qui ne mangeoient ni chair ni poisson, & qui ne bûvoient point de vin. Mais ils usoient quelquefois de la récréation de s'enyvrer à la fumée, de la manière que je viens de représenter. C'est ce que désigne le nom de Καπνοβάται, *Fumi Scansores*.

Je parlerai dans le Livre suivant de la Religion des peuples Celtes. C'est le morceau le plus curieux, mais aussi le plus inconnu de leur Histoire. Si je suis obligé de m'écarter sur cet article de tout ce que les Modernes en ont écrit, je ne le ferai que sur de bons garans. J'espére de montrer, que les peuples de l'Europe avoient tous la même

CHAP. XVIII.

Reli-

―――――――――――――――

(44) *Posidonius ait, Mysos pietatis ergo, cùm animatis, tum ea propter pecudibus etiam abstinere; vitam degere otiosam, melle & caseo nutritos, ideóque eos vocari religiosos & fumi scansores.* Θεοσεβεῖς καὶ καπνοβάτας. Strabo VII. 296. vide Casaub. Comment. ad hunc locum.

574 HISTOIRE &c.

CHAP. XVIII.

Religion, avant que les Orientaux, & surtout les Phéniciens & les Egyptiens, y eussent apporté des idées & un culte, qui ne s'établirent pas sans contradiction.

Fin du Second Livre.

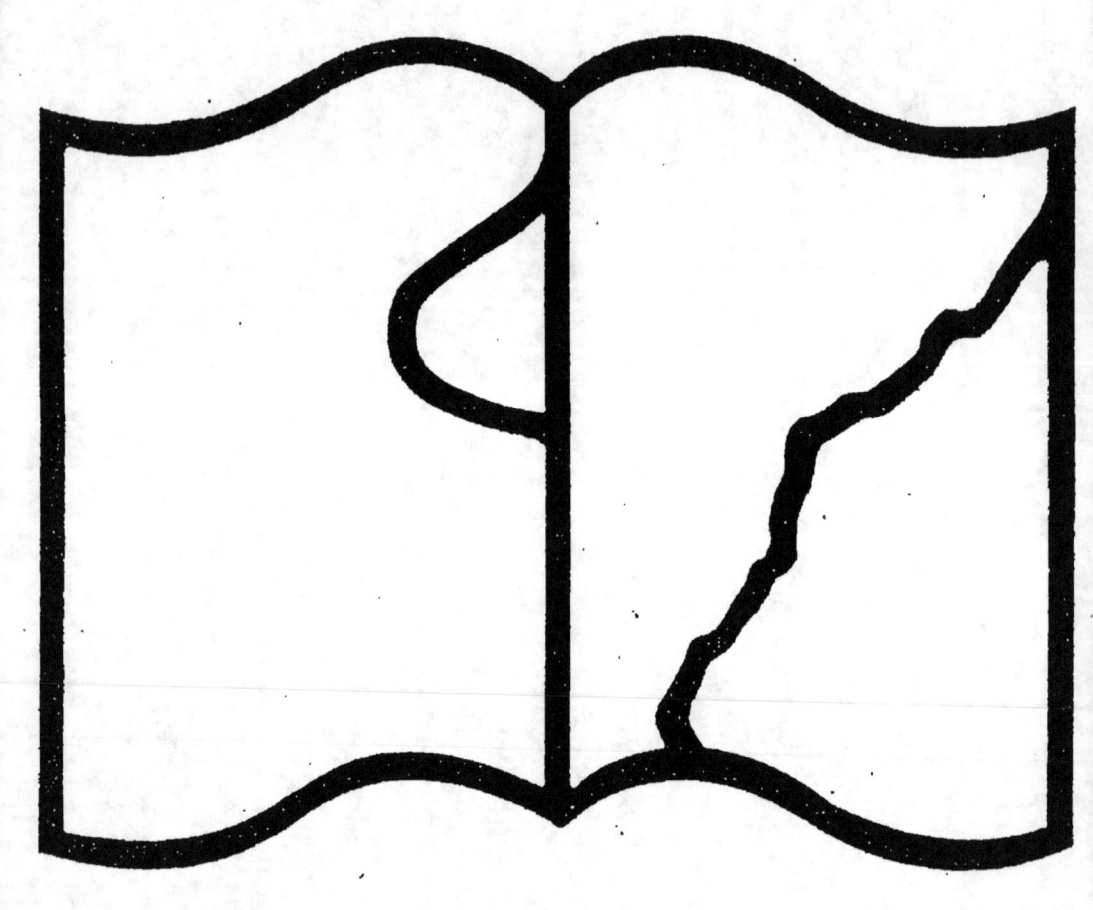

Texte détérioré — reliure défectueuse

NF Z 43-120-11